通览华夏文明・汲取无穷智慧
触摸文明脉搏・开阔文化视野

中侨彩图馆

刘凤珍 主编

# 中国文化彩图馆

方青羽 编著

中国华侨出版社

图书在版编目(CIP)数据

中国文化彩图馆 / 方青羽编著. — 北京 : 中国华侨出版社, 2015.12
（中侨彩图馆 / 刘凤珍主编）
ISBN 978-7-5113-5852-3

Ⅰ. ①中… Ⅱ. ①方… Ⅲ. ①中华文化－通俗读物
Ⅳ. ①K203-49

中国版本图书馆CIP数据核字(2015)第302019号

中国文化彩图馆

编　　著/方青羽
丛书主编/刘凤珍
总 审 定/江　冰

出 版 人/方　鸣
责任编辑/茂　素
装帧设计/贾惠茹
经　　销/新华书店
开　　本/720mm×1020mm　1/16　印张:27.5　字数:740千字
印　　刷/北京鑫国彩印刷制版有限公司
版　　次/2016年3月第1版　2016年3月第1次印刷
书　　号/ISBN 978-7-5113-5852-3
定　　价/39.80元

中国华侨出版社　北京市朝阳区静安里26号通成达大厦3层　邮编:100028
法律顾问:陈鹰律师事务所
发行部:(010)64443051　　传真:(010)64439708
网　址:www.oveaschin.com
E-mail: oveaschin@sina.com

# 前言

文化是人类创造的所有物质财富和精神财富的总和。它既是人类社会在过去时间内的发展进化成果，也是孕育人类辉煌未来的基础。正是文化的一脉相传才造就了人类社会源远流长的历史和光辉灿烂的文明。中国文化博大精深，作为炎黄子孙，学习和继承中华民族的文化遗产是义不容辞的责任。然而面对中国文化庞杂的知识体系，大多数的人都会感到力不从心，很难在短时间内掌握其底蕴及脉络。

如何才能在较短的时间内获得较多的信息，从而有效地掌握中国文化知识呢？为了帮助读者提高人文素养，增强对传统文化的认知，快速了解中国文化的精髓，编者对浩如烟海的中国传统文化史料进行了适当的取舍，选取了具有中国文化代表性的主题，推出了本书。全书分为文学、戏剧、音乐、舞蹈、茶文化、中医、养生、饮食等篇，深入浅出地介绍中国文化的各个侧面，力求将中国文化的精神及内涵立体地呈现出来，为读者提供一个深入了解中国文化的平台。

本书在体例编排上注重各部分之间的内在联系和逻辑层次，脉络清晰，力图使各分卷的知识形成一个系统、科学的有机整体，方便读者学习和掌握。其中文学篇主要介绍了文学史上的重要人物、传世佳作、文学流派，以及各种各样的文学体裁、文学思想和理论等。戏剧篇主要介绍了戏剧史上的重要戏剧形象、著名戏剧剧目、戏剧流派，以及具有代表性的地方戏曲等。音乐篇主要介绍了音乐的起源、发展和流变、音乐的类型和流派，以及具有代表性的音乐大家等。舞蹈篇主要介绍了舞蹈的雏形、舞蹈的类型和特点、舞蹈的发展与流变、历代名舞和舞蹈大家，以及丰富多彩的民间舞蹈等。茶文化篇主要介绍了茶的起源、制茶方法、茶的外传、茶的分布、茶的功用、茶的种类、茶理茶道，以及茶文化与中国人精神生活的关系等。中医篇主要介绍了中医的起源和发展、中医理论和诊断方法、中药及其方剂、中医各学派、中华名医等。养生篇主要介绍了养生的基本原则、重要的养生理论、历代养生代表人物，以及养生方法等。饮食篇主要介绍了八大菜系、历代名菜、饮食礼仪等内容。深入浅出的文字配以400余幅包含多种文化元素的图片，与文字相辅相成，给读者以强烈的视觉感受，不仅能让读者对中国文化有全面系统的认识，更能从中体味到中国文化的博大精深。

全新的视角、精练简洁的文字、科学的体例和创新的版式设计等多种元素有机结合，引领读者从一个崭新的层面去领略中国文化的精髓，让你一本书读通中国文化。通过阅读本书，不仅可以了解传统文化的渊源和丰富的内容，更可从中受到传统文化的熏陶，提高生活情趣和生活品质，并使博大精深的中国文化世代相传，大放异彩。

# 目录

## 文学

## 戏剧

## 音 乐

## 舞 蹈

## 茶文化

## 中 医

## 养 生

## 饮 食

# 文学

## 文学的起源

文学的产生可以追溯到文学出现前的远古时期。关于它的起源，自古以来，中外学者相继提出过不少见解，最主要的有以下几种：

模仿说的最早提出者是古希腊著名的哲学家德谟克利特，他认为文艺起源于对大自然的模仿。而同是希腊著名哲学家的亚里士多德更是将这一学说深化和延伸，他不仅认为文学起源于人类对自然和社会生活的模仿，而且还提出模仿的本能植根于人的天性之中。中国秦朝时期吕不韦门人编写的《吕氏春秋·古乐》中指出宗教艺术是“听凤凰之鸣”、“效八风之音”而出现的。晋代文学家阮籍同样也认为原始宗教是“体万物之生”的。这些见解承认文学起源于自然和生活，代表了早期人们对文学的看法。

⊙伏羲女娲图 唐

伏羲与女娲是中国古代神话中人类的始祖，传说人类是由这对兄妹结合产生的。这件出土于新疆吐鲁番的墓幡由绢制成，悬挂在墓室的顶部。图中伏羲女娲人首蛇身，以手相抱，伏羲执矩，女娲擎规，以示天地方圆。画面满布圆点代表天宇星辰，上部绘着内有三足乌的太阳，下部绘着内有玉兔、桂树、蟾蜍的月亮，表现了人类始祖遨游于日月苍穹间的情景。早期人们认为，文学起源于人类对自然和社会生活的模仿。

德国著名哲学家康德认为诗歌为“想象力的自由游戏”。文学家席勒认为人类的生活受物质和精神两个方面的束缚，迫切渴望用过剩的精力去争取自由，这就是游戏；而艺术也就在游戏中发端。游戏说到此时正式形成。之后的文学理论家俄国的普列汉诺夫在自己的论著中也部分地认同了这一学说。

心灵表现说来自于古希腊，当时的一些哲学家认为艺术是人类心灵的一种表现。诗人雪莱认为诗歌是想象的表现；列夫·托尔斯泰认为艺术是人类表达情感的一种工具。中国明代思想家李贽的《童心说》道：“天下之至文，未有不出于童心焉者也。”以袁宏道为首的公安派受到李贽理论的强烈影响，袁宏道在《叙小修诗》中提出“性灵说”，称赞袁中道诗文：“……大都独抒性灵，不拘格套，非从自己胸臆流出，不肯下笔。有时情与境会，顷刻千言，如水东注，令人夺魄。其间有佳处，亦有疵处，佳处自不必言，即疵处亦多本色独造语。”这些论调都强调文学创作是人的主观精神的抒发和表现。

神示说在西方中世纪相当流行，提出者是古希腊的柏拉图，他把诗歌的产生视为神的灵感在诗人身上的凭附。中世纪的学者托马斯·阿奎纳则认为艺术起源于人的心灵，而心灵是上帝的形象的创造物。这种学说甚至在哲学家培根的著作中也有所流露。中国古代笔记小说中许多著名诗人如郭璞、江淹、王勃、李白、李贺都有诗作授于神人的记载，也是这种学说的一类反映。藏族史诗《格萨尔王传》直到现在

## ·鲁迅论文学的起源·

人类在未有文字之前，就有了创作的，可惜没有人记下，也没有法子记下。我们的祖先的原始人，原是连话也不会说的，为了共同劳作，必须发表意见，才渐渐的练出复杂的声音来。假如那时大家抬木头，都觉得吃力了，却想不到发表。其中有一个叫道“杭育杭育”，那么这就是创作……倘若用什么记号留存了下来，这就是文学；他当然就是作家，也就是文学家，是“杭育杭育”派。

仍被认为是靠梦中神授而得来的。随着科学的发展和昌盛，弗洛伊德关于梦的解析的引入，神示说的含义和影响正在发生变化。

为巫术学说提供丰富资料的是 19 世纪以来以泰勒·弗雷泽、哈特兰特为代表的人类学家，他们对原始部落的巫术进行了大量的卓有成效的研究。法国的考古学家雷纳克则在这些材料的基础上提出艺术起源于原始人类交感巫术的论点，认为原始艺术就是巫术的一种，其目的是为了祈求狩猎的成功。中国古代的典籍中有大量诗歌乐舞与祭祀巫术有密切联系的记载。南朝宋刘勰《文心雕龙·祝盟》道：“天地定位，祀遍群神。六宗既禋，三望咸秩，甘雨和风，是生黍稷，兆民所仰，美报兴焉。牺盛惟馨，本于明德；祝史陈信，资乎文辞。昔伊耆始蜡，以祭八神。其辞云：‘土反其宅，水归其壑，昆虫毋作，草木归其泽。’”这种实行巫术的咒语是原始诗歌，表现的是伊耆民（神农氏）祭祀农业神的“蜡祭”。咒语中的土、水、昆虫、草木等自然物在祭祀者眼中被灵性化。巫师企图用咒语去影响灵性化的“神”，他们相信语言的力量，企图去控制词并控制该词所代表的事物，以满足对现实的需求。同样的咒语还存在于《山海经·大荒北经》中。传说在黄帝与蚩尤冀州之战中发挥过关键作用的旱神天女魃在帮助黄帝取得胜利后，滞留下界，不肯回天国。天下久旱不雨，黄帝欲将她流放到赤水之北。她逃往他乡。天下人一面驱赶，一面喝斥她：“神，北行！先除水道，决通沟渎。”这首歌谣是在旱灾严重威胁人类的生存时，巫师于求雨的巫术仪式上所念的咒语。勒令天女魃回到居处地北方、不再久旱是其主体的思想，这里透露出原始人对神的示威和抗争，表现出对幸福生活的渴求。

19 世纪晚期的一批民族学家、艺术史家鲜明地提出了艺术起源于劳动的观点。学者梅森认为原始的诗歌是劳动诗歌。俄国的普列汉诺夫更是论述了许多“劳动先于艺术”的实例，并认为两者之间有因果关系。中国古籍《吴越春秋》中收有一首记载狩猎劳动的《弹歌》。这首黄帝时代的歌谣已初步具有后来《诗经》中所盛行的四言诗的句式，具有高度的概括性和完整的意象。它所记述的是原始人伐木（竹）作武器、抛飞石器为工具的狩猎过程。这些记载已通过对许家窑新石器时代遗址中的圆石球以及其他相关遗址的发掘研究中得到了证明。远古人在当时恶劣的生存条件下从事采集、狩猎等协作劳动时，会在呼声和语言中发出一些有节奏的声音，如“杭育”、“邪许”、“啊呀”、“哦”等以适应劳动生活中出现的不同情况。《淮南子·道应训》说：“今夫举大木者，前呼邪许，后亦应之，此举重劝力之歌也。”这种孕而未化的、作为人类思想交流和社会交际的工具，随着生活的不断丰富和充实、词汇的增加，就会产生韵律，从而蕴含有诗歌的元素。后世的“饥者歌其食，

⊙ **酋长　岩绘　广西花山**

宁明花山一带的祭祀仪式，是以一种盛大的祭祀舞蹈的形式出现。整个画面气氛活跃，色彩鲜明，给人热烈、勇武、旺盛的感觉，反映了古代人民的精神面貌和社会生活的丰富内容。有些学者认为，文学起源于巫术，原始艺术就是巫术的一种；实行巫术的咒语就是原始诗歌。

**·精彩阅读·**

日出而作，日入而息。凿井而饮，耕田而食。帝力何有于我哉！

——先秦《击壤歌》

股肱喜哉，元首起哉，百工熙哉。
元首明哉，股肱良哉，庶事康哉。
元首丛脞哉，股肱惰哉，万事堕哉。

——先秦《赓歌》

南风之薰兮，可以解吾民之愠兮；南风之时兮，可以阜吾民之财兮。

——先秦《南风歌》

舟张辟雍，鸧鸧相从；八风回回，凤皇喈喈。

——先秦《大唐歌》

卿云烂兮，纠缦缦兮。日月光华，旦复旦兮。明明上天，烂然星陈。日月光华，弘于一人。

日月有常，星辰有行。四时从经，万姓允诚。于予论乐，配天之灵。迁于贤圣，莫不咸听。鼚乎鼓之，轩乎舞之。菁华已竭，褰裳去之。

——先秦《卿云歌》

劳者歌其事”也是诗歌源于劳动生活的重要观点。

上述见解并未得到学术界的公认，都只是抓住了问题的一个侧面，冰山之一角。根据对大量考古资料、原始部族资料的研究表明，原始诗歌是与融劳动、游戏及祭祀活动于一体的音乐舞蹈紧密联系的艺术形式。欧洲学者通过对拉斯科洞、高麦洞、阿塔米拉洞、鲁塞尔洞等原始洞穴的放射性碳十四的测定，得知巫术仪式出现在公元前 1.8 万年至 1.1 万年之间。原始诗歌的起源可能比这还要早些。《吕氏春秋·古乐篇》记载的葛天氏的乐歌，不但有歌八阕，还有舞姿。“昔葛天氏之乐，三人操牛尾，投足以歌八阙：一曰载民，二曰玄鸟，三曰遂草木，四曰奋五谷，五曰敬天常，六曰达帝功，七曰依地德，八曰总禽兽之极。”从内容看，这是一组分为八个部分表演的歌舞，既有关于农业、狩猎等劳动的内容，又是劳动之余的一种游戏，同时兼具祭祀的性能。这种表达一定思想和事实的初级诗歌在原始宗教的呵护下，与音乐、舞蹈相依相伴，获得了相当的发展。正是它的这种形式和内容的高度统一，

使得它在中国文学中一直延续下去。

当然，文学的起源不是简单化的，而是多元化的，随着社会的发展和人类的进步，一定会形成更新的理论和研究趋向。

## 宫廷文学

文学正如其他艺术一样，是社会生活的反映，绝不能离开当时的物质生产状况、精神生产状况与社会意识而独立发展。宫廷文学的兴起，是在周武王灭商、周公确定周礼之后。

作为这一时代代表的文学作品是现在还存在着的那305篇的《诗经》。其中宫廷诗占有相当的内容。《诗经》的“雅”、“颂”，作者都是出入宫廷的奴隶主阶级的人物。他们的写作目的往往是规谏，希望王者权臣从暴政中警醒，也有一些作者专注于描写宫廷生活的糜烂和淫逸，还有沉迷于歌功颂德，回顾历史。较著名的作品有《鹿鸣》、《伐木》、《车攻》、《鱼丽》、《出车》、《生民》、《公刘》、《皇矣》等。

江南地区的《九歌》是楚国的宫廷舞曲，是一套完整的歌剧。它在楚国的地位犹如《周颂》在周朝的地位。《九歌》里有各种乐器，有舞蹈，有唱辞，有布景，场面热闹，范围广泛，多在宫廷有重要典礼时表演。流传至今的《九歌》尚存当时宫廷文学作品的形制。

汉武帝时代，西汉王朝进入全盛时期。武帝即位，逐斥“申、商、韩非、苏秦、张仪之言”，实行罢黜百家，独尊儒术，“建藏书之策，置写书之官，下及诸子传说，皆充秘府”，又“招选天下文学材智之士，待以不次之位”，兴太学，立五经博士，置博士弟子员，因而儒学大盛。与儒家思想相结合的礼乐这一必不可少的文化措施得到了加强。于是“乐府”得到巨大发展。《汉书·礼乐志》曰：“武帝定郊祀之礼，祠太乙于甘泉，就乾位也。祭后土于汾阴，泽中方丘也，乃立乐府。采诗夜诵，有赵、代、秦、楚之讴，以李延年为协律校尉，多举司马相如等数十人造为诗赋，略论律吕，以合八音之调，作十九章之歌。”乐府除搜集、歌唱民歌外，也创作诗篇以备歌唱，作诗者有司马相如、枚皋、东方朔等数十人，可见一时之盛。这些宫廷诗存世的代表作有《十九章之歌》，

**⊙九歌图卷 清 汪汉 绢本**

此画卷取材自屈原名篇《九歌》。屈原（约公元前339~约公元前278年），名平，字灵均，楚国贵族，学问广博，举贤授能，为怀王所信用。他主张联齐抗秦。子兰（怀王幼子）、上官大夫等向怀王进谗言，屈原遭到楚怀王的疏远，后怀王不听屈原劝阻，执意入秦，被拘禁死于秦国。后屈原再次受陷害，被放逐沅湘一带，其既痛国之危亡，又感理想之无法实现，最后投汨罗江而死。屈原在流放期间，写就《离骚》、《九章》、《九歌》等名著，流传至今的《九歌》尚存当时宫廷文学作品的形制。

汉武帝的《秋风辞》、《柏梁诗》，李延年的《歌诗》。汉武帝同时爱好辞赋，他的侍从之臣司马相如、东方朔、枚皋、倪宽、董仲舒等时时间作。司马相如的赋如《长门赋》、《上林赋》、《子虚赋》可以说是汉代宫廷文学的奇葩，反映了汉帝国的强大和昌盛、宫廷生活的骄奢和荒乐。

汉成帝时的班婕妤是中国著名的女诗人。她是楼烦人，《汉书》作者班固的祖姑。成帝初年，选入后宫，拜为婕妤。鸿嘉年间，求供养太后于长信宫。她有文集一卷传世，她的文学作品可以说是另一类视角（女性）的宫廷文学。这类后世称为“宫怨”的文学作品在南朝及隋唐得到相当大的发展。她的《团扇歌》被收入《文选》和《玉台新咏》，全诗为：

新制齐纨素，皎洁如霜雪。裁为合欢扇，团团似明月。出入君怀袖，动摇微风发。常恐秋节至，凉飙夺炎热。弃捐箧笥中，恩情中道绝。

南北朝时期，宫廷文学达到极盛，这其中尤以诗歌、骈文为最。宋、齐、梁、陈四代君主，在政治上多无建树，但在文学上，却有很好的成绩，造成了一时文学繁荣的空气。宋文帝刘义隆立儒、玄、文、史四馆，明帝分儒、道、文、史、阴阳五科，都将文学独立，已与其他重要学科并驾齐驱。刘宋宗室，如南平王刘铄、建平王刘弘、庐陵王刘义真、江夏王刘义恭等，都以奖励文学、招徕文士扬名。齐高祖萧道成、齐武帝萧赜及竟陵王萧子良、随郡王萧子隆、鄱阳王萧锵、江夏王萧锋，皆以文学见称，竟陵王门下的“八友”，更是一时俊彦。梁武帝萧衍、昭明太子萧统、简文帝萧纲、元帝萧绎都是南朝时代的天才诗人，名声几乎与曹氏父子、南唐二主相平行。至于陈后主的文学作品，更是尽人皆知。在这二百年宫廷文学的浓厚的气息里，君主臣僚的效法，竞奇争艳，使文学走上了唯美、浮华的长路。南朝文人大多作为宫廷、贵族四周的帮闲侍臣，诗文内容常以君主贵族的爱好为转移，内容往往是应诏奉和之词，空虚平白，文过饰非。

⊙隋炀帝像

南朝宫体的开创者是徐摛和庾肩吾。随着梁简文帝萧纲的入住东宫，“宫体”这一名称得到诠释。他在《梁书·简文帝纪》中自言：“余七岁有诗癖，长而不倦。然伤于轻靡，时号‘宫体’。”这一名称虽始于简文帝时，然而自鲍照、汤惠休、沈约、梁武帝以及刘孝绰、王僧孺等人的艳体诗已肇其端，只是到梁陈之世才发展到极致。宫体诗发展了吴歌西曲的艺术形式，继续了永明体的格律化，艺术化的探索，以宫廷生活为描写对象，具体的题材不外乎咏物与摹写女性。这种风气一直延续到隋及初唐。著名的宫体诗诗人有沈约、庾肩吾、庾信、徐摛、江总、徐陵、张正见等。

隋代文学的作者，基本上由两部分人构成：一部分是由梁、陈入隋的南朝文人，如江总、虞世基等；另一部分是北齐、北周的旧臣，如卢思道、薛道衡等。到隋炀帝即位后，周围聚集大批南朝文士，宫廷的文学风气明显地近于南朝。虞世基和王胄是南朝较有名望的文士，深受隋炀帝器重，成为文学侍从。虞世基的应制诗《四时白纻歌》、《奉和望海诗》，王胄的《奉和赐酺诗》、《纪辽东》，着意文采的华美、对仗的工整以及语气的阿谀，纯粹为作诗而作诗。当时隋炀帝身边的文士，如庾自直、诸葛颖等，作诗雕琢做作，了无生气。

与其他宫廷诗人相比，隋炀帝本人的诗歌中，倒有一些佳作，如《夏日临江诗》：

夏潭荫修竹，高岸坐长枫。日落沧江静，云散远山空。鹭飞林外白，莲开水上红。逍遥有余兴，怅望情不终。

颔联气象高远，魄力宏大，颇有盛唐诗歌的气象。

又如《幸江都诗》：

求归不得去，真成遭个春。鸟声争劝酒，梅花笑杀人。

另外还有《春江花月夜》（二首其一）：

暮江平不动，春花满正开。流波将月去，

| 文学纪事 | |
|---|---|
| 公元前11世纪 | 《诗经·周颂》的《昊天有成命》等为早期宫廷文学。 |
| 周赧王二十五（公元前290年） | 屈原活动于此时。宋玉、唐勒、景差出生。 |
| 汉武帝元狩三年（公元前120年） | 建乐府机构，以李延年为协律都尉。 |
| 齐永明九年（491年） | 三月三日，齐武帝宴群臣于芳林园，与会者有江淹等45人。 |
| 唐武德四年（621年） | 秦王李世民置修文馆于门下省，延十八学士。 |
| 唐高宗龙朔二年（662年） | 上官仪加银青光禄大夫。人学其诗，号“上官体”。 |
| 后晋高祖天富五年（940年） | 后蜀赵崇祚编《花间集》，南唐宫廷文学群体形成。 |
| 宋真宗大中祥符元年（1008年） | 杨亿编《西昆酬唱集》，“西昆体”流行。 |
| 明洪武三十一年（1398年） | 朱权本年写成《太和正音谱》。明初宫廷戏剧派诞生。 |
| 明正统七年（1440年) | “台阁体”盛行。 |

潮水带星来。

前诗作于隋大业十一年（615年），次年三月炀帝被弑；后诗清丽明快，对唐代张若虚的名篇《春江花月夜》有一定影响。

初唐时代，当政的文臣多半是深受齐梁影响的前朝遗老，他们的作品仍充分表现着陈、隋时期宫体诗的余响。无论是诗的格律与内容，只是徐陵、庾信一派的延续，别无新意。唐太宗李世民也同样沉溺在宫体的诗风里。据《全唐诗话》载：“帝（太宗）尝作宫体诗，使虞世南赓和，世南曰：圣作诚工，然体非雅正，上有所好，下必有甚焉。恐此诗一传，天下风靡，不敢奉诏。”虞虽主张诗要雅正，无意于宫体，但他的作品也颇多恻艳之篇。他与房玄龄、魏徵等编纂的《北堂书钞》、《艺文类聚》、《文馆词林》等类书，成为宫廷诗人的作诗工具，以便于辞藻的华美、典故的古雅。宫廷诗人李百药、杨师道、李义府、长孙无忌、陈叔达等，作品都跳不出香艳华靡的风气，虽声律辞藻方面日趋精妙，但风味上已日益贵族化和宫廷化。

在贞观诗坛的后期，介于贞观、龙朔之间，出现一位重要的宫廷诗人上官仪，形成一种诗风“上官体”。上官仪（608～644年），陕州（今陕县）人。贞观初进士及第，召授弘文馆直学士；高宗朝官至三品西台侍郎，地位很高，名噪一时。所为诗绮错婉媚，人多效之，谓为上官体。他提出“六对”、“八对”之说，重视诗的形式技巧，追求诗的声辞华美。《早春桂林殿应制》：“风光翻露文，雪华上空碧。”《奉和秋日即目应制》：“落叶飘蝉影，平流写雁行。”《入朝洛堤步月》：“鹊飞山月曙，蝉噪野风秋。”音响清越，有天然飘扬的韵致，体现了健康开朗的气度，成为代表当时宫廷诗人创作的最高水平。上官仪的作品对律诗发展多少起了一些促进作用。

继上官仪之后出现的宫廷诗人是号称“文章四友”的李峤、苏味道、崔融、杜审言。“四友”中，杜审言成就较高。杜审言现存28首五言律，除一首失传外，其余都已完全符合近体诗的规范。最有名的五律是他早期写的《和晋陵陆丞早春游望》和《登襄阳城》。在七律上，杜审言也曾用过不少的工夫。他的《守岁侍宴应制》、《大酺》、《春日京中有怀》已完全符合七律的格式。

和四友同时而稍晚，在武后的宫廷里出现了沈佺期、宋之问这两个在律诗形式上有重要贡献的诗人。他们因文才受到赏识而选入朝中做官，是武后时期有代表性的台阁诗人。身处宫禁而优游自如的宫廷生活，使他们的诗歌多为应酬、咏物、赠别之作，难免有辞藻文饰内容的弊病。同时，他们又有充裕的时间精研声律，约句准篇。元稹《唐故工部员外郎杜君墓系铭序》说：“沈宋之流，研练精切，稳顺声势，谓之为律诗。”他们的出现，标志着律诗的定型。宋之问的名作有《渡大庾岭》、《渡汉江》；沈佺期的名作为《古意呈补阙乔知之》、《遥同杜员外审言过岭》。

⊙ 南唐文会图　北宋　佚名

这幅图描绘了南唐后主李煜和三位文士在庭院聚会的情形。李煜的艺术才能是多方面的，他的书法崇尚瘦硬，骨力遒劲，人称“铁钩锁”、“金错刀”、“撮襟书”。李煜是南唐宫廷文学的代表人物。

盛唐时期，文人入仕较之前代有更多途径。开科取士，分常选与制举。常选有秀才、明经等 12 科；制举的数目也有八九十种之多。入仕的多途径为寒门士人提供了更多的机会。这使得文学离开了宫廷的狭窄圈子，走向市井，走向大漠关山。自此后，宫廷文学渐趋平淡。

晚唐五代衰乱，在远离战争的西蜀和南唐，形成了两个宫廷文学的中心。西蜀立国较早，收容很多北方避乱文人。后蜀赵崇祚所编的《花间集》，是西蜀词的代表。《花间集》共收 18 家，其中温庭筠、皇甫松、和凝、韦庄、薛昭蕴、牛峤、牛希济、毛文锡、欧阳炯、魏承班、鹿虔扆、阎选、尹鹗、孙光宪、毛熙震、李珣、张泌，除前三位外，其余诸位或是蜀人，或任于蜀。他们与前蜀王衍、后蜀孟昶，君臣纵情游乐，词曲艳发，集全力描写女人的美态，相思的情绪，与南朝的宫廷文学遥相辉映。花间词人的代表人物是温庭筠和韦庄，前者被列于《花间集》首位，入选作品 66 首，风貌细腻，绵密隐约；后者受白居易影响较深，入选词 48 首，风格疏朗自然。

西蜀、南唐同为当时的文艺重心。南唐流传下来的作品与作家虽说不多，其地位与价值并不在西蜀之下。南唐的宫廷文学以诗词较著，尤以词胜。李璟、李煜、冯延巳是江左词坛的三大巨星。他们的词既有宫体秾艳藻丽的特点，又明显地表示出个人的情愫。后主李煜字重光，25 岁嗣位南唐国主，39 岁为宋军所俘，三年后在汴京被宋太宗赐死。由于这些经历，他的词作前后风格差异很大，言情的深广超过其他南唐词人。

宋初，宫廷文学以“西昆体”诗最有影响。这个诗体是以《西昆酬唱集》而得名的。西昆体诗人人数众多，但成就较高的只有杨亿（974 ~ 1020 年）、刘筠（970 ~ 1030 年）、钱惟演（977 ~ 1034 年）三人。他们大多以李商隐为师，对仗工整，用事缜密，文字华美，但缺乏创新精神，体裁狭窄。

元代，蒙古贵族入主中原，几废科举。宫廷文学基本没有声息。

明代永乐至成化年间，文坛上占主导地位的是朝廷的“台阁体”。它是指以当时内阁与翰林院的名臣杨士奇、杨荣、杨溥等为代表的一种文学创作风格。这些朝廷重臣的诗文内容大多较贫乏，多为应制、题赠、应酬而作，无艺术生命力可言。与此同时，以皇子皇孙朱权和朱有燉为核心人物的宫廷派戏剧家登上舞台，其作品多是将元杂剧后期的封建说教、神仙道化和风花雪月等倾向加以宣扬，具有粉饰太平的色彩。喜庆剧、道德剧和神仙剧成为宫廷派作家的主要创作类型。朱权的《卓文君私奔相如》、朱有燉的《仗义疏财》、《八仙庆寿》、《香囊怨》，贾促明的《萧淑兰》、《升仙梦》，杨讷的《西游记》，是宫廷派杂剧中的佳作。

清代康熙、雍正、乾隆三朝，宫廷文学一度兴盛，但流传下来的诗文大多平素无物，毫无文学性可言，仅能作为一种现象来考证。至此，绵延两千余年的宫廷文学寿终正寝。

## 民间文学

文学艺术起源于生产劳动。最初的文学形式诗歌起源于原始人在劳动中发出的有节奏的呼声，虽然只是声音，没有歌词，但这无疑成为文学创作的开始，同时，这是民间文学的滥觞。

从商末开始创作的中国第一部诗歌总集《诗经》收入自西周初年至春秋中叶的诗歌305篇。这也是中国最早的宫廷文学与民间文学的合集。其中的“国风”保存了不少当时百姓的口头创作，虽然在最后写定时有所润色，但依然具有浓厚的民间文学的色彩。“国风”中的民歌以鲜明的画面反映了百姓的生活处境，表达了他们对剥削、压迫的不平和对生活的美好信念，是中国最早的现实主义诗篇。像《七月》反映了人民无冬无夏地劳动、衣不蔽体、食不果腹、屋不挡风寒的凄惨生活；《式微》、《击鼓》、《东山》、《陟岵》、《扬之水》等诗篇还反映了当时沉重的徭役、兵役下民众所受的苦难；《伐檀》、《硕鼠》、《鸨羽》则对奴隶主提出控诉，充满反抗意味；以婚姻恋爱为主题的民歌在“国风”中占的数量很大，如《氓》、《谷风》、《柏舟》、《静女》、《木瓜》等，或表达了对婚姻的反抗，或表达了对背弃者的痛恨，或描述悲惨的遭遇，或描述了爱情的曲折。这些民间文学的作品，汉代学者何休在《春秋公羊传》宣公十五年《解诂》中说：“男年六十、女年五十无子者，官衣食之，使之民间求诗。乡移于邑，邑移于国，国以闻于天子。”可见，这些诗歌很大一部分是纯正的民间文学作品。“国风”在形式上多四言一句，隔句用韵，但并不拘泥，杂用二言、三言、五言、六言、七言或八言，语言准确优美，朴素鲜明，没有矫揉造作的痕迹，擅用比兴手法。这些特点一直为后世文学创作所继承，是周代民间文学对后代文学有重大影响的一个方面。

南方的民间文学几乎在同时得到了发展，这不仅包括《诗经》中收录的江汉汝水间的民歌《汉广》、《江有汜》等篇章，还有《楚人歌》、《越人歌》、《沧浪歌》等楚国、越国较早的民间文学。有的歌词每隔一句的末尾用助词“兮”或“思”等。这后来成为楚辞的主要形式。另一支南方民间文学是楚国的巫歌，行于祭祀的时候，充满原始宗教气氛。这两支民间文学与楚国的地方音乐相结合，接受北方文化的影响，在长期发展中积聚了丰富的文学素材。就在这样的文化基础上，孕育出屈原这位伟大的诗人、楚辞这样光辉的诗篇。

继《诗经》、楚辞后，民间文学在汉代再起高峰，乐府诗成为代表作。两汉的乐府诗主要由朝廷的乐府系统或具有乐府职能的音乐机关搜集，许多民间歌谣得以流传下来。据《汉书》记载，乐府始于武帝之时（实际上从出土文物

**⊙八月剥枣 清 吴求 绢本**

此图选自《诗经图册》。图绘村野一隅，众人剥枣的情景。一老妪于旁边指点，面露喜色，另外几人或执竿打枣，或以衣摆接枣，或往篮、篓里装枣，这热火朝天的场景甚至感染了小孩子，他趴在地上亦加入了大人们的行列。

来看秦代已有乐府机构），至成帝末年，人员多达800余人，规模庞大，哀帝登基后，下诏罢乐府官，划归太乐令统辖。到东汉时期，音乐机关主要有太予乐署和黄门鼓吹署。东汉的乐府诗歌主要是由黄门鼓吹署搜集、演唱，因此得以保存。乐府诗的作者涵盖帝王到平民各个阶层,但最有成就的是来自民间百姓的民歌，多作于东汉时期。乐府诗的作者将笔触深入到社会各个阶层，社会的贫富悬殊、苦乐不均都在诗中有充分的反映。《东门行》、《妇病行》、《孤儿行》表现的是平民的疾苦——来自社会底层的声音；《鸡鸣》、《相逢行》、《长安有狭斜行》展现的是与苦难世界完全不同的景象，虽是描写锦衣玉食的富贵之家的生活，但视角无疑是民间的，充满了向往与羡慕。来自民间的爱情婚姻题材作品在两汉乐府里占较大比重，表达爱与恨时，大胆泼辣，决不掩饰。鼓吹曲辞收录的《上邪》系铙歌十八篇之一，是这类题材中最著名的作品。另一篇铙歌《有所思》反映的是少女的爱恨变化。少女思念还在大海之南的情人，准备“双珠玳瑁簪，用玉绍缭之”，想送给对方，闻听对方有异心，毅然毁掉礼物，“拉杂摧烧之”，并“当风扬其灰”，表示“从今以往，勿复相思”。如此细腻的白描手法，在此前的文学作品中是相当少见的。

⊙《孔雀东南飞》图

《孔雀东南飞》是汉乐府中最杰出的篇章。

《孔雀东南飞》是汉乐府中最杰出的篇章。诗的男女主角焦仲卿和刘兰芝是对恩爱夫妻，焦母不喜欢兰芝，她不得不回到娘家。刘兄逼兰芝改嫁，太守家强迫成婚。刘兰芝与焦仲卿更加恩爱，最后两人双双自杀。在这首诗里，刘兰芝的刚强、焦仲卿的淳厚、焦母的蛮横、刘兄的势利，无不刻画得入木三分。

汉乐府的影响在随后的魏晋时期就有所体现，文学史上称为“汉魏风骨”。三国时期的曹操、曹植、曹丕大都沉醉于这种民间文学题材，多用乐府古题写时事。比如汉乐府的《薤里行》和《蒿里行》本来是挽歌，曹操用来描写现实社会；《陌上桑》本来写罗敷故事，曹操写求仙；《秋胡行》本来写秋胡戏妻，曹操用来抒发人生感慨。胡应麟说曹操的诗是“汉人乐府本色尚存”。曹植更是继承了汉乐府的笔力与主题，形成“骨气奇高，辞采华茂”的风格，达到风骨与文采的完美结合，完成了民间乐歌向文人诗的转变。与“三曹”同时的“建安七子”孔融、陈琳、王粲、徐干、阮瑀、应玚、刘桢也大都受汉乐府影响极深。

南北朝时期，由于长时间处于对峙局面，因而南北朝民歌呈现出不同的情调与风格。南朝民歌缠绵悱恻，反映爱情生活；北朝民歌粗犷豪放，反映北方社会与风习。南朝的抒情长诗《西洲曲》和北朝的叙事长诗《木兰诗》分别代表了南北朝民歌，同时也是南北朝民间文学的最高水平。

南朝民歌大部分保存在宋朝郭茂倩编的《乐府诗集·清商曲辞》里，有吴歌和西曲两类。吴歌产生在今南京附近，东晋及刘宋的居多，共326首；西曲产生在荆（今湖北省荆州市）、郢（今湖北省荆州市城郊）、樊（今湖北省襄阳市）、邓（今河南省邓州市）间，宋、齐、梁、陈的居多，共142首。现存的吴歌中，以《子夜歌》（42首）、《子夜四时歌》（75首）、《华山畿》（25首）和《读曲歌》（89首）最为重要。

西曲有异于吴歌的闺阁气息，多写离别之情，开朗明快。抒情长诗《西洲曲》写一个青年女子的相思之情，四句一换韵，运用连珠的修辞方法，声情并茂。清沈德潜在《古诗源》中说此诗“续续相生，连跗接萼，摇曳无穷，情味愈出”。这首诗是南朝民歌中艺术性最高的一篇。

北朝民歌大部分保存在《乐府诗集·横吹曲辞》中，此外在《杂曲歌辞》和《杂歌谣辞》中有一小部分，共70首左右。《敕勒歌》、《折杨柳歌辞》、《企喻歌辞》、《陇头歌辞》都是著名的篇目。《梁鼓角横吹曲》中的长篇叙事诗《木兰诗》讲述木兰代父从军的故事，是北朝民歌中最杰出的代表。此诗描写有繁有简，结构严谨，通过人物行动和气氛烘托人物心理性格，成功地塑造了木兰这个不朽的艺术形象。

唐朝时期，民间文学以诗、俗讲与变文、词为代表。民间诗最著名的就是唐初王梵志的诗，他的诗在民间流传极广，影响很大。王梵志的诗虽然较之唐诗名家，略显平易，文采不足，但在数万首唐诗中似可备一格。另外，由于唐代诗歌极盛，众多无名氏及未留名者的诗歌作品也构成民间文学的奇葩，这其中，西鄙人的《哥舒歌》、太上隐者的《答人》、无名氏的《杂诗》、陈玉兰的《寄夫》为翘楚。俗讲由佛家讲经衍生出来，吸收民间声腔，专以取悦俗众为务。俗讲的底本称为讲经文。变文简称“变”，是转变的底本。俗讲与变文均在1900年发现于敦煌藏经洞。俗讲保存下来的有十来种，最为完好者是《长兴四年中兴殿应圣节讲经文》，散韵结合，说唱兼行。变文存世有八种，这八种明确标明是供艺人说唱用的，融文学、音乐、表演于一体，想象丰富，情节曲折，引人入胜。词在隋末唐初兴起于民间，这从1900年敦煌出土的词曲中可以得到印证。这些多为无名氏所作，保存着民间文学的朴素快直的风格，富有生活气息。如《菩萨蛮》：“枕前发尽千般愿，要休且待青山烂。水面上秤锤浮，直待黄河彻底枯。白日参辰现，北斗回南面。休即未能休，且待三更见日头。”这首词比喻新奇，很像汉代乐府诗《上邪》的风格。

唐代的民间“说话”技艺发展到宋朝日趋成熟。宋代汴京、杭州等城市的“瓦肆”中常常有“说话”演出，属于说话范围的有四家：小说、讲史、讲经、合生或说浑话。话本就是这些“说话”的底本。现存的宋元话本主要是“小说”，包括《京本通俗小说》的全部，《清平山堂话本》的大部和“三言”的小部分，约40篇。这些“小说”话本以爱情、公案两类作品最多，成就最高。此外，在宋朝市井瓦舍中表演诸宫调、鼓子词、词话的艺人初步注意到说白和歌曲的分工，直接导致以曲白结合表演故事的元杂剧的产生。这些从存世残本《西厢记诸宫调》和《刘知远诸宫调》中可以得到考查。

元杂剧可以说是民间文学的奇葩。虽然众多杂剧都由文人创作，但无论故事语言、演出地点、流行区域等都具有极强的民间性。而南戏则是南曲戏文的简称，最初流行于浙东沿海一带。它吸收各种民间词调以及新起的民间小曲来演唱，深受广大百姓的喜爱。宋元两代的民间歌谣也流传下来了一些，虽数目不多，但颇能反映民间文学的率真、自然。如宋代话本《冯玉梅团圆》中的一首民歌：“月儿弯弯照九州，几家欢乐几家愁。几家夫妇同罗帐，几家飘散在他州。”它运用对比手法，反映金兵南下，国家动乱时百姓的凄凉生活，一直为人传

⊙ 乡野说唱　选自《风俗小品图册》

诵。元朝末年的《树旗谣》:“山高皇帝远，民少相公多。一日三遍打，不反待如何。”这是写在浙东义军旗上的歌谣，直白的四句却说尽了民间疾苦。

明朝自宣德、正德、成化、弘治年后，民歌广泛流布，不问男女，不问老幼贵贱，人人学习，人人喜爱，影响到文坛，使许多文人倾倒。明朝卓人月说 :“我明诗让唐，词让宋，曲又让元，庶几〔吴歌〕、〔挂枝儿〕、〔罗江怨〕、〔打枣竿〕、〔银绞丝〕之类，为我明一绝。”现存最早的民歌集子主要有成化年间刊行的《新编四季五更驻云飞》、《新编题西厢记咏十二月赛驻云飞》等四种，之后还有冯梦龙辑的《挂枝儿》、《山歌》等数种，总计在千首以上，内容多为情歌。

明清两代的说唱文学以弹词和鼓词为主，流派纷呈，内容丰富生动，达到了很高的艺术成就。弹词由宋代的陶真和元代的词话发展而来，由说、噱、弹、唱几部组成。现传弹词作品大约有三百余种，大多数为清中叶以前流传下来的，少数创作于清末。著名的作品有《天雨花》、《再生缘》、《笔生花》、《珍珠塔》。

鼓词主要流行于北方，也是由陶真和词话发展而来。现存最早的鼓词是明代天启刊本《大唐秦王词话》，另有一部分鼓词由名著改编而成，如《三国演义》、《水浒传》、《聊斋志异》、《窦娥冤》等。

近代（鸦片战争至辛亥革命）民间文学以歌谣和传说故事为主，多与禁烟、太平天国起义、义和团运动有关。

## 民族文学

最古时的中华就是所谓的中原地区，包括现在的河南、山东、陕西、山西这一带。中原地区的人，认为南方的楚国是夷狄，说“戎狄是膺，荆舒是惩”。所以相对当时中原这个狭小的文化地区来说，楚国的文学就是少数民族文学了。楚人“信巫鬼，重淫祀”(《汉书・地理志下》)，这种崇尚明显具有当地土著民族的风气。从屈原的《招魂》、《离骚》、《天问》、《卜居》这些篇目中可以看出楚国文学受巫文化(土著文化）影响的幽深。所以说，楚辞是早期民族文学的代表作。

汉朝时，用汉文写作的诗歌受到若干少数民族的音律、语言、手法等多方面的影响。汉朝的挽歌、铙歌里头有许多字，只起到辅助腔调的作用，这些有音无义的字就是少数民族的语言。因为汉代的疆域较之于秦及春秋战国骤然膨大，不可能不受到少数民族文化的影响，这些从汉代出土的文物中可以得到证明。比如铙歌里的“匪乎欷”，“噫无鲁支呀”，就是古代少数民族语言随着乐谱传过来的。《汉书・西南夷传》中西南少数民族的诗被翻译了过来，对得不很准确。《后汉书》道 :“明帝时，益州刺史朱辅宣示汉德，咸怀远夷。自汶山以西，前世所不至，正朔所未加，白狼、槃木、唐菆

| 文学纪事 | |
|---|---|
| 周景王元年（公元前544年） | 吴公子季札在鲁观周乐。南方楚民族文学兴盛。 |
| 汉武帝天汉元年(公元前100年) | 汉武帝逐渐驱除匈奴，北方民族文学作品流入中原。 |
| 梁武帝大同十二年（546年） | 《敕勒歌》作于是年。鲜卑民歌兴于北方。 |
| 武则天长安元年（701年） | 李白生于中亚碎叶，为昭武九姓胡人。 |
| 宋理宗淳祐十二年（1252年） | 元好问北上，见忽必烈。 |
| 元世祖至元九年（1272年） | 萨都剌生（1272~1355年）。 |
| 清顺治十一年（1654年） | 纳兰性德生（1654~1685年）。 |

等百余国。皆举种称臣奉贡，白狼王唐菆作诗三章，歌颂汉德，辅使译而献之。”可见，当时的民族文学还是比较繁荣的，这些翻译过来的文学作品称为《远夷乐德歌》、《远夷慕德歌》、《远夷怀德歌》，全是四言，类似郊庙歌曲。

南北朝时期，北方民族政权更替很快。现在所存的北朝民歌大都是北方少数民族歌唱，大部分保存在乐府诗集的横吹曲辞中，计有七十首左右。《乐府诗集》卷二十一云："北狄诸国，皆马上作乐，故自汉以来，北狄乐总归鼓吹署。”这些歌辞多半是北魏以后的作品，如《折杨柳歌辞》说："我是虏胡儿，不解汉儿歌"，便是证明。著名的《敕勒歌》原作者为斛律金，是鲜卑族人，“其歌本鲜卑语，易为齐言，故其句长短不齐”。这是一首凡是研究文学作品谁也避不开的诗。

再说唐朝，李白是中国的诗仙。他和李世民一样昭武九姓之一，西北地方人，有鲜卑血统。历史上没有详细记载他是哪一个族的，但研究已经证明，他肯定是一位少数民族。只是他浸淫汉文化太深了，所以常常被忽视。与白居易一起的元稹是拓跋氏的后裔，他常常被同僚指责为胡人，但他的文学作品如《莺莺传》还是很有名气的。

辽是契丹民族建立的北方政权，起于唐末（907 年），迄于 1125 年，正好与五代、北宋相终始。苏辙的“弯弓射猎本天性”（《虏帐》）是对契丹族社会民俗、民族性格的生动写照。辽诗存世七十余首，有汉人作的，也有契丹人作的。最能体现民族文学特色的当推契丹诗人之作。辽代首位较有名气的诗人是东丹王耶律倍，他现存诗一首："小山压大山，大山全无力。羞见故乡人，从此投外国。”“山”是契丹小字，意思为“可汗”，与汉字的“山”形同义不同。写的是太后立耶律德光为帝，自己是太子却被摈弃的事。这是一首契丹文与汉文珠联璧合的诗的典型。赵翼在《廿二史札记》中说此诗："情词凄婉，言短意长，已深合风人之旨也。”辽国的契丹族诗人成就可观的还有萧观音、萧瑟等。

金末元初，元好问是杰出的诗人，最有成就的词人，重要的诗论家。元好问（1190 ~ 1257 年），字裕之，号遗山，太原秀客（今山西祈州）人，祖先为北魏鲜卑拓跋氏。他存诗一千四百余首，生动地反映了金元易代时的社会历史画卷，风格雄浑悲壮，代表作有《论诗绝句三十首》、《癸巳四月二十九日出京》、《岐阳三首》、《游黄山》等；他存词三百余首，数量为金词之冠，风格与诗风类似，气象苍莽，境界壮阔，代表作有《木兰慢·游三台》、《水调歌头·赋三门津》、《摸鱼儿》。

元朝，蒙古族入主中原，民族文学又出现了一个高潮。耶律楚材、乃贤、余阙、丁鹤年、萨都剌、贯云石等人，深受汉文化的熏陶，用汉文写作的诗，艺术上都相当成熟。其中成就最高的是萨都剌。他以写宫词、乐府著名，受晚唐温庭筠和李商隐的影响颇大。如《上京即事》："牛羊散漫落日下，野草生香乳酪甜。卷地朔风沙似雪，家家行帐下毡帘。”描写塞北的风光，格调清新，笔触充满深情。

到了清朝，纳兰性德（1654 ~ 1685 年）吸收李清照、秦观的婉约特色，运用不事雕琢

**⊙ 纳兰性德像**

被誉为“清初第一词人”。其词自然流畅，缠绵清新，多是哀婉凄艳的佳构。精于书法，擅长书画鉴赏。有《侧帽词》、《饮水词》行世，一时洛阳纸贵，人人争相诵咏。

的白描手法，铸造出具有个人独特风格的词作，给词在清代的振兴注入了活力。他属满洲正黄旗，姓叶赫部落，是呼伦四部的人。同时他又是太傅明珠之子，字容若，名性德。他的悼念亡妻的词作如《金缕曲》、《蝶恋花》等是其代表作，可与苏轼《江城子·记梦》相比。况周颐称他为“国初第一词人”。

曹雪芹（约 1715 ~ 1763 年），祖籍辽阳，明末入满洲籍，属正白旗。他的祖父给康熙写奏折，康熙批语有满文，可以肯定曹雪芹的祖父是懂满文的。曹雪芹接受了满族文化，用汉文写出来的《红楼梦》无疑更称得上真正的“民族文学”的精品。

## 文学与政治

中国文学一开始就与政治有着不可脱离的关系。商代中期，盘庚迁都于殷，对臣下发表训令，收录在最早的散文集《尚书》中。盘庚迁殷，经过武丁的经营，国家昌盛，巫觋之风盛。祭祀占卜的卜辞留在甲骨上，称为卜辞，是中国散文的源头。周武王攻灭商纣，建立西周。周公定礼制，史官从原始宗教里脱离，成为新兴文化的代表。《诗经》实际是朝廷收集的礼乐歌。

春秋战国时期，随着周天子的衰微，礼乐制度崩坏，各个学派的代表人物，出于对国家的责任感和人生的际遇，著书立说，形成“百家争鸣”的局面，出现了“百花齐放”的文学局面和风格。

汉朝继秦朝统一六国后统一天下，汉武帝时，“罢黜百家，独尊儒术”，北定匈奴，东平朝鲜，西入大宛，南服交趾，国力空前强盛。这对汉赋的博大气势和汉代散文的纵横捭阖有着直接的影响。

汉末天下大乱，黄巾起义，军阀混战，“白骨露于野，千里无鸡鸣。”曹操统一北方后，汇集文士，慷慨赋诗，和两个儿子曹丕、曹植造就了建安时期文学的新局面。此后，西晋统一，结束了三国纷争的局面。不久后又发生“八王之乱”，晋室东迁到南方后，北方十六国连年混战，南方东晋又有桓温、王敦等作乱，北方北魏、北齐、北周、西魏、东魏等朝代的更迭斗争，南方宋齐梁陈几个朝代的更迭带来的斗争，梁末的侯景之乱，再加上东晋、南朝的北伐、北朝的南攻，三百多年里没有安宁。这些在文学作品中都有反映。所以说魏晋南北朝文学是典型的乱世文学。

唐朝建立后，太宗李世民贞观四年（630 年）打败突厥，东突厥的各属王归顺唐朝，尊唐太宗为天可汗。贞观八年（634 年）大败吐谷浑，贞观十四年（640 年）平定高昌，高宗显庆二年（657 年）打败西突厥。唐朝维持着强大的势力达一百余年，直至唐玄宗开元、天宝年间达到最高峰。唐朝帝王对外来文化采取兼容的政策，视华夏夷狄为一家，广开仕途。

⊙焚书坑儒图

秦始皇的焚书坑儒政策对中国文学和文化的发展和继承破坏性极大，由此带来中国文学史上秦文学的严重缺失。

这使得唐代士人对人生普遍持进取的、积极的态度，反映到文学上来，便是文学中的昂扬情调。安史之乱后，大多数诗人失去了盛唐士人的昂扬风貌，尽管还有少量作品存留盛唐余韵，也写民生疾苦，但大量作品表现出孤独寂寞的冷落心境，追求清雅高逸，气骨渐衰。晚唐时期，内有宦官专权，外有藩镇割据，战乱频起，唐王朝陷入衰败倾覆的境地。一般士人在仕途上没有了进身机会，国事无望，常常悲凉空漠，体现得最早最多的就是怀古咏史的作品。

晚唐五代衰乱，西蜀和南唐相对比较安定，前蜀王衍，后蜀孟昶，南唐中主李璟、南唐后主李煜都没有励精图治的打算，苟且偏安，收容不少避乱的文人，纵情游乐，词曲艳发，所以词坛从五代开始兴盛起来。

960年，后周世宗柴荣病死后，恭帝年幼，殿前都点检赵匡胤利用兵权，发动陈桥兵变，建立宋朝。在此后，宋朝先后平定西蜀、南唐和北汉，结束战乱分裂局面，基本实现统一。鉴于中唐以来藩镇割据，宋王朝采用崇文抑武的基本国策，重用文臣，宰相、枢密使等多由文人担任。文臣由科举考试进入仕途，成为宋代官吏的主要成分。这些措施使士大夫的参政热情非常高。欧阳修在《镇阳读书》中说："开口揽时事，议论争煌煌。"这些使宋代的诗文明显具有政治教化的功能，说教意味显然比唐代浓厚得多，反映社会、干预政治始终是其最重要的主题。

13世纪中叶，成吉思汗统率蒙古铁骑，横扫亚欧大陆。1234年，窝阔台灭金；1276年，忽必烈灭宋，以大都为政治中心，建立起"北逾阴山，西极流沙，东尽辽左，南越海表"的以蒙古族贵族为统治主体的大一统政权。在政治上，元朝统治者奉行民族压迫政策，将国民分为蒙古、色目、汉人、南人四个等级。蒙古人最尊，南人最贱，民族矛盾始终很尖锐。另一方面，各民族间的杂居、交流，既提高了少数民族的文明程度，也给汉族文化注入了新的成分。这些在元杂剧、元代少数民族诗人作品中都可以找到答案。

1368年，朱元璋建立明朝。在政治上，他先后通过左丞相胡惟庸和大将军蓝玉两案，大兴党狱，杀戮功臣，废除宰相制度和三省制度。至成祖永乐和宣宗宣德年间，又建立内阁制度，削弱王权，还建立锦衣卫和东、西厂，监视群臣和百姓。明代中叶以后，皇权高度集中，皇帝腐化，宦官专权，加剧了党争。政治上的混乱伴随着商业经济的发展，城市繁荣，政治思想逐渐自由活跃起来。明代世俗文学就是在这样的情况下兴盛起来，并在成就上超过了传统的诗、文、词等。

明末崇祯十七年（1644年），李自成率农民起义军攻陷北京，明朝灭亡。清兵挥师入关，宣布定都北京，拉开了统治中国近300年的清王朝的序幕。定鼎北京后，经过40年的征服战争，清朝统一全国。康熙、雍正、乾隆三朝，国势强盛，社会繁荣，文学也呈现出一种集中国古代文学之大成的辉煌景观。待到19世纪中叶的道光年间，发生鸦片战争，中国沦为半殖民地半封建社会，进化论、天赋人权、自由民主等比较重要的资产阶级思想学说引入中国。中国文学改革从此翻开了新的一页。这时的文学创作显现出新旧文学的竞争和并存的局面，一直持续到清亡以后。

**·精彩阅读·**

陈郡谢灵运笃好佛理，殊俗之音多所达解，乃咨睿以经中诸字并众音异旨，于是著《十四音训叙》，条列梵汉，昭然可了，使文字有据焉。

——梁·慧皎《高僧传》

海上求仙客，三山望几时。焚香宿华顶，浥露采灵芝。屡蹑莓苔滑，将寻汗漫期。倘因松子去，长与世人辞。

——唐·孟浩然《寄天台道士》

## 文学与史学

文学的起源之一就是巫术宗教。上古时期巫史不分，史从巫中分化出来专门从事人事的记录，是文学上的一大进步，也是社会的一大进步。先秦时期的文学状态，一方面是文史哲不分，另一方面就是诗乐舞的结合，这种原始性的状态成为先秦文学的大景观。就散文领域来说，在讲先秦散文时我们无法排除《尚书》《左传》、《国语》、《战国策》等历史著作。

商朝，巫史文化昌盛，促进了散文的发展。中国最早的散文可以追溯到记录包括祭祀、农业、战争、疾病、田猎等社会历史的甲骨卜辞。《尚书》所录的《盘庚》是可信的殷人作品，记录历史上盘庚迁都于殷时发表的训辞，文字古奥。《商书》中的另外四篇，经过后人润色，已非本来面貌。随着周初分封制的推行，中国历史进入新阶段，旧的巫术宗教文化被取代，礼乐文化成为主流，历史意识也空前发展起来，“史官文化”因此而成熟。春秋时期各国的史书，以鲁国的《春秋》为代表，它经过孔子修订，讲述社会伦理秩序，通过对历史事件的选择，以寓褒贬，寄托自己的社会理想。《左传》是先秦史传散文的顶峰之作，它记述历史，开《战国策》、《史记》等史传散文的先河。《国语》以记载历史人物的语言为主，言辞典雅精练，通过人物语言描绘情节和人物形象，也为后世所推崇。

西汉王朝到武帝时期臻于鼎盛，历史散文出现了里程碑式的杰作，这就是由司马迁撰写的《史记》。它代表了中国古代历史散文的最高成就，鲁迅先生在《汉文学史纲要》中称它是“史家之绝唱，无韵之离骚”。司马迁的父亲司马谈（？~公元前 110 年），曾任太史令，对诸子百家学说深有研究。司马迁在史官家庭长大，向孔安国学《尚书》，向董仲舒学习公羊派《春秋》，后来也担任了太史令。司马谈向儿子讲述过自己立志修史的动机：“自获麟以来，四百有余岁，而诸侯相兼，史记放绝。今汉兴，海内一统，明主贤臣死义之士，余为太史而弗论载，废天下之史文，余甚惧焉，汝甚念哉！”（《太史公自序》）司马迁修订一部历史，一方面继承古代史学传统，另一方面弘扬有汉一代的辉煌，同时更抒发了自己的人生情感和喟叹。《史记》记载了上自传说中的黄帝，下至汉武帝太初（公元前 104 ~公元前 101 年）年间，共三千年的历史发展，是中国古代历史的伟大总结。

东汉时期，史传散文中，班固的《汉书》和赵晔的《吴越春秋》史学价值与文学价值俱高。《汉书》是中国第一部纪传体断代史，在叙事写人方面成就很大，中国文学界和史学界，常将他与司马迁并称“班马”，《史记》与《汉书》对举。《吴越春秋》今存十卷，讲述历史上吴越争霸的故事，兼有编年体和纪传体史书的特点，是历史演义小说的雏形。

**⊙晋文公复国图卷　南宋　李唐**

此图描绘春秋时晋国公子重耳出亡后历经宋、郑、楚、秦诸国，最后终于回到晋国，做了晋侯的故事。晋文公复国的故事在史传散文《春秋》、《左传》中都有记叙。

魏晋南北朝是一个政权更迭迅速，思想极其复杂的时期，这也是文学开始与史学、哲学逐渐分清的阶段。和《史记》《汉书》《后汉书》并称“前四史”的《三国志》，史学价值就盖过了文学价值，反映了文学发展的轨迹，同时，这部作品仍具备相当的文学水平，则显现了中国文学与史学互相渗透出入的联系。南朝宋范晔的《后汉书》具有相同的特点。北朝的著名散文如郦道元《水经注》、杨炫之《洛阳伽蓝记》虽然是旷世的精彩阅读物，但是史学上的价值同样不可忽视。清陈运溶指出：“郦注精博，集六朝地志之大成。”（《荆州记》序）《洛阳伽蓝记》记叙佛教传入中国后在北方的发展历史，史料价值非常高。刘义庆的《世说新语》记录魏晋名士的逸闻轶事和玄虚清谈，是研究魏晋上层社会的极好史料。

⊙ **两朝贤后故事册（之四） 清 焦秉贞 纸本**

本画根据《后汉书》中邓太后戒饬宗族的事迹绘制而成。邓太后，名绥，邓禹孙女。和帝卒后临朝，在位 20 年。邓太后曾经将邓氏子孙 30 余人聚集起来，授以经书，并亲自监督考核，同时，太后下诏令国戚们切忌只拿奉禄而不思上进。本画即描绘太后此举。《后汉书》是中国“前四史”之一。

唐初设立史馆，出于以史为鉴的目的，修《梁书》、《陈书》、《北齐书》、《周书》、《隋书》。后来又以太宗李世民修撰的名义修《晋书》和以私修官审的形式修《南史》和《北史》。史学家对文学问题的论述和批评，直接影响到文学的走向，如《隋书·文学传论》、《北齐书·文苑传赞》、《周书·王褒庾信传论》及各史中的作家传以及传论中的文学见解，与初唐诗风朝着合南北文学的长处、旨深调远、声律风骨齐备的方向发展不无关系。

宋代文人士大夫在政治上和学术上都有强烈的使命感，十分重视诗文的教化功能。所以欧阳修在编修《新五代史》的时候，会用自己犀利的文字在序传中通过五代各个朝代的兴亡，论述国家盛衰的道理，告诫为人主的引以为戒。这些史学思想和文学手法在《伶官传》和《宦者传》里有很好的体现。此外，通过对历史人物、历史著作、历史事件的研究，宋代的文学家发表许多文章，展开议论，把文学的社会政治功能通过历史揭露出来，像苏洵的《管仲论》，苏轼的《范增论》、《留侯论》、《贾谊论》，苏辙的《六国论》，王安石的《读孟尝君传》就是这类作品。

随着程朱理学的确定，宋代文人对待史学的态度一直延续到清末。像明朝方孝孺的《豫让论》、唐顺之的《信陵君救赵论》、王世贞的《蔺相如完璧归赵》无疑是受了宋人作品的影响。另一方面，元明清三代，历史逐渐走向世俗，被民众演绎，出现了讲史、说唱、弹词、演义小说等题材，将历史搬上了世俗文化的舞台，有从《三国志》发展来的《三国志通俗演义》小说；有从历史上的宋江起义衍化成的《水浒忠义传》；有写周武王灭商的《封神演义》。其他像《杨家将演义》、《隋唐演义》、《说唐后传》、《五虎平西平南》、《南北史演义》等，更是极受欢迎的文学作品。这些反映出文学与史学的关系：一、庙堂性，存在于上层文人中，通过历史作理论阐述，“文以载道”；二、民间性，存在于大众生活阶层中，通过历史演绎出故事，学历史，娱乐身心。

## 文学与哲学

中国先秦时期的文学形态，一方面是文史哲不分，另一方面是诗乐舞的结合，这种混沌的情形是当时的一大景观。所谓文史哲不分，是就散文领域来说，因为那时还没有纯文学的散文，无法排除《周易》、《老子》、《论语》、《孟子》、《庄子》等哲学著作。

《周易》的作者，据《周易·系辞》说，是包牺氏(伏羲)，传说他作“八卦”。《史记·周本纪》又提到“西伯……囚羑里，盖益《易》之八卦为六十四卦”。这些说法目前还未得到证实。从文字水平看，大约产生在公元前11世纪的商末周初。《周易》中的阴阳、刚柔的哲学思想对后世的文学批评理论影响甚大，它的有些爻辞也颇具文学性，比如“虎视眈眈，其欲逐逐”(《颐·六四》)，又比“突如其来如，焚如，死如，弃如”(《离·九四》)。

《老子》和《论语》是中国最早的哲理散文。《老子》的文章犹如辞意精炼的哲理诗，运用大量的韵语，排比对偶句式，行文多变，常用比喻来表现深刻的哲理，阐明哲学思想，如描写“道”，说：“谷神不死，是谓玄牝。玄牝之门，是谓天地根。绵绵若存，用之不勤。”文气流畅自然，句式连环相接。《论语》记录了孔子言行的片断，表明了孔子的“仁”的哲学思想，许多言语对后世文学创作、文学理论、文学批评影响深远；它的文学性绝妙地体现在用形象的语言简约地表达深刻的哲理，如“子曰：‘岁寒，然后知松柏之后凋也’”(《子罕》)，“子曰：‘饭疏食，饮水，曲肱而亦在其中矣。不义而富且贵，于我如浮云’”(《述而》)等。

⊙孔子圣迹图页 清 焦秉贞 绢本

图中湖石峻挺，绿意浓深，孔子正与国君相对而谈。此画当源自孔子周游列国，游说诸王，宣扬儒家“仁政”、“以德治国”的典故。

《孟子》主要记录孟子的谈话，反映了孔子之后最重要的儒学大师孟子对儒家学说的继承和发展，是著名的哲学著作。“性善论”、“养浩然之气”等论段对后世文学理论批评影响很大。长于论辩、巧妙动用逻辑推理、语言平实流畅是《孟子》的文学特点。《庄子》的哲学思想源于老子，发展并延伸了老子的思想。“道”是其哲学的最高范畴和根基，他认为人生就是体认“道”的人生，“天地与我并生，而万物与我为一”(《齐物论》)，从而能进入“坐忘”的境界。这种哲学思想的表现形式，具有明显的文学特质，对文学影响较深，超过了其他著作。

汉代的官学和私学都以讲授儒家经典——五经为主，宗经成为有汉一代的社会风气。汉代经学与文学有着紧密的联系，经学作用于文学，文学也影响经学，许多作家如司马迁、司马相如、班固、张衡等，都受过经学教育，他们成为沟通经学和文学的重要媒介。《汉书·儒林传》说当时“公卿大夫士吏，彬彬多文学之士矣”。东汉的《论衡》和《潜夫论》分别是王充和王符的作品，两者都是哲学味很浓的政论文。前者最能代表作者疾虚妄宗旨的是“九虚”、“三增”、《论死》、《订鬼》诸篇，后者文字朴实无华，以温雅弘博见长。

魏晋时期形成一种新的人世观和世界观，其理论形态就是玄学。玄学的形成在老庄哲学思想的基础上又吸收佛学的成分，存有崇有贵无、名教与自然、形神之辨、名理之辨、言意之辨几个重要的论题。“自然”与“真”都不见于《论语》、《孟子》，是老庄哲学范畴里的特有词汇，在魏晋南北朝的文学创作与理论批评中虽然还没有占据主导地位，但体现它们的陶渊明的出现，以及阮籍、嵇康、钟嵘、刘勰等人关于“真”和“自然”的论述，却对此后的中国文学产生了极其深远的影响。

唐朝近三百年间，思想兼收并容，以儒为主兼取百家。唐玄宗亲注《孝经》，又亲注《道德经》和《金刚经》，就是兼取三家思想的明证。儒、禅、道思想的交融，可以说是唐代思想的基本特点。佛教哲学思想的成熟，对士人的人生理想、生活情趣都有很深的影响。有的诗人直接讲佛理，如孟浩然的“会理知无我，观空厌有形”，李颀的“始觉浮生无住著，顿全心

**·精彩阅读·**

子贡曰："夫子之文章，可得而闻也；夫子之言性与天道，不可得而闻也。"

——《论语》

曰："我知言，我善养吾浩然之气。""敢问何谓浩然之气？"曰："难言也。其为气也，至大至刚以直，养而无害，则塞于天地之间。其为气也，配义与道；无是，馁也。是集义所生者，非义袭而取之也。行有不慊于心，则馁矣。我故曰，告子未尝知义，以其外之也。"

——《孟子·公孙丑上》

道可道，非常道；名可名，非常名。地法天，天法道，道法自然。大器晚成，大音希声，大象无形。

——《道德经》

童子者，人之初也；童心者，心之初也。

夫道理闻见，皆自多读书识义理而来也。古之圣人，曷尝不读书哉！然纵不读书，童心固自在也，纵多读书，亦以护此童心而使之勿失焉耳，非若学者反以多读书识义理而反障之也。

——明·李贽《童心说》

地欲皈归"，白居易的"有起皆有灭，无睽不暂同"；有的表现禅趣，如王维的"行到水穷处，坐看云起时"。唐代文学家几乎都是同时受儒、释、道家之影响，很少有例外的。

理学在宋代开始兴盛，主要是士大夫阶层主体意识的理论表现，如程颐、朱熹等理学家自认为掌握了古圣的道行，欧阳修、王安石、苏轼等文人也热衷于讲道论学。这种风气一直延续到南宋朱熹与二陆、朱熹与叶适、陈亮的论争，并体现在宋朝甚至是以后元明清三代的文学作品中。理学在南宋的最后50年，地位得到确认。

元明清三代，理学成为官方的意识形态。元朝立国，程朱理学统治地位仍然得以继承，朝廷设立官学，以儒家的四书五经为教科书，封孔子为"大成至圣文宣王"，但是这些都无法掩饰儒学声势的下降。佛教、道教、基督教等在中原地区同样得到发展，削弱了儒家哲学思想的群众基础。随着程朱理学影响的下降，蔑视礼教违反伦理的举动越来越多。元代文学作品出现众多反对封建礼教的人物，无疑反映了这一现象。

明代弘治、正德年间，王守仁继胡居仁、陈献章、湛若水等人后，发展了宋代陆九渊的"心学"，认为"心者，天地万物之主也"，"心外无理，心外无事，心外无物"，提出"我心之良知，无有不自知者"。这种哲学思想打破了僵化的程朱理学，流布天下，在此后形成多个派别。其中的泰州学派，也称王学左派，从王艮、罗汝芳，到李贽，越来越"离经叛道"，与禅宗在社会上广泛传播，为文学的变革提供了理论武器。一时间，徐渭、李贽、汤显祖、袁宏道、屠隆等文学家在王学和禅宗的影响下，创作主体意识明显加强，文学个性更加鲜明，致使明代文学呈现出一种新的气象。

清初，几位思想家大都反对宋明理学，对李贽非儒薄经的思想更是加以否定，但无形中还是接受了李贽的影响。清代中叶，汉学家戴震的"由词以通道"的方法使他由对古文字训诂，进入对理学问题的研讨和对宋代理学的批判。他成为一位思想家、哲学家，批判宋儒"以理杀人"。清朝后期，伴随列强的入侵，西学来势凶猛，西方的传教士以及中国的京师同文堂、江南制造局翻译了大批哲学宗教、政治法律、历史地理方面的书，别开一种境界。清朝前中后三期哲学思想的变换在文学作品反映的非常明显，这也构成为清代文学比较繁复的特点。

## 文学理论

先秦时期是中国古代文学理论的萌芽产生期。文学理论萌芽产生在创造文字以后，是和人们对文学的认识、思想文化和伦理道德的状况以及文学在当时社会中的地位分不开的。这一时期的文学理论具有以下特点：首先，文学理论大都体现在总体文化的论述内；其次，它和哲学、政治、思想紧密相关；再次，文学理论与文学批评、艺术思想难以截然分开，相互包容；最后，虽然当时没有直接的文学理论，但后代的文学理论许多都可以从这时找到渊源。春秋时期，孔子提倡“诗教”，提出“诗可以兴，可以观，可以群，可以怨”，对后来的诗学理论影响深远。孟子提出“与民同乐”的文艺美学思想，讲求“养浩然之气”，对后来文学理论中的“文气”起到了奠基作用。荀子对儒家文学理论进行继承和发展，形成明道、言志、抒情相结合的文学观点。老子和庄子代表了道家的文学观，老子主张“大音希声，大象无形”；庄子崇尚“无乐之乐”、“言意之表”、“物化”、“得意忘言”、“虚静”，对古代文艺理论的影响最为深远。

⊙ 魏文帝曹丕像

曹丕是三国时期著名文学家。其代表作《典论·论文》对后世的文学理论批评乃至整个文学的发展方向产生了深远影响。

汉代儒士信奉孔子的“温柔敦厚”的思想，进一步形成了原道、征圣、宗经的原则。确定这个准则的是扬雄（前 53 ~ 18 年）。他在《法言》中，自比孟子，要继承孔子，发扬儒家大业，以道、圣、经作为文学创作的基本，提倡文质并茂。班固与此前的司马迁在他们的作品《汉书》与《史记》里倡导“实录”，认为文学作品应该真实地反映现实。东汉前期的文艺思潮进一步深化，以王充和桓谭为代表，王充提倡真、善、美相统一，反对虚妄，反对复古，崇尚独创，这些理论集中反映在《论衡》当中。曹魏时期，曹丕和他的《典论·论文》代表了这一时期的文学思想的新特点。曹丕分文章为“雅”、“理”、“实”、“丽”四科，提出“文以气为主”的著名论断。西晋的《文赋》是陆机的名篇，也是中国文学理论批评史上的佳作，第一次完整系统全面地研究了文学创作的基本理论，东晋南北朝的文学理论批评就是按《文赋》的道路继续发展的。南朝宋刘勰的《文心雕龙》是中国文学理论史上最杰出的作品。由此形成了一门研究它的“龙学”。刘勰认为文学的本质是“道是其内容，文是其表现形式”。在他看来，文学既是心灵世界的体现，又是反映客观世界的原理和规律的。他说：“诗人感物，联类不穷；流连万象之际，沉吟视听之区；写气图貌，既随物以宛转；属来附声，亦与心而徘徊。”这种心物交融、主客统一的论述对

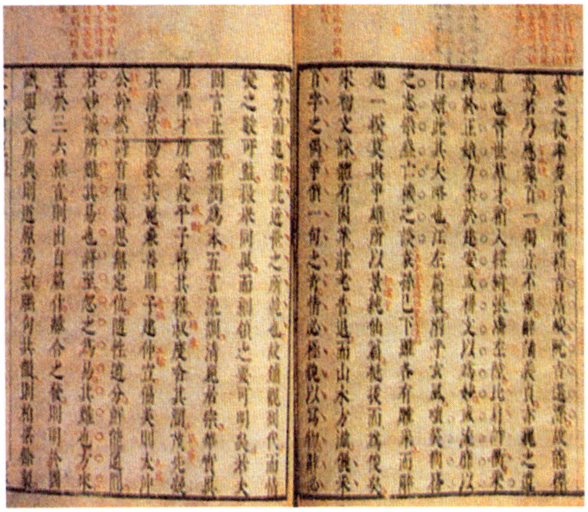

⊙《文心雕龙》书影

《文心雕龙》是南朝宋刘勰的代表作，因其杰出的文学理论价值而由此形成了一门研究它的“龙学”。

后世影响深远。《文心雕龙》从文学创作的构思、文学形象的艺术特征、文学的体裁和风格、文学作品的写作技巧等方面建立了完整的文学理论体系，比较全面地反映了中国古代文学理论的民族传统，它的丰富理论内容有许多至今还闪耀着光辉。钟嵘的《诗品》是继刘勰《文心雕龙》之后，中国文学理论史上又一部重要著作，两者被誉为“双星”。钟嵘提出感情论，认为“气之动物，物之感人，故摇荡性情，形诸舞咏”；崇尚自然，重视“如芙蓉出水”的美；倡导风骨论，赞美“真骨凌霜，高风跨俗”；提出滋味论，认为只有“使味之者无极，闻之者动心”的作品，才是“诗之至也”。后世历代诗话都源于钟嵘的《诗品》。

唐初，陈子昂倡导“建安风骨”，提出“兴寄”的文学主张。李白将这一主张继承和发扬，他的崇尚清新自然的诗歌理论，对唐诗发展产生了重大影响。他的诗歌艺术理论和理想是“清真”，清是清新秀丽，真是自然天真，正如他的诗里说的“清水出芙蓉，天然去雕饰”。与李白同时，殷璠提出“兴象论”，即以艺术意象为主的思想；王昌龄提出“诗境论”，他说：“夫作文章，但多立意。令左穿右穴，苦心竭智，必须忘身，不可拘束。思若不来，即须放情却宽之，令境生。然后以境照之，思则便来，来即作文。”他把诗歌的意境创造提到了一个突出的地位，为意境理论的深化与扩展奠定了基础。皎然在《诗式》中将诗境的论述进一步深入和发扬。中唐白居易的诗歌理论有两个基本内容：一是强调诗歌要“救济人病，裨补时阙”，二是创作上要“直书其事”。《与元九书》中著名的两句话：“文章合为时而著，歌诗合为事而作。”这对后世诗歌理论批评影响深远。韩愈提倡“不平则鸣”，提出文以明道、注重实用的思想，主张“务去陈言”，“词必己出”。晚唐司空图在《二十四诗品》中的高超见解使他成为唐代最重要、最有成就的文学理论批评家。他的诗歌理论主要是对陶渊明、王维一派山水田园诗艺术创作的总结，追求“象外之象，景外之景”的意境。

宋代，文学理论批评上有很多重要的创造和发展，出现了像苏轼、严羽等卓越的文学理论批评家。欧阳修的“穷而后工”论和梅尧臣的“平澹”论是北宋早期最有价值的文学理论。北宋中期，苏轼是最重要的文学家和文学理论家。他提出“无法之法”，强调“随物赋形”和“传神”，追求“虚化”、“物化”和“妙观逸想”的精神境界，可以说是前代文学理论的集大成者。与苏轼同时的黄庭坚肯定诗歌“忿世疾邪”的作用和温柔敦厚的旨意，提倡诗歌创作要“以理为主”，希望能“夺胎换骨”、“点铁成金”，更讲究法度的严密和森严，深深地影响着北宋后期到南宋的整个诗坛。诗话是记载诗人生平、诗歌创作背景、创作理论、艺术技巧等的杂著，在宋代很繁盛，较著名的有欧阳修《六一诗话》、司马光《温公续诗话》、刘攽《中山诗话》、陈师道《后山诗话》、惠洪《冷斋夜话》、叶梦得《石林诗话》、严羽《沧浪诗话》。其中《沧浪诗话》是中国古代最重要的诗话著作，有系统的理论主张，提倡以禅喻诗，强调“别趣”、“别才”，以“妙悟”和“兴趣”为中心，师法盛唐的文学思想和理论，对元明清三代的文学理论批评产生了极为深远的影响。

明朝初期，前后七子载誉文坛，在文学理论方面，较有成就的是李东阳、李梦阳、李攀龙、王世贞。特别值得注意的是王世贞，他主张把学古和师心结合起来，在当时显得很突出。另外，唐顺之主张“直据胸臆、信手写出”的本色论也大大地突破了当时的条条框框。明代从嘉靖后期开始，反复古的新思潮逐渐扩大，代替了绵延一二百年的复古主义文学思想。它的核心是：强调文学源于心灵，从师古转向师心，主张任性而为，以真实、自然为最高追求。这在文学理论上的集中表现是李贽的“童心说”、公安派的“性灵说”和钟惺的“情真说”。

清代初期，王夫之的“兴观群怨”论和“情景融和”论，叶燮的理事、情论和才、胆、识、力论是对前人理论的总结，对清代诗歌理论的发展有重要的启示作用。不久以后，王士禛被神韵说、沈德潜的格调说、袁枚的性灵说、翁方纲的肌理说，虽然各有所据，名头很大，但影响很小。值得注意的是桐城派的文章理论，提倡文章写作上义理、考据、词章的统一，影响非常大。清朝末年，黄遵宪提出“我手写吾口”的诗歌理论，虽新意不多，却标志着中国近代文学思想从传统走向了现代。与他相似的，是提倡“诗界革命”和“文界革命”、“小说界革命”的梁启超。

## 文学流派

中国的文学流派真正始于北宋中期，但是其孕育过程经历了漫长的阶段。先秦时期，儒家学派、道家学派、墨家学派无疑对后世的文人组成派别具有启发性的思想影响。西汉武帝时，司马相如、东方朔等作家集于柏梁台赋诗作文；梁孝王门下聚集着枚乘、邹阳、司马相如等宾客，人称梁园唱和，其他参加的文人还有羊胜、路乔如、公孙诡、韩安国等；淮南王以寿春为都，招宾客著书，《汉书·艺文志》著录淮南王赋 82 篇，淮南王群臣赋 44 篇，显然在他周围，还有一个从事辞赋创作的群体。汉初几位诸侯王以及皇帝周围聚集的这些文人置酒高会，游赏唱和，对后世文学流派的形成有很大的促进作用。

汉末，曹操、曹丕、曹植父子三人以及“建安七子”组成的“邺下集团”和随后正始年间以“竹林七贤”为首的“正始集团”在乱世中形成。这些文学集团已经初步具备文学流派的影子，但是他们只是同声相应，同气相求，没有共同的文学主张和文学见解，没有表现出流派观念的自觉。

第一个被后人冠名的文学流派是玄言诗派。晋末刘宋初，南方地区较为稳定，士族生活优裕，园林别墅众多，士族文人在这样的环境下过着清谈玄理的悠闲生活。他们阐述老庄思想和佛教哲理，所作的诗文义艰深，诘奥难懂，后人称之为玄言诗派，代表人物有孙绰、桓温、庾亮等人。继之而起的是人们所说的山水诗派，代表人物有谢灵运、谢朓。他们描写山水风光，畅叙闲逸情致，作的诗追求语言的锤炼，像谢灵运的“林壑敛暝色，云霞收夕霏”、“野旷沙岸消净，天高秋有明”，“池塘生春草，园柳变鸣禽”都是让人印象很深的名句。谢朓的诗受谢灵运影响很大，现存优秀的诗篇大部分是山水诗。他的名作有《晚登三山还望京邑》、《之宣城郡出新林浦向板桥》等，大部分都是

**⊙莲社图　南宋　佚名**

《莲社图》描述东晋时期的高僧慧远在江西庐山虎溪东林寺结盟白莲社的故事。参加莲社的都是当时的名流，有陶渊明、谢灵运、宗炳、刘程之等人。上图表现的是谢灵运骑马而去，陶渊明因为腿病由学生与儿子架抬前往。

**·精彩阅读·**

空山新雨后，天气晚来秋。明月松间照，清泉石上流。竹喧归浣女，莲动下渔舟。随意春芳歇，王孙自可留。

——唐·王维《山居秋暝》

人人尽说江南好，游人只合江南老。春水碧于天，画船听雨眠，垆边人似月，皓腕凝霜雪。未老莫还乡，还乡须断肠。

——五代·韦庄《菩萨蛮·人人尽说江南好》

寒山几堵，风低削碎中原路。秋空一碧无今古。醉袒貂裘，略记寻呼处。男儿身手和谁赌？老来猛气还轩举。人间多少闲狐兔？月黑沙黄，此际偏思汝。

——清·陈维崧《醉落魄·咏鹰》

他在作宣城太守的两年中写成的。

唐朝开元天宝年间，诗歌达到极盛，涌现出大批天赋极高的诗人。后人将这一时期的诗歌创作总结为山水田园诗派和边塞诗派。山水田园派以王维、孟浩然为代表，旁及裴迪、储光羲、张子容、常建等人，他们多有或长或短的隐居经历，即便身在仕途，也向往归隐山林和泛舟江湖，有一种挥之不去的山水隐逸情结。他们的诗多带有禅意和禅趣，受佛教思想影响很深。边塞诗派以高适和岑参为代表，还有王之涣、陶翰等人。他们大多亲临过边塞，有出征的经历，所写的诗慷慨激昂，壮大雄浑。严羽在《沧浪诗话》中说："高岑之诗悲壮，读之使人感慨。"

五代后蜀广政三年（940 年），赵崇祚编成《花间集》10 卷，选录 18 位"诗客曲子词"，共 500 首。后人称之为"花间词派"，代表词人有晚唐的温庭筠、皇甫松，五代的孙光宪、和凝、韦庄、李珣等人。花间词派以写花柳风月、男欢女爱、歌筵酒席为主，艺术上文采华丽，充溢着脂粉气。

北宋徽宗初年，吕本中作《江西诗社宗派图》把黄庭坚、陈师道为首的诗歌流派定名为"江西诗派"。这是中国最早的也是真正的一个文学流派。所谓的"宗派"，原来是禅宗的名词，受唐宋以来禅宗的影响，吕本中为习禅甚深的黄、陈二人借用了这个名词来称呼诗派。《宗派图》序说："歌诗至于豫章始大出而力振之，后学者同作并和，尽发千古之秘，无余蕴矣。录其名字，曰江西宗派，其源流皆出豫章也。"同时尊黄庭坚为诗派之祖，下列 25 人，以陈师道、潘大临、谢逸、晁冲之、潘大观较为著名。这些诗派成员大多受到黄庭坚直接或间接的指导，或深或浅地受到黄诗的影响，所以风格比较接近。这个流派一直延续到南宋末年，元代诗评家方回因为诗派成员多学杜甫，故称杜甫为江西诗派之祖，把黄庭坚、陈师道、陈与义称为诗派"宗"，所以有"一祖三宗"的说法。宋理宗宝应元年（1225 年），书商陈起为陈允平、刘克庄、戴复古、刘过等诗人刻印诗集，总称为《江湖集》。"江湖"是说这些没能入仕的游士流传江湖，以卖文献诗为生，成为江湖谒客，故名。江湖诗派成员众多，人品复杂，诗多献谒、应酬之作，艺术上相当粗糙，只有刘克庄和戴复古较为出色。此外，宋词也被后人强分为豪放派和婉约派，豪放派以苏轼、辛弃疾为代表，婉约派以晏殊、柳永、秦观、周邦彦、李清照为代表。虽然这种分法影响很大，但很不严谨。

明代成化到弘治年间，对文坛有重要影响的是茶陵诗派。茶陵派以茶陵人李东阳为首，主要成员还有谢铎、张泰、邵宝、石珤、鲁铎等人；李东阳提出诗学汉唐的复古主张，对当时文坛的萎靡现象有一定的扼制。嘉靖年间，文坛上又出现以唐顺之、归有光、茅坤、王慎中为代表的复古流派唐宋派。他们提倡唐宋文风，推崇韩愈、柳宗元、欧阳修、曾巩等唐宋古文名家，注重文以明道的做法。这一流派中成就较高的首推归有光。万历年间，吴江派和临川派两个戏剧流派形成并进行了竞争，这是明代后期传奇繁荣的重大标志，也是中国文学

| 文学纪事 | |
|---|---|
| 晋孝武帝太元十年（385年） | 谢灵运生，后着力于山水诗。后人称以他为代表的诗人群体为山水诗派。此年，后人称为的“玄言诗派”盛行。 |
| 武则天长安元年（701年） | 王维生，以王维、孟浩然为首的诗人被后人称为山水田园诗派。 |
| 唐玄宗开元七年（719年） | 高适年二十，漫游燕赵。以高适、岑参为首的诗人被后人视为边塞诗派。 |
| 后晋高祖天福五年（940年） | 后蜀赵崇祚编《花间集》，标志着后人所说的花间词派的形成。 |
| 宋仁宗庆历三年（1043年） | 晏殊拜相。晏殊与秦观、柳永、周邦彦、李清照等人被明人称为婉约派。 |
| 宋仁宗嘉祐二年（1057年） | 苏轼、苏辙、曾巩进士及第。苏轼、辛弃疾等人被明人视为豪放派的代表。 |
| 宋徽宗崇宁元年（1102年） | 黄庭坚作《雨中登岳阳楼望君山》等诗。吕本中作《江西诗社宗派图》，中国正式的文学流派诞生。 |
| 明宪宗成化八年（1472年） | 李东阳自京师南归。茶陵派以李东阳为首，以复古汉唐为主张。 |
| 明世宗嘉靖二十年（1541年） | 归有光徙居安亭讲学。唐宋派以归有光，唐顺之、茅坤、王慎中为代表。 |
| 明神宗万历三十八年（1610年） | 袁宏道卒（1568～1610年），年四十二。公安派以之为代表。 |
| 明神宗万历四十二年（1614年） | 钟惺、谭元春选定《古诗归》十五卷。竟陵派以之为代表。 |
| 清雍正九年（1731年） | 姚鼐生。后成为桐城派主将。 |
| 清光绪二十二年（1896年） | 梁启超等开始试创“新体”诗，不够成功。后形成“诗界革命派”。 |

史上的一大盛事。吴江派以沈璟、冯梦龙、吕玉绳、吕天成、范文若为主，因为沈璟是江苏吴江人，故名。他们的戏剧强调讽喻教化、注重声律和语言本色，在理论上的功夫更大于创作。临川派因临川人汤显祖的戏剧作品“临川四梦”得名，以汤显祖为主将，还有李玉、高濂、阮大铖、吴炳等人。其戏剧表现生活，具有反封建的思想，文辞华美，自由活泼。明末，公安派和竟陵派是具有相影响力的文学派别。公安派的三位主要人物袁中道、袁宏道、袁宗道兄弟，是湖北公安人，故名。他们提出以“性灵说”为内核的文学主张，主张直写胸臆，追求清新洒脱的风格。稍后的竟陵派因为代表人物谭元春是竟陵人而得名，在文学观念上继承公安派的文学主张，追求幽深奇僻的艺术境界。

清朝初期，诗坛沿袭明末的余绪，云间派、虞山诗、娄东派三足鼎立。其中虞山派因为钱谦益、娄山派因为吴伟业，出现比较兴盛的局面，影响最大。虞山诗派的代表人物是冯班（曾师从钱谦益），主要成员有冯舒、钱曾、钱陆灿等人。康熙年间，词学得到中兴，仅顺、康两朝就逾二千词家，五万余首词。以陈维崧为首的阳羡词派和以朱彝尊为首的浙西词派及纳兰性德代表了清词的最高成就。阳羡派词人还有万树、蒋景祁、史唯园、陈维岳等人，他们以豪情抒悲愤，成为清词的一面旗帜。浙西词派继阳羡词派而壮大起来，绵亘康熙、雍正、乾隆三朝，以醇正高雅的盛世之言播扬上下。清朝乾隆年间，文学创作话跃，诗派有厉鹗的浙派、翁方纲的肌理派、袁枚的性灵派、沈德潜的格调派、李怀民的高密派设坛立站，分庭抗礼；古文则有以刘大魁、姚鼐为首的桐城派和由桐城派分出的以恽敬和张惠言为首的阳湖派；词则有张惠言、周济为首的常州词派。乾隆末期到嘉庆初期，文坛呈衰弱趋势，到咸丰年间，以王闿运为首的汉魏六朝派和以曾国藩为首的湘乡派较有影响力。光绪年间，中国已沦为半殖民地，思想文化界震动很大，文学上，一方面还有以张之洞、张佩伦为首的唐宋兼采派和以李布圣、曾广钧为首的西昆派存在，另一方面，以黄遵宪、康有为、梁启超、丘逢甲为首的诗界革命派则昭示着新文学曙光的到来。

## 文学批评

中国的文学批评，滥觞《诗经》所处的时代，即先秦。文学批评与先秦诸子学说关系十分密切，像天人关系、美善关系、文质关系、道意关系、诗乐关系、古今关系，后来都转变为文学理论批评的重要元素。《尚书·尧典》云："诗言志，歌永言，声依永，律和声；八音克谐，无相夺伦，神人以和。"这是中国文学批评的奠基石。朱自清先生称之为"开山的纲领"（《诗言志辨》）。同时，先秦诸子包括孔子、孟子、荀子、庄子等儒家和道家人士对这一论断存在着文学的共识。《礼记》、《孟子》、《庄子》、《荀子》、《左传》都有着几乎与《尚书·尧典》里相同的话语。孔子主张"仁"、"礼"、"乐"、"中庸"、"兴观群怨"对后世文学批评影响深远。他的文学批评以"尽善尽美"为标准，以仁学为基础，集中反映在《论语》中。《论语》评论《诗三百》的地方述 18 条之多。此外墨家注重论辩术，言辞逻辑方法，孟子的人性思想，荀子的全粹之美，《周易》的阴阳刚柔都对文学批评产生了巨大的影响。庄子的文学批评并非孔子式的有针对性的实际批评，而是理论批评，他的贵真、尚意、主天籁、倡物化对后代的文学批评影响极大。

汉代初期，黄老之术流行，到汉武帝时，"罢黜百家，独尊儒术"，宗经尚丽求真美，从此，儒家思想成为古代社会的统治思想，也成为中国古代文学批评理论的指导思想。由于楚辞学的兴盛，汉代文学批评体式突破了先秦零散的评论，向有意识、有系统的文学批评过度。西汉的《诗大序》、刘安《离骚传》、王逸《楚辞章句》是中国早期的文学批评专著，但批评对象较为单一。汉赋的批评在武帝时开始兴起，《史记》里，司马迁就批评司马相如的赋"侈靡过其实，且非义理所尚"。班固《汉书》、王符《潜夫论》、扬雄《法言》、王充的《论衡》都对赋进行了文学批评，但很少有人对其给予公允的分析和评价。

魏晋南北朝是文学自觉的时代，文学批评从重"诗言志"转向"诗缘情"，从此，这两大学说成为中国诗歌乃至文学理论与批评的基点，奠定了"抒情言志"的传统；其次，文学批评与文学创作关系更加密切，比如曹丕既是文学家，也是理论批评家，相似的还有陆机；然后，文学批评与学术文化的关系日渐清晰，因为文学的独立，所以文学批评与魏晋玄学、印度北传的佛教、道教、永明体的声律等，相互影响，促进了这一时期文学理论批评的繁荣；最后就是文学批评家与文学理论批评专著的大批出现，像曹丕的《典论·论文》、陆机的《文赋》、刘勰的《文心雕龙》、钟嵘的《诗品》，都确立了中国文学批评的独特样式和途径，具有划时代的意义。此外，像"建安风骨"、"正始之音"、"魏晋风流"等也成为后世文学批评的标准之一。

唐朝是诗的黄金时代，所以唐代文学批评首先重在论诗，讲对偶，重法度，注意格律的批评。此外，唐诗的理论批评主要分为两派，一重兴寄，主风骨，这属于儒家学派，由陈子昂、殷璠、杜甫直到元稹、白居易、皮日休，像"汉魏风骨"之说和"文章合为时而著，歌诗合为事而作"，反映出对诗文思想内容，社会价值的重视；另一派重意象，主神韵，缘于佛教蕴藉。唐朝的文学批评著作主要分为书序体、格式体、论诗绝句体，前者代表作有陈子昂《与东方左

⊙ **建安七子图**

最早提出"七子"之说的是曹丕（见《典论·论文》)。"建安七子"之文都具有梗概多气的建安风格，后被誉为"建安风骨"。

·精彩阅读·

故说《诗》者，不以文害辞，不以辞害志。以意逆志，是为得之。如以辞而已矣！《云汉》之诗曰："周余黎民，靡有孑遗。"信斯言也，是周无遗民也。

——《孟子·万章》

天地有大美而不言，四时有明法而不议，万物有成理而不说。圣人者，原天地之美而达万物之理，是故至人无为，大圣不作，观于天地之谓也。

——《庄子·知北游》

谢混云："潘诗烂若舒锦，无处不佳；陆文如披沙简金，往往见宝。"嵘谓益寿轻华，故以潘为胜；《翰林》笃论，故叹陆为深。余常言陆才如海，潘才如江。

——南朝·钟嵘《诗品》

老杜作诗，退之作文，无一字无来处，盖后人读书少，故谓韩杜自作此语耳。古之能为文章者，真能陶冶万物，虽取古人之陈言入于翰墨，如灵丹一粒点铁成金也。

——宋·黄庭坚《答洪驹父书》

史虬修竹篇序》、殷璠《河岳英灵集序》、白居易《与元九书》等；格式体较著名的有王昌龄《诗格》、皎然《诗式》、司空图《二十四诗品》等；论诗绝句体以杜甫《戏为六绝句》为首创。

宋代崇雅尚理重文，文化最为发达。陈寅恪先生说："华夏民族之文化，历数千年之演进，造极于赵宋之世。"（《金明馆丛稿二编》）宋代最具特色的文学批评体式是"诗话"。近代学者陈一冰《诗话研究》说："诗话，文学批评之一种也。"它是中国文学批评专门化的产物。诗话之后，又产生词话、曲话、文话、小说话、剧话等，壮大了文学批评的种类，打破了《文心雕龙》大一统式的文学理论批评格局。宋代文学批评以"理"为尚，尊杜崇韩，批评的方向更明确，幅度更强烈，更有针对性。如张戒《岁寒堂诗话》批评苏黄诗风，指出"自汉魏以来，诗妙于子建，成于李杜，而坏于苏黄"，贬斥他们为"诗中一害"；严羽《沧浪诗话》抨击当时江西诗派，打出扬唐抑宋的旗帜。此外，以禅论诗也是宋代文学批评的一大特点，为后世提供了新的思维模式。

金元时期，元好问的文学批评较为著名，代表作是他的《论诗三十首》以及对杜诗说的创立。辛文房的《唐才子传》是一部杰出的纪传体文学批评著作，它以人为纲，以论为主，以兴象、风骨、格力、体制为标榜，同时注意到佛教、道教对文学的影响，观点独特鲜明。钟嗣成的《录鬼簿》则开戏曲批评著作的先河。文中表现出对戏曲家（当时不入流）的推崇和赞扬，具有挑战传统文学的意味，也反映时代风气的转变。

明清两代，文学批评徘徊在复古和崇今、褒唐与抑宋、重情与尚礼之间。关于诗文的文学理论与批评虽然有很多阐述，但难超出魏晋南北朝唐宋以来的苑囿，影响大部分是仅限于当时。这一时期最具特点、在文学批评史上地位最高的是小说戏剧理论批评。著名的作品有李贽《忠义水浒传序》、汤显祖《牡丹亭题词》、吕天成的《曲品》、徐渭的《南词叙录》、《金圣叹评天下六才子书》、《李卓吾评忠义水浒传》、《张竹坡评金瓶梅》和李渔的《闲情偶寄》。此外，一些笔记，如王世贞《艺苑卮言》、胡应璘《少室山房笔丛》、何良俊《四友斋丛说》和纪晓岚《四库全书总目提要》都是很好的文学批评著作。

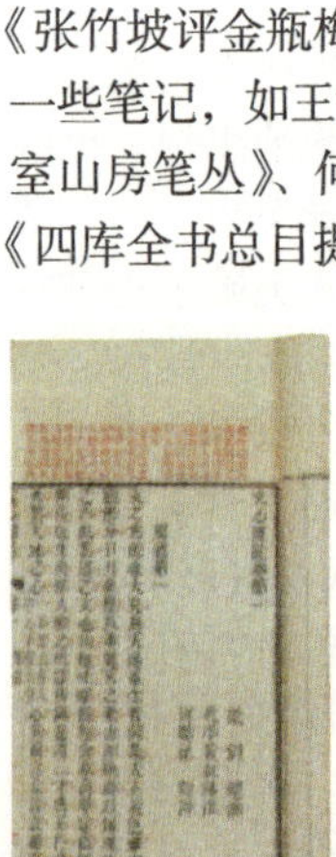

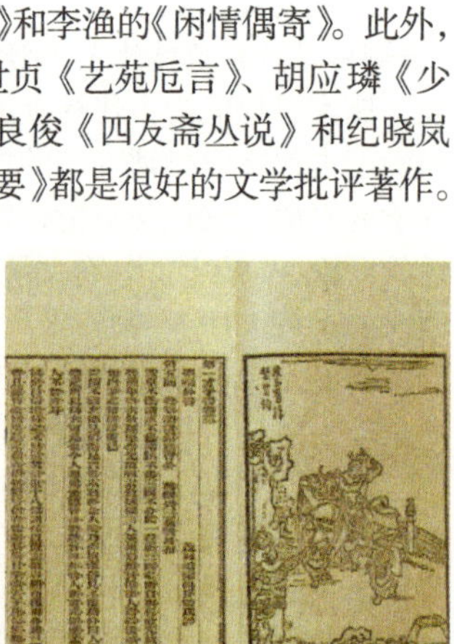

⊙ 纪昀评点《文心雕龙》书影 ⊙ 毛宗岗评点《三国志演义》书影

## 文学名家

庄子（约前 369 ~ 前 286 年），名周，战国中期宋国蒙（今河南省商丘县东北）人，可以说是中国最早的一位文学名家。他大约与梁惠王、齐宣王同时，曾经作过蒙的漆园吏。他的生活相当清贫，“处穷闾阨都巷，困窘织屦，槁项黄馘”（《列御寇》），曾向监河侯借过粮食，而当楚王礼聘他时，他又断然拒绝。他是老子之后道家学派的代表，他的作品大部分收录在《庄子》里。郭沫若说：“秦汉以来的一部中国文学史，差不多大半是在他的影响下发展的。”

屈原（约前 340 ~ 前 278 年），名平，为楚国王族的后裔。楚怀王时他曾任左徒，“博闻强识，明于治乱，娴于辞令”，对内主张举贤任能，对外主张联齐抗秦。上官大夫靳尚趁屈原拟订宪令时，在楚怀王面前诬陷屈原，怀王疏远了屈原。屈原任掌管王族屈、昭、景三姓的事情的三闾大夫。后来，屈原出使齐国，回国不久，被逐出郢都，流放汉北。楚怀王被秦扣留后，顷襄王即位，屈原再次受到令尹子兰和上官大夫靳尚的迫害，被顷襄王放逐到江南。屈原在漂泊中忧思国事，最后在绝望中投汨罗江而死。屈原的作品存世共 25 篇，代表作有《离骚》、《九歌》、《卜居》、《招魂》、《天问》等。

春秋战国时期，庄子、屈原之外，孟子、荀子、左丘明、宋玉、韩非也都是卓有成就的文学名家。

西汉王朝到武帝时期臻于鼎盛，司马迁（前 145 ~约前 87 年）是当时乃至整个汉代成就最高的散文家，他渊博的学识、深邃的思想、不朽的人格以及挥洒自如的神来之笔，令后人仰慕不已。司马迁字子长，左冯翊夏阳（今陕西省韩城市）人。自幼在史官家庭中长大，10 岁诵读古文，20 岁时漫游河南、安徽、山东、四川、湖南、浙江等地，访寻文化遗迹，收集历史资料。元封三年（前 108 年），司马迁继任父亲司马谈的官位，为太史令。天汉二年（前 99 年），已经埋头写《史记》六年的司马迁因为替投降匈奴的李陵说话而被汉武帝逮捕入狱，次年处以宫刑。出狱后，司马迁任中书令，他含垢忍辱，写作《史记》。征和二年（前 91 年），书基本完成，前后经历了 14 年。司马迁大约在武帝末年即公元前 87 年前后去世。

汉代的文学名家还有很多，如班固、司马相如、扬雄、张衡等，多以赋著称于世。

三国时期的曹植诗、文、赋俱佳，他与父兄及“七子”并出，为中国诗歌打开了一个新的局面，并确立了“建安风骨”这一诗歌美学的典范。曹植（192 ~ 232 年），字子建，曹操之子，曹丕之弟。他生于乱世，幼年即随曹操征战四方，天资聪慧几乎被曹操立为世子。建安二十五年（220 年），曹操病逝，曹丕继任魏王后，诛杀曹植心腹丁仪、丁廙兄弟。曹植被封为藩侯，终于在愤懑与苦闷中辞世。因为他的最后一个封地在陈，卒谥思，后世遂称之为“陈思王”。他的代表作品有《洛神赋》、《求自试表》、《白马篇》、《七哀》、《赠白马王彪》等。

魏晋时期的文学名家，还有阮籍、嵇康、左思、郭璞等人。

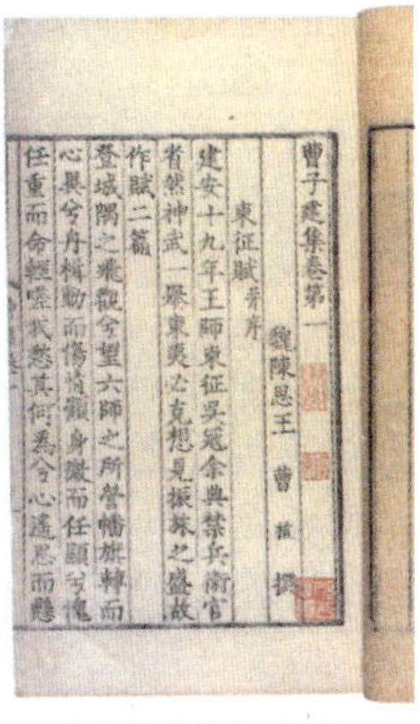

⊙《曹子建集》书影

曹植诗、文、赋兼工俱美，文章“独冠群才”，赋以《洛神赋》出名，代表了建安辞赋创作最高成就。诗之成就更佳，推为“建安之杰”。

晋宋易代之时，陶渊明出现了，他成功地将“自然”提升到美的最高境界；把枯燥的玄言诗由表达玄理转向日常生活。他的清高恬淡、质朴率真，连同他的作品一起，为后世的文人大夫建造了一座完美的精神家园。陶渊明（365 ~ 427 年），又名潜，字元亮，号五柳先生，浔阳柴桑（今

⊙ **陶渊明隐居图 明 蓝瑛**

图绘陶渊明隐居所在，山谷深远，丛林森森，作者蓝瑛为明代青绿山水大家。

江西省九江市）人。他出身寒微，29岁时曾任江州祭酒，不久即辞职。后来被江州召为主簿，他没有到任。从此以后，他开始坚决地辞官隐居了。他的作品今存诗121首，赋、文、赞、述等几篇，有《陶渊明集》传世。

南北朝的文学名家还有谢灵运、鲍照、沈约、谢朓、庾信、刘义庆、郦道元等人。

隋唐五代名家辈出，难以胜数。诗有李白、杜甫、王维、孟浩然、高适、白居易、杜牧、李贺、李商隐等人，文有韩愈、柳宗元一代大家，词有温庭筠、韦庄、李煜等骚客，他们使文学从生活到情调意境，都呈现出更为丰富多彩的面貌。

宋人以词著称，诗也清新，文更是很兴盛，集之于一身的是苏东坡（1037 ~ 1101年）。他字子瞻，名轼，号东坡居士，眉州眉山（今属四川）人。他的父亲苏洵是古文名家，弟弟苏辙后来也是文章大家。他22岁中进士，26岁又中制科优入三等，先后在杭州、密州、徐州、湖州任地方官，45岁时因“乌台诗案”被贬到黄州，59岁时被贬到惠州，62岁时贬儋州，到65岁才遇赦北归，前后在贬所六年。苏轼在去世前自题画像说：“问汝平生功业，黄州、惠州、儋州。”（《自题金山画像》）他的文章多是作在贬所中，后人辑为《苏东坡全集》。

宋代其他文学名家有欧阳修、王安石、晏殊、曾巩、柳永、秦观、李清照、陆游、姜夔、范成大等人。

元代以戏曲成就最大，名家有关汉卿、马致远、王实甫、白朴、高明等人，他们的代表作分别是《窦娥冤》、《汉宫秋》、《西厢记》、《梧桐雨》、《琵琶记》。

明代有四大奇书《水浒传》、《三国演义》、《西游记》、《金瓶梅》传世。前三部小说虽然都有作者名称，但属于长时间累积型的长篇小说，作者的创新处虽有，但前人已经搭好了框架；最后一部小说虽是文人单独创作，但作者真名尚不可考，更毋谈生平事迹。明朝真正能称得上文学名家的是汤显祖（1550 ~ 1616年）。他字义仍，号海若，别号若士，晚年自号茧翁，自署清远道人，江西临川人。他一生仕途坎坷，晚年（万历二十六年，1598年）归隐于临川玉茗堂。代表作有《牡丹亭》（1598年）、《南柯记》（1600年）、《邯郸记》（1601年），连同《紫钗记》，合称为“临川四梦”或“玉茗堂四梦”。

清代是中国文学的集大成期，名家也很多，诗有吴伟业、龚自珍，词有纳兰性德，文有李渔、姚鼐，小说有蒲松龄、吴敬梓、曹雪芹，戏剧有孔尚任、洪昇。他们的作品展示了丰富而多彩的文化积淀，彰显有清一代文学的独特历史特征。

## 文学体裁之骈文

骈文，也称骈俪文、骈体文、四六文，或简称骈俪、骈偶、四六，是一种通篇对偶或以对偶句为主构成的文章。骈本指两马并驾，俪本指夫妻成双，这两字形象地反映出骈文讲求语言的平行和对称。成熟时期的骈文，以骈偶、用典和讲究声律为主要特征。

骈文的名称来自唐代柳宗元的《乞巧文》里的“骈四俪六”一句，成为一种真正的文体却是在魏晋时期。在这之前，骈文的形成经历了一个相当长的时期。

《周易》和《老子》中关于阴阳刚柔及“有无相生，难易相成；长短相较，高下相倾；音声相和，前后相随”的认识，表明古代先哲早已注意到对称之美。这种认识导入文字后，就形成了一种工整的具有对称工式结构的和谐美。汉字的单音只义的特点又易于使语句齐整，组成形、音、义三者整齐、对偶的句式。这些是骈文形成的基础。

骈文的对偶句式在《尚书》里已经出现，“九州攸同，四隩既宅”（《禹贡》），“直而温，宽而栗；刚而无虐，简而无傲”（《尧典》）这样的句子都是对仗工整、排列整齐、典雅悦耳的句子。春秋战国时期，骈俪句式大片大段出现，广泛见于辞令、说辞、论辩之中，在《左传》、《国语》、《孟子》、《庄子》中体现得很突出。战国后期，诸子散文由语录体转入论著体，而合纵连横之风更是对文章的骈俪化起到了推波助澜的作用。骈俪句式被广泛运用于逞辞激辩的文章中，偶对之句联翩而出，汪洋恣肆，气势磅礴。这方面，《荀子》和《战国策》最有代表性。随后的秦代，最著名的就是李斯的《谏逐客书》，开头数句，骈散相间，自“今陛下致昆山之玉，有随和之宝，垂明月之珠，服太阿之剑，乘纤离之马，建翠凤之旗，树灵鼍之鼓”以下，直到“泰山不让土壤，故能成其大；河海不择细流，故能就其深；王者不却众庶，故能明其德”，一连数十个骈句，十分工整。清代李兆洛编选的《骈体文钞》将它视为骈文初祖。

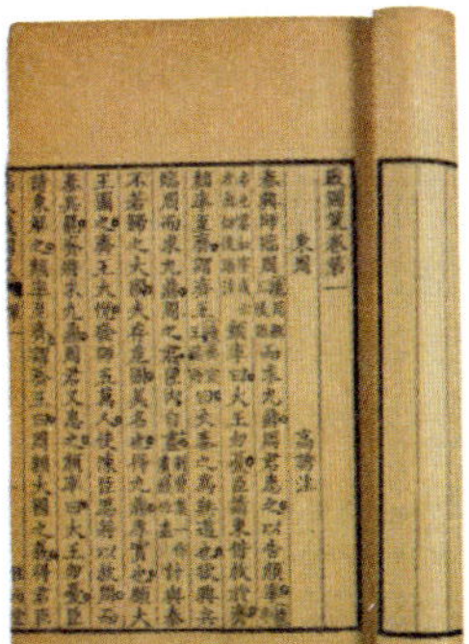

⊙《战国策》书影

《战国策》一书中骈俪句式被广泛运用于逞辞激辩的文章之中，显得气势浑成，词采夺人。

汉朝初年，贾谊的《过秦论》和晁错的《言兵事疏》、《论贵粟疏》有的排比铺陈，有的全是骈句，有的骈散相间，但他们的文章语句仍不够整齐，对仗还显牵强。真正显示浓厚骈俪色彩的是邹阳的《上吴王书》和《狱中上梁王书》，虽然也具备战国后期文章的风貌，但骈俪色彩增浓，后世论家多将邹阳文章视为骈文的起始。

东汉后期，文风转向绮靡华丽，散文中骈句增多。清代王闿运说：“骈俪之文起于东汉”（《湘绮楼论文》）。后世骈文家认为蔡邕的碑文在这一时期成为代骈文立格的文章，这在他的《郭有道碑》文中表现得尤为明显：

若乃砥节厉行，直道正辞，贞固足以干事，隐括足以矫时。遂考览六经，探综图纬，周流华夏，随集帝学，故收文武之将坠，拯微言之未绝。于是缨緌之徒、绅佩之士，望形表而影附，聆嘉声而响和者，犹百川之归巨海，鳞介之宗龟龙也。

就句式看，这都是标准的骈句，先后取典故于《周易·乾》、《论语·子张》、《大戴礼记》，声律和谐，辞藻华丽。

汉魏之际，骈文趋于成体，文风也受时代影响显得慷慨悲凉，清远洒脱。曹植、曹丕、建安七子以及竹林七贤都是这时有成就的骈文家。曹植作品感情丰富，词采靡丽，因其一生备受猜忌，故而文风恣肆奇崛，《求自试表》

**·精彩阅读·**

夫皮朽者毛落，川涸者鱼逝；春生者繁华，秋荣者零悴。自然之数，岂有恨哉！

——魏·应璩《与侍郎曹长思书》

孙策以天下为三分，众才一旅；项籍用江东之子弟，人惟八千。遂乃分裂山河，宰割天下……

舟楫路穷，星汉非乘槎可上；风飙道阻，蓬莱无可到之期。穷者欲达其言，劳者须歌其事。

——梁·庾信《哀江南赋序》

识不达于古今，学仅知于章句。名浮于实，用之始见于无能；器小易盈，过则不胜于几覆。

——宋·欧阳修《蔡州乞致仕第二表》

子孙恸哭于江边，已为死别；魑魅逢迎于海上，宁许生还？

——宋·苏轼《到昌化军谢表》

集中体现了如上特点。曹丕的《与朝歌令吴质书》为写给故人之作，不假造作，情深意长。二曹的文章都体现了早期骈文的特点：不刻意讲究对偶，不故意雕琢文句，典故少，自然成文。建安七子皆能骈文，成就较高的是孔融、陈琳和徐幹。孔融的文章以《荐祢衡表》和《与曹公论盛孝章书》最有名，两篇骈散兼行，文情并茂，骈俪色彩很浓。陈琳擅长章表书记，其中《为袁绍檄豫州》最具代表性。此文引古证今，音调铿锵，用典天然无迹，色浓而味腴。此外，七子中的王粲、徐幹、刘桢、阮瑀也有不错的骈文传世；应玚的弟弟应璩（190 ~ 252年）以文藻秀丽冠绝当世，其文章《与侍郎曹长思书》用典繁复得体，句式整练，对仗工整，对后来南北朝的骈文发展产生了很大影响。嵇康的《养生论》、阮籍的《达庄论》、刘伶的《酒德颂》大都骈散相间，深受辞赋的影响。

晋代，骈文进入成熟阶段，体式迅速扩展为序、论、颂、议、碑、书、诔、策等许多种类，单篇文章中骈俪句式明显成为主体，骈句对仗工整，语言精丽，声律流转，用典贴切。西晋骈文家，首推潘岳和和陆机。潘岳（247 ~ 300年），字安仁，荥阳中牟（今河南中牟）人，官至给事黄门侍郎。传世作品如《杨荆州诔》、《夏侯常余侍诔》、《马汧督诔并序》等，骈句音韵和谐，工整流利，“辞采绝丽”（《晋书·潘岳传》）。陆机（261 ~ 303年），字士衡，吴郡吴县华亭（今上海松江）人，曾任平原内史。骈文到陆机这里，凡赋之外，表、笺、书、论、策、议、碑、吊文、颂、连珠等，全部采用，可以说无体不备了。陆机最为人称道的是《吊魏武帝文》、《谢平原内史表》、《荐戴渊疏》、《辨亡论》和《豪士赋序》。西晋的刘琨（271 ~ 318年），字越石，中山魏昌（今河北无极）人，其《答卢谌书》、《劝进表》都是相当工整的骈文。东晋前期骈文作家中，郭璞以奏疏闻名，葛洪以《抱朴子》传世。后期，孙绰（314 ~ 371年）的骈文《谏移都洛阳疏》分析形势，直言劝谏，为人称道。另一篇颇为后人传诵的是庐山诸道人的《游石门诗序》，文中四言、五言、六言、七言，互相穿插，又以散句调整节奏，反映出趋于完备的骈文的基本形态。不仅如此，它的山水入人心的倾向对南北朝以至后世的骈文创作有相当影响。

南北朝时期，骈文体式完美，进入了最为繁荣的阶段，在句式上，不仅讲究对偶，而且将偶句归纳为言对，事对，正对，反对等类型加以研究。句的字数也趋向骈四俪六，南朝宋刘勰的《文心雕龙·章句篇》：“四字密而不促，六字格而非缓。或变之以三五，盖应机之权变也。”在声律上，骈文也开始强调平仄的配合。其他用典、比喻、夸饰等等技巧，在《文心雕龙》中都有详细论述。

刘宋是文风转变的重要阶段，骈文开始刻意追求词采、对仗、用典。颜延之（384 ~ 456

年）的文章就以用典繁密，词采华艳著称，如其《三月三日曲水诗序》就是一篇“句无虚语，语无虚字”，文辞富丽的作品。鲍照（约414 ~ 466年），字明远，东海（今江苏涟水）人，世称鲍参军，他是骈文高手，其代表作《登大雷岸与妹书》是一封家书，也是中国文学史上较早以书信形式写出的骈文之一。其中描写远望庐山一段：

西南望庐山，又特惊异。基压江湖，峰与辰汉连接。上常积云霞，雕锦缛，若华夕曜，岩泽气通，传明散彩，赫似绛天。左右青霭，表里紫霄。从岭而上，气尽金光，半山以下，纯为黛色。信可以神居帝郊、镇控湘汉者也。

娓娓叙说行旅生活，大量写景，景色如画，实是前所未有。清学者许梿称其“烟云变幻，尽态极妍，即使李思训数月之功，亦恐画所难到”《六朝文絜》，并非过誉。此外，鲍照的《瓜步山楬文》、《石帆铭》都是广为传诵的名篇。

齐梁时代是骈文的鼎盛时期，几乎所有作家都写骈文，同时，骈四俪六，平仄相间，隔句作对也日渐定型。孔稚珪的《北山移文》、陶弘景的《答谢中书书》、吴均的《与宋元思书》、丘迟的《与陈伯之书》是此时内容充实，形式完美的优秀之作。

孔稚珪（447 ~ 501年），字德璋，会稽山阴（今浙江绍兴）人。《北山移文》讽刺先隐后仕的人物，揭露世态，辛辣快活，文中以四六句为主，五、七言及散句相间而出，自然流畅，用典十余处浑然无迹。许梿说它“炼格炼词，语诱精辟”（《六朝文絜·卷八评注》）。南朝齐的骈文还有王融（467 ~ 493年）的《三月三日曲水诗序》、谢朓（464 ~ 499年）的《拜中军记中室辞随王笺》、沈约（441 ~ 513年）的《宋书·谢灵运传论》，都是广为传诵的名篇。

梁代，武帝萧衍、昭明太子萧统、简文帝萧纲、元帝萧绎雅好和提倡骈文，促进了这一文体的更加繁荣。这期间成就较高的作家除上文介绍的以外，还有江淹、刘勰、徐摛及庾肩吾等。

陶弘景（452 ~ 536年），字通明，丹阳秣陵（今南京市）人。他的骈文最负盛名的是《答谢中书书》：

山川之美，古来共谈。高峰入云，清流见底。两岸石壁，五色交辉；青林翠竹，四时俱备；晓雾将歇，猿鸟乱鸣；夕日欲颓，沉鳞竞跃。实是欲界之仙都，自康乐以来，未复有能与其奇者。

虽用骈体，但多有直叙白描的散句，不拘对偶工整，语言流丽，描绘细致入微，确为山水文学之珍品。同样的佳作还有吴均的《与宋元思书》。吴均（469 ~ 520年），字叔庠，吴兴故鄣（今浙江安吉）人。除《与宋元思书》外，他的《与施从事书》、《与顾章书》也写山川写物，清隽可喜，时人称为“吴均体”。

丘迟（464 ~ 508年），字希范，吴兴乌程（今浙江吴兴）人。其代表作是《与陈伯之书》。陈伯之原为梁江注州刺史，受人挑拨，起兵反梁，投降北魏。梁天监四年（505年），萧宏率军北伐，陈伯之驻守寿阳，两军对垒。丘迟当时是梁军中的谘议参军，受命写了这篇文章，使得陈伯之率部归顺梁朝。文中的“将军松柏不剪，亲戚安居，高台未倾，爱妾尚在，悠悠尔心，亦何可言”，“暮春三月，江南草长，杂花生树，群莺乱飞”都堪称中国文学史上的名句。

六朝骈文的集大成者是徐陵和庾信。徐陵（507 ~ 583年），字孝穆，东海郯（今山东郯城）人，徐摛之子，出使北朝曾被扣留，南归后任陈。他的骈文以轻靡冶艳为主，声律娴熟，用典出神入化，“辑裁巧密，多有新意”（《南史·徐陵传》）。最著名的作品是《玉台新咏序》，这是一篇为自己编辑的诗歌总集《玉台新咏》作的序言。文章在格式上基本由四六句组成，多为四六句隔作对，严整精工中见流动之势。另一位骈文家是庾信（513 ~ 581年）。他字子山，是骈文高手庾肩吾的儿子。在出使北朝的时候，被终身羁留。他的前期骈文如《梁东宫行雨山铭》、《至仁山铭》、《为梁上黄侯世子

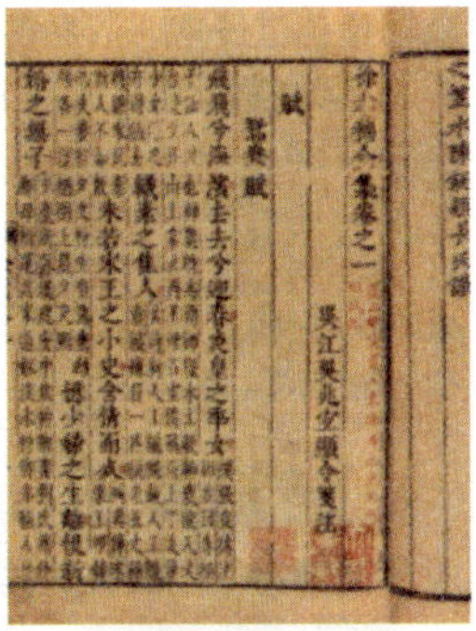

⊙《徐孝穆集》书影

此书是六朝骈文的集大成者徐陵的作品集。

与妇书》都与父辈风格相近，后期正如杜甫在《戏为六绝句》中说的“庾信文章老更成，凌云健笔意纵横”一样，显得慷慨悲凉。其代表作是《哀江南赋序》。这篇序文抒发亡国之痛，感慨梁朝帝王的过失，情思摇荡，畅达自然，是骈文中的精品。骈文到徐陵和庾信的手中，已臻完美。他们的作品被视为骈文典范，供后人取法和仰慕。

由隋至唐初，骈文一方面沿袭南北朝的格式，另一方面律化明显。最能代表骈文律化特点是“初唐四杰”王、杨、卢、骆。王勃（650 ~ 676 年），字子安，绛州龙门（今山西河律）人，曾任朝散郎、虢州司功参军等职，最后在赴交趾探亲时渡海溺水而惊死。他的骈文最著名的是《滕王阁序》，这也是中国文学史上最广为流传、最脍炙人口的一篇文章。其中名句极多：

物华天宝，龙光射牛斗之墟；人杰地灵，徐孺下陈蕃之榻。

十旬休假，胜友如云；千里逢迎，高朋满座。

落霞与孤鹜齐飞，秋水共长天一色。

关山难越，谁悲失路之人；萍水相逢，尽是他乡之客。

老当益壮，宁移白首之心？穷且益坚，不坠青云之志。

这篇文章主要用四六言且合于平仄，音调铿锵，一气呵成，既有怀才不遇的失落，壮志难酬的不平，也有安贫知命的达观和飘零他乡的愁烦，不仅代表了初唐骈文完全律化的倾向，而且真实反映了初唐时期大部分文人思想情绪。

骆宾王（640 ~ ？）是婺州义乌（今浙江义乌）人，曾任临海县丞，后随李勣之孙李敬业起兵讨伐武则天，兵败不知下落。当时军中檄文皆出他手，最有名的一篇就是骈文《代李敬业传檄天下文》。此文首先写武则天的残暴和政治阴谋，次写讨伐武则天的目的与决心，然后号召朝野人士当机立断，加入讨武行列。最后以“请看今日之域中，竟是谁家之天下”作结。全文集议论、叙述、抒情于一炉，错综变化，活泼跳脱，给人一种神完气足，挥洒自如的感觉。

“初唐四杰”中的杨（炯）、卢（照邻）也是颇有成就的骈文家。杨炯（650 ~ ？），华阴人，代表作有《王勃传序》、《送并州旻上人诗序》等。卢照邻（635 ~ 689 年），字升之，幽州范阳（今河北涿州）人，代表作有《杨明府过访诗序》。他们的骈文格式精美，内容充实，律化色彩很浓。

盛唐时期，骈文开始出现散化倾向，追求流利平易，典故少，着力于一种浑融自然又不失雍容大度的风格。这中间代表性的作家有张说、苏颋、李白、李华。张说（667 ~ 730 年）字道济，一字说之，洛阳（今河南洛阳人），官至中书令，封燕国公。苏颋（670 ~ 727 年）字廷硕，京兆武功（今陕西武功）人，武则天时被封为许国公。二人均以文辞见长，朝廷制诏多出二人之手，时称“燕许大手笔”。他们的骈文，气势深厚，卓尔不群。李白的《春夜宴桃李园序》是盛唐时期的骈文名篇：

夫天地者，万物之逆旅；光阴者，百代之过客。而浮生若梦，为欢几何？古人秉烛夜游，良有以也。况阳春召我以烟景，大块假我以文章。会桃李之芳园，叙天伦之乐事。群季俊秀，皆为惠连；吾人咏歌，独惭康乐。幽赏未已，高谈转清。开琼筵以坐花，飞羽觞而醉月，不有佳作，何伸雅怀？如诗不成，罚依金谷酒数。

⊙杨炯像

⊙骆宾王像

⊙卢照邻像

⊙王勃像

⊙**春夜宴桃李园图 清 黄慎**

此图绘唐代大诗人李白与诸高士夜宴赋诗的情景，五位高士围案而坐，有人观诗，有人吟哦，有人捧杯，有人凝思，神态各异。左边三位女乐抚琴吹笛，为高士们奏乐助兴，另有两小童一捧杯一隐现，整幅画线描流畅，设色淡雅，情趣盎然。李白的《春夜宴桃李园序》是盛唐时期的骈文名篇。

文虽短小，但明白晓畅，有律化的特点，也有散文化的倾向。

李华（715 ~ 774 年）的《吊古战场文》是散化骈文中的名篇，作于天宝末年作者以监察御史奉使朔方后。全文以四字句为主，间以六、七言，还夹入骚体文，骈散相随，铿锵可诵。

中唐时期，韩愈、柳宗元倡导“古文运动”，骈文势力大大削弱。但韩愈和柳宗元的文章同样也受到骈文的影响。韩愈的《进学解》便是一篇骈俪色彩很浓的文章；柳宗元的表启等作品，也多是骈文。孙梅在《四六丛话》中说柳宗元“以古文之笔，而炉鞲于对仗声偶间”，“使骈体古文，合为一家”。骈文在“古文运动”的影响下，散化趋势明显。在这个过程中，影响最大的作家是陆贽（754 ~ 805 年）。他字敬舆，苏州嘉兴（今浙江嘉兴）人，官至中书侍郎平章事，谥宣，世称陆宣公。他的骈文最负盛名的就是将古文的文法用于骈文，不用典，不征事，言事周密详尽，说理细致入微，开辟了骈文的新境界。《奉天论尊号加字状》、《奉天改元大赦制》、《均节赋税恤百姓六条》可视为其骈文的代表作。

中晚唐时，王朝中兴梦已灭，国力衰弱，古文运动式微，律化的骈文重新抬头，这时最有代表性的作家是李商隐（813 ~ 858 年），字义山，号玉溪生、樊南生，怀州河内（今河南沁阳）人。他一生仕途不利，只当过些小官职。他曾将其骈文作品汇编成《樊南甲乙集》，名之曰“樊南四六”。后世称骈文为“四六”即来于此。他的骈文大部分为律化的，也有散文化的，代表作品有《上河东公启》、《太尉卫公会昌一品集序》、《祭小侄女寄寄文》。

经五代入宋，骈文依然广为采用。南宋文人洪迈说：“四六骈俪，于文章家为至浅，然上自朝廷命令，诏册，下而缙绅之间笺、书、祝、疏、无所不用。”（《容斋三笔》卷八）。宋初诸家，多学“初唐四杰”、“燕许手笔”或“三十六体”，恪守唐人规范，律化与散化并行。真正体现宋代骈文特点是欧阳修、苏轼、曾巩、王安石及“苏门四学士”等作家的作品，这些作品以欧阳修的《上随州钱相公启》、《蔡州乞致仕第二表》，苏轼的制诰和表启，曾巩的《齐州谢到任表》、《襄州谢到任表》，王安石的《答吕吉甫书》，秦观的《贺吕相公启》、《贺元会表》，晁补之的《亳州谢到任表》，散化色彩都非常浓厚，后世称为“宋四六”。

南宋的骈文保留了“宋四六”的众多特点，格律较欧阳修、苏轼的骈文更讲究，平易自然。前期的第一位代表作家是汪藻（1079 ~ 1154 年），字彦章，饶州德兴（今江西德兴）人，南渡后拜翰林学士，后升显谟阁学士。他最杰出的文章是为隆祐太后代笔册康王为帝的文告《皇太后告天下手书》及代高宗写的《建炎三年十一月三日德音》这两篇文章用典贴切，文情激越，固“格律精密”，而“擅绝一时”（《四库提要》），是文学史上的名篇。南宋其他的骈文名家还有王十朋（1112 ~ 1171 年）、孙觌（1081 ~ 1169 年）、杨万里（1127 ~ 1206）、周必大（1126 ~ 1204 年）、刘克庄（1187 ~ 1269）、方岳（1199 ~ 1262 年）、王炎午（1252 ~ 1324）等。杨万里的《答赵守启》、《回韩抚州贺年启》都是相当典型的“宋四六”风貌，同时格律相当精严。周必大的《岳飞叙复元官制》是他最负盛名的骈文，是为抗金名将岳飞平反昭雪的敕文。王炎午字鼎臣，今江西吉安人，曾随文天祥抗元，宋之后隐而不仕。他的《生祭文丞相文》可视为南宋骈文的压卷作。

元明两代，因政治上的原因和文学上的复古思想，骈文呈衰弱之势，名家名作很少，较著名的文章有汤显祖（1550 ~ 1616 年）的《答李乃始》、张煌言（1620 ~ 1664 年）的《祭平夷侯周九苞文》、黄淳耀的《上座师王登水先生启》、牛金星的《讨明檄》。

清代骈文全面复兴，体例繁多、内容广泛。《清史稿・胡天游传》说："俪体文自三唐以下，日趋颓靡。清初陈维崧、毛奇龄稍振起之，至天游奥衍入古，遂臻极盛。而邵齐焘，孔广森，洪亮吉辈继起，才力所至，皆足名家。"

清初骈文家最有名的是陈维崧和毛奇龄。两人都是康熙十八年（1679 年）举博学鸿词科而授翰林院检讨。陈维崧著有《俪体文集》10 卷，措词绮丽，用典繁密，情韵类似魏晋骈文。近代学者谢天量在《骈文指南》说："清朝乃有以四六名家者，陈其年最号杰出。"毛奇龄（1623 ~ 1713 年），字大可，号初晴，他的骈文不多，但大多斐然可观，风格疏宕俊逸，雄浑遒劲，较好的作品有《平滇颂序》、《沈云英墓志铭》。

乾隆、嘉庆两朝，是清代骈文创作最为繁盛的时期，名家辈出，佳作纷现。余波所及，直至道光朝前期，较有名的作家有胡天游、杭世骏、邵齐焘、吴锡麟、纪昀、袁枚、曾燠、洪亮吉、孙星衍、汪中、刘嗣绾、李兆洛、阮元、彭兆荪等。

胡天游（1696 ~ 1758 年），一名骙马，字稚威，山阴（今浙江绍兴）人。他虽仕途不利，但生逢盛世，才华横溢，多将不宜作的题目写得酣畅淋漓，故而名噪一时。其《大清一统志表》、《玉清宫碑》、《禹陵碑铭》、《赵开府碑》等，都是相当著名的作品。与胡天游同时的杭世骏（1675 ~ 1772 年）、邵齐焘（1718 ~ 1769 年）、纪昀（1724 ~ 1805 年）也是颇有影响的骈文家。《东域杂记序》、《答王芥子同年书》、《四库全书告成恭进表》分别是他们的代表作，或清丽，或典重，情文并茂。

胡天游稍后一段时期，成就较高的骈文家是袁枚。他反对轻视骈文的倾向，所著的《小仓山房外集》、绝大多数都是骈文。这里面最著名的当是《上尹制府乞病启》。此信是袁枚写给其座师两江总督尹继善的信。当时尹继善

| 文学纪事 | |
|---|---|
| 公元前14世纪 | 《周易》卦爻辞传说为商代后期作品，其中关于阴阳认识导入文字后成为骈文形成的基础。 |
| 汉高祖七年（公元前200年） | 贾谊、晁错生于是年。 |
| 汉桓帝延熹三年（159年） | 蔡邕被征召赴京，称病而归。他的碑铭为后世骈文立格。 |
| 汉献帝十二年（203年） | "建安七子"活动于此年前后，其文大都骈散相间。 |
| 南朝宋文帝元嘉十六年（439年） | 鲍照擢为国侍郎。是年，作骈文《登大雷岸与妹书》。 |
| 齐武帝永明五年（487年） | 萧子良移居鸡笼山西邸。范云、谢朓、萧琛、萧衍、任昉、王融、沈约和陆倕以文学亲侍，号为"八友"。江淹、范缜等亦为西邸文士。 |
| 唐高宗上元三年（676年） | "初唐四杰"王、杨、卢、骆活动于此时。 |
| 唐文宗开成二年（837年） | 李商隐登进士第。他的骈文极具特色，有文集传世。 |
| 宋仁宗嘉祐四年（1059年） | 欧阳修、王安石、梅尧臣、苏洵、苏轼、苏辙均活动这一时期。他们的骈文后世称为"宋四六"。 |
| 清圣祖康熙十八年（1679年） | 开博学鸿词科，应试者143人，取陈维崧、朱彝尊、汪琬、毛奇龄、施闰章、尤侗等50人。 |
| 清高宗乾隆五十九（1794年） | 汪中卒（1744~1794年），年五十，著有《述学内外篇》、《广陵通典》等。 |

保荐袁为高邮知县，未获批准，适逢母患病，袁枚即上书乞养归山。文中既动之以情，又诉之以理，极富感染力，是一篇极为感人的抒情骈文。

与袁枚风格相近的骈文家是吴锡麟(1746～1818年)。他字圣征，号谷人，官至国子监祭酒。他的骈文《航坞山居记》、《答成亲王启》都是清新流利的佳作，与南朝的吴均、陶弘景的山水小品有神似之处。

乾嘉年间，江苏常州出现了一批骈文家，著名人物有洪亮吉、孙星衍。洪亮吉(1746～1809年)，字君直，号北江，官翰林院编修。他的骈文用典多而不觉繁缛，格调清新，凡书、序、启、记、诔、吊、铭、碑、谒、七招、连珠，众体俱备。《八月十五日夜泛舟白云溪诗序》是其最为人称道的作品。文中全用白描手法，写景细腻，有苏东坡《前赤壁赋》的影响。孙星衍(1753～1818)，字伯渊，号渊如，历官山东督粮粮道，权布政使。他也有不少好作品传世，如《国子监赵君妻金氏诔》、《洪节母诔》等，都很受称赞。

与洪亮吉齐名的是汪中，汪中(1745～1794)，字容甫，江都(今江苏扬州)人。他学问广博，绝意仕途。汪中最著名同时也可能是清代骈文史上最杰出的作品是《哀盐船文》。文章描述了乾隆三十五年十二月江苏征盐船失火事件，第一段总叙失火，二、三段具体记叙，第四段表达对死难家属的祈祷。无论写景抒情，都显得挥洒自如；既讲究声韵对仗，又追求用典。杭世骏为此文作序，以之与晋左思《三都赋》、唐李华《吊古战场文》相提并论。此外，汪中的《自述》最能显示个性与情感，是自伤身世之作。汪中在清代骈文史上的重要地位，如刘台拱《〈遗诗〉题辞》所说，“钩贯经史，熔铸汉唐，闳丽渊雅，卓然自成一家”。

⊙汪中像

清代骈文作家。他的骈文自成一格，不摹仿古人，无堆砌词藻之弊，往往随笔所至，自然成文。

晚清时期，骈文创作已是落日余晖，渐趋衰亡，代表作家有李慈铭(1830～1894年)和王闿运(1833～1916年)等。总体上看，他们的艺术成就均未超过前人。“五四”运动兴起后，骈文也和古文一样，成为历史的陈迹。

## 文学体裁之赋

在中国文学史上，赋是一种特殊的样式，它介于诗歌和散文间，韵散兼行，可以说是一种半诗半文的混合体。赋本是“风、雅、颂、赋、比、兴”诗歌六义之一，最初的意思为一种文学表现的态度和方法，并非一种文学体裁。从《诗经》到屈原的《离骚》、《九歌》、《招魂》，诗的范围扩大了，铺叙丰富了，主客问答的体制产生了，这都为赋的出现做好了准备。东汉班固在《汉书·艺文志》中说：“春秋之后，周道浸坏，聘问歌咏，不行于列国，学诗之士逸在布衣，而贤人失志之赋作矣。”这道明了诗衰赋作的原因。班固又说：“赋者古诗之流也。”南朝宋刘勰说：“赋也者受命于诗人，拓宇于《楚辞》者也。”这里他们阐述了赋的源流和发展趋势。西汉司马相如《西京杂记》中说：“合纂组以成文，列锦绣而为质。一经一纬，一宫一商，此赋之迹也。”刘勰《诠赋》道：“赋者，铺也，铺采摛文，体物写志也。”钟嵘《诗品》道：“直书其事，寓言写物，赋也。”这里他们解释了赋的性质和特色，也显现了赋的最大缺点和最大优点：缺点在于后世赋家专注于铺采摛文，繁花损枝，词虽丽而乏情，文虽新而无本，空洞无物；最大的优点就是直书其事，寓言写物，同华丽词藻相融合，天衣无缝，这

**·精彩阅读·**

死为休息，生为役劳，冬水之凝，何如春水之消？荣位在身，不亦轻于尘毛？

——东汉·张衡《髑髅赋》

其始也，皆收视反听，耽思傍讯，精骛八极，心游万仞……观古今于须臾，抚四海于一瞬。

——西晋·陆机《文赋》

悟以往之不谏，知来者之可追。实迷途其未远，觉今是而昨非。舟遥遥以轻，风飘飘而吹衣……云无心以出岫，鸟倦飞而知还……木欣欣以向荣，泉涓涓而始流。

——晋·陶渊明《归去来兮辞》

在几篇好赋作中有所体现。

最早创作赋并有作品留传至今的是战国时期的荀子。荀子的作品集《荀子》32篇中有《赋篇》，原有10篇，今存《礼》、《知》、《云》、《蚕》、《针》5篇，赋中采用隐语方式，铺陈夸张，韵散兼施，并运用主客问答的形式，意趣盎然。这些形式为后来的汉赋所继承，成为赋体文学的基本样式。

荀子殁后，屈原、宋玉等楚国的文人对赋的兴盛作出了巨大贡献。汉代流行的楚辞类作品都依傍于屈原（西汉刘向曾编集屈原、宋玉的作品和汉人摹拟的作品，署名《楚辞》），盛行解读楚辞的风气，重在咏物抒情，格调近于《离骚》。这类作品与后出的新体赋合流，总称辞赋，简称赋。另一位文学家宋玉则是第一位作赋大家，有赋16篇，较著名的有《风赋》、《登徒子好色赋》、《神女赋》、《高唐赋》、《对楚王问》等。这些作品在内容和艺术上都别具特色，对后世作品产生过很大影响。《风赋》通过描述两类性质不同的风，使王公贵族与平民百姓截然不同的生活形成鲜明对比，讥讽谄谀兼有，极尽铺陈描摹的能事，辞藻华丽，众多特点已具汉代散体大赋的雏形。

汉代初年，高祖刘邦及功臣萧何、曹参皆为楚人，一时楚风流行于朝廷。在文学方面，贾谊是促进汉代文学繁荣的最重要的作家，他的政论出色，赋也情理深致，独步一时。《吊屈原赋》、《鹏鸟赋》是贾谊怀才不遇的情绪表现，前者透露出他对屈原的深切同情和尊敬，后者阐明了自己对生死、祸福的态度，两者都以骚体写就，堪称汉初赋的代表作。

汉赋新体制的真正确立是从枚乘的《七发》开始的。《七发》是以七事启发楚太子，是劝戒膏粱子弟的成功之作，借鉴先秦文学，沿袭《楚辞》铺排之风，辞藻繁富，实为一篇完整的新体赋。《七发》一文以观潮的描写最为精彩。枚乘从形貌、动态、气势、颜色等方面多角度描写潮水，呈现出一种澎湃的力量：

沌沌浑浑，状如奔马。混混庉庉，声如雷鼓。发怒庢沓，清升逾跐路，侯波奋振，合战于藉藉之口。鸟不及飞，鱼不及回，兽不及走。纷纷翼翼，波涌云乱。荡取南山，背击北岸。覆亏丘陵，平夷西畔。险险戏戏，崩坏陂池，决胜乃罢。沛消厂汩潺湲，披扬流洒。横暴之极，鱼鳖失势，颠倒偃侧，沈沈湲湲，蒲伏连延。神物怪疑，不可胜言。

七段成篇的赋更形成了一种专门的文体，号称“七体”。自《七发》之后，作者云起，枝附影从，傅毅有《七激》，张衡有《七辨》，曹植有《七启》，成就都不如枚乘的首作。

汉武帝时期，汉代文学进入盛期，作家众多，所作的赋的数量多于其他时代，题材广泛，艺术水平高。更出现一批足以代表这一时代的作家。司马相如（约前179～前118年）是众多赋家中最为伟大的一位。他字长卿，慕蔺相如为人，易名相如，蜀郡成都人。他口吃而善为文，杰作有《上林赋》、《子虚赋》、《长门赋》。这些赋是汉代散体赋的成熟之作。作品气势恢宏，波澜起伏，同时又气脉贯通，一泻千里，更用长短句并行，文采斑驳陆离，多方面超越古人而成为千古绝调，是汉代赋的典范，后世赋的楷模。与司马相如同一时代的东方朔和枚皋也都是极有才华的文学家，前者滑稽多智，诙谐放荡，以《答客难》抒发怀才不遇的感慨，开这类赋的风气；后者是枚乘的庶子，才思敏捷，史称其作可读者百二十篇，但多为应诏之作，后世罕有流传。

汉代宣帝、成帝时，文坛学汉武帝时文风，文学之士竞学司马相如，赋体文学持续兴盛和发展。这个时候，较为成熟的作家，相对成功的作品，比前代为多，以赋名世且影响后代的当推王褒（约公元前 88 ~ 约公元前 55 年）和扬雄（公元前 53 ~ 18 年）。王褒的《甘泉赋》、《洞箫赋》“辩丽可喜”、“虞说耳目”，以善于描摹物态著称。扬雄早年好辞赋，40 岁前居蜀，作有《蜀都赋》，开后世京都赋的先河。成帝时，扬雄以文才为朝廷征召，侍从左右，时时作赋讽谏，作品以《甘泉赋》、《河东赋》、《羽猎赋》、《长杨赋》最为著名。扬雄赋驰骋想象，铺排套饰，同时又典丽精湛，词语蕴藉。

两汉之际社会动荡，到东汉初期社会生活和文化思想都发生了较大变化。光武帝刘秀定都洛阳，不回长安，引起朝野震动，文坛注意。杜笃（？ ~ 78 年）在他的《论都赋》中以主客问答的形式，历述汉王朝发展变化，证明长安实乃王气的所在，定都洛阳只是权宜之计。这篇作品成为东汉赋风转变的重要标志：赋开始将以往天子庙堂、诸侯王公的生活题材转化为关乎国家、社会、民生的重大问题。从杜笃开始，以都邑为题材的作品开始兴起。规模宏大、成就突出、影响最深的首推班固（32 ~ 92 年）的《两都赋》，它成为京都赋的最佳范例。《两都赋》分为《西都赋》和《东都赋》，虚拟“西都宾”和“东都主人”，讽刺西都的品物之美，赞扬东都的制度之美，汪洋恣肆与平正典实并现，带有鲜明的理想化色彩。

东汉中期，继承都邑题材并有所发展且取得一定成就的是张衡（78 ~ 139 年）的《二京赋》。此赋拟班固《两都赋》而作，也以《西京赋》、《东京赋》构成上下篇，在作品的体制、规模上超越前贤，铺陈面面俱到，以其宏大被称为京都赋的极致。与《二京赋》相比，张衡的抒情小赋则更具开创意义，对之后 1800 年的辞赋发展产生了深远影响。这方面作品的《思玄赋》和《归田赋》意义重大，两篇都作于张衡 50 岁以后，陈述自己遭诋毁却不肯屈于流俗，遂访先贤探求人生玄理，追求适合自己理想的生活乐园和想象空间。《归田赋》是中国汉代第一篇较成熟的骈体赋，也是中国文学史上第一篇描写田园隐居之乐的作品，其中写道：

于是仲春令月，时和气清。原隰郁茂，百草滋荣。王雎鼓翼，鸧鹒哀鸣。交颈颉颃，关关嘤嘤。于焉逍遥，聊以娱情。

在这里，人性通脱达观后面，有人生沉重的哀痛和悲伤，具有鲜明的道家思想的色彩。

东汉后期，蔡邕（132 ~ 192 年）在抒情赋方面最有成就，所著的赋大抵将锋芒直指人事，具有很强的批判性，今存完整者有《述行赋》、《青衣赋》、《短人赋》等。赵壹的抒情小赋则最具针对性，《刺世疾邪赋》对汉末是非颠倒、人妖混淆的现实进行了深刻的揭露，在思想性和艺术性上都超过了“怨刺”文学的界限，更接近于诗人的出离愤怒，这在整个汉赋中都极为少见。

魏晋时期，沿着东汉以来抒情赋发展的方向，辞赋创作显示出抒情化、小品化的特色。这一时期的作家常集诗人与小赋作者于一身，这也表明了诗赋相互影响的深化。刘勰在《文心雕龙》中说王粲的诗赋为“七子之冠冕”。王粲的代表作是《登楼赋》。此赋是在王粲不受荆州刘表重用的情况下，于当阳城楼望远销忧时创作的，即景抒情，情景交融，标志着抒情小赋在艺术上已进入相当成熟的时期。与“建安七子”星光并耀的是三曹。三曹中的曹植诗、文、赋俱佳，存赋 45 篇，皆体制短小。其中最有名者，当推《洛神赋》。此赋构思与手法受宋玉《神女赋》的启发，描绘对洛神的追求与幻灭过程，词采华茂，对偶工整，名句迭出，对后来骈赋的形成与发展，有很大影响。此后，阮籍的《猕猴赋》、嵇康的《琴赋》、向秀的《思旧赋》，或以物喻人，或情理兼备，或语短怨深，都表达了在政治压迫下文人内心的苦闷和尴尬难言。西晋太康时期，赋家辈出，诗歌中的“三张二陆两潘一左”也多是赋中的优秀作家。张华（232 ~ 300 年）的《鹪鹩赋》，陆机的《文赋》，潘岳的《秋兴赋》、《怀旧赋》，左思（252 ~ 306 年）的《三都赋》都是赋中名篇。这些赋大多兼用骚体、散体和骈体，辞采清丽，音韵和谐，已开六朝骈赋先声。

东晋偏安江南，清谈之风更盛，山水进入辞赋，于是便有郭璞（276 ~ 324 年）的《江赋》、木华的《海赋》和孙绰（314 ~ 371 年）的《游天台山赋》出现。这些作品颇有才情，但都无法遮掩住陶渊明辞赋的光芒，虽然他今存辞赋仅三篇：《感士不遇赋》、《闲情赋》和《归去来兮辞》。《归去来兮辞》最为著名，久享盛誉。

南朝为宋、齐、梁、陈四代，文坛沿着魏晋文章追新逐丽的趋向继续发展，呈现阶段性的特点。

宋文帝时立玄、儒、文、史四学，文学独立性得以明确。在元嘉时期，文坛出现“三大家”谢灵运、颜延之和鲍照。谢灵运的诗歌创作才高词盛，富艳难踪，而以山水为题材的《岭表赋》、《长谿赋》、《山居赋》诸作，状物写景，选字修辞都和他的山水诗成就相呼应。颜延之以骈文见长，所作《赭白马赋》反映了骈赋技巧的进一步成熟，但已呈现雕琢过甚的痕迹。鲍照是刘宋时期最有成就的赋家，今存赋 10 篇，抒情写景状物，贯注了人生的苍凉和深沉。其中最为史家推重的是《芜城赋》。赋从首段铺写芜城地理、交通的便利，当年的繁华，紧接着作者描述广陵（芜城）之衰：

泽葵依井，荒葛罥途。坛罗虺蜮，阶斗麏鼯。木魅山鬼，野鼠城狐，风嗥雨啸，昏见晨趋。饥鹰砺吻，寒鸱吓雏。虒藏虎，乳血餐肤。崩榛塞路，峥嵘古馗。白杨早落，塞草前衰。稜稜霜气，蔌蔌风威。孤蓬自振，惊沙坐飞。灌莽杳而无际，丛薄纷其相依。通池既已夷，峻隅又已颓。直视千里外，唯见起黄埃。凝思寂听，心伤已摧。

全段节奏紧迫，气势逼人，然后顺势引出作者感慨，满目悲凉的情景溢于纸上。同期较有特点的作品还有谢惠连（393 ~ 433 年）的《雪赋》和谢庄的《月赋》。

齐梁时期，骈赋愈见成熟，著名赋家有沈约（441 ~ 513 年）、萧绎和江淹（444 ~ 505 年）。江淹的赋，别具一格。因为江淹有历仕宋、齐、梁三朝的背景，所以历尽兴衰，赋写到人生别恨，广及帝王别恨、名将别恨、美人别恨，谋臣别恨、名士别恨乃至孤臣、庶子、迁客的别恨，直说得缕缕入情，荡气回肠。《别赋》有一句“黯然销魂者，唯别而已矣”，《恨赋》有一句“自古皆有死，莫不饮恨而吞声”，两赋同是江淹的代表作，用词平白自然，典故生动易懂，在南朝文坛中风格迥异。

北朝文学，除民歌外，乏善可陈，最有名的赋家是由南入北的庾信。庾信（513 ~ 581 年）字子山，南阳新野人。早年出入梁宫廷，作有《春赋》、《灯赋》、《镜赋》，风格细丽。梁元帝时，庾信出使西魏，被强留北方，官至骠骑大将军、开府仪同三司。虽官高、位重，不免有离别之苦、乡关之思、亡国之悲、移节之耻，赋及诗的风格为之一变，变为沉郁苍劲。他的《枯树赋》、《小园赋》、《邛竹杖赋》和《哀江南赋》都作于入北后，其中的思想感情，都复杂而深沉。《哀江南赋》叙述家风世德、个人际遇，同时陈述梁室盛衰，抒写国破家亡的心态，抒发矛盾痛苦的心情。赋前有序，序有句云：“日暮途远，人间何世？将军一去，大树飘零；壮士不还，寒风萧瑟。”这里东汉冯异和荆轲的典故无疑都铺衍着作者内心里的忧愤世界。《哀江南赋》情文兼重，不同于六朝时期卖弄技巧、炫耀学问的骈赋，故《四库全书》总目提要说它“集六朝文学之大成，而导四杰之先路，自古迄今，屹然为四六宗匠”。

初唐时期，赋于上层社会人士则为应诏奉和、歌功颂德的作品，于下层文人则是抒写怀抱、张扬个性的篇章。其中王绩（585 ~ 644 年）的《游北山赋》、王勃的《涧底寒松赋》、骆宾王的《荡子从军赋》是当时有生存意义的赋的代表作，展现了对前代形式的继承和内容的变革。

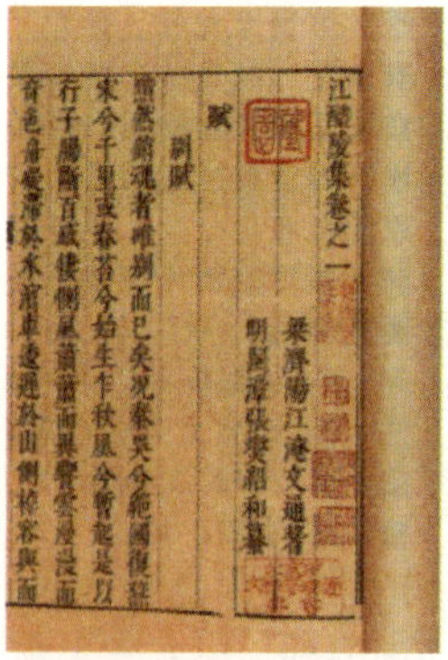


**⊙江淹《别赋》书影**

江淹，南朝文学家，字文通。年轻时文采华茂，晚年才思衰退。他是南朝最优秀的骈赋作家。

盛唐诗坛，李杜光芒万丈，二人诗作春华秋实，各领风骚；赋作也自具特色。李白之赋以《明堂赋》、《大猎赋》、《大鹏赋》、《剑阁赋》为佳，立意学古人，下笔别具烈焰，气豪辞艳，俊迈飘逸，

| 文学纪事 | |
|---|---|
| 秦王政十年（前237年） | 荀子约卒于此年（约前298～前237年），年六十。他的著作中首次出现“赋”这一名称。楚国的宋玉、唐勒、景差都活动于此时。他们的著作对汉赋有很大的影响。 |
| 汉文帝前元四年（前176年） | 贾谊出为长沙王太傅，南渡湘水，作《吊屈原赋》。居长沙期间，又作《鵩鸟赋》。 |
| 汉景帝前元元年（前156年） | 枚乘作《七发》。之前一年，枚乘作《谏吴王书》。吴王不听，故与庄忌、邹阳往依梁孝王。 |
| 汉景帝中元五年（前145年） | 司马相如作《子虚赋》。 |
| 汉成帝元延二年（前11年） | 扬雄从成帝郊祀，作《甘泉赋》、《河东赋》、《羽猎赋》。次年，作《长杨赋》。 |
| 汉明帝永平九年（66年） | 班固在修《汉书》的同时，作《两都赋》。 |
| 汉和帝元兴元年（105年） | 张衡精思竭虑，作《二京赋》，历时十年。 |
| 汉灵帝喜平二年（173年） | 赵壹作《穷鸟赋》；为上计吏，作《刺世嫉邪赋》。 |
| 汉献帝初平三年（192年） | 王粲与王凯、士孙萌南赴荆州依附刘表。期间，王粲作《初征赋》、《登楼赋》。 |
| 魏文帝黄初四年（223年） | 曹植封雍丘王，朝京师。返程时，作《洛神赋》。 |
| 晋惠帝太安二年（303年） | 左思《三都赋》改定，卒于冀州。陆机兵败被诛，有《叹逝赋》、《文赋》等留世。 |
| 晋安帝义熙元年（405年） | 陶渊明辞彭泽令返里，作《归去来兮辞》。 |
| 宋孝武帝大明三年（459年） | 鲍照居江北，作《芜城赋》。 |
| 梁元帝承圣三年（554年） | 庾信出使西魏，滞留北方。从此，他的文风变为沉郁苍健。《哀江南赋》是其代表作。 |
| 宋仁宗嘉祐四年（1059年） | 欧阳修作《秋声赋》。苏洵及苏轼、苏辙舟行出蜀至荆州。 |
| 宋神宗元丰五年（1082年） | 苏轼在黄州作《赤壁赋》，又有《后赤壁赋》。此后，历南宋、元、明、清，赋仍流行于文人阶层，但已趋式微。 |

其中又以《大鹏赋》最能体现李白的浪漫个性和天才想象。杜甫之赋以天宝末年所献“三大礼赋”《朝献太清宫赋》、《朝享太庙赋》、《有事于南郊赋》最为著名，结构效法汉代大赋，虚实并用，磊落惊人。李杜之前，张说有《江上愁心赋》，苏颋有《长乐花赋》，张九龄（678 ~ 740 年）有《荔枝赋》，皆具备一定水准，可圈可点。李杜之后，萧颖士（708 ~ 759 年）、李华（715 ~ 774 年）和元结（719 ~ 772 年）冲破骈俪的束缚，效仿古文体赋；萧颖士的名作是作于安史之乱第二年的《登故宜城赋》。李华的名作是以赋体写成的《吊古战场文》，元结的名作则是用寓言和问答方式写就的《说楚何荒王》、《说楚何惑王》、《说楚何惛王》三赋。萧作穿插写景、记事、抒情、议论，感时伤怀，颇为难得；李作感情激荡，用散文气势驾驭骈俪技艺，对后来杜牧的《阿房宫赋》深有影响；针砭时弊，文辞古朴，议论透彻清明，很有典型意义。

唐代从安史之乱后进入中期，由于社会发展和文学变故，辞赋创作空前活跃。柳宗元是唐代 300 年最有成就的赋家，只是这些成就都被他的古文成就光芒所掩盖。他存赋 12 篇，多是骚体。严羽在《沧浪诗话》中说“唐人惟柳子厚深得骚学”。柳宗元振兴骚体，使赋这一古老样式重现异彩。他的《佩韦赋》、《解祟赋》、《惩咎赋》、《囚山赋》都与他的经历息息相关，充分体现和表达了楚辞和骚体赋最有价值、最具光彩的精髓——“路漫漫其修远兮，吾将上下而求索”。与柳宗元并称“韩柳”的韩愈（768 ~ 824 年）今存赋 5 篇，最为人称道的也是骚体赋《复志赋》和《闵己赋》。中

**⊙后赤壁赋图卷（局部） 南宋 马和之**

《后赤壁赋》是北宋著名文学家苏轼的散文名篇，描写作者与两位客人复游赤壁的情景，此图即根据此文而作。

唐时期与骚体赋双峰并峙的是律赋。在天宝以后，贞元以来，进士考杂文又专取诗赋，这大大刺激了律赋的兴盛。最有名的律赋作家是李程（766 ~ 842 年）和王起（760 ~ 847 年），前者以《日五色赋》考得进士，存赋 20 篇；后者以《庭燎赋》为人推重，存赋 60 余篇。同期的白居易（772 ~ 846 年）和元稹（779 ~ 831 年）也有相当特别的律赋。

晚唐五代，新文体赋得以形成，这类赋以“大半是论体”为特色，代表作是杜牧（803 ~ 852 年）的《阿房宫赋》。赋前半部分极力铺写阿房宫的宏大与壮丽，然后就事论事，指出阿房宫才建就毁，在于掌权者丧失民心，进而总结历史教训，提出不能像秦国那样治理天下，避免重蹈覆辙。这篇赋立意高深，辞藻华美，音调铿锵，历来被视为新文体赋的第一篇代表杰作。

宋初，尚文蔚然成风。辞赋创作骈体和律体盛行，重要作家有徐铉（916 ~ 991 年）、田锡（940 ~ 1004 年）、吴淑（947 ~ 1002 年）、张咏（946 ~ 1015 年）等人。与这些赋家相比显得另类的则是王禹偁（954 ~ 1001 年）。他提出诗文创作应“革弊复古”（《送孙何序》），作的赋以律体为主，兼有古文体和骈体。《藉田赋》为骈体，用语清雅，在夹叙夹议中并用散文化的对偶句，自然贴切，为宋代后来的律赋所效法。这一时期有成就的辞赋家还有：叶清臣（？~ 1051 年），以《松江秋泛赋》见称；范仲淹（989 ~ 1052 年），存赋 25 篇，以律体居多，《用天下心为心赋》、《临川羡鱼赋》等较有名。

北宋中期，政治改革带动和促进文学改革，辞赋创作出现新天地，最杰出者当推欧阳修和苏轼。欧阳修（1007 ~ 1072 年）是北宋诗文创作的领军人，诗、文、词、赋兼擅。在今存的 22 篇赋中，骚、骈、律、文各体皆有，以《秋声赋》最著名。这篇赋取法古人，亦骈亦散，充满诗人的伤感和哲人的睿智，创建了一种崭新的模式，标志着辞赋史上形式最灵活，表现力最强的新体式——新文体赋的诞生。这种新诞生的赋到苏轼那里达到了最高的成就。苏轼（1037 ~ 1101 年）诗、词、文、赋、书、画诸体兼备，现存赋 23 篇。文体赋是苏轼辞赋创作成就的最高标志，而前后《赤壁赋》又是其中杰出的代表。《前赤壁赋》作于元丰五年（1082 年）秋冬被贬黄州团练副使时，写景空灵，怀古凄绝，议论充满理趣，三者合一，达到出神入化的境界。清代古文家方苞曾说：“所见无绝殊者，而文境邈不可攀。良由身闲地旷，胸无杂物，触处流露，斟酌饱满，不知其所以然而然。”（《评注古文辞类纂》）《后赤壁赋》以写景记梦为主，也有妙语佳句，而境界难与前篇相匹配。

北宋中期重要赋家除欧、苏外，还有邵雍（1011 ~ 1077 年）、周敦颐（1017 ~ 1073 年）、司马光（1019 ~ 1086 年）等一批学者型作家。受欧阳、苏影响的，有“苏门四学士”黄庭坚（1045 ~ 1105 年）、秦观（1049 ~ 1100 年）、晁补之（1053 ~ 1110 年）和张耒（1054 ~ 1114 年）。他们的辞赋受欧阳、苏影响很深，同时又是有各自特点：黄爱奇，秦求工，晁崇简，张尚意。

南宋以后的辞赋，逐渐式微，在形式和内容都有所固定，发展缓慢，真正能站得住的大家几乎没有。像南宋的李纲、杨万里、范成大、刘克庄，金代的赵秉文、元好问，元代的刘因、赵孟頫、虞集、杨维桢，明代的刘基、薛瑄、前后七子、夏完淳，都有颇具特色的赋作传世，但已难出前代窠臼，难成气候。

清代，掌权者广开仕途，提倡程朱理学，网罗人才修史、整理典籍，整个社会文化得到很大的发展，辞赋创作呈全面复兴，当然，这只是它的回光返照，黑夜前的几缕绚烂的晚霞。赋在这时的全面复兴体现在：一，数量多，光绪时鸿宝斋主人编的《赋海大观》得清赋15000余篇，而实际数目远非此数；二，品类全，骚体、诗体、律体、文体等一应俱备；三，赋集众，有自结集，有选编集，有历代全集，有本朝单集等多种形式。清代著名的赋家有陈维崧、朱彝尊、袁枚、张惠言、龚自珍、章炳麟等人。在此之后，辞赋退出文学创作的舞台，成为历史。

## 文学体裁之诗歌

诗歌是最古老的文学样式之一。中国最初的诗歌总是与舞蹈和音乐紧密结合在一起的，这不仅在中国古代浩如烟海的史料典籍中有所记载，而且还可以从遗留至今的原始部族的社会宗教活动中得到佐证。《尚书·益稷》记载“五帝”之一的舜时的乐曲《大韶》云：“夔曰：戛击鸣球，搏拊琴瑟，以咏。祖考来格，虞宾在位，群后德让。下管鼗鼓，合止柷敔，笙镛以间，鸟兽跄跄。《箫韶》九成，凤凰来仪。夔曰：於！予击石拊石，百兽率舞，庶尹允谐，帝庸作歌。”《箫韶》就是《大韶》，九成就是九章，为舜时著名的乐官夔所作。这套帝王之乐体现了上古时期诗、乐、舞一体的原始形态。演奏的时候，有人唱歌辞，有人扮鸟兽和凤凰起舞，有钟磬琴瑟管笙箫鼗鼓敔等乐器伴奏。《左传·襄公二十九年》记载了吴公子季札对它的和谐发出的赞美“德至矣哉，大矣！如天之无不帱也，如地之无不载也。虽基盛德，其蔑以加于此矣，观止矣”。“叹为观止”的成语即生于此。孔子则在《论语·八佾》中称赞道：“《韶》，尽美矣，又尽善也。”“尽善尽美”出于此。在中国文学的发展历程中，诗、乐、舞三者相依相存是诗歌初级阶段的一个重要特征。

这种特征在原始社会瓦解的大禹时代，也就是夏代发生了微妙变化。《礼记·乐记》云：“诗，言其志也。”当“言志”真正出现在诗歌内容里，并成为最有价值的部分时，划时代的意义已经产生。这种意义最典型的表现是《候人歌》。《吕氏春秋·音初》说：“禹行功，见涂山氏之女。禹未之遇。而巡省南土。涂山氏之女乃令其妾候禹于涂山之阳。女乃作歌，歌曰：‘候人兮猗！’实始作为南音。”这首只有两个实字（候人）、四个单音的歌第一次表达了人与人之间以爱情为基础的深厚感情，从而第一次从内容上摆脱了物质生产及宗教巫术的苑囿，成为真正意义上的精神创造。从某种意义上说，这首诗即是中国情诗之祖。

诗的“言志”功能及意义从《候人歌》开始绵绵延续下去，长盛不衰。夏末，桀为酒池肉林，暴虐天下，有《夏人歌》曰：“江水沛兮，舟楫败兮。我王废兮。趣归于薄。薄亦大兮。乐兮乐兮，四牡跷兮，六辔沃兮。去不善而从善，何不乐兮。”天下行将大乱，夏朝子民表达了对国家深深的忧虑和对暴桀的无奈。而在商朝灭亡后，殷宗室箕子进周朝拜的途中，路过殷墟，看到宫宅毁坏，心中感慨，欲哭不可，歌诗曰：“麦秀渐渐兮黍油油。彼狡童兮，不与我好兮。”伯夷、叔齐兄弟在这时表现出了

⊙伯夷像　　⊙叔齐像

伯夷和叔齐不食周粟，隐于首阳山，采薇而食。他们这种高洁的精神一直是中国诗歌的内涵。

⊙ **《诗经·周颂·昊天有成命》 南宋 马和之**

《诗经》自诞生之日起，便成为历代艺术家着力表现的题材。在众多的艺术作品中，以绘画为首，其中最为著名的属南宋马和之所绘的《诗经图册》。图为《诗经·周颂·昊天有成命》的诗句大意，人物造型准确生动，笔法古朴流畅，是画家对两千年前《诗经》这种文学作品的艺术再创作。

极高的气节，成为中国数千年来文人志士敬仰的楷模。他们不食周粟，隐于首阳山，采薇而食。等到快饿死的时候，作歌曰："登彼西山兮采其薇矣。以暴易暴兮不知其非矣。神农虞夏忽焉没兮。我适安归矣。吁嗟徂兮命之衰矣。"他们这种精神通过诗歌传达给后人，深入到中国文化的众多层面。

在商代的整个社会中，"言志"型的诗歌与宗教巫术型的诗歌依然并存，诗歌同音乐、舞蹈的结合依然紧密。这种形式在文字已经成熟并广泛用于文献记录后，还存在了相当长的时间。比如《诗经》中的作品都是乐歌，而当中的颂诗，是祭祀时用的歌舞曲。

西周时期的诗歌大多保存在《诗经》中。这些诗几乎全面地反映了有周一代的诗歌水平，并成为中国现实主义文学的源头。《诗经》的内容及形式可以从商代的卜辞中看到影子。《卜辞通暗》第三八三片载："乙卯卜，贞。不雨，其雨；今日不雨，其雨；翌日戊不雨，其雨。岸御，岸御。"第三七五片载："癸卯卜，今日雨。其自西来雨，其自东来雨，其自北来雨，其自南来雨？"这两首卜辞很像当时的歌谣，前者"不雨，其雨"相对成文，于参差中见整齐，形式美强，与《诗经·卫风·伯兮》中的"其雨，其雨！杲杲日出"在形式上相当接近。后者有直叙，有疑问，有推测，铺叙的特点在体裁上接近汉乐府《江南可采莲》。《诗经》由风、雅、颂三部分组成，包括十五"国风"（诗160篇）、雅（分大雅、小雅，有诗105篇）、颂（分周颂、鲁颂、商颂，有诗40篇）。这部收录西周初至春秋大约五六百年间的305篇诗歌的中国第一部诗歌总集早在孔子时代就对中国文化产生了巨大的影响，当时叫它《诗》或《诗三百》。《诗经》中有感伤身世的，如《黍离》写道："彼黍离离，彼稷之苗。行迈靡靡，中心摇摇。知我者谓我心忧，不知我者谓我何求。悠悠苍天，此何人哉？"有描写男女之情的，如《月出》："月出皎兮，佼人僚兮。舒窈纠兮，劳心悄兮。"有表达离别之情的，如《采薇》："昔我往矣，杨柳依依；今我来思，雨雪霏霏。行道迟迟，载渴载饥。我心伤悲，莫知我哀！"《诗经》用赋、比、兴的手法确立了中国文学光辉的开端，并以其精湛的艺术成就将中国诗歌发展推向了第一个高峰。

战国时期的浪漫主义诗人屈原在他的作品中更是强烈地表现出《诗经》的深刻影响。后人将他的作品《离骚》与《诗经》并称"风骚"。屈原等人创作的"楚辞"接受南方民歌的影响，音调婉转优美，风格缠绵悱恻，浸淫在楚国特殊的山川风物和人文传统中，带有明显的巫风痕迹。这其中影响最大的就是屈原最重要的作品《离骚》。全诗373句，2490个字，作于楚怀王后期到顷襄王初期，屈原流放汉北的时候。《离骚》以其全新的诗歌样式、浪漫的精神气质、独特的象征手法对后世的文学创作产生了重大的影响。除了以美人、香草为主要意象的《离骚》外，屈原的《九歌》、《天问》、《招魂》、《九章》等也都印记着他一生的心迹。《九歌》具有明显的歌、乐、舞三者合一的表演性，共有11篇，"悲莫悲兮生别离，乐莫乐兮新相知"一句，被王世贞推许为"千古情语之祖"（《艺苑卮言》卷二）。《天问》意为对天发问，列举历史和自然界一系列不可理解的现象，以"曰"字领起，几乎全用问句共提出了172个问题，由天地及人事再到现实中楚国的政治，参差错落，奇崛生动。《招魂》是楚怀王死后为其招魂而作的，分引言、正文、乱辞三段。乱辞中所咏："湛湛江水兮，上有枫，目极千里兮，伤春心。魂兮归来哀江南！"缤纷富丽，哀婉豪奢，颇具汉代大赋气象。

屈原之后，楚国有宋玉、唐勒、景差等诗人,其中宋玉最为著名。生平似于屈原的他（宋玉）有《风赋》、《高唐赋》、《神女赋》、《登徒子好色赋》、《对楚王问》、《九辩》等作品。《九辩》是其代表作，内容主要是抒发被谗见疏、流离失所的悲衰。最为动人的是对他流离失所的描写：

悲哉秋之为气也！萧瑟兮草木摇落而变衰。憭慄兮若在远行，登山临水兮送将归。泬寥兮天高而气清，寂寥兮收潦而水清。

诗中对秋景的描绘与自身的失意交织在一起，在中国文学史上影响至远。

继《诗经》、《楚辞》后，两汉乐府诗成为中国诗歌史又一座高峰。这种新的诗体由朝廷乐府系统搜集保存而来，故名乐府。两汉乐府诗以相和歌辞数量居多，作者上至帝王，下自平民，大部分作于东汉，少数作于西汉。拉开乐府诗大幕的是汉高祖刘邦的《大风歌》：“大风起兮云飞扬，威加海内兮归故乡！”《汉书·艺文志》写道：“自孝武立乐府而采歌谣，于是有赵、代之讴，秦、楚之风，皆感于哀乐，缘事而发。”乐府诗表现的多是大众普遍关心的敏感问题，如家庭、战争、徭役、婚姻等问题，道出了那个时代的苦与乐，爱与恨。《上邪》是乐府诗中表现爱情的名篇：

上邪！我欲与君相知，长命无绝衰。山无陵，江水为竭，冬雷震震，夏雨雪，天地合，乃敢与君绝！

女子呼天为誓，强烈的感情通过五件不可能办到的事来表达，确是“短章中神品”。

此外，《东门行》、《妇病行》、《孤儿行》、《十五从军征》等作品也是乐府中的佳作。但最能代表乐府诗成就并将之发挥到淋漓尽致的地步的是《孔雀东南飞》。这首诗讲述男女主角焦仲卿和刘兰芝的婚姻悲剧，是中国文学史上现实主义诗歌发展中的重要标志。语言生动活泼，剪裁繁简得当，结构完整紧凑是这篇叙事长诗的艺术特色。

与乐诗一起代表汉代诗歌最高成就的是《古诗十九首》。它出自汉代文人之手，不是一时一地所作，也不是一人所作，而是多人，它除了思妇之歌，便是游子之歌。这种主题具有相当的普遍性和典型性，千百年来引起读者的广泛共鸣。《古诗十九首》是中国早期五言诗中的优秀作品，长于抒情，擅长烘托，融情入景，寓景入情，达到水乳交融，天衣无缝的境界。例如《迢迢牵牛星》一首：

迢迢牵牛星，皎皎河汉女。纤纤擢素手，札札弄机杼。终日不成章，泣涕零如雨。河汉清且浅，相去复几许。盈盈一水间，脉脉不得语。

作者通篇全在写景，而情在其中，达到了此处无声胜有声的感觉。《古诗十九首》正是因为有这样炉火纯青的语言，所以被钟嵘在《诗品》中称为“惊心动魄，可谓几乎一字千金”。刘勰更是誉之为“五言之冠冕也”。

汉末三国，以《古诗十九首》及乐府为代表的汉代诗歌传统得到继承和发扬，以曹操、曹丕、曹植及“建安七子”为代表的众多作家一方面反映社会乱离，一方面抒发理想与抱负，慷慨悲凉，具有鲜明的时代特色。正如《文心雕龙·时序》所说：“观其时文，雅好慷慨，良由世积乱离，风衰俗怨，并志深而笔长，故梗概而多气也。”建安诗歌的杰出成就形成了后世称为“建安风骨”的传统。建安文学中，曹操的四言诗《观沧海》、《龟虽寿》，曹丕的七言诗《燕歌行》，曹植的五言诗以及蔡琰的《悲愤诗》是其佳作。

继建安文学之后的正始文学，出现了两位旷世奇才阮籍和嵇康。阮籍（210 ~ 263 年）处魏晋易代之时，抱负无处施展，通过诗歌发泄

**⊙ 牛郎织女图扇页 清 钱慧安 纸本**

汉代，中国开始出现完整的牛郎织女的传说，东汉应劭《风俗通义》载：“织女七夕当渡河，使鹊为桥。”南朝梁宗懔《荆楚岁时记》曰：“天河之东有织女，天帝之子也。年年织杼劳役，织成云锦天衣。天帝哀其独处，许配河西牵牛郎，嫁后遂废织纴，天帝怒，责令归河东，唯每年七月七日夜渡河一会。”《古诗十九首》中的《迢迢牵牛星》就是这一民间传说在文学上的反映。

痛苦与愤懑，如著名的82首五言《咏怀诗》。诗隐约曲折，意象深刻，言在耳目之内，情寄八荒之表。嵇康（223 ~ 263年）既恬静寡欲好长生，又嫉恶如仇尚任侠。他的杰作《酒会诗》："淡淡流水，沦胥而逝；泛泛柏舟，载浮载滞。微啸清风，鼓檝容裔。放櫂投竿，优游卒岁。"清逸脱俗。即使如此，他还是为自己的愤世疾俗付出了代价，死在司马氏的刀下。

诗歌发展到西晋，发生了明显的变化，风骨远去，而华靡渐至。这一时期，有傅玄、张华、陆机、潘岳、张协、左思、刘琨、郭璞著名诗人。他们或是专注于宗庙乐章，或忘情于堆砌典故，或是沉溺于玄言象语，或是朴而无华，或是繁丽绮靡。其中左思的《咏史》和郭璞《游仙诗》对后世影响最大。

东晋时期，士族清谈玄理风气较之西晋更加昌盛，诗人多辞意平泰，淡乎寡味。陶渊明（365 ~ 427年）的出现，给东晋诗坛带来了一丝曙光。这丝曙光后来成为文坛明星，照耀一代诗坛。陶渊明的诗作内容丰富，表达了对田园生活的热爱。后世称其为"田园诗"。这种诗平淡自然，运用朴素的语言，白描的手法，真切地抒发感情，没有一点斧凿的痕迹。如《饮酒》第五首：

结庐在人境，而无车马喧。问君何能尔？心远地自偏。采菊东篱下，悠然见南山。山气日夕佳，飞鸟相与还。此中有真意，欲辨已忘言。

陶渊明的诗在当时并未受到重视，梁陈时期才得到关注，从唐以后，越来越受到推崇，在中国文学史上产生了深远的影响。

南朝的诗歌可以分为宋齐、齐梁、梁陈三个时期。宋齐时期谢灵运的山水诗独树一帜，富丽精工，有"野旷沙岸净，天高秋月明"、"池塘生春草，园柳变鸣禽"、"明月照积雪，朔风劲且哀"等众多名句，虽全诗统读起来欠佳，仍未完全摆脱玄言诗的影响，却开创了山水诗派。鲍照（414 ~ 466年）出身孤贱，气节奇高，所作诗以乐府诗居多，又以《拟行路难十八首》最能显示其精神世界，"泻水置平地，各自东西南北流。人生亦有命，安能行叹复坐愁！酌酒以自宽，举杯断绝歌路难。心非木石岂无感？吞声踯躅不敢言"，"对案不能食，拔剑击柱长太息。丈夫生世会几时，安能蹀躞垂羽翼？"这里是壮志难酬，有悲愤不平之气，使人联想到唐代的李白。齐梁时期的谢朓（464 ~ 499年）经历与谢灵运相似，诗受谢灵运影响，人称"小谢"。他的诗清新流丽，音韵声律受沈约等人的影响，铿锵和谐，有"余霞散成绮，澄江静如练"、"余雪映青山，寒雾开白日"、"江南佳丽地，金陵帝王州"等名句。谢朓的新体诗对唐代律诗、绝句的形成有很大影响，严沧浪称"谢朓之诗，已有全篇似唐人者"。梁陈时期的诗人大多集中在宫廷内，故而宫体诗居多，常描写艳情，放浪轻佻，风气一直延续到初唐。这时期的诗人中，江淹、吴均、何逊、阴铿较为著名，思想健康，与以沈约、江总为首的宫廷文学形成鲜明对比。

南朝时期的民歌几乎全是情歌，十之七八出自女子之口，甚至含有较浓的情色成分和脂粉气。它以《清商曲辞》中的"吴声歌"和"西曲歌"为主，前者计之326首，后者142首，吴声出自江南，西曲出自汉北樊邓间。这些出自当时大都市的民歌体裁短小，多是五言四句，慷慨吐清音，明转出天然。如《子夜歌》："侬作北辰星，千年无转移。欢行白日心！朝东暮复西！"简短轻快，平白有力。而标志南朝民歌艺术发展最高成就的是《西洲曲》。此诗取喻新颖，属对自然，声情摇曳，话语动人，余味无穷。

北朝民歌以《乐府诗集》中所载的"梁鼓角横吹曲"为主，多是当时北方民族一种在马上演奏的乐曲，作者主要是鲜卑人和其他北方民族的人们。鼓角横吹曲现存60多首，反映面相当广，有战争生活、有民众疾苦、有尚武骑射、有爱情相思，还有山川风光。著名的《敕勒歌》："敕勒川，阴山下。天似穹庐，笼盖四野，天苍苍，野茫茫，风吹草低见牛羊。"27个字，一片北国草原风光，反映出生活面貌和精神气节，成为"千古绝唱"。北朝民歌中的代表作是《木兰诗》，讲述木兰乔装代父从军的故事，和《孔雀东南飞》并称中国诗歌史上的"双璧"。胡应璘《诗薮》说："五言之赡，极于焦仲卿妻；杂言之赡，极于木兰。"

在南北朝时期，融汇南北，体现文学交流趋势、创立新风格的是由南入北的庾信（513 ~ 581年）。他将南朝诗歌的精华带到北方，又吸收北方文化健康的精神，取得了巨大成就。他的后期诗清新刚健，形式与格律日臻成熟，开唐人五律、七律、五绝、七绝的先河，成为唐诗的先驱，深受唐人重视。

公元581年，庾信结束人生的旅程，同时，隋朝结束了南北朝的分裂，全国复归统一。但是在诗歌上，南北朝浮艳轻恻的风气依然占主导地位。著名的诗人有卢思道、杨素、薛道衡、隋炀帝等人，他们的作品体现了诗歌在从南北朝向唐诗过渡阶段的特征。

唐诗是唐代文学的最高成就，是一代文学的标志。《全唐诗》收诗约5万首，作者2200余人，其中优秀诗歌、杰出诗人数量之多，为中国诗歌史上所罕见。唐诗的发展分为四个不同阶段：初唐，盛唐，中唐，晚唐。

初唐时期，文臣雅士多是前朝遗老，浮艳之风依旧。唐太宗本人对齐梁宫体诗也很爱好。以上官仪、沈佺期、宋之问以及“文章四友”为代表的一些诗人多是权臣贵戚，诗风华美，台阁气较浓；但他们的诗风貌已颇具改观，更是由于自己的身世和经历注入了不少情感元素和锤炼工夫，如上官仪的“鹊飞山月曙，蝉噪野风秋”，沈佺期的《古意》，宋之问的《题大庾岭北驿》，杜审言的《登襄阳城》、《春日京中有怀》等，或是工整的佳句，或是近于成熟的五、七律，或是韵调悠扬的乐府。他们的成就是将律诗进一步规范化，将大唐气象进一步明朗化。而真正将唐诗从宫廷台阁引到关山大漠，从浮艳靡软转入明丽清新、劲健高朗，将唐诗从帝王官吏带回寒士大家的，是“初唐四杰”和陈子昂。他们逐渐端正了唐诗的发展方向，为盛唐气象奠定了基础。

盛唐时期，也就是开元天宝年间，唐诗全面繁荣。以王维、孟浩然为首的田园诗派把山水田园的明秀清谧表现得令人心驰神往；王维作品“诗中有画，画中有诗”；孟浩然作品，清淡幽雅，简练省净。以高适、岑参为首的边塞派把边塞生活描述得慷慨豪放，壮伟奇特。高适诗“直举胸臆，摹画景象，气骨琅然，而词锋华润感赏之情，殆出常表”（徐忠献《唐诗品》），岑参诗“语奇体峻，意迹造奇”（殷璠《河岳英灵集》）。此外，还有王昌龄、李颀、崔融、王之涣等一大批名家。李白是盛唐诗人中成就最大的一位，他以其绝世才华，表现了盛唐激昂的时代精神，将诗写得如行云流水，幻得变化无端，情则如滔滔江水，美则如清水芙蓉。盛唐诗歌，羚羊挂角，无迹可寻，同时又意蕴无穷，兴象玲珑。

安史之乱将盛唐毁于一旦，衰败已然开始，八年的战争引起了社会大变动，文学也随之变化。理想色彩和浪漫情调逐渐消退，盛唐气象逐渐淡化，表现民生疾苦、吟咏时事变革、抒发人民血泪的手法和题材开始增多。代表这一时期的最伟大的诗人是诗圣杜甫。此后的大历十才子更是由于社会的动乱而心绪不宁，转吟风月，衰草秋风，夕阳残月，一片寂寞情思。及到贞元元和年间，诗坛出现又一次高潮。以韩愈、孟郊、贾岛、李贺为代表的韩孟诗派受杜甫影响，将诗歌散文化，讲求炼字锤句，怪奇丑陋。以白居易、元稹、张籍、王建为代表的诗人从乐府民歌中找到接触点，将诗通俗化、世俗化、明白如语，形成元白诗派。

晚唐时期，由于中兴梦灭，四处割据，士人生活平庸艰难，诗歌进入形式主义的圈子，讲求华丽的辞藻、工整平直的对仗、哀伤颓艳的格调，题材狭窄，写法一般。杜牧、李商隐在这时异军突起，为唐诗创造了最后的辉煌，一如李商隐的名句“夕阳无限好，只是近黄昏”（《登乐游原》）。

五代十国时期，中国诗歌的另一种重要的形式——词的文人化程度得到加强，艺术趋于

⊙《琵琶行》诗意图扇页 明 宋旭 纸本

本画描绘的是唐代著名诗人白居易的长诗《琵琶行》“浔阳江头夜送客，枫叶荻花秋瑟瑟。主人下马客在船，举酒欲饮无管弦”的情境。

成熟。词最初源于南北朝时期的民歌，盛唐时期大诗人李白的两首存世词意境阔大，情感深沉。“平林漠漠烟如织，寒山一带伤心碧”、“西风残照，汉家陵阙”达到了高浑纯熟的艺术境界。中唐以后，文人写词的渐多，白居易、刘禹锡、韦应物、戴叔伦、王建、张志和等人竞相试作，填词之风渐开。晚唐的温庭筠存词60多首，多写闺情身世，绮靡轻艳，被尊为花间派的鼻祖。与其同时的韦庄与之齐名，词风婉媚柔丽，直抒胸臆。五代词最有成就的无疑是南唐后主李煜。他的词写亡国之痛，血泪至情，本色无雕琢，丽质天成，把自身的经历进行悲剧性的审视，产生了巨大影响。王国维在《人间词话》中说：“词至后主而眼界始大，感慨遂深，遂变伶工之词而为士大夫之词。”

公元960年，宋太祖赵匡胤建立北宋，结

⊙**题竹图 明 杜堇**

此图根据宋代文学家苏轼题诗竹子的故事所作。苏轼爱竹而常常咏之，他善画竹，所作新诗，也喜题竹上。画中苏轼手执毛笔，长髯飘逸，站于竹前，兴笔题之。旁有一友，两书童相侍。

束分裂局面。宋初的诗歌依法五代旧习，有白体、昆体、晚唐体。白体效法白居易，代表诗人有王禹偁，其诗平易流畅，简雅古淡。晚唐体效法贾岛、姚合，代表诗人有以惠崇为首的“九僧”、潘阆、林逋、寇准等，诗作字斟句酌，内容贫乏。西昆体以《西昆酬唱集》得名，主宰宋初诗坛，作品单调无味，但整饬典丽，诗人达到几十位，以杨亿、刘筠、钱惟演三人成就较大。到宋仁宗庆历（1041 ~ 1048年）年间，范仲淹、欧阳修领导政治革新运动，诗文变革也得以开展起来。欧阳修重视韩愈诗歌“资淡笑，助谐谑、叙人情、状物态，一寓于诗而曲尽其妙”（《六一诗话》）的特点，提出“诗穷而后工”的理论。他的诗强调散文化，以议论入诗，具自家面目。梅尧臣和苏舜钦也是同时期的著名诗人，梅诗得宋诗风气之先，后人评之为：“去浮靡之习，超然于昆体极弊之际；存古淡之道，卓然于诸大家未起之先。”

早在欧阳修主盟文坛时，他就将文坛宗主的位置托付与苏轼。苏轼没有辜负伯乐之望，宋诗宋词在他这里达到了高峰。他的诗淋漓酣畅，存世2700多首。由于苏轼博学广才，他对比喻、用典、对仗等技巧的掌握已臻化境，所以诗作挥洒自如，清远雄丽，刚柔并济。苏轼与同时代的王安石、黄庭坚、陈师道等人的创作将宋诗艺术推向了高峰。王安石将诗歌视为抒情述志的工具，晚年心情平淡，远离政坛，诗风也随之深沉含蓄。最能代表王安石诗作成就的是他的写景抒情绝句。正如黄庭坚所说：“荆公暮年作小诗，雅丽精绝，脱去流俗。”黄庭坚与陈师道同为苏轼门人，二人为“江西诗派”的中坚。他们的诗作讲究法度，皆以平淡为美，以用典过多、刻意成篇为病。江西诗派的发展即使是在北宋灭亡时也没有停止，而是继续向更深刻的领域进发。直至南宋初年，江西诗派“点铁成金”的理论一直深具影响。苏轼另一项伟大成就就是词，他开创了著名的“豪放派”，提高了词的文学地位，从根本上改变了词史的发展方向。他扩大了词的表现功能，开拓了词境，使之既有人生如梦的感慨，又有儿女情长的苦闷，还有对自然山水的描绘。他用作品表明：词是无事不可写，无意不可入的。与苏轼几乎同一时代（稍早）的柳永也是一位词家，当时有“有水井处便有柳词”的说法。他的词以慢词为主，多用白描，擅写艳情。作为第一位对宋词进行全面革新的词人，他对后世影响甚大。即使是苏轼、黄庭坚、秦观、周邦彦等词人，也无不受惠于柳永。黄庭坚和秦观的俗词与柳词一脉相承，前者雅俗共赏，玩世不恭；后者清丽淡雅，和婉醇正。周邦彦词作音律极佳，精雕细琢，典约富丽。与这些词人迥异的则是晏几道和贺铸。晏主要延续“花间”传统，写男女之情；贺则满心而发，肆口而成，具有强烈的震撼力和崇高感。

南宋初年，李清照别是一家，她的词将国破家亡的惨痛遭遇所带来的深愁重哀表达得直截干脆，自然妥贴。她的语言既发挥婉约词家精于修辞、造句工巧的特点，又往往比喻新奇，铺叙和谐，意象深远。和李清照具有相同命运的是朱敦儒、张元干和叶梦得、李纲、陈与义等南渡词人。这批词人主要生活在 12 世纪的徽宗、钦宗和高宗三朝——由和平转向战乱的时代。比如朱敦儒，青少年时在西京洛阳的繁华环境渡过，“花间相过酒家眠。乘风游二室，弄雪过三川”（《临江仙》）。建炎元年（1127 年）年底，洛阳城破，朱敦儒逃往岭南。其间他的词风由潇洒飘逸变得凄苦忧愤：

金陵城上西楼，倚清秋，万里夕阳垂地，大江流。中原乱，簪缨散，几时收？试倩悲风吹泪，过扬州。（《相见欢》）

曾经强烈拒绝朝廷征召的他，这时已由于国家的命运激发出救亡图存的社会责任感和使命感。当绍兴三年（1133 年），朝廷再度征召他时，他便从岭南赴临安任职。本有奇谋报国，可怜无处用，在仕途沉浮十多年后，朱敦儒已灰心失望，干脆寻云弄水、世事休问。

和朱敦儒一样，能完整表达心迹的还有另一位词人，他就是豪放派的代表词人辛弃疾。辛弃疾的词内容博大精深，雄雅深健，确立并发展了苏东坡开创的“豪放”一派。辛派词将词的表现功能扩展到最大，以诗入词，以文入词，容纳一切，利用一切，空前解放了词体，最终确立了词与五七言诗歌分庭抗礼的地位。与辛弃疾同时活动于 12 世纪下半叶的“中兴”词人还有陆游、张孝祥、陈亮、刘过等人。在辛弃疾创立的辛派名家辈出佳作纷呈时，姜夔

**⊙ 千秋绝艳图之李清照像 明 佚名**
南宋初年，李清照别是一家，为婉约派词人的代表。

与史达祖、高观国等人则另成一派，形成了双峰对峙的局面。这其中以姜夔的词贡献最大。他对婉约派词的表现艺术进行改造，建立了新的审美规范：清虚哀感，意境空灵，如野云孤飞，去留无迹。孤立于辛弃疾和姜夔两座高峰之外而又独树一帜的是吴文英。他的人生非仕非隐，他的词亦梦亦幻，以突破性的章法结构和密丽深幽的语言风格著称，时号“梦窗词”。

南宋末期的词人大都生活到了元代初年，他们的词称之为“遗民词”，代表词家有周密、王沂孙、张炎、刘克庄、刘辰翁等人。他们作为故国遗民，不敢直接倾诉亡国之痛，而只能暗中饮泣悲伤，以委婉象征的手法表达心中痛楚。

南宋的诗兴起于靖康前后出生的一批诗人，他们自小就感受到时代巨变的风貌，所以诗歌更具新貌，最终取代了江西诗派的主流地位。这些诗人中以陆游、杨万里、范成大、尤袤四人最著名，时称“中兴四大诗人”。南宋后期，朝政黑暗，国势孱弱，诗坛上如陆游般昂扬悲壮的歌声渐渐减弱，吟风弄月、投谒应酬的作品日益流行，宋诗进入尾声阶段。诗到宋元易代，宋诗投射出最后的光芒，文天祥、谢翱、郑思肖、汪元量成为这一时期最具傲骨的诗人。他们的诗歌用血泪悲歌表现出民族的气节与尊严，为宋代诗歌画上了光辉而凄凉的句号。

与南北宋对峙的辽、金、西夏政权，虽然存世诗歌作品不多，但却生动表现了本民族的性格和社会状况，更体现了他们逐步接受汉化的过

程。这里面最著名的是元好问。他存诗一千四百余首，存词三百余首；诗作以写于金亡后的“纪乱诗”为上乘，雄浑悲壮，慷慨苍凉；词作气象高莽，境界博大。“问世间情为何物，只教生死相许”一句最为脍炙人口。

元代诗歌发展与前代相比，成就较低，较为著名的有“元诗四大家”虞集、杨载、范梈木、揭傒斯，以及杨维桢、王冕等人。

明代诗坛整体较为平庸，由于诗、词、曲、文、赋、传奇、小说、戏剧等文学题材多样性发展，真正专一于诗歌创作的文人并不很多。存世的明诗虽多，但常是游戏应和之作，难有佳作。明代著名的诗人有高启、杨基、李东阳、李梦阳、王世贞、钟惺等人。

清代诗歌突出集大成的景象。诗从总体上说依然贯穿缘事而发的传统精神，发扬传统审美特征，有吴伟业、王士禛之、袁枚、龚自珍、魏源、黄遵宪等众多诗人，王士禛的神韵诗将中国诗的含蓄蕴藉推向极致，在中国诗史上贡献颇著。清代诗歌已进入为近现代文学作准备的阶段，袁枚、龚自珍、黄遵宪虽是当时的著名诗人，但他们佳作不多，只是在精神气质和诗歌理论及观点上为中国诗歌史添上了浓抹重彩的一笔。

| 文学纪事 | |
|---|---|
| 约前3000年 | 原始歌谣诞生。神农时有蜡辞，黄帝时有葛天氏之乐，尧时有《击壤歌》，舜时有《南风歌》。 |
| 约前14世纪 | 《诗经·商颂》产生。《周易》卦爻辞作出。 |
| 周赧王十一年（前304年） | 屈原离郢赴汉北，作《离骚》。 |
| 东汉桓灵时期（前2世纪） | 乐府诗及《古诗十九首》大部分作品诞生。 |
| 东汉献帝建安年间（196~220年） | 三曹及“建安七子”、蔡琰活动于这一时期。 |
| 魏正始六年（245年） | 嵇康居山阳，与阮籍、山涛、刘伶、向秀、阮咸、王戎为“竹林之游”。 |
| 唐高宗仪凤元年（676年） | “初唐四杰”活跃于此时。王勃渡南海，落水惊悸而死。 |
| 武则天长安元年（701年） | 王维、李白出生。 |
| 唐玄宗先天元年（712年） | 杜甫生于此年。 |
| 开元十五年丁卯（715年） | 岑参生于此年 |
| 开元八年（720年） | 张若虚卒于此年。他的《春江花月夜》有“孤篇压盛唐”之誉。 |
| 乾元二年（759年） | 李白于流贬途中遇赦，东还，南游洞庭。杜甫自华州归洛阳，作“三吏”、“三别”。 |
| 天福五年（940年） | 后蜀赵崇祚编《花间集》。 |
| 宋太宗雍熙四年（987年） | 柳永生于此年。 |
| 宋真宗天禧五年（1021年） | 王安石生于此年。 |
| 宋神宗熙宁八年（1075年） | 王安石复相，回京途中作《泊船瓜洲》。苏轼在密州作《江城子》、《水调歌头》。 |
| 宋徽宗宣和七年（1125年） | 陆游生于此年。 |
| 元至治元年（1321年） | 马致远的散曲创作进入高峰。众多元曲作家出现。 |
| 明万历二十四年（1596年） | 袁宏道为其弟袁中道刻诗集，作《叙小修诗》 |
| 清顺治十一年（1654年） | 纳兰性德生。 |
| 清道光三年（1823年） | 龚自珍自刊《定文集》3卷。 |
| 同治七年戊辰（1868年） | 黄遵宪作《杂感》诗，提出“我手写吾口”的著名口号。 |

## 文学体裁之散文

中国散文产生于文字发明之后，最早的源头可以追溯到甲骨卜辞。甲骨文于1899年发现于北京，不久找到出土地河南安阳，它是商王盘庚迁殷至殷亡时的遗物，距今3000余年。卜辞是殷人用龟甲、兽骨把占卜日期、事由及结果刻在甲骨上的文字记录。这些文字记录内容相当丰富，包括祭祀、农业、生产、战争、疾病等诸多方面，真实朴素，具有记叙散文的雏形。

《尚书》是中国最古老的散文集，也是中国最古老的历史集。它是商周时期记言史料的汇编，包括《虞书》、《夏书》、《商书》、《周书》四部分。原有100篇，经秦火焚毁，今存58篇。《商书·盘庚》是比较可靠的商代作品，可以称为中国记言文之祖。《盘庚》记录盘庚迁都于殷时，百姓大多反对，他为此发表训辞，说服众人，文字古朴，富有感情。如“若网在纲，有条而不紊”，“若火之燎于原，不可向迩，其犹可扑灭？”生动的比喻、严谨的逻辑、理性的言辞使之至今仍活在我们的语言中间。《周书》主要是诰与誓两种文体，记叙周公的言论最多，《洛诰》、《无逸》、《立政》为告诫成王之言，《大诰》为训令诸侯之篇，《君奭》是周公与召公的谈话。韩愈道：“周诰殷盘，佶屈聱牙。”《尚书》文字古奥雅致，文诰单独成篇，结构完整，对先秦历史散文有直接影响。

⊙**伏生授经图 明 崔子忠**

伏生，名胜，秦时官博士，精通《尚书》。此图根据伏生将《尚书》传授给弟子晁错的故事而作。《尚书》是中国最古老的散文集。

《春秋》本来是各国史书的通称，《墨子·明鬼》曾提到“周之《春秋》”、“燕之《春秋》”、“宋之《春秋》”、“齐之《春秋》”。现在见到的《春秋》是鲁国的编年史，相传被孔子修订过，后来被儒家奉为经书。此书上起鲁隐公元年（前722年），下至鲁哀公十四年（前481年），记叙241年的史实。《春秋》记事简略，“简而有法”，含褒贬色彩，风格微婉蕴藉，对后代散文影响较大。

《尚书》、《春秋》为代表的历史散文的风格在《左传》、《国语》、《战国策》三书得到延续和发展，并达到先秦散文的高峰。

《左传》又名《左氏春秋》，是《春秋左氏传》的简称。据传它是传述《春秋》的著作，与《春秋公羊传》、《春秋谷梁传》并称“春秋三传”，作者是左丘明。它的记事时间上起鲁隐公元年（前722年），止于鲁哀公二十七年（前468年），基本与《春秋》重合。《左传》被誉为先秦散文“叙事之最”，标志着中国叙事散文的成熟。它的文章细密详赡，富于文采，给人生动具体、细致入微的感觉；同时又意味深长，耐人寻味，无论叙事、写文、记言，都鲜明地体现了这一点。与《左传》长于叙事不同，同样成书于战国前期的《国语》则详于记言。它是一部国别史，全书21卷，分别记载周、鲁、齐、晋、郑、楚、吴、越八国事，多为朝聘、飨宴、讽谏、辩诘、应对之辞。《国语》的记言文字缜密生动，富于形象性，历来为人所称道，《周语上》、《鲁语下》、《晋语八》、《楚语下》都是著名的篇章。成书于西汉时期（刘向编校整理）的《战国策》凡33卷，杂记东周、西周、秦、齐、楚、赵、魏、韩燕、宋卫、中山诸国大事，上接春秋，下迄秦灭六国，主要记载谋臣策士的活动和言论，突出反映了纵横家的思想与人生观。《战国策》塑造了大量生动鲜活的人物形象，如纵横家苏秦、张仪，刺客聂政、荆轲，高士鲁仲连、颜斶等，更重要的是，它的“文辞之胜”获得了空前的成功，铺张扬厉，气势纵横，辩丽横肆，雄隽华瞻，标志着先秦叙事散文语言的最高水平，对后来文学产生了绵延不断的影响。汉代贾谊、邹阳，唐代韩愈，宋代苏轼、苏洵等后世作家的散文中，都可以体味到先秦历史散文特别是《战国策》的神韵。

与历史散文双峰并峙的是诸子散文。诸子百家包括儒家、墨家、道家、阴阳家、法家、名家、纵横家、农家、杂家、小说家等众多学派。儒家的《论语》、《孟子》、《荀子》，墨家的《墨子》，道家《老子》和《庄子》，以及法家的《韩非子》是诸子散文中最有代表性的作品，其中《庄子》文学水平最高。《论语》是一部记录孔子（前551～前479年）及其弟子言行的书，由孔子弟子及再传弟子纂录而成，成书于战国初年。《论语》的文学色彩在于表现了孔子及其弟子的形象、性格以及平实含蓄的语言。如“子曰：‘岁寒，然后知松柏之后凋也’”（《子罕》），“子曰：‘贤哉，回也！一箪食，一瓢饮，在陋巷，人不堪其忧，回也不改其乐，贤哉，回也！’”（《雍也》）。虽是简短几句，但都达到了言近旨远、词约义丰的境界。《孟子》七篇主要记录孟子（前372～前289年）的谈话，反映他的思想学说，由孟子和弟子万章等人编撰。《孟子》长于论辩，长于譬喻，气势浩然，大量使用排偶句、叠句等修辞手法，千百年后，仍能使人清晰地感受到孟子儒家大师的鲜活形象。苏辙说：“今观其文章，宽厚弘博，充乎天地之间，称其气之小大。”（《上枢密韩太尉书》）《荀子》系西汉刘向编定，共有32篇，原称《孙卿书》或《孙卿子》（荀况字卿，又称孙卿，赵国人）。唐代杨倞订正注释时，始定名为《荀子》。它的前26篇为荀卿自著，《大略》以下六篇是门人辑录的荀子语录。《荀子》构思的缜密、结构的严整、论证的周详、条理的明晰，都是前所未有的。

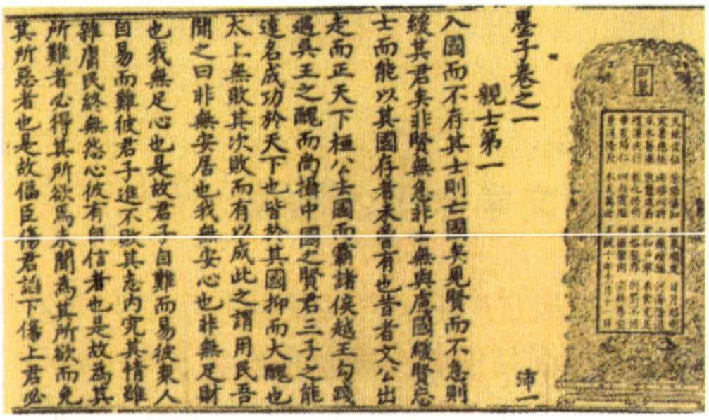
墨子卷之一
親士第一
入國而不存其士則亡國矣見賢而不急則緩其君矣非賢無急非士無與慮國緩賢忘士而能以其國存者未曾有也昔者文公出走而正天下桓公去國而霸諸侯越王句踐遇吳王之醜而尚攝中國之賢君三子之能達名成功於天下也皆於其國抑而大醜也太上無敗其次敗而有以成此之謂用民吾聞之曰非無安居也我無安心也非無足財也我無足心也是故君子自難而易彼衆人自易而難彼君子進不敗其志內究其情雖雜庸民終無怨心彼有自信者也是故為其所難者必得其所欲焉未聞為其所欲而免其所惡者也是故偪臣傷君諂下傷上君必

⊙《墨子》内页

《墨子》一书总计53篇，大多为墨翟弟子及其后世门人对墨翟言行的记述。

《墨子》原有71篇，现存58篇，成书于战国中期，是墨子及其弟子在不同时期的著作，集中反映了墨家的思想。《墨子》中的《耕柱》、《公孟》、《贵义》、《鲁问》四篇，以简单对话说理，保留语录体向论说文过渡的痕迹。其余篇章则突出了墨家“尚质”的风格，不事藻饰，平实质朴。文章由浅而深，逐层类推，说理的严密程度在先秦论说文中前所未有。

《老子》共81章，上篇称《道经》，下篇称为《德经》，是战国前期道家学派编纂而成，代表了老子的思想。它同样是《论语》一样的语录体，但它的文字完全是集中的对思想主旨的直接阐发，每章都有观点，都有简略的论述。它的突出特点就是精警凝练，言简意深，处处是智慧，处处是哲理，有返朴归真的诗意，有循循善诱的说理。此外，文多用韵，句多排偶也是它的另一显著特点。《庄子》是先秦时期最有文学价值的说理文，分33篇，分为内、外、杂三部分，内篇为庄子所作，外篇、杂篇出于庄子后学。《庄子》的创作方法是“以卮言为曼衍，以重言为真，以寓言为广”，许多篇目都以寓言为文章主干，大量运用“谬悠之说，荒唐之言，无端崖之辞”，富有超常的想象力，语言如行云流水，跌宕起伏，自然和谐，既有后世赋的铺陈，又有诗的节奏韵律。

《韩非子》一书共55篇，为韩非个人的作品集。韩非是先秦法家思想的集大成者，全面继承申不害、商鞅的法家思想，又吸收道家黄老学说，提出法、术、势三者并用的主张。他的文章在先秦散文中别具一格，犀利峻峭，论证严密，具有令人折服的力量和气势。《韩非子》用大量寓言故事作为论证手法，幽默冷隽；各篇文章自由灵变，多样性强，标志着诸子散文的完全成熟。

韩非子死于公元前233年。不久，秦始皇统一六国，秦王朝建立。秦朝唯一可以称为作家的是李斯（？～前208年），他的散文名作是《谏逐客书》（前237年）。这篇文章排比铺张，激扬驰骋，挟纵横家之风，兼辞赋家之丽。此外，他的《泰山刻石》《碣石刻石》《峄山刻石》《会稽刻石》等皆以四字为句的韵文写成，皆为三句一韵，是秦文学的独创。

汉代前期散文以贾谊（前200～前168年）的《过秦论》和晁错（前200～前154年）的《论贵粟疏》最有代表性。前者是汉初最杰出的文人，其政论文标志着中国散文发展的一个新阶段，代表了汉初政论散文的最高成就；后者文章立论深刻、朴素无华，但质朴恳切，为后人称道。

西汉王朝到武帝时臻于鼎盛，历史散文出现了里程碑式的杰作《史记》。它包括本纪、表、书、世家和列传，共130篇，526500字，是一部“究天人之际，通古今之变，成一家之言”的伟大著作。《史记》最有文学价值的是人物传记。人物传记一般以时间为序，又兼顾各传记间的内在联系，遵循以类相从的原则。这些人物来自不同阶层，上自帝王将相，下至市井细民，共计4000多个，大都刻画得栩栩如生，生动自然，既有宏伟的生活画面，又有深邃的意蕴；既有强烈的传奇色彩，又有浓郁的悲剧气氛。鲁迅先生赞之为“史家之绝唱，无韵之离骚”。《史记》的写作技巧、文章风格、语言特点对唐宋八大家、明代前后七子、清代桐城派都有巨大影响。

**⊙人物故事图册（之二）清 吴历 绢本**

荆轲是战国时燕国太子丹手下的勇士。秦灭韩、赵之后，又向燕国进军，荆轲便携樊于期人头及地图前去刺杀秦王，后终因寡不敌众而惨死。荆轲去秦国之前，便抱着必死的决心，于易水江边把酒临风，高渐离击筑，荆轲高吟：“风萧萧兮易水寒，壮士一去兮不复还！”吟罢上车而去，头也不回。此图即绘荆轲上车离去的情景。荆轲刺秦的故事见于司马迁的《史记》，《史记》是历史散文中里程碑式的杰作。

东汉散文在西汉的基础上又有新发展。班固的《汉书》和赵晔的《吴越春秋》都有很高的文学价值，代表了东汉史传散文的最高成就。《汉书》是中国第一部纪传体断代史，在叙事写人方面取得了与《史记》相当的成就，历史上经常将《史记》与《汉书》并列，司马迁与班固同称。它的著名篇章有《李广苏建传》、《朱买臣传》、《霍光传》等。《吴越春秋》今存十卷，叙述吴越争霸故事，前五卷以吴为主，后五卷以越为主，兼有编年体和纪传体史书的特点。它以曲折的故事情节、荒幻的神话传说、生动的性格与外貌描写著称。这一时期的政论散文相继出现了王充的《论衡》和王符的《潜夫论》，游记、碑文等新的散文体也崭露头角，产生马第伯的《封禅仪记》和蔡邕碑文等开创性的作品。

魏晋南北朝的文坛出现了新的格局，散文的个性化与唯美化发展突出。但这一时期的各种文体中，辞赋与骈文最有特色，散文仅只出现一些名篇，诸如曹丕的《与朝歌令吴质书》、曹植的《与吴季重书》、曹操的《让县自明本志令》、嵇康《与山巨源绝交书》、陈寿的《三国志》、范晔的《后汉书》、陶渊明的《桃花源记》、丘迟的《与陈伯之书》、吴均的《与宋元思书》、郦道元的《水经注》、杨炫之的《洛阳伽蓝记》都是别具风格的佳作，对唐代文坛发展具有多重影响。

唐初，散文处在缓慢的前行当中。陈子昂的出现，对唐代前期文风的转变起到了关键的作用。他提倡汉魏风骨，使“天下翕然，质文一变”（卢藏用《陈子昂文集序》）。盛唐时期，最有生气的散文作品，是诗人的书信和抒情小文。李白和王维是其中的典型代表。李白《与韩荆州书》、《上安州裴长史书》、《春夜宴桃李园序》，王维《山中与裴秀才迪书》，或言情写怀，生动自然；或描摹景色，工出造化。天宝中期以后，散文发展已势不可挡，李华的《著作郎厅壁记》，元结的《菊圃记》、《右溪记》，独孤及的文集，都能以简洁真切取胜，特别是元结的散文，精警细致，已开柳宗元山水游记的先河。

散文文体改革的真正成功是在中唐的韩愈、柳宗元手中完成的。韩柳二人创作散文八百多篇，政论、赠序、传记、杂说、游记、墓志、祭文、寓言，一应俱全。韩愈的论说文重在宣道，明道，“大有功名教之文”（吴楚材《古文观止评注》卷七），以《原道》、《原性》、《原文》为著；韩愈的论说文中最为人称道的是《师说》，这篇文章观点惊世骇俗，极具震慑人的气势。这类作品还有《论佛骨表》、《讳辩》、《进学解》等，都是融叙事、议论、抒情于一炉，读来别有新颖奇妙之感。韩愈的杂文精悍犀利，最可瞩目的是《杂说四》、《伯夷颂》等；他的序文、祭文形式多样，《送李愿归盘谷序》、《送董邵南序》、《祭十二郎文》都是为人称赏的奇作；他的碑志史传以《张中丞传后叙》、《国子助教河东薛君墓志铭》、《试大理评事王君墓志铭》最为精彩。柳宗元的散文主要分为两类，一类是传记寓言杂文，一类是山水游记。前者多是抨击时弊、怀念故人、蕴含哲理的作品，后者则是悲情人生的映照，这其中最突出的是《永州八记》。《永州八记》是柳宗元在永州贬所的记游之作，里面贯注了浓烈的寂寥心境，达到了与自然的合一，创造了山水游记的新天地。

晚唐时期，古文渐衰，小品文异军突起，大放光芒。晚唐小品文短小精悍，情感炽烈，多刺时之作。其代表作家有皮日休、陆龟蒙、罗隐等人。

宋代散文取得了辉煌的成就。后人有“唐宋八大家”的说法，而其中六位出自宋代。这里面最先出现在文坛上的是欧阳修。他清醒地看到唐代古文的得失，既采取古文作为主要文体，又摈弃古奥艰涩的弊病，为宋代散文的发展开辟了正确的道路。欧阳修的散文形式多样，内容充实，有感而发，有为而发，充分发挥了叙事、抒情、议论的功能，时人称赞他：“文备众体，变化开合，因物命意，各极其工。”《五代史记》、《丰乐亭记》、《秋声赋》、《醉翁亭记》共同体现了他平易自然的风格。这种风格影响了以后元、明、清直至今日的散文走向。这之后，苏洵、苏轼、苏辙、曾巩、王安石齐出，宋代散文乃至中国散文都到达了最高峰。苏轼主张文道并重，提倡艺术风格的生动性和多样性，自谓：“吾文如万斛泉源，不择地皆可出。在平地滔滔汩汩，虽一日千里无难。及其与山石曲折，随物赋形，而不可知也。所可知者，常行于所当行，常止于不可不止。”（《自评文》）他的代表作品是史论、政论文、游记和辞赋，著名的有《石钟山记》、《赤壁赋》、《后赤壁赋》等文章。与苏轼并称“三苏”的是他的父亲苏洵和弟弟苏辙。苏洵喜论天下大事，从思想到文风，深受战国纵横家影响，主要著作是《权书》和《衡论》;苏辙思想与其兄相近，认为“文者，气之所形，然文不可以学而能，气可以养而致”（《上枢密韩太尉书》），强调自身修养和阅历对文学的决定作用，文章以政论、史论见长，佳作有《六国记》、《三国论》、《黄州快哉亭记》。前人比较轼与辙的文章，说“大苏文一泻千里，小苏文一波三折”（刘熙载《艺概》）。曾巩（1019 ~ 1083 年）和王安石（1021 ~ 1086 年）是同时的古文家，前者是欧阳修的学生，作文颇有其师的风格，议论详尽，文字平正，

⊙醉翁亭图 明 仇英

此图拟北宋欧阳修的《醉翁亭记》文意而作。图中，醉翁亭临立在泉上，几位文士在亭中饮酒作乐，安然怡然。

| 文学纪事 | |
|---|---|
| 公元前11世纪 | 《尚书》的大部分篇章出现。 |
| 周平王四十九年末（前722年） | 《春秋》和《左传》记事都从本年开始。 |
| 周定王元年（前468年） | 《左传》记事止于此年。《老子》、《论语》、《国语》大都成书于战国初年。 |
| 周烈王元年（前375年） | 庄子大约生于此时。他生活在公元前375至公元前275年之间。《庄子》是他及门人的作品集。 |
| 周赧王二十六年（前289年） | 孟子卒（前372～前289年），年八十三。《孟子》一书是孟子和他的弟子共同完成的。《战国策》也在此时及此后形成文章的大体框架。 |
| 汉武帝天汉四年（前97年） | 司马迁任中书令，继承父亲司马谈遗志，一直撰写《史记》。 |
| 汉明帝永平元年（58年） | 班固开始撰写《汉书》。 |
| 唐宪宗元和十四年（819年） | 柳宗元在十一月卒于柳州贬所，年四十七。 |
| 宋真宗景德四年（1007年） | 欧阳修生（1007～1072年）。 |
| 宋真宗天禧三年（1019年） | 曾巩生（1019～1083年）。司马光生（1019～1086年）。 |
| 宋仁宗景祐四年（1037年） | 欧阳修始修《五代史记》。苏轼生（1037～1101年）。后二年，苏辙生（1039～1112年）。 |
| 明嘉靖二十年（1541年） | 归有光徙居安亭讲学。 |
| 明隆庆二年（1568年） | 徐渭以杀妻下狱。袁宏道生于此年（1568～1610年）。后二年，袁中道生（1570～1623年）。 |
| 清乾隆十四年（1749年） | 方苞卒（1668～1749年），年八十二，著有《望溪先生文集》等。他与刘大魁、姚鼐是桐城派的中坚人物。 |
| 清道光十九年（1839年） | 龚自珍因忤其长官，南归，作《病梅馆记》。 |

有名作《墨池记》最为人叹赏；后者是北宋著名政治家，文学上注重实用功能，作品多为政治服务，论点鲜明，逻辑严密，代表作有《读〈孟尝君〉传》、《伤仲永》、《游褒禅山记》、《答司马谏议书》等。

与北宋散文家群星闪烁相比，南宋以至金元的散文家可谓寥若晨星，没有产生诸如欧阳修、苏轼这样的散文大家。南宋初期，由于政治形势的紧迫，政论文成为散文中的不可忽视的重点，其中最著名的是抗金名将岳飞的《五岳盟祠记》和名臣胡铨的《戊午上高宗封事》。南宋中后期的笔记散文是散文史上的奇葩，出现诸如陆游《入蜀记》、《老学庵学记》，洪迈《容斋随笔》，罗大经《鹤林玉露》，周密《武林旧事》等文学性很强的作品。

元代可称道的散文家几乎没有，后期入明的杨维桢（1296 ～ 1370 年）散文学先秦两汉，朴素洗炼，对明代散文有一定影响。明初，朱元璋兴文字狱，思想文化界一片沉闷。明代中叶以后，经济发展、城市繁荣，文学复古思想日趋活跃。以李梦阳（1472 ～ 1530 年）、王世贞（1526 ～ 1590 年）为首的前后七子针对明初以来的理学风气和台阁创作，主张“文必有法式，然后中谐音度”（李梦阳《答周子书》），师从秦汉，对法度格调极其强调，产生了巨大的影响。《明史・王世贞传》称：“（世贞）才最高，地望最显，声华意气笼盖海内。一时士大夫及山人、词客、衲子、羽流，莫不奔走门下。”前后七子虽然影响很大，作品很多，作者很众，但值得称道的作品却非常少。处在前后七子中间的唐宋派以王慎中（1509 ～ 1559 年）、茅坤（1512 ～ 1601 年）、唐顺之（1507 ～ 1560 年）、归有光（1506 ～ 1571 年）为代表，宗法唐宋古文名家，注重文以明道。在他们中间，归有光成就较高。《四库全书总目》集部《震川文集》、《别集》提要称："明季以来，学者知由韩、柳、欧、苏、沿洄以溯秦汉者，有光实有力焉。"他在散文方面推崇司马迁，尊尚唐宋诸家。他的散文善于捕捉日常小事，状情摹画，生动感人，读来令人回味无穷，《先妣事略》、《见村楼记》、《寒花葬志》、《项脊轩志》等都是这方面的代表作。

明代后期，思想家李贽接受王阳明哲学理论的影响，提出著名的《童心说》："天下之至文，未有不出于童心焉者也。"这种思想对随后的公安派影响较大。公安派以袁宏道、袁中道、袁宗道为代表，"性灵说"是他们的重要口号。他们强调抒情性，反对拟古蹈袭。公安派的散文成就以游记、传记为主，多有佳篇。对公安派文学主张进行继承和变异的是以湖北竟陵人钟惺、谭元春为代表的竟陵派，他们追求幽远奇僻的艺术效果，以求达到"灵"而"厚"的创作境界。他们的思想与创作标志着晚明文学思潮的回落，他们的散文同样以游记和传记居多，成就不凡。明代末期，张岱和王思任的小品文代表了晚明散文的时代特色。晚明小品文题材趋向个人化、生活化，渗透出晚明文人特有的生活情调。张岱的《陶庵梦忆》与《西湖梦寻》大多作于明朝灭亡，怀旧情绪弥漫于字里行间，显露出一股忧伤而又平静的心态。像《西湖七月半》、《湖心亭看雪》等都是为人称许的名篇。与张岱同时的王思任语言风趣放达，

⊙张岱《西湖七月半》文意图

注重真情实感。张岱在《王谑庵先生传》说他："聪明绝世，出言灵巧，与人谐谑，矢口放言，略无忌惮。"

清初，散文内容崇尚实用，如黄宗羲的《明夷待访录》、王夫之的《黄书》、顾炎武的《形势论》不仅是学术上和思想上的佳作，而且也是优秀的散文。这一时期，侯方域、魏禧、汪琬被称为"古文三大家"。魏观点鲜明，析理平直；汪则状写人物，生动活泼；侯方域影响最大，其文融入小说笔法，继承唐宋传统，通畅恣肆，代表作有《壮悔堂文集》十卷。清朝中期，桐城派以正宗自居，声势浩大。这一派由安徽桐城人方苞（1668 ~ 1749 年）开创，同乡刘大魁（1698 ~ 1779 年）、姚鼐（1731 ~ 1815 年）等继承发扬，是清朝影响最大的散文派别。方苞树立"义法"大旗，"义即《易》之所谓'言有物'也，法即《易》之所谓'言有序'也，义以为经而法纬之，然后为成体之文"（《又书货殖传后》），刘大魁更是将这一理论丰富和拓展，以"义理、书卷、经济"为口号，最后到姚鼐那里，又提出"义理、考据、词章"合一，主张"道与艺合，天与人一"。姚鼐的散文以韵取胜，《登泰山记》、《游灵岩记》、《泰山道里记序》等文，大都语言凝练，刻画生动，颇具文采。与桐城派同时的郑板桥、袁枚虽以书画及诗闻名于世，但散文成就也相当可观。清朝末期，龚自珍的散文凸显了当时的危机与变革意识，提倡摆脱一切束缚，开创了经世散文的新风，标志着清代散文的转折。他的《尊隐》、《病梅馆记》等文都显示出风格瑰奇、发人猛醒的特点，突破了一般议论和叙事的模式，富有杂文色彩，在中国散文史上有独特的贡献。

中日甲午战争（1894 年）后，资产阶级改良主义运动和民主革命运动兴起，催化出"文界革命"。梁启超（1873 ~ 1929 年）是"文界革命"的提出者，也是新文体成功的创造者。他的"新文体"散文"开文章之新体，激民气之暗潮"，在中国散文由文言向白话过渡的进程中，占有重要的地位。他的《少年中国说》、《自由书》、《新民说》都堪称"新文体"的代表作。与梁启超同时的散文家还有康有为、谭嗣同、林纾、章炳麟等人。他们共同组成了中国古代散文最后一道风景。

## 文学体裁之小说

“小说”一词最早见于《庄子·外物篇》:“饰小说以干县令,其于大达亦远矣”。这里的“小说”不是后来所说的小说,是指一些不合大道的琐屑之谈,但已具有不登大雅之堂的意思,这与古代对小说的看法已是接近的。东汉班固的《汉书·艺文志》说:“小说家者流,盖出于稗官,街谈巷语,道听途说者之所造也。”《汉书》著录小说家书15种,1380篇,这是中国文学史上最早见于著录的小说作品。这些书多已散佚,只有《青史子》残存几条遗文。

中国小说的起源最早可以追溯到古代的神话传说,其次就是寓言故事和历史传记。神话传说保存最多的是《山海经》、《穆天子传》、《淮南子》等书,盘古开天辟地、女娲补天、黄帝战蚩尤、夸父追日、精卫填海、刑天舞干戚都是其中著名的故事。这些故事以神为中心,虽有现实依据,但往往附有神秘的色彩,久而久之,成为中国志怪小说的源头。寓言故事多出自先秦诸子散文,如《孟子》、《庄子》、《韩非子》、《战国策》等书。这些书中的寓言如揠苗助长、齐人乞墦、许由敝屣功名、狐假虎威、画蛇添足都具有鲜明的人物(或拟人化)性格和比较曲折的故事情节,颇有小说意味。历史传记如《左传》、《战国策》、《史记》、《三国志》都有众多的人物、众多的故事,为小说提供了素材和创作技法。唐代小说传奇多似人物传记,《三国志演义》书名标出为史传演义,表明了历史传记是小说的一个重要源头。

汉代小说几无存世,存世的多为后人伪托,倒是两部历史散文《吴越春秋》和《越绝书》描写人物相当细致,情节曲折,很有小说意味。小说发展到魏晋南北朝开始繁盛起来,写作小说成为一时风气,三国魏邯郸淳的《笑林》,两晋张华的《博物志》,东晋干宝的《搜神记》,宋刘义庆的《幽明录》、《世说新语》,梁沈约的《俗说》,梁殷芸的《小说》,共约50种,可谓盛况空前。这一时期的小说分为志怪小说和志人小说。志怪小说描述妖魔鬼怪、神仙方术、佛法灵异、奇方异物,目前保存下来的完整的与不完整的尚有30余种,晋代干宝的《搜神记》成就最高,是这类小说的代表。像《干将莫邪》、《韩凭夫妇》、《李寄斩蛇》、《嫦娥奔月》、《董永》等历来为人们所喜爱,其结构的完整、情节的变化、描写的生动、人物的鲜活,确已初具短篇小说的规模,标志着当时志怪小说的最佳水平。志怪小说为后世小说、戏曲提供了丰富的素材,唐传奇《枕中记》、《南柯太守传》,明代戏曲《牡丹亭》都源于志怪小说;志怪小说同时也开辟了后代的谈狐说鬼派,宋代洪迈的《夷坚志》、明代瞿佑的《剪灯新话》、清代蒲松龄的《聊斋志异》皆源于此。志人小说的兴起与士族文人清谈的风气有很大关系,这类小说基本按传闻原样记录,粗陈故事大概,篇幅短小,情节简单,代表这类小说的典范是南朝宋刘义庆的《世说新语》。《世说新语》又称《世说》、《世说新书》,内容主要记录魏晋名士的逸闻轶事和玄虚清谈,是研究魏晋风流名士的极好史料。书里3卷36门中,上卷

⊙干莫炼剑图轴 清 任颐

干莫即干将、莫邪夫妇。据《搜神记》记载,楚王命干将造宝剑,3年铸成雌雄双剑,雄名干将,雌名莫邪。干将自知剑成必死,故藏雌剑,后二人果被楚王所杀。其子赤鼻后为父母雪仇。图绘干将夫妇精心炼剑的情景。

4门：德行、言语、政事、文学；中卷9门：方正、雅量、识鉴、赏誉、品藻、规箴、捷悟、夙慧、豪爽，这13门都是对风流名士的褒扬。如：

过江诸人，每至美日，辄相邀新亭，藉卉饮宴。周侯中坐而叹曰："风景不殊，正自有山河之异！"皆相视流泪。唯王丞相愀然变色："当共戮力王室，克复神州，何至作楚囚相对？"

寥寥数语，人物气节、风度已宛然纸上。又如：

顾长康从会稽还，人问山川之美，顾云："千岩竞秀，万壑争流，草木蒙笼其上，若云兴霞蔚。"

王子敬云："从山阴道上行，山川自相映发，使人应接不暇。若秋冬之际，尤难为怀。"

编撰者客观地将这些言谈举止辑录下来，语言简约含蓄，透出灵性和幽默。明代胡应璘在《少室山房笔丛》中说："读其语言，晋人面目气韵，恍忽生动，而简约玄澹，真致不穷。"《世说新语》对后世文学影响既深且广，模仿它的小说不断，而且许多戏曲、小说皆取材于此。

⊙**风尘三侠图 清 任颐**

《虬髯客传》是唐代传奇中的名篇，也是中国武侠小说的开山之作。此图绘有《虬髯传》中的3个主要人物：红拂、李靖、虬髯客。

唐代社会稳定繁荣，国家强大，经济发达，友朋相聚，"昼宴夜话，各征其异说"，"会于传舍，宵话征异，各尽见闻"，最后整理成篇，是为传奇。传奇为文人有意为之，一般有较为完整的情节结构，较为完整的人物塑造，它的出现标志着中国文言小说的成熟。初唐时期，传奇作品少，尚显不成熟。王度的《古镜记》、无名氏的《补江总白猿传》艺术成就较高，后者还是唐人传奇中字数最多的一篇，文中韵散相间，华丽中见俚俗，颇有传奇成熟时期的体貌。中唐时期是传奇的兴盛期，名家名作蔚起，所存完整作品有近40种，行文吸收诗、文、赋的特点，题材多出自现实生活，涉及政治、历史、侠义、神仙、爱情等诸多方面，尤以爱情小说成就最突出。陈玄祐的《离魂记》、沈既济的《任氏传》、李朝威的《柳毅传》、白行简的《李娃传》、元稹的《莺莺传》、蒋防的《霍小玉传》、陈鸿的《长恨歌传》、李公佐的《南柯太守传》代表了这一时期同时也是唐代传奇小说的最高水平。晚唐时期国家大乱，藩镇割据，游侠之风盛行，涌现出一批描写侠义之士除暴安良的传奇作品，如袁郊的《红线传》，裴铏的《聂隐娘》、《昆仑奴》，杜光庭的《虬髯客传》等，它们对后世武侠小说的产生起到了巨大的作用，也成为戏曲中常见的素材。唐代传奇艺术构思奇异新颖，富于变化，叙事简洁明快，人物生动传神，宋人洪迈称："唐人小说不可不熟，小小情事，凄惋欲绝，洵有神遇而不知者，与诗律可称一代之奇。"

唐传奇之后，宋元话本小说日益繁盛。话本小说来源于"说话"。"说话"的本义是口头相传的故事。这种口传故事的传统可以上溯到没有文字的远古时代。从上世纪初发现的甘肃敦煌莫高窟的藏经洞资料看，唐代已出现作为说话人演讲用的底本的话本，如《韩擒虎话本》、《叶净能诗》等，它们是宋元话本的先驱。宋代汴京、杭州等工商业繁荣的都市里，为了市民的娱乐，各种瓦肆伎艺应运而生。"瓦肆"也叫"瓦子"和"瓦舍"。《东京梦华录》记北宋汴京的瓦子："街南桑家瓦子，近北则中瓦，次里瓦，其中大小勾栏五十余座。内中瓦子莲花棚、牡丹棚，里瓦子夜叉棚、象棚最大，可容纳数千人。"《武林旧事》记南宋瓦子有23处，每处瓦子又包含若干勾栏。在这些当时的娱乐场所中，流行各种伎艺，其中以说话艺人数量最多。宋代说话有四种"家数"，即小说、讲史、说经、合生，其中以小说、讲史两家最重要、影响最大。说话伎艺在元代依然流行。现存元代话本以小说和讲史两类为主。宋元话本演述古今故事、市井生活，内容世俗化，语言口语化，它的成熟与发展，对明清白话小说有很大的推动作用。这些话本包括《京本通俗小说》的全部，《清平山堂话本》的大部和《三言》的小部分，约40篇。存世的"小说"话本以爱情、公案两类作品最多，成就最高。《碾玉观音》和《闹樊楼多情周胜仙》、《志诚张主管》、《乐小舍拚生觅偶》是这类小说中成就较高的作品。存世"讲史"话本有《新编五代史平话》、《大宋宣和遗事》、《大唐三藏取经诗话》和《全相平话五种》。《大宋宣和遗事》由文言和白话拼凑成，已具《水浒传》的最初面貌。《全相平话五种》是元代至治年间刊行的，包括《武王伐纣平话》、《七国春秋平话》后集、《秦并六国平话》、《前汉书评话》续和《三国志平话》。《武王伐纣平话》已含某些神奇怪异的因素，能看出《封神演义》的苗头。《三国志平话》已具《三国演义》的主要情节和基本倾向。《大唐三藏取经诗话》是南京刊本，叙述玄奘与白衣秀才猴行者去天竺取经的故事，已为《西游记》提供了最早的依据。

**⊙ 三顾茅庐 年画**

三顾茅庐是《三国演义》中较经典的一个情节。作为"四大奇书"之一,《三国演义》的出现使得明以后的历史演义小说如雨后春笋，不断问世。

明代，章回小说在宋元话本的基础上发展成熟，这种中国古代长篇小说最主要的体裁是明代对中国文学最宝贵的贡献。以《三国演义》、《水浒传》、《西游记》、《金瓶梅》"四大奇书"为主要标志，清晰地展示了中国古代长篇章回小说的前进历程。"四大奇书"中的前两本都由宋元话本改编创作而成，都与罗贯中有直接关系。《三国演义》的成书是有相当长的时间积累的。晋代陈寿《三国志》及裴松之的注提供了最原始的丰富素材，隋唐两代产生"三国"节目，宋代有"说三分"的专门科目，元代出现至治刊本《三国志平话》和大量"三国"戏，到明初罗贯中这里，"据正史，采小说，证文辞，通好尚"，创作了这部典范作品。罗贯中名本，字贯中，号湖海散人，祖籍东原（今山东东平），流寓杭州，活动于元末明初。他传世的作品还有《隋唐两朝志传》、《残唐五代史演义传》、《三

### ·《中国小说史略》·

鲁迅有感于"中国之小说自来无史；有之，则先见于外国人所作之中国文学史中，而后中国人所作者中亦有之，然其量皆不及全书之什一，故于小说仍不详"，写出第一部系统的中国小说史专著，这就是《中国小说史略》（1924年）。它共二十八篇，穷本溯源，自远古神话与传说，依序论述中国小说发展史的各个阶段，从汉代小说、六朝志怪至唐宋传奇，从宋元话本及讲史、明代神魔小说、人情小说，至清代的讽刺小说，人情小说、狭邪小说、侠义及公案小说，直到清末的谴责小说、内容丰富，评论精当。鲁迅逝世（1936年）时，蔡元培作挽联为："著述最谨严非徒中国小说史，遗言太沉痛莫作空头文学家。"可见此书地位何等重要。

遂平妖传》、《赵太祖龙虎风云会》等作品。《三国演义》的主旨是以儒家的思想表达大一统的观念，在人格上注重道德，在才能上崇尚智勇，在基调上“拥刘反曹”，它将虚与实（七分事实，三分虚构）结合，用非凡的叙事才能进行全景式的战争描写、特征化的性格塑造，描绘了一幅气势恢宏的历史画卷。《三国演义》的出现，使得自嘉靖以后，历史演义小说如雨后春笋，不断问世，留存至今的明清两代历史演义有一二百种。这其中以列国系统和隋唐系统中的《列国志传》、后经蔡元放润色成的《东周列国志》、《隋炀帝艳史》、《隋唐演义》、《梼杌闲评》、《辽海丹忠录》较有代表性。

《水浒传》所写的梁山故事源于史实。《宋史》及其他史料都曾提及，宋徽宗宣和年间，宋江等“三十六人横行齐魏”，“转略十郡，官兵莫敢撄其锋”，后被张叔夜招降。这些史实经南宋说话人润色加工，形成众多水浒“小说”。著名的一部是《大宋宣和遗事》，这里已展现了《水浒传》的原始面貌。元代出现大批“水浒戏”，集中刻画宋江、李逵等人，形成“三十六大伙，七十二小伙”，“寨名水浒，泊号梁山”的大体说法。在这些基础上，产生了杰出的长篇章回体白话小说《水浒传》。这本书的作者有说是施耐庵，有说是罗贯中，有说是施耐庵作，罗贯中修，又有人说两人物是伪托不存在。《水浒传》最早称《忠义水浒传》，又名《忠义传》，版本繁多，明末金圣叹将120回本“腰斩”成70回本，名《第五才子书施耐庵水浒传》，附有精彩评语，成为清三百年最流行的本子。《水浒传》是一部悲壮的农民起义的史诗，它通过水浒梁山发生、发展到失败的过程，成功地塑造了众多英雄好汉的光辉形象，结构宏大，人物众多，语言生动，情节曲折。它标志着中国白话语体的成熟，对整个白话文学的发展具有深远的意义。《水浒传》盛行后，大量说唱、绘画、戏曲都把它作为题材的渊薮，《金瓶梅》即是从《水浒传》里的潘金莲演出一支，清代又出现众多续书如《水浒后传》、《后水浒传》和《结水浒传》、《荡寇志》，同时，它对《杨家将演义》、《忠烈传》等小说产生显而易见的影响。

⊙《水浒传》中宋江像

《西游记》的成书与《三国演义》、《水浒传》相似，都经历了长期演进的过程：唐代玄奘费时17载前往印度取回梵文大小乘经论律657部，后口述见闻，由门徒辨机辑成《大唐西域记》，后由其弟子慧立、彦悰撰写《大唐大慈恩寺三藏法师传》，更加入夸张神化的笔调，北宋年间出现“说经”话本《大唐三藏取经诗话》，首次勾画出《西游记》的基本框架。元末明初，完整的《西游记》故事问世，主要人情、情节及结构已与百回本《西游记》基本一致。在这些前人创作的基础上，《西游记》最后写定。关于它的写定者，清初刊刻的《西游证道书》提出为元代道士丘处机，清代乾隆年间吴玉搢在《山阳志遗》首先提出作者是吴承恩，此后，吴承恩为作者的结论逐渐得到公认，但直到现在国内外一些学者仍不断提出质疑。吴承恩（约1500～约1582年），字汝忠，号射阳居士，淮安山阳（今江苏淮安人），40岁始补岁贡生，曾任长兴县丞两年，晚年放浪诗酒，终老于家，有《射阳先生存稿》四卷存世。

⊙《西游记》图册 清

明代《西游记》问世后，各种表现唐僧师徒取经故事的艺术题材相继涌现，如诗歌、绘画、书法、雕塑、建筑等，不仅有巨大的美学价值，而且在民俗学、社会学上也有不小成就。《西游记》图册由清代康熙时期的四大书法家之一的陈奕禧书写上简单的文字说明，图画生动传神，富有想象力，图文并茂，使故事情节经过图画与文字得到更好的体现和延伸。

《西游记》是吴承恩完成的神魔小说，它以取经人物活动为中心，逐次展开，人物形象兼具浪漫主义与现实主义，语言幽默诙谐，用诡异的想象，高度的夸张，突破生死和人神的界限，创造了一个光怪陆离、神异奇幻的境界。在《西游记》产生的短短30年间，出现近30部内容各异的神魔小说，形成神魔小说派。这派小说分为两类，一类是《西游记》的续本，仿作节本如《续西游记》、《西游补》、《东游记》、《西游记》（原书的删编本）、《南游记》、《北游记》。另一类是历史神仙作品，历史神魔小说的代表作有《封神演义》、《三宝太监西洋记》、《三遂平妖传》等，影响最大的要数《封神演义》；神仙类的主要是为佛道两教及民间神仙立传的作品，例如达摩、观世音、吕纯阳、钟馗、济颠、关帝、二十四罗汉、八仙等，结构虽松散，形象虽干瘪，但在民间影响很大。

在晚明与神魔小说并称为两大小说流派的是以“极摹人情世态之歧，备写悲欢离合之致”（笑花主人《今古奇观序》）为特点的一类小说，称为世情小说。这些世情小说或写爱情婚姻，或写家庭生活，或写广阔世间百态，或专注于官场、青楼、儒林。鲁迅称之为“最有名”的《金瓶梅》是世情小说的开山之作。它是中国第一部由文人独立创作的白话长篇小说，成书于明万历年间，作者是兰陵笑笑生。《金瓶梅》的书名来源于小说中的潘金莲、李瓶儿、庞春梅三人的名字，故事起于《水浒传》“武松杀嫂”一节，描绘西门庆与众多妻妾的生活以及西门庆死后妻妾的风流云散。这本小说有大量的性描写，通过网状的结构、世俗生动的语言、夸张活现的人物暴露晚明的悲惨世界，正如清代张潮在《幽梦影》中所说：“《金瓶梅》是一部哀书。”《金瓶梅》身后同样有两类代表性世情小说派：一类是续书，最早的续书是《玉娇李》（已佚失），后又有丁耀亢的《续金瓶梅》、《隔帘花影》、《三续金瓶梅》、《新金瓶梅》等，大多粗制滥造，成就不高；另一类是受其影响的世情小说，才子佳人型如《玉娇梨》、《平山冷燕》、《醒世姻缘传》、《红楼梦》、《海上花列传》等，社会生活型如《儒林外史》、《官场现形记》、《二十年目睹之怪现状》等。

与明代长篇小说名作迭出相随的是短篇小说的色彩各异。短篇小说中话本小说成就斐然，由于文人的润色和改编，出现众多话本总集和专集，著名的有《清平山堂话本》、《京本通俗小说》、“三言二拍”（《喻世明言》、《警世通言》、《醒世恒言》合称“三言”，《初刻拍案惊奇》、《二刻拍案惊奇》合称“二拍”）。短篇小说中文言笔记小说也相当活跃，瞿佑的《剪灯新话》，冯梦龙的《古今谭概》、《情史》，青心才人的《金云翘传》等都为脍炙人口的作品，广泛流传。15世纪，《剪灯新话》传至韩国，金时习仿作《金鳌新话》一书，成为韩国小说始祖；16世纪，越南人阮屿在《剪灯新话》的直接影响下，创

⊙《聊斋志异》图册页之《画皮》
《聊斋志异》是中国最富有创造性、文学成就最高的短篇文言小说集，郭沫若曾评曰："写鬼写妖高人一筹，刺贪刺虐入骨三分。"

作了越南第一部传奇小说《传奇漫录》；1813年，越南诗人阮攸曾将《金云翘》移植为同名的诗体小说，成为享誉世界的文学名著。

清代初年，白话小说仍然保持了旺盛的势头，由于作者身份境遇和创作目的不同，大体分为这样几种：明代小说的续书，比较成功的有《水浒后传》、《说岳全传》（书中许多人物为水浒好汉后人，学术界常视为《水浒传》续书）；摹写世态的人情小说，最著名的是《醒世姻缘》，此书作者为西周生，以山东方言作于顺治年间，描写夫妻生活的恶劣与荒唐，又名《恶姻缘》；才子佳人小说，较成功的有《玉娇梨》、《平山冷燕》、《好逑传》，这类小说叙才子佳人才色相慕，最后终结连理，往往是才子得中高科，风雅富贵全有了，实际上无非表达的是作者积郁心中的富贵风流梦。

这段时间傲视群伦的是中国最富有创造性、文学成就最高的短篇文言小说集《聊斋志异》。它的作者是生于明末的蒲松龄（1640 ~ 1715年），蒲松龄字留仙，一字剑臣，号柳泉居士，山东淄川县（今淄博市淄川区）人。他勤于攻读，19岁初应童子试，便以县、府、道三试第一进学，之后，屡应乡试不中，直到年逾古稀，方才援例得个岁贡生的科名。他一生贫困，生活内容就是读书，教书，著书。《聊斋志异》是他大半生陆续写作出来的，以狐建立的世界表述现实世界的黑暗、科举失意的落寞、科场考官的卑鄙和民众生活的艰难，崇高与庸俗并存，语言平易简洁富诗意，人物生动鲜活有气质。此书一出，风行天下，相继出现翻刻本、注释本、评点本等，成为小说中的畅销书。它带动了文言小说再度兴起的局面。仿效顺随、抗衡相对的文言小说陆续问世，较著名的有袁枚的《子不语》、和邦额的《夜谭随录》、沈起凤的《谐铎》、长白浩歌子的《萤窗异草》及纪晓岚的《阅微草堂笔记》。

《聊斋志异》过后，18世纪中叶，中国出现了两部影响深远的伟大作品——吴敬梓的《儒林外史》和曹雪芹的《红楼梦》。吴敬梓（1701 ~ 1754年），字敏轩，号粒民，安徽全椒人，后移家南京，自号秦淮寓客，晚号文木老人。他13岁丧母，20岁考取秀才，29岁参加科考时因行为狂放落第，36岁被荐举参加博学鸿词科考试时以病辞，乾隆十九年（1754年）农历十月二十八日酒聚后逝于江苏扬州。他的一生经历、一生悲愤、一生血泪与个性都熔铸在《儒林外史》中。这部书完成于乾隆十四年（1749年），以科举制度下的文人图谱，通过讽刺、夸张的手法，对封建制度下文人命运进行了深刻的思考、揭露与探索。它以长篇结构的新形式、叙事艺术的新特点、讽刺艺术的新成就代表了中国讽刺小说的最高成就。曹雪芹（约1715 ~约1763年）名霑，字梦阮，号雪芹，又号芹圃、芹溪，祖籍辽阳，满洲正白旗人。曹家在清初至康熙年间为"百年望族"，至曹雪芹时已没落衰败。他生长在南京，十三四岁时，随全家迁回北京，做了掌管文墨的杂差，生活艰难，晚年移居北京西郊。乾隆二十七年（1762年），幼子夭亡，他于除夕夜在贫病交加中逝去，留下一部未完的《红楼梦》。此书本名《石头记》，最初以80回抄本的形式流传于世，写贾宝玉、林黛玉、薛宝钗之间的恋爱与婚姻悲剧以及贾、王、史、薛四大家族

⊙ 大观园图（局部） 清

大观园是《红楼梦》中的主要人物贾宝玉、林黛玉等人活动的场所。此图纵 137 厘米，横 362 厘米，展现了在凹晶馆、牡丹亭、蘅芜院、蓼风轩和凸碧山庄五个地方活动的人物 173 个，是研究《红楼梦》的珍贵资料。

由盛至衰的巨变，通过“宝玉”这块顽石，体现了对人生和尘世的感悟，正如鲁迅所说：“悲凉之雾，遍被华林，然呼吸而领会之者，独宝玉而已。”(《中国小说史略》)《红楼梦》塑造出成群的鲜活的有血有肉的个性化人物形象，以独特的方式突破了传统小说的写法，语言形神兼备，写实与诗化融合，达到了中国文学成就的最高峰。《红楼梦》刊行后，相继出现一大批续书，如逍遥子的《后红楼梦》、陈少海的《红楼复梦》、归锄子的《红楼梦补》等 30 余种；戏剧、传奇更是将其内容故事搬上舞台，形成梅兰芳的《黛玉葬花》、荀慧生的《红楼二尤》等经典曲目；模仿和继承它的笔法以描述世情的有《青楼梦》、《花月痕》以及鸳鸯蝴蝶派小说等。它更是由于巨大的成就，引起人们的广泛评论和研究兴趣，形成了一种专门的学问——红学。

与此同时，雍正、乾隆时期的文字狱迫使大批文人陷入“考据”学风，《镜花缘》和《绿野仙踪》成为这种风气下较有成就的作品。《镜花缘》是一部藉学问驰骋想象，以寄托理想、讽谕现实的小说，最富特色的是前半部分写唐敖游海外诸国的经历、闻见。

道光、咸丰年间（1821 ~ 1861 年），古典小说呈现衰落的状态，仅有《荡寇志》和《儿女英雄传》具有一定特色。前者又名《结水浒传》，作者俞万春，成书于道光年间，描绘宋江等起义英雄被陈希真之女及张叔夜降伏的过程。艺术上有一定成就，但影响很坏。后者可以说是近现代武侠小说之祖，语言纯用北京方言，流畅平易，作者是旗人文康。这一时期，还有公案小说《施公案》及狭邪小说《品花宝鉴》较有影响，但艺术水平极为一般。

光绪年间（1875 ~ 1908 年），随着改良主义运动的蓬勃发展，小说出现两种大的局面：一种是延续前一时期小说传统，如《三侠五义》、《青楼梦》、《海上花列传》等作品；另一种具有新貌且代表这一时期小说乃至文学成就的是《官场现形记》、《二十年目睹之怪现状》、《老残游记》和《孽海花》，这四部小说常被称为“晚清四大谴责小说”。《官场现形记》是李宝嘉创

⊙《镜花缘》图册 清 孙继芳

作的中国第一部在报刊上连载且取得轰动效应的长篇章回小说，首开近代小说批判风气。这部书专门暴露官场黑暗，细节描写突出，运用夸张、漫画化的闹剧手法撕破人生假面。《二十年目睹之怪现状》是一部带有自传色彩的作品。吴沃尧以主人公九死一生奔父丧开始、经商失败结束，描绘了清末各个阶层的广阔画卷，笔锋凌厉，庄谐杂陈，别开生面。《老残游记》是刘鹗（1857 ~ 1909 年）在事业受挫、饱尝忧患之余的作品，小说《自叙》云："棋局已残，吾人将老，欲不哭泣也得乎？"本书通过游方郎中老残游历生活中的所见所闻所思所感，展现社会生活。它最突出的艺术特色是体现了中国小说由叙事型向描写型的转变，掺入散文和诗的写法，开拓审美空间，文笔清丽，意境高远，为晚清不多见的艺术品位甚高的小说。《孽海花》为曾朴（1872 ~ 1935 年）所作，有小说林本与真美善本。这本书以金雯青和傅彩云的故事为主要线索，通过京城内外官僚文人的思想生活和社会风气，展现清末政治、经济、外交和社会生活情况。鲁迅说它"结构工巧，文采斐然"。(《中国小说史略》)《孽海花》文笔娟好，写景状物，明丽如画，在晚清影响很大。

民国以后，鸳鸯蝴蝶派盛行。它以消闲、趣味为创作宗旨，大本营在上海，派名来自于小说《花月痕》中的"卅六鸳鸯同命鸟，一双蝴蝶可怜虫"一句，又称"礼拜六"派，被鲁迅称作"新的才子佳人小说"，代表作品有徐枕亚（1889 ~ 1937 年）的《玉梨魂》、李涵秋的《广陵潮》。

这一时期对后世影响最大的应属苏曼殊的哀情小说，主要有《断鸿零雁记》(1912 年)、《绛纱记》(1915 年)、《焚剑记》(1915 年)、《非梦记》(1917 年)。《断鸿零雁记》是一部自传体抒情小说，叙述主人公三郎的爱情故事，委婉哀戚，在民初哀情小说中高标秀出。苏曼殊的浪漫气质、独特才华以及他所开创的第一人称抒情小说深深地影响了"五四"一代作家。

| 文学纪事 | |
|---|---|
| 周平王四十九年（前753年） | 《春秋》、《左传》记事皆从本年开始。 |
| 汉成帝绥和元年（前188年） | 刘向卒。他所辑录的《战国策》、《列女传》、《说苑》、《新序》等作品影响甚大。 |
| 南朝宋元嘉二十一年（444年） | 刘义庆卒。年四十二岁。有《世说新语》八卷传世。 |
| 唐建中二年（781年） | 沈既济作《任氏传》。唐传奇成为早期小说体裁中的佳作。 |
| 宋徽宗崇宁五年（1106年） | 宋朝国力于此达到鼎盛，话本小说流行于此时。 |
| 元天历三年（1330年） | 罗贯中约生于此年。《三国演义》、《水浒传》均与此人相关。施耐庵也在此年前后活动，直到明初。据传罗贯中为施耐庵的门人。 |
| 明嘉靖二十一年（1542年） | 吴承恩的《西游记》本年著成。 |
| 明万历二十四年（1596年） | 《金瓶梅》成书于此年之前。袁宏道在给董其昌的信中提到《金瓶梅》，并给予高度评价。 |
| 明天启元年（1621年） | 冯梦龙编纂的《喻世明言》刊成。此后，《警世通言》、《醒世恒言》、《新列国志》、《平妖传》先后问世。 |
| 清康熙五十四年（1715年） | 蒲松龄卒，年七十六。有《聊斋志异》传世。曹雪芹约生于本年，所著《红楼梦》为中国古代最著名、成就最高的白话小说。 |
| 清乾隆十九年（1754年） | 吴敬梓卒（1701~1754年），年五十三，有《儒林外史》传世。 |
| 清道光三十年（1850年） | 文康《儿女英雄传》40回成书。这是后世武侠小说的发端。 |
| 清光绪二十九年（1903年） | 李宝嘉的《官场现形记》、吴沃尧的《二十年目睹之怪现状》、刘鹗的《老残游记》、曾朴的《孽海花》先后问世，发表于各类刊物。 |

# 戏剧

## 戏曲概论

“戏曲者，谓以歌舞演故事也。”这是清末学者王国维形容戏曲的一句话。这句话再准确不过地概括了戏剧的艺术特点——是一门综合了文学、绘画、音乐、雕塑等形式的时间和空间的综合艺术。

中国戏曲是歌、舞、剧三者的综合。这一特点深刻地体现在戏曲的发展过程中：从古代祭祀、秦汉俳优、汉代百戏、唐代参军戏、宋代南戏到元代杂剧，中国戏曲不断地从文学、音乐、舞蹈等各种艺术中吸取精华，由简单到复杂、由低级到高级，逐渐发展成以演员扮演人物，以对话和动作来表现故事情节的戏剧样式。所以有专家概括说，音乐性、舞蹈性、虚拟性和程式化是中国戏曲艺术的最本质的特征。

### 戏曲的音乐性和舞蹈性

熟悉戏曲的人都知道，中国戏曲是“唱念做打”的综合体，其中的“唱”、“念”体现了戏曲的音乐性，“做”和“打”体现了戏曲的舞蹈性。但是，我们必须要澄清一个事实：那就是戏曲艺术的音乐性和舞蹈性，在具体的表演中并不是那么泾渭分明、相互游离、各自独立的。也就是说，戏曲中的音乐成分和舞蹈成分是不分家的，而是界限模糊、彼此渗透的，都从属于对人物形象的塑造和表演的需要。因为戏曲是通过说、唱、舞等多种手段共同刻画一个角色或演绎一个故事，所以，作为一名优秀的戏曲演员必须“唱念做打”样样精通。

在戏曲舞台上，无论是体现音乐性的“唱”、“念”，还是体现舞蹈性的“做”、“打”，都是源于生活而又高于生活的。戏曲艺术家们通过对生活的观察、揣摩、总结和积累，把普通的语言、日常的动作、平淡的感情，幻化成舞台上的说白、歌咏、舞蹈、武打，并通过强化、美化、艺术化使之变成了一系列具有夸饰性、表现性、规范性和固定性的程序动作，再配以相应的服饰道具，不但有效地增强了演出的艺术魅力，达到了神形兼备的效果，还体现出了一种动人魂魄的韵律美。

### 戏曲的程式化和假定性

戏曲毕竟是一门表演艺术，作品创作出来后，必须要拿到舞台上，接受观众的检验。所以，再好的创作都会受到表演环境的影响，尤其在中国古代，戏曲演出只能在广场、寺庙、草台或院坝等地方进行，甚至是在闹市中演出，观众的嘈杂声、小商贩的叫卖声，此起彼伏，很容易淹没演员的声音。为了谋求生存和发展，艺术家们

**⊙ 宋国河北郡太夫人宋氏出行图　莫高窟壁画**

画面是行进中的乐舞杂技表演。队伍最前列为杂耍表演。中间四名舞女，身着花衣，相对起舞，长袖飘动，姿态优美。乐队十几人，所持乐器有拍板、腹鼓、鸡娄鼓、笙、横笛、箫、琵琶等。乐队面对舞者演奏，舞者合乐而踏，乐与舞相融无间。

只好一方面努力适应环境，另一方面想方设法地进行演唱、表演技巧方面的探讨。经过长期摸索，艺术家们发现只有制造出火爆的舞台效果才能在嘈杂的环境中突出戏曲表演。久而久之形成了一套行之有效的方法：高亢悠扬的唱腔配以敲击有力的锣鼓，镶金绣银的戏衣衬着勾红抹绿的脸谱，火爆激烈的武打结合如浪花翻滚的长髯。

演出收到了不错的效果，戏曲舞台表演的固定规则也就形成了。舞蹈表演的程式规范化，音乐节奏的板式韵律化，舞台美术、人物化妆造型的图案装饰化，连同剧本文学的诗词格律化，共同构成了中国戏曲和谐严谨、气韵生动、富于高度美感的文化品格。这样的舞台效果，竟然达到了一种勾人魂魄的审美效应。从此，中国戏曲成了一种表现生活而又与实际生活相去甚远的程式化了的艺术形式。

在中国戏曲舞台上，戏曲表演讲究的就是真真假假、虚虚实实的“逢场作戏”。戏曲舞台的布置不需要符合生活逻辑和实际尺度，戏剧表演的动作不需要绝对的逼真，总之，从时间到空间，从道具到表演，都处于一种虚拟的状态。这就是中国戏曲的假定性。

中国传统的戏曲舞台丝毫没有布景装置，舞台环境都是靠人物的演出活动表现出来的。在没有任何布景、道具的情况下，演员用其细致的动作，完全可以让观众了解演员所扮演的角色当时所处的环境、角色的身份，甚至于人物的心理活动。比如在《拾玉镯》中，哪儿是门槛、哪儿有鸡窝，孙玉姣在干什么、想什么，都是通过大量细微传神的虚拟动作和神情来实现的。

舞台上的时间概念也是不固定的，弹性极大，可长可短，完全由内容的需要来决定。也就是说，中国戏曲的舞台基本没有时间、空间概念，舞台上的一切可以说主要靠演员的表演创造出来。

**⊙昆曲《单刀会》侯永奎饰关羽**

《单刀会》是关汉卿的名剧，描述了关羽持单刀渡江时的情景。《单刀会》没有武打，而以充满仪式感的排场取胜。剧照中关公描红脸、捋长髯，作站立船头之状。他的脸谱、动作、神情都是特定的，谁来演都一样。表现关公在兵将护送下乘船过江，看水看景而至泊岸，空空舞台上只见兵将排列和一面帅旗，便呈现船形，人物舞蹈式移形转位，就构成“移动舞台”之感。这些体现了戏曲的程式化和假定性。

这种虚拟性的表现方法就是戏曲反映剧情和现实生活的基本手法，经过长期的磨合，已经能被观众认可接受，并达成了一种默契。就是这种虚拟性，使得戏曲剧作家和演员有了极大的创作空间和自由，他们可以尽情地发挥，利用一定的技巧把观众带入剧情之中，让观众通过自觉的联想，自觉地产生身临其境的感觉，自觉地体味演员的艺术创造。现在看来，中国戏曲舞台之所以千姿百态、五彩缤纷，除了演艺人员的努力外，恐怕也少不了观众的“全身心地投入”的功劳了。

### ·优梦衣冠·

“优孟衣冠”这则成语，出自《史记·滑稽列传》，原指戏剧演员善于模仿别人的举止，后常用来指善于模仿别人的人，比喻善于取长补短。

优孟，是中国戏剧界的始祖，“楚宫百戏”就是他创造的。他是楚庄王、楚共王时期郢都人，当时是一位颇受欢迎的宫廷艺臣。

为了纪念这位戏剧界的先师，人们在沙市区修建老郎庙。庙中供奉有优孟像，以供演艺界人士、梨园子弟前往祭拜。

# 戏曲史略

## 从巫舞到元杂剧

中国戏曲主要是由民间歌舞、滑稽戏、说唱艺术等多种不同的艺术形式综合形成的，所以说起它的起源，我们就不能简单地说出它具体起源于何时，因为中国戏曲是经过很长时间的孕育才形成的。它是由原始社会的歌舞，经过先秦、汉唐时期的孕育、发展，直到宋金时期才形成较为完整的戏剧形态。

原始社会的民间歌舞，发展到奴隶制社会主要是以祭神的巫舞为主，到西周末年则出现了专供帝王娱乐的倡优和俳优。倡优和俳优一般由能歌善舞、擅长模仿的男子充当。到春秋时期，出现了“傩”舞。“傩”舞是一种严肃的巫仪，其核心人物是“方相氏”，戴着面具、穿着兽皮，手持武器驱鬼除疫。

⊙ 方相氏像

《后汉书·礼仪志》里所记载的“驱傩”活动的文字，就有关于为驱邪逐疫而演出乐舞的描述。其中扮神的主要舞者是方相氏，他“黄金四目，蒙熊皮，玄衣朱裳，执戈扬盾”，意思是他戴着“黄金四目”的假面具，穿着黑衣服，系着红色衣裙，一手执戈，一手拿盾。

到了战国时期，因为巫风更盛，民间大量的祀神歌舞场面变得极其宏大，尤其以楚国最盛，屈原的《九歌》就对这种活动作过描述。这种颇有神秘意味的歌舞参与者众多，体现了诗、乐、舞三位一体的中国文化传统。

秦汉时期流行一种“角抵戏”。“角抵戏”是由民间发展起来的一种竞技表演，很受统治者的喜爱。汉代“角抵”更是得到了充分的发展，场面宏大，集音乐、舞蹈、杂技、武术、魔术等于一体。汉代的角抵戏不同于一般的竞技角力，已经有了故事的表演，如《东海黄公》，基本上接近于戏剧范畴了。

隋唐时代的宫廷歌舞吸收小说、诗歌、舞蹈、讲唱、咏语、表演、音乐、武艺、杂技、美术种种因素，开始以综合技艺来表现人物和故事情节，被称为“歌舞戏”，如《拔头》、《兰陵王》、《踏摇娘》等。唐参军戏更具有戏剧性，它是由先秦时期的优伶表演发展来的，但是主要专注于滑稽表演。同时民间又出现了“俗讲”和“变文”等通俗说唱形式，这些都为“戏”与“曲”的结合做好了准备，为戏曲的形成奠定了深厚的基础。

到了宋金时期，戏曲基本形成。随着城市商品经济的长足发展，不但出现了用于市民娱乐的场所——“瓦肆”和“勾栏”，民间歌舞、说唱、滑稽戏更趋于融合，出现了“宋杂剧”，金代在北方宋杂剧基础上形成了“金院本”。与此同时，南方的南戏也进一步发展成熟。

宋杂剧、金院本和宋南戏可以说是中国古典戏曲的最初的完整形式。

到了元代，大约是13世纪前半叶，在宋杂剧、南戏和金院本的基础上发展形成了元杂剧。元杂剧是中国古代戏曲艺术的一个高峰，它标志着中国古代戏曲艺术已经发展成熟。

元杂剧的艺术综合性更广，能够较充分地运用多种艺术手段表现生活和塑造人物，舞台艺术水平大大提高，体现了独有的戏剧美学特点。尤其值得一提的是，元代还有了比较完整的剧本，形成了“四折一楔子”的元杂剧体制，使得元杂剧在戏剧性、文学性和艺术的综合性上有了很大提高。另外，由契丹、女真、蒙古等少数民族传来的歌曲与汉族北方民间流行的曲调相结合形成的新的音乐体系，也大大提高了戏剧形式言情状物的表现能力。

戏曲的发展自然和戏曲艺术家分不开，它

**·参军戏·**

参军戏由优伶演变而成。五胡十六国后赵石勒时，一个参军官员贪污，皇帝就令优人穿上官服，扮作参军，让别的优伶从旁戏弄，参军戏由此得名。其内容以滑稽调笑为主，一般是两个脚色，被戏弄者名参军，戏弄者叫苍鹘。至晚唐，参军戏发展为多人演出，戏剧情节也比较复杂，除男角色外，还有女角色出场。参军戏对宋金杂剧的形成有着直接影响。

们是相辅相成的。也许就是艺术家们造就了中国戏曲，抑或是中国戏曲造就了艺术家，总之，当时涌现出了空前众多的戏曲作家、演员及大量优秀作品，如王实甫的《西厢记》、关汉卿的《窦娥冤》、马致远的《汉宫秋》、白朴的《梧桐雨》、纪君祥的《赵氏孤儿》、郑光祖的《倩女离魂》等。元代末年，南戏中也出现了许多优秀的作品，著名的有《琵琶记》、《荆钗记》、《白兔记》、《拜月记》、《杀狗记》等。

## 戏曲的发展和完善

随着不断的探索，到14世纪中叶至15世纪初，剧本体制又有了许多新的创造，在宋元南戏和金元杂剧基础上出现了传奇和杂剧，并且表演艺术也有了新的提高。明传奇因地域的不同，音乐声腔也不同，分为海盐、余姚、昆山、弋阳四种，其中昆山腔、弋阳腔流传最为广泛。与传奇并存的杂剧在流传中，在保持元杂剧的主要艺术特点的同时，还受传奇的影响，在演唱曲词和语言方面进行了若干改革。

明传奇是在明代中叶以后流布到全国的。当时的优秀作品有苏复之的《金印记》、王济的《连环记》、徐霖的《绣襦记》、李开先的《宝剑记》、梁辰鱼的《浣纱记》、汤显祖的《牡丹亭》、高濂的《玉簪记》、周朝俊的《红梅记》等。

明末清初时，传奇创作出现了又一高峰，主要作品有《乾坤啸》、《艳云亭》、《十五贯》、《翡翠园》、《渔家乐》、《精忠谱》、《一捧雪》、《占花魁》、《如是观》、《秣陵春》、《桃花扇》、《长生殿》等。

到清代前期，因为戏曲的民间化和通俗化，戏曲舞台不再为传奇戏独占，先后出现了昆曲、

⊙**徽班进京 清**

清代乾隆年间（1736 ~ 1795年）活跃于北京剧坛的四个著名安徽戏班（三庆、四喜、和春、春台）同时适应北京观众多方面的需要和发挥各班演员的特长，逐渐形成了四大徽班各自不同的艺术风格，表现为三庆的轴子（指三庆班以连演整本大戏见长）、四喜的曲子（指四喜班以演唱昆曲戏著称）、和春的把子（指以擅演武戏取胜）、春台的孩子（指以童伶出色），出现了“四徽班各擅胜场”的局面。嘉庆、道光年间（1796 ~ 1820年），汉调（又称楚调）艺人进京，参加徽班演出。徽班又兼习楚调之长，为汇合二黄、西皮、昆、秦诸腔向京剧演变奠定了基础。因此“四大徽班”进京，被视为京剧诞生的前奏，在京剧发展史上具有重要意义。清末宣统二年（1910年），“四大徽班”已相继散落。

高腔折子戏以及地方戏，戏曲的表演场所也由厅堂变为了茶肆歌台。乾隆五十五年（1790年），为庆祝乾隆的80寿辰，徽班给京城观众带来了徽调。与昆曲截然不同的徽调，以其通俗质朴之风气让京城观众耳目一新，受到京城观众的欢迎，并在京城扎根落户。随后，在道光年间，同徽调艺人一样唱皮黄腔的湖北汉调艺人进京，徽、汉皮黄在京城合流。经过数十年的发展，终于形成一种独具北方特色的皮黄腔——京剧。

在清同治、光绪年间，京剧迎来了它的第一个繁盛期。当时，一批优秀的京剧演员深得宫廷贵族及官僚的喜爱，不但能够进入皇宫贵族的门庭，还能得到丰厚的物质回报，这无形中促进了京剧的发展和在艺术上的成熟。

到20世纪初期，在新的思潮的影响下，京剧更有了长足的发展，京剧流派纷呈，优秀演员层出不穷，并且每个流派都有各自数量可观的代表剧目，这个时期也可以说是京剧文学的繁荣期。

⊙《沙家浜》剧照

1963年春，北京京剧团开始改编沪剧《芦荡火种》，还为此成立了创作组。创作组由汪曾祺、杨毓珉、肖甲、薛恩厚4人组成。改编后的《芦荡火种》的京剧最初取名为《地下联络员》，由赵燕侠饰阿庆嫂，谭元寿饰郭建光，周和桐饰胡传魁，刁德一由一位丑角演员扮演。后来，剧本和演员都有所调整，剧名改为《沙家浜》。

当时的著名京剧流派有：旦行的梅（兰芳）派、尚（小云）派、程（砚秋）派、荀（慧生）派；生行的余（叔岩）派、马（连良）派、麒（麟童）派；净行的金（少山）派、郝（寿辰）派、侯（喜瑞）派；丑行的萧（长华）派等。

京剧发展到20世纪60年代，为了适应新的意识形态的文化生活需要，又进行了改革，在音乐上、内容上都进行了创新，还加入了西洋乐器的伴奏。当时的著名剧目有：《红灯记》、《沙家浜》、《智取威虎山》、《杜鹃山》等。

除了京剧，各种民间小戏、地方戏也有了不小的发展。这些地方戏进入城市后，不断吸收京剧、梆子等老剧种的艺术营养，表演上更加成熟。到20世纪初，越剧、评剧、黄梅戏等开始出现在戏曲舞台上。

## 戏曲文学

在中国戏曲艺术领域，戏曲文学的地位一直以来都是举足轻重的，基本上就是起着主导作用，以至于戏曲的思想和审美倾向几乎都是由剧作家的创作决定的。甚至于我们可以这样说，戏曲艺术是在剧作家的引导下发展起来的。为什么会这样呢？究其原因，是和封建社会人们的观念分不开的。当时的人们多认为艺人是下九流，从达官贵人到和艺人处境差不多的底层人都瞧不起他们，就连那些必须混迹于艺人群体中的落魄的剧作家们，也认为艺人只不过是任由自己的剧作操纵的工具而已。所以，艺人们就像剧作家的玩偶一样，根本无法在表演中发挥什么导向作用，就更别说让人们记住他们了。这就是为什么人们一提起古代戏曲通常就是指戏曲文学作品、剧作家，而不是表演艺人的原因，这同样也是中国戏曲史上没有对表演艺人的记载的原因。也是因为这个原因，戏曲文学才作为戏曲艺术的重要内容长期以来成为戏曲欣赏和研究的重要对象。

### 戏曲文学的美学特征

中国戏曲文学的美学特征是由中国戏曲文学的特点决定的。中国戏曲文学不像西方戏剧那样具有突变的艺术风格，中国戏曲文学在情节构造上有着与传统叙事文学非常相似的特点，有点像史诗、小说等叙事文学，是一种渐变的艺术。它的渐变性主要体现在：按照时空顺序自由转换，舒起（引子、定场诗）缓收（压轴戏、送客戏、题目正名）；不是正面集中地展开戏剧冲突，而是分头交代矛盾各方面的行动，将冲突散化为一些焦点（形成“关目”），使悲与喜、苦与乐相互交错，相辅相成，穿插出戏，在充分蓄势以后才导致高潮；高潮过后不急于“收煞”，使情节结构呈现出舒缓绵长，跌宕起伏，一波三折。

正是这渐变特点使中国戏曲文学具备了独特的美学特征。

传奇性。中国戏曲的叙事性结构，给剧作家们大量的时间、空间去进行自由的创作，使之在保持现实主义的冷静叙述的同时，还能够大胆发挥想象，运用夸张以及丰富的比喻、双关、象征等浪漫主义手法，从而使中国戏曲富于传奇色彩，追求事件情节的新奇感。

抒情性。重抒情是中国戏曲的重要特点，中国戏曲叙事结构松散绵长，加以以歌唱为主的表现手段，使表演者得以在其中夹杂大段优美动听的抒情唱段，把角色的感情世界表现得淋漓尽致，从而使古典戏曲在追求“新奇”的同时，又尤具“情真”。

意境美。中国古典戏曲表现“情真”时，多以诗词入曲，借用诗歌借景抒情的手法，“一切景语皆情语”，使曲词在表演中完成叙事功能的同时又呈现出强烈的意境美。王国维在《元代戏曲考·元剧之文章》中评价道：“元剧最佳之处，不在其思想结构，而在其文章（曲文）。其文章之妙，亦一言以蔽之，曰：有意境而已矣。”通过富于动作性的戏剧人物语言来刻画人物的性格，这是戏剧文学共有的艺术规律，不同的是，中国戏曲还接受了诗歌处理情景关系的方法，以诗词入曲，重抒情写意，借助客观景物的描写来映衬出剧中人物的精神世界。

鲜明的对比性。戏曲家们在处理各情节段落的关系时，大都按照对比的方法来组织情节，使悲与欢、苦与乐、离与合交杂相错，互相搭配，相反相成。也正是在这种鲜明对照中，情节得以推动，人物性格和命运得以凸显。如《琵琶记》总是将蔡伯喈和赵五娘对比来敷衍情节；《长生殿》中也是乐中藏悲，悲乐互衬的；《西厢记》里红娘与崔莺莺、与老夫人的强烈对比；《牡丹亭》中的杜丽娘与春香；《窦娥冤》窦娥与蔡婆婆等也有同样的效果。

## 元杂剧、南戏和传奇

“杂剧”最早见于唐代，兴起于唐末，“杂剧”泛指歌舞以外诸如杂技等各色节目。到了宋代，“杂剧”逐渐成为一种新的表演形式的专称，这一新形式包括歌舞、音乐、调笑、杂技，分为三段：第一段称为“艳段”，表演内容为日常生活中的俗事，作为正式部分的引子；第二段称为“正本”，是主要部分，表演故事、说唱或舞蹈；第三段叫“散段”，也叫杂扮、杂旺、技和，表演滑稽、调笑，或间有杂技。三段各有内容却互不连贯。到宋代，“杂剧”已经表现出很高的综合性，有了“旦”（女角）、“孤”（常扮作官的）、“末”等多种角色，演唱时用鼓、板伴奏，其唱腔与伴奏音乐，如《伊州》、《梁州》、《六么》等则取自歌舞大曲，《啄木儿》、《黄莺儿》等则取自民间曲子、唱赚、诸宫调等乐种，但是它们已经全是经过加工、能够符合角色及剧情需要的戏曲音乐了。南宋时代，北方在金的统治下，杂剧仍向前发展，这一时期它又称为“院本”，元杂剧就是在金院本的基础上发展起来的。

元杂剧的形成与兴起，与政治、经济和戏曲艺术本身的诸多因素密切相关。元朝中后期，民族矛盾和阶级矛盾空前激烈，不少富于反抗性的剧目应运而生；大都、真定、平阳等北方都市工商业的发展，为元杂剧的演出提供了物

⊙ **宋杂剧《眼药酸》演出图 绢画**

高 23.8 厘米，宽 24.5 厘米。图中右一人为诨角，背插一扇中裂为二，上书一“诨”字，左手持一杖，右手指着眼睛。左一人为卖眼药者，浑身悬满眼睛招幌，头戴黑帽，挂黑色长袋。按其内容，此应为杂剧中的“艳段”。

⊙ 洪洞明应王殿元杂剧壁画（摹本）

画高 411 厘米，宽 311 厘米。画面是演出的舞台，靠后有大幅台幔，上有绘画两幅。左面是一壮士执剑，作砍杀状；右面是青龙张牙舞爪，作抗拒状。其用途是隔开前后排。台上十人，前后各五人，其中五人为化装的剧中人物，其余三人是鼓、笛、拍板的伴奏者。可见当时时兴演奏者同台的风气。

质条件和群众基础；随着都市的繁荣，特别是宋代众多的勾栏瓦舍，容纳了各种形式和品位的艺术在一起演出，更有利于戏曲的发展和成长。众所周知，金院本为元杂剧的形成奠定了基础：元杂剧继承了金院本的舞台演出形式，由上、下场门出入，确定了中国戏曲独有的上下场连场形式；元杂剧在体制上一般由四折组成一本，在金院本脚色分行的基础上，演剧角色扩充为旦、末、外、净、杂，而旦、末的分行更细，以正旦、正末主唱，净仍保存着插科打诨的特色；元杂剧发展了金院本的表演技艺，如武行的筋斗、花面脚色的打诨等，大大提高了演出质量和观赏性；元杂剧在面部化妆和服饰上与金院本几乎一致。在音乐上，元杂剧的一折只采用一个宫调，不相重复，正末主唱的称“末本”，正旦主唱的称“旦本”。元杂剧的剧本一般具有完整的故事情节，在戏剧冲突中刻画人物形象。剧本的唱词多表现人物在特定场景中的思想情绪，甚至直接透露作者的心声，具有强烈的抒情性。这一点，构成了中国戏剧文学的特色。

杂剧和盛行于江南的南戏，交汇互补，相互吸取养分，共同推动了元代戏曲走向成熟。

南戏是北宋宣和年间（1119 ~ 1125 年）在浙东永嘉（今温州）一带的民歌、曲子的基础上发展成的一种民间戏曲，又称“永嘉杂剧”或“戏文”，后来它进一步吸收了唱赚、诸宫调及杂剧的新滋养，于南宋绍熙年间（1190 ~ 1194 年）在杭州风行一时，宋末又传到苏州一带。宋代的南戏生活气息很浓厚，充分表达出人民群众的思想感情，其剧目无论是民间传说或时事轶闻，一般都有强烈的战斗性。

元代初期，南戏与南方人民一样受到歧视，但这并没有阻止它的发展，它仍然盛行，而且还出现了一些优秀的演员和剧作家，创作并演出了大量具有进步思想和很高艺术价值的剧本。

南戏与元杂剧不同，其音乐由五声音阶构成，风格流利婉转，与用七声音阶的风格比较刚劲的杂剧（北曲）有很大差异；其剧本可长可短，所用的只曲与套曲也可多可少，不受一折一个宫调的限制，可以随时转换宫调；其套曲的形式以缠令为最常用，而且各曲之间已经形成了一定的方式，此外，还运用了“前腔换头”、“集曲”、“南北合套”等形式。

在唐代，文言小说被称为“传奇”。宋元时期，曾用“传奇”指称诸宫调等说唱艺术以及南戏、杂剧。明代以后，“传奇”则成为在宋元南戏的基础上吸收北杂剧的优点而发展起来的盛行于明代的以演唱南曲为主的长篇戏曲的专称。明代传奇没有长短的限制，分出并标出目，也就是说，出数不限，一般都是三五十出的长篇，短者也可不过二十出，类似于早期南戏的“题目开场”。传奇的开端通常有“家门”（一般作为第一出），由副末上场，用一二曲讲明作剧宗旨和剧情大意。早期南戏没有严格的宫调要求，唱曲次序只需用声相邻即可，明传奇以南曲为主，兼用北曲，曲调也较南戏多有增加，并逐步形成了按宫调联套的南曲体系；乐器伴奏发展到箫管、弦索与鼓板相结合；角色分工更趋专业化，南戏分“生”、“旦”、“外”、“贴（旦）”、“丑”、“净”、“末”，传奇又分出“小生”、“小末”和“小外”、“小旦”等。它在艺术形式上与宋元南戏大略相同而表现得更加成熟、丰富、细密和规范化。

## 戏曲音乐

戏剧包括戏曲、话剧、哑剧、歌剧、舞剧等，根据内中的音乐成分，我们可以把戏剧概括为两类，即音乐的戏剧，即把音乐作为不可或缺的表现手段的，如歌剧、舞剧；非音乐的戏剧，即不与音乐内在地相结合的，比如话剧等，虽然这类艺术形式有时也用音乐来强调艺术效果，但对话剧本身的艺术特性来说没有什么影响，只是增加一个有丰富表现力的手段而已。但对于音乐戏剧来说，音乐就是不可或缺的，一旦没有了音乐，该艺术形式也就无法存在了。戏曲就是音乐剧中的一种。

### 戏曲是一种音乐的戏剧

戏曲是音乐剧中的一种，虽然在表现形式上与歌剧、舞剧好像是大相径庭，但是如果缺少了音乐，也就不称其为戏曲了，因为戏曲形成的关键就是戏剧与音乐的结合。这一点从戏曲发展历程上，我们就可以窥知一二。中国戏曲是在古代的歌舞、说唱艺术和滑稽戏三者的结合、不断演化，继而发生变异、发展的基础上形成的，所以我们把戏曲定义为一种把歌唱、舞蹈、念白、戏剧表演融为一体的艺术形式。从其形成之初到最后的成熟、完善，戏曲和音乐一直就是不可分的。另外，从戏曲的剧本到念白，也不难看出戏曲和音乐是不可分的：戏曲剧本中的唱词是一种与音乐相联系的文学形式；戏曲的念白也要有音乐性，要与音乐相配合，这样念起来才好听。

⊙升平雅乐图 清 张恺

图中所绘为清宫廷戏曲乐队。清代宫廷内有掌管戏曲演出的机构，初称“南府”，至道光七年（1827年）改名“升平署”。乐队年节和宫廷喜庆典礼时奉命演出。乐队中出现的乐器有板鼓、堂鼓、手锣、钹、中堂锣、笛子、唢呐等。

除了唱、念和音乐有着不可分离的关系外，戏曲表现手段中的做、打也和音乐有着紧密的联系。有人说，做功、武打，都属于形体动作，充其量我们可以承认它们是具有舞蹈性的表演，但是要说和音乐关系紧密似乎就不好理解了。殊不知，戏曲之所以会充满魅力，看了之后会有荡气回肠之感，原因就在于唱、念、做、打的巧妙结合。它们不是相互孤立的，是互相影响、互相衬托的艺术表现手段，而把它们有机地联系在一起的纽带就是音乐。音乐在这里起着统一和协调的作用。在具体的表演中，做功、武打必须是强烈的、夸张的、富于节奏感的，这就要求演员要熟悉锣鼓经，身段动作要与锣鼓经合拍，必须要与音乐紧密地结合在一起，要融化在音乐的节奏之中。

在整部剧的发展中，舞台节奏是很重要的，要有强与弱、张与弛之分，这样才能尽善尽美地展现情节、情绪、矛盾的变化、发展，才会使整部戏产生跌宕起伏的效果。另外，舞台节奏不仅体现在每场戏中，也要体现在某一段表演或某一段唱腔中。而这一切就是通过音乐对全局的协调、掌控来实现的。

戏曲音乐是戏曲艺术不可缺少的构成要素，它渗透、贯穿于戏曲艺术的方方面面。鉴于此，我们完全有理由说戏曲是一种音乐的戏剧。

### 唱腔与演唱

具体地说，戏曲音乐指的是戏曲里的歌唱与伴奏。和器乐相比，人的歌唱既能传情也能表意，能够唤起观众的情感共鸣和理解，这是

### ·板腔体·

“板腔体”的结构基础是一对互相对称的上下乐句，一段唱腔则是这一对上下乐句多次的变化重复。一场戏的唱腔，可以有数十对或更多的上下乐句，也可以仅有一两对上下乐句，甚至完全没有唱段而全由念白构成。

以“板腔体”的京剧为例，它的唱词是以二、二、三的七字句及三、三、四的十字句为主，偶有二、三的五字句并以上下句对称的形式出现，这样与京剧唱词相匹配的唱腔也是上下句结构。在京剧唱腔中，有时为克服上下句结构的呆板，唱词也往往加上垛句、重句或衬字，以便使唱腔旋律有所突破，但总体说来京剧唱词是偶数句，即有上句必有下句。

中国传统美学思想的普遍观点。所以，戏曲音乐中，优美的唱腔与动人的演唱就成了刻画人物形象的主要手段。

戏曲演唱可以分为抒情性唱腔、叙事性唱腔和戏剧唱腔，这一分类方法在曲牌和板腔中没有什么差别。抒情性唱腔字少声多，旋律性强，长于抒发内在的感情；叙事性唱腔字多声少，朗诵性强，适用于叙述、对答的场合；戏剧性唱腔多为节拍自由的散板，节奏的伸缩有极大灵活性，因而长于表现激昂强烈的感情。在具体的演唱中，这三类唱腔交替运用，使得戏曲音乐显得变化多端。中国戏曲的很多传统剧目就是因为其中的脍炙人口的唱腔，才得以广泛流传，久唱不衰的。

戏曲演唱艺术非常注重专业技巧的训练，这也是唱功的第一要求，比如，如何处理字与声、声与情之间的关系，如何清晰准确地表达字音与词义等，这就形成了发声、吐字、用气、装饰等几种唱法，并且不同的唱法表达的思想感情也不同。演员通过对不同技巧的使用，使得唱腔曲调优美，达到以情动人的效果。

戏曲声乐的两大组成部分是唱与念，唱念字音是表情达意的基础。戏曲念白之所以具备音乐美感，就是源于汉语四声音调的抑扬顿挫。语言与音乐的不同程度的结合造就了各种念白形式，如京剧的韵白、京白、方言白。

## 乐器伴奏

如前所述，唱念做打集中表现手段就是靠音乐联系到一起的。而音乐则是由器乐来完成的，器乐伴奏的任务又是由乐队担任的。戏曲器乐中的各种各样的曲牌，打击乐的各种锣鼓点，构成戏曲中的场景音乐。

戏曲音乐的主奏乐器有昆剧的曲笛，秦腔、豫剧、河北梆子等梆子戏的板胡，京剧、汉剧等皮黄戏的胡琴，以及山东吕剧的坠子琴等等。主奏乐器的不同音色和演奏方法，可以说是某一剧种特有风格色彩的重要标志，这就是为什么人们一听到主奏乐器就能判断是什么剧种或声腔在演出的原因。

各个剧种乐队的乐器组合尽管有所不同，但鼓师的作用和主奏乐器的作用却是相同的，那就是在鼓板师父的指挥下，调节和控制全剧的节奏。戏曲乐队分为文场和武场，文场是指弦管乐部分，为演唱伴奏，并演奏为配合表演而用的曲牌（属场景音乐）。文场包括的乐器主要有：京胡（胡琴）、京二胡、月琴、弦子（小三弦）、笛、笙、唢呐、海笛子（即小喇叭）及云锣等；武场是指打击乐部分，用打击乐器打出锣鼓点，配合演员的身段动作、念白、演唱、舞蹈、开打，使其起止明确，节奏有序。武场的基本乐器包括鼓板、大锣、铙钹、小锣四件乐器。鼓板在京剧乐队中起着指挥作用。文场和武场合称为文武场。

在戏曲表演中，打击乐器能制造出特殊的艺术效果，不但能增强演唱、表演的准确性和节奏感，还能帮助表现人物情绪，渲染戏剧色彩，烘托舞台气氛，所以，打击乐器才被广泛地使用。尤其是锣鼓，音响强烈，节奏鲜明，堪称是戏剧节奏的支柱。戏曲的唱、做、念、打之所以会有鲜明的、强烈的节奏感，就是因为有了锣鼓伴奏的配合。

## 戏曲表演

众所周知，歌舞性、虚拟性和程式化是中国戏曲的基本特点。这些特点造成了中国戏曲的重写意性、抒情性和象征性的美学意味。中国戏曲重视神似大于形似，而在基本无实物、实景的舞台上，所有的这些极具民族特色的戏曲艺术美学风格和艺术效果主要由演员的表演形成，演员是舞台艺术的核心。

唱念做打是戏曲表演的四种艺术手段，也是戏曲表演的四项基本功。唱，指表演中的歌唱；念，是指表演中具有音乐性的念白，二者互为补充，构成戏曲表演艺术两大要素之一的“歌”。做，指表演中舞蹈化的形体动作；打，指武术和翻滚跌扑的技艺，二者相互结合，构成歌舞化的戏曲表演艺术两大要素之一的“舞”。

### 唱

戏曲唱功非一日可成，戏曲演员要自小开始刻苦学习，练习的第一步是喊嗓、吊嗓，扩大音域、音量，由此来锻炼歌喉的耐力和音色以及分别字音的四声阴阳、尖圆清浊、五音四呼，练习咬字、归韵、喷口、润腔等技巧。戏曲演员要善于在掌握了这一切的基础上进一步运用声乐技巧来表现人物的性格、感情与精神状态。在几百年来戏曲发展演变的过程中，戏曲唱腔美学中一直有着传声与传情的分歧，有的演员侧重音色和唱腔旋律的美，讲究唱出韵味；有的演员侧重中气充沛、字正腔圆，主张首先要唱出感情。事实上在艺术上取得卓越成就的演员大都把传声与传情结合起来，通过声乐的艺术感染力传达剧中人的心曲。

戏曲中的唱，从来都是作为塑造人物的重要手段之一而存在，而非穿插在戏里的独立的声乐表演。一些优秀剧目，往往根据剧情和人物性格、思想、情绪发展的需要来安排唱段，通过优美的音乐来丰富和加强文学形象，诉诸观众的听觉。正像做和打通过优美的舞蹈视觉形象来诉诸观众的感官一样，因而戏曲的唱，演员的技巧和修养都是决定艺术创造得失、高下的重要因素。同一剧目的同一角色，因为演员的体验和理解不同，也由于唱腔唱法各异，演唱上各种意趣不同的艺术风格就这样逐渐形成了。不同的剧种对唱的运用也有所不同，有的唱得多，动辄三五十句，甚至超过百句；有的唱得较少，在剧中人动情的时刻才设置大段的唱腔。

从整个戏曲发展的过程来看，唱腔的伴奏经历了一个由简到繁的过程。在古老的剧种弋阳腔里，采用一唱众和的帮腔形式，只用简单的打击乐伴奏，但到了明代嘉靖年间

**⊙《游龙戏凤》中的李凤姐**

《游龙戏凤》是京剧传统剧目。故事内容是，明正德皇帝改装出游，来梅龙镇，在李龙客店投宿。李龙在外守夜，吩咐凤姐照看客店，正德皇帝故意呼酒唤菜调戏她。凤姐开始不即不离的对付，当确知是皇帝后，才连忙跪下求封。此剧系生、旦合作传统戏，又名《梅龙镇》。以余叔岩、梅兰芳、马连良演出最为精彩。

（1522 ~ 1566 年）正式形成的昆山腔中，就已经发展为兼用笙、箫、笛、琵琶等管弦乐器伴奏，音乐效果大大增强。在近代，戏曲艺术更加重视伴奏的烘托作用，乐器的种类逐渐增多，并加强了声乐和器乐的配合。在有的剧种中，在主要唱段中往往停止器乐伴奏，由演员独唱“清板”来充分突出声乐的表现力。帮腔形式目前在一些高腔系统的剧种中仍旧作为烘托气氛、揭示人物内心世界的手段而保留着。

由于戏曲唱词都是诗词体，句法精练紧凑，具有很强的文学性，因此更便于集中地抒发情感。在叙事、写景、争辩、斥责等场合，一般也经常发挥唱的功能来增强艺术效果，并给人以美感。为了便于传达感情、唤起共鸣，曲词的文学性不尚典雅，而在于雅俗共赏、简洁明快、涉笔成趣。在戏曲里，作为主要艺术手段之一，唱和念、做、打等艺术手段是有机结合，融为一体为塑造人物形象服务的。

## 念

念与唱是戏曲表达人物思想感情的重要艺术手段，念与唱在表演中是相互配合、互为补充的。戏曲演员从小练基本功，念白是必修科目之一。演员在掌握了口齿、力度、亮度等基本要领后，还要结合具体的演出剧目，根据人物的性格特点和情节发展的需要，妥善处理轻重缓急、抑扬顿挫的节奏变化，使唱腔达到既悦耳动听，又语气传神的艺术境界。

戏曲的念白大体上分为两大类：一种是比较严格的韵律化了的“韵白”，一种是在各自方言的基础上创造的、接近于生活语言的“散白”，比如黄梅戏的安庆语、苏剧的吴语、京剧的京白等。但无论韵白还是散白，都不是普通的生活语言，而是经过艺术提炼加工的具有节奏感和音乐性，念起来铿锵悦耳的近乎朗诵体的语言。正因为念白也是音乐语言，在传统剧目中，唱和念才能相互协调而没有冲突。

几百年来，在戏曲理论和实践中，有的人重唱而轻念，有的人重念而轻唱。明代戏曲理论家徐渭主张“唱为主，白为宾”，并把念白称为“宾白”；清代戏曲理论家李渔则极重视念白，认为“欲观者悉其颠末，洞其幽微，单靠宾白一着”。在近现代，戏曲演员亦各有侧重，戏曲界流行“千斤话白四两唱”的口诀，以此来说明念白在戏曲艺术中具有不可低估的重要作用，实际上戏曲演员塑造人物形象时大都善于充分调动和发挥各种艺术手段的综合功能，而不局限于一种表现手段。在实际表演中，唱和念不仅并重，而且要求安排妥帖，相互衔接，彼此和谐，并在长期演出实践中逐渐生发出一些过渡形式，如叫头、哭头、起唱之类。

## 做

做功，泛指各种戏曲表演技巧，又特指舞蹈化的形体动作，是戏曲区别于其他表演艺术的主要标志和内容之一。

### ·水袖功·

水袖功是中国京剧的特技之一。水袖是演员在舞台上夸张表达人物情绪时放大、延长的手势。水袖的姿势有数百种，不胜枚举。如抖袖、掷袖、挥袖、拂袖、抛袖、扬袖、荡袖、甩袖、背袖、摆袖、掸袖、叠袖、搭袖、绕袖、撩袖、折袖、挑袖、翻袖，等等。

水袖的基本动作有甩、掸、拨、勾、挑、抖、打、扬、撑、冲十种。水袖靠着众多的基本功的相互搭配，可以组合出表现丰富情感的多种手法，来塑造各种人物形象，并且在舞台上有着很多功能：一、扇子的功能，用水袖在脸前来回扇动；二、行礼，在躬身行礼的时候，一只手横着扯起另外一只水袖，表示很有礼貌并且很恭敬；三、哀痛、害羞，用一只手扯起另一只水袖遮着脸；四、拭泪，用水袖轻轻地虚拭；五、拂尘，用水袖轻轻地在衣服上掸拂；六、握手相拥，双方把水袖轻轻地扬起来，互相地搭在一起；七、示意，演员在舞台上到了要演唱的时候，示意乐队时运用水袖。

⊙清代《拿花蝴蝶》戏画

画中六人各持刀剑，分派厮杀。舞弄之姿夸张优美，一手握兵刀防守进攻，一手在作各种姿势，烘托出热闹的打斗气氛。戏剧的“打”具有独立的审美地位。

戏曲演员必须从小练就腰、腿、手、臂、头、颈的各种基本功，除此之外，还要用心揣摩戏剧情理、人物性格、年龄及身份等特征，才能把戏演好。演员在创造角色时，手、眼、身、步各有其多种程式，髯口、翎子、甩发、水袖也都各有多种技法，演员必须灵活运用这些程式化的舞蹈语汇来塑造和突出人物特点，使自己塑造的艺术形象生动完美。譬如，在各种步法中，表现人物的狼狈或挣扎时一般走跪步，表现少女的欢乐时甩着辫梢走碎步，就不仅仅是纯技术性的表演，而是要起到渲染气氛和描绘情态的作用；同样是翎子功，用在不同的人物身上，就要求分别表现出或英武，或轻佻，或急躁，或愤怒的不同情绪和精神状态；在髯口功中，弹须、理髯、甩髯口各有其特定的表现形式与内涵。优秀的演员表演时既有内心的体验，又能通过外在形式加以表现，内外交融，得心应手，而不流于形式。

## 打

打，是传统武术在戏曲艺术中的舞蹈化，也是现实生活中格斗场面的高度艺术提炼。“打”一般分“毯子功”、“把子功”两大类，凡是用刀枪剑戟等兵器对打或独舞的，都称把子功；在毯子上翻滚跌扑的技艺，称毯子功。演员从小练功，需要付出艰苦的劳动，他们只有苦练才能打下坚实的基础。但技术功底也只是演员用来创作的素材，在舞台表演中，演员还必须善于运用这些难度极高的技巧，准确地表现人物的精神面貌和神情气质，并分清敌对双方的正反、胜败和高下。

戏曲的做和打，尽管在某种意义上仍具有独立的欣赏价值，但也从来不是穿插在戏里的独立的舞蹈表演。毯子功的一些项目，单独地看，近乎杂技；把子功的一些套数，单独地看，类似武术，但将它们连贯地组合在戏里，却成了具有丰富表现力的舞蹈语言。它们能够充分显示出戏曲艺术的独特魅力，当技术功底与情节相结合时，就能获得刻画人物，阐释剧情，并使观众得到艺术享受等良好效果。每一节的打斗结束时，双方亮相，不仅胜败分明，而且分出正反。战胜者下场，要表现出神采飞扬的风貌。

唱、念、做、打是戏曲表演的特殊艺术手段。四者有机结合，构成了戏曲全部的表现手段，体现出戏曲艺术独有的特点，使戏曲艺术鲜明地区别于其他舞台艺术。

# 戏曲化妆

在传统的戏曲表演中，观众看戏，除了看演员的表演，还看呈现在舞台上的整体视觉形象。人物造型、景物造型也是人们眼中最为直接和重要的审美内容。其中，人物造型中的化妆，在戏曲人物造型中占有极为重要的地位，而脸谱又是化妆范畴中的重中之重。

## 脸谱概述

面部化妆和服装是区分戏曲人物角色的直观表征，服装的主要功能是表现人物的身份、地位、职业；角色的面部化妆，尤其是脸谱化妆则更多表现人物性格、气质、品德、情绪、心理等方面。通过脸谱，戏曲创作者对人物的善恶、褒贬的评价就一目了然地呈现给了观众。

戏曲脸谱是一种夸张变形的化妆艺术。脸谱的变形首先要"离形"，就是不拘于现实生活的自然形态，大胆地夸张和装饰。戏曲舞台上各种颜色的脸谱来自生活经验，但在日常生活中是没有的。在脸谱的勾画中，分别用各种颜色夸张地进行表现，鲜艳的色彩就与现实中人脸的实际颜色拉开了距离，这便是脸谱色彩的"离形"；另一方面，脸谱都是图案，与现实中人脸形状拉开了距离，这是形状的"离形"。

脸谱艺术离不开颜色，可以说，设色是脸谱艺术的一个重要的方面。受中国民族文化传统、生活习惯以及颜色的理解和偏好影响，戏曲脸谱的设色就有了特定的象征意义，比如，红色表示赤胆忠心；紫色表示智勇刚义；黄色表示武将骁勇善战、残暴，表示文士内有心计；绿色表示侠肝义胆、性格暴躁；蓝色表示刚直勇猛、桀骜不驯。

⊙象形脸剧照

图为京剧《闹天宫》中性格化了的猴子扮相。象形化妆主要用象形图案来展示人物性格特征，多用于历史、神话或幻想型人物的造型。

同时，脸谱还要通过"取形"来达到变形。"取形"，就是选取生活中的某种实物形象的自然形态，使之成为具有一定的象征、寓意的装饰图案。脸谱的"取形"必须按照一定的章法，把脸部一些重要部位的色彩、线条，巧妙地组织、归纳到一定的"形"的图案中来，通过"取形"来达到"离形得似"。"取形"有很多方法和样式，如：云纹眉、火焰眉、凤尾眉、螳螂眉、虎尾眉、飞蛾眉、剑眉、宝刀眉、寿字眉等，这是眉窝的勾法。这样的勾法不仅使眉的自然形态变成了图案化的形态，而且还使它具备了很浓的装饰韵味。眼窝、嘴岔、脑门等其他部位也是这样。

脸谱通过"离形"、"取形"而达到图案化、装饰化的审美效果，目的是为了醒目地传神。

在现实生活中，我们常说"眼睛是心灵的窗户"，在戏曲艺术中，五颜六色、变幻无穷、内涵丰富的脸谱是情绪、心理的窗户，它对唤起观众审美心理的美感起着重要作用。脸谱与服装相互配合，构成了舞台上净、丑角人物的外观，再配合唱、念、做、打的表演，最终形成舞台上光彩照人的艺术形象，唤起观众的心理共鸣。

## 生、旦、净、丑

脸谱与戏曲中人物角色之间的关系相当丰富和复杂，并非戏曲中的每个人物都需要勾画脸谱，脸谱的勾画必须按照人物角色的分类来进行。"生、旦、净、丑"是中国传统戏曲艺术角色行当的四种基本类型，每个行当又有若干分支，各有其基本固定的扮演对象和表演特色。"旦"是女性角色的统称；"生"、"净"两行是男性角色；"丑"行中除有时兼扮丑旦和老旦外，大都是男性角色。一般来说，"生"、"旦"的化妆，往往略施脂粉以达到美化的效果，这种化妆称为"俊扮"，也叫"素面"或"洁面"，其特征是"千人一面"，也就是说，所有"生"

⊙清代小生扮相

生的化妆称为“俊扮”，又称“素面”、“洁面”，其性格由动作、神态来展现。

行角色的面部化妆都大体一样，无论是什么人物，从面部化妆看都是一张脸；“旦”行角色的面部化妆也都差不多。“生”、“旦”人物个性主要靠表演以及借助服装、道具等方面来表现。

“净”、“丑”行当在塑造各种人物时，演员的脸谱化妆以强烈夸张的色彩和变化多端的线条来改变演员的本来面目，与“素面”的“生”、“旦”化妆形成对比。“净”、“丑”角色的脸谱勾画是特定的，一人一谱，尽管它是由程式化的各种谱式组成的，但本质上却是一种性格妆，其意图是直接表现人物的个性，有多少角色就有多少谱式，绝不雷同。因此，脸谱化妆的特征是“千变万化”的。

“净”，俗称花脸，各种色彩勾勒的图案化的脸谱化妆是其突出的标志，用以表现性格气质上粗犷、奇伟、豪迈的人物。这类角色要求在表演上音色宽阔洪亮，演唱粗壮浑厚，动作造型粗线条而顿挫鲜明，大开大合，气度恢宏，如关羽、张飞、曹操、包拯、廉颇等都是净扮。净行人物按身份、性格及其艺术特点的不同，大体分为正净、副净、武净（俗称武二花）。正净以唱工为主，又称铜锤花脸或黑头花脸、大花脸，通常扮演《将相和》的廉颇、《铡美案》的包拯等角色，多是朝廷重臣，其造型特点以气度恢宏取胜。副净，又可分架子花脸和二花脸，架子花脸以做功为主，重身段动作，多扮演豪爽勇猛的正面人物，如鲁智深、张飞、李逵等；京剧中如抹白脸的曹操等一类的反面人物也由架子花脸扮演。在其他剧种里，副净大多情况下不称架子花脸，如川剧和湘剧中叫草鞋花脸。二花脸也是架子花脸的一种，戏份较少，表演上有时近似丑，如《法门寺》中的刘彪等。武净，分重把子功架和摔打花脸两类，重把子功架一类演员主要扮演如《金沙滩》的杨七郎、《四平山》的李元霸等类人物；摔打花脸如《挑滑车》中金兀术的部将黑风利。

“丑”（俗称小花脸或三花脸），是戏曲中的喜剧角色，在鼻梁眼窝间勾画脸谱，多扮演滑稽调笑式的人物，在表演上一般不重唱功，强调口齿清晰流利的念白。“丑”一般分为文丑和武丑两大分支。

戏曲中人物行当的分类，在各剧种中不太一样，以上分类主要是以京剧的分类为参照的，因为京剧融会了许多剧种的精粹，代表了大多数剧种的普遍规律，但这也只能是大体上的分类。具体到各个剧种中，名目和分法要更为复杂。

## 戏曲服饰

戏曲服饰用来确定人物的外形、外貌，是戏曲中表现人物的社会地位、精神气质的有力因素之一，是演员塑造舞台形象的最直接手段。“宁穿破，不穿错”是梨园中的一句行话，说明服饰一直占据着一种标志性、程式性造型的地位。戏曲人物服饰具有非常明确的鲜明性和群众性，在世界戏剧文化中实属罕见。

### 戏曲头饰的分类

假发是指在戏曲演出中各行角色梳裹发式的各种用品。舞台上的假发要比生活中的实际形态夸张得多，富有装饰美，一般用人的头发或牦牛毛、马尾、粗丝线、纱等制成。常备的用品有网子、水纱、甩发（又称水发）、蓬头、髯发、孩子发、大顶、片子、线尾子、懒梳妆等。

在现代戏曲舞台演出中，除了保持着一些传统扮法外，还有许多新式的古装头饰，给人以自然、潇洒的感觉。

古代妇女在头上插花，戴金银珠翠首饰，称为头面。在戏曲舞台上，旦角所戴的头饰也称为头面。旦角的头面有三种：银泡头面、水钻头面、点翠头面。

在传统戏曲中，剧中人所戴的各种冠帽一般通称为盔头，分为四类：冠、盔、巾、帽。传统的盔头，包括各种大小附件，约有300种。盔头和戏衣一样注重装饰，但因剧目、剧种不同各有变化。冠是帝王、贵族的礼帽，主要有皇帽、平天冠、九龙冠、紫金冠（又名太子盔）、凤冠、过翘（又称半凤冠）、侯帽、相貂、汾阳帽、扎镫、纱帽等。盔一般为武士所戴，主要有草王盔、帅盔、罐子盔、夫子盔、倒缨盔、八面威（盔）、中军盔等。巾多是软件，属于便服，主要有皇巾、相巾、扎巾、文生巾、武生巾、高方巾、解元巾、荷叶巾、棒槌巾、员外巾、八卦巾、鸭尾巾等。帽类名目繁多，最复杂，常见的主要有毡帽、沿毡帽、鞑帽、罗帽、太监帽、太叶巾、皂隶帽、鬓帽、草帽圈、渔婆罩、风帽、额子、七星额子以及驸马套翅、翎子、狐尾、面牌、茨菰叶、铲刀头等附件。目前，舞台上常用的盔头种类更多。

## 戏曲服装的分类

戏衣的第一类主要是长袍，包括蟒、帔、氅等。

在封建社会，只有皇帝才能穿龙袍。戏曲演员扮演皇帝的时候当然必须穿龙袍，但又不敢直接叫龙袍，于是改叫蟒袍，简称蟒。蟒是帝王将相在朝贺、宴会、办公时，在比较严肃的场合穿的礼服。蟒一般为圆领、大襟，长度可以拖到脚面，袖子很宽阔，肥大，按照传统在袖口上带有水袖。蟒都是用缎子做成的，上边用彩线刺绣而成的图案主要是龙形的图案，此外还绣有环形的云彩、日月，或海水、浪花图案。蟒的颜色有红，黄，绿，白，黑，紫，粉等，各种各样，并且每一种颜色有各自的意义。黄蟒分两种，正黄、明黄的专为皇帝穿用，另一种是深黄色或杏黄色的是亲王、太子一类角色穿用的，例如《杨家将》里八贤王就穿杏黄蟒。红蟒代表庄严端重，是王侯将相或驸马这样一些角色穿用的，如三国戏里的曹操、刘备，以及像韩信这样的元帅，做驸马的陈世美、杨四郎等角色就穿红蟒。绿蟒表示威严英武，一般由较高级的武官扮演者穿用，最典型的人物是关羽。穿白蟒的大都是少年英俊的人物，例如周瑜、吕布、马超等，还有一些虽然上岁数、戴胡子，但年轻时曾经潇洒英俊的人物，如岳飞、杨六郎等。穿黑蟒的一般是性格比较粗鲁、刚猛的角色，而且多半是花脸，为了配合脸谱也穿黑蟒，例如包拯、张飞、尉迟恭，《霸王别姬》中的项羽。还有一种穿用较少的秋香色的蟒，绿里加黄，一般都是老年戴白胡子的高级官员穿用的，例如《徐策跑城》的徐策。

帔，是达官显贵、有钱人在家里穿用的一种便服。帔是对襟的，长领子，宽袖，也带水袖。男帔的尺寸可以长到脚面，女帔则较短，过膝盖，下边衬着裙子。帔是用缎子做的，一般都刺绣着龙、凤、仙鹤、鹿、花卉、禽鸟等各种图案，颜色也是多样的。黄帔的作用跟黄蟒一样，也是专门给皇帝、皇后准备的，《打金枝》中皇帝和皇后都穿着黄帔。新官上任，或新婚夫妇都穿红帔，例如《奇双会》里的赵宠和李桂枝，《苏小妹》里的苏小妹和秦少游都穿红帔。

开氅兼有大衣和外套的作用。开氅主要用于武将，落草为王的寨主，精于武艺的侠客、武士们也穿。开氅属于便服类，与员外绅士们所穿的帔的性质是相同的。开氅的式样是和尚

⊙《打龙袍》民国戏画

此戏画中，正中坐高台者为李后，手持龙头拐，身穿深黄色蟒；左一人持鞭者黑花脸，额绘白弯月，为包拯，身穿黑蟒；中为明黄龙袍，当为帝王所有；右一人穿帔，上饰龙纹，当为宋仁宗，帔色黄中带粉，应是绘画者故意与黄蟒区别而为之。

⊙清代戏衣——女帔

帔一般为皇帝、文官便服和士绅常服。男帔及足，女帔及膝。夫妻之帔花色相对，称对帔。

领，斜大襟，宽袖子带水袖，长度拖到脚面，前后襟上都绣狮、豹、虎一类图案。穿开氅的时候一般里边都穿着战斗的服装，有的穿箭衣，有的穿紧身的短袄、短裤，可以随时用双手把大襟拉开，露出战斗的服装，显示一种威武、勇敢或者渲染战斗气氛，还可以随时把它脱掉，立刻进行战斗，因此叫作开氅。开氅的颜色也很多，但跟人物没有什么直接关系，它主要是为了制造热闹的气氛，看上去五彩缤纷。在有些群戏里，满台的武士每个人都里边穿着短衣裳，同时一下把大氅外套拉开，昂首挺胸地站在台上，显得威风凛凛，雄伟壮观，开氅的鲜艳色彩和豪壮气势，常常是在这种群戏中起着特殊的作用。

戏衣的第二大类是短衣裳，像短褂子、裤子、裙子。这一类衣服的样子不太多，大体可以分成五种。

茶衣，实际上就是用蓝布做的半身的短招褶子，是下层人民所穿用的服装。茶衣分两种，一种跟褶子一样，斜领，大襟。另一种是对襟的，一般只有儿童穿。有的角色表演时上边穿茶衣，下边穿裤子；有的则在裤子外边再系一条短裙子，这种短裙子名叫腰包，凡是系着腰包的角色，都表示此人有一种特殊的身份，比如酒保一类的人，给人递茶送水时当围裙使用。

戏曲常见的女用短衣包括女式的裤子和袄。女式的短袄是立领的，大襟，袖口比较肥，不带水袖，均用绸缎做成，色彩和花样繁多，因人而异。裤、袄一般都是小户人家的年轻妇女或大户人家的丫环穿的。还有一种用红布做的女式裤子、袄，不用绸缎，样式朴素，为罪犯穿用，叫罪衣，如《女起解》的苏三就是穿着这样的服装。

抱衣抱裤又叫英雄衣，这种衣裳顾名思义，就是侠客、义士、绿林英雄这类人物穿的。因为它是紧身的，像裹在身上抱在身上一样，如《三岔口》里的任堂惠、《恶虎村》里的黄天霸、《艳阳楼》里的花逢春及青面虎等。

短衣类里还有两种。一种叫马褂，多套在箭衣外边，作为行路的外罩服装，如《武家坡》里的薛平贵、《汾河湾》里的薛仁贵、《四郎探母·过关》的杨四郎等。另外一种是彩裤和水衣。每个演员都必穿彩裤。水衣就是衬在服装里面的粗布衬衣，演员衬上水衣是为了吸汗，尽量减少汗水对戏装的污损。

戏鞋，泛指传统戏曲演出中的各式靴鞋，主要有厚底靴、虎头靴、快靴、洒鞋、彩鞋等。厚底靴为生净通用，是结合表演艺术经过夸张而设计的，其作用增加演员的身高，要和宽大的、夸张化了的服装谐调。朝靴用来表现丑角扮演的官阶较低的人物，或反面人物，如汤勤、蒋干、门官、驿丞。薄底靴，一般均为黑帮粉底，为短打武生所用，便于跳跃翻打，如《三岔口》中任堂惠穿的便是薄底靴。

一般小市民、穷人、读书人所穿的叫鞋，老年人穿的叫夫子履，普通兵士、差役穿的叫洒鞋，是一种较紧绷的粗制的鞋。在《打渔杀家》里，为了表示萧恩是渔夫，在他穿的鞋上加些鱼鳞片，叫鱼鳞洒或鱼鳞洒鞋。《白蛇传》许仙穿着云头履，《秋江》的艄翁穿草鞋。女子除武将穿绣花薄底靴，其余均穿绣花鞋，鞋头缀有丝穗。女鞋的丝穗，常能衬托足部舞蹈，显得轻巧生动。

# 戏曲道具

在中国戏曲中，道具有一个专门的名称，叫砌末。一般认为，门帘台帐也属于砌末。

## 戏曲道具的艺术特征

在戏曲舞台上，所有大小用具和简单布景如文房四宝、灶台、马鞭、船桨，以及一桌二椅等统称砌末。砌末在舞台上首要的任务是帮助演员完成动作，如用旗子舞动表现波涛汹涌。它不独立表现景。因为中国戏曲艺术重虚拟和写意，所以砌末也不是生活用具的照搬，固然有一部分小砌末比较写实，但还包含着一定的假定性，如烛台或者香纸之类一般并不点着；另一些砌末则是直接通过变形、装饰，使之具有更明显的假定性，如车旗、水旗等。砌末经常用来刻画人物的精神面貌，非常强调表情姿态的鲜明、准确、传神，如挥动马鞭来表达骑马飞奔的场景等。

戏曲舞台上运用仿真砌末的情况也不尽相同。比如《武松打虎》里所用的虎形和《捉放曹》中所用的猪形，虽然都是表现一种兽形，为了达到一定的表演效果，《武松打虎》里的虎形就比《捉放曹》中的猪形形象得多，那是为什么呢？因为，在《武松打虎》中，打虎是重头戏，虎在舞台上的时间比较长，如果太不像虎，就达不到烘托气氛的效果。而《捉放曹》中的猪形只在曹操杀吕伯奢全家时出现一次，所以就不用太讲究。

舞台上的实用砌末也不是生活中的实物，因为戏曲表演毕竟是一种舞台艺术，必须要追求一种舞台的美感，所以有的时候，即便是实物，也要对其进行一番美化。这样做还有一层意义，那就是为了适合不同身份、性格、身型的演员，比如《女起解》中的鱼形的枷，就比生活中的真正的枷漂亮多了，同时它也是根据演苏三的演员的实际情况设计的，如果把它带在别人的脖子上恐怕就达不到那个效果了。同样，高登的折扇也是一样，明显地比一般人用的要大些，如果放在另一人的手中恐怕就有不伦不类的感觉了。

另外，舞台道具是用虚还是用实也是很有讲究的，既要考虑到方便可行，又要考虑对表演的配合。比如说，在表演读书与吹笛时，如果虚用书与笛，恐怕就会显得毫无依据，缺乏说服力；而在表演划船与骑马时，如果把真的船、马弄到舞台上，就会破坏了舞蹈艺术的感人魅力，影响观众在欣赏中的艺术想象。

## 戏曲道具的艺术功用

砌末在戏曲表演中，除了能适时地表现人物形象、精神、情绪以及事件情节外，与表演、音乐结合，还能显示出特定的环境和气氛。比如，挂上酒帘，就意味着这是酒家；

### ·门帘台帐·

门帘台帐指中国旧时戏曲舞台上常用的一种衬幕。又称堂幕、台幔。门帘挂在面向观众的上场门与下场门上，演员出入时由检场人掀起；台帐则挂在上下场门之间。门帘台帐的作用有两个方面：一是划分前台与后台，把与戏无关的后台杂事隐蔽起来，净化舞台，避免分散观众注意力；二是在门帘台帐上绘有各种图饰，以美化舞台。自清代以来，杂耍园子内设挂布的较多，颜色多用蓝、土黄、竹布色或深绿。挂布有两种制法，一为布上每隔约十厘米间距叠一褶，挂布上方缝有白布筒（供穿绳用），挂置舞台后面，做前后台之隔；一为无褶白色挂布，布上书写杂耍园子的名称。

⊙民国《焚绵山》戏画

舞台上的山片靠在椅靠上便可代表崇山峻岭了。戏中人惟妙惟肖的表演加入微微踉跄的台步把介子推背母上山的艰难和决心展现无疑。

摆上织布机，说明这就是机房。再比如，要想表现寺庙的清净，就摆放木鱼或钟磬；要展示官衙的森严，就摆放印信及惊堂木。

另外，恰当的砌末结合表演还能帮助观众产生联想，比如，一根钓竿不但表示钓鱼，还能让观众联想水和鱼；一块云牌既能表示腾云驾雾，也能让观众联想到浩渺的天空。

砌末在舞台上的作用是不容忽视的，有了它，无形中会帮助演员营造一个虚拟环境，以便让演员能够自由地发挥，创造出极佳的审美效果。一根马鞭，不但可以让演员表演骑马，还可以做出上马、下马、趟马、策马、勒马、系马等许多动作，同时还能展现出不同的身段和手法，让观众欣赏到演员表演的曼妙之处。不但如此，一根马鞭结合演员的歌舞表演，还能表明一系列的环境特征，比如坦途，险路，泥泞等。显然，如果没有这根马鞭，只让演员通过表演来体现故事情节，恐怕有些时候演员就会感到无能为力了。

砌末的功用虽然重要，但是如果脱离了演员的歌舞表演，也就变成废物一堆了，因为砌末本身并不能体现环境。

比如说《辕门斩子》中的大帐，如果没有四龙套、焦孟二将站在门口以及后来的杨延昭的出场亮相，再回到座上念定场诗，恐怕再漂亮、再巨大也无法显示它就是元帅的中军帐。《挑滑车》中的山片也是一样，如果没有金人从山上滚下的铁滑车，任其造型再庞大恐怕也无法说明这是一座很险峻的山。

大帐、山片这类大砌末尚且如此，小砌末就更不用说了。假如脱离了演员的表演，任凭把小帐竖起，把腰裙搭在椅背上，也不会有人看得出它是轿门、织布机。

可见，砌末在中国戏曲舞台上的运用，也是有其特定的艺术规律的，即表演离不开砌末，砌末只有和歌舞表演联系起来才可以发挥它的功用。现在看来，我们还真的无法把运用砌末的方式简单地加以归结，因为无论我们把它们归结为象征的，还是写意的，抑或是写实的，其中虚、实、大、小，一律都必须根据戏曲歌舞表演的特有规律进行审慎和恰当的安排。

## 戏曲舞台

对于作为时间和空间艺术的戏曲表演来说，舞台的存在显得尤为重要。从其起源到发展成熟，中国戏曲经历了相当漫长的过程，其间，观演场所一直在变化。我们知道，中国戏曲起源于原始社会的巫舞，但当时的歌舞表演并没有什么舞台之说，只是借助自然地势而已。《诗经》中有“坎其击鼓，宛丘之下”，这里的“宛丘”就是当时的一个观演地，其特点是四方高而中间低，以便于观众观看表演。这种观看表演的方式一直延续下去，直到汉代才出现舞台。说是舞台，也是极为简陋的，但总是人用心“设计”的，所以，一说中国戏曲舞台，多半会从汉代说起。

### 临时舞台和勾栏瓦舍

汉代是中国戏曲形成的一个关键时期，娱

⊙露台舞 敦煌壁画 唐
唐时，寺庙成为人们观赏游艺的集中地点。在敦煌壁画里可以见到许多设在寺庙大殿前供表演歌舞用的舞台，四周围有栏杆，中间有台阶上下，这应是戏曲的表演台。

乐演出活动已经比较成熟和发达，已经开始搭建临时的"看棚"，用以观看"百戏"。这个"看棚"是为观众搭建的，而表演者则仍就自然地势。

从唐代开始，表演场所已经开始建筑化，出现了供下层百姓观看表演的"乐棚"，而上层贵族观看演出则在"歌台"、"舞台"，还在表演台周围加设了栏杆，这个传统一直保持到近代。与此同时，"看棚"在民间仍广泛存在。

宋代商品经济和城市商业、手工业进一步发展，在良好的经济基础上，商业性的演出也开始出现，逐渐产生了职业艺人以及商业性的演出团体，也同时出现了大量营利性的供各种艺人使用的表演台，被称为"露台"。"露台"是"百艺群工，竞呈奇伎"的场所。

在宋代城市中出现了为各种表演准备的固定的场所——瓦舍勾栏，这一时期的娱乐表演除了其他技艺之外，也包括了渐渐孕育成型的戏曲的雏形——宋杂剧。由此，我们可以认为，瓦舍勾栏是中国剧场的雏形。当时，勾栏内的观演结构已经发生了变化，由原来的四面观看变成了三面观看，有了前后台的区分以及上下场门。这是一般的表演舞台向戏台演进的很关键的一步。"露台"也成为勾栏的重要组成部分。

在农村，为各种表演所提供的表演场所是"舞亭"，它是一个高出地面的有顶盖的固定建筑，是后来农村戏台的雏形。

元代时，城市瓦舍勾栏依然存在，农村则开始出现大量固定的戏台。在这些戏台进行的戏曲演出活动，起着酬神、娱人的双重作用。因为与酬神活动有关，所以这些戏台大都与庙宇相连，并被称作"庙台"。农村的庙台多为砖木结构，比城市勾栏戏台要坚固，有的还相当雄伟。这些戏台也已将前后台区分开，演员由上下场门出入。观众看戏时三面围观。

从明代以后起，勾栏表演活动逐渐衰落，取而代之的是酒馆、茶园等城市营业性戏园。此类场所，起先以喝茶饮酒为主，看戏为辅，慢慢演变成了以看戏为主，茶酒为辅，并最终成为专业的戏曲演出场所。营业性的戏园较之原来的草台、庙台有了很大的进步，戏曲演出和观演都置于室内，并且逐渐发展成为规模较大的室内剧场。观众席也有了等级划分，普通老百姓坐在楼下的"散坐"（也称"池子"）中，有钱有势的观众则坐在楼上戏台两侧的"包厢"内。这类舞台的观演方式也是三面围观，而且，由于戏台被置于室内，演出所需光亮也由原来的自然光变成了人工光，舞台用光开始变得有了讲究。所以说，室内剧场为人工照明提供了条件，在人工设置的灯光的照耀下，演出更加具有迷人的艺术魅力。

## 固定性剧场

戏曲发展到明清两代，不但有大量临时性、半临时性戏台，而且固定性剧场建筑水平也有很大提高，随着戏曲的发展与成熟，大量临时的或固定的戏曲演出场所开始出现。明清年间的固定性剧场大体分为庙台、私人宅第戏台、宫廷剧场和营业性戏园。随着乐队被安排到舞台一侧，舞台的三面观看慢慢成为一面观看，后台与前台用草席或木板隔开，有上下场门。明代昆曲盛行时期，江南官员以及富户人家蓄养优伶成风，时称"家乐"或"家班"，也有很多固定戏曲舞台出现，其中最典型的是宫廷大戏台，装饰豪华、规模巨大。宫廷戏台是一种有三层台面的大戏台，演出时，往往天、地、人三界交错，神鬼杂出，非常热闹。

但是在农村，演出主体大都是流动的戏班，戏曲表演还是临时的"草台"为主。在南方，有的还搭建在水上，也有搭建在船上的，这类戏台大都用草席、竹竿或木杆搭建，将看棚、舞台与后台搭成连体。舞台通常比看棚高出许多，观众看戏时需要仰视。

明清时期在城市中出现的很多表演戏曲的

茶园酒肆是宋元瓦舍勾栏的延续，这些地方设有戏台，以戏曲表演为主，兼卖酒馔。各省的会馆也有与这些地方相类似的戏曲表演场所，那里也建有戏台。比如，山陕公会不但到处建立会馆，还在交通要道兴建有大关帝庙和戏台。江南盐商重视昆山腔，苏州老郎庙是昆山腔的大本营，一时成为官府承认的全国戏曲中心，号称“梨园总局”。在江南，庭院的私家戏台还保存不少实物。

到了近现代，城市的营业性剧场由旧式的茶园向着新式的戏曲剧场演变，新式剧场在民国以后开始在大城市出现。1908 年建成了上海新舞台，稍后，其他大城市也纷纷建造了这类新式戏曲剧场。新舞台的出现，是中国剧场史上的一个革命。与旧式的茶园相比，这些新式剧场最大的变化在于将三面观看的舞台变成了镜框式舞台。但镜框式舞台多少保留了一些传统的伸出式舞台的特点。台唇都比较大，呈半月形。但是在农村，戏曲演出依然沿袭着传统的“草台”样式。近几年来，那些早年的茶园会馆又被作为商业性的戏曲演出场所开发出来。

⊙ 乡村庙台图

土坡上有五圣祠一座，其对面有戏台一座。砖石垒基，上以土木棚席为顶，应为临时性的戏曲演出场所。前后台分开，有上下场的幕帘，四周围有红色栏杆。台上方一椅一帐。观戏者可以在台下立看，也可去对面五圣祠台阶上观看，这是典型的乡村庙台。

## 戏曲欣赏

艺术欣赏对于任何一种艺术创作都是一个重要的环节，对于绝大部分艺术创作而言，如果没有艺术欣赏，艺术就没有了存在的价值，所以说，艺术创作或者说艺术作品不能够离开艺术欣赏而独立存在。作为表演艺术的中国戏曲，在特征上跟其他艺术有很大差异，这种差异导致其艺术欣赏活动的特殊性。

### 中国戏曲欣赏的社会关系

在中国社会文化历史中，戏曲艺术的社会地位很低的，从事戏曲表演的艺人被视为社会身份最为卑贱的，这是因为在中国古代社会，戏曲艺术从来不被正统文化所承认和接纳。它更多的时候只是被视为一种娱乐活动，与正统诗词歌赋在文化地位上是不可同日而语的。戏曲作为一种情感教化的艺术，经常被指责为伤风败俗或诲淫诲盗，社会对戏曲表演的接受也是复杂的。

在古代社会，戏曲表演与欣赏长期以来存在两种方式，一种是宫廷以及达官贵人、富豪的府第内进行的演出，另一种则是在勾栏瓦舍之类场所进行的商业性质的演出。这两种演出方式的长期存在，直接影响和决定了中国戏曲欣赏的两种不同境遇。在中国古代，从先秦开始就长期存在宫廷蓄养优伶的制度，到后来设立教坊，更进一步扩大了宫内优伶的规模。作为皇家御用的艺术表演团体，教坊在起初具有很强的封闭性，直到宋代才有所改变。宫廷表演和文人达士的欣赏方式和欣赏趣味对戏曲艺术表演方式和内容的发展演变有很大的影响，比如在宫廷，皇帝在观赏演出的时候不可能全神贯注于表演内容，也没有人敢要求他的欣赏态度，身边的随从也不可能把注意力全部放在对表演的欣赏活动上。鉴于身份高贵的欣赏者的时间和精力要求，很可能往往抽出一本戏曲中最为精彩的一折或者一出。这种欣赏方式对后来也产生了巨大的影响，后来的堂会就是这种演出形式的延续。在南宋，教坊制度曾经一度被废除，导致两种演出样式的合流，对戏曲艺术产生了重大的影响。在民间，勾栏瓦舍里

⊙ **清光绪年间（1875～1908年）北京茶园演戏图**

戏台上有多人表演，伴奏者4人，所用乐器有拍板、板鼓、二胡、唢呐、锣等。清乾隆年间（1736～1795年）以来，茶园即是剧场。清代包世臣《都剧赋序》说："其开座卖剧者名'茶园'……其地度中建台，台前平地名'池'，对台为厅，三面皆环以楼。"当时春台、三庆、四喜、和春四大徽班都在茶园演戏。因为清代每逢国丧期间，各娱乐场所都不能化装演戏，演员们无以为生，只能在茶楼清唱。以后，戏园便附售客茶，遂称戏园为茶园了。

进行的戏曲表演活动也不是完全意义上的戏曲欣赏，因为这些地方最初都是以喝茶饮酒为主，戏曲表演只是作为附属而存在，后来，渐渐地成为以观赏表演为主。但是即使在这里，艺人的地位仍然很低，更多的时候被人们视为与娼妓同流。在这类演出活动中，民众趣味与商业性对戏曲艺术产生了重大影响。我们知道，勾栏瓦舍是非常综合的演艺娱乐场所，这种开放性的演出活动也是由观众的趣味和要求所决定的，对戏曲艺术形式的形成和完善起到不可估量的影响。

在乡村，戏曲演出多与宗庙祭祀活动有关，所以有些地方称其为庙会。乡村的戏曲表演的意义重在一种集体的集会和交流活动，由于这种活动的长期性和反复性，逐渐培养了民众的戏曲趣味和热情，使得演出从祭祀活动中凸显甚至脱离出来。在乡村，开放的演剧方式使表演的意义不仅仅限于被观赏，更多的人的兴趣集中在这种公众性聚会上，这种松散的观演关系对中国戏曲长期形成其特殊的表现手段无不具有重大影响。

## 中国戏曲欣赏的心理基础

中国戏曲表演时，舞台上仅有几件道具和一块单调的幕布，而且还不必做到形象、逼真，可以说，中国戏曲的场景是极其单调的。但是就是这种只靠演员的唱念做打来表现"舞台景致"的单调的表演方式，才使得中国戏曲形成了自己独特欣赏心理。

中国戏曲欣赏有其特定的心理习惯和心理基础，它是一个艺术再现的过程。比如，前面我们说过中国戏曲是一种程式化表演，具有很强的虚拟性和假定性，但是观众却能把它同真实生活联系起来。观众并没有参与编演设计，为什么能看懂这些与生活相去甚远的东西呢？那是因为观众与演员之间长期形成的一种默契，这种默契告诉观众程式化的表演意味着什么，然后观众和演员一起完成对戏曲艺术的再现。比如，演员表演《牡丹亭·游园惊梦》时，观众感受到的不仅是一派春光旖旎的景色，还能体会出演员在万花从中轻歌曼舞的景象。

戏曲艺术的再现过程是演员用暗示的手法告诉观众他在做什么，戏里的环境应该是什么样的。观众明白后，就通过联想在大脑中进行形象加工处理，再把舞台缺少的部分加进去，这样就完成了戏曲艺术的再现过程。仍以《牡丹亭·游园惊梦》为例，演员上台后表情欣喜，身体舒张，然后指着舞台某处唱："原来姹紫嫣红开遍，似这般都付与断井颓垣。良辰美景奈何天，赏心乐事谁家院！恁般景致，我老爷和奶奶再不提起。朝飞暮倦，云霞翠轩；雨丝风片，烟波画船，锦屏人忒看的这韶光贱！"演员通过唱词暗示使观众更清楚地了解戏里的情景，然后还原、再现舞台场景，使得空旷的舞台有了生气，有了湖水，有了花。

如果没有心理暗示，观众便不能深入理解戏曲的艺术真谛，也不可能感受到戏曲的魅力所在，中国戏曲正是通过表演将"无"在观众那里化"有"的独特魅力深深地吸引着戏迷。也是戏曲艺术这种独特的再现过程，使得戏曲审美的内容和标准有别于其他艺术，并使戏曲艺术这种虚拟性表演艺术更具魅力和趣味性，长期地吸引着观众的注意力。

另外，戏曲表演之所以会长期地吸引着观众，还有一个重要的原因是和观众的心理有关。那就是中国戏曲在内容上更多地满足着观众在现实生活中被压抑而无法实现的理想和愿望，是情感郁积和发泄的重要途径，并通过对伦理道德等教化成分的巧妙处理，从而发挥着调剂社会情绪和维持公共秩序的精神功能。戏曲中有很多除暴安良、复仇题材的戏，并且均以大团圆结尾，正是由于其故事情节以及处理方式与观众心理的某种契合，为观众释放心理能量提供了一个契机。观众看完后，内心欲望得到了满足而产生自然的满足和轻松感。

在中国戏曲舞台艺术里，一出戏在表演中一般会保持一定的稳定性，不同的演员在表演时唱词及表演套路大体上都是相同的。对于同一流派，同一版本的剧目而言更是如此，很多戏迷票友甚至可以将唱词全部唱出来，对演员的表演，他们也非常熟悉，甚至有票友自己也可以上台演这出戏，但是在看另一个演员演时依然会深深入戏。其原因在于，戏迷们在看戏时并不仅仅是看，他们在戏中还要求有所感悟，每一次感悟心得都是对未知的求解，每一次求解都是对人生更深入的理解，而每一次这样的理解都是他们求知欲望对于未知世界的探索、开拓欲望的满足。正因为如此这种求新求奇获得的认知满足便使人的心理产生愉悦感，满足感。戏迷们要不断地去看戏，而且要去看大家名角的戏，就是去追求这样看戏时的感悟心得，而名家大家的精湛演艺更容易让他们有新奇感，有新感悟。

**⊙ 听曲文宝玉悟禅机——《红楼梦》插图**

图中描绘的是宝钗做寿时，大摆戏台听戏的场景。从他们听戏的对话中，便可明了他们对戏曲真正的品味和欣赏了。听戏时，宝钗点了一出《山门》，宝玉讥讽她“只好点这些戏”，宝钗笑宝玉“不知戏”，告诉他这出音律好，辞藻更好，并念“寄生草”曲文。宝玉听得拍膝称妙。黛玉讥讽道：“还没唱《山门》，你就《装疯》了。”

## 京剧概述

京剧，又叫“京戏”、“平剧”、“国剧”，它是中国传统名剧，至今已有200多年历史。京剧于清光绪年间形成于北京（一说形成于道光年间）。其前身为徽剧，通称皮簧戏，同治、光绪两朝最为盛行。京剧的形成和四大徽班进京有着不可分的渊源，关于这一点前面“戏曲史略”部分已经作了简单介绍，这里不再赘述。京剧的正式形成大约是道光二十年（1840年）以后的事，这时京剧的各种唱腔板式已初步具备，京剧的语言特点已经形成，在角色的行当方面已出现了新的变化，还拥有一批具有京剧特点的剧目。

### 京剧的表演艺术

我们知道，18世纪末19世纪初，昆曲在北京的戏曲舞台可谓一枝独秀。可是好景不长，随着昆曲入宫，昆曲艺人们为了迎合统治者的欣赏情趣，只好半推半就地对昆曲进行加工、修改，结果使昆曲失去了来自于民间的那种本真特色。就这样，昆曲离普通观众越来越远，逐渐地就在民间衰落了。昆曲衰落的时候，“京腔”因为符合百姓的口味而风行起来。“京腔”是由弋阳腔和当地的语言、音乐、舞蹈等艺术元素慢慢结合、演变而来的。“弋阳腔”就是产生于江西弋阳一带的“高腔”，是在明末清初时流传到北京的。随着“京腔”的不断壮大，受观众喜欢的程度也越来越高，再加上昆曲的没落，学唱“京腔”的演员也越来越多，最后竟取代了昆曲在北京的地位。

后来，京腔又被继承了昆、弋诸腔表演艺术的花部地方戏所代替。而京剧就是在继承以上各剧种传统声腔的基础上，又吸收各地民间艺术逐渐发展起来的。所以说京剧是戏曲艺术的集大成者。这就是为什么在京剧艺术中我们不但能看到徽剧和汉剧的影子，还能看到梆子、昆腔、弋阳腔等的痕迹的原因。

因此，在谈到京剧的表演艺术时，不论是唱腔方面，还是表演技巧方面，我们都会说京剧不但具备了其他戏曲艺术门类的长处，还具备了独自的艺术特点。

在唱腔方面，京剧的曲调极其丰富，除西皮、二簧以外，还有昆曲、吹腔、四平调、高拨子、南梆子、民间小调、小曲等，但还是以西皮、二簧为主。一般来说，西皮善于表现活泼、欢乐，而二黄则以表现悲哀咏叹为主。两种唱腔都有很多板式，构成优美的唱腔。

京剧的唱词都有韵脚，各行长短不一，有三言、五言、七言、十言等。京剧的唱词较为考究，经过长期的锤炼而固定下来。但也由于演员囿于规矩、恪守师训，有一些不太合理的唱词，也一脉相承沿袭下来，不敢改动。

在表演方面，京剧更具戏剧化，形成了不同于其他艺术门类的表演艺术风格。京剧不仅吸收昆曲以及历代民族歌舞中的优美动作与身段，还吸取了山、陕梆子中具有生活气息的民间演技，更发挥了徽剧原来长于演武打戏的特长，甚至杂技艺术也被吸收到京剧中来。

俗话说："一台锣鼓半台戏。"虽然夸张，却也说出了乐队伴奏的重要性。在有京剧以来的200多年里，京剧乐队也发生了根本性的变化，由早期的五六种乐器发展到20世纪中期为现代戏伴奏的京胡等"三大件"。

京剧乐队由弦乐、管乐、弹拨乐和打击乐组成。京剧的乐器非常丰富，大约有二十几种之多，如：单皮鼓（小鼓）、板（檀板、拍板）、堂鼓（同鼓）、大堂鼓（南堂鼓）、大锣、小锣、钹（铙钹）、铙（大铙，或大钹）、小钹（镲锅或镲锅子）、齐钹、哑钹（吹打钹）、碰钟、汤锣、京胡、二胡、小三弦、月琴、笛、笙、唢呐、挑子等。

京剧表演艺术中程式化的东西，塑造人物形象上的行当分类，诸如生、旦、净、末、丑各类型人物的唱、念、坐、打以及喜、怒、哀、乐各种不同的表演模式，都是在继承发展传统的戏剧艺术表现手法的基础上产生的。这也是中国戏曲表演艺术的传统特点。

## 京剧主要流派

20世纪30年代的观众喜爱听京剧的老生唱腔，当时最负盛名的老生（须生）是：马连良、谭富英、杨宝森、奚啸伯，被人们誉为京

⊙ **社会名流和京剧演员合影**

1931年6月在杜月笙家举办的一次堂会上，留下这样一幅珍贵的图片。前排左起：荀慧生、梅兰芳、王又宸、雪艳芳、雪艳琴、杨小楼、龚云甫、李吉瑞、谭小培、言菊朋、马连良、谭富英、尚小云、程砚秋，都是当时的各派名角。

剧“后四大须生”。

马连良，幼年时期先习武生，后来改学老生。马连良在表演艺术上宗法余叔岩等京剧名家，博采众长，最后自成一家。马连良早期以做功及念白出名，中年后兼重唱功，其表演艺术逐渐发展为唱、念、做并重，唱腔委婉、俏丽新颖，念白清楚爽朗，声调铿锵，做功潇洒飘逸，形成了独特的艺术风格，是继余叔岩之后京剧老生中最有影响的流派之一，世称“马派”。马连良排演了许多独具风格的剧目，如《十老安刘》、《串龙珠》、《春秋笔》、《将相和》、《赤壁之战》、《赵氏孤儿》等。《借东风》中诸葛亮的唱腔，经他加工后风靡一时。

谭富英出生于京剧世家，从小受到祖、父两辈的艺术熏陶，幼年曾拜京剧名家萧长华等人为师，扮演老生。出科班后，又拜京剧名家余叔岩为师，在演唱和武功方面都打下了坚实基础，尤其擅长靠把戏。谭富英的唱腔在继承“谭（鑫培）派”和“余（叔岩）派”风格的基础上发挥自己的特长，酣畅淋漓，朴实大方，被称为“新谭派”。其代表剧目有《定军山》《空城计》、《战太平》、《击鼓骂曹》、《将相和》等，他在《群英会》中饰演的鲁肃更令观众倾倒。

杨宝森出生于京剧世家，祖父、伯父都是著名的京剧演员，他的父亲以演武生闻名。杨宝森自幼年就练就毯子功，后来习武生，10岁时登台演戏，16岁倒嗓后，专心研习余叔岩的表演艺术。杨宝森的嗓音宽厚有余而高昂不足，他根据自身这一特点加以变化，唱功清醇雅正，韵味朴实浓厚，做功稳健老练，被称为“杨派”，代表剧目有《伍子胥》、《击鼓骂曹》、《洪羊洞》、《汾河湾》等。

奚啸伯青年时期经常出入北京票房，学习谭派艺术，善唱老生，曾得到著名京剧老生言菊朋的欣赏。奚啸伯21岁正式登台演出，后来到上海为梅兰芳配戏，回到北京后又与张君秋等名角同台演出。奚啸伯虽未受科班的严格训练，但经过刻苦认真的自学和实践，博采众长，融会贯通，终成名家，其代表剧目有《白帝城》、《宝莲灯》、《清官册》、《苏武牧羊》、《法门寺》等，尤以《乌龙院》更负盛名。

1927年，北京《顺天时报》评选“首届京剧旦角最佳演员”，梅兰芳、尚小云、程砚秋、荀慧生被誉为京剧“四大名旦”，从而大大提高了旦角的地位，对京剧的发展起到了非常积极的作用。

京昆旦行表演艺术家梅兰芳是举世闻名的中国戏曲艺术大师。中国京剧史上，他是京剧艺术鼎盛时期和新中国成立后繁荣时期最具有代表性的人物。梅兰芳精心创造，长于革故出新，在长期丰富的艺术生涯中，他塑造了众多令人难忘的妇女艺术形象，积累了大量的优秀

⊙《同光十三绝》画像（摹本）清 沈容圃绘

沈容圃为光绪年间北京画师，绘清同治、光绪年间北京昆曲、京剧著名演员 13 人剧装写真图。全画长达丈余，绘 13 位演员。面目须眉，各具神情，色泽妍雅，栩栩如生。自左向右：郝兰田（饰《行路训子》康氏），张胜奎（饰《一捧雪》莫成），梅巧玲（饰《雁门关》萧太后），刘赶三（饰《探亲家》乡下妈妈），余紫云（饰《金水桥》银屏公主），程长庚（饰《群英会》鲁肃），徐小香（饰《群英会》周瑜），时小福（饰《桑园会》罗敷），杨鸣玉（饰昆曲《思志诚》闵天亮），卢胜奎（饰《空城计》诸葛亮），朱莲芬（饰《琴挑》陈妙常），谭鑫培（饰《恶虎村》黄天霸），杨月楼（饰《四郎探母》杨延辉）。它记录了同、光时期京剧舞台演出的一些实况，为研究京剧史的珍贵资料。

剧目，进一步发展了京剧旦角的表演艺术，形成了独具风采的“梅派”表演艺术。梅兰芳不仅在京剧旦角艺术的发展中起到继往开来的重要作用，而且是最早将中国的京昆艺术推向世界舞台的艺术家。他在国际舞台上的精湛表演使国外广大观众和戏剧专家为之倾倒，通过他的不懈努力，京剧艺术跻身于世界戏剧之林。梅兰芳的表演体系与斯坦尼斯拉夫斯基、布莱希特的演剧体系被并称为世界三大表演体系。

尚小云 1915 年与孙菊仙演出《三娘教子》就已经名噪京华，他以其独具风采的艺术形式步入“四大名旦”行列。尚派艺术表现也开始由扮演温柔、娴静、善良的夫人、小姐形象，走向塑造性格刚烈的巾帼英雄或侠女形象，从而使青衣旦角唱腔艺术从行腔的甜美委婉走向刚劲激越，青衣行当的表演因此得到了进一步地丰富和发展。尚小云勇于创新，他不仅改编传统剧目，而且编演新戏。在他的一生中，编演过的新戏 60 多出。他创办的“荣春社”科班培养了“荣、春、长、喜”四科 200 多名学生，为京剧事业的继承和发展做出了不可磨灭的贡献。

程砚秋的艺术造诣极高，唱、念、做都体现出深厚扎实的功力和独树一帜的风格，程派在唱腔风格上缜密绵延，幽咽委婉，低回多变，旋律丰富，异常动听。程派艺术的舞蹈也风姿独特，令人常看常新。程砚秋把完美的演唱技巧与人物的丰富的内心情感世界紧密地结合起来，创造出一个个使人难忘的舞台形象。程砚秋始终坚持主张戏剧改革，其剧目总是在连续加工、千锤百炼之后，放射出绚丽的光彩。他的代表作有近半是新编的剧目，正是在不断创新的过程中，他的艺术获得了旺盛的生命力。

荀慧生在表演中熔青衣、花旦、闺门旦、刀马旦于一炉，他善于根据剧情的发展和人物性格的需要，吸收小生、武小生及其他行当的表演技巧，甚至将外国舞蹈步法也融合进来。荀慧生根据自身的天赋条件，在唱腔、身段、服装、化妆等方面大胆地进行革新，表演人物非常注意刻画心理状态和角色的动作，提倡旦角动作要美、媚、脆，强调每个动作都给人以美感，把女性的妩媚显现于喜、怒、哀、乐的言谈举止之中。同时身段动作变化多姿，尤其讲究眼神的运用，角色一举一动、一指一看都要节奏鲜明，使观众醒目，演员一出场就光彩照人，满台生辉。所以他的表演感情细腻，活泼多姿、文武兼备，唱做俱佳。

## 昆曲

昆曲，原名“昆山腔”或简称“昆腔”，清代以来被称为“昆曲”，现又被称为“昆剧”。昆曲是中国传统戏曲中最古老的剧种之一，也是中国传统文化艺术。作为中国戏曲艺术中的珍品，昆曲于2001年5月18日被联合国教科文组织授予为“人类口头遗产和非物质遗产代表作”称号。

### 昆曲的起源和发展

昆山腔与起源于浙江的海盐腔、余姚腔和起源于江西的弋阳腔，被称为明代四大声腔，同属于南戏系统。昆山腔就是原始的昆剧，它的产生最早可以追溯到元末明初。如果从元末（14世纪中叶）算起，昆剧的历史已经有600多年了。当时主要流行于江苏昆山一带，传说明太祖朱元璋登基不久，在接见一个昆山的百岁老人周寿谊时就问他：“听说昆山腔很不错，你也会唱吗？”老人回答说：“会呀。”并且还唱上了几句。昆山腔在当地的流行程度可见一斑。

到了明万历年间（1573～1620年），昆山腔的影响已经非同一般，不仅流行区域从苏州一带扩展到长江以南和钱塘江以北各地，并逐渐流散到福建、江西、广东、湖北、湖南、四川、河南、河北各地，万历末年流入北京，在明代后期进入宫廷，而且昆山腔也从最初的民间清曲、小唱，发展成了明代中叶至清代中叶影响最大的声腔剧种。明嘉靖隆庆年间（1522～1572年）的戏曲音乐家魏良辅吸取海盐腔、弋阳腔的长处，对昆腔进行改革，创造出闻名的“水磨腔”，使昆曲音乐获得了很大的发展。

昆曲有南昆北昆之分，流行于北方地区的称为北昆，流行于江浙一带者称为南昆。昆曲在长期的演出实践中，积累了大量的上演剧目，其中有较大影响且被经常演出的剧目有王世贞的《鸣凤记》、汤显祖的《牡丹亭》、《紫钗记》、《邯郸记》、《南柯记》，沈璟的《义侠记》，以及高濂的《玉簪记》，李渔的《风筝误》，朱素臣的《十五贯》，孔尚任的《桃花扇》，洪昇的《长生殿》，另外还有一些著名的折子戏，如《游园惊梦》、《阳关》、《三醉》、《秋江》、《思凡》、《断桥》等。

在明清两代，昆曲受欢迎的程度非想象所能及，简直是到了痴迷的程度。康熙、乾隆南巡途中，每到苏州必看昆剧，还选演员带回北京；外派的贵族高官都带家庭戏班，致使甘肃、云南、广东等地也都有昆班演唱；甚至有些官僚犯法，充军宁古塔（黑龙江境内），竟也会带几个演员去。

不仅宫廷、官府、士大夫迷恋昆剧，市民老百姓也同样热爱它。清初传奇作家袁于令夜间坐轿回家，经过一家大户门口，听见里面在唱《霸王夜宴》，一个抬轿子的摇头说："这么好的月夜，为什么不唱'绣户传娇语'，却唱什么霸王！""绣户传娇语"正是袁于令名作《西楼记》的唱词。且不说袁于令该有多么高兴，单从一个轿夫能如此通晓昆曲唱词，就可知昆剧在民间的流行程度。

昆剧在清朝末年、民国时期出现过衰落，尤其是国民党统治时期，几乎没有一个专业剧团，只剩下一些民间力量。直到中华人民共和国成立后，浙江昆剧团改编演出的《十五贯》，产生了广泛的影响，昆剧才获得新生。

## 昆曲的艺术特征

昆曲艺术之所以能长久流传，被人们喜爱，之所以能得到很高的评价，自有其独特的艺术魅力所在。昆曲唱腔华丽、念白儒雅、表演细腻、舞蹈飘逸，加上完美的舞台置景，可以说在戏曲表演的各个方面都达到了最高境界。

昆曲行腔优美，以缠绵婉转、柔曼悠远见长。昆曲在演唱技巧上注重声音的控制，节奏速度的顿挫疾徐和咬字吐音的讲究，场面伴奏乐曲齐全，以笛为主奏乐器，使昆曲音乐以婉丽妩媚，一唱三叹著称。正因如此，许多地方剧种，如晋剧、蒲剧、湘剧、川剧、赣剧、桂剧、越剧、闽剧等，都受到过昆剧艺术多方面哺育和滋养。

**⊙ 昆曲《长生殿》剧照**

这是一出著名的君王与后妃的爱情悲剧，改编自清代大剧作家洪昇的同名传奇。演出场面恢宏，气氛凝练，是昆剧中留传最广、影响最深的一出优秀传统名剧。它讲述天宝十载，唐明皇李隆基和贵妃杨玉环长生殿中七夕乞巧，对天盟誓，唯愿永世结为夫妻。不想，马嵬坡之变突起，唐明皇携杨贵妃避难蜀中的途中，将士们高呼"不杀贵妃，誓不护驾"。无奈之下，杨贵妃自缢于梨花树下。叛乱平复后，又是一年的七夕夜，唐明皇梦中与杨贵妃重逢，阴阳相隔，爱恋不减。

昆曲综合了戏曲的唱、念、做、打各个方面表现手段，这四个方面的综合表现在昆曲中要求最高，舞台呈现也是最完美出色的，因此很多剧种演员为提高技艺都要学习昆曲，例如京剧演员梅兰芳就具有深厚的昆曲功底，河北梆子演员裴艳玲的代表作《林冲夜奔》就是以昆曲形式演出的。

昆曲的音乐属于曲牌联套结构，简称"曲牌体"。它所使用的曲牌，据不完全统计，大约有1000种以上，南北曲牌的来源广泛，其中不仅有古代的歌舞音乐，唐宋时代的大曲、词调，宋代的诸宫调，还有民歌和少数民族歌曲等。昆曲以南曲为基础，兼用北曲套数，并以"犯调"、"借宫"、"集曲"等手法进行创作。昆曲的伴奏乐器，以曲笛为主，辅以笙、箫、唢呐、三弦、琵琶等（打击乐俱备）。

昆曲在曲文上继承了中国古典文学辉煌的传统，曲牌中有许多就与宋词元曲相同，这些都为昆曲的发展打下了良好的文化基础，造就了一大批昆曲作家和音乐家，其中梁辰鱼、汤显祖、孔尚任、李煜、李渔、叶崖等都是中国戏曲和文学史上的杰出代表。

随着表演艺术的全面发展，昆曲在脚色行当上越分越细，比如老生分副末、老外、老生；小生分官生、小生、巾生；净分大面、白面、二面、小面；旦分老旦、正旦、作旦、刺杀旦、五旦、六旦、耳朵旦等。各行脚色都在表演上形成了自己一套完整的表演程式，这些程式化了的动作语言在刻画人物形象性格、表达人物心理情绪以及增强戏剧性和感染力方面都大大提高了一步，从而形成了昆曲完整而独特的表演体系，其最大的特点是抒情性强、动作细腻，歌唱与舞蹈的身段结合得巧妙而和谐。

## 戏班和演员

昆剧能够一度占剧坛之首，与它拥有一批

技艺高超的演员有着密切关系。昆剧的演员主要来自民间戏班的职业艺人、士大夫蓄养的家班和业余的“串客”三个方面。

自明万历至清初，著名的昆剧戏班，南京有沈周班（袁中道《游居杮录》）；著名的家班有南京阮大铖家班、常熟徐氏家班、山阴祁彪佳家班、长洲尤侗家班等。各地著名戏班，北京有聚和、三也、可娱三大名班；南京有兴化、华林等班；苏州有寒香、凝碧、妙观、雅存等班。这一时期，出色的演员，净有周铁墩、孙阎王、苏又占，正生有陆石角、徐大声，老生有张得容，小生有吴其玉，旦有王紫稼等。

清雍正以后，最著名的为集秀班（《燕兰小谱》），誉之为“苏班之最著者”。此班活动达半个世纪之久，至道光七年（1827年）才解散。著名艺人有武旦金德辉、老生陈义先、净色马文观、二面钱云从、副末王九皋、大面王炳文等。扬州最著名的有老徐班、老黄班、大洪班等。名艺人有老徐班的副末徐维琛、老生山昆璧、小生陈云九以及场面朱念一的鼓板、唐九州的三弦等。

嘉庆末年，北京已无纯演昆腔的戏班，昆腔艺人多集中于以“曲子”著称的四喜班内。道光初，他们又重整旗鼓，组成集芳班，但不久即告解散，艺人复转入三庆、和春等徽班演唱。后来被绘入“同光十三绝”（同治、光绪年间的13位名演员）画中的，大多是昆、乱兼擅的艺人，其中以唱昆剧为主的，只有徐小香、朱莲芬、杨鸣玉三人。

道光、咸丰年间，苏州由吉祥会先后组织了大章、大雅、鸿福、全福四大昆班，均极著名，历时也久。同治二年（1863年）起，四大昆班先后进入上海，其中鸿福班与昆弋武班合作，渐渐衍变为武班，与擅演昆剧文戏的全福班，有“文全福，武鸿福”之称。

在昆剧消歇十多年后，1917年有直隶高阳专演昆弋戏的荣庆社进京，班中名演员有贴旦韩世昌、黑净兼老外郝振基等。荣庆社昆弋合流，不仅使北方昆剧得以延续和发展，而且逐渐形成了独具特色的北派昆腔，今称“北方昆曲”。

这一时期，南方昆剧在大城市中极度凋敝，演员仅存三四十人，只能合并成一个文全福班。它大部分时间辗转于江浙诸乡镇。1921年，昆曲爱好人士穆藕初、张紫东、徐凌云等，合力在苏州创办昆剧传习所，邀请部分全福班老艺人如沈月泉、吴义生等任教。至此，仅存的全福班也宣告解散。

苏州昆剧传习所共招收学员40人，艺名都以“传”字排行，表示昆曲艺术薪传不息。5年后毕业公演，有老生施传镇、郑传鉴，小生顾传玠、周传瑛，正旦沈传芷、王传蕖，五旦朱传茗、姚传芗，六旦张传芳，大面沈传锟，付王传淞，丑华传浩等，脚色齐全，技艺精湛，数年后，改名仙霓社。1941年12月太平洋战争爆发，仙霓社方告解散。

## 梆子腔

梆子腔是一个声腔体系，其共同的特征是以梆子击节，又称乱弹。梆子腔发源于山西、陕西、甘肃一带的民间歌舞，形成于山西和陕西交汇的陕西同州和山西蒲州一带。梆子腔在全国各地都有其支脉存在。作为独立剧种的主要有山陕梆子（秦腔）和河南梆子（豫剧）。

### 秦 腔

秦腔又称山陕梆子，可称中国戏曲的鼻祖，是中国戏曲四大声腔中最古老、最丰富、最庞大的声腔体系。秦腔是在中国古代政治、经济、文化中心陕西长安生长壮大起来的，周代以来，关中地区就被称为“秦”，秦腔由此得名。

秦腔是中国戏曲音乐中最早的板腔体声腔，也是梆子腔（乱弹）系统的母体。它的击节乐器为枣木梆子，俗称“桄桄子”，此名是由以梆击节时发出“桄桄”声得来的。所以，我们可以说秦腔创造了中国戏曲音乐中板式变化的结构方法，直接影响了各个梆子腔剧种的形成和发展，成了梆子腔的鼻祖。目前北方几

⊙秦腔《三滴血》场景雕塑

《三滴血》为秦腔“易俗社”作家范紫东所写，叙述了五台县令晋信书，不查实情，以滴血之法判嗣，拆散父子，造成冤案的故事，嘲讽了迷信教条和封建道学的虚伪。

省的梆子戏虽然各有风格，但基本上都保留了秦腔在音调和伴奏上的特征。

秦腔源于古代陕西、甘肃一带的民间歌舞，大概形成于明万历以前，这一点在明代万历年间《钵中莲》传奇抄本中有注明。到了明朝末年，秦腔更加完善，已趋于成熟，流传范围也从山陕地区扩展到河北、河南、山东、湖北、湖南以及江南各地，在清乾隆及以后的几十年中，秦腔不但传到了广州，还演遍了江、浙、闽、广、川、云、贵等各地，可谓流传甚广。

由于流行地区的不同，秦腔演变成了不同的流派，有同州梆子、西路秦腔、汉调桄桄、西安乱弹等。因受各地方言和民间音乐的影响，各路秦腔在语音、唱腔、音乐等方面都有差别。相比较而言，在整个西北地区中路秦腔所占的优势还是很明显的。

同州梆子，就是东路秦腔，也叫老秦腔、东路梆子，主要流行于关中东部渭南地区大荔、蒲城一带；西路秦腔，又叫西府秦腔、西路梆子，主要流行于关中西部宝鸡地区的凤翔、岐山、陇县和甘肃省天水一带；汉调桄桄，就是南路秦腔，又叫汉调秦腔、桄桄戏，主要流行于汉中地区的洋县、城固、汉中、沔县一带；西安乱弹，也就是中路秦腔，主要流行于西安一带。

秦腔的发展，自然会带动大量秦腔班社的产生，其中最有名的是乾隆年间的秦腔艺人魏长生所率领的秦腔班。1779 年，也就是乾隆四十四年，魏长生率班进京。为了赢得同其他班社以及当时统治北京舞台的京腔的竞争，魏长生一丝不苟，精益求精，不但在剧目选用上大做文章，努力做到“演戏能随事自出新意，不专用旧本”，还在专业技巧上下了很大的工夫。工夫不负有心人，魏长生不但提高了秦腔的艺术水平，还压倒了当时名震京华的“宜庆”、“萃庆”、“集庆”等班社，就连京腔也甘拜下风。不少京腔艺人因此改习秦腔并加入秦腔班演出，形成京、秦不分而以秦腔为主的局面。魏长生的班社在唱腔上“善于传情，最是动人倾听”；在化妆上，改“包头”为梳水头；在旦角表演上讲求形神兼备，在剧词、音乐等方面具备“其词直质，虽妇孺亦能解；其音慷慨，血气为之动荡”等特点，可谓是风靡京师，

## ·秦腔乐器与角色行当分类·

秦腔所用的乐器，文场有二弦、板胡、二胡、笛子、三弦、秦高胡、扬琴等；音乐除笛子外，还有唢呐、海笛、管子、大号（喇叭）等；武场乐器有暴鼓、干鼓、堂鼓、勾锣、小锣、铙钹、铰子（小于铙钹、大于京镲，两片为一副铜制打击乐器）、云锣、碰铃等；主要击节乐器有梆子、牙子（板的俗称，又叫三页瓦）。新中国成立后，秦腔除以本剧种长期演奏用的乐器为基础外，还吸收了其他一些民族乐器和西洋乐器，以丰富其音乐的表现力。

秦腔角色分老生、须生、小生、幼生、老旦、正旦、小旦、花旦、武旦、媒旦、大净、毛净、丑等十三门。秦腔的表演朴实、粗犷、细腻、深刻，以情动人，富有夸张性。在脸谱（如秦始皇的金色正三块瓦花脸、带一字须）、身段（如趟马、拉架子、担柴担/水担等）、化妆（如改包头为梳水头）、特技（吐火、吹火、踩跷），以及语言声韵（秦腔是十四韵，内有入声）等方面，都有自己独特的风格。

技压群芳。

秦腔之所以会发展迅速，受到人们的欢迎，自然和它独特的艺术特征是分不开的。秦腔的唱腔多采用宽音大嗓，直起直落，高亢激越、粗犷朴实。秦腔曲调有“欢音”和“苦音”之分，唱腔音乐丰富多彩、优美动人。秦腔打击乐乐谱，丰富多彩，名目繁多，大致可分为三类：配合角色各种动作的；结合剧情接引各种唱板和各种曲牌的；用于各种开场（打击乐套曲）等。

秦腔所演的剧目多取材于“列国”、“三国”、“杨家将”、“说岳”等说部中的英雄传奇或悲剧故事，也有神话、民间故事和各种公案戏，剧目超过一万本，剧目之丰富，居中国三百多剧种之首。

## 豫剧

豫剧也称河南梆子、河南高调，是山陕梆子流入河南与河南农村早有的“河南呕”结合，并吸收当地弦索腔与高腔成分而形成的，所以豫剧早期又叫“河南呕”。在豫西山区演出多依山平土为台，大山做后台，艺人仰天一吼，震人心魄，烦恼、忧愁一扫而光。当地称为“靠山吼”。因为河南省简称“豫”，新中国成立后定名为豫剧。

豫剧产生于中原大地，由于中原多兵灾，养成人们雄阔尚武的心理。豪放豫剧得以呐喊为主调，具有地理上的特色。清末民初，豫剧开始向河南边缘地带大面积辐射，流行地域越来越广。豫剧在传播过程中，唱腔音乐发生了一些微妙的变化，说明这门戏剧表演艺术正在逐渐壮大与成熟。豫剧最早的传授者为蒋门、徐门两家，蒋门在开封南面的朱仙镇，徐门在开封东面的清河集，都曾办过科班，后在开封一带的，形成祥福调；传至商丘一带的，形成豫东调；流入洛阳的一支，发展为豫西调；流入漯河的一支，被称为沙河调。

豫剧在唱工上非常讲究，主角往往有大段的唱词，配角也有很多唱段，剧中的许多情景和内容，常常不是通过动作唱词来表达。豫剧的唱词，说白和动作都不十分固定，具有较大的自由性，演出过程中还可以夹杂其他剧种的唱腔，同一出戏，由不同的戏班来演，演出也不尽相同，同一演员在不同时间演出也往往有差异。

豫剧经常从民间艺术中吸取如民间武术或杂技等内容，所以在动作上显得火爆粗犷。

豫剧音乐板式结构独特，音乐程式比较完整，可分为慢板、流水板、二八板、飞板四大板类。豫剧音乐文场柔和舒畅，有二弦、三弦、月琴，称之为老三手或仨弦手。后因二弦音色尖噪而代之以板胡。武场炽烈劲切，常用的乐器有板鼓、堂鼓、大锣、小锣、手镲、梆子、手板等，唱腔结构为板式变化体。豫剧唱腔以二八板和流水板为主，常用大本嗓，在起腔和拖腔时通常外加辅音，简单而平直，接近说白，流畅、节奏鲜明、极具口语化。一般吐字清晰、行腔酣畅，易为听众听清，表演风格朴实、乡土气息浓厚，深受观众欢迎。豫剧唱词通俗易懂，多为七字句或十字句。

豫剧的脚色行当分四生、四旦、四花脸。四生是大红脸、二红脸、小生、边生；四旦是正旦、小旦、老旦、帅旦；四花脸是黑头、大花脸、二花脸、三花脸。正因为是男八女四的行当，把四生四花脸叫作外八角，以男角为主的戏叫作“外八角戏”。

豫剧代表性作品很多，有《对花枪》、《三上轿》、《地塘板》、《提寇准》、《铡美案》、《十二寡妇征西》、《红娘》、《花木兰》、《穆桂英挂帅》、《破洪州》、《唐知县审诰命》、《朝阳沟》、《刘胡兰》、《李双双》、《人欢马叫》、《小二黑结婚》、《罗汉钱》、《祥林嫂》、《五姑娘》、《红色娘子军》等许多剧目。

豫剧最著名的表演艺术家是常香玉，以韵味醇厚、声腔优美而著名。她初学花旦、小

**⊙ 大梆子**

枣木制，长条形。中间挖一椭圆形槽。用圆木敲击。发音坚实清脆。用于河南地方戏曲的伴奏。

生、武生，后来专习旦角，成名后，又学了“豫东调”、“祥福调”和“沙河调”，并吸收曲剧、京剧、山西梆子、河北梆子的音乐语汇形成了自己独特的艺术风格。她的代表作是《花木兰》、《红娘》、《断桥》、《大祭桩》，其中《花木兰》更是誉满全国，深受豫剧观众的喜爱。

常香玉还是一位有胆识的戏曲艺术改革家，她为豫剧艺术的传承和发展做出了巨大的贡献，堪称一代宗师。

⊙ 南梆子

以花梨木制作为佳。演奏时，左手持梆、右手执一竹签或木槌敲击。流行于中国南方，用于粤剧伴奏和广东音乐演奏。

## 评剧

评剧是中国北方地区的一种地方戏，在华北、东北及其他一些地区流行很广，是广大人民喜闻乐见的新剧种之一。评剧原名“平腔梆子戏”，俗称“唐山落子”、“蹦蹦戏”，1910年左右形成于河北唐山一带。

### 评剧的形成与发展

从专业角度说，评剧的唱腔音乐，是在莲花落、蹦蹦戏的基础上吸收借鉴梆子和京剧的唱法形成的，其板式结构分为尖板、搭调、大安板、慢板、小安板、三捶、倒板、垛板、流水板，并有反调。伴奏以胡胡（板胡）为主，打击乐器则基本与京剧相同。所以，说起评剧的起源，肯定和莲花落、蹦蹦戏、梆子戏、京剧等都有关系。

的确如此，评剧的前身是乞丐创造的口头说唱艺术对口“莲花落”。莲花落最早流行

⊙ 十不闲莲花落 绘画

清乾隆朝后在北京、天津等地的莲花落与“十不闲”合流，称“十不闲莲花落”，并出现专业演员，演唱内容多为民间传说。

于明末清初河北省东部滦州一带。乞丐们为了乞食，经常自编一些段子，段子的题材有历史方面的，也有民间故事。莲花落最早由一个人唱，并用竹板伴奏。民间也有打“十不闲”的。张次溪在《人民首都的天桥》中称：“十不闲，是用木架上锣鼓镲，一人居中，连拉带打，左手夹两鼓锤，敲打单皮及大鼓。右手拉绳，敲小锣及小镲，其大镲之绳系于地，用脚踏之使响。言其手忙脚乱，口中唱词，所以谓之十不闲儿。”单口莲花落通常是在集日、庙会上演唱的，平时也有走乡串村的。

评剧的形成，是从东北的蹦蹦（二人转）传入关内开始的。以成兆才为首的“莲花落”艺人吸收了蹦蹦的音乐、剧目和表演等，对对口“莲花落”进行了创新、改进，加入了表演。这时候的“莲花落”是评剧的雏形，也被人们称为“蹦蹦”或“蹦蹦戏”。1909年，“莲花落”进入唐山，颇受当地人民的喜欢，还把“莲花落”称为“唐山落子”。

“莲花落”受河北梆子的影响也很大，艺人们还全套吸收了河北梆子的乐器，因此，“莲花落”被命名为“平腔梆子戏”，简称评剧。另外，在发展过程中，评剧还不断吸收、借鉴京剧、皮影、大鼓等剧种的音乐和表演艺术，使评剧有了进一步发展。

### 评剧艺术家

成兆才是评剧的第一个剧作家，他一生创

作了上百出戏，他创作的《花为媒》、《杨三姐告状》、《马寡妇开店》、《占花魁》等作品，影响广泛，一直流传至今。

评剧的第一代女演员是李金顺。李金顺在当时是很有影响的女演员，演出过《王少安赶船》、《爱国娇》（现代戏）等。她不但在音乐和表演等方面都作了改进和发展，对评剧的发展做出了重要的贡献，她的表演也是颇受欢迎的，甚至于一些东北群众还把她演出的评剧称为“奉天落子”。在李金顺的影响和带动下，当时还出现了喜彩春、喜彤莲、筱桂花、芙蓉花、筱麻红、金灵芝等著名演员。

评剧的第二代女演员当以白玉霜为首推。1931年九一八事变爆发后，白玉霜等评剧艺人将评剧带到了上海。白玉霜的表演，不但赢得了观众的好评，还赢得戏剧家田汉、欧阳予倩、洪深等人的认可、支持和帮助。这些优秀的戏剧家纷纷为白玉霜量身创作剧本，如洪深的《阎婆惜》、欧阳予倩的《武松与潘金莲》等。他们还帮助白玉霜摄制了第一部评剧电影《海棠红》。

与白玉霜同时期的优秀女演员还有喜彩莲、芙蓉花、宋宝霞、钰灵芝、刘翠霞和爱莲君等人，她们的表演在上海、天津等地也都颇受欢迎。

评剧男腔在倪俊生等人创造后却没有什么进展，直到新中国成立后，贺飞、魏荣元等人合作创制了评剧“老生腔”和“花脸腔”，才出现了一批擅长老生、花脸的著名男演员，比如马泰、魏荣元、张德福、席宝昆、赵连喜、陈少舫等。

著名的评剧白派由白玉霜创立于20世纪30年代，将其发扬光大的却是其养女小白玉霜。评剧表演艺术家、白派的继承和发展者小白玉霜生于1922年，卒于1967年，原名李再雯，祖籍山东，自小被卖给著名评剧演员白玉霜作养女。由彩旦李文质为她启蒙，后随白玉霜演出，16岁挂出“小白玉霜”的头牌。1942年起，她先后组班阳秋社、玉海社、再雯社，1953年加入中国评剧院。小白玉霜音色纯正，音域宽广，行腔柔润平稳，深沉流畅，形成了韵味醇厚、朴素大方的演唱特色，无论是演唱技巧的运用，还是唱腔的设计安排，她都能从刻画人物出发，细腻而真切地表达人物感情，树立好人物的音乐形象。小白玉霜的代表剧目有《朱痕记》、《闹严府》、《杜十娘》、《秦香莲》、《桃花庵》、《小借年》、《劝爱宝》、《玉堂春》、《临江驿》、《打狗劝夫》、《珍珠衫》和现代戏《兄妹开荒》、《九尾狐》、《农民泪》、《千年冰河开了冻》、《小女婿》、《苦菜花》、《金沙江畔》、《李双双》等。

新凤霞原名杨淑敏，小名杨小凤，江苏苏州人。新凤霞7岁学京剧，13岁学评剧，十五六岁任主演，经过长期的艺术实践，新凤霞逐渐形成独具特色的“新派唱腔”，尤以流利的花腔——“疙瘩腔”著称。新凤霞的代表剧目有《刘巧儿》、《花为媒》、《杨三姐告状》、《金沙江畔》、《志愿军的未婚妻》、《会计姑娘》、《祥林嫂》等。

## 评剧剧目

新中国成立后，除了男腔取得了一定的发展，在现代戏的创作演出方面，取得了很大的成就，出现了小白玉霜演出的《九尾狐》、《小女婿》，新凤霞演出的《刘巧儿》、《祥林嫂》、《小二黑结婚》、《艺海深仇》等一系列优秀演员和优秀作品。

1953年以后，文化部还对评剧进行了改革，在剧目的创作、改编，在唱腔、表演、舞台美术等方面都有了新的突破。这一时期，活跃在舞台上的著名女演员除小白玉霜、新凤霞、李

**⊙评剧《小女婿》剧照**

《小女婿》是评剧现代剧目。剧写杨香草与田喜在互助组劳动中相爱。罗寡妇知香草能干，托媒婆陈快腿为她11岁的儿子求亲。香草父杨发贪图彩礼，强迫女儿嫁给罗家。田喜不知情由，恨香草负心。在三天回门之时，香草与田喜村头相见，消除误会，冰释前嫌。他们同到村政府，区长根据香草的要求，最后决定她与小女婿离婚，香草、田喜结为夫妻。

忆兰等，还有花月仙、赵丽蓉、小玉霜等人。她们先后演出了《秦香莲》、《金沙江畔》、《向阳商店》、《夺印》、《会计姑娘》、《钟离剑》、《孙庞斗智》、《四季长青》、《苦菜花》、《野火春风斗古城》、《花为媒》、《杜十娘》等一大批现代戏和古装戏。

## 黄梅戏

黄梅戏是流行于安徽省的地方戏曲剧种，现在湖北、江西、福建、浙江、江苏也都有了黄梅戏剧团。这些剧团的演出也并不局限于江南，其足迹遍布了大江南北。全国范围内，喜好黄梅戏的可是大有人在，许多优秀剧目甚至于还传唱于世界华人中。

### 黄梅戏的形成和发展

可能有人会有这样地疑问，黄梅戏既然是安徽省的地方戏，为什么会和湖北的一个地名联系在一起呢？是不是黄梅戏发源于湖北黄梅县呢？的确如此，黄梅戏就是发源于湖北省黄梅县的采茶调。黄梅县的紫云山和龙平山从前都是茶乡，每到采茶时节，青年男女就会边采茶边编唱民歌，这些民歌后被总称为黄梅调或采茶调。后来，黄梅调还和民间歌舞慢慢结合，演变成载歌载舞的形式，因为主要在元宵灯节时表演，故又被称为花灯。

黄梅采茶歌怎么流传到安徽了呢？清代乾隆、道光年间，地处长江北岸的黄梅县经常发生水灾，灾民只好远走他乡。就这样，以卖艺为生的灾民把黄梅采茶戏的小调、本戏传到邻近的皖西南、赣东北、鄂东北等3省50余县。清道光至咸丰年间曾任过皖南三县知县的江西乐平人何元炳所作《焦桐别墅诗稿·下河调（黄梅腔）》，就是黄梅采茶戏在皖南地区流行的真实写照："拣得新茶绮绿窗，下河（注：黄梅县一地名）调子赛无双；如何不作江南曲，都作黄梅县里腔。"

黄梅调发展到清代道光前后，又演变成了以演唱"两小戏"（小生、小旦）、"三小戏"（加小丑）为主的民间小戏，当时主要流行于湖北、安徽、江西三省交界地。

在表演的过程中，黄梅调不断吸收同时流行的徽调和青阳腔的音乐和表演艺术，开始演出大戏。这种大戏就是黄梅戏的前身，但是当时被叫作"怀腔"，因为这种演唱风格当时一直流行于以怀宁为中心的安庆地区，并用当地语言演唱。

1926年，随着黄梅戏的进一步成熟和完善，不但从农村走进了城市，还有了固定的演出场所，长年不散的班社，产生了职业艺人。黄梅戏在安庆逐渐发展壮大。这一时期的黄梅戏，在剧目、表演、音乐等方面都取得了很大的进步，虽然仍以"三打七唱"（打击乐三人，演员七人）为主，但是已经开始尝试用京胡伴奏了。

1949年后，黄梅戏发展迅速，发展成了安徽的地方大戏。原来一担箩筐就可以挑走一个班子的服装、道具、锣鼓的面貌再也不存在了。现在，无论是剧目还是内容，无论是设

**·平词·**

平词在整本大戏中使用率最高，为一板三眼，故又名"缓板"、"平板"。曲调严肃庄重，优美大方，变化多而适应性强。长于叙述，可独立使用，亦可与它腔联用。曲调的基本结构由起板、下句、上句、落板四个乐句组成。第三、四句为骨干，不管唱词多寡，均可用三、四句旋律反复演唱，或略加装饰，直到最后一句落板结束。此外，尚有"迈腔"、"单哭介"、"双哭介"、"切板"、"倒板"、"散板"、"平词对板"等补充乐句，组成一个平词类腔体。

⊙《牛郎织女》绘画

《牛郎织女》取材于民间关于牵牛星与织女星的传说。写天上的织女因厌倦了天宫的生活，下凡嫁给了朴实憨厚的牛郎，生下一双儿女。后来，王母将织女捉拿回天上，牛郎亦追上天来。王母用头上银簪划出一道银河，将二人阻在两岸，只许他们每年七夕相见一次。《牛郎织女》是黄梅戏的经典演出剧目。

备还是演员，都有了长足的发展和进步。尤其是在剧目方面，有了“大戏三十六本，小戏七十二折”，可谓内容丰富。当时受欢迎的大戏有《荞麦记》、《告粮官》、《天仙配》等；小戏有《点大麦》、《纺棉纱》、《卖斗箩》。

新中国成立后，黄梅戏艺术更是硕果累累，不但出现了严凤英、王少舫、马兰、吴琼等一批优秀的演员，艺术家们还整理改编了《天仙配》、《女驸马》、《罗帕记》、《赵桂英》、《慈母泪》、《三搜国丈府》等一批大小传统剧目，创作了神话剧《牛郎织女》，历史剧《失刑斩》，现代戏《春暖花开》、《小店春早》、《蓓蕾初开》。

## 黄梅戏的艺术特征

黄梅戏的唱腔分为花腔和平词两大类，小戏常用的唱腔是花腔，正本戏常用的唱腔是平词。花腔在演唱中多用“衬词”如“呼舍”、“喂却”之类，来加强音乐的抒情味道，比如，《夫妻观灯》、《蓝桥会》、《打猪草》等小戏，用的就是花腔，听起来充满了浓厚的生活气息和民歌味道。而《梁祝》和《天仙配》用的则是平词，平词多采用大篇幅的叙述和抒情，使得曲风委婉悠扬，听起来很有感染力。

在现代黄梅戏中，表演艺术家通过对民歌和其他音乐成分的借鉴，在黄梅戏唱腔方面做了不少改进和突破，创造出与传统唱腔相协调的新腔，使得现代黄梅戏在委婉中透露着清新，听起来更加悦耳。

另外，现代黄梅戏除了采用高胡伴奏外，还加入了民族乐器和西洋乐器以及锣鼓等，无形中增强了的黄梅戏的音乐表现力。

黄梅戏是安徽省安庆地区的地方戏，所以，语言上均以安庆语言为基础。一般说来，在整本戏中，演员用韵母念、官话唱，小戏的说白则多用安庆地方的乡音土语，唱腔仍用官话唱。所以，黄梅戏的唱词结构多采用七字句和十字句式。七字句一般是二、二、三结构，十字句大多是三、三、四结构。有的时候，也可以根据需要在七字、十字句框架的基础上，压缩或增扩字数。有时，还在曲调中使用垛句，也就是把相同的短句垛起来唱，以便造成强烈的艺术效果。

和平词大戏相比，花腔小戏唱词比较灵活，变化也多，从三字到七字不等，中间还时常会夹杂一些口语化的字，其实这些字并没有什么实质意义。在句数上，花腔小戏也不是绝对地追求偶数，当出现奇数句时，只要重复最后一句即可达到偶数句的效果。

黄梅戏语言的艺术功能是多方面的，如塑造戏剧形象、渲染戏剧情境、在艺术上潜移默化，在生活中寓教于乐。黄梅戏语言和曲调源于山歌，所以自然具有“山歌”体的韵律美。从抒情、戏谑的小戏基础上发展起来的小旦、小丑舞台对唱中吸收了不同时代、不同地方的富于人文精神的文化养料，所以在今天，黄梅戏中，山歌时调作为其主要的具有其自身美学特质的“灵魂”，仍然不变。

从表面上看，黄梅戏的语言似乎比较土气，但如果仔细琢磨，就会发现它丰富的内涵。黄梅戏语言极富有表意上的张力，渲染戏剧情境、表现矛盾冲突、突出人物性格和情绪上，这种语言都有其巧妙的功用。黄梅戏的语言和唱词汲取古诗、古词、民间口语、民谚、民歌的所长，但是又摈弃了其中古雅难解、不便入戏的成分，从而发挥了语近情远、明白晓畅的特点。黄梅戏因此成为一种雅俗共赏、文野合流、情浓语淡的戏曲样式。

黄梅戏语言在内容上具有一种朝气蓬勃，乐天积极的气质，夸张戏谑，这些出于劳动人民和下层社会人士的口头创作，经过艺人的加工提炼融入黄梅戏里，使其保持个性的同时又能结合戏剧情境，给人以愉悦之感。

黄梅戏很多传统剧目都直接来自于真人真事的民间文学，因而其语言和唱词就不可避免地充满对现实社会的哲理经验之谈，渗透着极具时代特色的生活趣味，对下层社会生活民众的刻画表述尤其细腻、独到和丰满。

在黄梅戏中，对歌以及对舞的形式非常常见，小旦、小丑或猜谜，或对花，或报地名，或讲古，都增加了黄梅戏的群众性和趣味性。此外，常见的利用歇后语来猜药名，用数字来串唱词，都起到演唱生动活泼、既抒情又机智的艺术效果。

## 越剧

越剧诞生于1906年，当时叫作“小歌班”，其前身是浙江嵊县一带流行的说唱艺术——落地唱书，艺人基本上是兼农兼艺的男性农民，曲调沿用唱书时的“吟哦调”，用声帮腔而不采用丝弦伴奏。越剧演出的剧目大都是民间小戏。在最初，越剧在浙东乡镇演出，因为绍兴是古越都城而于1938年改名为“越剧”。

### 越剧概述

1910年，“小歌班”进入杭州。1917年到达上海。20世纪20年代初，“小歌班”被称为“绍兴文戏”。1923年7月，嵊县施家岙开办了第一个小歌班女班，30年代初，女班大批涌现。这一时期，除男班、女班外，还有男女混合演出的形式。1938年，名伶姚水娟吸收一些文化人来参与对越剧的变革，并称之为“改良文戏”，这时期最有名的演员是被称为越剧四大名旦的“三花一娟”施银花、赵瑞花、王杏花、姚水娟，小生有竺素娥、屠杏花、李艳芳；青年演员如筱丹桂、马樟花、袁雪芬、尹桂芳、徐玉兰、范瑞娟、傅全香等也都已崭露头角。这一时期越剧的主要编剧有樊篱、闻钟、胡知非、陶贤、刘涛等。

1942年10月，袁雪芬和于吟、韩义、蓝流、白涛、肖章、吕仲、南薇、徐进等编导带领新文艺工作者对越剧进行了比较全面的改革，创造了“新越剧”。在他们的带领下，尹桂芳、竺水招以及上海一些越剧团都对粤剧进行了改革。

越剧改革在唱腔方面有着重大的突破，“新越剧”在实践中扩大了表现内容，原来较明快、跳跃的主腔“四工腔”已不能适应表演的需要。1943年11月袁雪芬主演的《香妃》和1945年1月范瑞娟主演《梁祝哀史》都在琴师周宝财的合作下分别创造出柔美哀怨的尺调腔和弦下腔，后来这两种曲调皆成为越剧的主腔，并在此基础上，逐渐形成各自的流派唱腔。

越剧开始在表演方面积极向话剧、电影学习，采用其真实、细致地刻画人物性格、心理活动的表演方法，向昆曲、京剧学习优美的舞蹈身段和程式动作，在新角色的创造中融合二者之长，逐渐形成独特的写意与写实相结合的风格。

在舞台美术方面，越剧采用立体布景、五

⊙越剧《红楼梦》剧照

徐进根据曹雪芹同名小说改编。1957年由上海越剧院演出。全剧12场，以贾宝玉和林黛玉的爱情悲剧为中心事件，歌颂了他们的叛逆精神，揭露了封建顽固势力对新生一代的束缚和摧残。

彩灯光、音响和油彩化妆，服装式样也通常是结合剧情专门设计，其色彩、质料柔和淡雅，这些都成为越剧艺术风格的有机组成部分。20世纪40年代的越剧改革取得重大突破，建立起了正规的编、导、演、音、美高度综合的艺术机制，观众的构成也发生了变化，除了原来的家庭妇女外，还吸引了大批的女工和女学生。

越剧的唱腔由曲调和唱法两大部分组成。越剧各流派在曲调的组织上都有着自身与众不同的手法和技巧，通过旋律、节奏以及板眼的变化形成各自的基本风格，特别是起调，落调，句间、句尾的拖腔，包括旋律上的不断反复、变化的特征乐汇和惯用音调等，更是体现各流派唱腔艺术特征的核心和关键。越剧流派各自的独特个性，都是通过唱字、唱声、唱情等表现出来的。各个流派在发声、音色以及润腔装饰等方面都各有各的韵味。为了表现自己的不同唱腔色彩，各个流派在细微之处都下了很大工夫，甚至于有些特殊演唱形态连曲谱都无法记录了。

## 越剧流派

越剧在目前有“袁派”、“尹派”、“范派”、“傅派”以及其他流派。

“袁派”由袁雪芬创立，其他著名演员有戚雅仙、张云霞、金彩凤、吕瑞英、筱月英、朱东韵等。袁雪芬的唱腔旋律淳朴而委婉，独具韵味。她的嗓子音色不太亮，音域也不太宽，所以她将工夫下在对人物的真情实感的表达上，而不是靠嗓子取胜。她在表演中，力争以情动人，追求唱腔节奏多变；在唱法上重视润腔、气口运用、力度对比。经过努力，她成功地塑造了一系列善良、端庄，但却具有悲剧色彩的妇女形象，如祝英台、崔莺莺、祥林嫂、花木兰、梁红玉、秋瑾等。

“尹派”由尹桂芳创立，尹派传人有尹小芳、筱桂芳、宋普南、赵志刚、茅威涛等。尹派的特色是深沉隽永，流畅舒展，缠绵柔和。尹桂芳音域不宽，但却别具风味。有专家概括她的演唱特点为：唱腔多在中音区运行，很少用高音；她的鼻音较重，但她注意吐清字音；演唱时按“字重腔轻以情带声”的原则，善于运用重音和音色、速度的变化表达人物感情的起伏。

尹桂芳的舞台形象多是风流潇洒、文雅温

⊙ **绍兴小百花越剧团表演剧照**

现今的越剧团继承了传统越剧的艺术精华，又大胆创新，形成了独树一帜的艺术风格，创造了不少精品力作。

柔的书生。她的代表作有《盘妻索妻》的“洞房”,《沙漠王子》的“算命”,《浪荡子》的“叹钟点”等。

范派由范瑞娟创立，范派弟子中较有影响的有丁赛君、陈琦、邵文娟、史济华、张志明、方雪雯、章瑞虹等。范瑞娟的嗓音实，声宏亮，中气足，音域宽，追求刚劲的男性美。作为“弦下腔”的创始人之一，范瑞娟唱腔中的“弦下腔”规范而又独树一帜。范瑞娟的戏路很宽，她既能演古代书生，也能演忠臣良将，还能演近现代人物。她扮演过的角色有梁山伯、焦仲卿、郑元和、贾宝玉、文天祥、韩世忠、李秀成、贺老六、扎西等。总而言之，范派艺术家的演唱颇有阳刚之气，以朴素大方，稳健轩昂，咬字坚实，旋律起伏多变见长。

傅派是越剧花旦唱腔中的重要流派，由傅全香创立，傅派传人有薛莺、徐涵英、陆梅英、张蓉华、胡佩娣、洪芬飞、张腊娇、张金月、何英、陈颖、颜恝、陈岚、陈飞等。傅全香的嗓音条件很好，而且在演唱中真假嗓结合，曲调波澜起伏，重视收放开合与花腔的润色，被誉为“金嗓子”，“越剧花腔女高音”。傅全香的唱腔俏丽多变，跌宕婉转，富有表现力；表演激情充沛，细腻有神，颇具魅力。

傅派代表作有《梁山伯与祝英台》的祝英台、《劈山救母》的华山圣母、《情探》的敫桂英、《杜十娘》的杜十娘、《孔雀东南飞》的刘兰芝、《李娃传》的李亚仙和《人比黄花瘦》的李清照等。

# 川剧

川剧，是四川地方戏曲剧种之一，长期流行于四川全省及云南、贵州部分地区。明末清初，随着各地移民入川以及各地会馆在四川的建立，其他地区的多种南北声腔剧种相继被带到四川各地，并且广泛流传。这些声腔剧种与四川方言土语、民风民俗、民间音乐、舞蹈、说唱曲艺、民歌小调等，相互融合，相互促进，逐渐发展成了一种新的、具有四川地方特色的声腔艺术——川剧。

川剧剧目非常丰富，舞台上经常演出的剧目就有数百，经四川省川剧院和川剧艺术研究所搜集的剧目有约近2000出之多，已记录的剧本约有1000本。1955年到1957年间，成渝两市川剧界对所搜集的剧目进行鉴定演出，演出的传统剧400个。这些剧目中除《荆钗记》、《刘知远白兔记》、《拜月亭》、《杀狗记》以外，属于高腔系统的有“五袍”、“四柱”、“江湖十八本”，以及川剧界公认的“四大本头”。川剧名戏《白蛇传·金山寺》更是在国内外流传甚广。

⊙川剧高腔《红梅记》

刘世玉饰李慧娘，刘又全饰裴禹。《红梅记》取材于明代瞿佑《剪灯新话》中的《绿衣人传》，写裴禹和卢昭容、李慧娘的爱情婚姻故事。其中把裴禹、李慧娘、卢昭容的相爱和裴禹、贾似道的矛盾交织展开描写，使爱情故事和反权斗争紧密地联系在一起。剧中对贾似道的凶残强暴的揭露比较深刻。

## 川剧声腔及音乐

川剧音乐吸收了全国戏曲各大声腔体系的营养，与四川的地方语言、声韵、音乐融合，演变成为形式多样、曲牌丰富、结构严谨、风格迥异的地方戏曲音乐。川剧音乐形式由昆曲、高腔、胡琴、弹戏、灯调五种声腔和为五种声腔伴奏的锣鼓、唢呐曲牌及琴、笛曲谱等组成，其中灯调源于本土，其余均由外地传入。

四川昆曲简称为川昆，起源于苏州昆曲。川昆具有不同于苏州昆曲的独特的艺术风格，这种风格的形成源于川剧表演艺人对昆曲特点的吸收和借鉴。川剧表演艺人发现昆曲长于歌唱和利于舞蹈的特点，就在演出中选取昆曲中的某些优秀的曲牌或唱句，插入到其他声腔中演唱，从而形成了一种新的艺术风格。由此可见，川昆和苏昆的风格虽然不同，但曲牌结构是基本相同的，都有“单支”和“成堂”两种形式。经过融合、发展，目前川昆多与高腔、胡琴、弹戏等声腔融合，或以“昆头子”等组腔方式，与其他声腔共和。

高腔是川剧中最重要的一种声腔，是在明末清初时传入四川的。高腔同昆曲一样，在传入四川后，与四川方言、民间歌谣、劳动号子、民间说唱等艺术形式结合，逐步形成了一种新的具有四川地方特色的声腔音乐。川剧高腔保留了南曲和北曲的优秀传统，兼有高亢激越和婉转抒情的唱腔曲调。

川剧高腔也是一种曲牌体音乐，因此就具有曲牌体音乐剧目多、题材广、适应多种文词格式的一系列特点。川剧高腔最主要演唱的形式是以帮打唱为一体的干唱，即所谓“一唱众和”，没有乐器伴奏的徒歌形式。锣鼓的曲牌也同样是这种形式。

川剧的胡琴腔属板腔体音乐，是西皮、二

黄声腔的合称，所以，与西皮、二黄诸声腔的音乐结构基本相同，音乐品格、应用方式、词格、板式也有大量相似之处。川剧的主要伴奏乐器是“小胡琴”。

川剧西皮腔具有明朗、潇洒、激越、简练、流畅的品格。川剧二黄腔包括表现深沉、严肃、委婉和轻快的情绪的正调（简称二黄），表现苍凉、凄苦、悲愤的情绪的阴调（简称反二黄）以及用于高亢、激昂的情绪老调三类基本腔。

川剧弹戏源于陕西的秦腔，属于梆子系统，所以又叫“川梆子”。和其他声腔一样，秦腔传入四川后，受到四川方言、四川锣鼓和民间音乐等民间艺术的影响，逐渐演变成了一种具有浓郁的四川地方色彩的新的艺术形式。所以，川剧弹戏与秦腔相比，在曲调、唱法以及唱腔结构上都有所不同。弹戏以盖板胡琴为主要伴奏乐器演唱。

川剧弹戏包括两类曲调：一类长于表现喜的感情，叫“甜平”（又称“甜品”、“甜皮”、“甜腔”）；一类善于表现悲的感情，叫“苦平”（又称“苦品”、“苦皮”）。这两类曲调虽然在情绪上完全不同，都具有相对的独立性，但调式、板别、结构却是相同的，甚至在同一板别的唱腔中曲调的构架都是一样的。

川剧中一种最具有特色的地方艺术形式是灯戏。灯戏来源于四川民间的迎神赛社中的歌舞表演，是古代巴蜀地区传统灯会的产物。灯调声腔主要由“胖筒筒”（一种比二胡杆粗、筒身大、声音略带“嗡”声的琴）、发间小曲和“神歌腔”组成。灯戏的演出内容多以生活小戏为主，演唱多采用民歌小调和村坊小曲。乐曲的特点是旋律明快活泼、演唱节奏鲜明，具有浓厚的地方风味和浓烈的生活气息。

## 川剧中的特技

变脸是川剧表演艺术中最常见且最有影响的一种具有浪漫主义色彩的戏曲表演特技之一，是川剧揭示剧中人物内心思想感情的重要手法，是戏剧艺术性和技巧性高度结合的产物。在川剧舞台演出中，根据剧情的需要，演员在极短的时间内变换出各种不同面目，技艺非常纯熟的演员只用十几二十秒钟就能变化出十来张不同的脸谱，代表不同的神态、情态和心态，

**⊙川剧《人间好》剧照**

《人间好》是川剧的经典折子戏，写白鳝仙子下凡的故事。

表现剧中人物的惊恐、绝望、愤怒、阴险等情绪和心理的突然变化。

变脸的方式大体分为三种，即“吹脸”、“抹脸”、“扯脸”。

“吹脸”只适用于粉末状的化妆品，比如金粉、墨粉、银粉等，有的在手中托着一个放有粉末的道具，有的是在舞台地面上摆一个很小的盒子，里面装有粉末，到该变脸的时候演员做一个伏地的舞蹈动作，趁机将脸贴近盒子一吹，粉末扑在脸上，即变成另一种颜色的脸，但是在吹的时候要闭眼、闭口、闭气。《活捉子都》中的子都，《治中山》中的乐羊子等人物的变脸，便采用“吹脸”。《活捉子都》中的吹脸，粉末是放在酒杯内的。

“抹脸”，就是把化装用的油彩涂抹在面

**⊙川剧绝活——变脸**

变脸是戏曲的情绪化妆。用于表现剧中人物情绪的突然变化，或惊恐，或绝望，或愤怒等。许多剧种都有变脸，以川剧最为著名。

部特定的部位，表演时用手往脸上一抹，即变成另外一种脸色。如果要变全部脸面，油彩就涂在额上或眉毛上，如果只需要变下半部脸，则油彩可以涂在脸部或鼻子上。如果只需要变某一个局部，则油彩只需涂抹在要变的位置即可。如《白蛇传》中的许仙，《放裴》中的裴禹，《飞云剑》中的陈仑老鬼等都用“抹脸”。

⊙川剧《白蛇传》场景

舞台饰以幕布，上有六盏舞台灯，营造出戏剧的气氛。场面宏大，各种人物以各种姿态亮相，色彩搭配美不胜收，充分地展示了川剧的舞台艺术。

“扯脸”比较复杂，表演者事先将脸谱画在一张张绸子上，剪好，并在每张脸谱上都系上一根丝线，再一张张地贴在脸上；丝线则系在衣服的某个顺手而又不为人们所注意的地方（如腰带上之类），根据表演的需要，在舞蹈动作的掩护下，再一张张地扯下来。如《白蛇传》中的韦陀，可以变绿、红、白、黑等七八张不同的脸。

除以上三种外，还有一种运气变脸法，是指演员运用气功的作用使剧中人物变脸的方法，据说已故川剧名演员彭泗洪扮演《空城计》中的诸葛亮时就通过运气而使脸由红变白，再由白变红，借以表现诸葛亮如释重负后的后怕，心有余悸。运用此法的还有《借赵云》、《杀狗》、《青梅赠钗》等剧目。还有一种面具变脸，是演员根据实际需要，事先将不同的脸谱绘制在以木、纸、布、绸、橡皮等不同的材料上，用脸壳来施以变幻。如川剧《变脸》中的水上漂，《活捉三郎》中的阎惜姣等人物的变脸就是用的此种方法。

另外，川剧中还有吐火、藏刀、魔烛、顶油灯、踢慧眼（盖图章）等特技，均具有惊人的观赏性。

### ·“变脸王”王道正·

王道正，中国川剧变脸传人、国家一级演员。1996年10月赴香港演出川剧“变脸”绝活，被香港《大公报》称作“变脸王”。

王道正“变脸”有三大特点：一、八张脸谱，都是全脸。一般“变脸”多为半截脸，王道正则为全脸，并且解决了呼气、吸气与发声这一难题，看上去就像直接勾画上去的净角脸谱；二、双向变脸。先由绿、蓝、黄、棕、黑等各色脸谱，现出本相，再变金脸。也就是说，王道正先将脸谱一张一张地依次扯下来，揭开自己的“庐山真面目”，最后还要凭空蒙上一张金脸，隐去真身；三、紧密结合剧情发展，表达人物内心感情。在《白蛇传》中，紫金铙钹几番变化，现出第四张“喜鹊闹梅”的棕色脸谱，自以为得计，降伏了白娘子，乐得像个小孩子，又拍手，又跳脚。揭开他那阴阳法宝一看，惊叫一声：“咦，跑了哇！”顿时气得脸色发青，周身发火。在这里，王道正创造了一张黑脸，还要眼冒金星，头上、胸前、后背冒光，形象栩栩如生。

## 话剧

中国自古以来的舞台都是由戏曲或曲艺占领，自近代以来，西方文明开始传入中国，迥异于中国传统戏曲的西方戏剧形式也在19世纪末20世纪初被移植到了中国。这种便于反映现实生活、鼓动人心的戏剧形式在中国舞台的出现完全是现实的需要。

### 话剧的舶来

19世纪末的半殖民地半封建的中国迫切需要社会变革，具有民主进步思想的知识分子急切地寻求有助于社会变革的新的文艺武器，于是，在20世纪初，西方戏剧形式的舞台表演在上海出现了。这种以对话为主要手段的舞台剧在当时被称为新剧，后又统称文明戏。李叔同、欧阳予倩等人创办的春柳社于1907年春在东京演出了法国小仲马的名剧《茶花女》的第三幕，演出“全部用的是口语对话，没有朗诵，没有加唱，还没有独白、旁白”。不久他们又演出了根据斯托夫人的小说《汤姆叔叔的小屋》改编的话剧《黑奴吁天录》，在内容上很有现实性，采用分幕方法，以及对话的动作演绎故事的特点，有接近生活真实的舞台形象，确立了中国前所未有的新剧形态，即后来的话剧艺术形式。

1909年，南开学校校长张伯苓组织了一支新式的学校演剧队伍，演出了他自己编导的《用非所学》，并把演剧纳入学校教育之中。1914年，他成立了南开新剧团，采用西方写实主义的方法，反映了社会现实问题。南开新剧团的演出为当时的剧坛带来一股清新的空气。此后10年间，是新剧兴盛时期，先后出现了文艺新剧场、进化团、新剧同志会、新民新剧社等等，所演的剧目大都具有宣传革命和反封建的精神。但是，新剧的引进和移植在准备上并不充分，其参与者对西方戏剧的艺术方法及特征修养并不很深，最初的演出顺应时代呼声而引起关注，到后来伴随着社会形势的变化，新剧开始走向衰落。

新文化运动掀起了革命的狂潮，时代更加需要新的文艺武器，很多人主张舞台应该为西洋话剧占领。这时期胡适的《终身大事》就是这些主张的代表作。五四运动爆发以后，中国革命进入新民主主义时期，南方新剧队伍中的欧阳予倩等人在总结经验教训的基础上直接提出了“爱美的”的口号。1921年，由沈雁冰、陈大悲、郑振铎、欧阳予倩等人组成的民众剧社主张将戏剧当作“推动社会使其前进的轮子”。民众剧社并没有取得实践上的成就，但是剧社却一时出现了很多。20世纪20年代，中国话剧出现了新的生机，其中成就突出的是田汉。在五四新剧运动中，田汉是一位杰出的代表，由他领导的南国社是在南方推动话剧艺术探索发展的先锋。田汉于1924年发表的独幕剧《获虎之夜》，该剧描写湖南乡下的一个猎户人家所发生的悲剧，情节凄婉动人，颇富诗意；他的三幕剧《名优之死》在当时也引起

**⊙ 田汉话剧《名优之死》剧照**

导演夏淳，主要演员童超、于是之、金昭等，剧作者田汉。1957年北京人民艺术剧院演出。民国初年，京剧名优刘鸿声到了晚年却悲惨地死于台上。该剧根据这个真实的悲剧，塑造了剧中主人公刘振声——视艺术为生命的人。眼睁睁地看着女徒弟凤仙最终屈服于黑暗势力的腐蚀，甘心堕落，使他抱恨而死。这是一出具有深刻社会内涵和崇高诗意的悲剧。

了轰动。这一时期，郭沫若、熊佛西、丁西林等人的剧作在文艺界也产生了广泛的影响。当然，话剧出现的这种新转机主要还表现在舞台艺术水准的提高。1922 年从美国回来的洪深参加了上海戏剧协社，大胆改革，协助建立了比较正规的话剧艺术体制，对中国话剧在艺术上的重新开拓产生了深远的影响。这一时期，田汉主持的南国艺术运动充分体现了 20 年代新兴话剧运动的精神，戏剧协社、辛酉剧社、南国社等成为话剧艺术的主力军。

1928 年，戏剧家洪深提议，将这种由西方传入的戏剧样式正式定名为“话剧”。经过五四新文化运动的培育，这个“舶来品”终于在中国站稳脚跟。新的戏剧文学的产生并成熟，有了一支从事话剧的队伍，有了专门的戏剧教育，演剧制度逐渐规范成熟，业余剧团活跃。

## 话剧的发展和成熟

20 世纪 30 年代，是中国历史饱经忧患的年代，民族和阶级矛盾激化，使这一时期的中国话剧转向对现实主义的侧重，一扫以往的浪漫、感伤的基调，而转向悲愤、抗争，主动地承担起唤起民众、拯救国家的重任，找到了自己的发展道路。话剧同中国社会的、人民大众的需要紧密结合在一起，植根于民族文化的土壤，在借鉴西方话剧的同时，更以中国传统的艺术精神，对这一外来艺术形式进行创造性的转化，使之成为为中国现实所需要、为中国民众所喜爱的戏剧品种，涌现了曹禺、夏衍等一批杰出的剧作家和优秀剧作。曹禺的《雷雨》、《日出》和《原野》等作品思想内涵深刻、艺术技巧纯熟，被认为是中国话剧的经典之作；田汉的《乱钟》、洪深的《五奎桥》、夏衍的《赛金花》、《上海屋檐下》等都是产生过重大影响的优秀之作。同时，职业剧团开始出现，演剧艺术接近或达到世界的水准。1930 年，中国左翼戏剧家联盟成立，到抗战前夕，话剧艺术已经成熟。话剧舞台艺术也有了很大的提高，并且在理论上也取得了很大的成就。

1937 年 7 月，抗日战争爆发，中国话剧界人士以戏剧为武器，投入全民抗敌的历史洪流。在整个抗日战争时期，话剧成为中国诸多艺术种类中最活跃、最繁荣、最具现实性、战斗性和民众性的艺术。其发展特点是：现实主义的深化，历史剧的兴盛，讽刺喜剧的崛起，并形成了浓郁的民族风格和民族气派。战时产生了众多的历史剧，以史鉴今，如郭沫若的《屈原》、《棠棣之花》等，阳翰笙的《李秀成之死》、《天国春秋》，欧阳予倩的《忠王李秀成》，阿英的《碧血花》，于伶的《大明英烈传》，等等。其中，以郭沫若的五幕话剧《屈原》最为著名。

1949 年到新中国成立 10 周年前后，是话剧空前大发展的阶段。为适应新的形势需要，建立了许多专业院团来建设高水平的剧场艺术。1956年举行了历史上第一次全国话剧汇演。新中国成立 10 周年前后，又出现了话剧大繁荣的景象，涌现出许多优秀之作，如《茶馆》、《蔡文姬》、《关汉卿》等。1957 年发表的《茶馆》，不但是老舍戏剧创作的高峰，也是新中国戏剧

⊙《茶馆》剧照

老舍 1957 年发表，北京人民艺术剧院演出。以北京的一家大茶馆为背景，描写了清末、民初、抗战胜利后的三个历史时期的北京社会风貌。通过王利发为代表的几十个人物在茶馆里的生活片断，绘出了一幅气势宏伟的历史长卷。

### ·爱美剧·

五四运动后兴起的非职业戏剧运动。“爱美的”一词，系英语“amateur”的音译，意为“业余的、非职业的”。1921年1月，汪优游（仲贤）在“五四”新思潮推动下，针对文明戏商业化的弊病，首次提出仿西洋amateur的方法组织一个非营业性质的剧团的设想，并与陈大悲等13人成立了民众戏剧社。不久，陈大悲的著作《爱美的戏剧》于1921年4月20日至9月4日在北京《晨报》上连载，在社会上引起热烈反响，爱美的戏剧迅速取代已经没落的文明戏，成为20世纪20年代初期中国话剧运动的主流。爱美的戏剧运动以学生为主体，中心在北京、上海。北京高师、女高师、北大、清华、燕大女校的演剧皆曾名噪一时。爱美的戏剧运动是现代话剧在中国舞台上最初的尝试，它在批判文明戏的基础上，介绍西方戏剧的学说与方法，对中国话剧进行了革新。爱美的戏剧是文明戏向现代话剧过渡的产物。爱美的戏剧虽以它的非营业性避免了商业化，却又因它的非专业性而影响艺术的质量，因此不久便黯然失色了。

创作中具有里程碑意义的杰作。它以高度的艺术概括，浓郁的民族气派，浓重的历史含量和浓厚的生活气息，谱写出一部史诗性的画卷。总导演焦菊隐为这出戏的成功也有着出色的贡献。焦菊隐从《龙须沟》开始，就已经在探索着话剧民族化的道路。他对斯坦尼斯拉夫斯基体系有着深刻的理解和掌握，但是，他更醉心于如何将中国戏曲的精华运用到话剧中来，并且找到把它同斯氏体系融合，打通中国戏曲同西方戏剧相结合的道路。在《茶馆》的导演中，他把这种探索推向一个极致。

1976年后，话剧舞台进入了一个新的历史时期。1977年至1979年，是一个亢奋、复苏的阶段。讽刺喜剧《枫叶红了的时候》、多幕剧《丹心谱》、《于无声处》等，以敢于面对矛盾的悲壮风格开了先河。其中，具有典型意义的《于无声处》，更是让人惊心动魄，振奋精神。具有敏锐的思想触角的剧作家们，在思想解放的风潮中提出了大量意义深远的社会课题，并因此创作出了社会问题剧《报春花》、《救救她》、《权与法》等。

另外，为了纪念那些老一辈革命家，剧作家们还创作了《报童》、《西安事变》、《陈毅市长》等历史剧。

改革开放后各种西方现代主义戏剧思潮的涌入，对话剧艺术观念形成强烈的冲击。电影电视等其他的娱乐媒介的兴起以及当代观众观赏趣味的多样化使话剧观众大量流失，话剧陡然间陷于危机之中。面对这些突如其来的危机，话剧舞台掀起了探索剧和实验剧的热潮，运用戏剧时空的自由转换、相互重叠和象征、隐喻、荒诞变形等手法，增加了结构“散文化”和叙事的成分。艺术家们还广泛借鉴其他艺术形式，把歌、舞、音乐等艺术元素引入到戏剧中，增

**⊙《陈毅市长》剧照**

沙叶新作于1980年，同年由上海人民艺术剧院首演。它取材于新中国初期陈毅担任上海市长时期的生活，从不同的侧面再现了历史的真实，是戏剧文学中塑造领袖形象的一个较成功的尝试。

强了戏剧的综合性。

在内容上，话剧创作开始将重心转向对人的关注和对人的生存价值和意义的思考，张扬着对复归人性的呼唤；其次，追求对人的内心的透视和对灵魂的分析。这一阶段的话剧创作也表现出对主题的诗化、哲理化和多义性的追求，《绝对信号》、《潘金莲》、《野人》、《狗儿爷涅槃》和《桑树坪纪事》是最有代表性的剧作。

20 世纪 90 年代以来，受电影电视等多样化的艺术形式以及市场经济冲击，话剧艺术市场出现开始低迷，但是戏剧艺术探索依然在坚持着，更年轻的戏剧艺术家在艰难的境况下坚持着自己的艺术追求，并取得了一定的艺术成就，在市场上也取得了比较良好的效果。

面临重重危机的新时期话剧可以说是步履艰难。但是在话剧艺术家们的共同努力下，还是取得了可观的成就。他们勇于探索、创新，不断地吸收外来戏剧的优秀经验和成果，在戏剧观念、戏剧理论等方面都取得了显著的成效，使得话剧舞台异彩纷呈，各种风格、各种题材、各种样式的剧目纷纷出现在话剧舞台上。

## 歌剧艺术

歌剧是一种综合了音乐、戏剧、舞蹈的艺术形式，在西方，歌剧属于常见的比较高雅的殿堂艺术，并且有着极其悠久的历史，而在中国，它属于引进艺术。

⊙ 歌剧《白毛女》剧照

歌剧《白毛女》是现代歌剧作品，由延安鲁迅艺术文学院集体创作。1945 年 4 月首演于延安中央党校礼堂。该剧以“旧社会把人逼成鬼，新社会把鬼变成人”为主题，深刻揭示了旧中国阶级压迫的本质。

早在 16 世纪末意大利的佛罗伦萨，一些受文艺复兴思想影响的、进步的知识分子如诗人里努契尼、歌唱家兼作曲家培里和卡契尼等，尝试综合音乐和戏剧的特点，模仿古希腊悲剧，创造出一种新的艺术形式，这就是歌剧。

中国歌剧可以说萌芽于 20 世纪 20 至 30 年代的儿童舞剧《麻雀与小孩》、《小小画家》（黎锦晖作曲），配乐剧《扬子江暴风雨》（聂耳作曲）它们都将歌曲与对白并重。

1927 年，阎述诗创作用民乐伴奏的舞台歌剧《高山流水》。阎述诗多才多艺，自己写剧本、谱曲，自导自演，还亲自参加灯光布景的设计制作，《高山流水》情景交融，再现了春秋时代的音乐盛况和善乐者辈出的高度文明社会。阎述诗继而又创作并演出《梦里桃花》及《疯人泪》、《孤岛钟声》、《忆江边》、《风雨之夜》等歌剧。

阿隆 · 阿甫夏洛穆夫是中国近现代音乐史上一个重要的人物，他从小生长在中俄边境华人聚居的小镇上，曾就读苏黎世音乐学院。他在广泛搜集中国民间音乐素材的基础上，以传说故事和传统戏曲音调创作歌剧《观音》及音乐剧《孟姜女》等，是中国歌剧发展过程中较成功的实践。

另一位人物齐尔品曾根据中国民间故事谱写出歌剧《蚌壳》。齐尔品深为贾宝玉、林黛

## ·宣叙调与咏叹调·

宣叙调又译作朗诵调，是歌剧中用来对话和叙述剧情的,其实就是“附有旋律的对白”。歌剧中要让故事进行下去，宣叙调是最好的音乐形式，早期的作曲家常用大键琴来担任宣叙调的伴奏部分，后来多采用整个管弦乐团来演奏。在 17、18世纪歌剧中，宣叙调和咏叹调是有明确区别的，通常是在宣叙调之后，才出现大段的咏叹调，但后来这两者的界限逐渐被打破了，宣叙调加强了歌唱性，咏叹调也带有了朗诵的性质。

咏叹调（抒情调）是歌剧中的独唱段落，在传统观念上相对宣叙调，用来抒发人物情感的歌曲，也往往用来表现演唱技巧的，是歌剧中最为重要的歌唱形式。在早期，培里和卡契尼的歌剧作品中全是宣叙调的形式。

玉间凄美动人的爱情故事所吸引，认为是谱写歌剧的好题材，有把《红楼梦》编成歌剧演出的构想，可惜答应编写剧本的鲁迅逝世，这部歌剧也就没了下文。

20 世纪 30 年代中期，为了解决音乐戏剧化问题，上海、重庆等地的专业作曲家们借鉴西洋大歌剧的创作经验，在创造民族歌剧方面进行了不懈的探索和努力。当时的优秀作品有《西施》、《桃花源》、《上海之歌》、《大地之歌》、《沙漠之歌》等，同时期的延安也出现了《农村曲》和《军民进行曲》这两部作品。其中尤以黄源洛的《秋子》成就最高、影响最大。

真正改变中国歌剧艺术的发展方向，标志着中国歌剧终于寻找到了自己独特的发展道路，形成了自身鲜明的美学品格的标志是歌剧《白毛女》的诞生。歌剧《白毛女》是在延安秧歌运动基础上产生的。延安的秧歌剧是一种载歌载舞、新颖活泼的广场歌舞剧形式，《兄妹开荒》、《夫妻识字》是其中的代表作品。1945 年 4 月，新歌剧《白毛女》在延安上演，受到了领导及观众的热烈欢迎。

《白毛女》的音乐建立在河北、山西、陕西的民歌、说唱音乐基础之上，它继承了中国戏曲音乐的传统，又借鉴了西洋歌剧的经验。

到了解放战争期间，戏剧艺术家们又创作了不少新的歌剧作品，如《刘胡兰》、《赤叶河》、《王秀鸾》等。新中国成立后，新歌剧又得到进一步的发展，艺术家们在继承《白毛女》的传统的同时，不忘吸收地方戏曲的特点和西洋歌剧的成功经验，创作出了《小二黑结婚》《红霞》、《洪湖赤卫队》、《江姐》、《草原之歌》、《阿依古丽》、《伤逝》等优秀作品。

⊙ 歌剧《洪湖赤卫队》剧照

⊙ 秧歌剧《兄妹开荒》剧照

秧歌剧《兄妹开荒》由王大化、安波、路由编剧，在这部作品中，安波创造性地运用陕北的民间音乐，生动地反映了解放区大生产运动中劳动人民的革命热情，对秧歌运动的开展及新歌剧的产生有重要影响。

# 舞剧艺术

舞剧是以舞蹈作为主要手段，综合音乐、舞台美术以及哑剧因素，体现一定的文学或戏剧内容的舞台艺术形式。中国舞剧是一种外来艺术，作为一门独立的艺术形式在中国出现，始于20世纪30年代。从传入中国到现在，经过历代舞剧艺术家，如吴晓邦、戴爱莲、梁伦等的不断探索，取得了不小的成就。

## 舞剧概述

舞剧由文学台本作者、作曲家、舞蹈编导、美术设计以及舞蹈演员共同创造。舞蹈编导是一出舞剧创作的组织者、整体艺术形象的创造者，通过其舞蹈构想来和舞台场面设计出体现文学台本和音乐总谱的内容。

舞剧的起源可以追溯到古代的埃及、印度、希腊、罗马以及中国。后来的芭蕾舞剧是西方舞剧艺术的典范，从文艺复兴时期到20世纪，芭蕾舞经历了从民俗社交舞蹈到宫廷与舞台艺术，从崇尚唯美到表现现实生活的漫长发展过程，创造出了如《仙后》、《吉赛尔》、《天鹅湖》、《睡美人》、《胡桃夹子》等不朽的舞剧经典名作。

在中国舞蹈史目前可供查证的史书典籍中，尚未发现有关舞剧艺术起源的确切记载，但具有戏剧因素的乐舞却可追溯至公元前11世纪左右的西周时期。当时的《大武》就是综合了舞、乐、诗等艺术形式，表现武王灭商这一历史事件的情节性大型歌舞，此后出现的《九歌》（公元前300年左右），虽然具有更强的舞剧因素，但依然不是我们今天所认为的严格意义的舞剧，至明、清以后，舞蹈已经渐渐融入戏曲。

## 中国舞剧艺术的发展及成就

尽管舞剧在中国的出现是在20世纪30年代，但是中国舞剧真正得到发展还是在新中国成立以后。初期的舞剧创作大都是以吸收戏曲中的舞蹈和借鉴苏联芭蕾舞剧的经验相结合的基本创作方法。

1950年，舞剧《和平鸽》首演，这部表达中国人民保卫和平的信念的舞剧拉开了新兴期中国舞剧的序幕，其中的“和平鸽”由戴爱莲扮演。而在此后出现的《盗仙草》、《碧莲池畔》、《刘海戏金蟾》，大都是根据民间传说以及戏曲剧目改编，对戏曲舞蹈动作进行了初步的提炼和改造，这几部小型舞剧的实践却孕育着大型舞剧的诞生。

《宝莲灯》首演于1957年，是中国当代第一部有着典型意义的大型民族舞剧。《宝莲灯》取材于中国传统神话故事《劈山救母》，对于中国舞剧的发展具有重要的开拓意义，在国内外舞坛都产生了不可忽视的影响，1959年被拍摄成彩色艺术影片后受到广泛好评。

《鱼美人》首演于1959年，虚构了一个情节简单但是却比较容易发挥舞蹈性的故事。编导古谢夫充分利用演员的特点，发挥他们各自的特长，实行分段创作——然后荟萃精华，使

⊙《红色娘子军》剧照

中国芭蕾舞剧。1964年首演于北京。编导李承祥、蒋祖慧、王希贤，作曲吴祖强、杜鸣心等，舞台美术设计马运洪，主要演员白淑湘等。舞剧表现了中国第二次国内革命战争时期，在中国共产党领导下，海南岛的一支由妇女组成的红军连队，与当地国民党军及反动地主武装英勇斗争的史实。在舞蹈设计上，广泛地吸收了中国民间舞蹈，从部队生活和军事动作中提炼舞蹈动作，使它们与芭蕾的表演技巧相融合。它成功地塑造了吴琼花、洪常青等人物形象，是一部具有中国特色的芭蕾作品。

这部舞剧绚丽多彩，具有较高的观赏性。《鱼美人》的编舞技法的显著进步说明了中国舞剧编导在不断走向成熟，是中国舞剧探索“洋为中用”的一次成功实践。《鱼美人》的“首演版”被确认为“20世纪经典”。

《小刀会》是中国舞剧题材上的一次重大突破，这部舞剧情节曲折感人，成功地塑造了几个具有鲜明性格特征和特定时代特点的人物。与《宝莲灯》相比，《小刀会》在舞蹈语言的运用上更加民族化，它将戏曲舞蹈与中国武术很好地结合起来，强化了人物的战斗性，并体现了较高的技艺性。其中运用了汉族江南民间舞，使民族风格与地域色彩相融。《小刀会》受芭蕾程式的影响较少，树立了更加鲜明的中国气派和人格力量。

《红色娘子军》创作上演于1964年，是中国舞剧史上的一座里程碑。它是新中国第一部最成功的大型芭蕾舞剧，40年来一直深受观众的热爱，先后上演了2000多场，成为伴随几代人成长的历史记忆。《红色娘子军》还几度走出国门，让各国观众领略了中国芭蕾艺术的灿烂辉煌。西方艺术学者评价说，《红色娘子军》的价值和内涵已经超出了时代和意识形态的局限，可以说是人类文化遗产的一部分。

《丝路花雨》于1979年首演之后轰动全国，它是中国新时期舞剧创作中最辉煌的成果之一，有着划时代的意义。《丝路花雨》以中国大唐盛世为历史背景，以敦煌艺术为文化底蕴，编织了一曲古丝绸之路上的友谊之歌。这部舞剧题材新颖，以巨幅画卷浓墨重彩地展现了敦煌艺术的独特魅力。《丝路花雨》剧组在学者、专家的帮助下，经过深入研究，从累积了两千多身彩塑、4万多米壁画的莫高窟里保存着的历代舞姿图绘，选取、提炼出典型化的静态舞姿，研究和探讨其动作流程态势，并使其“复活”。在此基础上建立起这部舞剧自成体系的舞蹈语汇，由此而引发了“敦煌舞派”的兴起，丰富、拓展了中国古典舞的园地。

《铜雀伎》首演于1985年，这是一部置于宏大的历史文化背景之下的古代歌舞伎人的爱情悲剧，主题典型深刻。舞史专家孙颖从画石、壁画、拓片上收集了大量汉魏时期的舞蹈形象资料，并参照了这一时期的音乐、雕塑、

⊙《丝路花雨》中的英娘

《丝路花雨》以敦煌壁画为主要素材，吸收了中国传统戏曲中的身段舞步和长绸舞的技巧，把中国古典舞推向一个高峰。

绘画、书法等艺术遗存，通过多年的潜心研究，使这部舞剧不拘泥于形似的摹拟，语汇独具风采，自成体系，对于丰富民族舞剧的语汇和推动中国古典舞的创新与改革具有重要意义。

从20世纪70年代末开始，上海的舞剧创作者相继推出了《半屏山》、《奔月》、《凤鸣岐山》、《木兰飘香》等作品，每一部舞剧的题材、体裁、样式、风格均有所不同，表现出“海派”艺术家勇于探索的精神。

1979年，傣族舞剧《召树屯与楠木诺娜》与《丝路花雨》几乎同时在北京一炮打响，此后相继有《卓瓦桑姆》、《森吉德玛》、《春香传》、《阿诗玛》等陆续上演，组成了多姿多彩的少数民族舞剧艺术画廊。

民族舞剧《阿诗玛》采用了无场次——板块式结构，以黑、绿、红、灰、金、兰、白等不同色彩的舞段，围绕着阿诗玛、阿黑、阿支的爱情矛盾，着力揭示不同的人物性格。这部舞剧大胆地运用了交响编舞法和某些意识流手段，由于编导有深厚的生活与艺术积累，借鉴中较少斧凿之痕，保持了鲜明的民族性。

这一时期还上演了一些具有前卫意识的现代舞剧，如根据《雷雨》改编的《繁漪》；以《日出》、《原野》、《家》为依据创作的“悲鸣三部曲”——《日之思》、《原野》、《鸣凤之死》等。这些作品倾向于抽象的和具有表现性的手法，在舞蹈语言上不拘一格，突发奇想，各显其能，它们的出现拓展了中国舞剧表现手法，也显示出新时期文艺思潮的开放性。在以文学名著改编的民族舞剧中，1994 年创作演出的《边城》独占鳌头。

综上所述，我们可以看出民族舞剧锐意创新的态势，随着世界性的交响芭蕾、现代芭蕾的兴起、新时期的中国舞剧在大胆地吸收、借鉴中，更呈现出多元化的发展。

## 边缘剧种

在中国戏剧大家庭中，还有一些边缘剧种也是不容忽视的，比如说哑剧、木偶戏和皮影戏等。虽然随着文化生活的不断丰富，这些剧种可能会渐渐地从人们的视觉中淡出，但是它们曾经的辉煌，曾经给人们带来的精神方面的愉悦和享受，一直铭刻在一代或几代人的心中。所以，在这里我们也不能不说一说这些边缘剧种。

### 哑 剧

哑剧，顾名思义，是一种不说话的剧。从专业角度讲，哑剧是一种没有台词，只凭借形体动作和面部表情来表达情节的戏剧形式。哑剧表演通常是一些身体动作与手势的组合。虽然哑剧可以是一种想象的、情感的、故事性的沟通方式，但是哑剧所传达的内容不会超出文字可以传达的范围。哑剧并不用语言，而是用身体传达。哑剧的基本手段是形体动作，哑剧形体动作的准确性和节奏性不仅具有模仿性，还应富于内心的表现力和诗意。

早在公元前 3 世纪的罗马，哑剧表演已经开始出现。在英国和法国，在许多大型戏剧演出之前，通常进行一些丑角的无声表演，也可以看作是哑剧的一种形式。现代意义上的哑剧源于法国表演大师德布洛，他创造了一个叫彼埃罗的人物形象，围绕彼埃罗，德布洛编演了一系列哑剧作品。著名哑剧表演艺术家有卓别林、马尔索、莫尔肖等。在当代哑剧表演中，既有独角戏，也有集体哑剧，哑剧演员在表演时大都勾画着白色脸谱。中国较早以前已有哑剧表演的片断，但作为一种独立的戏剧形式，则是 20 世纪 80 年代初才开始出现的。20 世纪 80 年代以来，一些话剧演员运用哑剧这种艺术形式表现现实生活，使之逐渐形成一个新的剧种，首创者是中国青年艺术剧院的王景愚。游本昌主演的一组哑剧有《公用电话》、《举重》、《淋浴》、《幽默芭蕾》等作品，生动活泼，风趣幽默，富有现实意义，十分生活化，并有独特的形体表现力，已造就了自己的创造风格。

哑剧表演艺术对演员要求很高，演员不仅需要有话剧表演的基础、舞蹈的功底，还要有较高的文学修养。近年来，一些曾涉足哑剧艺术的人士已经纷纷退出。最后就剩下王景愚、游本昌、王德顺和陈健秋等几人仍在哑剧圈里努力。作为一个独立的剧种，哑剧出现了停滞和断代的局面。

### 皮影戏

皮影戏是一种观众通过白色布幕观看平面皮质偶人表演的灯影的戏剧形式。皮影戏中的平面假人以及场面和道具的景物，通常是民间艺人用皮革手工刀雕并彩绘而成，所以叫皮影。

皮影是中国最早的剧种之一，后来的不少新的地方剧种，就是从各路不同的皮影唱腔里派生出来的。皮影艺术源于西汉，兴于陕西，唐宋时代在秦晋豫一带逐渐成熟，清代则盛行于河北。在元代，统治者常常把影戏作为宫廷和军中娱乐，当时成吉思汗远征到欧亚大陆的广大地区，中国的影戏也因此被传播到波斯等阿拉伯国家，后来又辗转传入土耳其，在东南亚一些国家也有流传。明朝的时候，影戏继续在都市和乡村小镇流行，从艺术接受上来讲，

⊙皮影《西厢记》

它不只是受到广大下层民众的喜爱，也受到许多文化人的推崇。从清朝入关至清末民初，中国皮影艺术的发展达到了其鼎盛时期。很多皮影艺人子承父业，数代相传，人才辈出，无论从皮影造型制作、影戏演技和唱腔，还是流行地域上讲，都达到了历史发展的巅峰。许多官第王府、豪门望族、乡绅大户，都请名师刻制影人，蓄置精工影箱、私养影班。在民间乡村城镇随处可见大大小小皮影戏班。无论逢年过节、喜庆丰收、祈福拜神，还是嫁娶宴客、添丁祝寿，都要搭台唱影。

皮影艺人的表演技巧和唱功是判断皮影戏班水平高低的关键，这些操耍和演唱都是经过师父传授和本人长期勤学苦练而成的。皮影艺人们都具有操纵影人、乐器伴奏和道白配唱同时兼顾的本领，有的高手一人能同时操作七八个影人。皮影戏在中国流传地域广阔，在不同地域的长期演变过程中，其音乐唱腔的风格与韵律都吸收了各自地方戏曲、曲艺、民歌小调、音乐体系的精华，从而形成了异彩纷呈的众多流派。

在皮影艺术中，人物、景物造型与制作常常采取抽象的写意与形象的写实相结合的手法。制作工匠一般都对人物及场面景物作大胆的平面化、艺术化、戏曲化的综合处理，脸谱与服饰的造型生动形象，夸张而幽默，或纯朴粗犷，或细腻浪漫，雕功流畅，着色艳丽，通体透剔、四肢灵活，工艺制作效果使人赏心悦目。皮影戏的演出设备非常轻便，这就使戏班的流动演出优势很强，不论在剧场还是在大厅、广场、庭院以至普通室内，架起影窗布幕和灯箱就可以开演了。一个戏班六七个人和一箱影人就能演四五十出戏，演出完毕，全部行头装箱就走，辗转十分便捷，所以皮影戏自古就是随军的一种娱乐形式，也广泛流传普及于民间。

皮影戏的演出题材广泛，有历史演义戏、民间传说戏、武侠公案戏、爱情故事戏、神话寓言戏、时装现代戏等。折子戏、单本戏和连本戏的剧目繁多，数不胜数。常见的传统剧目有《白蛇传》、《拾玉镯》、《西厢记》、《秦香莲》、《牛郎织女》、《杨家将》、《岳飞传》、《水浒传》、《三国演义》、《西游记》、《封神榜》等。从革命战争年代起到新中国成立后，新发展创作的常见的剧目有《兄妹开荒》、《白毛女》、《刘胡兰》、《小二黑结婚》、《小女婿》、《林海雪原》、《红灯记》、《龟与鹤》、《东郭先生》等。

## 木偶戏

木偶戏是一种借助木偶为表演媒介的戏剧艺术样式，又叫傀儡戏。它是人类艺术发生的标志，与宗教观念的萌芽几乎同步。

中国的木偶艺术起源于木俑，包括服侍木俑、木乐俑、可活动的木歌舞俑。中国木偶真正成为艺术在于其戏剧特征：人以木偶为媒介，

⊙**傀儡戏婴图 宋**

傀儡戏有着悠久的历史，汉到唐代列入散乐，表演歌舞节目。宋代有悬丝傀儡、杖头傀儡、水傀儡、药法傀儡数种。图中所展示的应属悬丝傀儡。

“以歌舞演故事”。中国木偶戏起源于汉，在唐代兴盛。汉代已有制作傀儡的记载，三国时期机械制造家马钧发明的一种机械玩具叫“水转百戏”，是对汉代人戏的模仿。北齐时期水动的“机关木人”制作，技艺高超，尤其出现了“傀儡子”演“郭秃”故事的木偶艺术，这是中国木偶戏的形成年代。北齐后主高纬非常喜欢木偶戏，常让艺人在宫中演出。当时傀儡戏还流传到国外。北齐之后，中国木偶戏始终与戏剧等姊妹艺术为伴，表演形式和内容逐渐丰富。

在唐代，文化非常繁荣，歌舞戏和参军戏争奇斗艳，机关木人的表演与制作已达完美的统一，甚至可以饮酒唱歌吹笙。据相关资料推断，这时候已经有提线、杖头、布袋等木偶类型。到了宋代，木偶戏比唐代更加兴盛，题材多样，铺陈故事，以戏剧、说唱为核心内容。宋代是中国木偶艺术鼎盛时期。元代木偶艺术也水平不俗。

元、明、清以来，木偶戏由城镇进入乡村，因地域不同，出现多种多样的造型特色：泉州嘉礼戏，漳州布袋戏，广东杖头戏，潮州铁枝戏，合阳线戏，吴桥扁担戏，四川大木偶，花样翻新。多种风格流派形成木偶的造型艺术，或行当齐备，或工艺精良，或精雕细琢，或旷达写意，风韵各异，出现了泉州的江加走、漳州的徐子清这样闻名于世的雕刻大师。自民国以后，尤其近几十年来，木偶戏逐渐由民间走向专业化，演出场所由露天走入剧场，木偶的造型也逐渐现代化，雕绘工艺达到了相当高的艺术水准。可以说目前中国木偶造型艺术的水平是与世界同步的。

根据木偶本身的结构和操纵方式，木偶戏可分为提线木偶、布袋木偶、杖头木偶和铁线木偶四种。传统的木偶戏舞台在很长时间内一直承袭着戏曲舞美的特征，甚至演出场所也与戏曲合一。近几十年来，木偶成为剧场艺术，承前启后，借鉴现代戏剧艺术之长，采用新材料，声、光、电一体化，营造氛围，加设幕位、景别，强调舞台布局的全方位效果，形成了框式结构的多功能木偶戏舞台，突出其艺术的综合性。

20 世纪 80 年代以来，在木偶艺术中突出“木偶特性”成为观念更新和探索的焦点，如强调动作的假定性，打破框式结构，撤去遮挡物，人偶同台甚至走出舞台，一个作品中同时出现提线、杖头、布袋等几个木偶品种，“黑丝绒木偶”的使用，多景区的空间调度，大舞台手段的运用，无一例外地深化着木偶艺术的独立品格，同时也极大地吸引了观众的注意力。传统戏《金鳞记》、《大闹天宫》、《嫦娥奔月》以及现代戏《英雄小八路》和儿童剧《马兰花》，均属木偶戏中的上乘之作。

⊙**《霸王别姬》杖头木偶**

清代流行的木偶样式有三种：杖头木偶、布袋木偶、提线木偶。杖头木偶由演员手举竿操纵，有的演员藏身幕后，有的演员与木偶同时出现，彼此呼应。

# 音乐

## 音乐的起源

翻开音乐的史册，首先遇到的问题就是音乐的起源问题，而关于音乐起源的说法也是各种各样，有些还被赋予了神话色彩。由于音乐的起源并没有可考的文字记录，因此关于这个问题的争论从来都没有停止过，自然也就不可能形成定论。音乐从何而来、具体产生于哪一年代，相信没有谁能说得清。先秦典籍《吕氏春秋》中有关音乐的记述并不少，但是对音乐的起源这个人们都很关心的问题，却只用了一句“由来远矣”匆匆带过，给后人留下了无尽的遐想。

### 音乐源于劳动说

音乐是怎样产生的？虽然到现在也没有一种让所有人都满意的说法，但至少有一种说法是得到大多数人肯定和认可的，那就是音乐产生于劳动之中。众所周知，劳动使我们的人猿祖先完成了从猿到人的转变，而语言也是在劳动的过程中产生出来的。劳动的进行和语言的产生促进了脑髓的发展，而这一切都为音乐的出现创造了必要条件。当然，最初的音乐可能并不是用来娱乐的，而是为了更好地进行劳动实践。

在劳动的过程中，人们需要相互配合协作，有时也需要为自己加加油、鼓鼓劲儿，这就是劳动中的呼声。早在2000年前，中国就有人注意到了有的音乐来自于劳动中的呼声，比如西汉时期的淮南王刘安就曾在《淮南子》中说道：“今夫举大木者，前呼‘邪许’，后亦应之。此举重动力之歌也。”前面的人喊“邪许”，后面的人也跟着喊，这更像是劳动时的口号，但因为有了节奏和音调，所以就成了音乐的早期形式。

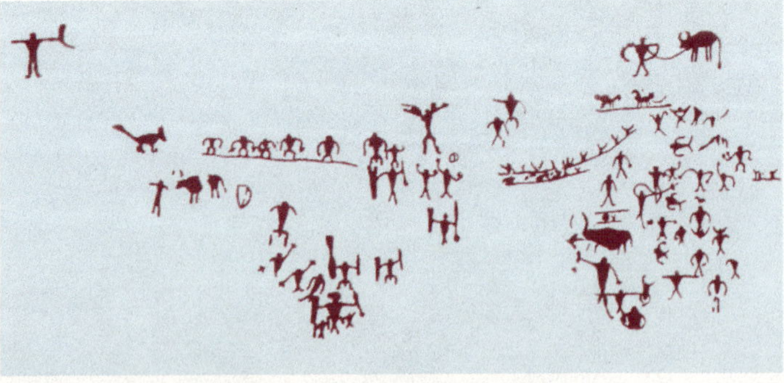

⊙云南沧源岩画

远古人类狩猎时所跳乐舞说明音乐与劳动的关系密切。

音乐和语言虽然都是在劳动的过程中产生的，且语言的产生对于音乐的发展具有很大的推动作用，但音乐却未必产生于语言之后，也许早在没有语言的时候，就已经有了音乐。事实上，人体本身就是有具节奏感的，左右脚行走的频率以及心脏的跳动就是最简单的节奏。古人在庆祝丰收时，往往会有节奏地敲打木器或石器，以表达内心的兴奋和喜悦，这就是最古朴的音乐形式，是不需要语言的。

音乐既然从劳动中来，那么乐器自然也就应该从劳动中来。古人每天都要劳动，他们是没有时间去制造专门的乐器的，原始的乐器就是由生产工具演化而成的。前面已经提到，当古人庆祝丰收的喜悦时，会敲打手中的石器和木器，而这些石器或木器就成为了最原始的乐器。在当代出土的一些古代乐器，就能找到生产工具的影子。比如说在山西夏县东下冯文化遗址中出土的石磬，就很可能是最初耕田用的石犁演化而成的。

除了占据主流地位的劳动起源说之外，还有一些其他的说法。比如说有人认为音乐起源于宇宙中一种神秘的力量——“太一”，也就是易学中所说的“太极”。《吕氏春秋·仲夏纪》中有这样一段记载：“音乐之所由来者远矣：生于度量，本于太一。太一出两仪，两仪出阴阳；

### ·伏羲将音乐带到人间·

伏羲是中华民族的文化始祖，大约生活在新石器时代早期。相传伏羲人首蛇身，曾经在母胎中孕育了12年，后来与其妹女娲成婚，生儿育女，成为人类的始祖。提起伏羲，人们最先想到的就是八卦。的确，伏羲最大的贡献就是创立了八卦，但他在其他方面也有突出的贡献，比如说将音乐带到了人间。传说伏羲发明了陶埙、琴瑟等乐器，创作了乐曲歌谣，将音乐带入人们的生活，帮助人们“修身理性，反其天真”。据说他曾弹奏一张50根弦的琴，恰好被黄帝听到了，黄帝觉得音调过于悲伤，因此将其琴弦断去一半儿，只剩下25根弦。

阴阳变化，一上一下，合而成章……先王定乐，由此而生。”这种说法得到了客观唯心主义者的认可，基本可以代表这一类人的观点。

## 音乐源于自然说

有些人认为音乐起源于自然，是自然界的各种声音给了人类灵感，人类通过对这些声音的模仿，创造了音乐。《吕氏春秋·仲夏纪·古乐篇》有这样的记载：“帝尧立，乃命质为乐。质乃效山林溪谷之音以歌。”“黄帝令伶伦作为律。伶伦……听凤凰之鸣，以制十二律。”传说伶伦是黄帝时代的乐官，是发明律吕据以制乐的始祖，他就是模仿自然界的凤鸟鸣声，用竹管制作了十二律。所谓十二律即是指六个阳律和六个阴吕，雄鸣为阳，雌鸣为阴。

关于伶伦制乐，《古乐》中还记载了一个传说。据说伶伦曾奉黄帝的命令制作乐律，可时间一天天过去了，转眼即是三年，伶伦却仍然没有制成音律。人们都讽刺他吹的竹管不堪入耳，连野兽听了都会被吓跑，他当然也知道自己吹出来的音调根本就没有阴阳之分，更不要说形成音律了。有一次，黄帝骑的马听到了伶伦的竹管声，吓得四蹄腾空，仰头嘶叫，把黄帝从马背上摔了下来。伶伦羞愧万分，觉得自己罪不可赦，可黄帝却鼓励他说：“你能将一根普通的竹管吹响，已经很了不起了，再说你吹出的声音竟然能将我的马吓惊，可见确实不一般，你必定能吹出好听的音律来。”

伶伦受到黄帝的鼓舞，更加努力地创造音律，可仍然是徒劳无功。有一天，他来到一个叫作凤岭的地方，躺在一块石头上睡着了。凤岭是传说中落凤凰的地方，而在伶伦半睡半醒间，也确实听到了凤凰的鸣叫声。他情不自禁地拿出竹管模仿凤凰的鸣叫声，可正在他吹得起劲的时候，凤凰却飞走了。然而就是这断断续续的模仿，也比以前有了很大的进步。后来，他每天都到凤岭等待凤凰鸣叫，经过长时间的倾听，他发现凤的鸣叫更激昂，而凰的鸣叫更绵长，且每对凤凰每次降落都是各叫六声，然后再合叫一遍就飞走了。根据凤凰的鸣叫声，再加上自己的揣摩，伶伦终于制成了十二律，受到了黄帝的称赞。

## 个人创作说

有些人将音乐起源归为个人创作，如《乐记》有云：“王者功成作乐。”这种说法多是为统治阶级歌功颂德的，是为了讨好统治阶级而故意为之。当然，统治者可能确实是做过某些突出的贡献，但将音乐的起源完全归于统治者本人，却还是欠妥当。还有人认为音乐起源于古代巫术。古人对很多自然现象都无法理解，因此就利用巫术与神进行交流，而音乐就是在各种各样的巫术活动中产生的。王国维曾在《宋元戏曲考》中说：“歌舞之兴，其起源于古之巫术乎？”

有关音乐起源的说法除了上面提到的几种之外，还有很多其他的说法，这里不再一一列举。虽然说音乐从劳动中产生的说法已经得到了很多人的认可，但是其他说法也不是毫无道理，也都有各自的可取之处，不能随便加以否定。总之，音乐的产生与古代人类的社会生活是密不可分的，是人们的生存与生活需要促使了音乐的产生。如果脱离了生活实际，就不可能解开音乐起源的谜题。

## 古典音乐基本知识

中国的古典音乐博大精深，如果不了解一些必要的音乐知识，就无法正确地欣赏音乐。

走进中国古典音乐殿堂的第一步是要弄懂何为“声”，何为“音”，何为“乐”。

东汉学者郑玄在《史记·乐书·集解》中指出：“宫、商、角、徵、羽，杂比曰音，单出曰声。”他认为“声”指单个的音极，“音”就是把“声”按照一定的关系组织起来，正如《礼记·乐本篇》所说：“声成文，谓之音。”故古人常说“知音”难求，不说“知声”难求，可见在古代，“声”和“音”是不同的。那么，什么是“乐”呢？东汉许慎在《说文解字》中解释说“乐”为“像鼓鼙”，后来语义衍变为“乐舞”之乐和“快乐”之乐。

“宫、商、角、徵、羽”相当于今天简谱中的“1，2，3，5，6”。中国传统采用的音阶，就是用这五个字表示的五声音阶，以及以此为基础的七声音阶。这五个音叫作正音，七声音阶中，除了这五个音外，再加上两个偏音。传统的七声音阶有三种，最常见的叫作正声音阶，也叫作“雅乐音阶”或“古音阶”，是由五个正音和“变徵”和“变宫”两声组成。“变徵”相当于简谱中的“4”，“变宫”相当于简谱中的“7”。“变”在中国传统音乐理论中的意思是“低”。“变徵”、“变宫”就是比“徵”、“宫”低半个音的音。另外两种如下：一种是由五个正音和“清角”、“变宫”组成的“下徵音阶”，也叫“清乐音阶”或“新音阶”；还有一种叫作“清商音阶”或“燕乐音阶”，由五个正音加“清角”与“清羽”构成。“清”在中国传统音乐理论中表示“高”，“清角”比“角”高半个音，“清羽”比“羽”高半个音。

“宫、商、角、徵、羽”来源于何时，现在还没有定论，但在春秋时各种典籍已记载了，所以可以推断它们的出现，不迟于春秋，甚至可推到西周或者商代。为什么用五个音，而不用四个或六个呢？这与“五”这个数字的特殊性有关。“五”在中国古代是个特殊的数字，运用在传统文化的很多方面。

中国传统音乐中有一个名词叫“律”。“律”是中国传统音乐理论中衡量音高的标准。中国古代把一个八度之间的音高距离分为十二个半音，称为十二律，其中单数称为“六律”，双数称为“六吕”。名称分别如下：

六律：黄钟、太蔟、姑洗、蕤宾、夷则、无射。

六吕：大吕、夹钟、仲吕、林钟、南吕、应钟。

中国古人认为阴阳对立，无处不在，所以十二律也分为阴阳两种。十二这个数字在中国古代也比较特殊，因而十二律与十二个月、十二个时辰又联系在了一起。

中国的乐器按照演奏形式分为“吹、打、弹、拉”四大类，但在古代，乐器按照制造材料分类，即金、石、土、革、丝、木、匏、竹，合称“八音”。其中金是指用金属制造的乐器，如钟、铃等；石是指用石或玉制造的乐器，如磬；土是指用泥土炼制而成的乐器，如埙和缶；革是指用兽皮制成的乐器，如鼓；丝是指用蚕丝作琴弦的乐器，如琴、瑟等；木是指用木材制成的板、柷、敔等；匏是指用葫芦制作的乐器，如笙、竽；竹则是指用竹子制成的乐器，如箫、篪等。这种分类在开始的时候还能适用，可是随着新乐器的不断涌现，

| 律吕 | 应钟 | 黄钟 | 大吕 | 太蔟 | 夹钟 | 姑洗 | 仲吕 | 蕤宾 | 林钟 | 夷则 | 南吕 | 无射 |
|---|---|---|---|---|---|---|---|---|---|---|---|---|
| 季节 | 孟冬 | 仲冬 | 季春 | 孟春 | 仲春 | 季夏 | 孟夏 | 仲夏 | 季秋 | 孟秋 | 仲秋 | 季冬 |
| 月份 | 10 | 11 | 12 | 1 | 2 | 3 | 4 | 5 | 6 | 7 | 8 | 9 |
| 时辰 | 亥 | 子 | 丑 | 寅 | 卯 | 辰 | 巳 | 午 | 未 | 申 | 酉 | 戌 |

⊙律吕、季节、月份、时辰对应表

这种分类就显得不甚严谨了，因此在清末的时候，“八音”被废除，改用四分法。

如果你喜欢听戏，还得知道什么是曲牌和曲牌体。唐诗、宋词、元曲是中国文学的代表，我们读过许多元曲，例如马致远的〔越调·天净沙〕《秋思》、关汉卿的〔南吕·一枝花〕《不伏老》等，前面的“越调”、“南吕”是宫调名，“天净沙”、“一枝花”是曲牌，“秋思”和“不伏老”是曲题。曲牌是由词牌发展而来的，采用的是长短不齐的句式。不同的曲牌，有不同的字数、句数、平仄格律。元曲可分为小令和套数。刚才举的几个例子都是只包括一个曲牌的“小令”，几个曲牌连缀在一起叫作“套数”。中国古代的戏曲，通常都是套数，它构成了一出戏的音乐和文学结构。这种以曲牌为基础的音乐体制，称为“曲牌体”。例如昆曲采用的就是这种体制。以昆曲《桃花扇》中的《却奁》一折为例，全折由“夜行船”、“步步娇”、“沉醉东风”、“园林好”、“江儿水”、“五供养”、“川拔棹”、“前腔”和“尾声”九个曲牌组成。后来，又出现了运用曲调板式变化而产生不同唱腔的“板腔体”。现代的戏曲，以京剧为代表，采用的都是这种体制。

中国古代最常见的记谱方法是工尺谱。工尺谱因用工尺等字记写音名而得名。记载工尺谱最早的文献见于北宋，可见其历史悠久。关于它的来源，一直有不同的看法，有人认为中国自有，也有人认为来于异国。近代常见的工尺谱，一般是：合、四、一、上、尺、工、凡、六、五、乙，相当于简谱 5，6，7，1，2，3，4，5，6，7。

高八度谱字以末笔上挑或加单人旁表示。

低八度的谱字除“六”作“合”，“五”作“四”外，其余各谱字都以末笔向下撇表示。工尺谱用“、”或“×”以及“○、●、△”等表示节拍。记写的格式是竖行，从右至左记写。一些乐曲谱是斜行记的，称为“蓑衣式工尺谱”，例如昆曲谱。

**⊙吹箫图轴 明 唐寅**

图中女子高挽发髻，复戴以碧冠，面容白皙却现愁容。其双手捏箫，唇未启而意先生，二目凝视前方，忧郁神情甚浓，令人如闻箫声，随之更容。

## 宫廷音乐

在中国传统音乐的四大类别中（宫廷音乐、民间音乐、文人音乐、宗教音乐），宫廷音乐可以说是地位最高的一类。这不仅表现在它身居庙堂之高，只为统治者的宴会和朝廷仪式而演奏，还表现在它歌功颂德、祭祀祖先、娱乐君王及教化人民的作用上——这都是其他音乐无法望之项背的。此外宫廷音乐风格优美典雅，节奏舒缓，讲究和谐，富有中和之美，所以把宫廷音乐比作是一位典雅端庄的贵妇是再恰当不过的了。

⊙宫中乐舞俑 唐

这组乐舞俑均跪坐或盘坐，手中分别持箜篌、拍板、横笛、排笙、琵琶、箫等乐器作演奏状。

宫廷音乐有很多类别，如果按其功能，大致可分为两类：雅乐和燕乐。前者是统治者用于祭祀及朝会典礼等场合的音乐。为了显示帝王至高无上的地位和尊严，宫廷雅乐的风格往往庄严肃穆，音律中正和平，歌词典雅纯正。燕乐也称“宴乐”或“乐”，是宫廷饮宴时供统治者欣赏、娱乐的音乐。这类音乐往往取材于民间音乐和外来音乐，比雅乐更具活力。

作为统治阶级的专利，宫廷音乐在中国的第一个等级社会奴隶社会的时候就已产生了。其中周朝是宫廷音乐制度最为完备的一个时期。这时在宫廷音乐中占统治地位的是雅乐。

雅乐的兴盛从根本上说与西周的礼乐制度有紧密联系。所谓礼乐制度，就是为了巩固等级制度和天子的统治地位，对音乐在礼仪中的应用按不同等级作出严格规定，违反规定便是“僭越”或者“非礼”。如规定王的乐队可以有八行（八佾），诸侯只可以有六行，以下逐级递减。著名的教育家孔子，就十分注重礼乐制度，把它看成是维护等级制度的重要手段和区别华夷的标志。他对鲁国季氏窃用天子之礼，“八佾舞于庭”极为愤慨，说“是可忍，孰不可忍也”。可见当时礼乐制度影响之大。而作为最能体现礼乐制度的艺术形式，雅乐自然受到了统治者的极端重视和推崇。

宫廷雅乐在这一时期的代表作品当数“六代之乐”：《云门》、《咸池》、《大韶》、《大夏》、《大濩》、《大武》。由于它们歌、舞、乐三位一体，又称为“六舞”。

“六代之乐”是当时宫廷最具权威性的祭祀礼乐，也是“乐教”的经典教材。周朝的“大司乐”，就是专门设立的音乐教育机构的总长官。其下面有高、中、下三级乐官和乐工，等级分明，职责明确，构成了一个系统地管理和排演礼乐和教习礼乐的机构。

雅乐在“礼崩乐坏”的西周末年开始衰微，但作为等级制度的象征，雅乐仍然是宫廷音乐不可或缺的一部分。

燕乐起初只是一种宴请宾客时专用的宫廷音乐，在周朝不受重视，一直到隋唐时期，它的地位才逐渐变得显要，并且最终取代雅乐，成为盛行一时的宫廷音乐。

燕乐主要是供人欣赏的，强调娱乐性和艺术性，因此隋唐燕乐大力吸收民间音乐，融合少数民族以及外来俗乐，形成了一种多元的宫廷新音乐。在隋朝初年，燕乐按音乐来源和乐队编制分为七种，即“七部乐”。到隋炀帝的时候又增加为九部，即西凉（今甘肃）乐、清

### ·《秦王破阵乐》·

中国唐代著名的宫廷乐舞，内容是歌颂秦王李世民的辉煌武功。据史载，唐武德三年（620年），秦王李世民率军击败叛将刘武周，巩固了刚建立的唐政权。将士们利用军中旧曲填唱新词，欢庆胜利。音乐以汉族清乐为基础，吸收龟兹乐因素，成为历史上最为著名的歌舞大曲之一。

乐（传统音乐）、高丽（今朝鲜）乐、天竺（印度）乐、安国（中亚细亚）乐、龟兹（今新疆库车）乐、康国（即康居，今新疆北部及中亚）乐、疏勒（今新疆疏勒、英吉沙）乐、礼毕（最后所奏，一说即文康乐）。唐太宗时改为十部乐，包括燕乐（杂用中外音乐）、清商伎（传统音乐）、西凉伎、天竺伎、高丽伎、龟兹伎、安国伎、疏勒伎、康国伎、高昌（在今新疆）伎。到唐玄宗时，又根据表演形式将十部乐改为坐部伎、立部伎两大类。坐部伎在室内坐奏，人数较少，音响清雅细腻，注重个人技巧；立部伎在室外立奏，人数较多，场面宏大、气氛热烈，有时还加入百戏等。

⊙清代宫廷乐队

在当时的宫廷音乐中，坐部伎地位最高，立部伎次之，雅乐地位最低。著名诗人白居易曾在《立部伎》中说："笙歌一声众侧耳，鼓笛万曲无人听。立部贱，坐部贵，坐部退为立部伎，击鼓吹笙和杂戏。立部又退何所任，始就乐悬操雅音。"可见在中唐时期，燕乐已经完全取代了雅乐的地位，成为宫廷音乐中绝对的主角。

唐代燕乐最突出的艺术成就是歌舞大曲。它是一种综合器乐、歌唱和舞蹈的多段结构大型乐舞，由"散序"、"中序"和"破"三部分组成。其中散序由器乐演奏，无拍无歌，节奏自由；中序入拍歌唱，多为抒情慢板，由器乐伴奏；破是乐舞的高潮，以舞蹈为主，节奏逐步加快，最后在热烈的气氛中结束。著名的大曲有《绿幺》、《凉州》、《后庭花》、《霓裳羽衣曲》、《破阵乐》、《水调》等。

安史之乱后，强大的唐朝开始衰退，代表着盛唐气象的宫廷音乐也随之衰退，大量的宫廷乐工流入民间。在接下来的几个朝代，宫廷音乐虽然仍然保持着它高贵的地位，可是它最为辉煌的时期已经永远地过去了。

## 民间音乐

把民间音乐比作民间女子，其实一点也没有贬低它的意思——它本来就生于民间、长于民间，而且长期以来受到统治者的轻视和压制。可是，民间音乐却一点也不低微，它是中国传统音乐的基础，在中国传统音乐中占有绝对的优势。

首先，民间音乐的历史最悠久——早在原始社会的时候，它就已经存在于人们的生活和劳动之中。民间音乐的种类和品种最多——据20世纪80年代的调查，中国拥有345个说唱品种、317个戏曲剧种、17636种民间舞蹈，至于它们不计其数的具体曲目，只能用浩如烟海来形容。民间音乐的生命力最旺盛——它长期处于边缘状态，以特有的方式倔强地生长，当其他音乐衰微的时候，它还保持着旺盛的生长势头。民间音乐的风格最鲜明——它热情奔放，直接抒发人们的感情，不为某种功利服务和限制，宫廷音乐、文人音乐和宗教音乐都要从它这里吸取营养。民间音乐还是听众最多的，上至皇帝，下至平民，从广阔的乡村一直到繁华的城市，民间音乐的身影无处不在……我们还有什么理由轻视民间音乐？

民间音乐是普通人们的集体创作，凝结着历代人们的智慧，具有其他音乐所没有的鲜明特征。

中国的民间音乐种类繁多，概括起来主要有五大类：民间歌曲、民间舞蹈音乐、说唱音乐、戏曲音乐和民间器乐。其中民间舞蹈音乐和戏曲音乐在后面的相关章节会有详细论述，这里只讲其他三类。

## 民间歌曲

民间歌曲也就是民歌，它是人类社会最早出现的口头创作形式，是劳动人民在长期的劳动和生活中自己创作、自己演唱的歌曲。民歌一般体制短小，曲调通俗、易于上口和记忆，同时旋律清新、风格简朴，是最能反映现实和人们心声的一类歌唱艺术。中国民歌按照歌唱场合和艺术特点可分为劳动号子、山歌和小调。

劳动号子是历史最为悠久的一种歌谣。它节奏鲜明、结构单纯，以自己特有的节奏、音调、句法协调集体的劳动动作，起着消除疲劳、鼓舞意志的作用。演唱形式大多是一人领唱众人和，也有对唱和独唱，风格大都刚毅有力。常见的号子有搬运号子、工程号子、农事号子、船渔号子。

山歌是人们在劳动中，为抒发情感、消除疲劳或遥相对答、传递情意而编唱的民歌。山歌多在户外演唱，其特点是曲调高亢、节奏自由、风格质朴，即兴性强。山歌种类繁多，分布极广。一般来说，南方山歌秀丽悠扬，音域不宽，旋律跳动较少；北方山歌豪放粗犷，音域较宽，旋律起伏较大。

山歌传统的内容是对爱情进行讴歌和对苦难进行倾诉。比较著名的山歌种类为陕西的信天游。信天游，又称顺天游，曲调悠扬高亢而多变化，歌词活泼自由。当地人们常在山野间歌唱。信天游篇幅短小，两句一首。第一句多为比兴句。如“五谷里那田苗子要数高粱高，一十三省女儿家唯有兰花花好”。著名的山歌有《兰花花》（陕北）、《太阳出来喜洋洋》（四川）、《小河淌水》（云南）。

小调又称小曲和俚曲、里巷歌谣、村坊小曲、市俗小令、俗曲、时调、丝调、丝弦小唱等，除了在农村流行，也在城镇集市中传唱。它是城市和农村两种音乐文化交流的结果，在艺术上经过较多的加工，具有结构均衡、节奏规整、曲调细腻、婉柔等特点，是民歌中最为艺术化的形式。代表作品有《小白菜》（河北）和《茉莉花》（江苏）等。

## 说唱音乐

说唱音乐又称为曲艺，是说（白）、唱（腔）、表（作）三位一体的一种独特艺术形式。早在东汉时代就已经存在，到宋元时期达到成熟。当时市民娱乐的勾栏瓦舍，集中了大量的民间艺人进行表演。除此之外，说唱艺人还普及到了乡村。陆游有诗云：“斜阳古柳赵家庄，负鼓盲翁正作场。死后是非谁管得，满村听说蔡中郎。”这很能说明当时说唱艺术城乡普及的盛况。

说唱艺术与文学的关系密切，它以叙事为主，多讲唱历史传说故事，尤其是像《三国演义》、《水浒传》、《红楼梦》、《西厢记》这类文学名著。艺人表演时一般在原著的基础上敷演发挥，使其更符合普通百姓的审美习惯。像扬州评话《武松》，经整理成书后达几十万字，几乎是原著有关武松情节字数的十倍。

中国的说唱音乐品种丰富，比较有代表性的曲种有苏州弹词、京韵大鼓、四川

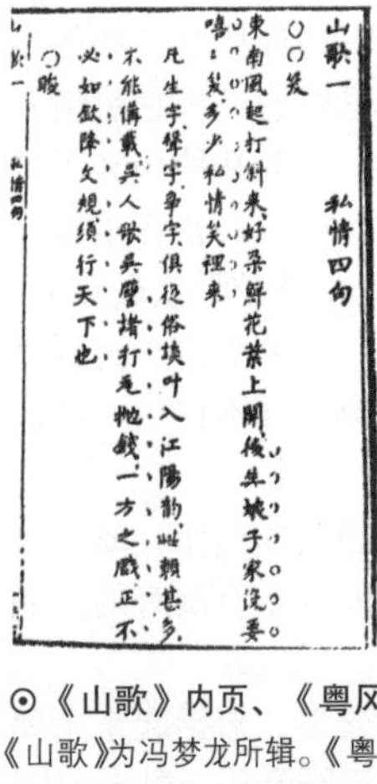
山歌一　私情四句

笑

東南風起打斜來，好朵鮮花葉上開。後生娘子家沒要嘻嘻笑，多少私情笑裏來。

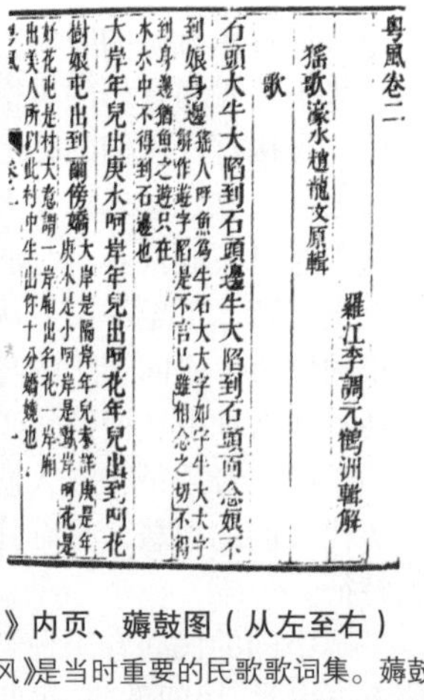
粵風卷二　羅江李調元鶴洲輯解

猺歌　濠水趙龍文原輯

歌

⊙《山歌》内页、《粤风》内页、薅鼓图（从左至右）

《山歌》为冯梦龙所辑。《粤风》是当时重要的民歌歌词集。薅鼓图出自明王圻的《三才图会》，是四川地区的“薅秧歌”。画面上数人插秧，一人击鼓，击鼓唱歌者起了指挥劳动，鼓舞情绪的作用。

清音等。

## 民间器乐

民间器乐是指用中国传统乐器演奏的民间音乐。与民间的风俗关系密切。在传统的婚礼丧葬仪式中，会有专门的民间乐队进行演奏。在迎神赛会、节日行事等民俗活动中，器乐演奏都是不可或缺的一项内容。它起到渲染气氛的重要作用。

民间器乐按演奏方式可分为独奏和合奏。前者以乐器分类，代表曲目有二胡独奏《二泉映月》、琵琶独奏《十面埋伏》等。合奏以乐器组合的方式分类，有清锣鼓乐、弦索乐、丝竹乐、吹打乐四种。代表曲目有吹打乐《抬花轿》、丝竹乐《欢乐歌》等。

⊙太平春市图　清　丁观鹏

图画表现了当时太平鼓表演的情景。太平鼓原为满族人民祭祀、祈福的歌舞形式，后用于民间娱乐，并流传至北京及华北各地。表演者手持太平鼓，边敲击，边歌舞。

# 文人音乐

文人音乐是有一定的文化修养的知识阶层创作的音乐，具有强烈的个性色彩和较高的艺术水平，是中国传统音乐所特有的一道景观。

文人音乐在先秦时代就已产生，孔子、庄子、屈原、宋玉都精于音律、善于抚琴。可是直到魏晋南北朝，文人音乐才真正开始成熟，涌现出了一大批著名的文人音乐家。

蔡邕是中国东汉后期文学家、书法家，也是著名的琴家。他曾创作琴曲《游春》、《渌水》、《幽思》、《坐愁》、《秋思》，后世称为“蔡氏五弄”，享有很高的声誉。另外明代朱权《神奇秘谱》记载的两首琴曲《秋月照茅亭》、《山中思故人》相传也是蔡邕的作品。

蔡邕对文人音乐的另一大贡献是创作了《琴操》这样一本琴学专著，里面汇集了大量珍贵的作品，包括诗歌五首，九引、十二操和河间杂歌 20 多首，同时还介绍了作品的来历。其中“聂政刺韩王”的故事，是后人认为《广陵散》和《聂政刺韩王曲》同曲异名的主要依据。

蔡文姬是蔡邕的女儿，名琰，字文姬，又作昭姬。历史称她“博学而有才辩，又妙于音律”。可惜她红颜命薄，早年丧夫，后又在战乱中被匈奴虏走，直到建安十二年（207 年），才被曹操以金璧赎回，再嫁屯田都尉董祀。经历了百般磨难的蔡琰，将自己的一腔怨气倾注到音乐中，创作了《胡笳十八拍》这首感人肺腑的琴曲，被后人评价为：“胡人落泪沾边草，汉使断肠对客归。”

嵇康是三国魏时著名的文学家、思想家、音乐家，“竹林七贤”之一。他生活在政治气候极为压抑的魏晋时期，当时的文人为了避祸，要么寄情山水，要么放浪形骸。嵇康性情耿直，常抨击时政，后来终于被诬致死。传说嵇康创作了《长清》、《短清》、《长侧》、《短侧》四首琴曲，称为“嵇氏四弄”，与蔡邕的“五

⊙蔡文姬胡笳十八拍图　南宋　李唐

弄”并称为“九弄”,在中国音乐史上备受推崇。爱好音乐的隋炀帝就曾将弹奏“九弄”作为取士的条件之一。嵇康还写了一篇《琴赋》,其中对音乐的作用作了精辟的论述,称音乐“可以导养神气,宣和情志”。并将当时的琴曲分为上乘和通俗两类。此外嵇康还善于弹琴,尤其精于《广陵散》。在南京出土的“竹林七贤”画像砖,人们还可以清晰地看到嵇康弹琴时气宇轩昂的风采。

阮籍也是“竹林七贤”之一,与嵇康不同,他以消极遁世的办法逃避统治者的迫害,琴曲《酒狂》就是他的感怀之作。此外阮籍还有音乐理论著作《乐论》一篇,阐述了他“律吕协则阴阳和,音声适而万物类”的音乐观。

“竹林七贤”之一的阮咸,是阮籍的侄子,以“善弹琵琶”著称。后人在他的墓葬中所发现的《琵琶图》与晋画《竹林七贤图》中他所演奏的乐器形制完全一样,被称为“阮咸”,即是今天的阮。

古琴音乐发展到宋代,开始形成多种流派。其中最有影响的是郭楚望创立的浙派。他一生创作了大量琴曲,如《潇湘水云》、《步月》、《秋雨》、《春雨》、《飞鸣吟》、《泛沧浪》等。其中《潇湘水云》是他的代表作,该曲最早刊于明朱权编撰的《神奇秘谱》,据“解题”中说这首曲是他在金兵长驱入宋,南宋统治者偏安于一隅的时候,借着潇湘二水,排遣他对国事的忧郁之情。

除琴乐外,重要的文人音乐还有词调音乐,这是一种配合词而歌唱的音乐体裁。所谓词,就是长短句歌词,是一种可以入乐的文学体裁,它起源于唐朝,全盛于宋朝,为一代之文学。据《全宋词》及《全宋词补辑》载,宋词作品有2万余首(不包括残篇、附篇),有名可考的作者有1430余人。

宋代的词调音乐按风格的不同可以分为婉约派和豪放派。前者以柳永、秦观、李清照、周邦彦为代表,格调委婉细丽;后者以苏轼、辛弃疾为代表,格调雄浑豪放。宋人俞文豹《吹剑续录》载有苏轼当年与其门客的一段对话。苏轼问他的一个门客:“我的词和柳永相比如何?”对方回答说:“柳郎中词,只合十七八女郎,执红牙板,歌‘杨柳岸,晓风残月’;学士词须关西大汉,铜琵琶、铁绰板,唱‘大江东去’。”苏轼听了不禁为这个生动的比喻叫绝。

宋代的词调音乐高度繁荣,成就了一大批著名的词人。其中柳永是北宋前期开一代词风的词人。他为人放荡不羁,风流倜傥,时常留连于秦楼楚馆,因此得以了解社会底层的歌妓和市民大众的生活。他对词调音乐主要有两方面的贡献,一是创作了大量的长调慢词,极大地扩充了词的内容涵量,提高了词的表现能力;二是新创了许多词调,在他现存的213首词中,用了133种词调,在宋代所用880多个词调中,有100多调为柳永首创或首次使用。除此之外,柳永大量地从民间吸取新声,用了很多浅近的俗语白话,被称为:“凡有井水处,即能歌柳词。”代表作有〔雨霖铃〕“寒蝉凄切”、〔凤栖梧〕“伫倚危楼风细细”、〔八声甘州〕“对潇潇暮雨洒江天”、〔望海潮〕“东南形胜”等。

**⊙残月晓风杨柳岸 清 任预**

画题取自柳永的《雨霖铃》。红袖无言,默对残灯;游子怅惘,遥望楚天。

南宋对词调音乐贡献最大的是姜夔，人称白石道人。他多才多艺，擅长书法，精通音律、工诗，词尤有名，有词中之圣之称。其词内容丰富、格调高旷，以清冷刚健的笔力开创了风雅词派，即格律派。代表作有〔扬州慢〕“淮左名都”、〔探春慢〕“衰草愁烟”、〔长亭怨慢〕“渐吹尽”以及传世名作〔暗香〕、〔疏影〕两首咏梅词。

姜夔著有词曲谱集《白石道人歌曲》，对词乐作出了许多有意义的探索。内有琴曲《古怨》、《越九歌》等10首，词调17首，共28首。17首词调中，除《醉吟商小品》和《霓裳中序第一》是传统大曲的摘篇、《玉梅令》是范成大的作品外，其他词调都是白石的自度曲。《古怨》注明指法，可弹奏。这些都是研究宋代词乐的珍贵材料。

## 宗教音乐

宗教音乐是由宗教信仰者演奏，为了宣扬宗教而演奏的音乐。它与宗教紧密相连，具有神秘的性质，是最为特殊的一种音乐。

### 中国佛教音乐

佛教是世界三大宗教之一，1世纪左右由印度传入中国，从此开始了它的中国化进程，并对中国人民的方方面面产生了巨大的影响。佛教对中国音乐的影响主要体现在两个方面：一是审美方面。佛教的中心教义是“空”，由此造成了中国音乐宁静、清远的艺术风格。同时佛教讲经传教都运用说唱的形式，即夹叙夹唱。因此音乐作为佛教宣传教义的工具，就要求节奏平稳，韵律与字调相吻合，否则将无法有效地传授教义。影响的第二个方面是佛教促进了讲唱艺术的发展。佛家讲经一般分为僧讲和俗讲。后者的对象主要是普通民众，因此要求通俗易懂。这样就形成了散韵结合、有说有唱的俗讲，对后世的说唱艺术产生了很大的影响。

中国佛教在佛事仪式上使用的宗教音乐最初源于印度，但由于汉、梵语音不同，印度佛教音乐的曲调难以在中国流传。为了弘扬佛法，就用中国的曲调配唱汉译经文。魏晋的时候，就已出现了由中国人创制的佛教音乐。

南北朝时期，由于统治者的大力提倡，佛教在中国迅猛发展，唐代杜牧有诗云：“南朝四百八十寺，多少楼台烟雨中。”佛教的兴盛可见一斑。在这种背景下，佛教音乐也随之发展，出现了许多擅长佛教音乐的高僧，还逐步形成了有地方特色的佛教音乐。

⊙伎乐奏团图　唐　敦煌石窟　壁画

此壁画非常珍贵，它并非想象的菩萨图像，而是真实的描摹自那个时代乐团演奏的情况，也就是说，它为当时当地的流行音乐留下了图画史实记录，为日后的考证提供了珍贵的史料。右边3位的乐器，由上而下依序是箜篌、冬不拉、琵琶；左边3位由上而下依序是手摇铃鼓、横笛、排笙；中间的舞者正跳着反弹琵琶舞。

到了唐代，道教被尊为国教，但这并不意味着对佛教的贬低。相反，唐朝统治者都十分崇佛。尤其是武则天借佛登基，使得佛教在这一时期得到了很大的发展。唐朝佛教俗讲相当盛行，以至到了开讲日，“湖上少渔船”；“远近持斋来谛听，酒坊鱼市尽无人”。

宋元明清的佛教音乐仍很盛行，在明朝永乐二年，明成祖搜集整理了唐、宋、元以来流行的佛教音乐曲调400余首，编成《诸佛世尊如来菩萨尊者名称歌曲》。近代佛教音乐活动虽然不如从前，但是在香火旺盛的著名寺院还是常有音乐活动。

## 道教音乐

道教是中国土生土长的宗教，因以道作为其最高信仰而得名。道教主要由古代道家思想、神仙方术、民间巫术活动发展而来，内容杂而多端。但由于道教深植于民间，因此道教一向被认为是了解中国民众文化的关键。道教对音乐的影响主要在审美方面。老子的“大音希声”和“淡兮其无味”以及庄子的“得意而忘言”使得中国音乐向着淡远的方向发展。

⊙**奏乐图 永乐壁画 元**

图中供案旁，有5名道士作乐，所奏乐器为横笛、笙、云锣、细腰鼓、拍板。其中的云锣由10面小锣组成。在进行斋醮仪式、法事活动时，道士们会演奏各种音乐，以烘托、渲染庄严肃穆的气氛。

早期有关道教音乐的资料很少。北魏的《华夏颂》和《步虚声》是较早的道教名曲。道教音乐的黄金时期是在唐朝。当时唐朝皇帝自称是老子李耳的后裔，因此道教被尊为国教，朝野上下广为盛行。在这样的大好背景下，道教音乐飞速发展。尤其在唐玄宗时代，皇帝不但大力提倡制作道曲，自己还亲自参与创作。如著名的《霓裳羽衣曲》就是唐玄宗改编的一首带有道教意味的法曲。北宋也是一个尊崇道教的朝代，宋徽宗支持编著了道教音乐谱集《玉音法事》，其中共记录从唐代传至宋代的道曲谱50首，这是目前能见到的最早一本道教音乐的声乐曲谱集。明代也出现了一部道乐曲集《大明御制玄教乐章》，收录了14首道曲。同时明代道教音乐大力吸收民间音乐新制道曲。清朝和近代的道教音乐则由于道教的衰微而转为向民间发展，音乐的表现更为丰富。

道教音乐是道教仪式中不可或缺的部分。在为人祛病等法事活动中，道士往往在音乐的伴奏声中边跳边唱，因此道教音乐多为歌舞乐三位一体的形式。另一方面，道教音乐还具有修身养性的作用，因此风格又有清丽雅致、超尘脱俗的一面。

道教音乐主要有独唱、齐唱、散板式吟唱和鼓乐、吹打乐以及合奏等多种形式。用于演唱经文的声乐形式是道教音乐的主要部分，体裁主要有颂、赞、步虚、偈等格式。器乐则常用于法事的开头、结尾、唱曲的过门等场面，乐器以钟、磬和鼓等打击乐器和吹管乐器为主。著名的道教名曲有《步虚》、《太极韵》、《香赞》等。

《步虚》最早见于南朝的《异苑》，为道教晚课中所唱的第一首经韵，历来传唱不衰。《步虚》歌咏的是道教仙境玉京山虚无缥缈的景象，具有神秘的仙界氛围。唐代《步虚》由于唐玄宗的大力倡导，成为风靡一时的道教名曲。

《太极韵》是北京著名道观白云观进行早课科仪时的序曲。所谓太极，是道教一个重要的哲学范畴。太极本于无极，可以包孕万物。我们常见的圆形太极图由黑色鱼形部分和白色鱼形部分组成，黑白代表阴阳。因此《太极韵》的音乐悠缓深远，造成一种庄严肃穆的氛围，使人在音乐中感受到宇宙的伟大。

## 不分伯仲的南北曲

在宋、元时代，南方和北方所用的戏曲及散曲曲调是不同的，南方的称为南曲，北方的称为北曲。南曲与北曲虽然都起源于唐宋大曲、宋词以及诸宫调等曲调形式，但因为各自以南北方的民间曲调为基础，因此也就形成了两种不同风格的曲调——南曲和北曲。南曲和北曲在声调、板眼形式、字的唱法及伴奏乐器等方面有着很大的不同，但却不能说哪个更胜一筹，只能说南曲与北曲各有千秋，同样精彩。

### 声调的差异

在声音和曲调的表现形式上，南曲更婉转，更流丽；北曲则更慷慨，更朴实。明代的王骥德曾引戏剧家康海（字德涵）的话说明了南北曲在声调上的差异，《曲律》上记载："以声而论，则关中康德涵所谓南词主激越，其变也为流丽；北曲主慷慨，其变也为朴实。"明代的徐渭也曾在《南词叙录》中说道："听北曲使人神气鹰扬，毛发洒淅，足以作人勇往之志，信胡人善于鼓怒也……南曲则纡徐绵眇、流丽婉转，使人飘飘然丧其所守而不自觉，信南方之柔媚也。"

明代的王世贞曾在《曲藻》中提道："凡曲，北字多而调促，促处见筋；南字少而调缓，缓处见眼。北则辞情多而声情少，南则辞情少而声情多。北力在弦，南力在板；北气易粗，南气易弱。"被誉为"曲圣"的魏良辅就曾经在《曲律》中引用了王世贞的话，只是略加改动而已。此外，魏良辅也表示了自己对南北曲差异的看法，如他在《曲律》中说道："北曲以遒劲为主，南曲以婉转为主。"

在明代，有关南北曲差异的论述很多，除了前面提到的之外，还有很多其他的说法。比如，徐复祚在《花当阁丛谈》中提道："我吴音宜幼女清歌按拍，故南曲委婉清扬；北曲宜将军铁板，歌'大江东去'，故北曲硬挺直截。"王骥德在《曲律》中有云："南北二调，天若限之。北之沉雄，南之柔婉，可画地而知也。北人工篇章，南人工字句。工篇章，故以气骨胜；工字句，故以色泽胜。"这些说法虽然未必完全一致，但基本的意思是相同的，至于南北曲差异的形成原因，大概与南北方不同的生活环境和风俗习惯有关。

### 音阶及板式的不同

南曲和北曲的音阶形式是不同的，这种差异也常被用来区分南北曲。如果出现了 1,2,3,4，5，6，7（简谱）七声，就是北曲；如果没有 4 和 7 两声，只出现了 1，2，3，5，6 五声，便是南曲。也就是说，南曲是五声音阶，而北曲是七声音阶。之所以会出现这样的音阶差异，应该是与南北方的不同方言有关。

### · 南北曲的合流 ·

南北曲在最初的时候是有着明确区分的，但是到了元代中期，南戏得到了很大的发展，于是成规开始被打破。南戏的作者开始兼用北曲，比如说在一套中穿插一两个北曲曲牌，或者在一套中将南曲曲牌和北曲曲牌穿插开，又或者在多套南曲之间穿插一套北曲。而后到了明代，北曲也开始吸收南曲的因素。渐渐地，南北曲已经没有办法再完全分开，很多艺人都可以兼唱南北曲，如以南曲著名的魏良辅就曾经学唱过北曲，而善唱北曲的顿仁也能唱南曲《琵琶记》。南曲与北曲本来就各有所长，如果一直墨守成规，互不牵涉，显然对戏曲艺术的发展无益。而南北曲从彼此孤立到逐渐合流实属大势所趋，是戏曲发展史上的一大进步。

所谓板眼，指的即是戏曲中的节拍，每小节中最强的拍子叫板，其余的都叫作眼。板眼的种类有一板一眼、一板三眼、有板无眼、有眼无板等。一板一眼的节拍形式称为一眼板，相当于两拍，板位在第一拍，眼位在第二拍；一板三眼的节拍形式称为三眼板，相当于四拍，板位在第一拍，眼位在二、三、四拍，依次为头眼、中眼和末眼；有板无眼的节拍形式称为流水板，相当于一拍，每板都是板位，但不一定每拍都是强拍；有眼无板的节拍形式称为散板，也就是自由的节拍形式。

在板眼形式上，南曲比较死板，大多数曲牌的板式都是固定的，不能随意更改，也不能随意多用衬字，如《河传序》有三十二板、《桂枝香》有二十三板等。北曲则比较灵活，句间可以自由地加入衬字，且板数不固定，可以随意增减移动。换句话说，南曲的板眼形式为死板，而北曲的板眼形式则为活板。由于同一曲牌经常要表达多种不同的情节和感情，因此如果在板式上限制太死，显然就不能很好地将不同的情节和感情表达出来。所以说，在板眼形式上，南曲是有一定的弊端的。

## 南北曲中字的唱法

字的唱法主要是由字的声、韵、调三个因素决定的。声和韵即声母和韵母，两者共同决定字音；调是字调，与字音的高低升降有关。南方与北方的方言有着明显的差异，因此在咬字上自然也就会存在明显的不同，同一个字，在南曲和北曲中就会咬出不同的字音。方言不同，不仅表现在字音的不同，在字调的高低升降上也是存在差异的。一般来说，北音以《中原音韵》及今天的北京语音为准，而南音则以《广韵》及今天江、浙、闽、赣等省的语音为准。

北音可以分为阴平、阳平、上声和去声四声，其中，阴平为高横，阳平为高升，上声为降升，去声为全降。南音可分为平、上、去、入四声，关于这四声的字调，可在古人的著述中找到答案。如《元和韵谱》中有这样的描述："平声哀而安，上声厉而举，去声清而远，入声短而促。"《玉钥匙歌诀》中也有相关的记载："平声平道莫低昂，上声高呼猛烈强，去声分明哀远道，入声短促急收藏。"两

⊙ **拉二弦伎乐飞天 泉州开元寺**

二弦至今仍在福建流行，用于"南音"伴奏。

者的表述虽然不同，但意思是一样的，都是说平声平直、上声高扬、去声高远、入声短促。

在字调配音上，南曲与北曲是大体相同的，但也有一些细小的差别。如南曲中有入声，而北曲则没有入声。在南曲中属于入声类的字，在北曲中分别属于阴、阳、上、去四声，配音时依其所属之声而配；南曲中的入声分为阳入和阴入，阳入的配音同阳平，阴入的配音同阴平。此外，同是平声字，北曲的配音要偏高一些，而南曲的配音则要偏低一些，且在音势上，北曲的配音更独立，而南曲的配音则更被动。

## 南北曲的伴奏乐器

在南北曲的伴奏乐器方面，有人认为是不能通用和并用的，南曲就应该用箫和管或者笛和管，北曲就应该用弦索。如何良骏在《曲论》中曾这样写道："余令老顿（即顿仁）教《伯喈》一二曲，渠云：《伯喈》某都唱得，但此等皆是后人依腔按字打将出来，正如善吹笛、管者，听人唱曲，依腔吹出，谓之唱调；然不按谱，终不入律。况弦索九宫之曲，或用滚弦、花和、大和、钐弦，皆有定则，故新曲要度入亦易。然南山九宫原不入调，间有之，只是小令，苟大套数，既无定则可依，而以意弹出，然何得是？"

顿仁刻意贬低南曲，抬高弦索，扬言南曲不能用弦索，只有北曲才配，这显然是走了极端。而沈德符则走向了另一个极端，一味地轻视弦索，反对南曲用弦索，他在《顾曲杂言》中说道："今吴人皆以三弦合南曲，而又以箫、管叶之，此唐人所云'锦袄上著蓑衣'，金粟道人《小像诗》所云'儒衣、僧帽、道人鞋'也。箫、管可入北词，而弦索不入南词，盖南曲不

仗弦索为节奏也。”其实，南曲和北曲的伴奏乐器并没有严格的分别，南曲可用弦索，北曲也可用箫、管，只是在最初的时候，南曲主要以箫、管伴奏为主，而北曲则主要以弦索伴奏为主罢了。不过从总体上看，南北曲伴奏乐器的发展倾向是趋于一致的。

## 名家荟萃

“江山代有才人出，各领风骚数百年。”这句豪情万丈的诗很能说明中国古代音乐长河中人才辈出的繁荣景象。从中国的第一个音乐家夔，到汉朝的李延年、唐朝的万宝常，最后到明朝的朱载堉，可谓人才济济，群星闪烁。他们或以深刻的理论知道创作，或以杰出的才华谱写乐曲，或以高超的技艺诠释音乐，共同创造了辉煌的音乐文明。

中国有史料记载的第一个音乐家是远古时期的夔。《尚书》中说夔是舜帝的乐官，掌管乐舞之事。著名的乐舞《韶》就是夔编导的。“夔曰：‘於！予击石拊石，百兽率舞。’”在1000多年后，孔子在齐国听到《韶》乐，3个月不知肉味，可见夔过人的音乐才能。

春秋战国时期出现了一位擅长弹琴的琴师，他的名字叫俞伯牙。《荀子・劝学篇》中曾经提到过他：“昔者瓠巴鼓瑟，而沉鱼出听；伯牙鼓琴，而六马仰秣。”虽然不无夸张，但却说明了俞伯牙的确有着过人的琴艺。记载俞伯牙的其他典籍还有《列子・汤问》和《吕氏春秋・本味》。两者都记载了大家熟悉的“高山流水遇知音”的故事。它们所叙述的情节大同小异，基本上就是俞伯牙善于弹琴，而钟子期善于听琴。无论俞伯牙弹的是《高山》还是《流水》，钟子期必能听懂，因此俞伯牙将其视为知音。不过与《列子·汤问》相比,《吕氏春秋・本味》多了俞伯牙摔琴以谢知音的情节,进一步深化了古人“惺惺相惜”的知音观念，这对后世产生了深远的影响。汉代《古诗十九首》中云：“不惜歌者苦，但伤知音稀。”唐代大诗人杜甫云：“百年歌自苦，未见有知音。”这都是对世间知音难遇的无奈和感慨。

筑是古代出现比较早的一种乐器。战国时期，燕国有个叫高渐离的人，是有文献记载以来最早的击筑能手。他的事迹，与战国时著名的刺客荆轲紧密联系在一起。那首著名的“风萧萧兮易水寒，壮士一去兮不复还”就是高渐离击筑进行伴奏的。荆轲刺秦失败后，高渐离隐姓埋名，躲在别人家里做工。一天，他忽然听到主人家中有人击筑，徘徊不能离去。由于他对客人的技艺评论非常精到，于是主人请他上座。席间，高渐离击筑高歌一曲，客人听了无不痛哭流涕。

后来他声名远播，受到了秦始皇的召见。

⊙伯牙鼓琴图卷　元　王振朋

伯牙袒胸坐石上，子期侧身叠腿坐石上，双手合掌，一足微翘，似随琴声打着节拍。

秦始皇左右有认识高渐离的，向秦始皇说明他与荆轲的关系。但是秦始皇欣赏他的才能，赦免了他。不过秦始皇命人弄瞎了高渐离的双眼，让他在殿上为自己击筑。日子久了，秦始皇的戒心有所松懈，每次听到高兴处就不自禁地走近高渐离。于是高渐离暗暗地在筑中灌铅，当秦始皇走近的时候，举起筑奋力扑向皇帝，可惜没有成功。高渐离的结果可想而知，只可惜了一代击筑能手。

李延年是汉朝著名的宫廷乐师。年轻时曾因触犯刑律而被处以腐刑，在宫中当管狗的太监，但后来却由于"性知音，善歌舞"而受武帝的器重。李延年歌声动人，曾经在汉武帝面前赞美他的妹妹："北方有佳人，绝世而独立，一顾倾人城，再顾倾人国，宁不知倾城与倾国，佳人难再得。"他的妹妹因此而受宠，被封为夫人。李延年也被封为掌管乐府的协律都尉，成为当时炙手可热的人物。不幸李夫人早逝，李家逐渐失宠，李延年也由于家人连累被杀。

李延年具有多方面的才能，除唱歌外，他还善于编曲创作，史称他"每为新声变曲，闻者莫不感动"。他曾经为司马相如等著名文人所写的19首郊祀歌词作曲，用于宫廷祭祀乐舞。他还对外来音乐进行加工创作，将张骞从西域所带回的《摩柯兜勒》一曲改编为《新声二十八解》，用作仪仗队的军乐，为中国音乐的发展作出了卓越的贡献。

隋唐时期音乐全面繁荣，著名的音乐家数不胜数。其中著名的宫廷乐工万宝常，是当时不能不提的重要音乐家。万宝常原是南朝人，后因父亲触犯北齐法规，不满10岁就被"配为乐户"，后来他师从音乐家祖珽，成为一个"妙达钟律，遍工八音"的音乐大家。

万宝常曾撰写过《乐谱》六十四卷，并提出了有名的八十四调理论，即一个音律有七个音阶，每个音级上设立一个调，七个音阶就是七个调，那么十二律即可得八十四个音阶调式。这一理论在隋朝并不受重视，直到唐朝才得以发展，为中国自古以来就有七声音阶音乐提供了可靠依据。此外，万宝常还使用水尺定音律，以代替传统的"管口校律"来调整乐器声音，为中国的音乐理论作出了突出的贡献。

可惜万宝常生于乱世，一生经历四朝，而且由于才能出众受到忌恨，终生未得重用。晚年他贫病交加，临死前将自己多年的心血著作付诸一炬，这真是中国音乐界的一大损失。

隋唐时期音乐的繁荣与统治者的积极倡导是分不开的，隋文帝、隋炀帝以及唐初的几位皇帝，都十分重视和喜爱音乐，其中最为著名的帝王音乐家当数唐玄宗李隆基。

唐玄宗是一位具有卓越政治才干的英明君主，著名的"开元盛世"就是由他开创的。更难得的是，他还多才多艺。《新唐书·礼乐志》中说他通晓音律，酷爱法曲，在坐部伎中挑选300人，组成了一个新的音乐机构——梨园。如果有人在演奏时发生错误，他必能察觉，并亲自纠正。唐玄宗精通多种乐器，尤擅羯鼓，曾被大臣宋璟誉为"头如青山峰，手如白雨点"。此外，唐玄宗还能创作乐曲，如《紫云回》、《龙池乐》、《凌波仙》、《得宝子》等。他根据印度《婆罗门曲》改编的歌舞大曲《霓裳羽衣曲》更是被誉为中国歌舞音乐一颗璀璨的明珠。

作为一位帝王音乐家，唐玄宗对唐代音乐的影响是不可估量的。正是由于他的积极倡导，唐代音乐才得以与各民族音乐文化进行融合。应该说唐代音乐的繁荣，唐玄宗功不可没。

唐朝宫廷人才济济，李龟年是唐玄宗最为

### ·许和子·

唐朝著名的宫廷歌手，又名永新。古书上说她"既美且慧，善歌，能变新声，韩娥延年殁后，千余载旷无其人，至永新始继"。她的声音极富穿透力，"喉啭一声，响传九陌"，"喜者闻之气勇，愁者闻之肠绝"。唐玄宗曾叫李谟吹笛为永新伴奏，结果一曲终了，笛亦随之断裂，可见许和子声音的穿透力，昔日韩娥不过如此。安史之乱后，许和子为一士人所得，流落民间。

赏识的乐人之一。他和他的兄弟李彭年、李鹤年都以音乐闻名，其中又以李龟年最为有才。他能歌善舞，精通多种乐器，善于作曲。王公贵族经常请他到府上表演，动辄以千金相赠。结果李氏兄弟在洛阳建造的宅第，规模甚至超过了公侯府第。

安史之乱后，李龟年流落到江南，境遇十分凄惨。一次诗人杜甫偶然听到他的歌声，感叹不已，于是写下了著名的《江南逢李龟年》："岐王宅里寻常见，崔九堂前几度闻。正值江南好风景，落花时节又逢君。"

明朝最著名的音乐家是朱载堉，是明朝开国皇帝朱元璋的第九世孙，明宗室郑恭王朱厚烷的儿子。他早年学习天文、算术，后来在历学和数学方面取得了很大成就。同时，朱载堉还具有非凡的音乐才华。嘉靖年间，朱载堉由于家庭变故，被迫离开王府，在一间土屋里独居了 19 年，一心钻研音乐、数学和历学，并写成了集乐律、乐谱、乐经、舞谱、数学和历学于一身的综合性巨著《乐律全书》。

《乐律全书》中的《律吕精义》内外两篇，详细地阐述了他所创造的新法密率。新法密率也叫"十二平均律"，是一种将音乐中的八度音程均分为 12 个半音的中国古代律制。它在理论上解决了历代在旋宫问题上存在的矛盾，是音乐史上最早用等比级数音律系统阐明十二平均律的科学巨著。直到 100 多年后，德国音乐家威尔克迈斯特才提出相同的理论。

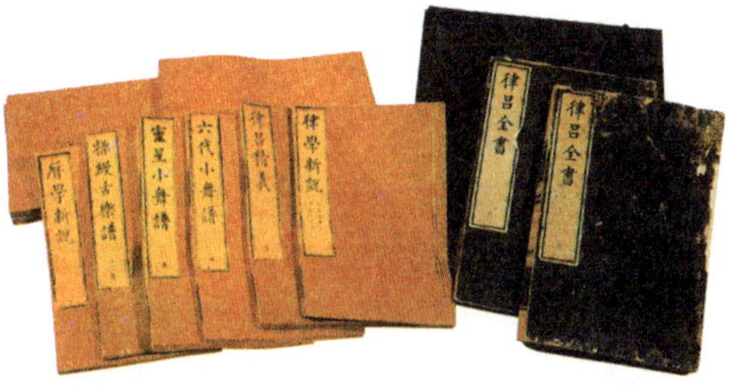

⊙《乐律全书》书影

明朱载堉著，包括《律学新说》、《乐学新说》、《算学新说》、《律吕精义》等 13 种。

朱载堉在音乐上的另一成就是发明了校正律管（即用于定律的标准器）管口的方法——"异径管律"，它对解决管乐器的"管口校正"具有重要的意义。此外，朱载堉还改编了不少戏曲史料和民间曲调，在乐器制作上也取得了一定的成就。

## 乐器纵览

乐器是最能证明远古音乐存在的实物证据，它的历史，几乎就是音乐的历史。在遥远的新石器时代，乐器只有骨哨、埙、鼓等有限的几种。这时被称为音乐的萌芽时期。到了周代，琴瑟等弹弦乐器开始出现，音乐也步入了百家争鸣的时代。唐朝，轧筝、奚琴等拉弦乐器出现，极大地在拓宽了音乐的表现力，使音乐在这个时候达到了一个高峰。至此，中国的"吹、打、弹、拉"四大种类的乐器格局基本形成。

### 吹管乐器

#### 笛

笛是中国最古老的乐器之一，早在 8000 年前的远古时期，中国就已经出现了用鸟禽肢骨制成的竖吹骨笛。横笛大概在汉朝时出现，相传由张骞从西域引入，那时叫作"横吹"，是鼓吹乐的重要乐器，以竹制成。秦汉后，笛子成为竖吹的箫和横吹的笛的共同名称，这种状况一直延续到唐代。宋元时期，笛成为词曲和曲艺伴奏的重要乐器。

笛子的声音具有悠扬、婉转的特点，容易给人以一种缠绵思乡的感觉。唐代诗人李白曾经写过这样的诗句："谁家玉笛暗飞声，散入春风满洛城。此夜曲中闻折柳，何人不起故园情。"李益也有诗云："回乐峰前沙似雪，受降城外月如霜。不知何处吹芦管（芦笛），一夜征人尽望乡。"

笛的品种有很多，其中使用最为普遍的是曲笛和梆笛。曲笛又叫苏笛，以伴奏昆曲和盛产于苏州而得名。曲笛管身粗长，音色柔和，善于表现江南的柔婉情致。梆笛以伴奏梆子类戏曲得名，管身细短，音色明亮，善于表现北方的刚健气质。

**箫**

“黄河远上白云间，一片孤城万仞山。羌笛何须怨杨柳，春风不度玉门关。”这是著名诗人王之涣的《出塞》，也是唐代七绝的压卷之作。诗中幽怨的羌笛，就是现在人们所说的箫。

箫原称“洞箫”，是中国古老的吹奏乐器之一。箫和笛一样，都源于远古时期的骨哨，因此很长一段时间人们把箫称作笛，直到唐代，两者才开始分离，横吹为笛，竖吹为箫。

箫的音量较小、音色轻柔，比笛声更有一股缠绵不尽的幽怨之意，因此箫比较适于独奏和重奏。著名的独奏曲目有《鹧鸪飞》、《妆台秋思》、《柳摇金》等，另有琴箫合奏曲《梅花三弄》、《平沙落雁》等。

**唢呐**

到农村参加过婚礼的人一定听过唢呐的吹奏，那股热闹劲儿，那种喜庆味儿，肯定让你至今难忘。唢呐的发音高亢、嘹亮，广泛用于军乐和民间仪式中。明朝曾经有人这样描述唢呐：“喇叭，唢呐，曲儿小，腔儿大。来往官船乱如麻，全仗你抬身价。军听了军愁，民听了民怕，哪里去辨什么真共假？眼见得吹翻了这家，吹伤了那家，只吹得水尽鹅飞罢。”可见唢呐演奏的过人声势。

唢呐又叫“喇叭”，最初流行于波斯、阿拉伯一带，大概在金元时传入中国中原地区，经过不断的发展，逐渐成为了中国使用最为广泛的乐器之一，除汉族外，使用唢呐的还有维吾尔、乌孜别克、苗、瑶、侗、布依、彝、傣、壮、土家、毛南等少数民族。

唢呐由哨、气盘、芯子、杆和铜碗组成。其中最有特色的是铜碗，也就是喇叭口，它的作用是扩音和美化音色。唢呐常与锣鼓等打击乐器合奏，也常用于独奏和伴奏。传统曲目有《百鸟朝凤》、《小开门》、《大合套》、《一支花》、《婚礼曲》等。

## 打击乐器

**鼓**

鼓是中国出现最早的乐器之一。黄帝杀夔（鳄鱼）制成鼍鼓的传说和后来陆续出土的一些文物都说明了早在远古时期，中国就已经出现了鼓。鼓还是中国应用最为广泛的乐器之一。在古代，鼓的用途很多。鼓在祭祀、乐舞中是不可或缺的乐器；鼓也是古代重要的一项礼仪，在清朝的时候，每逢朝会大典，午门外就要钟鼓齐鸣；鼓还有报时报警的功能；此外，鼓在战斗中可作为进攻的信号和鼓舞士气的工具。《左传》中的“一鼓作气”，指的就是鼓在战场上的巨大作用。鼓在现代的应用范围则更加广泛，民族乐队、民间器乐合奏，各种戏剧、曲艺、歌舞、喜庆集会和劳动竞赛等，都离不开鼓类乐器。

鼓的种类很多，常见的有腰鼓、羯鼓、狼鼓、渔鼓、铜鼓、花盆鼓、大堂鼓、书鼓、点鼓、战鼓、板鼓等。

⊙唐庄宗击鼓图

后唐庄宗李存勖从小喜欢看戏演戏，做了皇帝后，便整天跟伶人在一起，穿着戏服，登台表演，不问国事，还给自己起了个“李天下”的艺名。

## 弹拨乐器

**琵琶**

琵琶也是中国比较有代表性的乐器之一，

初名“批把”。最早的记载见于汉代刘熙的《释名·释乐器》:“批把本出于胡中，马上所鼓也。推手前曰批，引手却曰把，像其鼓时，因以为名也。”意思是批把来自胡地，本是一种骑在马上弹奏的乐器。向前弹出称作批，向后挑进称作把，所以它就以此命名。怪不得有唐诗说:“葡萄美酒夜光杯，欲饮琵琶马上催。醉卧沙场君莫笑，古来征战几人回?”大概是在魏晋时期，批把改名为琵琶。

⊙**螺钿琵琶 唐**

其背面嵌螺钿花纹，面板装有捍拨，上绘一白象，四人骑坐奏乐。

古代的琵琶是多种弹拨乐器的总称，像现在的柳琴、月琴、阮等，都可说是琵琶类乐器。古代琵琶有圆形音箱和半梨形音箱两类。前者又名直颈琵琶，阮属前者；后者又称为曲颈琵琶，现代琵琶由此演变而来。

琵琶声音穿透力强，低音区音质淳厚、低沉；中音区柔和、明朗；高音区清亮、刚健。历代都有对琵琶艺术魅力的赞叹，但对琵琶的最好描绘应是白居易的《琵琶行》:“大弦嘈嘈如急雨，小弦切切如私语。嘈嘈切切错杂弹，大珠小珠落玉盘。间关莺语花底滑，幽咽泉流水下滩。水泉冷涩弦凝绝，凝绝不通声暂歇。别有幽情暗恨生，此时无声胜有声。银瓶乍破水浆迸，铁骑突出刀枪鸣。曲终收拨当心划，四弦一声如裂帛。东船西舫悄无声，唯见江心秋月白。”

## 拉弦乐器

### 二胡

二胡是拉弦乐器的代表，因张两条弦而得名，又名胡琴、二弦、嗡子、胡胡等。据考证，二胡的前身可能是唐末北方民族西奚的一种叫奚琴的乐器。在宋代又称稽琴、二弦。北宋时出现以马尾弓拉弦的胡琴，并逐渐替代了以竹片擦弦的稽琴。经过元、明两代的发展，清代除原有的二弦胡琴外，又出现四胡、京胡和板胡。20 世纪 50 年代以后，出现了多种二胡改革品种，如高音二胡（高胡）、中音二胡、低音二胡（大革胡）、双千斤二胡、三弦胡琴等。

二胡的音色凄婉哀怨，近代中国著名的民间音乐家阿炳（华彦钧），创作了二胡独奏曲的经典之作《二泉映月》和《听松》，刘天华创作有《病中吟》、《良宵》、《空山鸟语》和《光明行》等。

# 音乐机构

中国的音乐文化光辉灿烂，这就需要相应的机构对其进行管理，于是乐府、教坊等音乐机构应运而生。它们主要由宫廷设立，规模宏大、结构严整，极大地促进了音乐的发展，并培养了一大批优秀的音乐人才，为中国的音乐艺术作出不可磨灭的贡献。

早在周朝，中国就已经出现了礼乐教育机构“大司乐”，不过历史上最为著名的音乐机构出现在汉唐两朝。

汉朝最高的音乐机构是乐府。其实乐府在秦朝就已设置，1977 年在秦始皇的陵墓区中发现了一件刻有“乐府”二字的错金银钮小钟。不过到了汉武帝时代，乐府才得到了长足的发展。这不仅表现在乐府人员的增多，还表现在乐府功能的增强，其中最重要的一项改变是从那时起，乐府开始负责采风。所谓采风，就是宫廷派人到民间收集歌谣，以观察民情。这种大规模的采集工作，使各地的民歌得以集中和流传，因此后世将这些民歌称为乐府。后来乐府的意义一再扩大，先是成为了一种合乐的诗歌，称作“乐府诗”。它的创作不再限于民间，文人也可创作。到更后一些时候，有些没有入

### ·大司乐·

大司乐既是中国早期音乐机构的名称，也是官职名称。机构指的是中国周朝宫廷掌管音乐行政、音乐教育和音乐演出的机构，掌管这一机构的最高官职即为大司乐。据《周礼·春官·大司乐》载，此机构官员及乐师多达1463人，包括大司乐、乐师、大胥、大师、小师等。

乐而袭用乐府旧题，或摹仿乐府诗体裁的作品也可称之为乐府。如唐代伟大诗人李白的名篇《将进酒》和《行路难》。

除采风外，汉乐府还有制定乐谱、采集歌词、训练乐工的职责，以备朝廷举行祭祀、召开宴会或举行其他仪式时演奏。汉武帝时的乐府，由当时著名的音乐家李延年担任协律都尉。另外专门有几十位文学家担任诗词的创作和改编，其中就有著名的文学家司马相如。

乐府在汉成帝时继续保持着原有的规模，据史料记载，当时乐府的人员达千人之多。不过由于民间俗乐的影响，王室贵族们耽于享乐，达到毫无节制、相互争抢名伎的地步。为了制止俗乐泛滥，汉哀帝未等建元就昭罢乐府，四百多宫廷乐人因此被罢免，乐府受到沉重的打击，从此一蹶不振，终于永远地退出了历史舞台。

⊙女乐图 唐

5名女伎演奏竖箜篌、筝、琵琶、五弦琵琶、笙，前方有一舞者，仅存舞裙飘动的一角；女伎背后站立4名侍女。生动描绘唐代音乐的辉煌与灿烂。

唐朝是音乐最为繁荣的时代，与此相称的是音乐机构的高度成熟。当时最著名的音乐机构当数梨园。

熟悉戏曲的人都知道，梨园其实就是戏曲界的别称，著名诗人白居易在《长恨歌》中就曾写过这样的诗句：“椒房青娥红颜老，梨园子弟白发新。”可见这个名称从唐朝起就已经存在了，那时它是一种宫廷设立的音乐机构，意义远没有现在宽泛。不过由于梨园的巨大影响力，它的意义逐渐扩大，成为了戏曲界的代称。戏曲演员，也因此被称为梨园子弟。

说起梨园，不能不提起唐玄宗。《新唐书·礼乐志》载：“玄宗既知音律，又酷爱法曲，选坐部伎子弟三百，教于梨园。声有误者，帝必觉而正之，号皇帝梨园弟子。”由此可知，梨园是唐玄宗为了培养优秀的宫廷乐工所设，因设于宫廷禁苑果木园圃“梨园”而得名。梨园的主要职责是教习法曲和训练乐器演奏人员，由于皇帝经常亲自参与教习，这些乐人也被称为“皇帝梨园弟子”。除宫中梨园，在长安和洛阳的太常寺内还分别设有“太常梨园别教院”和“梨园新院”，前者主要演奏新创作的歌舞大曲，后者演奏民间音乐。

唐代的音乐机构还有太常寺和教坊。其中太常寺是宫廷执掌礼乐的最高行政机构，主要有大乐署和鼓吹署。大乐署管理雅乐和燕乐，还任考选乐师等职责。鼓吹署专管鼓吹乐，参与仪仗和部分宫廷礼仪活动。教坊曾隶属太常寺，后直接隶属宫廷，主要传习、管理宫廷俗乐。唐初只有内教坊，到唐玄宗时，又在长安和洛阳各设外教坊两处。其中长安的左教坊主舞，右教坊主歌。

由于服务于宫廷，这些音乐机构都规定了严格的考核制度，以此确定乐人的分工和等级。比如说大乐署的乐工学习时限一般为10年，如果考后不合格，可以延长5年再考核。在这15年中，他们必须通过5次上考和7次中考。对于不同的学习内容，学习的时限又有所不同，如难度最高的“大部伎”学三年，“部伎”学二年，“小部伎”学一年。考核的结果直接关系到乐人的升迁，在宫廷音乐中，燕乐的坐部伎地位最高，如果考查不合格，就降入立部伎，再差的话就只能学地位最低的雅乐了。另据《教坊记》记载，内教坊中的伎女分为3个等级，第一级是宜春院的“内人”，也叫“前头人”，她们才艺出众，经常在皇帝面前表演；第二级是“宫人”，技艺稍次；最低一级是平民出身的“弹家”，学习琵琶、三弦、筝、箜篌等乐器。

唐朝的宫廷乐人数量很多，在唐玄宗时，仅长安的教坊艺人就曾达到一万多人。这些宫廷乐人除前朝的乐工之外，很多是民间艺人，还有一些是由于家人得罪受到牵连才被贬为乐户，另有一些选自平民家庭。他们在宫中的地位相当于奴婢，是供统治者享乐的工具，可随意买卖。只有少数人可以得到皇帝的赏识。在安史之乱后，大量的宫廷乐工流入民间，他们或乞讨为生，或出家为僧，结局十分悲惨。

⊙女乐俑　唐

## 音乐交流

中国的音乐文化源远流长、博大精深，在历史上曾经广泛地影响周边国家和地区。中华民族还是个善于学习的民族，曾在文化交流的过程中大量地吸收外来的音乐元素，并使之具有华夏特色。

中国的音乐交流在很早的时候就已经开始了。先秦典籍中有一部叫《穆天子传》的神话著作，记述了周穆王率领大批的人马西巡至西亚地区的故事。其中有这样的记载：“天子三日休于玄池之上，乃奏广乐，三日而终。”这里的玄池，就是现今里海附近的黑湖。据记载，当时使用的乐器就有琴、瑟、钟、鼓、竽、管、龠等，场面十分壮观。此外，周穆王还曾在漯水等地多次演奏广乐。

周穆王西巡的故事还可见于先秦的另一部典籍《列子·汤问》，里面记载了周穆王在回国的时候曾经带回一个名叫偃师的艺人。偃师擅长傀儡戏。他做的木偶栩栩如生，能表演舞蹈等节目。更奇妙的是当木偶向周穆王的侍妾眨眼睛时，周穆王竟然信以为真，盛怒之下要杀掉偃师。可见当时木偶制作水平之高。

到了汉代，随着丝绸之路的开通，中外的音乐交流越来越频繁。汉武帝时期，张骞奉命出使西域，带回了西域乐曲《摩轲兜勒》，后由宫廷音乐家李延年改编为《新声二十八解》，用作仪仗队的军乐——横吹。

这一时期重要的音乐交流事件还有长颈圆盘琵琶的远传西域。在汉武帝时，匈奴的势力还很强大，于是汉朝采取了与其他西域国家和亲的政策。细君公主、解忧公主先后下嫁乌孙国。为解公主思乡之愁，出嫁时带去大量的乐器，其中就有长颈圆盘琵琶。它又称汉琵琶、阮、阮咸，与现今所使用的琵琶不同。现今的琵琶是曲颈琵琶，大概于4世纪由印度传入，也是中外音乐交流的结果。

隋唐时期，大量的西域胡乐传入中原，与中原的音乐融合，最终成就了燕乐的辉煌。燕乐，又称宴乐，即宴会时供娱乐观赏的歌舞音乐。宋人沈括在《梦溪笔谈》中说："先王之乐为雅乐，前世新声为清乐，合胡部为燕乐。"燕乐在隋唐时期先后分为七部乐、九部乐和十部乐。十部乐包括《燕乐》、《清商》、《西凉乐》、《天竺乐》、《高丽乐》、《龟兹乐》、《安国乐》、《疏勒乐》、《康国乐》、《高昌乐》。清商乐是中国传统音乐，燕乐是融合中外的音乐，高丽乐来自朝鲜，其余都是这一时期先后传入中土的西域音乐。其中天竺乐是最早传入中原的西域乐部。天竺就是现今的印度。龟兹乐来自龟兹国，也就是现今的新疆库车一带。龟兹乐是对中原音乐影响最大的一种胡乐，尤其是鼓乐。西凉乐是中国西北地区一种融合了龟兹乐和汉族音乐特点的音乐。疏勒来自于现今中国新疆喀什、疏勒一带，

⊙击鼓舞伎 壁画

该图具有浓郁的龟兹舞蹈韵律，是具有代表性的龟兹舞蹈造型。龟兹壁画舞姿的一些动作特点，在今天的维吾尔族舞蹈中仍可寻见，可见今天的维吾尔舞蹈是从古龟兹舞一脉传承下来的。

安国乐来自于现今乌兹别克斯坦的布哈拉一带。高昌乐来自中国新疆吐鲁番地区，康国乐来自今乌兹别克斯坦的撒马尔罕一带。

唐玄宗时，燕乐又根据表演方式改为坐部伎和立部伎。不再以地名命名和分类，中外乐器经常混合演奏。这标志着中原音乐和外来音乐在这一时期已经达到了一个新的融合。

歌舞大曲是唐朝燕乐的最高成就，代表作品《破阵乐》和《霓裳羽衣曲》都是中外音乐交流的重要成果。《破阵乐》主要表现秦王李世民的辉煌武功。音乐以汉族清乐为基础，吸收龟兹乐。表演时鼓声声振百里，动荡山谷，场面十分壮观。《破阵乐》声名远播，甚至在千里之外的印度也有耳闻。

《霓裳羽衣曲》是唐代最负盛名的歌舞大曲，对于它的创作来历，众说纷纭。比较可信的是《霓裳羽衣曲》是由唐玄宗吸收西凉都督杨敬述所献的印度《婆罗门曲》创作而成的。但是在歌舞的结构方面则遵循中原传统的相和大曲、清商大曲的三段式，分为散序、中序、破三个部分。因此《霓裳羽衣曲》是中外音乐交融合的结晶。

隋唐时期，由于国家富强、文化繁荣，外国纷纷派使者前来学习。日本的"遣唐史"中有专门学习中国音乐的"音乐长"和"声音生"。在这些留学生中，比较著名的人物有吉备真备。他在中国待了19年，回国时带了大量的典籍，其中就有著名的《乐书要录》。

朝鲜半岛也是和中国交流比较频繁的地区。朝鲜半岛曾经分为三国，即高句丽、百济和新罗。唐朝燕乐中的高丽乐主要来自高句丽，在十部乐中占有重要的地位。同时中国的筝等乐器传入高句丽，还有根据中国的古琴改造而成的玄琴。新罗和百济与中国也有音乐上的交流。

1908年，敦煌千佛洞发现了唐代赞美诗《大秦景教三威蒙度赞》。大秦即古时的罗马帝国和东罗马帝国，景教就是基督教。这说明了在唐朝的时候，中国和欧洲音乐交流就已经开始了。

元世祖忽必烈时，中国和罗马教廷正式建立联系。此后基督教开始在中国建立教堂，组织儿童唱诗班。据说元朝的大汗和官员都非常喜欢听他们的演唱。

元朝初年，意大利商人马可·波罗随父亲、

叔父来到中国，受到元世祖忽必烈的接见和礼遇。他们在中国担任官职达 17 年，直到元朝公主下嫁伊尔汗国（伊朗等地）时才乘便回家。著名的《马可·波罗游记》记录的就是他在中国的所见所闻，在欧洲引起了巨大的反响。在游记中，有部分是记述中国音乐的，这对欧洲了解中国音乐起到了重要的作用。

明朝晚期，意大利传教士利玛窦来到中国，他采取了学习中国文化、结交中国官员、尊重中国习俗的传教策略，取得了很大的成功。他曾向宫廷进献古钢琴，并为琴曲配写了歌词《西琴曲意》。利玛窦还写过一部《利玛窦中国札记》，第一次比较系统地向西方介绍了中国的音乐。

清朝康熙年间，葡萄牙籍传教士徐日来到中国，担任康熙皇帝的音乐老师，讲授西洋音乐。他著有西洋乐理著作《律吕纂要》。在他去世之后，意大利传教士德理格又写了《律吕正义·续编》。这两部著作使欧洲乐理知识第一次系统完整地传入中国。

近代是继隋唐之后中外音乐交流的又一高峰时期，它以学堂乐歌为开端，最终促成了中国音乐的现代化转折。

**⊙载乐驼俑 唐三彩**

三彩是唐代盛行的美术陶瓷。图中骆驼张口长鸣，驼峰上覆盖毛毯，上置驼架，架面呈一平台，平台上环坐乐俑 6 人，中间立一舞者。乐俑所持乐器为笛、笙、排箫、琵琶、竖箜篌、筚篥。所有乐俑都是西域人装束。

## 音乐与戏曲

中国戏曲是一种综合性极强的艺术形式，它来自民间，已经有四五百年的历史。中国戏曲讲究的是“唱、念、做、打、舞”的综合，“唱”首当其冲，最为重要。中国民间有句老话：“无腔无调不成戏”，这充分说明音乐之于戏曲的重要性。它与中国戏曲同步孕育、形成和发展，与戏曲是“绿叶红花”的鱼水关系。同时，由于它融合中国戏曲和中国音乐两种不同的艺术形式，具有自己独特的艺术特色，是中国传统音乐体系中一个重要的组成部分。当今中国大约有 300 多种戏曲，它们分类的基本标准正是音乐上的不同。

### 戏曲音乐的结构体式

戏曲音乐的结构体式，从唱腔音乐来说，主要分为曲牌联套体和板式变化体。

曲牌联套体形成较早，它历经中国戏曲发展的南北曲、昆曲、高腔各阶段，最早于昆山腔中系统运用。这种结构体式主要有两类，三样式。两类即“单套”类和“联套”类。用一个曲牌联套称为“单套”；用多支曲牌联套称为“联套”。三样式，一是属于“单套”的单体式，即前缀引子、后缀尾声的单体曲牌联套；二是属于“联套”之一的循环体式，即除引子和尾声之外的曲牌，由两支曲牌采用不断交替循环的方式连缀；三是属于“联套”之二的多曲联套体式，即由两支以上的若干支单体曲牌成序列连缀为前有引子、后有尾声的长大套曲结构。

板式变化体的形成晚于曲牌联套体，在戏曲史上的梆子腔、皮黄腔阶段兴起并得以广泛运用，当今许多剧种都采用这种结构体式。板式既是戏曲音乐中的“板眼”的结构方式。所谓“板”

### ·《桃花扇》和《长生殿》·

清代最负盛名的两部传奇，作者分别是孔尚任和洪昇，被称为“南洪北孔”。孔尚任言道《桃花扇》是“借离合之情，写兴亡之感”，它以复社文人侯方域和秦淮名妓李香君的爱情故事为线索，反映了南明王朝的兴亡。《长生殿》以安史之乱为背景写唐明皇与杨贵妃的爱情故事，既赞颂了唐明皇与杨贵妃生死不渝的爱情，又揭示了安史之乱前后广阔的社会背景。这两部传奇被多次改编，在舞台上长演不衰。

就是鼓板击奏的重拍;“眼”就是鼓板不击的弱拍。因而，板式具有节奏、节拍的双重意义。戏曲中常用的板式有以下四种：

一板三眼（4/4 节拍）：包括慢三眼、快三眼、中三眼、正板等。

一板一眼（2/4 节拍）：包括快、慢原板，慢二六,二性、中板等。

无板眼（1/4 节拍）：也叫“有板无眼类”。包括二六、流水、快板、垛板、二八等。

散板（自由演唱）：包括滚板、飞板、紧流水等。

戏曲的板式，采用了中国传统音乐“散—慢—快—散”的基本节奏规律，既有严格的程式性、规律性，又富于变化性，是中国民族音乐的精华。

## 戏曲的声腔系统

声腔是指中国戏曲中音乐形态和音乐风格相对固定的歌唱腔调。每种戏曲都采用一种或多种声腔。这些声腔产生的有早有晚，相互之间互相影响，有的声腔还发生了流变。我们根据声腔的源流、结构、规则、风格等特点把众多的声腔分为五大类：

四大声腔系:昆腔、高腔、皮黄腔、梆子腔。

歌舞—戏曲腔系：秧歌腔系、花鼓腔系、采茶腔系、花灯腔系、二人转腔系。

说唱—戏曲腔系：琴书类腔系、鼓词类腔系、杂曲类腔系、渔鼓类腔系、牌子曲类腔系。

地方小调腔系：肘鼓子腔系、弦索小调腔系、滩簧腔系、落子腔系及其他。

民族戏曲腔系：藏戏、蒙戏、僮戏、壮戏及其他。

最后介绍一下四大声腔中的代表剧种。

现在中华大地上的剧种大概有 300 多种。最古老的是昆曲，属于昆腔体系，它被联合国教科文组织评为“人类非物质文化遗产”之一。昆曲唱法风格雅致、吐字运气讲究、旋律悦耳婉转，人称“水磨调”。

京剧是皮黄声腔的代表。它形成于清乾隆时期。1790 年乾隆 80 大寿，四大徽班先后进京献艺，徽戏吸取当时北京其他戏曲的长处，糅合汉调、昆曲、秦腔等的特色，终于形成了“京剧”这一崭新的剧种。京剧剧目丰富、行当齐全、名家辈出、流传极广，被称为“国剧”，成为中华戏曲的代表。

梆子腔系统的代表剧种是秦腔，流行于陕西、山西、甘肃、青海等地。秦腔历史悠久，对其他剧种有很大影响。秦腔的特点是高亢苍劲。

高腔的代表剧种是川剧。川剧流行于四川、重庆、云南及贵州等地。川剧是一种古老的剧种，保留许多古代戏曲的特点，很有特色。川剧声腔多样，幽默风趣，富于生活气息。

⊙京剧《红灯记》剧照

## 音乐与舞蹈

音乐与舞蹈，历来是艺术大家庭公认关系最好的一对姐妹花。她们同根同源，而且在漫长的成长过程中，相互扶持、相互融合，创造了辉煌的音乐和舞蹈文化。

音乐和舞蹈的关系可以追溯到原始社会，那时的人类尽管已经有了语言这种最为重要的交际工具，但是在感情强烈或者用语言无法完全表达的时候，他们就会用诗唱出来，而当唱歌也无法表达的时候，他们就又跳起了舞。正如古人说的：“咏歌之不足，不知手之舞之，足之蹈之。”

远古时代的音乐舞蹈，早已消失在浩瀚的岁月中，我们只有通过一些出土的文物和古文献才能找寻一丝它们的踪影。1973 年在青海大通县孙家寨遗址出土的舞蹈纹彩陶盆，由于记录了远古时代的乐舞而闻名。在它的内壁上，有一圈用黑彩绘成的 3 组乐舞图。每组有 5 个装扮相同的人手拉着手作群舞状。与现在边疆少数民族手握手聚众踏歌的歌舞场景十分相似。

1994 年在青海宗日遗址出土的舞蹈纹彩陶盆上也有一圈用黑彩绘成的两组乐舞图像。一组 11 人，一组 13 人，戴着宽大的头饰，穿着圆鼓舞裙，仍然是手握着手作群舞状。它与前面出土的舞蹈纹彩陶盆一样，是研究古代乐舞的宝贵资料。

比较重要的乐舞图像还有 1965 年在云南发现的沧源崖画乐舞图，其中有一幅 21 个人组成的战斗歌舞图，他们有的手持盾牌，有的手持长柄武器。这幅图证明了早期舞蹈就已经使用了武器作为道具，表现出中国舞蹈中的战斗精神，后世的剑舞也受其影响，杜甫曾经写过一首《观公孙大娘弟子舞剑器行》，生动地描绘了剑舞非同一般的魅力。

古代文献也是我们了解古代乐舞的重要来源。《吕氏春秋》中记载的“葛天氏之乐”，就有力地证明了音乐和舞蹈的同体性。“三人操牛尾，投足以歌八阕。”另外，根据记载，在远古时代，中国就已经出现了比较大型的乐舞。如黄帝时的《云门》，尧时的《咸池》，舜时的《韶》等。

从远古遗存可以知道，音乐和舞蹈从一开始就以一体的形式出现，这就决定了尽管在漫长的发展过程中各自发展成独立的艺术形式，但是在大部分的时候，她们还是紧密结合、不可分离，由此形成了中国丰富多彩的舞蹈音乐形式。

### 秧　歌

秧歌是中国民间比较有代表性的民间舞蹈，是融歌、舞、戏为一体的综合艺术形式，主要流行于北方汉族地区。秧歌起源于插秧等农事劳动，一般在元宵节进行表演。清代吴锡麒的《新年杂咏抄》说：“秧歌，南宋灯宵之村田乐也。”可见秧歌在 800 年前的南宋就已经在民间流行。

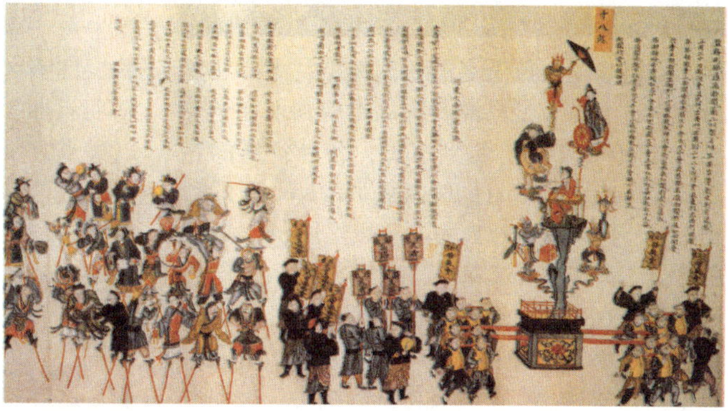

**⊙ 天后宫过会图**

图中生动描绘了各种走会节目的表演形象。《燕京岁时记》载过会（走会）者乃京师游手，扮作开路、中幡、扛箱、官儿、高跷、秧歌之类，随地演唱，观者如潮。

秧歌最初只是一种伴随劳动的纯粹歌唱形式，后发展成独立的歌舞表演，最后发展为民间小戏。秧歌的内容多为神话传说和民间故事，如东北秧歌《姜太公钓鱼》、《孙悟空与猪八戒》，陕西秧歌《张良卖布》等。秧歌的表演形式有两种：地秧歌和高跷。地秧歌为徒步在地面上表演，高跷则是双脚踩在木跷上进行表演，这就要求舞者要有高超的技术，否则很容易从上面摔下来。秧歌队一般都有10人，多到上百人，他们手持扇、帕、伞、棒等道具，扮成历史故事或神话传说中的人物。秧歌表演分大场和小场，前者是集体舞，用于开头和结尾，由一二人领舞，边跳边走出长蛇阵、八卦阵、卷菜心、双蝴蝶、十字梅等各种复杂的队形和图案，场面颇为壮观。小场是指中间穿插的舞蹈和小戏，由几个人表演。秧歌的基本动作一般为挥臂跳跃和扭腰甩肩，因此历来有“扭秧歌”之称。

秧歌的风格一般都比较热烈，不过各地的秧歌还是有一些自己的特色，如东北秧歌泼辣风趣；山东秧歌粗犷豪爽；陕北秧歌雄健有力；山西秧歌则以民间小曲为特色，唱腔高亢、粗犷、辽阔略带苍凉，如《走西口》。

秧歌是男女老少都十分喜爱的民间歌舞，在民间有首打油诗是这样说的：“听见锣鼓点儿，搁下筷子搁下碗。听见秧歌唱，手中活儿放一放。看见秧歌扭，拼上老命瞅一瞅。”可见群众对秧歌的喜爱程度。

## 花灯

花灯也是汉族著名的民间舞蹈，主要在正月演出，元宵节是高潮。它从出现到现在至少已有1000多年了。每到节日，各种各样的花灯聚在一块，使节日的气氛更加浓厚。灯的种类很多，有龙灯、鱼灯、鹤灯、凤凰灯、麒麟灯、百鸟灯、荷花灯、蝶花灯、船灯、车灯、伞灯、云灯等。在表演时，这些灯或举在手上，或担在肩上，或挂在腰间，或缀于腿上，随着人的舞姿四处摇晃，在夜间显得五彩缤纷、绚丽多姿。花灯一般是群舞，表演时伴有锣鼓和烟花爆竹，这样就使场面显得格外地热闹和壮观，大大地增添了节日气氛。比较有代表性的花灯有云南花灯、四川花灯、贵州花灯和湖南花灯。

## 龙舞

龙舞可以说是中国在国际上最具知名度的民间舞蹈，它因舞蹈者持龙形道具而得名。龙的形象源于中国古代图腾，是中华民族的象征。传说龙能行云布雨，消灾降福。因此古人就经常舞龙以求雨。到汉代，龙舞的形式就已经相当完整，如春季舞青龙，夏季舞赤龙或黄龙，秋季舞白龙，冬季舞墨龙；每次舞5 ~ 9条龙，龙可长达数丈。

龙舞发展到现在，表演日趋完美。流传比较广泛的龙舞形式就有龙灯、草龙等。其中龙灯又是最常见的一种。它又称火龙、金龙，是由一人手持彩灯在前领舞，后面有多人持龙头、龙身和龙尾下的木柄随舞。主要表演有“二龙戏珠”、“金龙蟠玉柱”等。表演时伴有锣鼓、唢呐等乐器，同时施放烟花爆竹，场面气氛十分热烈。草龙流行在南方，最主要的特色是在龙的身上插满香火，起舞的时候星火点点、香烟缭绕。另外在江苏还有一种比较特别的龙舞，龙头、龙身和龙尾都用红绸扎成，多由妇女舞弄，来回穿梭，走出许多队形，远看就像云彩一般轻盈。

## 唐代歌舞大曲

著名的舞蹈音乐还有唐代的歌舞大曲，和前面的几种不同，它是一种宫廷乐舞。由“散序”、“中序”和“破”3部分组成。散序不舞不歌，只有乐器演奏；中序有歌有舞；破则以舞为主。音乐与舞蹈配合得当。当时比较著名的大曲有《绿幺》、《凉州》、《后庭花》、《霓裳羽衣曲》、《破阵乐》、《水调》等，其中又以《霓裳羽衣曲》最为出名，为唐代歌舞的集大成之作，相传由唐玄宗游月宫听仙乐而作，今人多认为由唐玄宗根据印度《婆罗门曲》改编而成。内容与道教有关，表演时舞伎身穿虹裳霞披，在虚无缥缈的仙乐中翩翩起舞。传说杨贵妃善跳此舞，白居易的《霓裳羽衣歌》这样描述道：“中序擘騞初入拍，秋竹竿裂春冰拆。飘然转旋回雪轻，嫣然纵送游龙惊。小垂手后柳无力，斜曳裾时云欲生……繁音急节十二遍，跳珠撼玉何铿铮。”可见杨贵妃美妙绝伦的舞姿。

# 音乐与文学

在中国的传统音乐中，除了舞蹈，文学也许是和音乐关系最为密切的一种艺术形式。古人在很早的时候就曾说过："诗言志，歌永言。"可见两者在萌芽期都是一体的。曾经有人主张中国文学的正宗是音乐文学，这话虽然有些偏颇，但至少在以诗为正宗的古代，音乐文学是占有绝对的统治地位。

远古时期的那些歌谣，既是文学的萌芽，也是音乐的萌芽。中国最早的一部诗歌总集《诗经》，最初也都是乐歌，可惜后来古乐失传，我们只能从文字上体会诗歌的音乐特征。《诗经》的第一篇作品是《关雎》："关关雎鸠，在河之洲。窈窕淑女，君子好逑。参差荇菜，左右流之，窈窕淑女，寤寐求之。求之不得，寤寐思服，悠哉悠哉，辗转反侧。参差荇菜，左右采之，窈窕淑女，琴瑟友之。参差荇菜，左右芼之，窈窕淑女，钟鼓乐之。"全为四字句，多有双声叠韵词，读来有一唱三叹之感。

先秦时代，中国出现的另一个与音乐关系密切的文学样式是楚辞。这是一种"书楚语，作楚声，纪楚地，名楚物"的诗歌体裁，和《诗经》并称"风骚"，共同构成中国诗歌的源头。楚辞的直接渊源是以《九歌》为代表的楚地民歌，具有浓烈的巫术色彩。屈原是最著名的楚辞家，其代表作品《离骚》是楚辞的千年绝调。

乐府是秦汉时期的音乐机构。它的一大职责是大量采集民间歌谣，然后再进行改编，后来这些歌谣也被称为乐府。从文学的角度来说，乐府是一种入乐的诗歌，在汉朝和魏晋南北朝颇为流行。宋人郭茂倩编著的《乐府诗集》，曾把汉至唐的乐府诗分为 12 类：郊庙歌辞、燕射歌辞、鼓吹曲辞、横吹曲辞、相和歌辞、清商曲辞、舞曲歌辞、琴曲歌辞、杂曲歌辞、近代曲辞、杂歌谣辞、新乐府辞。其中两汉乐府主要保存在郊庙歌辞、鼓吹曲辞、相和歌辞和杂歌谣辞中，而以相和歌辞数量最多。南朝乐府多以清商曲辞为主，北朝乐府则多保留在横吹曲辞中。

⊙乐府钟　秦
这是迄今中国考古史上发现的唯一一件能够证明秦代已有"乐府"机构的文物。钟上刻有"乐府"二字。

相和歌原是"徒歌"的形式，后来加上帮腔，变为"但歌"，并逐渐采用管弦乐器进行伴奏，著名的相和歌有《陌上桑》。鼓吹乐是以打击乐器鼓和吹奏乐器排箫、横笛、笳、角等合奏的一种音乐，著名的鼓吹曲辞有《上邪》《有所思》。清商乐是一种娱乐性的民间音乐，曲风清丽缠绵，代表作品有《子夜歌》。横吹乐有时也称为鼓吹，用于军乐，风格刚健粗犷，代表作品为《敕勒歌》。

唐代是诗歌的鼎盛时代。诗歌的文学意味增强，但并不代表诗歌就与音乐没有关系了。古人云："唐之绝句，唐之曲也。""今之诗歌，古之乐也。四言如琴，五言如笙箫。"可见唐诗是可以入乐的，而且在当时以著名诗人的诗句入乐为一时之风气。唐代传奇小说集《集异记》记载的旗亭赌唱，就很能说明这种情况。

故事说的是在一个飘着小雪的日子，唐代著名诗人王昌龄、高适、王之涣齐聚在旗亭喝酒，正赶上宫中梨园十数人也来这里聚会。于是诗人退席回避。过了片刻，他们看到有 4 位美貌的歌女走了出来，随即歌唱奏乐。于是三人商议说："我们诗名在外不分高下。不如通过她们唱的歌以谁的诗为最多来定优劣。"过了一会，他们听见有人唱道："寒雨连江夜入吴，平明送客楚山孤。洛阳亲友如相问，一片冰心在玉壶。"王昌龄见唱自己的诗，就在壁上画道"一绝句"。一会儿，他们听见有人唱高适的诗："开箧泪沾臆，见君前日书。夜台何寂寞，犹是子云居。”于是高适也在壁上画道“一绝句”。接着，又有一人唱道：“奉帚平明金殿开，强将团扇共徘徊。玉颜不及寒鸦色，犹带昭阳日影来。”王昌龄见又唱自己的诗，就又在壁上画了一笔“二绝句”。这时王之涣见还没自己的诗，不禁有些着急了。但他自恃得名已久，于是胸有成竹地对他俩说：“这些都是潦倒乐官，只能唱下里巴人之类的俗曲，怎么能算是阳春白雪呢？如果待会那位最漂亮的歌伎唱的还不是我的诗，那我就甘拜下风，终生不再与你们争衡。如果唱的是我的诗，那你们就得拜在我的脚下认我为师。”不一会，那歌女果真唱道：“黄河远上白云间，一片孤城万仞山。羌笛何须怨杨柳，春风不度玉门关。”王之涣得意极了，揶揄二人道：“看我说的没错吧？”于是3人开怀大笑，众歌伶不知其意，便问他们为何欢笑。王昌龄就把缘由告诉了她们，结果众歌伶全都起身拜道：“我们俗眼不识神仙，若不嫌弃，请各位共坐一席。”于是3人过去，痛饮了一日。

此外还有很多说明唐诗入乐的例子，如白居易的诗“童子解吟《长恨曲》，胡儿能唱《琵琶篇》。”李益的诗则每写一篇，就被乐工们争相赂求；还有王维的《送元二使安西》被人谱成乐曲，成为了送别的千古绝唱等。

宋代的音乐文学代表是词。词又称为“曲子”或“曲子词”，是一种配合音乐歌唱的文学体裁。词与诗的不同之处在于词有词调，如〔西江月〕、〔清平乐〕、〔破阵乐〕、〔水调歌头〕等，每种词调有一定的格式；词一般分为两片，有时更多，句式基本上为长短不齐的杂言。这些异于诗歌的特点，是由词与音乐的关系决定的。在词以前，一般是先有诗，后配曲，以诗入乐；可是词却一般是先有乐，后有词，因此历来有倚声填词的说法。古人说：“自五言变为近体，乐府之学几绝，唐人所歌，多用五七言绝句，必杂以散声，然后可以被之管弦，如《阳关》必至三叠而后成音，此自然之理，后来遂谱其散声，以字实之，而长短句兴焉。”（方成培《香研居词麈》）这种与音乐更为紧密的关系使得很多词人同时也兼有音乐家的身份，如柳永、姜夔、周邦彦等。

柳永是宋词的前期代表，据说教坊乐工每次有了新曲，必定会让柳永作词，后来竟到了“凡有井水外，即能歌柳词”的地步。秦观的词也很有名，尤其是那首《满庭芳·山抹微云》。据说有一天他的女婿范仲温在人家作客，自我介绍时说：“我就是‘山抹微云’的女婿。”众人听了不禁啧啧赞叹。

元代最为兴盛的文学样式是曲。音乐和文学在这个时候结合得更紧密了。曲分为杂剧和散曲，两者均以当时流行的北曲配乐。其中，散曲是在北方金代的俗谣俚曲的基础上发展起来的，多用于宴会歌伎唱词。著名散曲作家有关汉卿和马致远等。而杂剧是一种综合性的艺术，多用于舞台表演。代表作家有关汉卿、马致远、郑光祖和白朴，这四人并称“元曲四大家”。

明清杂剧衰微，传奇流行。代表作有汤显祖的《牡丹亭》和孔尚任的《桃花扇》。它们语言华美，既是戏曲音乐的精品，又是戏曲文学的名作。

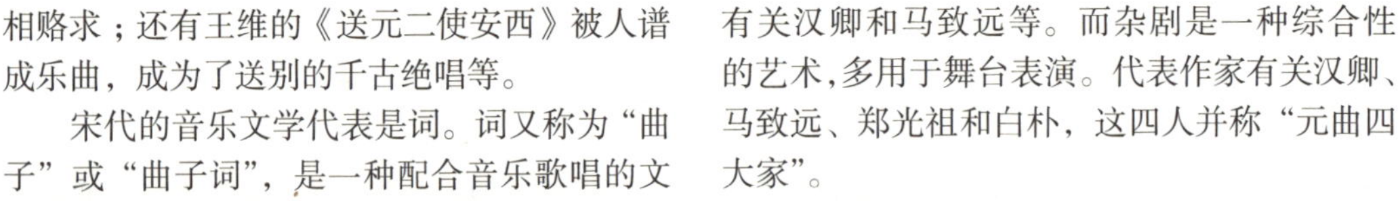


⊙《关公单刀赴会》杂剧图 元

## 音乐与风俗

在古代，音乐是最受统治者重视的艺术形式，它的地位远高于绘画、雕塑和书法，甚至在一定程度上还高于文学艺术，其根本原因就在于音乐具有巨大的社会作用。孔子说："移风易俗，莫善于乐。"《乐记》中也说："其感人深，其移风易俗，故先王著其教焉。"因此统治者制定了完备的礼乐制度，同时提倡雅乐，反对郑声。另一方面，音乐还可以反映民风民情，古人说：和平繁荣的国家音乐也安宁，混乱没有秩序的国家音乐也反常，而亡国的音乐则充满哀伤和思念，因此历代统治者都设立了专门采集民间歌谣的机关。可见音乐不仅可以影响民俗，还可反映民俗，两者关系密切。

中国是个历史悠久、地域广阔的多民族国家，有着数不清的奇风异俗。在这些丰富多彩的民俗文化中，音乐扮演着十分重要的角色。

春节是中国传统的年节日，也是一年中最隆重的节日，汉族和壮族、布依族、侗族、朝鲜族、瑶族、畲族等民族都有过春节的习俗。在节日期间，人们常常举行各种娱乐活动，其中龙舞和狮舞比较常见，这里主要介绍狮舞。

狮舞是一种以狮为道具的民间舞蹈。在中国人的心目中，狮子是勇猛的象征，可以驱鬼镇邪。狮舞在汉代的时候就已经出现，到唐代，成为燕乐的一种，至今仍是节日活动的一项重要内容。在表演时，由两人或一人扮一只狮子，随着前面引狮人手中的彩球起舞，同时伴以锣鼓等乐器，场面十分热闹。狮舞还有文、武之分，前者重表演，有抢球、戏球、打滚、舐毛、搔痒等风趣的动作；而武狮比较重技艺，经常表演登高、踩球、过跷板、走梅花桩等高难动作，这不仅要功夫好，还要配合得当，否则就难以完成。比如说登高，狮子要一连跃上 5 张八仙桌，然后翻腾而下，十分惊险。

狮舞主要流行于汉族地区，其他的少数民族在春节这一天也有许多丰富多彩的节目，如壮族就有一种在春节聚会唱歌的传统习俗，称

⊙ 舞狮是中国优秀的民间艺术，每逢元宵佳节或集会庆典，民间都以舞狮助兴。

为歌圩，意指前来唱歌的人非常多，好像集市一样。这种习俗由人们唱山歌祈求风调雨顺、五谷丰登、人畜兴旺逐渐发展而来，多在春节、清明或中秋举行。圩场一般设在山林坡地，届时，四方的男女老少纷纷赶来，在圩场酬唱山歌。所唱内容没有限制，一般是随编随唱，自由发挥。很多青年男女往往借此互唱情歌。一般是先唱见面歌、迎客歌，试探对方来意。如果发现意中人，男子就唱求歌或请歌，在得到女方的答歌之后，双方开始最为精彩的盘歌，即双方以歌唱的形式互相询问，天南地北，无所不问，有考查对方学识的意思，如果双方配合得当，他们就有进一步发展的可能。

中国传统节日之一的端午节，有一项重要的民间活动，即赛龙舟。传说是为了纪念战国时代怀石投江的爱国诗人屈原。在竞赛过程中，鼓声是必不可少的，因为鼓声能激发人的斗志，只有在震耳欲聋、刚劲有力的鼓声激励下，龙舟才能一鼓作气，达到最快的速度。同时，鼓声还能制造现场热烈的气氛。

⊙ 宪宗元宵行乐图卷 明

元宵节是另一个著名的传统节日，俗话说：正月十五闹元宵。这一个闹字，充分体现了元宵节的那种热烈的气氛。在这一天，家家户户张灯结彩，处处欢声笑语，而街头的秧歌、花灯及戏曲表演更是将热闹的气氛推上高潮。这些音乐活动，已经不仅仅是一种渲染气氛的工具，而是更多地成为了节日不可缺少的重要内容。

除节日外，音乐在一些人生仪式上作用也很大，比如说婚礼。作为人生最重要的仪式，婚礼的规矩十分地繁缛。在传统的婚礼中，一般分为六个阶段：纳采、问名、纳吉、纳征、请期、亲迎。后世有逐渐简化的趋向，不过内容基本没有变化。

在婚礼的音乐习俗中，汉族和少数民族有所不同。汉族偏重于乐队演奏，锣鼓、唢呐等吹打乐队一直贯穿婚礼的始终，至今在农村还可看到乐队跟在喜轿后面一路吹打，等接到了新娘，在男方家拜堂的时候，乐队还得演奏，直到宴席结束，而少数民族则更偏向于唱歌。在蒙古族，男青年在求婚的时候要到女方家当众唱“求婚歌”，意为请求对方父母和女方本人的同意，唱完之后才可准备正式的订婚礼。西南的一些少数民族，通过对歌来传达爱情十分普遍。最有意思的是如果有好几个人竞争一位姑娘，就要摆开擂台，进行赛歌比试，以音乐来赢得姑娘的芳心。

在正式的婚礼仪式上，少数民族还有唱婚礼歌的习俗。形式有一人独唱和众人齐唱，最为常见的是盘歌对唱，就是女方家的一些女青年给男方的迎亲队伍设置“歌卡”。对方的男青年们必须对唱得当才能通过“歌卡”，这有点类似于汉族地区的“拦门”，只是“拦门”的问题都改成了歌唱的形式，充分显示出少数民族能歌善舞的特点。

哭嫁歌是汉族和一些少数民族都有的一种习俗，很多人认为它源于以前的抢婚风俗。姑娘被抢了，当然会哭会伤心，后来也许就渐渐地成为了一种固定的仪式。俗话说：姑娘出嫁，不哭不发。不管你真哭也好假哭也好，总之不哭的姑娘会被人耻笑。在土家族、壮族和彝族，哭嫁歌的好坏是衡量女子的重要标准，所以那里的女孩子十一二岁就得学唱哭嫁歌。

各地哭嫁歌的内容和形式不尽相同。湖南汉族的哭嫁歌，是在出嫁的前两天晚上，请一大帮妇女来家唱“坐堂歌”。所谓坐堂歌，就是大家围坐在堂屋唱歌。上海浦东的哭嫁歌，则是在出嫁的前一天晚上，母亲和女儿要先后哭唱。到出嫁那天，还是由母亲开唱，叹息女儿离开自己，并教导女儿在婆家要孝敬公婆、服从丈夫。女儿跟着哭唱，主要是感谢父母的养育之恩。最长的哭嫁歌恐怕要数湖南土家族。其哭嫁时间少则七天，多则一个月，期间还得请本寨九名未婚少女陪唱，叫作“陪十姐妹”。唱的内容主要是新娘离家的痛苦和众人的劝解之词。

此外重要的音乐礼俗还有“丧葬歌”、“祭祀歌”及庙会中的歌舞百戏表演等，这里不再一一详述。总之，音乐和风俗互为影响，成为中国最具民族特色的一道风景。

# 漫谈古琴文化

琴，是中国最古老的弹拨乐器，距今已有3000多年的历史；琴还是中国特殊的一种文化，在古代文人的生活中占有举足轻重的地位。因此，中国的古琴被联合国教科文组织列为“人类口头和非物质文化遗产”，成为继昆曲之后第二个被列入“人类口头和非物质文化遗产”的中国文化门类。

## 琴的构造

琴的构造本身就充满了象征意味，古书上说琴长三尺六寸六分，代表一年有366天；琴有两块面板，象征天地阴阳；琴面为弧形，代表天；琴底平，象征地，此为“天圆地方”；琴的13个徽则代表着一年有12个月及一个闰月；古琴的5根弦，分别象征着金、木、水、火、土，后周文王、武王各增添了一根弦，使琴弦达到7根，又称文武七弦琴。

## 琴与哲学

音乐是儒家文化重要的一部分，作为“八音之首”的琴，自然纳入了儒家文化以音乐治国治心的范畴。“琴者，禁也。禁止于邪，以正人心，感发善念。”意思是琴就是制止邪念、感发善念的工具。与之相关的言论还有很多，如《新语·无为》中就说昔日虞舜治天下，弹五弦之琴，歌《南风》之诗，看似毫无治国忧民之心，可是天下太平。范仲淹更是直接说：“将治四海先治琴。”可见将琴作为治国治心的工具，是儒家对于琴最为普遍的认识。正是由于这个认识，儒家格外强调琴的“平和”与“中和”。徐上瀛在《溪山琴况》中说古琴演奏“其所首重者，和也”，“凡弦上之取音，惟贵中和”，“不轻不重者，中和之音也”。

道家对琴的影响主要有两方面，一是老子的“大音希声”和“淡兮其无味”；一是庄子的“鼓琴足以自娱”和“得意而忘言”。“大音希声”使得“希声”之境成为众多琴人追求的目标；“淡兮其无味”使得琴形成“淡和”的审美风格；“鼓琴足以自娱”使得琴从儒家教化的桎梏中摆脱出来，后被李贽发展成为“琴者，心也，琴者，吟也，所以吟其心也”。“得意而忘言”则使追求言外之意、弦外之音成了古琴音乐审美的重要特征。

佛教和儒家道家一样讲求修身，要修身就

⊙ **王士祯幽篁坐啸图　清　禹之鼎**

据唐代诗人王维诗“独坐幽篁里，弹琴复长啸，深入人不知，明月来相照”的意境创作。

得静气、摒弃杂念。而琴是极好的修身工具。《溪山琴况》中说“修其清净贞正，而藉琴以明心见性”。这实际上与儒家的“古今圣贤玩琴以养心”相通；佛教追求六根清净、遗世独立的境界，不但影响了琴的演奏，同时使得琴的审美特征向清、远、古、雅、淡、和的方向发展。这与儒家的“平和”，道家的“淡和”相通。可见对于琴，儒、道、佛三家颇有共通之处，也正因为此，琴才得以成为中国特殊的一种文化。

## 琴与文人

儒、道、佛在中国并称三教，古代的文人几乎都受它们的影响，三教都推崇的琴，自然是文人生活中极其重要的一部分。古人常常说的琴棋书画，就是文人必备的几项才能。他们要么以琴修身，要么以琴自娱，要么以琴言志，各得其乐。

孔子是中国著名的思想家、教育家，同时他还是著名的音乐家。相传古琴曲《幽兰》为他所作。蔡邕的《琴操》记载：孔子周游列国，却得不到诸侯的赏识。在从卫国返回鲁国途中，看见幽谷中茂盛的兰花，不禁叹息道：以兰花的香味，当为花中之王，可现在却与杂草为伍，就像贤德的人生不逢时，不得不和凡夫俗子为伍一样。一时感慨万千，写下了《幽兰》这首千古名曲。

司马相如是西汉时著名的辞赋家，长得一表人材，而且善于弹琴。早年并不得志，寄住在王吉家里。一天，当地富豪卓王孙邀请王吉到家坐客，司马相如也跟着去了。在此之前，司马相如早就得知卓王孙之女文君才貌双全，而且由于未婚夫早逝，正在家守寡。于是在席间弹琴唱了一曲《凤求凰》，以表达对卓文君的爱慕之情。正巧卓文君躲在帘后偷听，原来她也爱慕司马相如的才华，于是就发生了夜奔相如的壮举，成为千古流传的佳话。

魏晋南北朝是社会动乱、政治异常黑暗的时代，许多文人因此借琴以言志。“竹林七贤”之一的阮籍就是其中之一。《神奇秘谱》中保留了他的一首琴曲，即著名的《酒狂》，并在解题中说：“籍叹道之不行，与时不合，故忘世虑于形骸之外，托兴于酗酒以乐终身之志，其趣也若是。岂真嗜于酒耶？有道存焉！妙妙于其中，故不为俗子道，达者得之。”《酒狂》全长仅2分15秒，短小精悍，生动地刻画了饮酒人醉意朦胧、步履蹒跚的神态，是千古流传的名曲。

嵇康也是“竹林七贤”之一，他非常喜爱弹琴，曾经说：“余少好音声，长而习之，以为物有盛衰而此无变。滋味有厌，而此不倦。”由于对琴的热爱，嵇康在琴乐上取得了非凡的成就。他曾创作过《长清》、《短清》、《长侧》、《短侧》4首琴曲，被称为“嵇氏四弄”。他同时写了著名的琴学著作《琴赋》。嵇康还以弹琴闻名，尤其是千古名曲《广陵散》。后来，由于得罪司马氏，稽康被害死。嵇康死时年仅40。《世说新语》中说嵇康临刑时从容不迫，索琴弹奏《广陵散》，并慨然长叹：“《广陵散》于今绝矣。”

此外还有很多与琴有关的文人轶事，如陈子昂摔琴为出名、郭楚望感怀作《潇湘水云》等。

## 名琴传说

**焦尾**

焦尾是东汉著名文学家、音乐家蔡邕亲手

⊙孔子闻韶处

位于今山东省淄博市齐都市韶院村。

制作的一张琴。传说是蔡邕偶然外出，听到一户人家正在烧火的木材发出噼啪作响的声音，蔡邕断定这是好的木材，于是请求人家把木材抢救出来，果然是上等好料。蔡邕将其带回家中斫成一琴，声音古朴浑厚、音韵奇佳。因琴尾尚留有焦痕，就取名为“焦尾”。300 多年后，齐明帝获得此琴，爱如珍宝，平日不轻易拿出，直到著名琴家王仲雄来到宫中，齐明帝才命人取出焦尾供其弹奏。

**号钟**

号钟是周代的名琴，以琴音宏亮如钟而得名。传说伯牙曾弹奏过号钟琴。后号钟辗转到了爱好收藏名琴的齐桓公的手中。他曾令部下敲起牛角，唱歌助乐，自己则奏号钟与之呼应。牛角声声，歌声凄切，号钟则奏出悲凉的旋律，闻者无不泪下。

**绕梁**

绕梁取自韩娥悲歌的典故。传说春秋战国时期，韩娥在去齐国的路上断了钱粮，无奈之下只好卖唱求食。她那凄婉的歌声在空中回旋，如孤雁长鸣，直到离去 3 天之后，其歌声仍回荡在屋梁之间，令人难以忘怀。后人就以“余音绕梁，三日不绝”来比喻她歌声的动人。

此琴以绕梁命名，可见其音色不凡。传说楚庄王对绕梁爱若至宝，整天不理政事，只知弹琴作乐。王妃就规劝楚庄王说：“大王如此喜爱绕梁之琴，难道忘记了以前沉迷音乐的夏桀和商纣的下场吗？”楚庄王闻言受到震动，于是忍痛割爱，命人将琴毁为数段，可惜一代名琴就这样成为绝响。

**绿绮**

绿绮也是一张传世名琴，琴内有铭文“桐梓合精”，意即此琴是桐木、梓木结合的精华。这张名琴除了本身的珍贵之外，还因汉代文人司马相如的弹奏而闻名一时。司马相如琴艺高超，据说他追求卓文君时用的就是此琴。后来绿绮成了古琴的代名词，唐代诗人李白有诗写道：“蜀僧抱绿绮，西下峨眉峰。为我一挥手，如听万壑松。客心洗流水，余响入霜钟。不觉碧山暮，秋云暗几重。”这里的绿绮，指的就是古琴。

**⊙ 蕉阴结夏图 明 仇英**

画中湖石林立，高耸入云。蕉石下二士人席地而坐，一人抚琴，一人拨阮。

**春雷**

唐代出现了一大批斫琴能手，其中以雷氏家族最为出名，而雷家又以雷威的成就最大。春雷就是雷威一生所斫之琴中的极品。曾被宋徽宗赵佶列为万琴堂古琴神品中的第一品。

金灭北宋后，春雷落到了金人手里。金章宗死后，特意嘱咐要以此琴陪葬。所幸的是春雷在地下埋了 18 年后，又重出于世，被元宫收藏，再次成为宫中的珍宝。后来，春雷琴被赏赐给了精于弹琴的元朝大臣耶律楚材。耶律楚材又将其转赠给老师万松老人。后春雷又回到耶律楚材的儿子手里。以后此琴又几经辗转，最后传到北京琴家郑珉中的手里，无价之宝终于流传至今。

# 婉转动人的古筝

## 筝的起源

筝的历史大概可以追溯到春秋时期，甚至还要更早一些。据《魏略》记载，春秋时郑国的大夫游楚“好音乐，乃蓄琵琶、筝，每行将以自随”。既然游楚能在春秋时期弹奏筝，那就至少可以说明筝在这个时候已经出现了，或者说它的出现时间还应该更早一些。

关于筝的起源，史料的记载说法不一，但主要有3种说法。第一种说法来自于古文献中分瑟为筝的记载。《因话录》中记载道：“筝，秦乐也，乃琴之流。古瑟五十弦，自黄帝令素女鼓瑟，帝悲不止，破之，自后瑟至二十五弦。秦人鼓瑟，兄弟争之，又破为二，筝之名自始也。”又如《集韵》中的记载：“秦人薄义，父子争瑟而分之，因此为名。筝十二弦，盖破二十五而为之也。”此外，《乐道类集》中也有类似的记载：“秦有琬无义者，以瑟传二女；二女争引破，终为二器，故曰筝。”

另一种说法是筝筑同源说。筑，是一种古老的击弦乐器，其形体类似于筝，颈细而肩圆，演奏时以竹尺击弦发出声音。《风俗通》中有这样的记载：“筝，谨按《礼·乐记》五弦，筑身也。”《说文解字》中也有相关的记载：“筝，鼓弦，竹身乐也，从竹，争声。”如果说上一种说法只是传说，不足为信，那么这种说法还是有一定道理的。从中国乐器的发展历史来看，弹拨乐器产生于打击乐器之后，筑用竹尺击弦属打击乐器，筝用手指弹拨属于弹拨乐器，而筝与筑的外形又很相似，因此说二者同源是很可能的。

还有一种说法是蒙恬造筝说。这种说法主要来自于《隋书·音乐志》上的记载：“筝，十三弦，所谓秦声，蒙恬所造。”不过在《旧唐书·音乐志》中却有完全相反的记载：“筝，十三弦，相传蒙恬所造，非也。”究竟哪一种说法才可靠呢？也许蒙恬确实具备造筝的才华，但他却不具备造筝的时间。据史书记载，在蒙恬二十多岁的时候，筝已经在秦国流行，并成为秦国的宫廷乐器之一了。由此看来，蒙恬造筝说并不可信，但蒙恬很有可能对筝进行过改造。《说文通训定声》中有这样的记载：“古筝五弦，施于竹，如筑。秦蒙恬改为十二弦，变形如瑟，易竹于木，唐以后为十三弦。”

## 哀筝之音

古筝又有哀筝之称，这主要与古筝所表现的主题和思绪有关。也许是因为古筝流行于那个战火纷飞的年代，也许是因为古筝本身的原因，人们往往会利用古筝来表达自己的离愁别绪、哀怨苦闷，所以，筝乐听起来总是那么凄婉哀怨，让人黯然心碎，悲伤感怀，哀筝之名也就由此而来。

“汝不闻秦筝声最苦，五色绝弦十三柱。怨调慢声如欲语，一曲未终日移午。红亭水木不知暑，忽弹黄钟和白纻。清风飒来云不去，闻之酒醒泪如雨。汝归秦兮弹秦声，秦声悲兮聊送汝。”这是岑参送外甥箫正归京时作的一首诗，用秦筝的悲苦来渲染离别的气氛，表达自己的苦闷心情。离别本来就是让人难过的时刻，用哀怨的古筝来表达自己的离愁别绪显然是恰到好处，而以古筝的苦怨为主线来作诗，也可谓别具心裁。

## 古筝的流派

筝乐在早期被分为南北两派，是以地域和演奏特点来划分的，其中比较有代表性的为陕西、山东、河南、客家和潮州五大流派。这五大流派各具特点，各有所长，但到了现代，这些流派之间逐渐融合，几乎每个流派都是兼具各家之长，各个流派之间的差别自然也就非常小了。

陕西是筝的发源地，所谓“真秦之声”，指的即是陕西筝乐。陕西筝曲委婉哀怨，以抒情为主要特点。不过让人感到遗憾的是，作为筝的发源地，陕西并没有将筝乐发扬光大，而是到了几近失传的地步。陕西虽然有着丰富的戏曲和民间音乐，但却极少用筝，只有榆林地区还在用筝，但技艺却还停留在古法演奏上。

山东筝也称齐筝，据《战国策·齐策》记载："临淄其富而实，其民无不欢竽、击筑、弹筝。"齐筝之名即是由此而来。山东筝主要流传于菏泽和聊城地区，菏泽还有"琴筝之乡"的美誉。山东筝曲多与山东琴书和民间音乐有直接的关系，曲调多为宫调式，曲风明快质朴。以前，山东筝多为十五弦，外边低音部分是七根老弦，里面是八根子弦，因此也有"七老八少"之称。

河南开封是北宋京城的所在地，而秦筝就是在那时流入河南的，秦筝与当地的民间音乐融合发展便形成了有名的中州古调。河南筝曲直接来自民间的说唱音乐和戏曲音乐，一般都是河南曲子的板头曲和牌子曲。河南筝的演奏风格以浑厚淳朴见长，傅玄的《筝赋·序》中评价河南筝曲为"曲高和寡，妙技难工"。

客家筝曲即是指广东汉乐筝曲，是广东的传统音乐之一，相传是在晋安帝九年到宋亡的这一段历史时期内，中原人民南迁带来的"中州古调"和"汉皋旧谱"与当地的音乐及习俗相结合，发展而成的一种风格独特的音乐。客家筝曲有大调和串调之分，大调为68板，与河南的板头曲一致，其余的都是串调，曲风悠扬深长，古朴典雅。

潮州筝流行于广东潮州一带，由于与客家筝长期共处，因此难免会相互影响、相互吸收，从它们所用筝的形制及筝曲曲目就可以看出。不过潮州筝也有自己的特点，它的演奏手法变化细腻、别具一格，曲风流利优美。在曲调上，潮州筝又有重六、轻六、活五等曲调。其中，重六委婉含蓄，轻六清新明快，活五缠绵悲切，都很有特点。

## 古老的钟鼓文化

钟鼓是中国古代的两种打击乐器，在《诗经·关雎》中就有"窈窕淑女，钟鼓乐之"的诗句，可见钟鼓的历史之久远。在春秋战国时期，盛行以钟鼓为主要乐器的乐队，史称"钟鼓之乐"。钟鼓虽然曾被共同作为乐队的主要乐器，但它们的发展历程却有着很大的差异，大多数人都对钟乐感到陌生，而鼓乐则遍布大街小巷，出现在各种场合。究其原因，当与不同的钟鼓文化有关。

### 地位和权利的象征——钟

钟为青铜制作，形状呈"合瓦形"，在同一个钟的不同部位敲击，可以敲出两个音高不同的音。钟很少单独出现，一般都是成组使用的。至于几个一组，各个朝代又略有不同，比如说商代时多为3个一组，而到了周代则为9个到13个一组，因此钟作为乐器，也被称为编钟。大小不同的钟，音调的高低也不同，将不同的钟按照音调的高低排列起来，悬挂于钟架上，然后再用木锤和长棒敲打钟身，便可以发出不同的乐音。古人为什么要用铜铸钟，而不是用铁呢？沈括在《梦溪笔谈》中做出了这样的解释："铁性易缩，时加磨莹、铁愈薄而声愈下，乐器需以金石为准。"这就是说，用铜铸钟完全是由铜的属性决定的。

⊙编钟 战国

### ·曾侯乙编钟·

在湖北省随州市的曾侯乙墓中，出土了一套被誉为“国之瑰宝”的乐器组合——编钟。这套编钟共有65枚，全部为青铜铸造，制作十分精良。曾侯乙编钟的总音域达到了5个八度，只比现代的钢琴少一个八度，几乎能够演奏出完整的12个半音，可以演奏五声、六声或七声的音乐作品。曾侯乙编钟的出土说明中国在战国时期就已经有了如此精美的乐器和如此恢宏的乐队，可见当时的青铜制作工艺和音律的发达程度。

在古代，钟不仅仅是乐器，而且还是地位和权力的象征，只有王公贵族才能使用钟乐。《周礼·春宫·大司乐》中对此有详细的说明，如在编钟演奏时“王宫悬，诸侯轩悬，大夫判悬，士特悬。”这就充分反映了编钟在演奏时是有着严格的等级划分的。在周代的雅乐中，有 3 种主要的乐器，即钟、磬、鼓。如果是钟、磬、鼓合奏，则被称为“金奏”，是最高规格的演奏，只有天子和诸侯才可以享用，大夫和士只能用鼓。

由于钟的特殊身份，使得它很难走进一般的平民百姓生活，而是成为了贵族阶级的独享品。可以说对于钟乐的发展，贵族阶级起到了至关重要的推动作用。但钟乐出现的场合毕竟十分有限，除了大型的宴会、祭祀等活动之外，就看不到编钟的影子了。没有民众基础，钟乐的流传范围自然就是非常有限的。时至今日，很多人都不知道还有编钟这种乐器，至于能听到编钟演奏的人，那就更是少之又少了。

## 亦雅亦俗的鼓

鼓的结构比较简单，只有鼓皮和鼓身两部分，通过敲打或拍击鼓皮使其振动而发声。关于鼓的来历，《山海经》中记载了这样一个传说：相传南方有一个叫做蚩尤的邪魔，长着人面兽身，铜头铁额，他本是南方天帝炎帝的孙子，但却用武力袭击炎帝，一直将炎帝赶到涿鹿。炎帝向黄帝求助，黄帝带领军队与蚩尤大战，但却始终难分胜负。后来，黄帝用夔兽之皮做了一面大鼓，为自己的军队助长士气，而蚩尤的军队则受到了震慑，仓惶逃跑。黄帝造鼓的传说尽管未必可信，但鼓用于战争之中却是史实，这方面有着丰富的史料记载。

在远古时期，鼓并不是一种乐器，而是被视为通天的神器，主要是祭祀用的。此外，在狩猎活动中，也要用鼓来报警、驱除猛兽。直到周代，鼓才被用于音乐之中，并设置专门的“鼓人”来管理鼓制、击鼓等事宜。不同的鼓用于不同的领域之中，如雷鼓和灵鼓用于祭祀之中、晋鼓用于乐队之中、汾鼓和路鼓用于军事之中等等。由此看来，早在周代，鼓就已经有了多种不同的形式，而且有着各种不同的用途，现代各种各样的鼓当然也是在这些鼓的基础之上发展而来的。

鼓的文化内涵博大精深，从远古的蛮荒到现代文明，鼓声一直伴随着人类。无论是宫廷音乐还是民间音乐，鼓都扮演着重要的角色。它可以很雅，也可以很俗；在宗祠和宫廷中，它就是雅乐，在民间的市集上，它就是俗乐；它的雅让贵族无法忽视，它的俗则让百姓乐于亲近。正是因为鼓的亦雅亦俗，它才能在漫长的历史过程中得到不断地发展，而且长久不衰，成为深受人们喜爱的乐器之一。

## 佛教和道教中的钟鼓文化

随着佛教和道教的兴起，钟鼓开始进入寺庙和道观，为僧道和香客们服务。进入寺庙的山门之内，一般都可以看到东西两侧的钟鼓二楼，东侧为钟楼，西侧为鼓楼。钟和鼓都是佛教的法器，因此每天都要敲钟击鼓。钟声代表警觉，可以促使人们反观内心，增长智慧；鼓声代表精进，可以督促人们用功办事，精进不懈。当佛教徒做法事的时候，要敲钟把大家聚集到一起；当住持上堂说法或说法完毕的时候，要按规矩击鼓；当新任住持到寺的时候，则要钟鼓齐敲。

道观里的钟分为大钟、报钟、忏钟和帝钟四种。大钟又称撞钟，悬挂在钟楼里，用于召

⊙建鼓 清

建鼓是中国最早的鼓种之一，战国时即广泛应用。在清代时是开典领奏乐器。

集大众、报朝夕之时用；报钟悬挂在大殿，主要用于报时；忏钟和帝钟都用在道教的法事之中。道观里的鼓分为大鼓、殿鼓和手鼓3种。大鼓主要用于“开大静”、“止大静”（道教有“开静”和“止静”之说，清晨称为“开静”，即打开一夜的沉静；晚上称“止静”，即停止一天的活动归于沉静）；殿鼓主要用于日常的法事之中；手鼓主要用于殿外的道场之中。

佛教和道教都有“晨钟暮鼓”的说法，意思并不是早上敲钟，晚上击鼓，而是早上先敲钟后击鼓，晚上先击鼓后敲钟。佛教里的钟被称为佛钟，道教里的钟被称为道钟，佛钟和道钟一般都是由寺庙或道观自己铸造的，但在唐代以后，巨型的佛钟和道钟常常是由皇帝御赐的。比如北京大钟寺内的“永乐大钟”，就是明代的永乐皇帝赐造的，主要用来打点报时。永乐大钟声音洪亮圆润、铸造工艺精湛讲究，钟体书写佛经17种，共计20多万字，被称为古代“钟王”，其声响至今仍可传至数十里。

## 钟鼓与古诗

古代诗人常常借钟鼓之声来表达思绪，抒发情怀，因此也就有了很多反映钟鼓之声的古诗。白居易的《长恨歌》中有这样一句：“迟迟钟鼓初长夜，耿耿星河欲曙天。”《长恨歌》是一首长篇的叙事诗，描写的是唐明皇与杨贵妃之间的悲剧故事，白居易与两个朋友到仙游寺游玩，感叹于二人的悲剧，于是创作了这首诗。心爱的人惨死，自己却无能为力，独自在宫中睹物思人，夜里的钟声缓缓敲响，声声敲在心坎上，让人肝肠寸断。在寂静的夜里，听着深沉的钟声，内心更加孤寂，也更加思念死去的爱人。

“暮鼓朝钟自击撞，闭门孤枕对残釭。”这是苏轼《书双竹湛师房》中的两句，描写的是寺院僧人的生活。这首诗是苏轼在杭州广严寺为住持湛师而作的，但实际上抒发的却是自己的感怀，慨叹自己生不逢时，不能实现自己的远大抱负。“古来圣贤皆寂寞”，在晨钟暮鼓的撞击声中，压抑在内心深处的满腔豪情也只能通过笔来抒发了。钟鼓之声总是能触及人的心灵，让人思绪万千。那一声声钟鼓，敲打的又何止是钟鼓本身呢？或许也正是钟鼓之声给了诗人灵感，才使其创作出传世的诗篇吧！

## 笙文化漫谈

笙是中国古代的吹奏乐器，是世界上最早使用自由簧的乐器，也是中国民族乐器中唯一可以吹奏和声的乐器。在古代，笙被称为“巢”或者“和”，《尔雅》中记载：“大笙谓之巢，小者谓之和。”周代有“八音”之说，所谓八音，指的即是金、石、丝、竹、匏、土、革、木这

⊙ 苗族乐舞图 清

山石草木之旁，两男三女边奏边舞。男子穿蓝衣白裤，吹芦笙；妇子头缠青花布，身裹彩衣，足穿刺绣花鞋，手摇响铃，翩翩起舞。

八类乐器，是根据制成乐器的物质而划分的。笙属于“八音”之中的匏类。

## 笙的形制及构造

笙的外形就像是一只展翅欲飞的凤凰,《说文》曰：“笙，十三簧，像凤之身也；笙，正月之音，物生故谓之笙。”凤凰历来都被看成是音乐之鸟，据说伶伦创造十二律，就是受到了凤凰之鸣的启示。《说文》中指出笙的外形像“凤之身”,即是将竹管的参差不齐比作凤翼。此外，凤为雌，将笙比作凤，也说明了笙的属性为阴性。

笙的构造主要包括3部分：笙簧、笙苗和笙斗。笙苗指的是笙体上的竹管，笙斗则是指带有吹孔的底座。簧片装在竹管的下端，竹管插在笙斗上，吹的时候用手指按住竹管下端的开孔，使簧片与管中的气柱发生共鸣，就可以发出美妙的乐音了。隋唐时，笙的形制有十九簧、十七簧、十三簧，后来又有了十七簧的义管笙，就是在十七簧的基础上另备两根义管，在需要的时候装上去，不用的时候再卸下来。现在的形制更多，有二十一簧、二十四簧、三十六簧、小排笙等等。

笙属于匏类，而匏即是葫芦，在古代象征着“伏羲和女娲的共同体”，据说女娲就是在匏的基础上创作了笙簧，“列管于匏上，纳簧其中”。葫芦笙就是用空葫芦做的笙斗，这也说明了笙与葫芦的密切关系。当然，笙斗未必都是葫芦做的，到唐代的时候，笙斗就改成了木制，后来又改成了铜制。早期的笙簧一般都是竹制的，后来又改成了铜制，笙苗则多是用紫竹制成的，并在竹管的下端嵌接木制的笙脚，以备装簧片之用。到了明清时代，民间流传的笙就有方、圆、大、小等多种不同的形制。

## 笙的起源及发展

笙的历史非常悠久，大致可以追溯到3000多年前。最初的笙和排箫有点儿相似，既没有笙斗，也没有簧片，后来人们为了区分笙和排箫，就给笙加了笙斗和簧片，这时真正意义的笙才算诞生了。关于笙的起源，史书上虽没有确切的记载，但可以肯定的是，早在春秋战国时期，笙就已经非常流行了。通过一个乐器从产生到发展再到流行的历史过程来看，笙的产生至少要比这个时期早出一段时间。

在周代，最受重视的乐器是打击乐器，但笙却受到了特别的礼遇。在很多礼仪场合，常常以笙为主奏乐器且有独奏乐段，而其他乐器则只是点缀。周代是最初建立乐宫制度的朝代，此时便已经有了关于“笙师”的记载：“笙师，专门教授龠竽、笙、埙、箫、篪、簧管等吹奏乐器。”墨家的代表人物墨子，曾经在他的著作《墨子》中发表过音乐无用的言论，在他看来，一切娱乐活动都是没有必要的，可是他自己却非常喜欢吹笙，这也从侧面反映了当时的社会确实非常流行笙这种乐器。

在相当长的一段历史时期内，笙和竽都是并存的，除了共同作为乐队的主要伴奏乐器之外，也有合奏和独奏的形式。不过竽一般只用于雅乐，而笙则被广泛地用于各种音乐之中，是一种雅俗共赏的乐器，所以竽逐渐失去了它的影响力，而笙则得到了广泛的发展，深受各阶层人士的喜爱。直到现在，笙也仍然是南方一些少数民族的主要演奏乐器，比如说侗族、苗族、彝族等。

## 笙的音色及演奏

笙的音色明亮甜美，高音清脆，中音柔和，低音浑厚，有“凤鸣之音”的美誉。传说在古代有一位爱好音乐的皇后，一次偶然的机会，她遇到了一只美丽的神鸟(凤),并听到了鸟鸣。她被这动听的声音深深吸引住了，可是神鸟却很快飞走了。回去之后，她始终对神鸟的样子和声音念念不忘，竟到了不思饮食的地步。皇帝为了让她开心，就命令天下的能工巧匠制作一种类似神鸟的器物，没过多久，便有人做出了这样的器物。皇后见了大喜，不久就生下了一个皇子，因此将器物命名为“笙”，而它吹奏出的音乐就被称为“凤鸣”。

笙管的排列是很有讲究的，无论是上下还是前后，都讲究“对称”，这样可以使笙的外形更接近于“凤”。其实，笙管的排列不仅仅是为了追求“凤翼之形”，同时也是为了满足音色上的要求。因为笙管的排列直接决定音位的排列，而“凤翼之形”的排列恰好可以达到最佳的音响效果，所以说，只有“凤翼之形”才能展“凤鸣之音”。此外，音位的排列顺序也会影响到演奏者的演奏，科学合理地安排音位顺序，将更方便演奏者的使用,这也体现了古人“天人合一”的朴素唯物主义思想。

⊙ **侗族“踩歌堂”**

踩歌堂是南侗区的群众娱乐活动，多行于旧历年。初一日，侗寨纷纷鸣锣放炮，众人欢聚鼓楼坪，以芦笙为导，不同房族的男女歌队围成圈，男搭肩，女牵手，随歌师的引领齐声高唱踩堂歌，同时旋圈而舞。

笙的发音原理是簧片与笙管共振，由于簧片是自由簧，因此无论吹或吸都可发音，这就与其他乐器只吹不吸的演奏方式形成了对比。相对来说，笙的演奏要更容易一些，因为有吸有吹更有利于气息的均匀分配，而只吹不吸则很容易造成气息分配不均。笙的演奏主要在于运气，气的运用是否得当，将直接关系到演奏的成败，因此说，学会运气是笙师的必修课之一。吹笙时手呈弧形，口形呈微笑状，但最重要的还是自然放松，这样才能自然地演奏，达到人与笙的和谐统一。

## 葫芦笙

笙在发展的过程中出现了很多不同的形制，葫芦笙是比较有代表性的一种。葫芦笙的结构与笙较为相似，只是因其笙斗用空葫芦制成而得名。据文献记载，葫芦笙始于唐代，樊绰的《蛮书》在介绍南诏（今云南大理）风俗时曾说：“少年子弟暮夜游行闾巷，吹葫芦笙或吹树叶，声韵之中，皆寄情言，用相呼召。”由此看来，唐代时葫芦笙在南诏一带已经非常流行了，青年男子经常在街头巷尾用葫芦笙吹出动人的曲调，向自己心爱的姑娘表达爱意，传递爱情。

作为民族乐器，不同民族之间的葫芦笙也是有所差别的。葫芦笙曾经在彝、拉祜、佤、傈僳、哈尼、黎、纳西等少数民族中流行，其中最具代表性的是彝族和拉祜族的葫芦笙。彝族的葫芦笙多为五管或六管，笙斗有木制的，也有铜制的。由于彝族分布的地域十分广阔，因此也存在一定的差异性。如四川凉山彝族自治州较为常见的是八管葫芦笙，而不是五管或六管；云南楚雄彝族所使用的葫芦笙在低音笙管的上端有一个独特的共鸣器。

关于葫芦笙在彝族的流传，还有很多动人的传说。1962 年的《凉山报》上曾刊载了陈元通的《捏觉补惹和他的葫芦笙》一文，里面就讲了这样一个传说：相传在很久以前，凉山住着一位老母亲，她有 5 个儿子。有一天，5 个儿子到山林里掏鸟蛋，但却都被盘在鸟窝里面的毒蛇咬伤了，几个儿子很快都倒下去了，只有大儿子还有一口气。这时，母亲赶到山林里，见到了奄奄一息的大儿子，大儿子嘱咐母亲将他们5兄弟坟上长出的五根竹子做成笙，这样就好像他们五兄弟仍然陪在母亲身边一样。母亲照做了，她吹着笙，想到了自己的5个儿子，越吹越伤心，于是就跳河自杀了。寨子里的人将笙捡了回来，并且每家都照做了一支，以表达对母子六人的怀念和同情。从此，葫芦笙和笙曲《老母亲调》就在彝族流传开来了。

拉祜族的葫芦笙流行于云南省澜沧江两岸的拉祜山寨，多为五管，笙体比较小。有一种高音葫芦笙，通高还不到15厘米，外出时放在口袋里就可以携带，非常方便。关于葫芦笙在拉祜族的流传，也有各种美丽的传说。相传在古时候的澜沧拉祜山寨，住着一对老夫妻，他们共有5个女儿。这5个女儿都在外面谋生，且分散在5个方向，就是过年过节的时候也难得团圆。这对老夫妇心灵手巧，做了一个葫芦笙，只要一吹响葫芦笙，5个女儿就能从不同的方向往家赶，这样就再也不愁团圆了，葫芦笙也由此开始在拉祜山寨中流行起来了。

## 芦笙

芦笙的出现要比葫芦笙晚，到南宋时期，芦笙的前身卢沙才见于文献记载之中。卢沙的外形虽与排箫相似，但演奏方法却与芦笙相同，这就说明了两者的密切关系。由于葫芦具有性脆、不结实、易漏气等缺点，因此在不断的实践中，人们逐步用芦笙取代了葫芦笙。也就是说，芦笙是由葫芦笙发展演变而来的。

芦笙主要流传于中国西南部的苗族、侗族等少数民族地区，深受当地人民的喜爱。关于芦笙的起源，还流传着很多动人的传说。相传在苗岭山下、清水江畔的苗家山寨，有一对老夫妻，他们四十岁的时候才生下一个女儿，取名榜雀。榜雀不仅聪慧美丽、心灵手巧，而且歌声也非常动听。村里的人都很喜欢她，但她却只钟情于勇敢的青年猎手茂沙。有一次，榜雀被白野鸡怪围困，幸好茂沙救了她，可救下她之后，茂沙就走远了。榜雀整日思念茂沙，日渐憔悴，父亲十分着急，就做了芦笙并教寨

⊙善吹笙的西南苗族人 清

子里的青年吹芦笙。后来，寨里举办赛芦笙大会，所有青年都来参加，茂沙也被吸引来了。榜雀将自己的心事告诉了茂沙，两个人终于结为百年之好——芦笙成就了一段美满姻缘。

也有传说称芦笙是苗族的祖先告且和告当发明的。相传在远古时代，告且和告当在造完日月之后，又从天公那里偷出一些谷种播撒在地里，但让他们烦恼的是谷子的收成很差。为了排解忧愁，他们从山上砍了6根白苦竹扎成一束，放在口中吹了起来。让人称奇的是，他们吹出的音乐不但十分动听，而且地里的谷子也在乐声中肆意地生长，当年就获得了大丰收。从那以后，苗家每逢喜庆的日子都会吹笙来庆祝。所以，芦笙被苗族人民看成是亲密的伙伴，男子个个能吹，女子个个能舞。每到重大节日，寨里都会变成芦笙歌舞的海洋。

芦笙很少单独演奏，一般都要配合舞蹈，边吹边舞。配合芦笙的舞蹈可以是独舞，也可以是双人舞，还可以是集体舞，有时甚至会伴随一些如倒立、爬竿、叠罗汉等高难度的动作。

在苗族人民心中，芦笙是神圣而珍贵的，这是因为芦笙在苗族并不是一种单纯的乐器，除了正常的演奏之外，它还是婚姻的媒介，帮有情人牵绳拉线。男青年通过吹奏芦笙来向姑娘表达爱意，与姑娘进行约会。听到男青年的表白，姑娘们就会心领神会，以歌声与其相对。如果二人已经确定了恋爱关系，那么当姑娘们听到熟悉的芦笙声传来的时候，就会迅速奔向乐声传来的地方，与情郎相会。这种特殊的恋爱方式，外人自然是很难懂的。

# 现代中国音乐

新音乐的产生是中国近现代音乐史最为重要的事件，它是在祖国母亲的阵痛中产生，在血与火的考验中成长，最后终于长成的一棵参天大树。它的出现，标志着中国音乐又掀开了崭新的篇章。

中国新音乐的启蒙阶段以学堂乐歌为主。所谓学堂乐歌，是指清末民初的新式学校音乐课（乐歌课）中所教唱的歌曲。1898年，清朝实行变法，康有为、梁启超等有识之士积极主张建立新式学校，并开设乐歌课。在此之后的几年中，乐歌课在新式学堂中渐渐地得到了普及，形成了一种学校音乐文化。

早期学堂乐歌受日本影响很深，这与最早一批编写学堂乐歌的音乐家大多留学于日本有关，如沈心工、李叔同、曾志等。学堂乐歌主要源于日本军歌或进行曲。如《十八省地理历史》引用日本军歌《日本海军》（小山作之助作曲）的曲调；学堂乐歌《军事教育》引用日本军歌《我陆军》（伊泽修二作曲）的曲调;《革命军》引用日本军歌《勇敢的水兵》（奥好义作曲）的曲调。这种现象从一定程度上说明了学堂乐歌的作者迫切希望能以乐歌来宣扬“富国强兵”的愿望。此外还有部分学堂乐歌选自欧美的流行歌调，如《春游》（吴怀疚作词）引用了美国歌曲《一泓泉水》（梅森作曲）的曲调；《送别》（李叔同作词）引用了美国歌曲《梦见家和母亲》（奥德威作曲）的曲调等。

任何革新都是以极端的反传统作为开始的，新音乐也不例外。在编写学堂乐歌的风潮中，只有极少数的学堂乐歌是利用中国传统的曲调填词，如李叔同编写的《无衣》、《菩萨蛮》、《喝火令》、《柳叶儿》、《武陵花》等。客观地说，这些舒缓抒情的歌曲的确不太适合学生们集体诵唱，也达不到鼓舞士气的效果。不过后来渐渐出现了一些根据民歌和城市小调填词，比较短小活泼、贴近现实的学堂乐歌，如《苏武牧羊》、《木兰辞》、《满江红》等。

除采取“选曲填词”的方式编写学堂乐歌之外，还有少数音乐家尝试着自创曲调。例如沈心工自己作词作曲的作品有《黄河》、《采莲曲》、《革命必先革人心》、《军人的枪弹》等；李叔同作词作曲的作品则有《春游》（三部合唱）、《留别》（二部合唱）、《早秋》等。这些创作歌曲既包含有西方的因素，也包含了中国传统的因素，反映了中西方两种音乐文化的相互渗透。

新音乐启蒙阶段中小学的音乐教育在教授学堂乐歌的同时还向学生传授西方音乐知识，如五线谱和简谱等。

1919年，高举科学和民主两面旗帜的五四运动爆发了，它作为新文化运动的继续，有力地推动了中国新音乐的发展。这一时期新音乐的显著特征是音乐社团的大量出现。如北京大学音乐研究会（1919年）、中华美育会（1919年）、北京爱美乐社（1927年）、国乐改进社（1927年）以及中华乐社（1928年）等。它们举办音乐演出，编写有关刊物和教材，介绍中外音乐知识，促进了新音乐的传播和发展。在此基础上，一些培养音乐专门人才的专业音乐教育机构纷纷建立，并由最初的师范院校音乐系科的建立逐渐发展到专门的音乐院校，这标志着新音乐正在向着专业化的方向发展。

五四时期的歌曲创作在音乐教育的带动下

**⊙ 五四运动浮雕**
1919年，五四运动爆发，有力地推动了中国新音乐的发展。

取得了很大进展，这表现在中国音乐家自创的学校歌曲逐渐替代了过去以“选曲填词”为主的学堂乐歌。萧友梅在这方面贡献最大，他的著名作品有《问》、《南飞之雁语》、《新雪》、《国土》、《围炉舞蹈》、《柏树林回旋歌》、《晚歌》、《星空》等。

这一时期艺术歌曲创作成就也非常突出。这方面的代表是语言学家赵元任。他虽然不是专业音乐创作人员，但他最先有意识地以中国的新诗为歌词、精心创作了思想性和艺术性都很高的一些艺术歌曲，如那首传唱一时的《教我如何不想她》。

此外，黎锦晖创作的儿童歌舞音乐在当时影响也很大。如儿童歌舞剧《麻雀与小孩》、《葡萄仙子》等。这些作品富有童趣，成为了当时中国广大中小学生最为喜爱的音乐。另一方面，这些歌舞剧对新歌剧和新歌舞剧的探索也产生了重要的启迪作用。

五四时期的器乐也取得了一定的进展，特别是刘天华对二胡独奏音乐作出了突出的贡献。他将西方现代音乐创作和小提琴演奏的经验用于二胡的创作和演奏，开拓了二胡独奏艺术的空间。著名作品有《病中吟》、《良宵》、《光明行》、《空山鸟语》等。

20世纪三四十年代，新音乐主要随着“左翼文化运动”和“抗日救亡运动”这两条路线展开。尤其是日本的侵略激起了全国性的抗日救亡歌咏活动。各种各样的群众性歌咏组织纷纷建立，影响比较大的就有上海的“业余合唱团”和“民众歌咏会”。而社会音乐教育也通过这样群众性的歌咏活动得到普及，如有关音乐的知识、歌唱的技能等。

这一时期的歌曲创作以革命群众歌曲为主。聂耳是当时最为重要的作曲家，他曾为“左翼”电影和戏剧的演出创作过很多配乐和插曲，如电影插曲《开路先锋》、《大路歌》、《塞外儿女》、《毕业歌》、《新女性》、《义勇军进行曲》、《铁蹄下的歌女》，戏剧插曲《码头工人》、《前进歌》、《告别南洋》、《梅娘曲》、《慰劳歌》等。这些歌曲在当时传唱一时，受到极大地欢迎。其他写作群众歌曲的重要音乐家还有任光、张曙、吕骥、冼星海、贺绿汀、孙慎、麦新、孟波等人。

⊙《保卫黄河》歌舞表演

抒情性的独唱歌曲创作也是这一时期比较重要的音乐体裁。这种类型的歌曲强调通俗易唱，为广大群众所喜爱。其中比较重要的作品有：任光的《渔光曲》（安娥词），聂耳的《铁蹄下的歌女》（许幸之词）、《告别南洋》（田汉词）和《梅娘曲》（田汉词），张曙的《日落西山》（田汉词），吕骥的《保卫马德里》（麦新词），贺绿汀的《春天里》（施谊词）、《秋水依人》（贺绿汀词），冼星海的《热血》（田汉词）和《黄河之恋》（田汉词）。

学校音乐教育的提高和群众歌咏运动的发展促进了中国合唱音乐的发展。冼星海的《黄河大合唱》是当时最为著名的作品。这是一部中西结合、反映时代精神的史诗性作品。尤其是第九乐章《保卫黄河》，气魄宏伟、声势一浪高过一浪，生动地表现了当时中国人民汹涌澎湃的抗日激情。

20世纪三四十年代，中国交响音乐也取得了一定的进展。其中最为优秀的作曲家是冼星海和客居日本的台湾作曲家江文也。冼星海先后创作了《第一交响曲民族解放》、《第二交响曲神圣之战》、《满江红》等四部交响组曲，交响诗《阿曼盖尔达》、《中国狂想曲》等。在创作中他尽可能吸取中国的民族因素，并使之能反映和促进当时的反帝斗争，为交响音乐民族化做了可贵的探索。遗憾这些作品在他生前连一次试奏的机会都没有。江文也比冼星海要幸运，他的作品几乎都在日本得到了公演。他曾先后完成了近20部交响音乐作品。重要的就有《台湾舞曲》、《故都素描》、《孔庙大成乐章》等。其他重要的交响音乐作品还有马思聪的《第一交响曲》、《第一小提琴协奏曲》、《欢喜组曲》，蔡继琨的《浔阳渔火》，张霄虎的交响诗《苏武牧羊》，郑志声的《早晨》、《朝拜》，贺绿汀的《晚会》和《森吉德玛》，马可的《陕北组曲》，以及丁善德的《新中国组曲》等。

自20世纪二三十年代黎锦晖创作儿童歌舞剧以来，中国的音乐家就一直在探索中国歌剧的道路。如聂耳的《扬子江暴风雨》、冼星海的《军民进行曲》、张昊的《上海之歌》、钱仁康的《大地之歌》等，只是这些作品都失之成熟。1943年，延安开展“新秧歌运动”，出现了《兄妹开荒》、《夫妻识字》、《减租会》等优秀作品。尤其是歌剧《白毛女》的产生，标志着中国歌剧创作经过几十年的摸索，终于取得了一次质的飞跃，开辟了一条比较适合于中国国情的、受到广大群众欢迎的歌剧发展道路。

## 摇滚音乐

2004年8月6日，绝对是一个中国摇滚爱好者值得记住的日子。这一天，“中国摇滚的光辉道路”音乐节在贺兰山下正式开幕。来自全国各地的10万摇滚乐迷，和首次同台演出的中国4代摇滚音乐人，齐聚在贺兰山下的艾克斯星谷，共同回顾了中国摇滚乐20年来的风雨历程。这次音乐节持续了3天，演出阵容空前强大，共有18支乐队参加演出，包括中国摇滚乐的第一代音乐人崔健、“唐朝”、“黑豹”、何勇，第二代的“高旗 & 超载”、常宽、张楚，第三代的“汪峰 & 鲍家街43号”、“子曰”、“瘦人”、罗琦，第四代的“二手玫瑰”、“舌头”、“布衣”。他们齐聚在一起，就是想用自己的歌声证明，在经历了《一无所有》、《新长征路上的摇滚》和《无地自容》3个发展阶段之后，中国的摇滚乐仍然还有希望。

### 一无所有

中国摇滚乐确实是从一无所有开始的。这不仅仅是指崔健的那首作为中国摇滚第一声的同名作，还是指当时中国摇滚乐的现实基础。20世纪80年代初期，摇滚乐对于中国的大多数人来说，还是一个很陌生的名词。几乎没有人会欣赏这种与当时生活格格不入的音乐，因此当中国摇滚乐之父崔健第一次来到北大食堂演出时，换来的只是一片嘘声。直到1986年的5月9日，为纪念“国际和平年”举办的首届全国百名歌星演唱会在北京工人体育馆举行，经历了多次失败的崔健终于可以扬眉吐气了。当时他穿着一件不伦不类的黄军装，挽着一高一低的两只裤腿，身上背着一把吉他，像街头不良青年。可是当他吼出那首堪称中国摇滚乐第一声的《一无所有》时，全场都沸腾了。崔健、王迪、刘元，这些中国摇滚乐的先锋们激动地不能自已。他们意识到，中国摇滚乐终于走出了万里长征最为艰难的第一步。

**·摇滚乐·**

摇滚乐最初是指一种节奏感很强的黑人音乐，在第二次世界大战后兴起于美国，后经“猫王”普莱斯利的发展，成为一种世界性的流行音乐。摇滚乐以电吉它为主要伴奏乐器，节奏强烈，能尽情宣泄心中的感情，加上歌手在表演时边跳边唱，使得摇滚乐具有极大地煽动性，因此受到广大年轻人的狂热追捧。摇滚乐根据风格的不同可分为“普通摇滚乐”、“重金属摇滚乐”、“爵士摇滚乐”、“拉丁摇滚乐”等各类。历史上著名的摇滚乐队有英国的甲壳虫（披头士）、滚石乐队、瑞典的阿巴乐队等。

⊙ **崔健像**

崔健，1960 年生于北京，中国摇滚乐第一人，代表作《一无所有》、《花房姑娘》等。

## 新长征路上的摇滚

《新长征路上的摇滚》是崔健于 1989 年出版的第一张摇滚专辑，共收录了《新长征路上的摇滚》、《不是我不明白》、《从头再来》、《假行僧》、《花房姑娘》、《让我睡个好觉》、《出走》、《不再掩饰》、《一无所有》9 首歌曲。首首都是经典。尤其是同名主打歌《新长征路上的摇滚》，歌名和歌词都有一种象征的意味。“听说过，没见过，两万五千里。有的说，没的做，怎知不容易。埋着头，向前走，寻找我自己。走过来，走过去，没有根据地。”这是中国摇滚乐在摆脱了一无所有的处境之后继续前行的绝好写照。

1987 年，黑豹乐队成立，接着，ADO 乐队、呼吸乐队、唐朝乐队、清醒乐队、萤火虫乐队、眼镜蛇乐队、指南针乐队、超载乐队等摇滚乐队在短短的几年间如雨后春笋般出现，显示了中国摇滚乐蓬勃的发展势头。尽管这些乐队大都还处在初创阶段，但还是有一些乐队取得了不错的成绩。

黑豹乐队是中国在商业上最为成功的摇滚乐队。成员有丁武、窦唯等中国重量极的摇滚乐人。这支曾被 1990 北京现代音乐会拒之门外的乐队，首张专辑于 1991 年在香港发行，引起轰动。主打歌《Don't break my heart》连续数周之内居于香港商业电台排行榜的冠军位置。同年经由台湾滚石唱片公司重新包装，其专辑《无地自容》在大陆的销量超过百万。后丁武、窦唯先后离队，黑豹乐队走向解体。

唐朝乐队于 1988 年成立，成员有丁武、张炬等。1990 年，乐队首次以“唐朝”之名参加北京首都体育馆“90 现代音乐会”演出，引起人们对北京摇滚乐的关注。1991 年，唐朝正式推出了专辑《唐朝》，收录了《梦回唐朝》、《月梦》、《太阳》、《天堂》等作品，乐风恢宏、歌词充满哲理和诗意，成为中国摇滚乐的经典专辑。可是正当乐队如日中天之时，贝司手张炬在 1995 年 5 月 11 日被一场突如其来的车祸夺去生命，年仅 27 岁。不久，主音吉他手老五宣布离队，唐朝乐队从此一蹶不振。

指南针乐队成立于 1991 年，成员有罗琦、周迪、郭亮、郑朝晖等。主唱罗琦嗓音高亢、音域宽广，是个很有前途的歌手。不幸的是后来她被人刺伤左眼导致左眼失明，身心受到极大的打击。为此指南针乐队发表专辑《选择坚强》，表示罗琦不向命运屈服的决心。

眼镜蛇乐队是中国第一支女子摇滚乐队，成立于 1989 年。成员有王晓芳、肖楠、所玉洁、虞进、晓雪。她们参加了“北京 90 现代音乐会”，受到广泛的关注。1994 年眼镜蛇在欧洲进行巡回演出，成为中国女性文化最耀眼的焦点。

鲍家街 43 号成立于 1993 年 11 月，乐队成员包括主唱汪峰兼司节奏吉他，主音吉他龙隆，键盘手杜咏，贝司手王磊和鼓手单小帆。他们都是中央音乐学院的学生，因此乐队以母校的门牌号码命名。首张专辑《鲍家街 43 号》于 1997 年 5 月出版发行。良好的音乐素养、富有个性的音乐风格，使之成为一支独特的摇滚乐队。代表作品有《Just Like Blues》、《点亮火焰》、《晚安，北京》等。

这一时期值得一提的还有超载乐队、做梦乐队等。

除了乐队的繁荣，新长征路上摇滚的繁荣还体现在大大小小的音乐会和音乐节上。1990 年，“北京 90 现代音乐会”在首都体育馆举行。共有 6 支北京摇滚乐队参加了演出，包括 ADO、呼吸、唐朝、眼镜蛇、宝贝兄弟、1989 乐队。这次演出被认为是“中国首届摇滚音乐节”。

1994 年的香港“中国摇滚乐势力”演唱会昭示着中国摇滚乐春天的来临。窦唯、何勇、张楚和唐朝乐队的精彩表演让香港目睹了中国摇滚乐的风采。这次演出取得的巨大成功，以及同年“魔岩三杰”推出的《孤独的人是可耻的》、《黑梦》、《垃圾场》3 张专辑，崔健的《红旗下的蛋》、郑钧的《赤裸裸》以及“清醒”、“佤族”等的《摇滚 94》，使得 1994 年成为中国摇滚乐的春天。

### 无地自容

春天过后会有更灿烂的夏天，可是中国的摇滚乐却不是这样。在走过了漫漫的长征路后，中国的摇滚乐却和大陆整个流行乐坛一样陷入了低迷的状态。中国摇滚乐之父崔健曾经说过这样的话：“许多热爱中国摇滚的人，都以为在春天之后，会迎来更加美好的明天。然而从那以后，尽管一些新生乐队如‘超载’、‘子曰’、‘指南针’、许巍等人纷纷推出了自己的专辑，但除了 1999 年的‘北京新声’有一些动静之外，中国摇滚一直在十分恶劣的生存环境中苦苦挣扎。”

中国的摇滚乐到底怎么了？是因为中国摇滚太幼稚？太贵族？还是像崔健说的那样中国摇滚太物质，以致于已经失去了摇滚本身蕴涵的精神和气质？众说纷纭，个中缘由，其实谁也说不清楚。

2004，是中国摇滚乐诞生 20 周年。在这年，中国的摇滚乐已经到了需要什么力量来刺激和鼓励的地步。于是“中国摇滚的光辉道路”大型摇滚音乐节应运而生。虽然一次音乐节并不能挽救什么，但中国的摇滚乐在歌迷们的热情支持下总算重新找回了自己的价值。

## 漫步音乐节

近 10 年来，中国的音乐文化生活日趋丰富，其重要标志就是音乐节的出现。这些音乐节，大小不一、名目繁多。下面主要介绍几个影响较大的音乐节。

### 北京国际音乐节

北京国际音乐节是经中华人民共和国文化部和北京市委、市政府批准举办的大型音乐活动。北京国际音乐节以“国际水准、中国气派、北京特色”为宗旨，标志图案由华表、音符、节庆三部分构成。华表形状象征首都北京；五线谱音符采用中国传统毛笔书法；下半部分类似乐谱的 F 谱号，同时代表英文“Festival”（节日）。整个图案体现了中西文化的融合。

北京国际音乐节在 1998 年举办第一届，以后每年一届。音乐节大致从每年的 10 月中旬开幕，在 11 月中旬闭幕，历时一个月。每届有大概有十几到 30 场演出，包括交响乐音乐会、歌剧、独奏音乐会、室内乐音乐会、经典爵士乐音乐会、歌舞剧、演唱会、免费的儿童音乐会、大学生音乐会，以及在中央音乐学院举办的大师讲座等，内容丰富多彩。参与演出的都是国内外著名的音乐家和音乐团体。

中西结合是北京国际音乐节的一大特色，让世界了解中国音乐，也让中国了解世界音乐。比如说 2003 年的第六届北京国际音乐节，刚刚当选年度艺术家的中国作曲家郭文景所创作的两部歌剧《狂人日记》和《夜宴》在海外流

**·巴黎夏日音乐节·**

巴黎夏日音乐节是国际上知名的音乐节之一。在每年的6月21日，整个法国都会沉浸在音乐声中。巴黎夏日音乐节始于1982年，沿袭圣约翰节的古老传统，要“让音乐遍布各地”。这天巴黎市区内平均每区都有10场以上的演出，而且全部免费。音乐类型多种多样，有古典、摇滚、嘻哈、电子、爵士以及民族音乐等，满足不同层次的音乐需求。

行之后终于在国内首度公演。两部都取材于中国传统名作，一个是现代作家鲁迅的白话小说《狂人日记》，一个是隋唐五代时著名画家顾闳中的传世名作《韩熙载夜宴图》。歌剧采用了许多中国民间的传统音乐元素，富有中国民族特色。西方音乐演出则有疯狂大师马祖耶夫的钢琴演奏、吉顿·克莱默的小提琴演奏，以及闭幕式上的压轴演出：德国北德广播交响乐团演奏拉赫马尼诺夫的《第三钢琴协奏曲》和勃拉姆斯的《第一交响曲》等，让北京的音乐迷们大饱耳福。

近几年来，北京国际音乐节已经逐渐成为了北京的标志性文化活动和一项国际性的音乐盛会，为推进中国音乐文化和世界音乐文化的交流和繁荣作出了巨大的贡献。

## 迷笛音乐节

与北京国际音乐节相比，迷笛音乐节显得更加活泼和热闹。这也难怪，迷笛音乐节本来就是以传播现代音乐为宗旨的盛会，是年轻音乐家们一展才华的舞台，是年轻歌迷们狂欢的节日。这个由北京迷笛音乐学校举办的音乐节，最初只是为了展示学校的教学成果，并从中挖掘出富有才华的学生，可是谁能料到在短短的几年内，迷笛音乐节已经成为中国现代音乐乃至中国音乐很有影响的音乐盛会。

2000年7月，首届“第五传媒迷笛音乐周”在西单文化广场举行，以广场形式进行了为期7天的大型开放式摇滚音乐活动，演出每晚现场观众超过万人；2001年5月，在北京迷笛音乐学校进行了第二届“迷笛音乐节”，来自全国各地的40多支乐队参加了这次音节；2002年5月，第三届“迷笛音乐节”在北京迷笛音乐学校举行，参加这次音乐节的有几十支来自全国各地的优秀乐队，每日观众将近万人；2003年，由于非典的原因迷笛音乐节推迟至10月举行，可是乐迷们的热情不减，他们纷纷放弃出外旅游的机会，赶到香山脚下来参加第四届迷笛音乐节，可见迷笛音乐节的魅力。到2009年第十届迷笛音乐节上，包括崔健、瘦人等二十几位中国摇滚英雄和十几支欧美劲旅在晋江再一次点燃了无数乐迷的热情。

⊙迷笛音乐节上正在演出的音乐人

迷笛音乐节之所以如此成功的原因之一是所有的观众一律免票，这比起其他音乐节来说是一大优势，因为国内真正能够付得起昂贵音乐会门票的人还是不多。迷笛音乐节中参与演出的乐队也是一律义务演出，但是这并不能阻挡乐队争先恐后的脚步。

## 摩登天空音乐节

摩登天空音乐节是每年在北京举行的一个大型露天摇滚现场音乐节，由摩登天空公司主办，是中国最大规模的摩登青年聚会。

第一届摩登天空音乐节于2007年10月2日至4日在北京海淀公园上演。其设有4个舞台，邀请到了超过120组乐队艺人参演，其中不乏一线明星。该届音乐节凭借其高品质、强大演出阵容以及超高的人气赢得了极佳的口碑，并受到《NME》、《纽约时报》等国际知名媒体关注，并被《周末画报》、《音乐时空》等媒体评论为2007年度最“in”的户外音乐节。

2008年9月30日至10月2日，第二届摩登音乐节如期举办，地点仍然是北京海淀公园。本届音乐节共邀请到68组乐队及艺人参加，其中曾作为中国青年最前沿文化耀眼标志的张楚也登台演出。由于室内舞台的设立，本次音乐节将演出延续至深夜，成为一个彻底的狂欢之季。

连续两届“摩登天空音乐节”大获成功之后，2009年，摩登天空再创全新音乐节品牌——“草莓音乐节”，而“十一”期间的“摩登天空音乐节”仍将继续举办。

# 舞蹈

## 舞蹈的雏形

如今，舞蹈是艺术世界里的一个大家族，它的分支众多，出现在世界的各个角落，每个人的生活都不能够完全摒开舞蹈。舞蹈被人们广泛接受，一个重要原因是它带给人类休闲娱乐，带来审美的享受。可是最初的舞蹈是因为什么才产生的呢？在那个生存都极其艰难的原始社会中，我们的祖先为什么还能创造出舞蹈这一艺术？很有可能的是，舞蹈是与他们的生活有着紧密的联系。舞蹈是他们的生存的必要条件。而我们又怎样知道那些从人类远古洪荒时代的舞蹈具体是怎样的呢？我们只能从考古发掘、文字记载以及神话传说中获得零星的信息，构想舞蹈最初的样子，形成我们对先民之舞的认识。

随着考古发现，更多的关于先民舞蹈的资料被掌握。迄今发现的最早的有直观舞蹈形象的文物是青海大通县孙家寨出土的舞蹈纹饰彩陶盆。上面是一组远古的群舞形象，通过这组画面，5000 ~ 8000 年前的舞蹈重现在现代人的眼前。在江苏吴县良渚文化墓葬中有一枚透雕冠状舞蹈纹玉饰，是新石器时代的作品。甘肃大地湾曾出土大约 5000 年前的地画，画中是双腿交叉，手中执棒，侧身仰头的舞姿。在内蒙、新疆都有原始社会留下的有关舞蹈形象的岩画。这些形象资料与传说的三皇五帝时期伏羲氏的《扶来》、黄帝的《云门》以及葛天氏之舞等互相印证，为我们揭开先民之舞的神秘面纱。

**⊙舞蹈纹盆 马家窑文化**
高 14 厘米，口径 28 厘米，青海省大通县出土，国家博物馆藏。

舞蹈通常都会有音乐相伴，最初的原始人用脚踏地击节，利用石块敲击出声音、节奏。那么专业的音乐是从什么时候开始出现的呢？现今我们发现的最早的原始乐器是在河南舞阳县贾湖村原始社会墓葬中出土的一批“骨笛”，这是用猛禽的肢骨制成的吹管乐器。也有人把它们称为“骨箎”。这是距今大约 8000 年的先民的杰作。经过测定，这些骨笛已经具备了音阶结构，可以吹奏旋律了。另外，陕西半坡村出土有黏土制作的陶哨，山西万荣荆村出土有陶埙，青海民和县出土有陶鼓。从这些出土的新石器时代的乐器，可以推想，先民的舞蹈很早就有乐器伴奏了。现在笛、埙、鼓依然是中国传统乐器中的重要成员，先民的创造力让我们不能不敬佩。舞蹈与音乐互相依存，拥有专门乐器伴奏的先民之舞，也一定是具有相当水准的。

原始人的舞蹈也有不同的种类，有不同的功用。其中反映他们劳动生活的情况和原始的宗教意识的舞蹈是最主要的。原始人对自然的认识处于最初的水平，他们认为自然现象和草木动物都有灵魂，因而对许多自然现象产生敬畏。原始人通过舞蹈与神灵交流，得到他们的庇护或启示。人用兽皮、鸟羽等装饰起来，在狩猎之前舞蹈，模仿打到猎物的情景，以求获得神灵的庇护，丰盛收获。或者在狩猎归来时，围着猎物舞蹈，以感谢神灵的庇佑。当他们轻轻重重地敲击着类似磬的石块，有节奏地跳动，模拟鸟兽的动作和形态，就仿佛是“百兽率舞”、“凤凰来仪”了。这种欢腾的气氛愉悦了他们的神灵。而今天我们看来，这种舞蹈也正是狩猎活动的生动反映。

这种舞蹈逐渐发展成为氏族部落的祭祀舞蹈。《史记》有黄帝创作了《云门》之舞、舜创作《咸池》的记载。咸池是天上西方一个星

**⊙大傩图轴　南宋　佚名　绢本**

大傩为古代风俗，届时，人们戴上各种奇异的面具，手持法器，摆出各种舞蹈姿势，一如同鬼神作战，以此来驱除疫鬼。此图正是这种风俗画，人们戴着面具，或手拿法器，或击鼓，手舞足蹈，热火朝天，呈现出浓郁的地方气息及风土人情，人们希冀祥和的愿望尽在其中。本画人物形神各异，运笔变化多端，显示了作者扎实的写实功力，实为难得的风俗画。

座的名字，古人认为它是主管五谷的天官，因此跳舞祭祀它以祈祷获得丰收。尧时制作《大章》模仿各种兽类齐舞，以此来祭祀天帝。这类舞蹈作为宫廷皇帝的祭祀舞蹈一直延续到明清，是儒家倡导的宫廷雅乐。古代的舞乐是不分离的，例如《诗经》是“歌诗三百，舞诗三百”。

巫舞中的傩舞一直保存在民间，直到今天。《大傩》原是一种人与兽相斗的舞蹈，在历史发展的过程中，逐渐演变成驱逐瘟疫、追赶恶鬼的民俗舞。在原始社会时，舞者是涂面的，起到威吓的作用，后来演变成为戴面具。傩舞在民间一直很受喜爱，现在在湖南、江西、安徽等省区仍在表演。这个从原始社会留存到今天的舞蹈，十分珍贵。虽然现在的傩舞已经增加了戏剧的成分，表演上也有了许多变化，但它却是我们可以看到的最接近舞蹈最初形态的活生生的例子。

在漫长的原始社会中，舞蹈萌芽并逐渐发展成熟。原始部落发展壮大，部落之间也难以避免发生了战争。舞蹈与炫耀军威、训练士兵联系到一起。传说舜帝时有《干戚舞》。舜帝要征服有苗，但是靠战场上的胜利并不能使有苗部落心悦诚服地归顺，于是舜帝“修教三年，执干戚舞”，有苗终于被慑服了。这个传说一直被儒家附会成“以德服人”的经典例子。但是，干戚作为古时的兵器，士兵执干戚舞也是一种作战中协调一致的训练，对有苗部落而言，这个舞蹈就是对他们军事上的威摄。正是这种军事上的势力使得有苗归服了舜。这其实是一个表现原始舞蹈在军事上的巨大作用的传说。

原始的舞蹈就已经和强身健体联系在一起了。在远古的阴康氏时期，洪水泛滥，大水长时间地淹没平原，人们生活在阴冷潮湿的环境中，身体就易疼痛得病。于是有人发明了一种舞蹈，人们在跳舞的时候，舒展了筋骨，增强了体质。这应该是舞蹈的健身作用的最早记载。

从出土的文物、神话传说以及历史记载中的只言片语中，我们一步一步地推想出先民舞蹈的大概情形。他们的舞蹈是集体的活动，从对大自然的模仿中形成了最初的舞蹈动作，他们的舞蹈是与生产劳动、宗教意识以及军事等密切相关的。很快地，先民就发明了一些乐器给舞蹈伴奏，更早的先民们学会了用鸟兽的皮毛来装饰自己，使自己在舞蹈中像那些动物，或者显得更加威严。或许还用矿物颜料涂抹面孔，这在后来演变成为面具，或者和戏曲中的

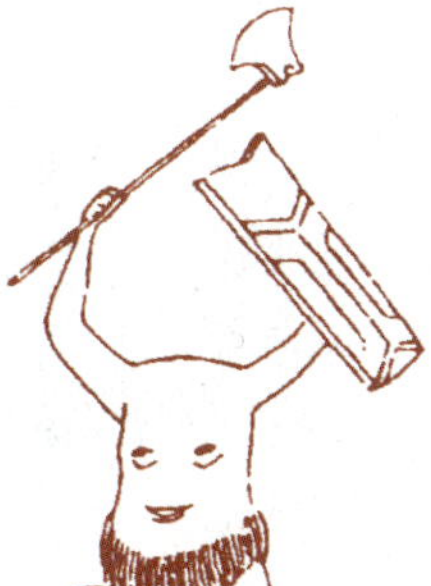

**⊙刑天舞干戚**

《山海经·海外西经》载，刑天是炎帝的大臣，因与帝争神，结果被砍了头，之后它就以乳为目，以脐为口，“手操干戚以舞”。

脸谱也有关联。我们可以得知的有关先民最初的舞蹈的情况，也就这些了。他们没有给我们留下自己的文字描述，当然更不可能会有照片、录像这类的影像资料。但是它们创造的舞蹈却一直留存和发展下来，历经无数的变化，形成了中华灿烂文明中极重要的一部分。

## 从娱神到娱人的极致

舞蹈从原始社会开始出现之后，经过漫长的发展，夏商时，到了一个繁盛时期。原本作为祭祀之乐娱乐神灵的舞蹈，逐渐把娱人作为主要目的，并且娱人的舞蹈渐渐超过了娱神之舞，成为舞蹈的主题。

夏商周时期，舞蹈都在统治中占有重要的地位。当时盛行的占卜、巫舞，都是为了把统治者发布的命令化为神灵的意旨，把统治神化。在甲骨文中，“舞”与“巫”很相似，很可能原本是同一个字。跳舞是巫的专长，巫通过舞蹈和神灵沟通。在农耕时代，风调雨顺是一件大事，遇到久旱不雨，就要祭祀求雨。当时专门有求雨的舞蹈。商王冶曾亲自跳舞求雨。商汤亲自跳桑林之舞，为百姓求到大雨的事迹，一直作为圣明君王的典范被历史记载。

⊙ **楚墓漆瑟彩绘巫师乐舞图**

河南信阳长台关 1957 年出土。图中有射猎、宴饮、乐舞和祭祀等内容。乐舞和祭祀是由“能与神通”、“以舞降神”的巫来主持的。

舞蹈还被用来歌颂开国的功勋，和祭祀祖先。汤建立商朝后，就令人制作了乐舞《大頀》，歌颂助他建国的功臣。汤死后，他的子孙又用这个乐舞来祭祀他。周朝时，用乐舞祭祀祖先更成为一种礼制。

夏朝已经有了专门跳舞的艺人，这些艺人都是奴隶，为了主人的享乐而跳舞，被称为乐舞奴隶。原始社会时，集体的自娱自乐的舞蹈成为娱乐他人的舞蹈。只有神灵才有资格享受的舞蹈，也可以被人类享用了。舞蹈逐渐蜕去了神秘的外衣，成为一种表演艺术，这和现代舞蹈的社会功能就很相近了。

到商朝时，奴隶主享受舞蹈已经成为一种风气，宫殿中通宵达旦的舞蹈欢歌，当时被称为巫风。祭祀舞蹈《巫舞》，也可以给人欣赏，用以娱人了。商王的宫殿中还蓄养了大批的乐舞奴隶。奴隶要根据主人的喜好来跳舞，舞蹈中加入了色情的成分。舞蹈不是单纯的一种欣赏活动，而成为奴隶主生活的一部分，甚至吃饭饮酒都离不开舞蹈，因此贤明的臣子就开始奉劝国君不可以沉溺在歌舞之中，认为巫风太盛会导致丧家灭国。然而巫风盛行，奴隶主们大量地欣赏舞蹈，促使了舞蹈艺术的发展，舞蹈的种类、样式增加，舞蹈的表演技术也有提高。

周朝由周公开始建立严格的礼仪制度，划分等级，而且专门有一套为出征、会盟、饮宴、婚丧服务的乐舞制度。舞蹈有了维护社会等级礼制的功用，不仅有“通神”的作用，而且有“治人”的作用。周朝整理前代的乐舞，加上创制，形成了自己的六套乐舞，合称《六代舞》，这是周代雅乐的代表。尤其是宫廷雅乐，参与表演的人数都有严格的规定，人数超出了规定就是僭越。人们常说的“是可忍，孰不可忍”，

| 六代舞蹈 | 内 容 |
|---|---|
| 《云门》 | 歌颂黄帝的丰功伟绩 |
| 《咸池》，亦称《大咸》 | 表现祭奠祖先和祈求祖先保佑的内容 |
| 《大韶》，简称《韶》 | 舜时代的宗教性乐舞 |
| 《大夏》 | 歌颂大禹治水的功绩 |
| 《大濩》 | 赞颂商汤伐桀的功绩 |
| 《大武》 | 歌颂周武王伐纣的胜利 |

⊙《六代之乐》及其内容

就源于孔子的“八佾舞于庭，是可忍，孰不可忍”。这是孔子批评当时的诸侯舞蹈用八佾的规格，破坏了礼乐制度，是让人绝对不能容忍的僭越。八佾之舞，就是每行每列都是8人，共64人组成的舞队，是周天子才可以用的。诸侯只可以用六佾。由此可见舞蹈在周代统治中的重要地位。

周朝设立了专门的乐舞机构——大司乐，负责管理舞蹈的演出和教育。当时的贵族子弟都要学习舞蹈，而且要精通，然后才可以做官。雅乐的表演也只有王室贵族的子弟才可以参加。民间的百姓也要学习舞蹈。舞蹈与祭祀是相连的。孔子以及先秦的儒家都很重视乐舞的教育，在这样的乐舞之中，通过协同一致的动作，人会受到熏陶，脱离粗俗的举止，性格变得温和，举止变得文雅，推而广之，通过舞蹈教化了整个社会，使社会显得文明、统一、上下有序。这也是儒家推崇的“德治”。

周代雅乐长期用在祭祀中，逐渐确立了经典的具有政治和宗教色彩的地位，也就渐渐变得僵化，失去了原有的艺术感染力。与此相对应的是民间俗乐的兴盛，这是娱人舞蹈的又一大发展。周代的各国民间都有各式各样的歌舞，

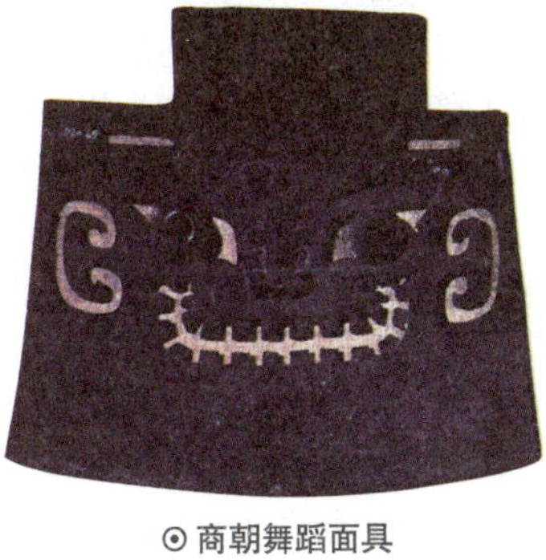

⊙商朝舞蹈面具

尤其到了春秋和战国时期，周天子丧失了控制权，周代雅乐的地位下降，各国的国君也喜好俗乐。《诗经》的国风中就有很多关于当时各国舞蹈的记载，因而《诗经》也被称为“歌诗三百，舞诗三百”。《诗经·郑风·溱洧》描写的就是在民间的节日三月三里，青年男女们以河畔聚会，歌舞玩乐，寻找意中人。这个本来是祭祀为主的节日变成了娱神和娱人结合的歌舞盛会。而这种健康自由的民间盛会反映出中国的民间歌舞源远流长。

民间歌舞的兴盛，培养了优秀的歌舞艺人，这些艺人不再是完全没有自由的奴隶，他们是失去了土地的农民，把舞蹈作为谋生的技艺。赵女郑姬以善舞闻名，她们携带着乐器，身穿长袖舞衣和轻便的舞鞋，不远千里地四处卖艺，表演优美的舞蹈。在这些舞女中出现了闻名天下的舞蹈家，四大美女之一的西施是我们知道的中国第一位杰出的舞蹈家。燕昭王宠爱的两位女子——旋娟和提嫫都是当时著名的舞蹈家，她们最擅长的舞蹈有《萦尘》、《集羽》和《旋怀》，这些都是体态轻盈、柔美的舞蹈。楚国的舞蹈非常有名，跳舞的女子，身材苗条，细腰长裙，长袖飘飘，这种舞姿在战国时代很有代表性，并且一直延续到汉代，都很有影响力。出土的春秋战国时期的文物上表现这种细腰长裙，长袖飘举的舞蹈形象有很多。

秦汉统一，客观上有利于各国的舞蹈得到更好的交流，汉代又设立专门管理歌舞的音乐的机构——乐府，把过去的舞蹈百戏收集整理，使之更加丰富。乐府还收集民间的舞蹈，对它们进行专业的加工，提高舞蹈的水平。汉代的舞蹈特色是包含了杂技、武术、幻术、歌唱、音乐、舞蹈等的百戏。百戏中的《总会仙倡》、《东

海黄公》等是带有情节的大型舞蹈表演，表演时有布景，表演者戴着面具，化妆成仙人、仙兽，或者黄公、老虎，表演歌舞。表演中配合剧情而造的云雷雨雪。《鱼龙蔓延》则是一系列的模仿鸟兽的表演，比如猴子、大象、大鱼、各种鸟类。这种表演中采用大鱼之类的道具，人举着这些道具跳舞，也是寓意太平盛世的“百兽率舞”。百戏受到上至皇帝下到民间百姓的普遍喜爱。百戏后来还融合了西域传来的乐舞杂技。

人们不仅欣赏舞蹈，还经常亲自表演舞蹈。刘邦在登上皇位，衣锦还乡，在故乡的酒宴之上唱了一首《大风歌》：“大风起兮云飞扬，威加海内兮归故乡，安得猛士兮守四方！”这首歌人所共知，但是很少有人知道刘邦唱完之后，即兴跳起舞来，慷慨激昂，感动所有在座的人。舞蹈是汉朝皇室的修养之一，皇帝们都会跳舞。士大夫中也流行即兴的舞蹈，在酒宴中，共同欣赏艺人的表演之外，主客之间还可以互相邀请跳舞，这大概要算是中国的交谊舞了。可惜在历史的发展中，这个良好的传统中断了。

汉代的著名舞蹈有《长袖舞》、《折腰舞》、《巾舞》、《槃舞》。长袖往往与细腰相连，细腰善于弯转，做出柔美的姿态，经过训练的舞女可以把腰向后弯，使上身成为一个环形。长袖、折腰都是对楚国舞蹈艺术的继承和发展。在战国时代，已经有了“长袖善舞”之说，可见长袖舞在战国时期就已经产生了，到汉代成为最著名的舞蹈。《槃舞》是舞人在皮革蒙成的圆鼓上跳舞，通常有七面鼓。这个舞蹈不仅有轻盈跃动的舞姿，还有脚在鼓上踏出的声音，集雄壮、柔美于一体。因此，有时也会有男舞者

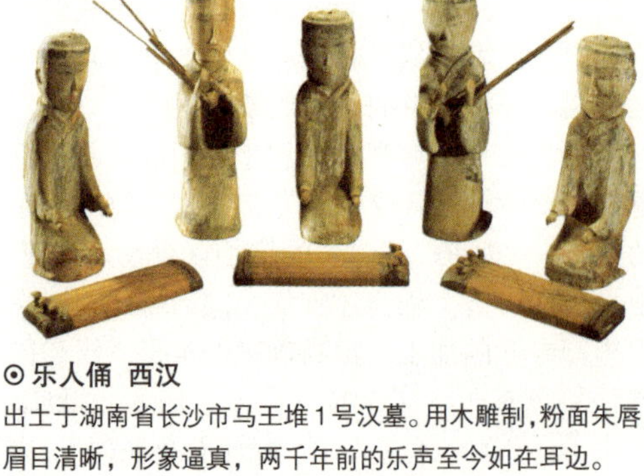

**⊙乐人俑 西汉**

出土于湖南省长沙市马王堆1号汉墓。用木雕制，粉面朱唇，眉目清晰，形象逼真，两千年前的乐声至今如在耳边。

表演。《巾舞》就是持巾而舞，应该是长袖舞的发展，很可能发展为后来的名舞《白纻舞》，舞女身穿白纻做成的舞衣，手持长长的绸巾，舞动起来仿佛仙女降临人间。这些舞蹈已经有了专业的乐队伴奏音乐，有钟、磬、鼓等打击乐，箫、笙等吹奏乐和琴瑟等丝弦。

汉代舞蹈强调女子身姿的柔美、婉转，舞姿的轻盈、飘逸，临风飘举，风情万种。汉代最著名的舞蹈家赵飞燕，传说可以作掌上舞，舞姿飘逸，仿佛会被风吹走一般。赵飞燕的另一绝技就是会走“踽步”，这是一种模仿花枝颤动的步法，别人都学不会。赵飞燕的舞蹈成就代表了汉朝专业舞蹈的最高水平。

魏晋基本继承了汉朝的乐舞。南北朝时期，南朝继承汉代乐舞，同时又采集当地民间乐舞。舞蹈从其他艺术形式中独立出来。西南民族进入中原，北朝盛行胡、戎乐舞，天竺、龟兹等国的音乐舞蹈也传入中国。中国的舞蹈与其他民族的舞蹈交流融合，为唐朝舞蹈的繁盛奠定了基础。

唐朝是中国封建社会的鼎盛时期，唐朝的西域边疆扩大，丝绸之路通行，加强了中原与西部少数民族以及西南亚、东欧国家的文化交流。玄奘西游、鉴真东渡、文成公主进藏，各国使者络绎不绝地来到长安，日本派来一批批的遣唐使，把大唐的文明带回去。唐诗作为中国古代诗歌史上的最高峰，达到后人无法企及的高度。书法、绘画、雕塑、音乐、舞蹈等艺术都出现了众多的大家和名作。这是一个封建艺术的繁盛时期。在这样兴盛的、蓬勃向上的时代潮流之中，舞蹈艺术获得了前所未有的大发展。从宫廷雅乐到民间俗舞，舞种繁多，舞技高超，多姿多彩，盛况空前，令千年之后的人类依然为之激动、为之鼓舞。

唐朝盛行胡舞，胡腾、胡旋、柘枝最为流行。从宫廷到民间，人人皆能为胡旋。胡旋舞是在一块小小的毯子上飞速旋转，是单人表演的舞蹈，即兴的成分很大，随时都可以表演。杨玉环和安禄山都是当时的胡旋高手，安禄山大腹便便，据说小腹垂到了膝盖，但是舞起胡旋，无人能比。因为唐玄宗的喜爱，宫中人人都学胡旋。从波斯、大食等地来的舞女在京城的酒肆之中也经常表演这类舞蹈。唐人诗歌中

⊙胡旋舞 石刻 唐
胡旋舞者，头戴圆帽，身穿圆领窄袖紧身长裙，脚穿软靴，单足立于小圆毯上，一腿腾起作旋转状，翩翩起舞。

经常出现“胡姬”，比如“笑如胡姬酒肆中”、“胡姬压酒劝客尝”等。胡姬盛行，也反映出胡舞的盛行。在唐人留下的敦煌壁画中，就有一些做旋转姿势的飞天或普通人物的形象；佛教的壁画中也有这样的舞姿，可见当时胡旋这类舞蹈的盛行。

胡舞之外，唐朝的著名舞蹈还有《兰陵王破阵舞》、《踏摇娘舞》、《剑器舞》等。《兰陵王破阵舞》是唐朝盛行的假面舞。兰陵王是北齐的一位将领，因为面貌俊秀，觉得在战场上不足以威吓敌军，所以在作战时戴上相貌凶恶的面具。兰陵王非常勇猛，又很爱惜手下的兵士，深得国人的爱戴，但是遭到北齐皇帝的忌恨，被皇帝派人毒死。他的战功被编入舞蹈，受到人们的喜爱，到唐朝时依然非常流行。这个舞蹈表演时，舞者要装扮成兰陵王的样子，戴着面具（因此也叫《代面舞》）表演指挥击刺等作战动作。但是，在唐朝，《破阵舞》被归为软舞，唐玄宗曾用几百名宫女表演这个舞蹈，这应该是在流传的过程中发生了变化，失去了粗犷的战斗气息，变成了华丽的形式。

《踏摇娘舞》也是北齐一个民间舞剧。原型是民间的真实人物，美丽的女子嫁了一个酒鬼丈夫，丈夫喝酒把家产花光，醉酒之后，还要毒打妻子。舞蹈表现的就是妻子向乡邻诉苦，边走边歌。唐朝宫廷中经常表演这个舞蹈，但是加入了调笑戏谑的因素，和最初的形式有了很大的不同。

《剑器舞》是唐朝健舞的代表，公孙大娘是唐朝最著名的剑器舞蹈家，诗圣杜甫在诗中描绘了她的舞姿。草圣张旭观公孙大娘舞剑，得到狂草的灵感。但是对于剑器舞舞的道具是什么，历史上有很多争论。有人认为舞的是绸子，因为现在民间还流传有舞绸，名为“剑器舞”；有人认为应该是空手而舞，因为出土的文物上有女子戎装、空手而舞的形象；也有人认为应该就是持剑而舞，因为中国有舞剑的传统，而公孙大娘本人也是擅长使剑的，剑器舞起源于民间武术，而且中国的舞蹈与武术有着密切的渊源联系。每种观点都有其理由，虽然没有定论，但是这种种不同的观点或许正反映了一种舞蹈的发展过程中演化出的多种的形式。中国舞蹈的博大精深由此可见一斑。

唐朝最有代表性的舞蹈，还应推《霓裳羽衣舞》，这是宫廷大曲的代表作。大曲是音乐、舞蹈、诗歌三者结合的大型乐舞套曲。《霓裳羽衣舞》是唐朝唐玄宗在印度传来的佛教乐曲《婆罗门曲》的基础上编排的。《霓裳羽衣舞》是一个表现月宫仙子的舞蹈，因而表演的舞女都要装扮得像仙女一样。杨玉环表演的《霓裳羽衣舞》最为著名。《霓裳羽衣舞》产生于开元盛世时期，唐朝衰败之后，此舞也就衰落了。《霓裳羽衣舞》是唐朝舞蹈水平的最高表现，也是盛唐气象的一个代表。

唐朝时期，不仅有这些专业的表演舞蹈，民间的群众舞蹈也很兴盛。在民间的节日庆祝活动中，舞蹈是重要的一项。当时最流行的民

⊙踏歌图（局部） 南宋 马远

图中所绘为秋收之后，农民以手舞足蹈的踏歌形式欢庆人瑞年丰的情景，是一幅十分难得的江南农村风俗画。

间舞蹈是踏歌。踏歌是一种舞蹈形式的统称，是指人们以脚踏地为节奏，载歌载舞自娱自乐的歌舞形式。这种风俗在原始社会就有，一直在民间流传，歌舞的样式越来越丰富。唐代，民间踏歌经常通宵达旦地举行，朝廷有时也采取这种形式，与民同乐。

另一种重要的民间舞蹈就是元宵节的群众表演，也有汉朝百戏的遗风，不仅有舞蹈，还有杂技，而且已经有了舞龙、舞狮，现在民间闹元宵就由此发展而来。

唐朝的舞蹈仿佛一场华丽的盛筵，曲终人散后，留下的是无尽的怀想和凄清之感。晚唐之后，再也难以重温盛唐的气派。

## 舞蹈与杂剧、戏曲的融合

宋元明清时期，中国的封建社会发生了很多变化，一方面是封建礼教的加强，对人民的束缚更多，在国势、文化气魄上都失去了汉唐的恢宏气派，难以像盛唐那样对周边的民族甚至亚洲、欧洲的国家都产生巨大的吸引力，让他们派遣使节来朝拜，和其他民族文化的交流变弱。一方面，资本主义经济萌芽，出现了许多兴盛繁华的城市，市民阶层发展起来，世俗文化兴盛，民间舞蹈得到了大发展，舞蹈中也偏爱表现故事情节，出现了深受百姓喜爱的杂剧、戏曲。在明清时期，戏曲逐渐取代了舞蹈在社会艺术中的主要地位，但是舞蹈却在戏曲表演的动作、身段中保留了下来，舞蹈的融入也使中国戏曲具有了丰富优美的动作形式。

北宋的疆域相比于唐朝，收缩了许多，并且受到辽、金的不时侵犯，战争的结果是北宋向辽或金输送钱财，国家实力受到严重削弱。国家之内，理学思想占主要地位，礼制对人民的控制加强，人民受到重重的伦理束缚，思想、艺术界失去了自由和蓬勃的生机。南宋更是偏安江南，北方是少数民族政权，宋代在文学艺术上有堪与唐诗比肩的宋词、在科学技术上也多有发明，但是宋代的舞蹈艺术却没有太大的发展。

宋代的宫廷舞主要是对唐朝的宫廷大曲的继承，但或是流传下来的残缺不全，或是宋人

⊙宋舞大曲 石刻

⊙**骷髅幻戏图页　南宋　李嵩　绢本**

图绘一大骷髅手提一小骷髅在做游戏，小骷髅躬身招手，对面一小儿仿佛受其吸引，正仰首伸臂，意欲前去，背后妇人伸手拦阻。大骷髅身后一妇人正袒胸露乳，喂哺幼儿，面对着眼前之景，脸上露出不安的神色。此图表现生死转化，死的恐怖与生的欣喜并现于同一画面，形式不同一般，匠心独具。

表演时加以裁减，因而都已不是唐朝时的全貌了。唐朝著名的《柘枝舞》、《剑器舞》等在宋代犹存，但是这些单人、双人舞蹈在宋代却成为队舞，队舞表演重在铺排场面，舞蹈的技艺要求有所降低。队舞表演程式严格，偏重故事情节，与唐朝重在情绪和技艺的舞蹈有根本的区别。宋代的队舞分“小儿队”和“女弟子队”。两个表演队在宫廷宴乐中都有演出，但是表演的曲目不同，小儿队主要有柘枝队、剑器队、醉胡腾队等，女弟子队主要有菩萨蛮队、佳人剪牡丹队、拂霓裳仙队等。在表演时还加有歌功颂德的“致语”或歌唱。

与僵化的宫廷乐舞相对照的是民间舞蹈的兴盛。北宋都城汴梁（今河南开封）和南宋的都城临安（今浙江杭州）都有许多的勾栏瓦肆，这是专门表演各种技艺的固定场所。在瓦肆中拦出一个一个的圈子，作为表演场地。因为场所固定，而且多有棚子遮风避雨，所以不论天气好坏，每天都有表演，总能吸引众多围观的人。北宋的汴梁城中有勾栏五十多座，最大的可以容纳上千人观看。南宋的临安城内外有瓦肆 30 多个，每个瓦肆中都有众多的勾栏同时表演不同的节目。在这些勾栏瓦肆中有各种各样的技艺表演，不仅有讲史、杂技、皮影戏、散乐等，还有各种舞蹈演出。主要的舞蹈样式有舞旋、舞番、舞剑、舞刀、花鼓、跳钟馗、扑旗子等。

除了这种城市中固定场所的表演，宋代的城乡都有流动的民间舞蹈队，被称为“社火”。“社火”后来发展成清朝的“走会”、“庙会”，都是综合性的街头游行表演队伍。逢年过节时，就组织起来，聚会演出。民间舞队的演出是人们在年节中的重要娱乐活动。乡村的舞队不仅在本村、邻村之间表演，还会到都市之中进行演出。尤其是岁末至正月十五之间，官府专设一些场地，让民间舞队来表演，与民同乐，并给表演的舞队钱酒犒赏。宋朝的闹元宵已经有了丰富的民间舞蹈形式，我们知道的就有《舞

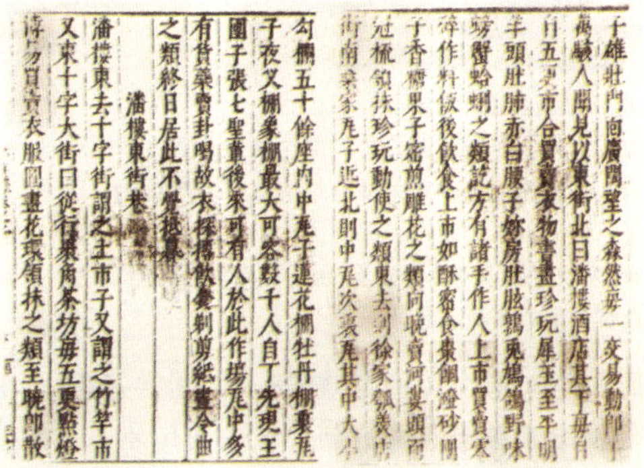

十雄壯門向廣闊望之森然每一交易動即千
萬駭人聞見以東街北曰潘樓酒店其下每日
自五更市合買賣衣物書畫珍玩犀玉至平明
羊頭肚肺赤白腰子妳房肚胘鶉兔鳩鴿野味
螃蟹蛤蜊之類訖方有諸手作人上市買賣零
碎作料飯後飲食上市如酥蜜食棗䭔澄砂團
子香糖果子蜜煎雕花之類向晚賣河婁頭面
冠梳領抹珍玩動使之類東去則徐家瓠羹店
街南桑家瓦子近北則中瓦次裏瓦其中大小
勾欄五十餘座內中瓦子蓮花棚牡丹棚裏瓦
子夜叉棚象棚最大可容數千人自丁先現王
團子張七聖輩後來可有人於此作場瓦中多
有貨藥賣卦喝故衣探搏飲食剃剪紙畫令曲
之類終日居此不覺抵暮

潘樓東街巷

潘樓東去十字街謂之土市子又謂之竹竿市
又東十字大街曰從行裹角茶坊每五更點燈
博易買賣衣服圖畫花環領抹之類至曉即散

⊙**《东京梦华录》内页**

宋代孟元老所著《东京梦华录》中有关“瓦肆勾栏”的记载，称“街南桑家瓦子，北则中瓦，次里瓦，其中大小勾栏五十余座……”。

### ·跑旱船·

宋代民间舞蹈中的节目，相传源于隋朝，是一种古老的舞蹈形式，多在元宵灯会和庙会时与民间杂耍一起表演，通常是一位船翁拿着杆子引船，两位姑娘各驾一船表演。船是用竹或木扎成船形，糊上纸，饰以彩绸、纸花等，非常精美，表演情形也很生动。

### ·凤阳花鼓·

凤阳县是明太祖朱元璋的故乡，朱元璋称帝后在凤阳大兴土木，建造中都，修建皇陵，从全国各地向凤阳移民。明中叶前，这些移民在每年秋后开始逃荒，手持花鼓小锣在街头卖艺，来年春耕时节返回。凤阳当地流传的凤阳花鼓唱道："说凤阳，道凤阳，凤阳本是好地方。自从出了朱皇帝，十年倒有九年荒。"表演时一个手执扁担小鼓敲击，一个击打小锣。

⊙ **乡村庙台图**

土坡上有五圣祠一座，其对面有戏台一座。砖石垒基，上以土木棚席为顶，应为临时性的戏曲演出场所。前后台分开，有上下场的幕帘，四周围有红色栏杆。台上方一椅一帐。观戏者可以在台下立看，也可去对面五圣祠台阶上观看，这是典型的乡村庙台。

刀》、《鲍老儿》（傀儡戏的一种）、《乔亲事》（乔是装扮的意思）、《竹马儿》、《村田乐》、《旱龙船》、《十斋郎》、《扑蝴蝶》、《鞑靼舞》等。

杂剧在宋代发展成熟。杂剧最早在唐代已经出现，当时杂剧的含义和汉代百戏的意义相近，包含歌舞、杂技等各种形式的艺术表演。北宋初，杂剧仍然混同各种表演形式，没有完整的剧本和固定的表演方式，通常是加强了故事情节的歌舞表演，或许还受到小说、讲史的影响。到南宋时，杂剧已经初具规模，通常是四五人装扮成故事中的不同角色表演。但是具体的表演形式现在已无法知道。在保存下来的杂剧目录中，有许多含有"爨"字的普通词调。爨是宋杂剧中一些简短表演的名称。在这些含有爨字的目录中，有一些似乎和舞蹈有密切的关系，比如"扑蝴蝶爨"、"钟馗爨"和民间舞蹈"扑蝴蝶"、"跳钟馗"应该有某些联系，"天下太平爨"、"百花爨"和宫廷舞蹈有联系。从这些名称中，可以推想宋代舞蹈向故事性歌舞表演的转变，进而变成杂剧、戏曲，纯粹的舞蹈表演渐渐退居时代艺术的次要地位。

元朝时，蒙古族舞蹈随着统治者的进入传到了中原，元朝统治者保持本民族舞蹈特色的同时，吸收了汉族的宫廷雅乐。元朝宫廷中舞蹈的乐器种类少，舞蹈表演也比较单调。最著名的舞蹈是宗教性的舞蹈《十六天魔舞》，十六位女子装扮成佛、菩萨的样子跳舞。蒙古族的盅碗舞等民间舞蹈也传到中原地区。但是由于怕人民聚众生事，元朝统治者限制汉族和本民族的民间舞蹈，元朝的民间舞蹈远不及宋代的民间舞蹈丰富活泼。

元杂剧却异常兴盛地发展起来了。元杂剧已经具有完整的形式，一个剧本由四折一楔子构成，一折中用同一个宫调，表演以唱为主，兼有歌舞、道白、杂技等艺术形式。由于元朝废除了科举，读书人无法实现政治抱负，只好转移兴趣，许多有才华的文人混迹于勾栏之中，创作戏曲。另一方面，元朝的民族歧视政策使许多人生活艰难，人们乐于欣赏讽刺时事的杂剧。元代的杂剧成为中国戏曲历史上的一座高峰，出现了许多著名的剧作家和优秀的作品。"元曲四大家"关汉卿、白朴、马致远、郑光祖和他们的作品代表了元代的杂剧的最高成就。

元朝的杂剧有机地融入了舞蹈，用来表现人物的动作和心理活动等，舞蹈成为元杂剧中不可缺少的组成部分。杂剧艺人都要精通音律、

⊙天魔舞壁画 元

蒙古人喜音乐、好歌舞。元朝时中书省专设仪凤司和教坊司，管理乐工和乐器，打破民族界限和地区差异，兼收并蓄，不仅有蒙古人传统的“胡舞”，还有汉人地区的“雅乐”，以及吐蕃的“十六天魔舞”。

善于舞蹈，才可以进而学习表演。舞蹈在元杂剧中有重要地位。元杂剧表演中的身段动作和表情动作称为“科”，比如“做报科”、“正末做看科”、“周舍夺科”等，这些动作都是高度程式化的，借用了舞蹈的表演形式。在一些段落中还会直接地插入一段与情节相关的舞蹈。比如在《唐明皇秋夜梧桐雨》中，就有安禄山感谢皇上不杀之恩时，表演了一段《胡旋舞》；杨玉环在品尝了荔枝后，在高力士的邀请下表演了一段《霓裳羽衣舞》。这些舞蹈与剧情相关，同时也增加了剧作的欣赏性。还有的剧中会插入一段与剧情关系并不密切相关的舞蹈，烘托某种气氛。还有一种专门在杂剧表演结束时附加的舞蹈表演，叫作“打散”。

元杂剧对舞蹈的吸收，还是比较简单的，有相对独立的舞蹈动作，舞蹈与戏曲在元杂剧中呈现一种共生的状态。

明清时期，民间舞蹈得到了重生，恢复到繁荣的局面。但是从明朝开始，进入封建社会的末期，封建礼教的束缚更加严酷，尤其是对女性的束缚，女性不可以参加民间舞蹈的演出，民间舞蹈中的女性角色也是由男性来扮演，渐渐发展成戏曲中的女性角色也由男性来扮演，这无疑对中国舞蹈戏曲的发展形成了某种制约。但是这一时期的戏曲还是取得了巨大的成就，成为最耀眼的表演艺术形式。

明朝盛行的戏曲是传奇，传奇最早是对唐代短篇小说的称呼，后来也用来指明代的戏文。传奇起源于南戏，打破了元杂剧中四折戏只能由一个角色唱的限制，所有的角色都可以唱和表演，演出的形式已经和现在的戏曲几乎相同，但是传奇的剧本非常冗长，演完一个传奇要花上许多天。传奇中的舞蹈场面非常的动人，比如在《浣溪纱》中西施歌舞的场面，有五个对舞的人，环绕着西施而舞，她们长长的衣袖和飘带，在舞动中一圈圈地环绕着身体，舞姿也轻巧灵活，这里似乎看到汉代长袖舞和折腰的遗风。传奇的表演者也要经过严格的舞蹈训练才可以拥有高超的技艺。

⊙往古九流百家诸士艺术众 元明 水陆画

山西省右玉县宝宁寺藏，全画分上下两层，上层绘士、农、工、商、医、卜、星相各色人等，下层则是杂技、戏剧演员。画面上共有杂技戏曲等演员 11 人，有手技戏法、侏儒幻术、舞狮者，也有杂剧中的正末和净。其中，画面正中心位置的老者，头裹皂巾，身穿圆领皂袍，腰束红带，右手握一管斑竹毛笔，从其打扮看，为元代“才人”无疑。他们多为多才文士，为戏班编排和写作剧本。

⊙《还魂记》插图

《还魂记》是明清时期戏曲的常见题材，叙述少女杜丽娘梦中与书生柳梦梅幽会，醒后感伤而死。柳与杜的鬼魂相会，终使杜死而复生，两人结为夫妻。

明清时期的昆曲更是进一步把舞蹈和戏曲完美地结合在一起。昆曲歌舞并重，这一点从昆曲的著名曲目中可以看出。明代汤显祖的《牡丹亭》中著名的一折《游园惊梦》，是昆曲的传统曲目，也是代表曲目。在这一折中，优美的舞蹈、载歌载舞的形式把杜丽娘被锁在深闺，心中充满对爱情和自由的无限向往的形象和心情都表现了出来。每一句唱词都严格地配有舞蹈。昆曲的其他代表性曲目《夜奔》、《思凡》等，都有很强的舞蹈性。梅兰芳先生曾说过：“（昆曲）所有各种细致繁重的身段，都安排在唱词里面，嘴里唱的那句词儿是什么意思，就要用动作来告诉观众，所以讲到歌舞合一，唱做并重，昆曲是当之无愧的。”

中国的舞蹈表演艺术在历史的发展过程中，被逐渐地吸收到戏曲艺术中，戏曲艺人在实践中，创造了丰富的舞姿和表演动作，成为程式化的戏曲表演动作，中国古典的舞蹈寄身于戏曲艺术，获得了另一种发展。

## 历代名舞

舞蹈产生于遥远的原始社会，并随着人类历史的发展而发展，在每一个发展的过程中都留下了绚烂的歌舞魅影。从历代的最有代表性的舞蹈之中，可以看到一个时代的风貌和缩影。

迄今所能见到图像的中国最早的舞蹈，是5000～8000年前，也就是新石器时期的舞蹈。在青海大通县孙家寨出土的一个彩陶盆上的舞蹈的图案让我们见到了原始社会的舞蹈形象。从这个彩陶盆上，可以看到三组手拉手在清粼粼的水边跳舞的人物。每组都是五个人，头上的装饰很像现在的小辫子，但也可能是别的饰物，腰下有尾巴一样的装饰。跳舞的人脚步动作一致，可见那是人人都会跳的舞蹈。舞人有队列，又有协同一致的动作，说明当时舞蹈已经比较成熟。图案上没有乐器出现，或许还没有乐器的伴奏而用脚踏出节奏，或者喊出号子。人们在生产之余，聚集起来歌舞庆祝，是为了感谢神灵。

《六代舞》是周代在集中整理前代的舞蹈的基础上，加新创制的《大武》编制而成的，它是周代的礼仪祭祀乐舞。这六套乐舞内容都是歌功颂德的，分别用来祭祀天神、地神、四方之神、山川、女性祖先和周代先祖。参加表演的舞者，都是周朝的皇室、贵族子弟，人数、动作都有严格的规定。周代的这套乐舞制度，被历代的封建帝王尊为“先王之乐”。每当改朝换代之始，统治者都要编制这类礼乐，歌颂建国者的文治武功。周代的礼乐，开掘出了舞

⊙东汉《盘鼓舞》画像石

画像左下端一位舞者正翩翩起舞，右方三组乐队席地而坐，为表演者伴奏，第一排击鼓，第二排四人吹排箫，其他人或弹筝，或鼓瑟，各司其职。

蹈在统治中的社会功用，并成为历代的典范。

汉代《槃舞》是汉代的诗文和绘画中常见到的舞蹈。这个舞蹈是在盘鼓上跳舞，所以也叫《盘鼓舞》。盘鼓是扁圆形的，上面蒙着皮革，用脚击踏就产生节奏。通常是在地面上摆放七面盘鼓，舞者跳舞的时候，脚总是在盘鼓上，而不能踏到地面。《盘鼓舞》还有比较齐全的乐队伴奏，包括鼓、磬、笙、箫、琴、瑟等。

《盘鼓舞》的舞者男女都有。男女不同，舞者的技艺高低不同，舞蹈的动作就相应地有很大变化。因而《盘鼓舞》很适合和其他的舞蹈相结合。从出土的汉代画像上可以得知，汉代的《盘鼓舞》有多种样子。美丽婀娜的舞女穿着长袖飘飘的舞服，在盘鼓上应和着音乐和鼓点，把长长的衣袖舞的像翻飞的蝴蝶，或者像风吹过的水波，或者做出高难度的下腰等动作，和《长袖舞》、《折腰舞》结合起来。传说汉武帝遇到卫子夫时，卫子夫为他跳的舞蹈就是《盘鼓舞》，一曲盘鼓舞蹈，让卫子夫从一名宫廷女乐人一跃成为大汉朝的皇后。盘鼓舞在汉代的地位由此可见一斑。由男舞者表演的《盘鼓舞》就多了几分豪迈奔放的感觉，男舞者在鼓上做出俯身、跪地、猛回身、高甩袖等动作，旁边还有两人跪在地上，手拿鼓槌，跟着舞者的节奏击鼓。

《白纻舞》是南朝的代表舞蹈，产生于汉晋时期，原是制造白纻的女工为了赞美自己的劳动成果而产生的民间舞蹈。在南朝时，盛行于上流社会，成为宫廷贵族宴会中经常表演的节目。在民间，舞女们身穿白纻做成的舞衣，披着白纻做成的长长的披巾而舞。进入宫廷之后，舞服就变得极为奢华。不仅舞衣由名贵的纱罗做成，还有珠翠、金玉的佩饰和首饰，在烛火的映射之下，熠熠生辉，使舞蹈显得飘然细腻，观者享受到华丽迷离的仙境之感。这样美丽的舞蹈引起了当时很多诗人的着意描绘，舞者的佩饰和舞蹈的动作是诗文描绘的重点。从这些留传下来的诗文中，我们得以知道这个舞蹈的情况。

⊙白纻舞俑

**·胡腾舞·**

出自中亚亚细亚塔什干的民间舞蹈，以跳跃上腾，舞步壮健见长，因此名曰“胡腾”。唐诗中对于舞态、服饰和舞蹈者的面貌都有记载：舞人大都头戴尖顶帽子，身穿窄袖胡衫，帽上缀着珠子，舞蹈时闪烁生光，因此叫做“珠帽”。舞衣前后上卷，飘摇生姿，很有波斯风格。

《白纻舞》强调长长的衣袖，双手高举，领长袖飘是舞蹈的代表性动作，描写《白纻舞》的诗歌都会提到举手扬袖的动态。如《晋白纻舞歌》：“轻躯徐起何洋洋，高举两手白鹄翔”；王建的《白纻歌》：“低鬟转面掩双袖，玉钗浮动秋风生”。从这些诗文中还可以知道长袖的动作非常多，有掩袖、拂面、飞袖、扬袖等。这样玉手纤纤、长袖飘飘的舞蹈，正适合南朝贵族在清谈之余的声色享受需求，一时盛行不衰，后来还传入北朝，到隋唐时期，依然经常出现在诗人的作品中。宋代之后，就逐渐消亡了。但京剧中的白绸水袖动作可能吸取了《白纻舞》的某些动作。

《霓裳羽衣舞》是产生于盛唐，终于唐末的舞蹈，是唐朝繁华兴盛的代表。对于《霓裳羽衣舞》的创作，历来说法不同。一种认为是唐玄宗李隆基创作的，一种认为是外来的佛教法曲《婆罗门曲》的另一名称，第三种说法比较折中，认为是李隆基自己创作的一首新曲，后来又借鉴了《婆罗门曲》，最终创作成了《霓裳羽衣舞》。从唐朝的艺术整体来看，对西域艺术的吸收和借鉴很多。可以推测，《霓裳羽衣舞》也是在吸收了西域乐曲的基础上创作的。

在戏曲中，对《霓裳羽衣舞》的产生又另有不同的说法：唐明皇梦里受到邀请到月宫游玩，在月宫中看到了仙女们表演的舞蹈，暗记在心。醒来之后，就记下乐谱、舞谱，训练宫女表演这个舞蹈，从而把《霓裳羽衣舞》带到了人间。在洪昇的《长生殿》中，又把梦里到月宫的改为杨贵妃，是她把《霓裳羽衣舞》带到了人间，又经过了唐明皇的删改。

其实《霓裳羽衣舞》在杨玉环进宫之前就已经排演过了，在天宝年间才由《婆罗门曲》改为《霓裳羽衣舞》。不过杨玉环所舞的《霓裳羽衣舞》是最著名的。之所以传说《霓裳羽衣舞》是来自于月宫仙子的舞蹈，可能是因为舞蹈内容情节与月宫仙子有关。《霓裳羽衣舞》是“道调法曲”，道调法曲是唐人自创的法曲，中间夹杂有道家的神仙思想。而这个表现道家思想的仙子之舞，却借鉴了佛教的乐曲《婆罗门曲》，融合统一，这也是唐朝艺术的豪迈气派，兼收各种文化，然后创作出自己独特形式的特点。

《霓裳羽衣舞》是女子舞蹈，表演的女子穿着孔雀毛的翠衣和淡彩色或者月白色的纱裙，肩上还有霞帔，头上戴着“步摇冠”，身上佩戴着许多珠翠，真的像仙子一般美丽、典雅。

在表演舞蹈之前是一段“散曲”，乐队的金、石、丝、弦等乐器次序发音，以独奏、轮奏等方式，先演一段悠扬动听的旋律。在接着的“中序”的慢拍子中，装饰华美的舞者才开始上场。中序的节奏舒缓，旋转轻盈，行进流畅，回身突然，尤其是柔软清婉的“小垂手”舞姿，轻灵又迅急，衣裙像浮云般飘起，宛若仙子踏云而来。到“曲破”之后，节奏就加快了，急剧的舞蹈动作使身上环佩缨络叮当碰撞，这时，还有整齐的合唱和富有表情的说白，极富感染力。到了“尾声”，节拍又慢下来，最后在一个拖长的音阶中终结。

《霓裳羽衣舞》的演出方式并不完全固定，杨玉环表演过独舞形式，也有双人舞形式，后来又有用百名宫女组成的大型舞队表演。但是这种宫廷群舞的形式，往往讲究排场，舞蹈艺术技巧水平却下降了很多。

到了唐末，几经离乱之后，《霓裳羽衣舞》几乎失传了。残存的舞谱流传到后唐、宋代。宋朝虽然还有名为《霓裳羽衣舞》的舞蹈，但已经不是唐朝的原貌了。《霓裳羽衣舞》和强盛的唐朝一起，留在文人的咏叹之中，留在了中国人的记忆之中，也因此而更加神秘美丽，令人神往。

《剑器舞》是唐朝健舞的代表。唐朝，中国的舞蹈艺术达到顶峰，软舞和健舞都很盛行。唐朝的著名的健舞有许许多多，比如《胡旋舞》、《胡腾舞》、《柘枝舞》、《阿辽舞》等等，但是《剑器舞》却是当之无愧的代表。

《剑器舞》不仅是著名的舞蹈，而且对中国诗歌、书法艺术都产生过极大的影响。诗圣杜甫的名诗《观公孙大娘弟子舞剑器行》就与

⊙《观公孙大娘弟子舞剑器行》诗意图

剑器舞的两位著名舞者有密切关系。开元初年，童年的杜甫在河南郾城看到了公孙大娘的《剑器舞》。多年之后，唐朝经历了安史之乱，进入晚唐，诗人也步入了暮年，漂流在异乡四川，却又遇见了公孙大娘的女弟子李十二娘表演《剑器舞》。李十二娘颇得师傅真传，让杜甫想起童年所见的舞蹈，想起国家的盛衰之变，个人的飘零乱世，不胜感慨，从而写了这首千古流传的长诗，详细介绍了他一生与《剑器舞》的两次相遇和公孙大娘师徒二人精彩的舞蹈表演。没见过《剑器舞》的人，也都因为此诗而记住了《剑器舞》，记住了这个令“观者如山色沮丧，天地为之久低昂”的舞蹈。在杜甫的诗序中，还提到了《剑器舞》与草圣张旭的故事。张旭曾经多次观赏公孙大娘的《剑器舞》，从舞姿中获得了灵感，从而草书技艺大进，如龙蛇飞舞。

⊙ 陕西礼泉县郑仁泰墓彩绘乐舞俑

五人跪坐奏乐，二人舞蹈。表演的可能是各民族文化融合后的乐舞。

这个气势磅礴、动人心魄的舞蹈，由甘肃传来，在武则天时期之前就已经流行于甘肃民间，后来传入长安，成为宫廷乐坊的舞曲之一。公孙大娘的《剑器舞》在当时最为著名，她把这个民间的舞蹈做了艺术加工，技艺更加娴熟，所以才会被誉为“淋漓顿挫，独冠一时”。

## 历代舞蹈大家

中国古代的舞蹈艺术灿烂辉煌，可是一直作为统治集团粉饰太平或者享乐的工具。舞者是宫廷里的伎乐艺人或者是豪门大家的家养艺人，身份不自由，地位又很低下，没有人为他们作传，因而很多著名的舞蹈艺人都被尘封的历史掩埋了。只有极少数的幸运儿，跃身进入贵族阶层，才被历史记载下来。还有一些因为舞蹈被诗人观赏，名字被记在诗中，才让后人知道他们的名字，但无法了解更多的资料。这是中国古代舞蹈家们的命运，相对于那些被记载下来的众多舞蹈家而言，我们可以知道的舞蹈大家实在太少，只如大海中的一滴水而已。

舞蹈在产生之后的一段漫长的时间里，都是群体性的，后来才有擅长跳舞成为担负沟通人神的专业人员，称为“巫”。渐渐地舞蹈的娱人功能逐渐强化之后，才有大量的乐舞奴隶。他们是专业的舞蹈人员，提升了舞蹈的技艺，推动了舞蹈艺术的发展。随着统治阶层对舞蹈欣赏要求的增加，舞蹈的发展更受重视，乐舞奴隶的地位也渐渐有所提升，尤其是一些美貌的女子，更容易得到君王的宠幸。中国最早的舞蹈大家应推西施。西施本是战国时期越国乡村一位平凡的浣纱女，因为绝色美丽被召进宫廷，学习进退举止，歌舞之艺。三年学成后，越王把她献给吴王夫差，旨在消磨吴王的意志。西施不负所托，得到夫差的宠幸，与夫差日夜笙歌曼舞，使得夫差放松了对越国的控制，为越国战胜吴国制造了难得的机遇。这是中国最著

⊙ 西施像

名、最惨烈的一例美人计。越王打败夫差之后，西施也被杀了。民间百姓不忍让如此美丽又有深明大义的女子结局这样悲惨，就在传说中给了她一个美丽浪漫的归宿——和她真正的爱人范蠡荡舟太湖，隐居民间了。这是我们所知的第一位舞蹈大家，可是她更多的是作为美女，却不是作为舞蹈家被记载。

和西施几乎同时代的还有两位舞蹈家也留下了她们的姓名，就是燕昭王所宠爱的两位女子——旋娟和提嫫。二人是广延国送给燕昭王的“礼物”。可见当时各国之间有相互赠送女乐人的风气，女乐人根本没有自己的选择权，而只是作为国与国之间的一种政治筹码。旋娟和提嫫也都是绝色，又体态轻盈。她们最擅长的舞蹈是《萦尘》、《集羽》、《旋怀》，舞起来犹如轻功在身。传说当她们跳舞的时候，地上铺着四五寸厚的香屑，但是舞罢之后连个脚印都不会留下，可谓轻盈之极。

虞姬是秦汉交际时期最著名的舞蹈大家。虽然也是君王的宠妃爱妾，但是她却与其他的女子很不相同。虞姬与西楚霸王南征北战，她不仅是一位妻子，也是一位不可缺少的助手。她是项羽精神上的安歇之所。在四面楚歌的困境之中，项羽拔剑起舞，歌声中一声声的慨叹

⊙ **赵飞燕歌舞图**

史传赵飞燕体态轻盈、舞步曼妙，能作掌上之舞。

“虞姬虞姬奈若何”，虞姬迎合着项羽悲怆的歌声，最后表演了一段舞蹈，拔剑自刎，用生命来祭奠项羽未完成的霸业。这一段舞蹈，慷慨之极，又悲痛之极，一直在后人的记忆中鲜活如初。几乎两千后，京剧《霸王别姬》中虞姬的一段舞蹈仍是人们无法割舍的一段情结。那种生命最后的舞蹈，就像大漠落日一般壮美又凄凉。即便只有这一段舞蹈，虞姬也是当之无愧的舞蹈大家，因为她的舞蹈源自内心深处的哀伤和无奈，发之于心，而不是为了娱乐他人，所以她的舞蹈是厚重的美，而不是轻浮的媚。

和虞姬同时并和她一起辅佐项羽成就霸业的项庄也是一位著名的舞蹈大家。在鸿门宴中，他有一段极为精彩的表演，让沛公刘邦着实胆战心惊了一回。项庄拔剑起舞，暗含杀机，时时指向刘邦，若不是项伯被刘邦收买，硬要和项庄对舞，时时遮挡项庄的剑锋，秦汉之交的历史可能就要改写了。这一段剑舞惊心动魄，项庄的舞姿大气雄浑，暗蓄机锋，又与武术结合，是中国舞蹈豪迈派的代表，并为后人留下一句寓意深刻的成语——“项庄舞剑，意在沛公”。

项羽失败后，大汉开始。汉朝的艺术透出古拙之气，但是汉朝的舞蹈却以轻盈柔美为主。而且产生了众多著名的舞蹈家，有刘邦的戚夫人、汉成帝的皇后赵飞燕、汉武帝的李夫人以及李夫人的哥哥李延年。戚夫人最擅长翘袖折腰的舞蹈，这是继承楚国的舞蹈。刘邦为了欣赏戚夫人的舞蹈，甘愿为她唱歌伴奏。《汉书·张良传》中记载刘邦对戚夫人说：“若为我楚舞，我为若楚歌。”

赵飞燕是中国著名的瘦型美女和舞蹈家。“燕瘦环肥”是中国两种审美观点。“身轻如燕”是对赵飞燕最贴切的形容，或许赵飞燕名字就源于她像燕子一般的舞姿。赵飞燕幼年丧父，卖身到平阳公主家里做婢女，并学习歌舞。因为美丽和高超的舞技被成帝召进宫中，并最终成为皇后。赵飞燕善于控制用气，舞姿轻盈，传说可以在掌上跳舞。赵飞燕有一门绝技——走“踽步”，这种步态走起来，就像人手拿着花枝微微地颤动。

李延年是汉朝杰出的乐舞艺人，他通过歌舞使自己的妹妹成为汉武帝的宠妾，成为永恒的绝色佳人。李延年和他的妹妹都出身于“故

倡”，世代都是宫廷乐人。李延年因善于歌舞很受汉武帝的赏识。一次，李延年为汉武帝边歌边舞，他唱的就是“北方有佳人，绝世而独立。一顾倾人城，再顾倾人国。宁不知倾城与倾国，佳人难再得”。汉武帝听完之后，就叹息没有遇到这样的佳人。一边的平阳公主就立即举荐了李延年的妹妹。武帝召见，果然是一位妙丽善舞的佳人，就留在身边，并封为夫人。

晋朝石崇的家伎绿珠是当时著名的歌舞伎。绿珠貌美，会吹笛，最擅长表演《明君舞》（明君就是昭君，因为避司马昭名讳，不可以用“昭”字，而改称王昭君为明君）。《明君舞》有歌有舞，并用胡笳伴奏，歌词中有“哀郁伤五内，泣泪沾朱缨”，“愿假飞鸿翼，承之以遐征”的充满哀伤和思念的句子。舞蹈主要是表演昭君出塞的故事，有歌舞戏的意味。可惜，绿珠最后成了政治的牺牲品。

唐代的贵族阶层中也有一些颇负盛名的舞蹈家，他们表演舞蹈不是作为谋生的手段，而是用以显示自己的才华。有的也会因为这种才华天分得宠，杨玉环就是这类舞蹈家的代表。她作为一个贵族阶层的舞蹈家，得到了唐玄宗的极度宠爱，她的名字和唐朝的著名舞蹈《霓裳羽衣舞》结合在一起。她表演的《霓裳羽衣舞》是最著名的。一次，唐玄宗和诸王在宫中的木兰殿举行宴会，气氛不好，玄宗不大高兴。杨贵妃就趁着酒兴，舞了一曲《霓裳羽衣舞》。玄宗看后，坏心情一扫而空，转而大喜，赞叹说“方知回雪流风，可以回天转地”。可见杨玉环舞艺之精湛、舞蹈表演之精彩，有如萦雪流风，竟然使一国之君转怒为喜。杨玉环还非常擅长《胡旋舞》，白居易的诗中说“中有太真外禄山，二人最道能胡旋”。安禄山和杨贵妃都是当时的《胡旋舞》高手。安禄山也是深得唐玄宗宠爱的大臣，曾借助杨玉环得到玄宗

⊙ **金谷园图**

本图中假山石玲珑剔透，石崇随意卧毯上，以肘亘椅，身着便服，方颐阔耳，须髯飘洒，现痴醉之态。眼前之女当是绿珠，发簪玉钗，纤手轻捻玉箫，头微垂，但闻箫声凄凄，如叶落湖面，余韵绵延，观其人，楚楚之态，令人心生爱怜。

## ·《韩熙载夜宴图》·

《韩熙载夜宴图》如实地再现了韩熙载夜宴宾客的情景。首段“听乐”，韩熙载与状元郎粲坐床榻上，正倾听教坊副使李佳明之妹弹琵琶，旁坐其兄，在场听乐宾客还有紫微朱铣、太常博士陈致雍、门生舒雅、家伎王屋山诸人；二段“观舞”，众人正在观看王屋山跳《六幺》舞（《绿腰》），韩熙载亲擂“羯鼓”助兴，好友德明和尚不期而遇，尴尬地拱手背立；三段“暂歇”，韩熙载与家伎们坐在床上休息，韩正在净手；四段“清吹”，韩熙载解衣盘坐椅上，欣赏着五个歌女合奏；五段“散宴”，韩氏手持鼓槌送别，尚有客人与女伎调笑。

⊙ 杨贵妃像

杨贵妃（719~756 年），蒲州永乐（今山西永济）人，小名玉环。据说杨玉环是宫中舞蹈大家，她表演的《霓裳羽衣舞》颇受玄宗喜爱。

的信任和宠爱，可是他发动的安史之乱使杨玉环命丧马嵬坡。唐代两位最著名贵族舞蹈家，命运却奇特地交织在一起。

在乐舞艺人中，公孙大娘极负盛名，是唐代最杰出的舞蹈家。她本是一位民间舞蹈家，博采众长。她改编创作的《剑器舞》震撼了许多人的心灵。她到各地去巡演，都会引来众多慕名观看的人。名声传到宫廷，宫廷也邀请她去表演。在勤政楼前举行盛大的表演时，皇帝、群臣，以及少数民族的首领、外国的客人都在观看。公孙大娘雄健美妙的舞姿，最引人注目。因为难度比较大，所以艺人很难掌握，当时大批优秀的宫廷艺人，都不能把公孙大娘的《剑器舞》表演好。正因如此，这个舞蹈流传不广。只有杜甫后来遇到的李十二娘的表演有公孙大娘当年的遗风。

盛唐之后，著名的舞蹈家就少了很多。南唐时韩熙载的宠妾王屋山是一名著名的舞蹈家。她擅长的舞蹈是唐朝流传下来的软舞《六幺》。在《韩熙载夜宴图》中就非常真实地描绘了韩熙载亲自击鼓伴奏，王屋山舞《六幺》的场景。王屋山的舞姿温婉绰约，在当时享有盛名。宋代之后，舞蹈渐渐衰退，鲜有非常杰出的舞蹈家了。

## 中国舞蹈的类型和特点

中国文化历史悠久，中国舞蹈更是产生在有文字的记载之前。伟大的舞蹈场景，体现了勇敢勤劳的中华民族与自然共生共处，生命的欢悦和激情，随着历史画卷的徐徐展开，中国舞蹈发展出一整套成熟的类型，并确定了自己的风格特点。

中国舞蹈根据不同的分类角度，可以分出多种类型。

| 根据功能划分 | |
|---|---|
| **类型** | **特点** |
| 自娱性舞蹈 | 自娱性是舞蹈的天性，所谓“手之、舞之、足之、蹈之”，人用肢体语言表达自己内心的情愫，自然形成了自娱性舞蹈。它简单易学，几乎一看就会，节奏感和抒情性强，强调舞者的自由发挥，即兴起舞，不受时间和场所的限制，具有浓厚的生活情趣。中国汉族的秧歌舞和花鼓舞，都是源于农耕时节的自娱性舞蹈，与之类似的还有苗族的“跳月”、藏族的“弦子”、新疆的“十二木卡姆”和“刀郎木卡姆”、蒙古族的“安代”等异彩纷呈的民族舞蹈。<br>随着历史发展，自娱性舞蹈也逐渐和表演性结合起来，成为节日期间赏心悦目的表演，例如农村中的“秧歌舞”已经成为逢年过节时的必备节目，随着舞步飞旋和红绸飘散，表演者与观众取得直接的情绪交流，产生了心灵的共鸣，感受到生命的活跃感。从自娱性舞蹈向娱人的、表演性舞蹈过渡，是文明发展的一大趋势。 |

| | |
|---|---|
| 宗教祭祀舞蹈 | 宗教祭祀舞蹈产生于原始的图腾崇拜时期，人类把自娱的舞蹈用来娱神，祈求图腾和神灵的庇护，应该说宗教祭祀舞蹈产生于自娱舞蹈之后和娱人舞蹈之前，正是夏朝的开国皇帝启把娱神的歌舞用来娱乐自己，体现了宗教祭祀舞蹈的衰落。中国古老的宗教祭祀舞蹈“傩”，是一种头戴面具，驱鬼辟邪的巫舞，后来这种舞蹈在宫廷和民间依然有所保留，但已经失去了娱神的宗教含义，成为表演给人看的舞蹈形式。晋朝传说有两位美丽的女巫善为巫舞，而陈后主的宠妃张丽华更是在宫廷中常做此舞。宗教祭祀舞蹈是进行宗教和祭祀活动的舞蹈形式。宗教舞蹈是对超自然、超人间的神秘力量和神灵的一种形象化的再现，使无形之神成为可以被感知的有形之身，是神秘力量的人格化。 |
| 表演舞蹈 | 经过了一定的规范化和程式化，尤其是排练的引进，就出现了较为精致的表演舞蹈了。它不仅动作规范，具有可重复性，并且主题鲜明，形象典型，结构严谨，表情细腻，构图精美。表演舞蹈的演员有专业舞蹈家，也有业余的演员，但都需要艰苦的专业训练，掌握了娴熟的舞蹈技巧后才可以走上舞台，演出之前要反复排练，而对于专业舞蹈家来讲，演出本身也是增加舞台阅历和经验的大好机会。表演舞蹈的舞台场地要求严格，要配合音乐、服装、灯光、背景等艺术手段，成为综合的舞台形式，在现代中国的表演舞蹈中，高科技手段尤其是数码技术的引进更是增强了它的表现力。古往今来，表演舞蹈都承担着教化民众的社会职责，古代诗乐舞一体，所谓“礼合同，乐别异”，表演舞蹈是一种修文德的手段，可以宣扬国威，招徕远人。传说舜时期，有苗不服，舜不发一兵一卒，修德三年，执干戚舞，于是有苗来朝，可见表演舞蹈的社会功能是很重要的。难怪孔子会批评郑风扰乱了教化，连表现周灭商的《武》也不太喜欢，而唯独认定了以禅让为背景的《韶》乐尽善尽美。当然，舞乐逐渐民间化和世俗化，娱乐性因素也逐渐增强，到了《霓裳羽衣舞》和《西河剑器舞》时，舞蹈的表演目的就是以娱乐为主，教化因素被淡化了。 |

| 根据语言划分 | |
|---|---|
| **类型** | **特点** |
| 古典舞 | 古典舞是指一个国家和民族所流传下来的经典舞蹈样式，是由历代的专业舞蹈家在分散的民间舞蹈基础上加工提炼整理而成的典范舞蹈，它体系完整，训练方法独特，随着历史变迁而呈现出不同的时代特点，但又具有超稳定的历史继承性。中国的古典舞例如汉晋时代的《白纻舞》，唐代的《霓裳羽衣舞》，《剑器舞》和《柘枝舞》等，结构严谨规范，艺术感强，无论在内容上和形式上都体现了汉民族的风貌和浓郁的东方美学特征。由于历史的原因，古典舞几经沉浮，在战火和朝代更迭中逐渐隐去，明清以后戏曲艺术完全取代了舞蹈的地位，古典舞的动作技巧往往只能在戏曲中依稀可见。新中国成立以来，经过人们的整理，尤其是对于出土文物和雕塑壁画的研究，一批别具一格的新式古典舞登上了舞台，如《春江花月夜》、《剑舞》、《丝路花雨》、《编钟乐舞》、《仿唐乐舞》、《铜雀伎》、《盘鼓舞》等，从敦煌壁画中，甘肃的舞蹈家们甚至复活了古代的“敦煌舞”，相信随着进一步研究和发掘，形神统一，意蕴深邃的古典舞会在新的历史时期书写美丽的篇章。 |
| 民间舞 | 民间舞来源于原始时代舞蹈，广泛流传在民间，地方风味浓郁，民族特色鲜明，尤其是与劳动生产的过程联系紧密，生活气息十足。例如：秧歌舞就是来自水田插秧的劳动实践，其步法与插秧时的前前后后，走走退退动作十分相似。民间舞形式多样，同一种类型在不同地区会生发出不同变体，体现出鲜明的地域差异。仅从秧歌舞而言，就可以分为山东秧歌、陕北秧歌、东北秧歌和河北秧歌等，而在山东秧歌内部还可分为胶州秧歌和海阳秧歌等变体。民间舞具有酣畅淋漓的“蛤蜊风味”，流行很广，在农村的传统节日上，经常有群众自发的民间舞演出，演员多是自愿参见，在演出过程中，观众也不时加入，可以说民间舞的演员与观众之间并不是界限分明的，也正因为这样，它成为人们沟通交流的重要媒介。民间舞还是专业舞蹈家创作的重要素材，“红绸舞”、“荷花舞”、“安塞腰鼓”等，都是民间舞与现代艺术精神相结合的成果，在世界舞蹈中独树一帜。 |

| | |
|---|---|
| 芭蕾舞 | 芭蕾舞源于文艺复兴时期的意大利，最初出现在宫廷贵族的宴会上，主要以足尖作舞，是贵族自娱自乐的舞蹈形式，因此也称为“席间歌舞”。16世纪初期，芭蕾舞与古典戏剧结合起来，广泛流行于欧洲宫廷，随着第一部芭蕾剧《皇后喜剧芭蕾》诞生在法国亨利三世的宫廷中，芭蕾舞终于成为独立的艺术形式。清朝的裕容龄从法国学习芭蕾，归国后把芭蕾舞介绍进来，并经常在宫中表演。1950年，著名舞蹈家戴爱莲编导并主演了中国的第一部芭蕾舞剧《和平鸽》，后来涌现出《无益的谨慎》、《白毛女》、《红色娘子军》等优秀作品。尤其是《白毛女》和《红色娘子军》，用芭蕾的语言讲述中国故事，塑造了中国自己的芭蕾形象。随着中西文化交流的日益频繁，举办中国芭蕾必将熔铸众体，自筹伟辞，以不可替代的形象屹立于世界芭蕾之林。 |
| 现代舞 | 现代舞也称自由舞，是一种比较年轻的舞蹈类型，产生于20世纪初期。现代舞对传统舞蹈，尤其是芭蕾的风格和规范进行了扬弃，强调人体动作的表现力，内心感情的自由抒发，在一张一弛之间揭示人和社会的复杂性。现代舞节奏自由，鼓励即兴发挥，特别重视演员的肌肉美和关节灵活性，美国人伊莎多拉·邓肯和奥地利人鲁道夫·冯·拉班被称为现代舞的先驱。今天的现代舞风格多变，各种理论主张甚嚣尘上，有“符号派”、“内心感觉派”、“动力派”和“超现代派”等。虽然早在20世纪40年代现代舞就进入了中国，涌现出一批著名舞蹈家，尤其是吴晓邦的《饥火》用全新的舞蹈语言诠释了杜甫的诗句“朱门酒肉臭，路有冻死骨”，堪称经典，但总体上看，现代舞和中国的传统审美习惯尚有差距，如何开拓现代舞的表现领域，同时与中国美学传统相结合，仍然是需要解决的问题。 |

**⊙ 乐舞飞天 壁画**
画中飞天形象衣袂飘飘，线条优美，有一种真实的飞舞感。

在这些缤纷多彩的舞蹈类型中，我们可以发现独一无二的中国特色。舞蹈的民族风格是民族性格的艺术体现，从一个民族的舞风中可以清晰地看见这个民族的个性。由于特定的生产生活方式、区域环境甚至人种特点的差异，不同民族的舞蹈在舞蹈动作、舞蹈场合、舞蹈服饰等方面显现出诸多差异，或热烈欢快，或委婉哀怨，或奔放粗犷，或轻盈柔美，或天真浪漫，或温文尔雅。中华民族幅员辽阔，舞蹈的百花园中呈现出你中有我，我中有你的情况。透过中国舞蹈的地区和时代差异，我们发现，流动圆曲的生命之美是中国舞蹈的共同特点。

古希腊的毕达哥拉斯学派认为，圆是宇宙最完美的形式，中国舞蹈对这一点的阐释可谓完美。就像太极拳一样，古典舞蹈也有一个重要的动作——云手。上肢不停地画圆，大圆套小圆，动作不停顿，如万物在宇宙中不停地流转，很难分清那个动作是最典型的或最重要的。类似这样的动作在中国舞蹈中屡见不鲜，例如风火轮、小五花、乌龙绞柱等。

此外，在舞台的空间处理上，圆曲之美也被重视。欧阳予倩曾经说过：“京剧的全部舞蹈动作可以说无一不是圆的……是画圆圈的艺术。”我们看京剧演员在舞台上的步法，以某个点为中心的划圆动作层出不穷，例如走马、划船、交战等，甚至一个演员走上前台往往是先画一个圈再回到大概起点的位置。从原始舞蹈到汉唐舞蹈，从古典乐舞到民间秧歌花鼓，可以说这种流动的圆曲形式是中国舞蹈的美学根基。正是不停顿的流动造成了行云流水般的整体效果，铸就了中国舞蹈的精魂。

不论书法、绘画、舞蹈，中国艺术对于抽象出来的线条始终怀有特殊的感情。在西方艺术执著于写生与模仿的同时，中国摒弃了模仿而转向写意，从天地万物中抽象出流动的线条。得鱼忘筌，得意忘言，飞舞的线条瞬间沟通了天地与人，艺术也早早脱离蒙昧阶段而走向成熟。在中国舞蹈和戏剧中，不经意间的红绸飞挥，那飘散的线条，使观众身临虚无缥缈的海上仙山。敦煌壁画中的飞天没有翅膀，衣袂飘飘的线条却营造了比西方绘画中的天使更加真实的飞舞感。多言数穷，不如守中，繁华落尽，始见真淳，中国舞蹈早早走出了错彩镂金的阶段，恰似出水芙蓉，在空白中书写流畅的线条，“曲终人不见，江上数峰青”。

流动圆曲的中国舞蹈无疑是轻盈的，同时也是鲜活的。宗白华先生曾经论断：“‘舞’是中国一切艺术的典型。”舞蹈高度的韵律感，对于秩序和理性的强调，还有对于生命旋转的热情，正是生生不息的宇宙的象征。中国舞蹈是这样一种美妙的形式，严谨的秩序化作流动的音乐，成为浩浩荡荡的生命韵律，使人从感情中抽身而退，从艺术境界提升到天地境界。难怪杜甫在《观公孙大娘弟子舞剑器行》中赞叹：“昔有佳人公孙氏，一舞剑器动四方。观者如山色沮丧，天地为之久低昂。”所谓外师造化，中得心源，舞者的律动是与宇宙的脉搏共振的，艺术最后回归了“天道”、真理，并且赋予“道”以鲜活的生命感，达到“神人以和”的境界。通过轻盈、流动的中国舞蹈，我们可以透视到中国哲学的生命感，“舞”正是中国哲学最直接的和不经意的流露。

从舞蹈中，我们分明可以领悟到中国文化中鲜活的生命气息和内在超越感。张旭见公孙大娘舞而悟笔法，吴道子请裴将军舞剑继而画成，艺术形式之间、艺术与真理之间都是相通的，它们共同构成了灵动飞舞的中国形象，像舞蹈一样“乘天地之正，而御六气之辩，以游无穷”，不正是中国诗人、艺术家和哲人最高的人生理想吗？书法和绘画中遍布飞舞的线条，庄严的宫殿上少不了飞檐的点缀；在中国园林的亭台楼榭憩息，天地万物无不了然于胸。中国“舞”的生命律动无处不在，而这绝不是偶然。

## 硬朗的健舞

唐代是乐舞发展的蓬勃时期，留下了比任何封建朝代都丰富得多的舞种和舞蹈名目，因此，唐代也被称为舞史高峰。唐代乐舞繁荣的标志之一就是乐舞风格的形成，在唐代，形成了两种风格迥异的舞蹈形式，即健舞和软舞。所谓健舞，就是指那些动作风格硬朗的乐舞，动作力度很大，以雄健矫捷、节奏明快见长，广泛流行于宫廷贵族、士大夫家宴及民间堂会之中。在健舞之中，《剑器舞》、《胡旋舞》、《胡腾舞》和《柘枝舞》都较为著名。

《剑器舞》又名《剑舞》，因舞者持剑表演而得名，是由民间武术逐渐发展而来的。《剑器舞》的形式很多，一般为女子戎装独舞，但也可以是男女对舞、四人舞或军士集体群舞，此外还有流浪艺人自创的少年剑器舞等。剑舞中的剑有单剑、双剑和刀型短剑之分，根据不同的舞蹈需要选用合适的舞剑。剑的舞动也是变化多端，基本可以分为“站剑”和“行剑”两种，二者各有特点。“站剑”的动作迅速敏捷，富有雕塑感；“行剑”的动作连绵不断，如行云流水，富有流畅感。

剑舞出现的时间很早，据《孔子家语》记载，早在春秋时期，孔子的弟子子路就曾在孔子面前拔剑起舞，这应该是有关剑舞的最早记载。到了汉代，剑舞已经开始流行起来，在四川和山东的汉画像砖上都有剑舞的画面。此外，剑作为当时的一种兵器，也决定了剑舞是具有攻击性的。《史记·项羽本纪》中记载了鸿门宴的故事，“项庄舞剑，意在沛公”，项庄就是打算用舞剑的方式去刺杀刘邦。

汉代以后，剑已经逐渐被长兵器所替代，不再作为主要的兵器，在这种情况下，剑舞的健身和抒情作用得到了很大的发展。唐代的剑舞有了很大的发展，流行范围也更加广泛，更有裴将军的剑舞与李白的诗歌及张旭的草书并称为三绝。据《独异志》记载，裴将军的剑舞“走马如云,左旋右转,掷剑入云,高数十丈,若电光下射。引手执鞘承之,剑透室而入。观者数千百人,无不惊栗”。在李白和岑参等著名诗人的诗句中,都可以看到他们以剑舞抒情的自述。宋代的剑舞发展成了宫廷队舞,按照大曲的形式演奏,且已经有了简单的故事情节。现代舞剧中也可以看到剑舞,如《小刀会》、《盗仙草》等。

公孙大娘是著名的舞伎,能舞多套剑器,她所舞的《邻里曲》、《裴将军满堂势》、《西河剑器》、《剑器浑脱》等都属于剑器类。

《胡旋舞》是一种外来舞蹈,主要来自西域的康国、米国和史国等。从唐代开元初起,西域的康国、米国和史国等就开始向朝廷进献胡旋女,而《胡旋舞》也曾在开元天宝年间盛行一时。《胡旋舞》本属于《九部乐》、《十部乐》中的《康国乐》,白居易的《胡旋女》一诗就曾提到“胡旋女出康居”。《新唐书·西域传》记载:“康者,一日萨末鞬,亦曰飒秣建,元魏所谓悉万斤者。其南距史百五十里,西北距西曹百余里,东南属米百里,北中曹五十里。在那密水南,大城三十,小堡三百。君姓温,本月氏人。始居祁连北昭武,为突厥所破,稍南依葱岭,即有其地。”可见《胡旋舞》源自河西走廊,并吸收了中亚乐舞的成分。

《胡旋舞》以快速旋转为主要特点,《胡旋舞》的名称也是由此而来。《通典》卷146有云:“舞急转如风,俗谓之胡旋。”《新唐书·礼乐志》亦有云:“胡旋舞,舞者立球上,旋转如风。”《胡旋舞》传入中原以后,不仅在宫廷十分盛行,在民间也同样受欢迎,长安人人学旋转,学胡舞俨然成为一种时尚,由此可见《胡旋舞》的魅力。白居易曾作诗《胡旋女》描述胡旋女跳胡旋舞的情景:“胡旋女,胡旋女,心应弦,手应鼓。弦鼓一声双袖举,回雪飘飖转蓬舞。左旋右转不知疲,千匝万周无已时。人间物类无可比,奔车轮缓旋风迟。”

⊙ **乐舞表演 敦煌莫高窟172窟 盛唐**

中间舞伎两人,一人击腰鼓,一人反弹琵琶。乐队左右各八人,所奏乐器有鼓、横笛、拍板、排箫等。根据舞蹈动作和伴奏乐器可知,舞者所跳应属胡旋一类。

新颖的形式和独特的风格让很多人都沉迷于《胡旋舞》之中,唐玄宗就是其中一个。他的宠妃杨玉环和宠臣安禄山都是胡旋的高手,白居易有诗云:“天宝季年时欲变,臣妾人人学圆转,中有太真外禄山,二人最道能胡旋。”在唐代,《胡旋舞》多是女子跳,后来也有男子跳的,但有身份地位的男子一般不跳。安禄山为什么也善胡旋呢?这是因为安禄山并不是汉人,而是地地道道的胡人。

《胡旋舞》主要以鼓、笛、钹等乐器伴奏,这种伴奏形式一直延续到今天新疆的少数民族歌舞中。而且,在维吾尔族、哈萨克族、乌孜别克族的民间舞蹈中,至今仍然保持着快速旋转的特点。在这些少数民族的歌舞中,大致也可以推想出当初的胡旋舞面貌。在敦煌莫高窟第220窟的壁画上,有一些旋转跳舞的画面,这些乐舞画面受到了历来舞蹈史研究者的重视,或者它们对于研究《胡旋舞》的具体表演形式会有所提示。虽然《胡旋舞》的本来面貌现在已经无法复原,但它的加入仍然为繁荣中华民族的舞蹈艺术做出了贡献,具有非凡的意义和价值。

《胡腾舞》也是从西域传入中原的一种外来舞蹈,但它主要来自石国,也就是今天乌兹别克斯坦的塔什干一带。唐代宗时期,由于河西、陇右一带被吐蕃占领,原来杂居在这里的胡人不得不流落他乡,以民族歌舞或边境贸易为生。每当交易谈成,胡人便会载歌载舞,以示庆祝。就这样,《胡腾舞》很快就流传到了长安,并被引入宫廷,成为宫廷乐舞。

《胡腾舞》与《胡旋舞》虽然都来自西域,但两者的风格却有很大的差异,《胡旋舞》以旋转为主,《胡腾舞》则以快速多变的腾踏踢跳为主,更注重腿脚功夫。《胡腾舞》的舞者

⊙ **乐舞壁画 唐**

陕西西安市郊唐苏思勖墓出土。画面中间毛毡上立一舞者，头包白巾，身着长袖衫，翩翩起舞。乐队十一人，分列两边。画中舞者服饰、舞姿与唐诗中描述的《胡腾舞》相近。

必须是男性，而且是胡人，这与《胡旋舞》也有很大的区别，不过汉人可以参与到《胡腾舞》的表演之中。在西安东郊唐代墓葬的壁画上，除了舞蹈者是胡人之外，其他的伴奏者和伴唱者都是汉人，这就说明了汉人是可以参与《胡腾舞》的，只是舞蹈者必须为胡人。

表演的时候，男子站在盘上，在盘上翻腾起舞，双脚不得越于此盘。唐代诗人李瑞的《胡腾儿》对《胡腾舞》及舞者的身世、相貌、服饰等做了详细的介绍："胡腾身是凉州儿，肌肤如玉鼻如锥。桐布轻衫前后卷，葡萄长带一边垂。帐前跪作本音语，拈襟摆袖为君舞。安西旧牧收泪看，洛下词人抄曲与。扬眉动目踏花毡，红汗交流珠帽偏。醉却东倾又西倒，双靴柔弱满灯前。环行急蹴皆应节，反手叉腰如却月。丝桐急奏一曲终，呜呜画角城头发。胡腾儿，胡腾儿，家乡路断知不知？"

《胡腾舞》以醉为美，在跳舞的时候带有几分醉意，将使舞姿更佳，元稹的《西凉伎》中就有"胡腾醉舞筋骨柔"的诗句。到了宋代，舞队发展得十分迅速，而从《胡腾舞》发展过来的宫廷舞队小儿队名即为"醉胡腾队"。在新疆的民族歌舞中，至今仍然看到以踢踏跳跃为主、粗犷豪放的男子舞蹈。近年来，《胡腾舞》又被改编为大型的广场舞蹈，改编后的舞蹈更具有时代特征，深受广大群众的喜爱。

《柘枝舞》也是从西域的石国传入中原的，原是女子独舞，表演中有歌唱，且以鼓为主要伴奏乐器。舞者身着美丽的民族服装，脚穿锦靴，在鼓声中出场，舞姿变化异常丰富，时而刚健硬朗，时而婀娜轻盈，舞袖时而低垂，时而翘起，刚柔并济，俏丽多姿，在舞蹈即将结束的时候，有深深的下腰动作。很多诗人的作品都对《柘枝舞》有所描述，如刘禹锡的《和乐天柘枝》有云："鼓催残拍腰身软，汗透罗衣雨点花。"白居易的《柘枝伎》也有这样的描述："带垂钿胯花腰重，帽转金铃雪面回。"

《柘枝舞》的一大特点是在舞蹈结束时舞者会半袒其衣，薛能的《柘枝祠》中就有这样的描述："急破催摇曳，罗衫半脱肩。"此外，《柘枝舞》者的表情十分生动，由于是灵动的眼神，常常给人留下异常深刻的印象。卢肇的《湖南观双柘枝舞赋》中有云："善睐善盱，偃师之招周妓。"用周穆王时的巧匠偃师所造的木人目光灵动的典故来写《柘枝舞》舞者的眼神，足以看出诗人对舞者眼神的关注。此外，刘禹锡在《观柘枝舞》中说："曲尽回身去，层波犹注人。"沈亚之也在《观柘枝舞赋》中说："鹜游思之情香兮，注光波于秾睇。"从中不难看出柘枝舞者眼神的生动灵活。

随着《柘枝舞》在中原的广泛流传，逐渐出现了专门表演此舞的柘枝伎，并由独舞发展成了双人舞。后来，《柘枝舞》的表演风格也发生了变化，由典型的健舞逐渐转变成了软舞《屈柘枝》。《屈柘枝》的表演形式为两个女童先藏在莲花之中，待花瓣张开，两个女童再出来对舞，其风格特点已经不再是《柘枝舞》的急促鲜明，而是变成了柔美的软舞。今天在新疆地区流行的手鼓舞，与曾经的《柘枝舞》有很多相似之处，从中可以找到一些《柘枝舞》的影子。至于《屈柘枝》，虽然是由《柘枝舞》发展而来，但其风格和表演形式都发生了很大的变化，不可等同而论。

## 柔美的软舞

软舞是相对健舞而言的舞蹈形式，其流行范围与健舞相同，也是在宫廷贵族、士大夫家宴和民间堂会中流行。软舞的风格特点主要为柔和优美，以轻盈飘逸的舞姿和舒缓轻柔的节奏见长，与健舞形成了鲜明的对比。在软舞之中，也有一些比较著名的代表作，比如说《绿腰》、《春莺啭》、《凉州》、《回波乐》、《兰陵王》等。

《绿腰》是唐代创制的软舞之一，也称作《六幺》、《录要》或《乐世》，属于唐宋大曲的一种，为女子独舞。白居易的《乐世》诗序有云："（乐世）一曰绿腰，即录要也，贞元中乐工进期曲。德宗令录出要者，因以为名，后语讹为绿腰，软舞曲也。康昆仑尝于琵琶弹一曲，即新翻羽调绿腰，又有急乐。"《绿腰》的乐曲流传极广，故有"六幺水调家家唱"、"初为霓裳后六幺"的诗句。

⊙《韩熙载夜宴图》局部 五代 顾闳中

画面表现的是韩熙载击鼓为家伎王屋山表演《六幺》舞伴奏的场景。祖无颇题："公自击鼓，伎王屋山舞《六幺》，王屋山俊慧非常，公最怜爱。"

《绿腰》舞轻盈柔美，节奏由慢转快，动作以舞腰和舞袖为主，舞姿婀娜，表情动人。唐代李群玉的《长沙九日登东楼观舞》诗中对《绿腰》进行了详细的描述："南国有佳人，轻盈绿腰舞。华筵九秋暮，飞袂拂云雨。翩如兰苕翠，婉若游龙举。越艳罢前溪，吴姬停白纻。慢态不能穷，繁姿曲向终。低回莲破浪，凌乱雪萦风。坠珥时留盼，修裾欲溯空。唯愁捉不住，飞去逐惊鸿。"诗人将绿腰舞描写得胜过前溪、白纻等舞，足见对其评价之高。

《六幺》始自唐代，到宋代时仍在流行，只是当时的《六幺》已经被戏曲艺术吸收，成为戏曲中的名目，如南宋官本杂剧段数中就有《崔护六幺》、《莺莺六幺》、《厨子六幺》等多种《六幺》名目。唐代《绿腰》舞的本来面貌现在已经很难还原，但在五代画家顾闳中的画作《韩熙载夜宴图》中却可以窥知一二。画中详细描述了著名舞伎王屋山舞《绿腰》的真实场面，这也是中国迄今为止发现的唯一一份有明确年代、人物、舞名和特定场合的舞蹈文物，虽然不能断定是唐时的风貌，但其价值仍然是不可忽视的。

《春莺啭》也是唐代创制的著名软舞，相传为唐高宗清晨听到莺鸣声婉转动听，可以构成音律，于是命乐工白明达谱成曲子，并依曲编舞，取名《春莺啭》。

《教坊记》中有这样的记载："《春莺啭》，高宗晓音律，晨坐闻莺声，命乐工白明达写之，遂有此曲。"唐代诗人张祜曾作诗《春莺啭》描述宫中技艺高超的"内人"表演《春莺啭》的情形："兴庆池南柳未开，太真先把一枝梅。内人已唱春莺啭，花下傞软舞来。"

《春莺啭》曾经外传到朝鲜和日本。在传入朝鲜以后，《春莺啭》还被记入了《进馔仪轨》："《春莺啭》……设单席，舞伎一人，立于席上，进退旋转，不离席上而舞。"并伴有歌词："娉婷月下步，罗袖踏风轻。最爱花前态，君王任多情。"传入日本的《春莺啭》出现在日本的雅乐舞蹈中，但与唐代的《春莺啭》在风格和表现形式上都已经有了很大的差别。唐代的《春莺啭》为女子软舞，而日本雅乐舞蹈中的《春莺啭》则是男人戴鸟冠而舞。

事实上，在中唐以后，胡乐胡舞十分盛行，这必然会使《春莺啭》的发展受到影响，因此，到了宋代，就已经看不到有关《春莺啭》的记载了。唐代诗人元稹有诗《法曲》云："女为胡妇学胡妆，伎进胡音务胡乐。火凤声沉多咽绝，春莺啭罢长萧索。"虽然唐代的《春莺啭》已经失传，但我们仍然可以根据已有的线索推测出它的部分特点：根据其由来可以推测它的音乐和舞蹈可能会有描述鸟形和鸟声的特点；根据谱写者白明达是龟兹人还可以推测出其乐曲可能会含有龟兹乐的成分等。

"凉州"是唐代的宫调曲，最初由西凉府都督郭知运进献给唐玄宗，后来在宫廷和民间流行，教坊吸收它用作软舞，并有同名大曲。据《全唐诗》中的《凉州歌》记载："凉州，宫调曲。开元中，西凉府都督郭知运进。本在正宫调中，有大遍小遍。至贞元初，康昆仑翻入琵琶玉宸宫调，初进曲在玉宸殿，故有此名，合诸乐即黄钟宫调也。段和尚善琵琶，自制西凉州，后传康昆仑，即道调凉州，亦谓之新凉州。"

"凉州"在唐代的民间是较为流行的，从众多描写"凉州"的诗中即可以看出。李益的《夜上西城听凉州曲二首》有云："行人夜上西城宿，听唱梁（凉）州双管逐。此时秋月满关山，何处关山无此曲。"杜牧的《河湟》则这样描述："牧羊驱马虽戎装，白发丹心尽汉臣。唯有凉州歌舞曲，流传天下乐闲人。"此外，也有些诗作是描写"凉州"在宫中的情况的，如王昌龄的《殿前曲》："胡部笙歌西殿头，梨园弟子和凉州。新声一段高楼月，圣主千秋乐未休。"

凉州本是古地名，在今天的甘肃武威一带，当时属于唐代的西凉府。"凉州"因为是当地的乐舞，因此便以当地的地名来命名。关于"凉州"的产生，目前有两种不同的说法：有人认为"凉州"即是凉州当地的民间乐舞；也有人认为"凉州"是在当地民间乐舞的基础上改变创造的。唐代诗人张祜曾在诗中描写了宫中舞者在"凉州"曲的伴奏下，手持金碗即兴起舞的情景，至今中国的很多少数民族民间舞蹈中仍然有手持餐具起舞的舞蹈形式，但"凉州"舞是否都要执碗而舞并没有确切的记载。到了宋代，"凉州"开始被戏曲吸收，如南宋宫本杂剧中的《四僧梁州》、《诗曲凉州》等都属于《凉州》调令。

《回波乐》本是唐代民间的节日风俗舞蹈，唐中宗时成为群臣赋诗而后据词编排的舞曲，多为奉承皇上的恭维之词。到了开元中期，《回波乐》开始被教坊采用，发展成大曲，并配以软舞。《全唐诗》中的《回波乐》诗序中记载道："商调曲，盖出于曲水引流泛觞。中宗宴侍臣，令各为《回波乐》，众皆为谄佞之辞。及自要荣位，次至谏议大夫李景伯乃歌此辞。后亦为舞曲。"

软舞类的《回波乐》是在唐代形成的，宋代郭茂倩的《乐府诗集》有云："回波，商调曲，唐中宗时造，盖出于曲水引流泛觞也。后亦为舞曲，教坊记，谓之软舞。"虽然软舞类的《回波乐》形成于唐代，但《回波乐》的历史却可以追溯到北魏时期。据史料记载，北魏忠臣鲜卑贵族尔朱荣，经常在打猎归来的途中与左右侍卫拉手跳舞唱《回波乐》。《北史》有云："与左右连手踏地唱回波乐而出。"

在北魏时，《回波乐》在民间已经十分流行了，是一种自娱自乐的民间娱乐性舞蹈。到了唐代，《回波乐》才被编入大曲。《教坊记笺订》记载："至唐，此曲已入大曲。中宗时，君臣歌此，作六言四句，且舞。应摘取大曲之一遍也。"另据《大唐新话》记载："景龙中，中宗尝游兴庆池。侍宴者递次鼓舞，并唱回波词。"

⊙《兰陵王入阵曲》演出剧照

《朝野佥载》亦有云："中宗时，长宁公主曾设流杯池，安乐公主曾设九曲流杯池。"由此可见，《回波乐》在唐代也是很流行的。

《兰陵王》是唐代著名的舞剧，有简单的情节，为男子独舞，是戴着面具表演的一种舞蹈形式。

《兰陵王》产生于北齐，最初的名字也不叫《兰陵王》，而是叫作《兰陵王入阵曲》。《旧唐书·音乐志》记载："代面出于北齐。北齐兰陵王长恭，才武而面美，常着假面以对敌。尝击周师金墉城下，勇冠三军，齐人壮之，为此舞以效其指挥击刺之容，谓之兰陵王入阵曲。"由此看来，最初的《兰陵王入阵曲》表现的是兰陵王作战的英姿，应属健舞的范畴。但到了唐代，其战斗性已被淡化，风格也发生了转变，由健舞转化成了软舞。唐代的《兰陵王》，在舞蹈表现上更加细微，而且含有大量的抒情成分，因此被列入了软舞之列。

在《乐府杂谈》中，除了对《兰陵王》的来历做了详细的描述以后，还介绍了舞者的服饰："戏者，衣紫腰金执鞭也。"《兰陵王》在中国早已失传，其舞容舞态也不得而知，不过此舞曾传入日本，且至今仍有保留。日本的《舞乐图》中就绘有《兰陵王》的舞姿，并有题记道："兰陵王，唐朝准大曲，一人舞。"

## 当代中国的民间舞蹈

民间舞蹈是舞蹈神殿永远的奠基石，是大中华文化系统中的重要组成部分。千万年来，在这片肥沃的土地上繁衍生息着的人们，用舞蹈这样的动态语言来表达性情，记载着他们与自然界之间，以及人与社会之间错综复杂的关系。悲欢离合，生死爱恨都记载在这种真切动人而又转瞬即逝的人体造型艺术中，穿越时空的阻隔，向后人诉说着历史和现实的无穷魅力。

民间舞蹈和"雅"舞形成了鲜明对比，它以俗乐而著称，并非一个人创作，而是集体智慧的结晶，并随着时代和地区的变化不断丰富创作。民间舞蹈注重内心表达的自由，单纯而且轻松，从来没有矫揉造作的上层社会气质，而呈现出潇洒活泼的气度，虽有专门的演员，但规模宏大，群众参与性极强，融自娱自乐与表演于一身。它是民间文化的重要内容，舞蹈出场往往离不开民歌伴唱，载歌载舞，还发展成为戏曲、武术和杂技等民间艺术，蕴藏着无穷的艺术潜力和感情力量。

当代中国民间舞蹈，堪称中国舞蹈的宝矿与活化石，它鲜明体现了中国民间舞蹈的传统风格，是民族精神的典型反映。自古以来，农耕文化孕育了异彩纷呈的中国艺术，民族迁徙和多民族的融合带来了各族舞蹈的交流与渗透，外来舞蹈也深刻影响了民间舞蹈。中国民间舞始终保持着博大精深的文化传统，海纳百川，有容乃大，各族的民间舞蹈在当代中国依然兴旺发达。丝绸古道上的少数民族人民用歌舞招待远方的客人；辽阔草原上蒙古舞蹈像雄鹰般展翅翱翔；藏族同胞的翩翩起舞如同冰山雪莲般一尘不染；在青山绿水掩映下的西南边陲，孔雀之灵亦真亦幻。当然，汉民族的龙腾

## ·沧州落子·

冀中一带具有浓郁地方特色的民间歌舞。落子是大秧歌中的一个小场子，起源于清代嘉庆和道光年间（1796~1821年）。传统的落子，女的脚踩寸跷（又名踩寸子），手持花扇或小竹板；男的手拿霸王鞭。舞蹈特点是扇花少，舞姿造型多，注重曲线美，讲究韵味。扇舞的风格潇洒，动作幅度大，节奏变化多，非常明快。落子的传统节目，内容大多是表现旧社会劳动人民的苦难生活以及爱情故事和人们对自由、幸福、美好生活的憧憬，如《茉莉花》、《放风筝》、《叹情郎》、《绣手绢》、《尼姑思凡》等。其中《茉莉花》、《放风筝》经过加工、整理，更加优美动人，成为舞坛上久演不衰的保留节目。

狮舞，东风夜放花千树的舞灯表演，尤其是振奋人心的秧歌大鼓，也在当代中国民间舞中的独树一帜。它们共同体现了中华民族吃苦耐劳、坚忍顽强、深沉持重、理性中庸、生生不息的精神。

新中国建立以来，人民政府大力提倡抢救民间舞蹈的珍贵遗产，并对民间舞蹈进行加工和再创作，使其重现舞台，民间舞蹈家的地位也得到了前所未有的提高。新中国成立前，陕北人民就对流行的“踢场子秧歌”进行了加工，改造成为节奏强劲、步伐豪迈、甩臂潇洒、斗志昂扬的“解放秧歌”，深受广大人民群众喜爱。新秧歌扭出延安，扭遍全中国。1949 年，延安艺术家表演的《秧歌腰鼓》在第二届世界青年与学生和平与友谊联欢会（即“世青节”）上引发轰动，并荣获金奖，民间舞的复兴拉开了帷幕。

新中国成立十年间，在“百花齐放”、“百家争鸣”的方针指导下，涌现出了一批民族、

⊙红绸舞 剪纸

地域特色浓郁，富有时代气息的民间舞蹈，更重要的是民间舞经历了舞台化的历程，由广场艺术向剧场艺术转变。戴爱莲的《荷花舞》《飞天》和贾作光的《鄂尔多斯舞》都是这一时期的独领风骚之作，《丰收歌》这一体现丰收喜悦的作品更是在人民心中留下了永不磨灭的记忆，而被称为“20 世纪经典”的《红绸舞》《花鼓舞》、《丰收歌》不仅为广大人民群众喜爱，也走上了世界舞坛，承担了文化交流的使命。

群舞《红绸舞》首演于 1949 年，它把民间秧歌与传统技艺“百张帆”结合起来，选取了“燃烧的火把”这一形式，表达人民翻身得解放的幸福心声。这组舞蹈中最出彩的动作是高举在青年男女手中的“火把”变成漫天飞舞的红色长绸，恰似长龙引涧，欢快的秧歌、矫健的舞步，飞旋变幻的火龙交相辉映，表现着那个红色年代的青春与激情，被誉为“中国之火的象征”。继 1950 年进京表演引起轰动后，次年，《红绸舞》获得第三届“世青节”的金奖，并走上了国际舞台。

首演于 1956 年的《花鼓舞》，原本是山东贫苦农民流浪乞讨的一种卖艺方式。鼓棒上系着半米多长的鼓穗，鼓穗顶端和鼓棒交替敲击花鼓，形成独特悦耳的乐曲。这种古老的技艺在编导手中化为乐观向上的“新翻杨柳枝”，突出了乐观向上的时代精神。慷慨激昂的节奏感、健美律动的人体美、彩色鼓穗的线条美交织在一起，构成了独特的艺术魅力。尤其值得称道的是，《花鼓舞》的鼓穗被有意加强了，不仅突出了技巧性，更显现出流动圆曲的线条之美，在 1957 年的“世青节”上获得金奖。

山清水秀的江南鱼米之乡，历来是文人诗

⊙ **老年舞蹈队表演健身花鼓舞蹈**

歌创作中的理想素材。就民间舞蹈而言，南柔北刚也是历来的传统，相对于北方舞蹈气贯长虹、铁马秋风，江南舞蹈则细腻悠长，令人回味无穷。《丰收舞》就描绘了江南女子不畏艰辛、辛勤劳动的场景以及丰收后的喜悦之情。江南的民间舞步与开镰收耕的动作结合起来，给柔弱的舞蹈添加了劳动者的刚强气息。该舞节奏欢快，体姿婀娜矫健，随着农家女身上的腰带瞬间化作“金黄色的滚滚麦浪”，舞蹈在江南的秀美与潇洒中达到了高潮。

在民间舞蹈的复兴浪潮中，少数民族舞蹈之花开放得格外灿烂。各少数民族的舞蹈在艺术形象上都具有自己独特的风格。

当代民间舞蹈的舞台化过程，也是舞蹈工作者从民间艺术，甚至带有宗教色彩的艺术中汲取营养，从日常的民俗节日提取文化信息，从火热的现实生活中吸收素材进行艺术夸张变形的过程。20世纪八九十年代的民间舞蹈，更加着重乡舞乡情的表现，寻根成为这个时代的主题。

张继刚编导的《黄土黄》完美诠释了这种寻根思潮，苍凉的黄土高原，风吹日晒的深沟大壑，随着民间乐鼓声由弱而强。身扎腰鼓的青年男女走到台前，随着呐喊，开始了鼓舞表演。或铿锵有力，或喃喃细语，或昂首挺胸，或俯身探首，男舞者的豪放与女舞者的柔美互相渗透，仿佛远古在召唤。这无休无止的生命之舞，用舞姿与鼓声带来了强烈的视觉冲击力，一抔黄土洒向空中，激情泪水随之飞扬，观众在瞬间回到了生命不息的黄土高原。

作为一个富有才华，寻根意识极强的编导，张继刚贡献了许多优秀作品。《一个扭秧歌的人》塑造了北方民间老艺人的鲜明形象；《好大的风》则是充满了悲剧感的东北秧歌舞。他对舞台控制的举重若轻，为自己赢得了“很会用舞蹈讲故事的人”的美誉。

在民族复兴的浪潮中，中国民间舞蹈承载着华夏民族的生活观念和审美理想，经历了瓦肆勾栏的广场狂欢和与戏曲的相互借鉴，它必将以更加成熟的形态，抒发生命的活力与激情，在都市喧嚣中吹入清凉的山野之风，吟唱出清新爽朗的田园牧歌。

## 龙腾狮舞

舞狮和舞龙盛行于中国民间，南北各省都有，为源远流长的群众性风俗舞蹈。每逢新年或者迎神赛会，那威武的狮子或龙就会出场。中国各地民俗不同，有的地方喜欢舞狮，有的地方偏爱舞龙，也有的是两者兼舞。狮子产于南美和非洲，并非中国原有，由此我们不难猜测，舞龙的历史要早于舞狮。

宋代词人辛弃疾有词云：“东风夜放花千树，更吹落星如雨。宝马雕车香满路，凤箫声动，玉壶光转，一夜鱼龙舞。”这首词描绘了元宵佳节张灯结彩的情景，在五光十色的灯火表演中，舞龙具有无法替代的独特魅力。

龙是中华民族的图腾，是农耕信仰中特有的神物。在传说中，龙集百兽特征于一身，神通广大，腾云驾雾。舞龙传统和祈求降雨有关。在人们的心目中，舞龙可以消灾祛邪，春节舞龙可以祈求这一年风调雨顺。遇到大旱天气，舞龙还可以感动上苍，降下甘霖。在汉代的百戏中已经有了“鱼龙曼衍之戏”。渐渐地，龙从原始的图腾崇拜演化为帝王的象征，皇帝自称“真龙天子”。作为五千年历史文明的结晶，今天的龙已经是中国腾飞的象征，龙舞也具有了更深层的含义，成为炎黄子孙表达豪情壮志的舞蹈形式。今天，无论神州大地还是异域他乡，只要有华人聚居的地方，都会出现舞龙的队伍，神采飞扬、大气磅礴的东方巨龙象征着世界大同的美好理想，营造出崇高的艺术氛围，不禁令每个炎黄子孙产生由衷的认同感。

龙舞可以分为布龙、火龙和草龙，在造型和表演方法上颇多差异。布龙龙身分段，都用布相连，表演人数根据龙形长短而定。舞布龙往往运用“二龙戏珠”的手法：持“宝珠”者引导布龙。在“宝珠”的指引下，龙闪转腾挪，起伏跌宕，仿佛在海面上翻云覆雨，气象万千。火龙则把动作与声音结合起来，在每一节道具里燃烛，在夜间表演颇为壮丽，火龙穿梭在夜幕中，同时燃放烟花爆竹助兴，于是火红的龙身喷射着耀眼的火花，夹杂噼噼啪啪的爆竹声，喜气洋洋。草龙与火龙基本相似，用稻草和青藤扎成，但草龙的独特之处在于上面插满了线香，因此称为“香火龙”。

⊙ 龙灯舞

⊙ 舞龙瓷盘

这线香不仅仅是装饰，而有着防虫灾的功用：仲夏之夜，舞动草龙，线香如流星闪耀，这时往往引来飞虫追逐，舞龙完毕就迅速把草龙插在水塘里，淹死上面的飞虫。舞草龙在娱乐的同时，也发挥了防虫灾的作用，可谓一举两得。

南北朝之后，狮子舞从西域传入中原，逐渐成为民间普遍流行的风俗舞蹈。《新唐书·音乐志》中已经提到了“五方狮子舞”，每座狮子要高丈余，分别饰以东西南北中的五方颜色；每座狮子由 12 个人组成，手拿红拂尘，头戴红巾，被称为狮子郎。白居易的诗中也提到了狮子舞，狮子的头是用木头做成，尾巴则用丝编织而成，眼睛镀金，牙齿贴银，在头戴假面的胡人舞弄下摇头摆尾，仿佛流沙西来。据说，当时的这头狮子就是由安西都护进贡而来的。杜佑的《通典》中则提到，在宫廷中伴随着《太平乐》的歌唱，140 多人随着狮子的驯狎动作歌舞，可见当时狮子舞的盛况是空前的。

也有人认为，狮子舞是华夏民族自创的艺术，《宋书》记载了刘宋时期的大将宗悫在军中创造狮子舞的故事。狮子舞先流行于军中，继而传播到民众中去，并得到了人们喜爱。看来，狮子舞和军队有着不解之缘，在唐代的军营中非常流行狮子舞，镇守边关的将领多用狮子舞来演练军容，鼓舞士气。但是民间对于“狮子郎”有诸多称谓，例如“胡人”、“达摩”等，都表明了狮子舞是西传的产物，或许它在传入中原后被汉人改进，继而自编自演，终于成为具有中国气派的一门艺术。

经过历史演变，中国各地的舞狮都形成了自己的特色，具有浓重的地方风味，尤其是南北舞狮的差异很大。但是无论哪个地方，狮子舞一般都是由两人穿上狮子“形套”扮演一狮，分别舞动狮头和狮身的。擎狮头的人双足作为狮子前肢；舞狮尾的人双足作为狮子后肢。狮头很重，有三四十公斤，因此两个演员不仅需要强健的体格，更需要娴熟的技巧和默契的配合，才能把狮子演得惟妙惟肖。舞狮离不开手拿绣球的“狮子郎”，它用彩球引逗狮子跳跃，在有些地方狮子郎要头戴面具，例如四川和湖南的罗汉戏狮，山西的笑和尚耍狮，广东的“达摩”甚至手里拿着拂尘或蒲扇代替彩球。狮子郎的装束和面具一开始具有西域痕迹，但是，中国人民创造性地吸收改造了狮舞，使之符合民间审美习惯，例如河北保定的舞狮，狮子郎摘下面具，改为传统北方农民装束，反而颇为自然。狮子郎摘下面具后更具有真切的生命感，不再用夸张的形象，而是告诉观众，驯服猛兽的是我们身边活生生的人。

狮舞体现了人类对于狮子形象的认识，这期间颇多想象和夸张的部分，凶恶的猛兽来到人群中间，与民同乐，其乐融融，这也体现了劳动人民对大自然的乐观精神。有时人们希望看到狮子可爱温顺的一面，于是便有文狮表演；有时人们需要狮子咆哮威武，于是便有武狮出场。一文一武之间，人与狮子相得益彰。

文狮注重静态的形象刻画，因此演员动作多缓慢而有节奏，表现狮子搔痒、舔毛、打瞌睡和打滚的动作，刻画出温顺驯化的狮子形象。武狮则集中表现狮子的矫健动作和威武神态，其间往往有令人叹为观止的高难度动作，例如爬高桌、走梅花桩等，与之相比，文狮的腾跃、翻滚可谓小巫见大巫了。据说，四川的“高台狮子”，可以在13张叠起来的高桌之上表演高难度动作，广东的狮子舞还有“采青”的表演，观众把大家凑的钱用红封包装起来，连同一棵青菜用竹竿挂到三层楼甚至四层楼那么高，玩狮子的伙伴就用叠罗汉的方法搭成人梯，让狮子一步一步爬上去，最后玩狮子头的那个人爬到最高处，狮子张开口，咬住封包的青菜，这时地下锣鼓齐鸣，欢呼声和鞭炮声如同山崩地裂，响彻云霄。

武狮甚至有可能演化为比武，在新中国成立前的湖南，狮子舞表面上是文狮，不外乎舔毛搔痒的动作，然而它并不是主要节目，狮子身后手拿刀枪棍棒的一大群人随之表演武术，据说一个地方如果有两头狮子，尽量不要碰头，否则就有械斗的危险。看来，狮子舞确实与战斗分不开，只是随着社会的稳定，械斗逐渐被两家狮子的竞技表演代替了。

北京城内的文武之分则比较温和，根据老舍的说法，北京城内流行白纸坊的“太狮”和棚匠的“少狮”，棚匠师傅玩的少狮更具有难度和观赏价值。少狮在高架上表演，九头小狮子在架子上攀上翻下，非常灵活，在翻扑滚打中展现狮子的调皮和活泼，这种高难度的攀缘技巧正体现了棚匠作为建筑工人的独特身手。

各地舞狮的风俗习惯不同，舞法各异，甚至狮子出场的日子也有不同讲究。一般而言是逢年过节时舞狮，但在山东有些地方舞狮是为出殡时准备的，或许这和丧葬时吹吹打打、甚至请戏班子的民俗一样，都有一种“以喜冲悲”的意思。在安徽，舞狮和上古时期的《大傩舞》一样，有驱邪的功效，狮子到病人房中驱除病魔，虽有迷信的色彩，却也体现了人们对于健康的向往。随着中国经济的发展和人民生活水平的提高，近些年来，在各种观光旅游节日上，建筑物的落成剪彩仪式上，甚至公司企业的开张庆典上，都不时出现狮子矫

### ·大道具舞·

与舞狮和舞龙相似，“百鸟灯”、“鲤鱼灯”、“跑竹马”等舞蹈都是人在道具中的，所以被称为“大道具”舞，一方面它是原始图腾崇拜的遗风，另一方面夸张的道具渲染了广场的气氛，增强了人体的表现力。大道具舞在广场中获得了最好的现场效果。

健的身影。

狮舞往往伴随着大鼓大镲，豪放的音乐衬托出狮子的威武，更体现了中华民族的英雄气概，近年来狮子舞已经走出乡村，走出国门，得到了国际上的赞誉，甚至在唐人街等欧美华人聚居区，逢年过节也会有精彩的舞狮表演，吸引国内外观众的关注。

龙腾狮舞的民间艺术，千百年来广泛流行，它们体现了中华民族对于体力和智力的重视，不仅美丽，而且健康向上。在不知不觉之中，它们已经成为中华民族在世界上的形象代表，承担着文化交流的使命。随着政府和人民的愈加重视，雄壮激越的龙腾狮舞必将走向新的辉煌。

## 秧歌大鼓

中国的民间舞是中国农耕文明的反映，是一种农耕愿望的祈求形式。按照农耕信仰，植物和五谷的生长繁殖无不和天地的节奏和结构休戚相关，农户通过舞蹈祈求风调雨顺，五谷丰登，在娱乐性的同时包含着生存的渴望，所以，在举国同庆的年节中，声势浩大的中国民间舞蹈就是一个大祭礼中的大仪式，而秧歌则是这个仪式中最重要的节目。

秧歌是中国民间舞蹈中最常见和最熟悉的一种，它起源于插秧耕田的劳动生活，最具有农家本色。古代祭祀农神，祈求丰收时所唱的颂歌、禳歌可能是秧歌最早的形式，随着历史的发展，秧歌吸取了民歌、民间武术、杂技和戏曲的技巧，成为一种成熟而且广为流传的民间歌舞。

中国古代乐舞合一，秧歌本身也载歌载舞，且有腰鼓等乐器伴奏，是一种群体的娱乐活动，角色行当齐全，时歌时舞，且行且舞，秧歌队往往在节日或各种民间集会游行时出来表演。秧歌凝聚着农家祈年酬神和消灾的愿望，是乐、舞、技三者合一的典型，大体上分为徒步秧歌和高跷秧歌两大类。

秧歌最早出现在宋代，经过长时间的发展，在清代时已经很完善，和现在的形式几乎相同，并且已经出现了“秧歌”的名称。秧歌在中国民间广泛流传，结合不同地区的特色，形成不

| | |
|---|---|
| 动 作 | “扭”是秧歌的最大特色，特点：1.以腰为轴，一拍子扭动一次；2.讲究对称，不允许有顺拐。 |
| 行当角色 | 行当：伞头、鼓子手、棒子手、花。<br>角色：生（公子、教书先生之类）、妞（各种旦角）、丑（丑公子、傻公子、傻柱子、丑婆之类）、樵夫、货郎、和尚、赃官等。 |
| 出会程序 | 谒庙（参拜诸神，现已取消）→排门子（伞头领队挨家挨户拜户）→踩街（在村中或村与村之间互串）→正式表演 |
| 正式表演 | 大场：重在跑出各种队形，也叫“跑场子”。<br>小场：时歌时舞，重在表演。 |
| 道 具 | 伞，象征“雨顺”；扇，象征“风调”。 |
| 伞 头 | 伞头是秧歌队中的灵魂人物，相当于舞队的指挥，尤其在跑大场中，带着队伍跑出不同的形状。鼓子手、棒子手：都是男性，拿着鼓或棒子，人数都是双数。 |
| 花 | 花是女性，人数刚好和鼓、棒手配成偶，手持扇子和手巾，这些行当构成秧歌队的主体部分。角色人物主要是在小场表演中担负起秧歌的逗乐功能。一个秧歌队的人数可以从十多人到百余人，形式灵活，阵容可小可大。 |

⊙秧歌各元素表

## ·高跷秧歌·

高跷秧歌是秧歌中的一大类。高跷表演者高于观看者许多，便于观看。踩高跷的人走动起来就像是流动的舞台，非常方便，在中国的民间深受欢迎。高跷的起源，通常认为和原始的图腾崇拜和海边的捕鱼有关，现在广西的京族渔民仍有绑着高跷在浅海中撒网捕鱼的习惯。高跷的跷棍有长短之分，又有单跷和双跷之分，高跷秧歌通常都是双跷，跷棍绑在双腿上，便于展示表演者的技艺；单跷通常不绑死在腿上，还可以手持，上下灵活，通常表演带有杂技性的高难度动作。高跷表演有文跷和武跷。文跷重舞蹈表演或者逗乐；武跷重特技表演。

不同地区的高跷形成了不同的风格。山东的高跷，踩高跷的人肩上可以再叠起一两层扮演的戏曲人物，他们在高跷者的肩上表演。安徽地区的花鼓也有让大人踩着高跷，孩子在大人的肩上表演花鼓戏。中原地区的高跷表演有众多的特技，比如从叠起的四张高桌上，单脚跳下来。

⊙ 高跷秧歌舞

同的风格。北方的代表秧歌著名的有陕北秧歌、东北秧歌、山东胶州秧歌、大鼓子秧歌等。南方的花鼓、花灯、采茶舞，也属于秧歌这一类型，是从秧歌中派生出来的形式。但是南北的秧歌风格不同，北刚南柔。北方由于春节、闹元宵时，仍旧天寒地冻，人在室外舞蹈，就需要做大幅度的、激烈的跳跃才可以增加身体的热量。所以北方的秧歌都有激烈的跳动，具有粗犷、豪迈的风格。南方的秧歌相对就细腻、柔美，规模变小，向民间歌舞小戏发展。云南、贵州、四川的“花灯”都有优美的舞蹈和丰富的唱词。福建、江西等产茶区流行的“采茶”多是以歌舞为主的民间小戏。

秧歌不仅在汉族地区流行，一些少数民族因为长期汉族杂居，也形成了自己民族的秧歌，像满族、蒙古族、赫哲族等。满族的秧歌是北方秧歌中的一个重要种类，表演形式与北方汉族的秧歌相似，但是表演秧歌的人身着满族的民族服装，而且动作更加矫健、洒脱，体现出民族的勇武之气。

在民间歌舞中与秧歌相辉映的是“鼓舞”，秧歌以灵动欢快的扭和纷繁复杂的跑场图案著称，是中国民间舞蹈文化中柔、活的代表，而大鼓鼓声雄壮激昂，是中华民族刚性的表现。在古人的观念中鼓声可以引来天上的雷声，进而引来雨水，所以鼓与春耕、农作物的生长有密切的关系。鼓与舞蹈的结合使它又具有催人奋进、令人振奋的精神力量。所以中国人过年时离不开击鼓起舞；求雨时要表演欢腾的鼓舞；古代作战击鼓是进攻的标志，擂响战鼓可以激发士兵无限的斗志。

原始社会就已经有了“土鼓”，并且很早就与舞蹈结合起来，汉朝的著名舞蹈就有“盘鼓舞”、“建鼓舞”，鼓是舞蹈的重要道具。在历史的发展中，有了不同材质、不同样式、不同用途的鼓，因而产生不同形式的鼓舞。不仅汉族有鼓舞，少数民族也有鼓舞，像苗族和佤族的木鼓舞，壮族、瑶族的陶鼓舞，苗族、瑶族、布依族的铜鼓舞，它们组成中国浩瀚的鼓文化。陶鼓和原始社会的土鼓、铜鼓和青铜时代的鼓，

⊙ 陕西安塞腰鼓

都有渊源关系，是远古文化的遗存和发展。

汉族的鼓舞通常是圆形的大鼓或者长圆的小腰鼓，但是表演形式也有许多地区风格。著名的有河北的“胯鼓”，河南安阳的“战鼓”、焦作的“得胜鼓”，山东的“花鼓”，山西“威风锣鼓”、“晋南花鼓”，陕北的“安塞腰鼓”，甘肃的“太平鼓”等。河南焦作的“得胜鼓”，相传是三国时期司马懿创作的，用在作战中激励士气，现在仍然具有这种振奋、昂扬的气势。山西的“晋南花鼓”，表演者身上绑着七面小鼓，边舞边变换着击打不同的鼓。小鼓的声音清脆，舞者的动作灵活轻巧，是一种很高超的表演技艺，给观者无限的享受。陕西的腰鼓闻名全国，也有不同的风格，安塞腰鼓借助电影《黄土地》更是扬名海外。厚实的黄土高原上，一群身强力壮的陕北汉子头上系着白羊肚毛巾，身上挎着腰鼓，在旋、腾跃中敲击着大鼓，鼓声震天响，脚下黄土飞扬，贫瘠沉闷的黄土突然被一股强劲的生命力冲击起来，活跃起来。看过电影《黄土地》的人都忘不了那一段让人荡气回肠、热血涌动的安塞腰鼓。如果亲身感受过陕北腰鼓的表演，定会毕生难以忘怀。这种鼓舞体现中华民族鲜活强劲的生命力，朴实憨厚像黄土高原一般的中国农民蕴蓄着的强大活力，借助鼓舞淋漓尽致地表现出来了。

鼓舞以雄壮的气势为主，但是也有一些是很优美的。山东的花鼓就是这类舞蹈。花鼓的鼓槌上系着一条三尺长的彩穗，舞者在旋转舞动中击鼓，带动五彩缤纷的花穗，像翻飞的蝴蝶环绕着舞者的身体，场面非常美丽。小腰鼓的表演也是以柔美为多。腰鼓小小的，系在腰间，舞者做出不同的姿势的同时，胳臂画出各种的线条来击鼓，绕过头，或反身从背后绕过等来击打鼓面，清脆的鼓声和轻灵的舞姿，舞出欢腾热闹的气氛。小腰鼓通常是多人表演，在闹春节的舞蹈中总有它的身影。

一年之始，欢腾的鼓声震醒了沉睡一冬的大地和万物，汇成大地上跃动的滚滚春雷，和着鼓声，活泼的秧歌扭起来，盛大的秧歌队做出变换多姿的图案，中国的民间舞蹈精神之魂在秧歌与大鼓中一代一代得到不息的传承。

## 安徽花鼓灯

安徽花鼓灯是中国淮河流域十分盛行的歌舞形式，是淮河文化在舞蹈方面的集中体现，深受淮河两岸人民的喜爱。居住在怀远县和蚌埠郊区的农民，几乎人人都会玩灯，每乡每村都有花鼓灯班子，“千班锣鼓百班灯”即是淮河人民对此情景的自豪描述。每当节日来临之际，人们就会通宵达旦地玩灯，“玩灯玩到两头红”说的即是这种场景。新中国成立以后，花鼓灯艺术不仅走向了全国，而且还迈向了世界，在1957年的世界青年联欢节上，中国舞蹈家表演的花鼓灯一举征服了各国专家和观众，并被赞誉为“东方芭蕾”。

花鼓灯的起源并未见确切的文字记载，因此历来都是众说纷纭。据《怀远县志》记载：花鼓灯艺术“源远流长，历史悠久，究其渊源，境内传说不一”，“一说始于夏代”；“一说始于宋代”；“一说始于明代”。此外，还有人认为花鼓灯起源于远古时期、唐代或清代。从远古到清代，前后相差几千年，由此可见花鼓灯的起源是一个十分复杂的问题。这主要是因为花鼓灯包含很多种艺术形式，而每种艺术形式又包含很多不同的内容。

起源于远古时期的说法来自《怀远揽胜》，其中有这样的分析：“花鼓灯起源于何时，今

⊙ 花鼓演唱图 清 顾见龙

已无从考。但从《诗经》‘击石拊石’的诗句中可以探知，早在石器时代，先民们便以石为乐器伴歌伴舞了。怀远涂山东麓滨淮处原有二石‘各经三丈余，叩之音如锣鼓。曰锣鼓石’似可为证。”起源于夏代的说法来自《淮南灵光》，其认为花鼓灯艺术的产生是“为了感激大禹治水的恩典，于旧历三月二十八日（即大禹的生日），在河边玩灯，如火如荼，通宵达旦，以后每年如此”。

有些人认为花鼓灯起源于唐代，理由是在汉族的民间鼓舞中，只有花鼓灯还保留着即兴创造歌词的表现形式，而这种表现形式最早就始见于唐中宗时期。起源于宋代的说法来自于《凤台县志》，其中有这样的记载：“花鼓灯历史悠久，宋代就流传在淮河流域的凤台、怀远一带。”后来编修的《凤台新志》则再一次认定了这种说法：“花鼓灯又叫红灯、故事灯。历史悠久，从宋朝起就有了花鼓灯。主要流行于凤台、怀远、颍上一带，是一种优秀的民间舞蹈。”

花鼓灯起源于明代的说法主要来自史料中关于常遇春的记载：据说明代开国元勋常遇春本是怀远常家坟的农民，自幼习武，且会玩花鼓灯，后来从军之后，他将家乡的花鼓灯带入军营，供将士们节日自娱。有人认为花鼓灯起源于清代主要是因为清代同治年间的《浏阳县志》中有这样的记载：“晴日缘村喧舞，杂以金鼓，主人燃爆竹剪红帛迎之为乐，又有服优场男女衣饰，暮夜沿门歌舞者曰‘花鼓灯’。”虽然说法众多，但大多数老艺人都比较认可明代起源说，因为怀远至今仍是花鼓灯最盛行的地区之一，且有文字记载的只有两百多年的历史。

花鼓灯的角色繁多，分工也较为细致。男角统称“鼓架子”，女角统称“兰花”。根据分工的不同，“鼓架子”又可分为“大鼓架子”、“小鼓架子”、“丑鼓”和“伞把子”。“大鼓架子”主要表演“上盘鼓”中的叠罗汉，俗称“底座”；“小鼓架子”主要表演“大花场”和“小花场”；“丑鼓”类似于戏曲中的丑角，演出时身背花鼓，善于即兴演唱，表演滑稽诙谐；“伞把子”又称“领伞的”，负责全场演出的指挥和调度，其中，“文伞把子”主要负责领唱和对唱，“武伞把子”以舞蹈为主，调整队形，掌控节奏。“兰花”以折扇和方巾为主要道具，表演时左手拿方巾，右手执扇，通过步法及姿态的变换表达不同的思想感情。

花鼓灯是一种综合的艺术形式，主要由舞蹈、灯歌、锣鼓演奏和后场小戏组成，而舞蹈又是花鼓灯的主要组成部分。花鼓灯的舞蹈包括“大花场”、“小花场”和“盘鼓”三部分。“大花场”是大型的集体情绪舞；“小花场”是花鼓灯舞蹈的核心部分，多为两人或三人即兴表演的具有简单情节的抒情舞；“盘鼓”没有固定的表演形式，是舞蹈、武术与技巧表演的结合，同时又具有造型艺术的特征。

“大花场”的演出人数一般为七、九、十一等单数，第一人为“伞把子”，剩下的“鼓架子”和“兰花”各占一半儿。表演的时候，“武伞把子”首先起舞，舞罢至上场门高喝一声，引出其他的演员。“兰花”站在“鼓架子”的肩上，手中翻动着手绢花或扇花，摆出各种造型，在锣鼓声中登场。“伞把子”通过岔伞指挥“鼓架子”和“兰花”变换队形，其间还会穿插各人所擅长的一些技巧表演。传统的“大花场”一般都是先跳“走死门”，然后再跳“五朵梅”、“蛇脱壳”、“两堵墙”等其他图形。舞罢，演员在“伞把子”的带领下出场。

“小花场”为“鼓架子”和“兰花”的双人或三人即兴表演，内容多反映男女间相互爱悦、嬉戏逗趣的场景。表演的时候，一般是先舞一段，然后锣鼓声停，二人在场中对唱，然后再起舞。歌唱的内容多是即兴编造的，演唱时以“兰花”为主，“鼓架子”则作为帮腔、陪衬。在怀远地区还流传着一种“双花场”，即两个“兰花”和一个“鼓架子”共同表演，其中有“二女争夫”的情节，更具看点。此外，“小花场”也有文武之分，文场以唱为主，武场则以舞为主。

“盘鼓”分为“上盘鼓”、“中盘鼓”和“地盘鼓”。“上盘鼓”为造型表演，表演时，“兰花”站在“鼓架子”的肩上做出各种造型，比如说“坐肩”、“鸭子凫水”等；也可以是三个人以上的造型表演，如“老鹰叼小鸡”、“双挎篮”等。“地盘鼓”为技巧表演，双人在地面上进行表演。“中盘鼓”有两种形式，一种为造型表演，但与“上盘鼓”不同的是“兰花”站在“鼓架子”的腿上做出各种造型，如“射雁”、“斜塔”等；另一种为技巧表演，主要是跟头技巧，如“过山”等，由双人配合完成。

在长期的表演过程中，花鼓灯已经形成了自己的演出套路：开场锣鼓响过后，“文伞把子”或“丑鼓”首先出场，接下来是“武伞把子”上场，然后依次进行“大花场”和“小花场”表演，最后是“盘鼓”或后场小戏表演。虽然有大体的表演程序，但由于表演是即兴的，所以也要视具体的情况而定。某一部分可以重复多次，直到观众满足、演员尽兴为止。也正因为如此，花鼓灯的演出常常是通宵达旦，从晚上持续到天明。

在民间，有半路拦请灯班表演的风习，称为半路拦歌。当人们看到花鼓灯班走过来的时候，只要用长凳拦住去路，在旁边摆上烟茶，并以鞭炮相迎，那么灯班就会停下来演唱几段。将灯班拦下之后，人们往往会出一些难题让“伞把子”答唱，只有答唱得让观众满意，并表演几段歌舞后才会被放行。如果答唱圆满，不仅能被顺利放行，而且观众还会赠以糖、烟、手巾之类的物品以示感谢。半路拦歌是考验“伞把子”即兴编唱水平的时候，同时也反映了花鼓灯艺人良好的群众基础。

花鼓灯与一般的歌舞艺术不同，歌舞本不分家，表演时也是同时进行的，但花鼓灯的歌与舞却是相对独立的。通常情况下，在歌唱的时候不跳舞，而到了跳舞的时候也不再唱歌。当然，相对独立只是就表演形式而言的，在内容及思想感情上，两者是有着密切联系的。当歌唱时，人物内心的情感已经孕育出来，那么在接下来的舞蹈中，人物的内心感情自然就会得到更好的体现，人物形象也更加丰满、更具有生命力。

花鼓灯的动作节奏性很强，讲究放与收、

⊙ **盛世滋生图 清 徐扬**

图中为苏州地区一个五彩缤纷的戏台，台上正在演出明代传奇《红梅记》中的一出——《打花鼓》。

动与静的巧妙结合。著名花鼓灯学者高倩曾对花鼓灯的舞蹈特点做了如下概括："重心靠右后，走动腰晃扭。脚下梗住劲，传神靠眼瞅。急如风，停要陡，柔里刚，刚里柔。投足举手扣节奏，锣鼓点子跟脚走。"花鼓灯的舞蹈很注重脚下功夫，从人们给花鼓灯艺人起的绰号中也可以看出，如"小金莲"、"小白鞋"、"草上飞"等。这些艺人之所以能受到民众的喜爱，当然是因为他们都有各自的绝活。较著名的花鼓灯四绝有小金莲的舞，一条线的抖，石猴子的架子，老蛤蟆的鼓。

花鼓灯发源并流行于淮河流域，淮河流域特殊的地理位置决定了花鼓灯的艺术风格。淮河是中国东部一条重要的自然分界线，淮河以南被称为南方，淮河以北则被称为北方。自古淮河流域战火不断，于是成为了南北人口的迁徙聚散之地。如此一来，南北文化在淮河流域必然会融会贯通，形成南北兼容的淮河文化特色。所以，也就形成了花鼓灯兼具南北之长的艺术风格，既有北方的刚劲浑厚，又有南方的秀丽婉约。

在长期的艺术实践中，花鼓灯形成了不同的风格和流派，就流传的地域和表演风格来划分，大致可以分为凤、怀、颍三派。凤派指的是凤台县的花鼓灯；怀派指的是怀远县的花鼓灯；颍指的是颍上县的花鼓灯。凤台县的花鼓灯表演细腻，讲究男女传情，动作活泼优美，唱腔较多，音域较广，伴奏上以锣为领奏乐器；怀远县的花鼓灯舞蹈性强，讲究动作的轻捷洒脱，刻画的人物性格爽朗，鼓架子的跟斗技巧高，伴奏上以鼓为领奏乐器；颍上县的花鼓灯动感十足，节奏有力，场面热烈，唱腔粗犷高亢。

花鼓灯是安徽省优秀的民间艺术，是安徽民间舞蹈中流传最广、参与人数最多、影响最大、知名度最高、最丰富多彩的歌舞艺术，也是汉族舞蹈的典型代表之一。以前的花鼓灯表演多是广场表演，且在夜晚花灯的照耀下进行，这也是花鼓灯名称的由来。后来才发展到舞台表演，使其更具观赏性。花鼓灯的表演者一般是劳动群众，随聚随散，演出后又回家种田劳动。也许正是因为这种深厚的群众基础，才使得花鼓灯得以长足的发展，成为了淮河两岸人民特别喜爱的一种娱乐形式。

## 井陉拉花

井陉拉花形成和流传于河北省石家庄市井陉县，是一朵带有浓郁山乡气息的民间舞奇葩，并与昌黎秧歌、沧州落子并称为河北省三大优秀民间舞种。拉花最早源于民间的节日、庙会、庆典及拜神时的街头广场花会，在唐代元和八年（813 年）成书的《元和郡县志》中就有相关的记载。到了 20 世纪初，拉花已经十分盛行，成为当地百姓喜闻乐见的一种歌舞形式，有"山西梆子不离口，井陉拉花遍地扭"的说法。1996 年，中华人民共和国文化部将井陉

### ·井陉拉花的流派·

井陉各村拉花有其独到之处，艺人也有各自的绝活，所以形成不同的流派。如横南村男角动作，右腿吸起，身体微向左拧，右膝向左前，腿刚落地，脚掌用力一蹬，身体和膝部随之扭动，扭动的幅度恰同庄旺村的相仿，但横南村仅做右腿动作。又如张家井从南正学来的拉花近百年，南正下蹲动作均匀平稳，而张家井的下蹲后脚要向上蹬。小作村女角双手翻腕上撩，而庄旺是拧臂甩扇子转圈唰唰有声。再如南正动作讲究舒展大方，而横南喜动作活泼、滑稽、风趣，男角边舞边翘边滚胡。拉花不同的流派动作大同小异，有的动作亦是因人而异，并不固定一个模式。

⊙ 井陉拉花表演

县命名为“中国民间艺术之乡——拉花之乡”。

拉花具体产生于何时、形成于何地，史料上并没有确切的记载，民间虽然有众多说法，但却都没有确凿的证据，不过是一种传说罢了。有人说有位叫拉花的姑娘根据自己的爱情及生活经历编成舞蹈，并以自己的名字命名。也有人说因为拉花舞蹈中的女性角色叫拉花，所以才将舞蹈取名为拉花……

在横涧一带最为流行的说法是拉花形成于运输牡丹花的过程中。相传在明代万历年间，有一位名叫杨名举的横涧人，时任河南西华县县令。在其任满归乡的途中，路过牡丹胜地洛阳，于是便带回了数簇牡丹，并供奉在村中的老君庙内以“花王”敬神。自此每到花开的季节，都会吸引无数男女前来观赏牡丹。为了纪念牡丹在井陉扎根，艺人们将其编成了舞蹈，并取名拉花。因为当时的交通不便，运输牡丹花只能靠人力拉运，所以拉花即是拉运牡丹花的意思。直到现在，艺人们也仍然持有“有了牡丹花，就有了拉花”的说法。

此外，还有人认为拉花是拉荒的谐音，是在逃荒中形成的舞蹈。从前的井陉十年九旱，而且战乱不断，当地的百姓为了生存，不得不背井离乡，逃荒在外。在逃荒的过程中，他们边走边唱，述说凄苦，乞求施舍，久而久之便形成了一种特殊的乞讨方式——拉荒。因为在地方音中“荒”与“花”谐音，因此拉荒也叫作拉花。后来，又出现了一种说法，因为井陉山路崎岖，行走不便，古时的女人又有裹脚的风习，行走起来更加不便，所以她们外出的时候需要男人拉一把，而女人又被雅称为花，因此就将这时形成的舞蹈称为拉花。

井陉县位于河北与山西交界的太行山腹地，自古就是连接东西方的交通要塞，因此也形成了一个特殊的流动文化地带。井陉虽然隶属于河北省，但当地百姓的生活习惯却大多与山西相同，而与河北则鲜有往来。当地的百姓无论是外出务工还是逃荒，大多都到毗邻的山西盂县、阳泉等地，甚至远到山西的大同。在外出及逃荒的过程中，家乡的歌舞也会随着流传和延续。从这个角度来看，井陉拉花应该带有山西文化色彩，甚至可以说井陉拉花真正的起源地是在山西而非河北。

据拉花老艺人介绍，井陉县的西北部是拉花最盛行的地方，这个地区的农民通常在年初的时候便到山西去务工，到年底才回来，有的则一去不回。井陉拉花所唱的“年年走口外，月月不回来”，就是指去山西种地的人们。由此可见，井陉县的民间歌舞与山西的民间歌舞有着直接的传承关系。不过拉花艺术确实是在井陉县被发扬光大的，而山西临近井陉的地区却已经很少出现拉花表演了，这也是人们只知道井陉拉花的主要原因。

以前的井陉拉花表现的内容主要是人们的爱情及逃荒生活。在表现爱情生活的拉花中，有很多都可以看出山西风格，但表现拉荒生活的，却是土生土长的井陉拉花，从未有过山西传来之说。无论拉花的起源地在哪儿，拉花都是被井陉艺人发扬光大的，而且现在也仍以井陉拉花的知名度最高，这一点是毋庸置疑的。井陉拉花在漫长的发展过程中，经过了无数拉花艺人的再创造，其表现内容和表演形式都已经发生了根本性的变化。

井陉拉花类属于北方秧歌，与其他的汉族民间舞蹈有着很多相同之处，比如说表演时载歌载舞，善于利用扇子、伞等道具等。范成大在《上元纪吴中节物俳谐体三十二韵》中说：“民间鼓乐谓之社火，不可悉记，大抵以滑稽取笑。”在井陉拉花中，也保留着滑稽取笑的特色。同时，井陉拉花又有自己的独特之处，比如说“抖肩”、“翻腕”、“扭臂”、“吸腿”等动作的运用，以及刚柔并济、粗犷含蓄的独特艺术风格等。井陉拉花的独特之处应与当地的自然环境、风土人情及人们的观赏习惯有关。

拉花的动作来自生活，但并不是现实生活

的简单复制，而是从生活中提炼出来，并经过加工美化而成的。在拉花表演中，屈膝的动作几乎是贯穿始终的，即使有伸膝也是短暂的，这主要是因为人们每天都要走山路，长期以来形成的习惯。尤其是女性的舞步，看起来如雨天登山，艺人们常用“迈步不过半块砖”来形容。上肢的动作则关键在肩，肩的一顶、一耸、一拧、一压，最能突出拉花的特点。上肢动作与脚下的步伐密切配合，才能舞出最有韵味的拉花。

拉花的节奏多为两拍变换一个动作。强拍动作要猛，爆发力要强；弱拍的后半拍要迅速收成衔接下一动作的准备姿势。扭拉花一定要踩上节奏，合上拍，也就是艺人们所说的蹬板。有人将拉花的韵律概括为：“猛和脆，拧和伸的内在力度弹性的对抗。”此外，气息与动作的配合也十分重要，因为气息的运用影响着动作的动律和韵味，只有气息运用得当，才能特色鲜明，韵味十足。井陉拉花的音乐可以称为独立的乐种，既有河北吹歌的风情，又有寺庙音乐的韵味，与拉花的舞蹈交相辉映，相得益彰。

⊙民间歌舞霸王鞭表演

传统的井陉拉花表演人数为6人或12人，后来规模扩大，演出人数也随之增加，如18人拉花、36人拉花、60人拉花、102人拉花等，但必须都是6的倍数，取“六合同春”之意。拉花演出不受场地限制，既可登台演出，也可临街献艺，演出时间也比较灵活，可长可短。演出方式可分为行进演出和场地演出两种。行进演出称为“过街”，因受行进的局限，因此只能用“一根鞭”、“二龙并进”等简单的队形，一般在参加“拉会”和“踩街”时采用；场地演出则可根据需要采用各种复杂的队形，演出完整，演员的技能也能得到充分的发挥。

从表演形式上看，拉花可以分为跷子拉花和地拉花两种。跷子拉花是指扮演女角者脚踩跷子进行表演，后来又将跷子演化成一种犹如芭蕾舞中的“立脚尖”，将木削的“戳跷”捆绑于脚上，并用鞋袜将其遮盖住。在表演的时候，演员必须始终保持“立脚尖”的姿势，使身体前倾、腆胸、翘臀，将古代妇女的神韵逼真地展现出来。地拉花是指在地上舞的拉花，目前的拉花流派大多都属于地拉花。由于跷子拉花的杂技性较强，掌握难度较大，因此其流传范围自然也就不如地拉花广泛。

传统的拉花道具主要有伞、包袱、太平板、霸王鞭和花瓶，且每种道具都有自己的寓意。如伞象征风调雨顺、包袱象征丰衣足食、太平板象征四季太平、霸王鞭象征文治武功、花瓶象征平安美满等。发展到今天，井陉拉花的道具做了很大改进，包袱已经很少使用，各种拉花又根据自身的需要增设了一些道具，但都是在传统道具的基础上发展而来的。道具大多是拿在手中的，但有一种叫作笔竿胡的道具却是戴在男演员的嘴唇上的。通过上嘴唇的撅起带动笔竿滚动，从而表现出吹胡瞪眼的滑稽相。如此使用道具，可谓独具匠心。

新中国成立以来，井陉拉花得到了进一步挖掘和发展。1957年，拉花艺人进京参加“全国第二届民间音乐舞蹈汇演”，获得了二等奖，并为中央首长做了专场演出，受到了老一辈革命家的亲切接见。改革开放以后，井陉拉花的发展更是如日中天，多次参加国家级、省、市级大型演出，享誉国内外。

## 港澳台舞蹈

大海是蓝色的，蓝色是梦幻的颜色，大海给人类带来了文明，也赐予人类艺术以灵性。中国的海岸线漫长，岛屿星罗棋布。香港、澳门和台湾的沿海居民都以渔业为传统行业，从大海取得生存发展需要的资源。然而大海也是易怒的，海风呼啸，怒涛拍岸的时候，多少无辜的渔船都一去不复返。

港澳台的渔民面对喜怒无常的大海，既热爱它的慷慨与辽阔，又对它的辽阔与深邃进行神思遐想，他们幻想海上有仙山，海底有龙王和龙子龙女。同时，出于对一帆风顺的向往，渔民们开始崇拜海上神灵，希望神灵保佑，免除海难，保佑人们平安。如果说黄土地的原始舞蹈祈求五谷丰登的话，那么蓝色海岸的悦神舞蹈则祈求风平浪静。中国的天人合一、观物取象的哲学思想，在港澳台的民间舞蹈中表现为虚无缥缈的人海合一，更加具有神话色彩。

⊙福建妈祖庙内景

台湾、福建一带，都有不少天后宫。这个天后，就是妈祖，亦称天妃，自宋代以来被人们奉为海上保护神，又兼有送子娘娘的职司。传说妈祖是福建莆田人林默娘，为救人而死，人们视其为神女被天界召回，并世代建庙供祀。

值得一提的是，港澳台的舞蹈与浙江、福建和广东等沿海地区的舞蹈有历史渊源，都是来自对于海上神灵的信仰，尤其是“妈祖”女神，是上述地区共同的信仰。相传妈祖原是宋代一位林姓官员的女儿，生于福建莆田，从小聪明善良，且有灵异功能。在11岁的时候，她就能翩翩起舞，以舞蹈侍奉神灵。后来经常出海救助遇险的渔民和船商。在一次大风雨中，妈祖为了救人，被台风卷去了，但人们不认为妈祖死了，而视为神女被天界召回，升天而去了。当地人传说妈祖经常在海上出现，救助被风暴围困的渔民。为了感谢妈祖的帮助，也为了祈祷出海平安，人们纷纷建立妈祖庙宇，按时祭祀。在祭祀仪式上，开始表演各种民间舞蹈。随着宋元明清四朝皇帝纷纷对妈祖进行册封，妈祖的影响越来越大，甚至被册封为“天后”，政府也参与了这种民间祭祀活动，朝廷经常派出大臣参加祭祀，将其视为国家祭典。经过几百年的发展，对于妈祖的信仰日益深化，妈祖庙也不断增多，而在祭祀活动上的舞蹈表演也更加丰富多样了。

在澳门的妈祖祭祀仪式上，鱼舞最为流行。这是一种起源于以鱼为图腾的原始氏族舞蹈，主要形式是手持渔具而舞。鱼舞的道具精致独特，尤其是还装备灯具，非常适合夜间表演。每逢祭祀的夜晚，但见灯影闪动，不见舞人，远远望去，恰似金色的鱼群遨游嬉戏在幽暗的大海之中。鱼舞名目颇多，很有讲究，例如春鱼交尾、夏鱼嬉戏、秋鱼觅食、冬鱼群聚等。

随着灯火忽明忽暗，忽隐忽现，观众的情绪被调动起来，仿佛进入了如鱼得水的境界，相忘于江湖，不知今夕何夕。鱼舞的历史悠久，流传很广，在山东也曾经出土过一块汉代画像石，上面有清晰的鱼舞形象。

除了信仰妈祖以外，有的地区还信仰“都天王爷”，为了祭祀心目中的神灵，他们发明了一种“跳马夫”舞蹈。每逢都天王爷的祭日，乡民们抬着神像出巡，这时参加“跳马夫”的演员就伴着神驾开始跳舞。他们手持一种长形针状物来象征“马桩”，身体上挂着马铃，扮演被都天王爷驱使的马。随着舞蹈者的行进，他们的双脚不停地跳动，马铃声泠泠作响，十分悦耳。在这种舞蹈中还常常伴随着渔民、盐民和沿海农民的一些生产生活形象，例如撒网、开船、挑担等。随着历史的发展，这种舞蹈逐渐失去了宗教祭祀的味道，成为一种民间娱乐的男子舞蹈。

宝岛台湾，有阿里山的壮美和日月潭的秀丽，也有美妙绝伦的高山族女子舞蹈“甩发舞”。

高山族雅美人居住在海岛上，暖湿的海洋气候和充足的亚热带阳光，令姑娘们出落得黝黑健美。长发就是她们舞蹈的最好道具，雅美人女子白天不跳舞，而在月色如水的静夜来到海边，在布满卵石的海滩上跳舞。在开始阶段，姑娘们站成横排，散开长发，轻轻摇动身体，轻歌曼舞，充满了静谧之美；接着，她们开

⊙台湾少数民族舞蹈 清

始了较为激烈的舞蹈，互相挽着双臂，俯身将长发甩在胸前，到了发梢触及地面后，迅速仰头将头发甩起，使它与身体有瞬间的垂直，然后甩到身后披散开来。如此重复良久，尽兴而归。

“甩发舞”是枯燥的海岛生活中的调味品，显示出高山族人的青春活力，那甩动的长发，颇似生命中不可熄灭的火焰。

近些年来，港澳台地区在保持传统舞蹈的基础上，广泛沐浴了欧风美情，芭蕾舞和现代舞都是经由它们传入中国大陆的。可以说，在新世纪，港澳台地区是中国舞蹈与世界舞蹈交流的窗口。

## 中国芭蕾舞

在西方，芭蕾舞被称为舞蹈艺术皇冠上的明珠，典型体现了西方人的正统精神和审美理想。西方芭蕾舞曾经形成了意大利、法国和俄国三大中心，经过几个世纪的革新，古典芭蕾舞与现代舞相结合形成了现代芭蕾舞，在保持芭蕾舞基本技术和风格的基础上，进一步丰富了表现能力。

清朝裕容龄从法国学习芭蕾舞并介绍回国，从此芭蕾舞在中国开始了传播与发展。虽然起步较晚，但不鸣则已，一鸣惊人。先是外国的芭蕾舞团来中国进行演出，民国时期，苏联人在中国开办一些私立的芭蕾舞学校，在上海、天津和哈尔滨等地颇有影响，对中国芭蕾舞的发展起到了促进作用。

新中国成立以来，中国政府对芭蕾舞采取了积极吸纳和大力支持的政策，高校成立了芭蕾专业。应该说，这一时期对于中国芭蕾舞最具有影响力的是俄罗斯学派。1954年，苏联专家奥·阿·伊利娜应邀来北京开办第一期教师训练班。中国学员用半年的时间，奇迹般地完成了苏联舞蹈学校一至六年级的教学大纲，通过了严格的考试，他们成为同年创办的北京

舞蹈学校芭蕾舞专科的教学骨干。可以说，伊利娜培养了第一批中国芭蕾舞教育家，为后来中国芭蕾舞专业的发展奠定了坚实的基础。

接下来要提到成名已久的舞蹈家戴爱莲。这位深谙中国舞蹈神韵的世界著名舞蹈家博采众长，把芭蕾舞与中国传统舞蹈相结合，创造了独具特色的舞台形象。戴爱莲曾经说过："芭蕾舞是我的工作，民族舞蹈是我的挚爱。"这也塑造了她在芭蕾舞台上的独特气质。1942年，这位舞蹈家曾经编排舞剧《空袭》来表达对战争的抗议，然而由于种种原因没能完整上演。1950年，正值美国发动侵朝战争之际，戴爱莲在芭蕾舞剧《和平鸽》中诠释了和平的真谛。

《和平鸽》是中国第一次运用芭蕾舞形式进行创作的尝试，它的上演标志着中国舞蹈史上舞剧艺术事业的正式起步。在欧阳予倩先生的指导下，吴晓邦、戴爱莲、叶浅予等艺术界人士纷纷参与其中，可谓一代拓荒创业者。《和平鸽》共分七场，演出场地上有探照灯、铁丝网、坟墓、红旗和鲜血。戴爱莲所扮演的和平鸽在天空翱翔，此时战争的枪声响起了。战争魔鬼做着发财美梦，工人们抵抗军火运输，孩子们在战争中受到了伤害，群众保护和平鸽，抗议战争。不同角色的舞蹈动作都是由中国民间舞蹈以及现代舞蹈中提炼而成的。尤其是戴爱莲所扮演的和平鸽，舞姿轻盈，造型绚丽，象征了和平的美好与清纯，赢得了当时艺术评论家的高度赞赏。

当然，由于历史条件所限，《和平鸽》在艺术上也有不成熟的一面，编排比较粗糙，动作语言不够统一，结构缺乏舞剧特色。尤其是初次采用芭蕾舞的艺术形式，在当时社会生活、思想、文化和审美水平都不太高的情况下，不可能一下子被群众接受，出现了"大腿满台跑，工农兵受不了"这样尖酸的评价。当时的艺术家没有气馁，提出了"为工农兵受得了而奋斗"这样的口号。

时至今日，芭蕾舞这朵异域之花已经盛开在中华大地上。人们对芭蕾舞经历了从恐慌、疑惑、旁观到热爱的过程，甚至出现了"观众看芭蕾舞，票子买不着"的局面，芭蕾舞艺术在中国土地上的生根开花结果，是和介绍与并举的方针以及世界化与民族化相结合的实践分不开的。

几十年来，世界著名芭蕾舞相继引入中国，《天鹅湖》、《海侠》、《吉赛尔》和《巴黎圣母院》等芭蕾舞精品不仅提高了观众的审美水平，而且培养了大批的观众和演员，锻炼了中国芭蕾舞演员的表演技巧。先是有苏联著名艺术家来华演出，精湛的表演使观众纷纷走入剧场。1957年，在查普林的指导下，中国首次完整上演了18世纪末多贝瓦尔的作品《无益的谨慎》，提高了中国芭蕾舞演员的水平。1958年，《天鹅湖》在古谢夫的指导下由北京舞蹈学校成功上演，天鹅的绝唱在国内外引起了强烈的反响，女主角白淑湘被称为"中国的第一只白天鹅"。时至今日，《天鹅湖》依然是中国最有号召力的芭蕾舞剧目。

⊙芭蕾舞剧《天鹅湖》剧照

改革开放以来的中国芭蕾舞，不仅仅局限于俄罗斯学派的影响，更是广泛吸收世界经验为我所用，上演了不同风格的西方芭蕾舞曲目。1980年，在巴黎歌剧院大师莉塞特·桑瓦尔特的指导下，中央芭蕾舞团演出了法国浪漫主义著名舞剧《希尔薇娅》。2004年，这部作品在北京大学百年纪念讲堂再次上演，中法两国芭蕾舞演员共同续写了20年前的一段姻缘，更沟通和感动了几代中国人的心灵。此外，《罗密欧与朱丽叶》、《睡美人》、《渔父与新娘》和《舞姬》等古典芭蕾舞名作纷纷在中国上演，极大地丰富了人民群众的文化生活。与此同时，中国选手频频参加世界芭蕾舞大赛，并屡创佳绩，世界逐渐把目光投向了中国，这片曾经的芭蕾舞荒漠，如今已经满园春色。

在引进介绍的同时，也涌现出了一大批富有中国特色、中国风格的芭蕾舞剧，体现了中国人民的现代生活、历史记忆和民间传说。其中，1964 年前后问世的《红色娘子军》和《白毛女》堪称艺术上的经典。

⊙芭蕾舞剧《白毛女》剧照

由中央歌剧院芭蕾舞团首演于北京的《红色娘子军》是第一部成功的中国大型芭蕾舞剧，不论内容和形式都具有鲜明的中国风格。它根据同名电影改编而成，讲述了第二次国内革命战争时期，受尽折磨的海南姑娘吴琼花，不堪忍受地主南霸天的压迫逃离虎口，被红军党代表洪常青解救。在后者的帮助下，吴琼花参加了红色娘子军，历经考验和挫折，成长为坚强的革命战士。洪常青英勇就义，吴琼花化悲痛为力量，接过红旗继任娘子军连党代表的职务，与战友们继续英勇向前进，红军主力节节胜利最终击毙了南霸天。

这是中国第一部塑造具有强烈反抗精神的女性形象的芭蕾舞，堪称西方芭蕾舞形式与中国近代革命历史的成功结合。《红色娘子军》充满了中国民族艺术的韵味，人物设计各有特色，都有自己特定的舞姿造型，吴琼花弓步足尖的回首怒望，洪常青气贯长虹的大段独舞，都在观众心中留下了不可磨灭的痕迹。许多舞蹈动作还节选了中国民间舞的素材，例如“五寸钢刀舞”、“万泉河水舞”等。最重要的是，该剧的舞美、灯光和服装都很有特色，例如“万泉河水舞”的一段，女战士步调一致，力度均衡，在欧美国家受到了高度赞扬，音乐创作更是堪称一流，既有野性美和地方特色，又韵味深长，富有感染力，最终成功地将二维的银幕形象升华为三维的舞剧形象。

《白毛女》于 1965 年由上海舞蹈学校首演，与《红色娘子军》南北呼应，讲述了喜儿在恶霸地主黄世仁的压迫下由人变成“鬼”，被八路军解救后又变成人的故事，集中体现了中国普通农民的苦难，故事动人且富有悬念。《白毛女》的音乐富有中国民族风格，吸收了民间舞蹈和古典舞蹈的精华，符合中国观众的审美情趣和理想，长久以来盛演不衰，成为中国芭蕾舞的一座丰碑。改革开放以来，《雷雨》、《祝福》、《家》、《林黛玉》等芭蕾舞剧也都相继上演，在内容和表现方式上都进行了大胆的探索。

随着优秀作品不断涌现，中国芭蕾舞走上了自己的历史道路，成为中国人民喜闻乐见的艺术形式。对传统芭蕾舞的突破，对民间舞蹈素材的吸收，对音乐风格的创新，对戏曲武打因素的借鉴，使中国芭蕾舞具有无法替代的魅力，堪称神州盛开的异域之花。

### ·芭蕾舞动作的主要特征·

开、绷、立、直是芭蕾舞最主要的特征，贯穿于芭蕾舞的始终，是芭蕾舞最具有代表性的动作。舞蹈者用一脚作为支点，把另一条腿和一条胳膊绷直向前后两个方向尽量伸展，以水平线和支撑的腿及躯干成一直角，从而产生出岌岌可危的平衡感。开、绷、立、直使得人体伸展到了极致，体现了人体对外部空间的开拓和与地面最小程度的接触，营造出展翅翱翔，到天空寻找自由的视觉效果。开的动作尤其重要，胸部、腿部和胳膊从躯干向外伸展，大腿从根部外旋，伸直双脚，踮起脚尖，造成了一种强烈的展开感。

## 方兴未艾的现代舞

现代舞对于古典舞蹈，尤其是芭蕾舞的程式化进行了彻底的反叛，极大程度地运用人体动作的表现力，强调肌肉之美，加之光怪迷离的音乐、忽明忽暗的灯光，最初令习惯了流转圆曲、婉转悠扬之美的中国观众瞠目结舌。

经历了思想的解放，禁锢的闸门一旦被打开，创新的洪水就会一泻千里。随着全球化的进程，中国观众对于现代舞的接受发生了天翻地覆的变化。观众们开始发现现代舞在用人体自由表达心灵这一点上得天独厚的优势，率真自我的生命激情注定要冲破任何僵化程式的硬壳。现代舞就像破土而出的嫩芽，挣脱了人类附着于舞蹈身上的华丽装潢，返璞归真，回到原初的人性之美，人体之美。

从吴晓邦、戴爱莲、贾作光等先驱开始，中国舞蹈家就有意识地吸取西方现代舞的经验了。尤其是吴晓邦的《义勇军进行曲》、《游击队员之歌》、《饥火》等现代舞精品堪称“20世纪经典”，他“和着时代的脉搏跳舞”的艺术名言至今依然鼓舞着人们。20世纪50年代末，吴晓邦创立了“天马舞蹈艺术工作室”，系统地推行他自己创建的现代舞教学体系，为走出一条“中国现代舞”的道路进行了多方面的创作实践。天马工作室从古典中汲取营养，更从现实生活中提取艺术素材，创作了《十面埋伏》、《梅花三弄》、《平沙落雁》、《牧童识字》、《足球舞》、《花蝴蝶》等现代舞。然而，那个时代却没有为吴晓邦的现代舞提供足够的发展空间，他满怀激情的努力最终泥牛入海。1960年后，吴晓邦的天马舞蹈艺术工作室彻底停止了创作和演出活动。

⊙ **现代舞《中国制造——游园惊梦》**

《中国制造——游园惊梦》是在国际上享有盛誉，被国际媒体称为“舞魔”、“现代舞拓荒者”的金星历时9年创作的具有里程碑意义的一部作品。该舞剧取材于中国传统的戏剧《牡丹亭》，利用现代舞蹈的形式，在舞剧编排上进行了大胆而美丽的构思，整个作品恢宏而瑰丽。现代舞美手段在整个舞剧中的应用，起到了画龙点睛的作用，既突出了中国文化的婉约和唯美，也呈现了美仑美奂的现代风格。

20世纪80年代后，现代舞的风潮拍击着中国大地，严格意义上的现代舞开始崛起。1980年，男子独舞《希望》在全国舞蹈比赛上轰动一时。舞蹈里男子只穿一条贴身短裤，全身裸露出健壮的肌肉，运用了大量的地面舞蹈动作，滚动、爬行、探身、挣扎和退缩……尤其是他单腿侧跪在地，另一条腿如箭射长空一般向上方挺举，单手撑地，另一只手也竭力向上探寻，虽然这个舞蹈没有情节，人物也无法明确身份和行为，但是观众却对这一舞蹈形象产生了强烈的共鸣。从严格的意义上说，《希望》的欣赏视角还是现实主义的，肢体语言也取材于现实生活，只是它创造性地借鉴了一些地面舞台动作，率先开发了舞台低层空间，才使得自己看起来像现代舞。在那个回顾与反思的年代，观众从《希望》身上重温自己曾经的心路历程，体验激动、痛苦、失望和希望……

此后，上海编导胡家禄创作了《理想的呼唤》、《绳波》、《血沉》、《对弈随想曲》、《彼岸》、《独白》等现代舞，从语言到作品的创意，都体现了胡家禄冲破传统的舞姿美观念，对表演空间和审美情趣进行改造，凸显人的主观精神世界的艺术追求。例如，《绳波》中编导用一根长长的跳绳传递着一对青年男女的爱意，此后又用绳波显示二人之间的对立冲突。为了突出作品中他们的孩子失去父母之爱后的柔弱无助，导演干脆让男女两个大人退居幕后，舞台上只剩下长绳不停地抖动。我们也可以看出，虽然强调人的心理过程，但中国现代舞还是有着深刻的社会内容作为后盾的，这也和单纯强调个人情感的西方现代舞不同。这种对现实的颇具批判意味的思考和艺术表现，也使胡家禄成为“中国现代舞的主流人物”。

20 世纪 80 年代初开始，不断有欧美和亚洲国家的现代舞团来华演出访问，在 90 年代达到了高潮。中国观众欣赏到了《牧神的午后》、《人类的觉醒》、《绿色桌子》、《灰色挽歌》、《生命之舞》等优秀作品。一流水准的国际大师在中国上演了一幕幕精彩大戏，对中国舞蹈艺术的传统观念起到了潜移默化的作用。值得一提的是，在欧风美雨的浪潮中，华裔舞蹈家江青在 20 世纪 80 年代回到祖国，不断推动中美舞蹈文化的交流，她在北京舞蹈学院的教室中表演了自己创作的《阳关三叠》等作品，令师生大开眼界。

近年来，现代舞的中心是广州和北京。自从 1987 年广东开办了第一个现代舞实验班以来，年轻的中国现代舞演员便开始以独特的风姿在世界舞坛上崭露头角。其中乔杨和秦立明曾经在 1990 年 11 月代表中国参加了第四届法国巴黎国际舞蹈大赛，以《传音》和《太极印象》一举夺得了现代舞双人舞一等奖，为中国现代舞在国际上摘取了第一枚金牌。此后，1994 年、1996 年，巴黎第六、第七届国际现代舞的金牌又被中国人邢亮、桑吉加夺得，他们各自的作品《光》和《晃》也赢得了世界赞誉。1993 年，在编导王玫的主持下，北京舞蹈学院成立了第一个现代舞大专班，1994 年该班演出了《问世》，言简意赅地表达了现代舞在中国首都舞台上的鲜明亮相。《问世》演出中包括曾经获得北京市第四届舞蹈比赛创作一等奖的《秋水伊人》，以及《胜似激情》、《桥》、《起》、《两个身体》、《椅子上的传说》等精品，这场演出实际上是北京的第一个正式现代舞团公演，具有历史意义。从一开始现代舞班就致力于教学与艺术实践相结合，既是学校，也是工作坊，培养出一批集编导、演员于一身的新型舞者。

中国现代舞的发展优势在于，这些年轻人大多带着关于西方现代舞的好奇和虔诚进入这个领域，由于历史上中国专业舞蹈形成了全面的网络体系，技艺训练达到了很高水准。这些“新兵”们其实已经具有了扎实的中国传统舞蹈或西洋芭蕾舞的功底。中国的现代舞并非在一张白纸上画图，而是以一流的身体素质和技艺为前提的。从这个意义上讲，中国现代舞方兴未艾，恰似雨后春笋，还有广阔的发展空间。

**⊙现代舞《世界女人》**

北京现代舞团创作总监高艳津子于 2007 年接受荷兰舞蹈节委约，与荷兰编导共同创作了这一作品。高艳津子，1995 年北京舞蹈学院编导系现代舞专业毕业，并于 1996 年开始举办个人现代舞专场，10 余年来曾随团赴 10 多个国家和地区巡回演出。高艳津子是位极具灵性的舞蹈家，其作品在国内外多次获得重要奖项，大多反映人生哲理与现实问题。

现代舞打破了以某一种舞蹈风格动作为语言的创作套路，在作品中根据所需要表现的艺术内容选择语言，他们模仿的是现代动态的生活，比以往的舞蹈更加大胆地走入了人类丰富复杂的精神世界，自由地表达自己对于历史和现实、生存与虚无的思考。尤其是，中国的现代舞不仅更加自由，而且注重舞蹈意境的深入开掘，大写意般的现代舞风潮抓住了中国传统美学的真谛，堪称“崛起的舞蹈写意风”。正是中国现代舞艺术家的艰辛努力，使中国现代舞在与国际接轨的同时，也散发出东方民族的独特魅力。

## 舞蹈的动作、语言及构图

一段优美动人的舞蹈作品给人带来美的艺术享受，让观者的心灵和眼睛都受到震撼。但是舞蹈的编排者和表演者在最初的时候，是如何来构思、营造，把自己的想法变成舞蹈的呢？这就需要在了解舞蹈发展的梗概之外，窥探一点舞蹈内部的知识。首先需要的是把完整的舞蹈拆开，像庖丁解牛一样，了解它的经脉骨骼构架。

一首乐曲由基本的音符组合而成，一篇文章由字词排列而成，一段舞蹈也是靠人的身体动作来表现。只是舞蹈中的人体动作不同于我们在日常生活中的动作，它经过提炼加工，进行艺术化。同样来源于生活中的舞蹈，经过不同民族的艺术处理，就形成了不同风格、不同类别的舞蹈。生活中的跳是很随意的一个动作，人们为了跨过一条小沟壑或是遇到特别高兴的事情而情不自禁地一跃而起。但是芭蕾中的跳，通常是要求脚要绷直、腿要外开，跃起要快捷，落地要轻，突出的是轻盈之美。中国古典舞蹈中的跳，就比较强调在跳前的起法、在空中造型的停留时间尽量延长，跳后落地除了要求稳定性外还要求亮相造型的美。同样一个简单的跳，成为舞蹈动作后，就有了不同的规定，传达出不同的意义。舞蹈演员要经过学习、训练和反复的实践才可以掌握和运用。

⊙ **舞蹈家戴爱莲**

《蛇舞》是《鱼美人》中一个片断，描述了美女蛇遇到一个猎人，千方百计想俘获猎人的感情，但最终由于猎人的警觉而失败。戴爱莲用女性演员的软度和柔韧性，恰到好处地体现蛇盘的技巧和意境，刻画出一个妄想成功、怀着幽怨和失意的美女蛇形象。

舞蹈发展到现在拥有丰富的动作，可以归纳为四点：

第一是对人的各种自然形态的生活动作和情感动作进行艺术的概括和美化。就如前面举的例子中人在生活中的跳要变成舞蹈动作，就会根据舞蹈种类的不同特色变成芭蕾的跳或者中国古典舞中的跳，或者其他舞蹈种类的跳。但是无论哪种舞蹈中的跳，表现的情绪或许和生活中随意一跳的含义相同，但是表现的形式都已经过了艺术化的改变。布依族根据织布的动作编出了纺织舞；中国的民间舞蹈扭秧歌来源于人们在田间插秧时的动作，由于怕踩坏可秧苗，人们的脚步不停变换，就形成了在秧歌中的进三退一的步法；西藏的舞蹈中有很多人们打夯的动作；在舞剧《兰花花》里，兰花花与杨五哥分别从两处出场后，到台中间相会，但是见面之后，二人立即后退拉开一定的距离，这是那个时期中国农村青年特有的表现感情的方式。在各个民族的舞蹈中，都会有这样的直接来源于生活中动作的舞蹈。

第二是对自然界中花、鸟、鱼、虫和各种景物的动态形象的提炼和加工；主要是用模拟和象征，借助动物、植物或者其他景物的动态来表现人的情感、思想或性格特征。蒙古族的舞蹈中有许多马的奔腾或鹰的翱翔的动作，鹰和马是草原人的最喜欢的动物，模拟它们的动作舞蹈表现了蒙古族人们豪迈粗犷的性格。傣族舞蹈中，孔雀舞居于最高的地位，在舞蹈中，舞者模仿孔雀飞翔、饮水、休憩等种种动作，表现的是傣族人民对吉祥、和平、幸福的企盼和善良、聪慧、美丽的审美追求。中国古典舞蹈中的“卧鱼”、“扑虎”、“商羊腿”、“鹰展翅”等动作就是从动物的形态中受到启发，演化而

| 根据功能划分 | |
|---|---|
| **类型** | **特点** |
| 舞蹈单词 | 生活中人们常常会把舞蹈动作和舞蹈语言混在一起，其实这是两个不同的概念。舞蹈动作是舞蹈语言系统中最基本的要素——舞蹈单词。在舞蹈单词之上，舞蹈语言还包括舞蹈语句和舞蹈段落。 |
| 舞蹈语句 | 舞句是由数个舞蹈动作组合成的，它所表达的意思相对舞蹈动作要更丰富。而且舞蹈作品的风格特点、情感基调也是通过舞句逐步的呈现出来。尤其是塑造重要人物形象的主题舞句，担负着表现人物性格的重任，也是舞蹈主题的突出、集中表现。通常一个舞句具有鲜明的动作形象、优美的舞蹈形式就可以了。更高层次的追求就是要有不同于别人的个性特色。就像同样用诗句来描绘春天，一位诗人写的是："日出江花红似火，春来江水绿如蓝。"另一诗人就会写："满园春色关不住，一只红杏出墙来。"每个诗人笔下都是不同于别人的春色。而舞蹈在"遣词造句"时，也有这样的微妙之处，不同的词语，不同的组合，就形成了千差万别的舞句。在这些舞剧中找到最适合自己，最具个性的那一个，是一个舞蹈作者刻意追求的目标。 |
| 舞蹈段落 | 若干舞句组合起来，表现一个比较完整的片断，就是舞段。舞蹈作品中的舞段就类似于文学作品中的段落章节。在不同的舞蹈作品中，有不同的分段方法。在小型的抒情舞蹈中，常常是根据人的情绪发展和音乐节奏的变化来进行舞蹈的分段。在叙事性的舞剧中，可以根据情节的发展来划分舞段，比如舞剧《鸣凤之死》就根据情节分为七段：狭笼、梦魇、高墙、梅林、生离、死夜、火祭。 |

来的。杨丽萍等表演的双人舞《两棵树》中大量的舞蹈动作就是对树的种种动态的模拟。

第三是对人体内在的动作潜能的深入挖掘和高度发挥；这是高技能的舞蹈技巧动作。比如单腿多圈旋转、空中翻滚、后下腰、涮腰，等等。这些动作在舞蹈中经常出现，但是普通

⊙舞剧《鱼美人》剧照

人是做不出这些动作的。专业的舞蹈演员经过训练，娴熟地表演这些动作，展示了人体无限潜能的姿态之美。人的骨骼不会一节一节的运动，但是杨丽萍女士在她的《雀之灵》中，双臂和手指的节节运动，或像波浪一浪一浪地漾开，或像鸟在空中展翅飞翔。这些高技能的舞蹈动作使舞蹈的表现力得到了更大的空间，给观者留下难以磨灭的印象。

第四就是根据人体律动的发展变化繁衍出人们所需求的舞蹈动作。这是舞蹈动作的专业研究人根据"人体律动学"的理论，发展组合成可以产生不同"力效"的各种动作。

舞蹈动作就如同语言中的词汇，掌握和储存丰富的舞蹈动作，才可以对要表达的情感、所要塑造的人，给予最细腻、贴切的阐释。对于一个舞蹈作者而言，要丰富舞蹈动作的储存，是要付出巨大的努力的。中国丰富的舞蹈文化遗产、世界各国的舞蹈文化和丰富多彩而又变动不息的生活都是他们采掘自己的舞蹈动作的宝矿。对于普通的舞蹈爱好者而言，了解一些舞蹈动作的知识，在欣赏舞蹈的时候，理解得会更深刻一些，对于中国、对于人类的珍贵的

⊙ **仿唐乐舞《霓裳羽衣舞》**

相传唐玄宗梦游月宫，见到仙女们穿着云彩和羽衣在空中飞舞，醒后据记忆写下音乐，命贵妃杨玉环和乐舞蹈。在表演上要求手、眼、身、法、步紧密配合，形体上讲究圆、曲、美。

舞蹈文化遗产业是一种珍惜和保护。

舞蹈语言是舞蹈存在的方式和主要的表现手段。巧妙地运用舞蹈语言可以表现深刻的主题和令人震撼的思想，同时又是令人目眩神迷的动态和形式。

舞蹈语言和舞台布景、灯光、道具形成一幅幅动态的舞蹈画面，不同的舞蹈画面在变化、流动中把舞蹈语言所表达的情意展现出来。这舞蹈画面也就是舞蹈的构图。构图原本是美术用语，作用在于把要表现的人、物的形象适当地组织起来，构成协调、完整的画面。这一词语被广泛地运用到舞蹈、建筑、设计、摄影、电影等领域中。舞蹈和绘画、雕塑同属于造型艺术，舞蹈的构图就和绘画、雕塑的构图有许多的共通之处。人们常说舞蹈是运动的绘画，雕塑是凝固的舞蹈。

有一个例子可以恰当地说明舞蹈和绘画、雕塑三者之间的亲密关系。1956年，罗马尼亚的“云雀”民间舞蹈音乐团来华访问演出，其中一个舞蹈名为《陈列馆中的名画》，舞蹈从闭馆前开始，当管理员离去，夜幕降临后，五幅画中的人物纷纷走出画框，开始翩翩起舞。有甜蜜的爱情之舞，有欢快的群舞，也有恶人逞威风的舞蹈，大家热闹了一夜，在天亮之前才不得不回到画中。陈列馆又开馆了，参观的人们涌进来……舞台上的画面是由画框和人物的各种造型姿态形成的构图组成的。他们静止时是一幅画，活动起来就是一台舞蹈；画框中的每个人在静止时，单独看起来也就是一个雕塑。这支舞蹈，把绘画、雕塑、音乐和文学的构思，完美地统一在舞蹈的艺术形式之中。

舞蹈的构图也与绘画构图的基本原理一致，从绘画的构图中可以吸取营养，丰富舞蹈的构图。舞蹈中单人舞、双人舞、三人舞、群舞的构图各不相同。舞蹈构图除了充分调动演员的姿态以及改变演员之间的空间关系外，还与背景、道具、灯光设计等配合。现在的舞台表演尤为注意灯光的设计。不同颜色的灯光、不同形态的灯花以及利用明暗不同的光区，都

### ·“三道弯”·

“三道弯”特指在舞蹈动作中头和胸、腰和臀、胯和腿以逆反向度呈S状的形态。我国民间舞蹈呈现出纷繁的三道弯舞姿造型。

汉族最具代表性的民间舞蹈秧歌中的“扭”把汉族民间舞形态形象地勾勒出来。

藏族舞蹈中的“弦子舞”的突出特点是流畅圆润、舒展、抒情，膝部动作连续不断，既松弛又有控制的微颤是其动作核心；上身与胯部轻微连续地逆向横移，加以头部的配合形成微妙的晃动，引发舞姿连接动作的“三道弯”，使女性越发婀美。

朝鲜族的舞蹈形态主要是手足同时运动，其中轮回舞的动作有“扭与拧”、“前后翻”、“左右旋转”等，这种手臂与身体形成的三道弯进而发展为太极形和螺旋形。

满族的舞蹈风格可以概括为四句话：“腰身扭转三道弯，托耳奔马拉弓箭，摸鬓托肋单举手，举额齐眉有曲线。”这就是说满族舞蹈的胯部起着承上启下的轴心作用，它通过头、胸、脖和腿部，使身体形成S形。

给舞蹈的构图增加了新的元素。在杨丽萍的舞蹈《雨丝》中，开场蓝色的光线、灯光套出的大小圆圈和她的表演，形成了一幅雨天的景象。在结尾，蓝色的光变成了金黄色，在这暖暖的光中，杨丽萍以抬腿迈步的姿态定格。这样的舞蹈构图，给人留下有形有色的印象。

## 舞蹈的表演规范

古往今来，关于艺术的理论很多，但是没有一种理论能够圆满合理地解释一切艺术现象。同样，在众多关于舞蹈艺术的表演规范中，也没有哪一种是放诸四海而皆准的。

舞蹈不仅是想象的艺术，更是情绪和形体的艺术，它究竟是理性的还是情感的，是精神的还是肉体的，一直没有定论。美国美学家苏珊·朗格对舞蹈艺术进行了研究，指出舞蹈是表现情感的，并首先对情感一词作出了内涵丰富的定义：情感是一个人的内心生活，“是他对世界生活形式的内在感受”，舞蹈再现了“我们内心生活的统一性”，因此是“主观生活的对象化”。苏珊·朗格的解说可谓精到，但舞蹈演员在感受生活的时候，“理性”处于什么地位？这个问题解决好了，才能开始解决具体的表演规范问题。

舞蹈表演的特征在于，它永远信任人体，以人体作为唯一的传达媒介，同时舞蹈又借助实在的人体去表达无形的、莫可名状的情绪和心情。苏珊·朗格说：“艺术形象所表现的并不是他个人的实际情感，而是他所知道的人类的情感。”情感和本能的宣泄只是舞蹈表演的最低层次，表现自我的气质和个性是第二层次，舞蹈的最高层次是表现全人类的情感，在那个瞬间，舞蹈者脱离了小我而成为大我，代表整个人类叩问世界。

中国在艺术领域很早就超越了模仿和再现阶段，而强调表现性艺术，在长期的艺术实践中，形成了具有民族特色的境界说，它虽然一开始着重于诗词绘画艺术，但是对于舞蹈艺术也是有指导意义的。中国舞蹈在许多方面接近于中国诗歌、绘画和书法，表达“象外之象”、“景外之景”、“韵外之致”、“味外之旨”（司空图语）。王国维在《人间词话》中提出的“造景”与“写境”也同样适用于舞蹈。

从艺术特性看，中国舞蹈和其他传统艺术一样抒情性很强，舞蹈被称为律动的诗篇和流动的绘画，非常讲究表达的美感、结构的精巧和语言的练达。舞蹈是在有限的时空内表达无限的意蕴，因此特别需要创造意境来扩展内涵，增强艺术感染力。此外，中国舞蹈和诗书画一样讲究线条，要求虚拟性和抽象性，也就是用简练的语言来传达人的内心气质，唤起观赏者的艺术想象，最后达到“言有尽而意无穷”的情景交融。

和雕塑与绘画相比，舞蹈是一种转瞬即逝的舞台形象，不可能长时间供观众把玩，因此特别需要在有限的时空内凝聚情感，用形象传达无尽的情思，所谓“余音绕梁，三日不绝”，调动欣赏者的创造性想象，引发他们无

**⊙执巾舞俑 三国蜀汉**

四川忠县涂井蜀汉崖墓出土。女舞俑头梳高髻系带，额前饰大花3朵，颧骨突起，闭口微笑，广袖长裙、左手下垂藏于袖内，右手握巾，翩翩起舞。体现出动而合度、形变神真的舞蹈规范。

⊙ 玉舞人　西汉

北京丰台大葆台汉墓出土，双面透雕。玉舞人轻裙曳地，长袖回风，真实再现了当时高超的舞蹈水平。

尽的思索与回味。因此，中国舞蹈的表演规范可以大致概括为：以情起舞、以舞传情，动而合度、形变神真，技艺结合、引人入胜，境生象外、意韵长存这四个要点（这四个要点具体参见隆荫培等编著的《人体律动的诗篇——舞蹈》一书）。

舞蹈首先是为了表情达意，《诗经·大序》中有这么一段话："情动于中而形于言，言之不足，故嗟叹之，嗟叹之不足，故咏歌之，咏歌之不足，不知手之舞之，足之蹈之也。"舞蹈是人类感情表达的最高形式，形体动作最能抒发生命的激情与活力。难怪诗人闻一多这样说："舞是生命情调最直接、最尖锐、最单纯而又最充足的表现。"强烈的抒情性使得舞蹈艺术魅力四射：或如短诗，或如画卷，将人类内心的情绪、抽象的思索化为动态的形象。

舞蹈演员固然不能冷若冰霜，无动于衷，但情绪过于外露也并不一定成为优秀的演员。为一己的悲欢离合，或一跳三尺高，或以泪洗面，或仰天长叹，这些个人化的情感绝不能带来优秀的舞蹈作品。真正的艺术家，要像邓肯和戴爱莲那样，要深入细致地把握生活，接受人民的召唤，这样才能超越一己之悲欢离合而成为时代的象征。内心的激情化作外在的"象"，不仅要具体可感，更要有生活气息。例如：张平的《鸣凤之死》不仅有饱满的情感，有鸣凤对于封建礼教的血泪控诉，更有徐徐展开、亦真亦幻的舞蹈之象。高超的舞蹈技巧本来就是与丰富的内心情感相互补充的，正是情与舞的统一，引起了观众的共鸣，从而完成了艺术传达的任务。

舞蹈艺术与生活的关系本来就是复杂的，演员需要做的不是逼真地再现生活的原貌，而是从生活中提炼出动作，来表达内心的感情波澜和性格特征，这样演员就必须在真实与虚幻之间保持平衡。一方面，要"动而合度"，动作是舞蹈的基本单位，不动就不是舞蹈。舞蹈动作形式多样，有大小、方圆、高低、长短、曲直、正斜之别，也有刚柔、粗细、强弱、轻重之分，更有进退、动静、聚散等不同姿态。这些动作都是从生活中提炼出来的，有现实的一面，但更有艺术的超越性。舞蹈演出不是拍电影或电视剧，演员不需要如实地临摹生活、战斗和劳动的每个细节，例如表现战争的场面，不需要真的拿起机关枪冲锋陷阵；表现收麦子，不需要拿起镰刀亦步亦趋。舞蹈动作和戏曲动作一样，都是通过象征来完成的。

动作合度，自然形变神真，脱离了模仿阶段而引起审美的喜悦。这样，我们就可以理解为什么在《丝路花雨》中，人们不会计较英娘"反弹琵琶伎乐天"的动作是否准确，而是陶醉在那种婀娜多姿的舞步中去。在《喜悦》中，崔美善干脆把手鼓当成簸箕，但观众完全陶醉在她营造的丰收喜悦状态中，甚至忘记了这一细节。高明的舞蹈演员，不囿于形似，却能达到形神兼备，源于生活，却又高于生活。

舞蹈动作的技巧往往是高超的，舞蹈家勤学苦练，通过高难度技术动作来博得观众的赞叹。《蝶恋花》中嫦娥和王昭君所舞的长绸竟然有三丈多，充分体现了演员精湛的技艺，更营造了漫天飞舞的艺术场景。《花鼓舞》中演员以各种姿态，从各个角度用长长的鼓穗敲击腰间小鼓。在《长夜行》中扮演盲人艺术家阿炳的沈益民，连续三次"跪滑半角尖挑肩挺立"，最后又用了"空中前扑板腰躺地"。《醉鼓》中黄豆豆或"乌龙绞柱"，或"点地翻身"，或"横空飞燕"，更令人赞叹的是这些精彩的动作都是集中在一张八仙桌上展开的。舞蹈演员身轻如燕，体如游龙，满足了观众的审美要求。可以说，高超成熟的技巧是舞蹈表演的物质基础。

然而，舞蹈不是杂技，它虽然也重视“难”，但更强调“美”。舞蹈演员的表演不同于杂技团里的走钢丝，不是为了简单地满足观众的视觉期待，给他们看没有看过的东西，而是立足于生活，创造美的艺术形象。因此，技艺结合方能引人入胜，舞蹈表演更要注重风格、韵律、节奏等似乎虚无缥缈的东西，虽然这些技巧不像闪转腾挪那样引人入胜，一笑一颦之间，却已然显出功力。

通过上述解说，我们自然就可以归结到“境生象外，意韵长存”这一点上了。舞蹈追求象外之象，摆脱“体物”、“取象”的阶段而要“思与境谐”，在境界上用力，达到物我和情景交融的最高境界。舞蹈的象是有限的，并且转瞬即逝，然而情感丰富，形神兼备的形象，却会“余音绕梁，三日不绝”，有限的象，最终能生出无限的境界，传达连绵不绝的情感。从吴晓邦的经典之作《饥火》开始，中国舞蹈演员就开始营造出调动观众想象力的意境来追求艺术的顶峰。中央芭蕾舞团1982年在北京首演的《林黛玉》第四幕堪称中国芭蕾舞创作的经典段落。林黛玉病中的幻觉被一系列亦真亦幻的“幻象”三人舞诠释出来，衬托了林黛玉的悲凉情感和命运，其情其景都有强烈的感染力。

虽然芭蕾和现代舞早早传入中国，但中国舞蹈的精魂却在于这个“神”字，正是“神”要求表演者以形带神，形神兼备，既重视动作上的规范，如迂回曲折、动静求圆、反向起法等等；又强调内心意念的控制，要求表演者身心投入，表达丰富的想象和体验。可以说，癫狂与秩序的合一，是中国舞蹈表演的奥秘所在。

## 舞台与舞美

作为一种空间和时间相结合的艺术形态，舞蹈利用具有节奏的身体运动塑造出某种形象。和书法相似，舞蹈也是可视的直观的流动的时空艺术，人体是舞蹈家所运用的“生花妙笔”，它不仅有雕塑般隽永的造型、音乐般丰富的律动，还有书法般神奇莫测的流动线条，把空间造型纳入到连绵不断的流程中去，这个纳入空间的流程才是它的最妙之处。因此，舞台对于舞蹈之美而言是不可或缺的。

舞蹈需要在舞台这样一个特定的空间中欣赏。舞台的背景、灯光对于舞蹈者而言至关重要，湛蓝的背景将人体置于开放式的空间中，黑幕则意味着全封闭式的处理，逆光勾勒出健美的人体轮廓……为了塑造人物和表达内容，往往在舞台上用木、纸、布、塑料、金属等材料和光线、色彩、声音相结合，营造出具体的生活场景和时空氛围。

此外，舞蹈者与舞台空间的位置关系也是很微妙的，一般来说，舞台中心是观众的视线最集中的位置；舞台前中区明朗有力，非常突出；舞台后方则有深远辽阔之感。有学者把舞台空间划分为九格，每一格的空间感都不同。舞台空间的九块方格是舞蹈构图设计的基础，在实际运用中，舞台一般分为九块，中心的位置是主要的，突出的，其他还有明朗有力的位置、稍微弱些的位置和深远暗淡的位置，力度

⊙青瓷戏台 元

逐渐减弱。舞台的九块方格不是随意运用的，有明显的感觉差别，但它也不是一成不变的，可以根据画面的层次，动作的速率和力量，以及音乐感情的变化有所不同。

舞台的九块方格不是随意运用的，也不是一成不变的，它可以根据画面的层次、动作的速率和力量以及音乐感情的变化有所不同。

中国民间舞往往以广场为传统舞台，田头村舍，载歌载舞，舞姿翩翩，情意款款。进入剧场舞台后，自然的轴心被“画框”限制，被舞台的灯光、幕布和布景限制，会出现一些不适应，处理不好的话往往显得平淡呆板。优秀的编导和艺人注意到了这一点，巧妙地完成了轴心的转移。《长鼓舞》中的旋转技巧，《惠安女》中的主题动作，通过把民间舞的轴心转移到舞台前区，完成了艺术空间的平衡。

舞台最重要的作用是营造了舞蹈的环境和氛围，这种艺术处理过程往往要根据舞蹈本身的特点和风格有所不同，叙事性舞蹈与抒情性舞蹈的舞台处理就有不同。叙事性舞蹈，包括传统舞剧和芭蕾舞等，都强调实景布局，让演员在实物构成的社会环境中演绎作品，布景大气磅礴，为作品增色不少。例如《丝路花雨》开篇便是敦煌古道，飞天翱翔、香烟缭绕中，六臂观音款款而来，浓重的佛教意蕴使人仿佛置身天国。接着，驼铃阵阵，“大漠孤烟直，长河落日圆”，甚至有四匹高大的骆驼穿场而过，一幅广阔的社会画卷徐徐展开。越到后来，作品越引人入胜。众声喧哗的敦煌市场，黄尘散漫的古道，幽深晦暗的洞窑，这些环境和作品的情节巧妙配合，相得益彰，把观众引入了特定的时空中去，增强了戏剧感染力。

相反，在抒情性舞蹈中，一般采用写意般的虚境，实物比较少，更强调灯光、色彩、声响的烘托营造，有我之境与无我之境交融，或借景生情，或寓情于景，往往有象征意味。例如在第一届全国舞蹈比赛中获奖的《海浪》，一开幕，演员便紧贴着湛蓝的天幕优美地滑翔，双臂伸展，或柔或刚，恰似波涛汹涌的海面中、蓝天碧波掩映中翱翔的海鸥。简单的布景，创造了深邃的意境。再如《荷花舞》，用“蓝天高，绿水长，莲花朝太阳，风吹千里香”的和平景象，烘托出经历了战乱与饥寒后，新中国的全新气象，舞蹈者含蓄委婉地徜徉在碧波荡漾的湖水中，恰似自由的人民快乐地生活在自己的土地上，充满了诗情画意。

⊙ **舞台灯光布局图**

图中舞台是一个室内布景，为三面墙形式，左右侧高高竖起的杆子上已经装好了灯光装置，这些灯光可以从高处将整个房间布满均匀的光。两侧的追灯可以根据剧情的发展和人物情绪的变化发挥烘托作用。

有时候为了增强舞蹈的表现力，导演会在舞台上另外开辟一个舞台。刀美兰的独舞《水》就是如此，编导在舞台的后部中央另外设立一个芳草茵茵的小台，这种“台中台”的处理方式比例恰当，别出心裁，在不知不觉间改变了观众对于大舞台的审美习惯，沉醉在流畅细腻的表演中，与傣族少女共同遥看夕阳，徜徉澜沧江畔的山水之中，整个作品就如同工艺品一般含蓄细腻，精巧绝伦。

最后值得一提的是，作为象征意味很浓的中国戏曲，尤其是京剧，舞台风格非常古朴，甚至近乎简陋。戏曲舞台和书法一样，强调空白、虚无，用最少的布景诠释人物的环境，强调从演员自身的表演上下工夫，形成了“一切情景都在演员身上”的表演传统。《四郎探母》中四郎杨延辉出台，在开始念段子前，观众只不过看到演员出场，并没有把他看做实际人物杨延辉，等到开始念段子，观众才感觉到角色和场景。最后，杨延辉唱完退场，虽然消失前还要打马，做身段，但这个人在观众心目中已经不存在了。完全不需要换景，就可以制造出一个想象中的舞台。

当代舞蹈的舞台以风格华丽、布景偏实为美。人物出场一次一换华丽的行头，这样演员往往忽视了用自己的表演来“造景”。舞台过于写实，失去了中国舞蹈的古色古香和精致风韵。一枝一叶总关情，舞台塑造舞美的环境，并不仅仅依靠先进的数码、灯光和多媒体技术。舞蹈是人体律动的诗篇，“以人为本”，舞台才能显现出真正的魅力。

## 舞蹈的道具

⊙双人舞扣饰 西汉

双人腰挎长剑，手持铜盘，踏蛇翩然起舞，动作流畅，身材飞扬，整个造型别出心裁。

不知从何时起，道具就和舞蹈结下了不解之缘，从东北到云南，从山东到广东，无论是秧歌、花鼓，还是龙灯狮舞，东西南北中的所有舞蹈都是用道具来延伸舞蹈者的肢体。道具舞，舞道具，在中国舞蹈中，道具的地位不可替代。

从汉族秧歌来看，红红火火的队伍中，往往有不同的角色，渔夫、农民、书生、小姐……他们手中拿着扇子和手帕等道具，领头的人有的手里还打着伞，或者敲着一根擀面杖。随着表演者的身体颤、摇、转、拧，眉眼表现出嗔怒、喜悦、娇媚等感情，手中的道具也不失时机地舞出绢花、扇花、伞花等各种花样。

这些道具还是各有讲究的，拿着扇子意思是祈求风调，打伞是求得雨顺，合在一起就是“风调雨顺”，是一种吉祥的寓意。尤其是扇子，自古至今中国人在上面花费了无数心血，做出了精彩文章。扇子是上肢最完美的延伸，甚至到了与肢体一体、难以分开的程度，有“倒翻扇”、“飘扇”、“上下合开扇”、“横合开扇”、“单挽扇”、“贴翻扇”、“扶扇面”、“揉扇”、“单绕扇”、“双绕扇”、“蝴蝶盘花”、“前后花”、“舀扇”、“二指翻花扣扇”、“别扇”、“八字扇花”、“开关扇”、“缠头绕扇”、“盘荷花”、“风摆柳”、“蝴蝶飞”、“云扇”、“上翻扇”、“双盖扇”、“绕玉容”等几十种。汉族舞蹈，尤其是民间舞的注意力倾注在道具上，离开道具以后，许多花样、姿态就失去了意义，这是不善于运用上肢舞蹈的西方人很难理解的。

在宫廷舞蹈中，团扇徘徊是优美艳绝的形象。汉代班婕妤的《怨歌行》中就用“秋扇”比喻了自身的失宠和哀怨，“新制齐纨素，鲜洁如霜雪。裁成合欢扇，团团似明月。”唐代王昌龄的《长信怨》中也写道：“奉帚平明金殿开，且将团扇共徘徊。玉颜不及寒鸦色，犹带昭阳日影来。”徘徊无助的团扇，不正象征了独自起舞、知音难觅的凄凉与无奈吗？

武术与舞蹈也是在悠悠历史长河中携手相依的一对兄弟。古代的剑不仅是武器，也是权利和地位的象征，成为一种高贵荣耀的器具。习武练剑能够提高自己的武技，锻炼体魄；千变万化的剑法又孕育了无数神秘优美的传说。在习武的过程中，剑成为一种抒情写意的工具，剑人合一，舞以达欢，舞以尽意，古人有“诗、书、画、剑、琴、棋”的说法，剑已然成为一种文化的象征。盛唐时期，裴旻的剑舞与李白诗歌、张旭草书并称为三绝，剑舞在宫廷和民间非常盛行。在明清后的戏曲中，剑的使用也是流派多样，自成体系的。

剑用点、崩、刺、撩的手法，灵敏的步法，吞吐的剑花营造出轻快飘逸、刚柔并济、优美矫健的舞蹈造型。行剑用连绵不断的波浪形流动和螺旋式起伏，在步法中完成剑法。“手眼身法步”高度协调，动中有静，以动势美为主。站剑则强调站的姿势，基本在原地表现舞姿，抑扬顿挫，轻重缓急，起伏跌宕，剑法清脆、干净，稳、准、狠，静中有动，具有雕塑的平衡美。从表演形式来看，剑还有短穗单剑、短穗双剑、长穗单剑、长穗双剑、双人对剑之分。剑法本身也有太极剑、武当剑、八卦剑、通备剑、少林剑的分别，一般而言各派剑术是以各派拳术为基础的。

在武舞中还有其他道具，上古时期的《干戚舞》就用干（盾牌）和戚（斧头）作为道具。后来，刀枪棍棒、斧钺钩叉都在武舞中有所运用。与剑相比，刀法勇快刚猛，棍扫一大片，枪挑一条线，都令人赏心悦目，拥有和剑舞类似的美的享受。

从原始社会的“土鼓”到后来流行于各地的不同质料、不同形态、不同用途的鼓，中国的鼓很早就与舞蹈建立了不可分割的联系，形成了庞大的家族。从质料上看，有铜鼓、木鼓、皮鼓等；从形态上有大鼓、小鼓、长鼓、短鼓，建鼓、鼗鼓、扇鼓、铃鼓、单鼓、腰鼓、手鼓、龙鼓和象脚鼓等。鼓不仅是伴奏乐器，更是特殊的道具，或拿在手上，或背在身上，或跨在肩上，或放在地面，千姿百态。和汉族地区的鼓舞交相辉映的是少数民族地区的鼓舞，苗族有“三鼓”——木鼓舞、铜鼓舞和皮鼓舞。打花鼓的时候，苗族用槌、肘、肩、头和上身的每个可动部位轮流击鼓，一人绕着一面鼓，十人绕着十面鼓，舞姿翩翩，鼓声震天。瑶族的长鼓舞、壮族的蜂鼓舞、傣族的象脚鼓舞、藏族的龙鼓舞等也风采各异。

**⊙鼓舞图 壁画**
中国的鼓很早就与舞蹈建立了密切的联系。

中国舞蹈的道具种类繁多、蔚为大观，除上述外，还有汉族民间舞中的灯、高跷、龙和狮，藏族舞蹈中的面具、长袖，壮族舞蹈中的木棒等等。从这些绚丽多姿的舞蹈器具中，我们感受到中华民族舞蹈深厚的传统，感受到生命和肢体的韵律，它们点缀着瑰丽灿烂的舞蹈，也点缀着美好幸福的生活。

## 舞蹈理论

歌德有句名言：“理论是灰色的，而生命之树常青。”进入21世纪后，中华民族的舞蹈复兴运动恰似春潮带雨，继往开来，对于舞蹈理论的重视也自然提上了日程。事实上，中华民族数千年的历史长河不仅孕育了灿烂的舞蹈文化，更在沧海桑田的江山代谢中坚守住了中华舞蹈之魂魄。虽然古人对于舞蹈的许多真知灼见散落在历史的尘埃中，但这些文字是舞蹈发展的中流砥柱。问渠哪得清如许，为有源头活水来。理论的价值不在于墨守成规，而在于聚沙成塔，集腋成裘。

舞蹈历史悠久，舞蹈理论更是博大精深。从有了舞蹈开始，中国学者和舞人，或从社会历史条件出发，或从舞蹈实践中总结经验教训，写下了自己对于这门艺术的独到感悟和时代对于舞蹈的审美要求。这些文字或成完整论著，或成断简残篇，虽然限于古代科技水平，无法和诗歌、文学、戏剧、书法、绘画等领域留下的论著相比，但无疑是弥足珍贵的历史财富。

春秋战国时期的百家争鸣，掀开了中国历史上第一次思想解放的帷幕。伴随着礼崩乐坏的社会变革，思想与学术领域出现了激烈交锋，诸子百家在舞蹈问题上各抒己见，其中尤以儒家和道家的观点最为鲜明。

中国古代诗乐舞不分，《乐记·乐象》说“诗，言其志也；歌，咏其声也；舞，动其荣也。三者本于心，然后乐器从之。”诗言志，歌咏言，舞蹈则是把感情外在化，三者都是人内心的反映，乐器随之伴奏。在儒家那里，“乐”就是一种综合的艺术形态。孔子对于“乐”是非常看重的，他曾经听到好的“乐”而“三月不知肉味”，具有极高的音乐修养。

在孔子心目中，周代的礼乐文质彬彬，尤其是“自天子出”，是整齐合一的宇宙图式的外在反映，因此他宣称“郁郁乎文哉，吾从周”。他强调礼乐互为表里，“乐”是维护等级秩序和社会稳定的一种手段，“乐者为同，礼者为异”，是不能乱用的，如果像《八佾》这样的天子之舞可以在家臣的屋子随便表演，那就是“是可忍，孰不可忍”了。孔子对于上古舞蹈《武》和《韶》的不同评价颇能说明问题。对于《武》，孔子认为是尽美而未尽善的，原因在于《武》是表现武王伐纣的乐舞，虽然武王从事的是正义战争，但毕竟是以下犯上，宣扬武力；而对于文舞《韶》，孔子则认为是尽善尽美的，它体现了尧舜禅让的天下为公精神。

舞蹈的本质是人心所感，外界事物激动了人心，于是表达出声音，有规律的声音就是乐，而演奏乐的舞蹈就是乐舞。可以说，对于舞蹈的认识，儒家一开始就坚持了反映论。另外，儒家还认为乐与政是相通的：“是故治世之音安以乐，其政和；乱世之音怨以怒，其政乖；亡国之音哀以思，其民困。声音之道，与政通矣。”孔子坚持的是一种为人生的艺术，对于音乐和舞蹈的重视，是与孔子求仁的理想分不开的，因为“知之者不如好之者，好之者不如乐之者”，舞蹈就要坚持美与善、仁与乐的统一，所谓“兴于诗、立于礼、成于乐”，通过音乐和舞蹈来陶冶人的性情，规范人的行为。

⊙孔子闻韶图

道家崇尚无为，主张心斋坐忘，从人的解放出发，认为“大音希声，大象无形”，对于声色犬马的感官刺激有些反感。老子曾经告诫说：“五色令人目盲，五音令人耳聋。”甚至极端地认为礼乐出而天下分，一度对礼乐持否定态度。然而，道家哲学，尤其是庄子哲学中浓厚的艺术色彩和丰富的美学内容一直深刻启示着中国舞蹈。《庄子》中“解衣磅礴而舞”、“庖丁解牛”、“庄周梦蝶”等典故对于中国舞蹈表现手法影响很大。可以说庄子也是为人生而艺术的，只不过他主张的是素朴、纯净、静观之人生，强调人自身的虚静澄明，其实从否定的角度对乐舞提出了要求。例如，《庄子》提到的“肌肤若冰雪，绰约若处子”的姑射山神人，不正是中国舞蹈中的理想形象吗？“乘天地之正，御六气之辩，以游无穷”的神游理想，在敦煌壁画的飞天形象中，甚至在今天舞台上流动圆曲的彩绸飞舞中，不是得到了最完美的阐释吗？

此外，墨家认为乐舞是王公贵族享乐生活的组成部分，只能给广大人民带来痛苦，“上不厌其乐，下不厌其苦”，“不中万民之利”，从这个角度出发，墨家否定了乐舞本身。中国古代的重要典籍《周易》也对舞蹈影响很大，生生之谓易，《周易》中的运动发展观以及对立面和谐统一、阴阳合一、刚柔共济的思想，对于中国舞蹈的气势、韵律和步法都有深远的影响。

中国古代关于舞蹈的成熟理论不多，傅毅和朱载堉的思想是其中最有影响力的。东汉人傅毅博学多才，曾经做过兰台令史和郎中，他的《舞赋》既有生动的形象描绘，又有对于舞蹈的评论，颇多广为传诵的名句。例如：“其始兴也，若俯若仰，若来若往，雍容惆怅，不可为象。其少进也，若翔若行……”这几句传神地描绘了舞蹈精妙的步态，令人感慨汉代女乐舞从容不迫、雍容华贵的优雅风度。不仅如此，“若来若往”的步法对于今天的中国舞蹈和戏曲依然适用，“若翔若行”不正是跑圆场的造型吗？把《舞赋》与当代中国舞蹈，尤其是古典舞蹈相对照，会发现历史惊人地相似，这恰恰说明了中国舞蹈艺术的美学指导思想是一以贯之的，虽有历史演变和外来影响，但万变不离其宗。

朱载堉是明王室之后，父死后不袭爵位，以著书立说终老一生，最后成为乐律名家、数学家和舞蹈家，有《乐律全书》和《律吕正论》流传。他最重要的贡献在于乐律上首创“新法密率”，也就是今天的十二平均律。在舞蹈理论上，朱载堉把舞蹈从音乐中分离出来，作为一门独立的学科研究。在《乐律全书》的《律吕精义篇·论舞学不可废》中，他为舞蹈辩护，认为舞学是一种“建国之学”，不仅能“治己”，更能“事人”；还提出了舞蹈与音乐相互依存的关系。朱载堉以“转”字概括了舞蹈的精髓，“以转之一字为众妙之门”，还提到乐舞的妙处在于“进退屈伸，离合变态”，这些思想是极其精辟的。400年前，朱载堉创立了舞学，并根据史籍记载和古曲本身，作出了多部“拟古舞谱”，图文并茂，清晰准确，可谓绘制舞谱的先驱。

明清以后，戏曲逐渐取代了舞蹈的地位，舞蹈的表情和动作也揉入了戏曲表演中。我们常说的“唱念做打，手眼身法”其实都起源于舞蹈。正是吸取了中国传统舞蹈的精美传统，戏曲才具有如此强烈的艺术感染力，屹立于世界艺术之林。戏曲中的理论、口诀甚至一些谚语，也是中国舞蹈的一笔丰厚遗产。从这些科学形象的理论中汲取营养，是这些年来舞蹈艺术的新趋势。例如，齐如山的《国剧艺术汇考》内容丰富，考据周详，不仅对于京剧艺术有重要参考价值，对中国舞蹈的民族化也是大有裨益的。

## 舞蹈欣赏

舞蹈能够调和、统一人类的情感意识，有益于协调机能，愉悦身心，传达友善。闻一多先生曾经说过：“在跳舞的白热中，许多参与者都混成一体，好像被一种感情所激动而动作的单一体。在跳舞期间他们是在完全统一的社会态度之下。”要实现这种情感的和谐，就首先要学会欣赏舞蹈。

西方有句俗话，有一千个读者，就有一千个哈姆雷特。文学欣赏如此，舞蹈欣赏也是如此。观众的社会背景、生活经历、文化层次和审美感觉各不相同，对于舞蹈的欣赏也有差别。虽然仁者见仁，智者见智，但是舞蹈欣赏还是有一些规律可循的，这是因为人类的审美意识既有差异，更有共性，共同美感的存在是欣赏舞蹈的基础。舞蹈欣赏主要从三个角度入手：生活体验、情感体验和深入思考。

生活是舞蹈创作的源泉，也是舞蹈欣赏的出发点，观众和舞台上的演员一样都是在社会关系中存在的人，演员的舞姿首先让人联想到的，莫过于生活中的类似记忆。舞蹈欣赏的初级阶段，就是唤起自己对于切身经验的记忆，产生丰富的联想。例如1979年北京舞蹈学院芭蕾舞团演出了《卖火柴的小女孩》这段根据安徒生童话改编的舞蹈。大幕拉开就显现出圣诞之夜的盏盏街灯，大街上伫立着衣衫褴褛的小女孩，不断徒劳地叫卖着手中的火柴。路人的训斥和皮鞭，震撼着台下观众的心灵，人们

⊙敦煌壁画说唱舞棚 唐

舞蹈来源于生活，而生活是舞蹈欣赏的出发点。图中所示为敦煌莫高窟445窟盛唐时期“弥勒经变”嫁娶图中的乐舞表演，中间一人独舞，右上方有三人持箫、钹、拍板伴奏。

为小女孩的命运扼腕叹息。而在辉煌街灯中，某个不起眼的小角落，一个渺小个体走向毁灭。寂寞的生，寂寞的死，虽然这段芭蕾舞的场景和服装都是北欧风格的，但它却与中国观众产生了共鸣。当小女孩一次次划亮火柴，在幻觉中永远地睡去；当黎明到来，点灯老人前来灭灯，却再也看不到小女孩稚嫩孤凄的叫卖声。这时台下的观众完全被单纯的情节感染了，达到了瞬间的忘我。

托尔斯泰认为艺术的本质就是把艺术家的情感传达给更多的人："感受者和艺术家那样融洽地结合在一起，以至感受者觉得那个艺术品不是其他什么人所创造的，而是他自己创造的，而且觉得这个作品所表达的一切正是他早就想表达的。真正的艺术作品能做到这一点：在感受者的意识中消除了他和艺术家之间的区别。"

这段话同样也适用于舞蹈欣赏，观众被演员的表演吸引，在唤起了生活体验的同时，触及到内心深处的情感，于是不知不觉间同演员一道进入了角色。这样，舞蹈所传达的信息也许不是生活中常见的，但观众的感情却被唤醒，开始和舞台人物同呼吸、共命运，爱美丽与善良、恨丑陋与奸诈，这就是一种共鸣现象。

鲁迅先生说过："悲剧就是把好的东西毁灭给人看，喜剧就是把没有价值的东西毁灭给人看。于是观众在悲剧中感到压抑和震撼，在喜剧中感到轻松和惬意。"舞蹈欣赏是一样的道理。

北京舞蹈学院1996年首演的群舞《踏歌》，来源于古老的民俗节目。古代人每逢春天，就结伴出游，踏青而歌。踏歌的传统已经从现代人的视野中消失了，然而当你看到一群长袖绿衣的姑娘在杨柳依依的踏歌时节出场，袅袅娜娜的身段，大大方方的领口露出光洁的背部和颈部；云鬓花颜金步摇，婉转的歌喉、悠扬的曲调都会唤起你最美好的情感。而当舞台上灯光渐暗，黄昏到来，姑娘们凝固成青春的雕塑，观众也禁不住感慨青春易逝、岁月无情，人生确如朝露般去日无多。可以说，《踏歌》踏到了观众的心上。

和舞蹈创作一样，舞蹈欣赏也离不开思维。创作者把理念形象化为主题，继而用舞蹈手段加以表现，而欣赏者却需要从形象认知开始，深入到主题内涵，进而展开"再创造"的思考。体验与情感是欣赏舞蹈的基础，而想象和思考却是欣赏舞蹈力求达到的最高境界。要做到这一点，不仅需要丰富的社会生活经验，一定的文化艺术修养，更需要艺术的敏感性和想象力，因为舞蹈语言凝练而转瞬即逝，跳跃性极大，所以很不容易把握。

黄豆豆的独舞《醉鼓》就是需要深入思考才能把握的，该舞塑造了一个醉酒的民间艺人，热爱自己的鼓艺，醉中起舞率真奔放，从这些角度进行审美可以说基本完成了任务。可是如果深入思考一下，会发现这段舞蹈其实寓意深刻，醉中鼓舞，腰鼓这样一个简单的舞蹈工具，被人看作是一件有生命力的，可以与之对话的事物，小小腰鼓化作灵魂，人与腰鼓不再是简单的利用关系，而是有着思想和灵魂的对话的。从这个角度出发，就可以更加深刻地领会到舞者汪洋恣肆的醉态中的思想内核，超越对技巧的欣赏，开始对艺术和人之间关系的思考。

中国艺术特别重视艺术欣赏中的参悟，中

⊙打腰鼓 清 选自《风俗小品图册》

国艺术处处冥思，舞蹈也是如此。舞蹈欣赏把人从具体的尘世物象中引领出来，脱离时空和身心羁绊，进入了哲思境界。可以说，舞蹈欣赏在艺术与真理之间架起了一座桥梁。

## 舞蹈作品的创作与社会生活

自古至今，舞蹈随着人类文明的进步而发展进化。千姿百态、五彩缤纷的舞蹈艺术，直接生动地表现了人的深层心理结构和人生价值，撞击着人类的心灵。各个时代和阶层的人们都被舞蹈作品所感染。

这么魅力无穷的舞蹈艺术来自哪里？它和社会生活的关系是怎样的？历史长河浩瀚，舞蹈的轨迹与每个历史时期的政治、经济和文化生活息息相关，饱含着人民特有的精神和品格，体现着时代的特征和民族的文化心理。舞蹈不仅仅是传情达意的工具，也是一种集体必不可少的社交手段和生活形式。早在远古时代，我们的祖先就开始“手之舞之，足之蹈之”来抒发情感，舞蹈几乎渗透了人类社会的一切领域，劳动、狩猎、战争、祭祀乃至性爱，有人群的地方就有舞蹈。社会生活是舞蹈创作的源泉，舞蹈作品是社会生活的形象反映。

《吕氏春秋·古乐篇》里有这样一段话：“昔葛天氏之乐，三人操牛尾，投足以歌八阕：一曰载民，二曰玄鸟，三月遂草木，四曰奋五谷，五曰敬天常，六曰建帝功，七曰依地德，八曰总鸟兽之极。”“载民”是歌颂祖先的由来，“玄鸟”是先民的氏族图腾，以下则是歌唱草木五谷的生长、企盼禽兽的繁殖、歌颂天与地对人的功德，有着浓重的生产劳动气息。我们不难想象当时原始人舞动牛尾踏歌而舞，欢庆丰收、歌颂祖先和劳动的场景。

渔猎和农耕生活孕育了中国舞蹈，按照古代传说，天地鸿蒙，混沌初开，先民们生活艰辛，这时伏羲氏教导人民结网捕鱼，人民生活有了初步改善，欢欣鼓舞，凤凰来仪，于是伏羲时代的乐舞叫作“凤来”；神农氏制造耒耜，教人们开荒种地，于是人们用乐舞“扶犁”来歌颂他的恩德。舞蹈是和当时的物质生产实际水平相一致的，世界各地都可以看到许多反映狩猎生活、农耕生活的舞蹈。例如爱斯基摩人把猎取海豹的动作编成舞蹈，北美洲有野牛舞，大洋洲有独木船舞等。新中国成立以后，舞蹈家们吸取了劳动生活的典型动作，加以现代风格，创作了一批广大观众喜闻乐见的反映劳动生活的优秀作品，如《牧马舞》、《挤奶员》、《采茶舞》、《丰收舞》、《看水员》、《养猪姑娘》等。

舞蹈创作往往还取材于战争生活，例如在舜的时代就有了手持盾牌和斧头的《干戚舞》，表现了古代的战斗生活；西周初年的《大武》，通过描写武王伐纣的战争场面，歌颂了武王的战功。唐代以后有120人的大型舞蹈《破阵乐》，“马似的卢飞快，弓如霹雳弦惊”，舞姿矫健，气势磅礴，取材于士兵实际操练的图景。时至今日，在中国的南方一带还流传着反映士兵操练习武生活的《盾牌舞》。舞台上更是经常活跃着战士们的身影，《飞夺泸定桥》、《大刀进行曲》、《游击队员之歌》、《狼牙山》、《不朽的战士》、《士兵进行曲》等典型地反映了各个历史时期中国人民解放军和人民共同战斗生活的场面。

人类的社会生活不仅有狩猎、耕种、金戈铁马，也有花前月下缠绵悱恻的爱情，在世界上的任何一个地方，对于爱情的歌颂都是舞蹈最重要的主题之一。《诗经》中已经有了表现青年男女以舞传情的诗篇。在许多少数民族的民间节日里，青年男女更是通过舞蹈来自由恋爱，在民间舞蹈中也保留了大量关于爱情生活的舞蹈。《梁山伯与祝英台》、《刑场上的婚礼》、《稻子熟了》和《娶新娘》等爱情题材的舞蹈，都令人拍案叫绝，一唱三叹。

神话传说孕育了一些超现实风格的舞蹈作品，《飞天》、《天女散花》、《宝莲灯》、《鱼美人》和《奔月》等作品，超出了对于现实生活的描摹，展开了非现实和超现实的想象，画鬼画神，虚无缥缈。然而，它们毕竟也是通过人们的幻想，根据艺术方式加工过的自然和社会本身，虽有虚幻神奇的一面，也同样没有脱离社会生活。其他如花鸟舞蹈，鱼龙舞蹈，都寄托了广大人民对风调雨顺和五谷丰登的企盼，激励着人们对生活的信心，因此在民间广泛流传。

正如《乐记》所说:“凡音之起,由人心生也。人心之动，物使之然也。感于物而动，放形于声，声相应，故生变，变成方谓之音。比音而乐之，及干戚羽旄，谓之乐。”舞蹈产生于人的内心情感，内心情感的根源在于“物使之然也”，社会生活本身是舞蹈创作的源泉。这也是舞蹈源远流长，魅力无穷的奥秘所在。

## 对外来舞蹈的吸收和借鉴

秦汉时期，中国已经用“散乐”来称呼民间乐舞和杂技表演，尤其是称呼从西域、西南和东北等地传入的各族舞蹈。东汉以后,“散乐”更是用来称呼来自中原地区之外的比较纯粹的乐舞。这说明，从很早的时候起，中国舞蹈就开始了对外来舞蹈的吸收和借鉴。

乐舞文化的交流是双向的。汉武帝时期，汉族军队打败了南越，设置南海、苍梧等九郡，开通了南海交通。于是到了东汉永宁元年(120年)，掸国，也就是今天的缅甸，就派了一个乐舞杂技团体到达中国。根据《后汉书·西南夷传》的记载，这些使者能够变化吐火，自己肢解身体，换成牛马之头，并且自称是“海西”人。海西是指当时的大秦,即罗马帝国，可见当时古罗马的艺人已经到达了缅甸等东南亚国家，他们取海道到达中国，带来了魔术、马术和杂技节目。

中国舞蹈中的胡舞胡乐，历来受到重视。“胡”原来是对于北方边境和西域民族的统称，后来还泛指外国人。到了汉代，胡舞也成为了外国歌舞的泛称。胡舞的流行逐渐成为一种风气，活泼、清新、健康、欢快的胡舞胡乐赢得了人民的欢迎。西汉音乐家李延年还根据西域传来的乐曲造“新声二十八解”，成为西域乐曲正式传入中国的标志。

魏晋南北朝时期，胡舞胡乐有了新的代表性品目。从身毒(即印度)传来的天竺乐充满了佛教的意趣，不是一般意义的世俗娱乐歌舞，而是赞佛、礼佛的宗教寺庙乐舞，用舞蹈的动作来弘扬佛法。公元6世纪的时候，南朝梁武帝宠信佛教，甚至亲自制定演绎了佛法正乐，可能也是受到天竺乐的影响。龟兹乐和西凉乐风靡一时。

在中国的一些石窟壁画和雕塑艺术中，可以清晰地看到外来舞蹈的影响，尤其是敦煌莫高窟千佛洞的乐舞形象，婀娜奇艳，堪称乐舞壁画的精品。壁画中的舞人和乐工，富于韵律感，气氛祥和，线条突出，飞天的衣袂飘遥，有西域，尤其是印度乐舞的痕迹。魏晋南北朝时期堪称西域乐舞、中西亚歌舞与中国传统舞蹈交汇的黄金时段，佛教思想和艺术也迅速渗入了中原地区，可以说西域生活本身创造了敦煌石窟中的飞天艺术形象。没有佛教思想的传入，就没有石窟的存在，飞天、乐工和舞人是佛教思想、西域艺术和中原传统结合的产物。此外,生活在朝鲜南部地区的“三韩”人的歌舞习俗也传入中国，尤其是昼夜无休的农事舞蹈，也在当时的史书中有所记载。

⊙胡舞 石刻

隋唐时期，对于外来舞蹈的吸收借鉴被进一步体制化了。开皇初年，隋文帝制定了“七部乐”，其基础是魏晋300多年来汉族传统的、兄弟民族的和外国传入的各种乐舞的集合。隋炀帝时期改

⊙ **晚唐伎乐天 敦煌莫高窟161窟壁画**
画中伎乐天弹一凤首箜篌，翩翩起舞。据《隋书·音乐志》载，凤首箜篌是东晋之初由印度传入中国的。

为九部乐。唐太宗时期确立为十部乐，最终成为宫廷歌舞艺术的一个庞大演出体系。这一时期，胡旋舞、胡腾舞等健舞从中亚传入，快速多变、风驰电掣的舞步引得无数文人墨客拍手叫绝。柘枝舞也从乌兹别克斯坦一带传入，鼓点热烈，舞姿美好，表情动人，尤其是“曲尽回身去，层波犹注人”的眼神令观众久久不忍离去。值得一提的是，柘枝舞传入中原后，表演风格也发生了变化，从富有民族风格的单人舞蹈变成了符合中原习惯的双人舞，风格特色也从刚健急促转变到圆融雅妙。这说明，中国舞蹈对于外来舞蹈的吸收和借鉴是富有创造性的。从隋唐到宋元明清，创造性地吸收一直是中国舞蹈的传统。

进入近现代，戴爱莲、吴晓邦等著名舞蹈家广泛吸收芭蕾舞和现代舞的营养，戴爱莲师从现代舞大师邓肯。吴晓邦的《饥火》吸取了西方现代舞的动作要领。新中国成立以后，中国从苏联芭蕾大师那里学习了“俄罗斯学派”的芭蕾舞精华，莫伊塞耶夫是20世纪50年代中国舞蹈工作者最为尊敬的苏联艺术家之一；古谢夫等人则亲自指导中国演员排练芭蕾舞剧。乌兰诺娃等苏联著名芭蕾舞演员也纷纷来华献艺。像风一样柔软、像云一样轻的舞步给中国观众留下了无法磨灭的印象。近年来，现代舞的兴起更是拿来主义的结果，以反叛、自由、揭示心理和反思存在为特点的现代舞有力地冲击着中国观众的审美习惯，成为众说纷纭的焦点。

中国舞蹈的辉煌历史不是孤立的，海纳百川，有容乃大，借鉴其他民族和国家的先进经验，是中国舞蹈持续发展、持续辉煌的动力。

## 中国舞蹈的外传与影响

中国舞蹈的外传在很早的时候就开始了。汉代是中国文化历史上多有建树的一个朝代，自从汉武帝派张骞通西域以来，随着汉代使者的足迹遍布安息（今天的伊朗高原）、身毒（今天的印度）、奄蔡（在咸海与里海之间）、黎轩（也叫大秦，即罗马帝国）等国，中原地区与外国文化的交流也进入了新阶段。

在汉武帝时期，西汉击败了匈奴，建立河西四郡；击败楼兰、车师和大宛；在东北地区汉武帝派军队渡过渤海灭掉卫氏王朝，汉族舞蹈也开始传入朝鲜半岛和日本。在西域，汉朝使者得到了上宾规格的招待。随着使节往来，中外文化和舞蹈交流也日益密切，并留下了许多史料和文物上的痕迹。

唐代乐舞不仅继承了南北朝和隋代多元乐舞交流的风尚，继续走着多民族风格共存共荣的道路，而且唐王朝很重视和外国的文化交流。唐王朝社会文化高度发达，周边诸国臣服，甚至吸引了欧洲西亚诸国来朝，中外舞蹈交流也十分频繁。在这一时期，日本大量接受了中国文化，现在收藏在日本正仓院的《螺钿枫琵琶杆拨骑象奏乐图》就惟妙惟肖地描绘了中国中原地区装束的汉人形象，成为中日两国乐舞文化交流的明证。日本舞蹈正是在接受了大量中

⊙ **乐舞图**

汉代张骞出使西域，将中国乐舞传至龟兹。

国舞蹈之后走上了自己的发展道路的。

近代以来，中国戏曲融诗乐舞于一体，舞蹈成分占有很大比重，梅兰芳先生曾经于1930年带领剧团赴美国演出，根据自己创新的歌舞剧《嫦娥奔月》、《天女散花》、《黛玉葬花》、《浣纱记》等，亲自化妆后特地请画师绘制160幅舞谱，作为宣传中国传统舞蹈的资料。一直到后来，许多国外观众也亲切地称梅先生为舞蹈家。新中国成立以后，通过对戏曲中舞蹈动作的分解，同时吸取中国武术中的营养，形成了作为独立艺术形式的中国古典舞的舞蹈语言，于是一大批颇具民族风格的优秀作品纷纷涌现:《剑舞》、《弓舞》、《春江花月夜》、《荷花舞》、《飞天》、《牧笛》等纷纷在世界比赛中获奖，使得中国舞蹈跻身于世界艺术之林。

值得一提的是，当时年近花甲的汉族舞蹈家贾作光，在1979年6月的第一届国际芭蕾舞锦标赛上以一段蒙古舞诠释了中国舞蹈的魅力，书写了中国舞蹈外传的一段佳话。在美国密西西比州的杰克逊城，世界舞坛400余人云集，争夺本届比赛的锦标。当时的中国大门刚刚打开，人们对于中国舞蹈几乎一无所知。这时镜头对准了这位中国舞蹈家，贾作光跳起了拿手的蒙古舞，脚下碎步轻移，两臂伸展自如，眼波流转，指尖颤动，恰似一只蒙古草原的雄鹰展翅翱翔。全场的喧哗骤然消失了，片刻的沉默后爆发出雷鸣般的掌声，人们纷纷拥上前去，为贾作光喝彩。拱形大厅瞬间沸腾了，甚至连贾作光浸满了汗水的衬衣也被撕下来留作纪念，面对此情此景，一位西方专家幽默地感慨："原来天鹅湖畔的天鹅是从中国飞来的。"

随着中国对外开放政策的实施，舞蹈艺术的国际交流活动也日益频繁。中国相继派出了一些舞蹈演员和编导到各国演出、讲学。仅就1982年而言，应印度文化关系委员会的邀请，中国舞蹈家协会和音乐家协会共同派出了"中国音乐赴印考察团"，参加了印度的各种正式和非正式音乐、舞蹈表演活动约60次。以张仲彬为团长的"中国人民解放军歌舞团"一行75人还应邀访问了朝鲜人民民主共和国，演出了《再见吧，妈妈》、《金山战鼓》、《自豪的战士》和《敦煌彩塑》等节目，颇受好评。

在意大利撒丁岛地区艺术节上，汪曙云率领"中国歌剧舞剧院艺术家小组"演出了《长绸》、《醉剑》、《霓裳羽衣舞》、《追鱼》、《铁旦与二妞》等节目，艺术节后该团还在意中友协的资助下来到罗马加演了三场。在阿尔及利亚，彭清一带领中国艺术家小组进行过为期26天的讲学和表演活动，访问了12个省、4个市，进行了16场次的讲座和演出，还参加了当地一年一度的"地米卡得国际艺术节"。《火把节之夜》和《海浪》等节目赢得了满堂喝彩。上海艺术团访问了瑞士、波兰和捷克三国，演出了《飞天》、《金山战鼓》、《剑舞》等节目。中国舞协名誉主席戴爱莲还到法国、英国和意大利等西方国家出席国际舞蹈会议。

值得一提的是，1982年东方歌舞团首次在国外进行了商业演出，在阿拉伯酋长国和巴基斯坦他们共演出10场，精彩的表演不仅收获了10万美金的奖金，还为中国舞蹈赢得了当地观众的青睐。

中国舞蹈在整个20世纪取得了世人瞩目的成就，舞蹈队伍不断壮大，舞蹈艺术的世界上的地位也越来越高，舞蹈创作领域思维活跃，呈现出了多元发展的格局。很多舞蹈家们在本民族文化的基础上，努力寻求中西方舞蹈文化的契合点，不断尝试以西方的文化观念来解读中国舞蹈，并取得了可喜的成绩。

21世纪，随着中国的不断开放，中外舞蹈交流也越来越频繁，每年都有来自世界各地的舞蹈家和舞蹈团体来中国演出，中国的舞蹈家和舞蹈团体在国际上的影响力也越来越高。相信有着5000年历史的中国舞蹈，必将在世界的每一个角落展现自己的风采。

# 茶文化

## 起源与传说

中国是最早发现和利用茶叶的国家，是世界茶文化的发祥地。“茶树起源于中国”这一论断得到了茶学界的普遍认同，有关文字资料显示，我们祖先早在3000多年前就已经开始栽培和利用茶树。至于茶树在中国的具体原产地，茶学者和植物学者从史料记载、野生茶树的分布、茶树的进化历程、茶树的分布规律以及西南地区的地质特征进行分析，得出了“茶树最早起源于中国西南地区”的结论。

《史记·吴起传》与《说苑》等古籍中记载：“三苗氏，衡山在其南，岐山其北，左洞庭之坡，右彭蠡之川。”这里所描述的“三苗氏”的活动范围，正是现今四川东部和湖北西部的山区，即大神农架所在的地域。中国有“神农尝百草”的传说，而神农氏正是“三苗”、“九黎”部族的首领，由此我们可以推测出神农当年尝百草的地点就在神农架一带，而这正位于中国西南地区。另外，有关资料表明，早在秦汉以前，中国四川一带已盛行饮茶。西汉时，茶作为四川的特产被进贡到京城长安，这也是茶树起源于中国西南地区的重要佐证。

⊙神农氏尝百草识茶图

早在公元200年左右，中国文学作品《尔雅》中就提到过野生大茶树。到目前为止，中国发现野生大茶树的地方包括10个省区、198个地点，有些地区的野生茶树群落大至数千亩，大部分集中在西南地区。光是云南省内，树干直径在1米以上的野生大茶树就有十多棵，其中有一棵野生大茶树的树龄已达1700年左右。1824年，印度发现了野生茶树，于是国外有些学者对“茶树起源于中国”提出异议，引起了一场争论。实际上，在印度发现的野生茶树，最初是从中国引入的，属于中国茶树的变种。而印度毗邻中国的西南部，这也从另一方面佐证了茶树起源于中国西南地区。

随着环境和气候的变化，茶树为了适应周围的地理环境，形态特征和生化特性也逐渐发生变异，不同时期的茶树具有不同的特征。因此，凡是原始型茶树比较集中的地区，就很有可能是茶树的原产地。中国西南三省及其毗邻地区不仅发现了大量的野生大茶树，而且这些茶树均具有原始茶树的形态特征和生化特性，因而成为“茶树起源于中国西南地区”的有力证明。

根据植物学的观点，如果许多属的起源中心集中在某一地区，则该地区可被认为是这一植物区系的发源中心。目前，世界范围内发现

**·神农氏尝茶·**

传说中，神农氏为了给人治病，经常到深山野岭采集草药，并亲口尝试各种草药。有一次，神农氏尝到一种有毒的植物，疼痛难忍，慌忙之中吃了一片叶子，想不到疼痛就没了，这片叶子就是茶叶。后来神农氏尝遍百草，每次中毒，都用茶来解毒。但是，有一次，神农氏尝到了“断肠草”，这种草的毒性非常强，神农氏还来不及吃茶解毒就死去了。

⊙ **云南大茶树**

云南是中国主要的茶区。图中这些大茶树中树龄最长的已有 1700 多年。

的山茶科植物共有 23 属、380 余种，中国茶树多达 15 属、260 余种，其属种之全，堪称世界之最。而且，中国大部分茶树的属种皆分布在四川、云南、贵州三省及其毗邻地区。例如，已发现的山茶属共有 100 多种，而云贵高原就集中了 60 多种，其中绝大部分是茶树种。茶树属种集中于西南地区，再次证明了中国西南地区就是山茶属植物的发源之地。

西南地区地形多样，高山连绵起伏，河谷纵横交错，因而形成多种多样的小地貌区和小气候区，气候和地质条件差异较大。同时，由于海拔高低相差悬殊，西南地区逐渐形成热带、亚热带和温带等截然不同的气候，使得原来生长在这里的茶树发生种内变异，出现了大叶种、中叶种、小叶种茶树（其中大叶种和中叶种茶树分布于热带型和亚热带型气候地区，中叶种和小叶种分布于温带型气候地区）。根据植物学的观点，某物种变异最多的地方，就是该物种起源的中心地。中国西南三省气候多样，茶树变异品种最多，因此被认为是茶树起源的中心地。

现在我们都把茶当成一种饮料，喝茶汤，倒茶渣，而古人并不是这样的，他们利用茶叶的方式有三种：一是用做药物。《神农百草经》中写道："神农尝百草，日遇七十二毒，得荼而解之。"神农氏是农之神，既然他认为茶叶是药物，那就证明了茶叶最早被用做药物。二是用做祭品。祭品说有"由祭品，而菜食，而药用"为据，认为人类最早是用茶叶祭祀神，后来有人尝试吃茶叶，不见中毒，茶叶于是成为一种食物，由于茶叶具有保健作用，继而又被用做药物。三是用做食物。俗话说"民以食为天"，在生产力水平比较低的远古年代，"民茹草饮水"。人类发现没有毒的植物，最可能的利用方式当然是把它用于充饥，这是再也合理不过的了。因此这一说法也比较让人信服。

除了这三种说法外，还有一种综合前面几种说法的观点，我们暂且可以称之为"同步说"，它认为茶最初可能是作为口嚼的食料，也可能是作为烤煮的食物，同时也可能作为药物使用。可以说，在茶的起源方式中，人类的智慧表现得淋漓尽致。

目前，茶学界对茶起源于何时的意见并不一致，主要有四种观点，依次是神农时期、西周时期、秦汉时期、唐朝时期。主张茶起源于神农时期的观点，其依据是"茶圣"陆羽《茶经》中的记载："茶之为饮，发乎神农氏。"神农氏即炎帝，历史上称之为"农之神"，一切与农业、植物相关的事物均起源于神农氏时期，所以茶叶也不例外。主张茶起源于西周时期的观点，有晋朝常璩《华阳国志·巴志》的记载为证："周武王伐纣，实得巴蜀之师……茶蜜……皆纳贡之。"周武王伐纣时，巴国向周武王纳贡，贡品中就有茶。另外，据《华阳国志》记载，西周时已出现人工栽培的茶园。主张茶起源于秦汉时期的观点也有文献记载为证，如西汉王褒《僮约》中就有"烹荼尽具"、"武阳买荼"等文字记载，古时的"荼"即现今的"茶"。除此之外，还有一种观点认为茶起源于唐朝时期，因为唐代茶圣陆羽在《茶经》中将"荼"变成了"茶"字，因而就有了"中国茶起源于唐"的说法。

⊙ **茶树遗址**

这是四川省蒙顶山上汉代甘露寺祖师吴理真种植的七株茶树的遗址。

## 从药用到日常饮料

陆羽《茶经》云："茶之为饮，发乎神农氏，闻于鲁周公。"由此可见中国饮茶史的悠久。神农尝百草发现茶叶的药用价值后，很长一段时期内，茶叶被用作药物。由于茶叶有芬芳气味，富有收敛性快感，人们往往直接含嚼茶树鲜叶以汲取茶汁。这一阶段，茶并未作为饮料。

随着人类社会的进化，出现了煎服茶叶的饮用方式，即把茶叶和水混在一起，用陶罐煮熟，然后喝茶汤、吃茶叶。这一阶段，茶的饮用方式近似于现代的煮茶法，不同的是，现代人并不吃茶叶。茶由药用发展到日常饮料，中间经过了食用阶段，即以茶当菜，煮作羹饮。人们煮熟茶叶后，把它和饭菜调和在一起食用。《桐君录》等古籍中均有茶与桂姜及一些香料同煮食用的记载。这样做，一是为了增加营养，二是为了除去一些食物的毒性。

### 茶的早期药用功能

最早的茶叶加工十分简单，人们用木棒将鲜叶捣碎，制成饼状茶团，然后晒干或烘干收藏。饮用的时候，需把茶团捣碎，然后放入壶中，注入开水，加上葱姜和橘皮调味。西汉王褒《僮约》中有"武阳买茶"的记载，表明当时饮茶已成为宫廷及官宦人家的一种高雅消遣。这个时期的茶叶不仅是用来解毒的药品，而且还是用于接待客人的食品。三国时期，出现了"以茶当酒"的习俗，但当时茶的饮用还只是限于宫廷和望族之家。茶叶从奢侈品变成普通饮料，始于两晋、南北朝时期。

茶叶多加工成饼茶。饮用时，加调味品烹煮汤饮，称为"烹茶"。据陆羽《茶经》记载，唐朝比较盛行的饮茶方法是，烹茶前用火烤炙

⊙调琴啜茗图 唐

### ·袋泡茶·

1920年初，英国出现了用手工包装的袋泡茶，使用起来清洁而方便。随后，美国研制出了自动包装机。20世纪30年代，英国又专门生产了一种袋泡茶纸，这种纸既耐冲泡，又可避免茶叶漏出袋外。1945年，出现了自动包纸的机器，从此真正有了袋泡茶这种机械加工产品。目前，袋泡茶产量占世界茶叶产量的30%～40%，主要生产国有中国、英国、美国、新加坡等国家。

饼茶，足够干燥时，将茶饼碾碎成粉末，然后用筛子筛成细末，最后把这些细末放到开水中。当水面出现鱼眼一样的细小水珠时，加入盐调味；当锅边水泡如涌泉连珠时，舀出一些开水备用，然后将茶末从水中心倒进去；当茶水“腾波鼓浪”、“势若奔涛溅沫”时，将刚才舀出来的开水再倒进锅里，这样，茶汤就算煮好了。除了盐外，还可以放薄荷、红枣、葱、姜、橘皮等调味料，不过陆羽反对煮茶加入这些调味料，因为这样虽然可以减轻茶叶的苦涩，但同时也使茶失去了原味，因此只适宜加盐。此外，唐朝时还出现了专门的烹茶器具和论茶专著。

宋代是中国茶业发展史上的一个重要时期，史籍中有“茶兴于唐，盛于宋”的说法。宋代的茶叶多制成团状、饼状，饮用时需碾碎。传统的烹饮习惯也发生了变化，开始流行“点茶”，不再像唐代那样直接把茶末放到锅里煮，而是放在茶盏里，注入开水并加以击拂，不加入盐等调味料，产生泡沫后就可饮用，开水水质较为讲究，要用瓷瓶烧。根据宋代蔡襄《茶录》记载，宋代点茶时，先烤炙饼茶，再将其敲碎碾成细末，用茶罗将茶末筛细，然后放入茶盏中，注入少量开水，搅拌均匀，再注入开水，用竹制的茶筅反复击打，直到产生泡沫。这一时期，为适应大众饮茶的需要，茶类生产开始由团饼向散茶的方向转变，茶馆文化也有了明显的发展，城镇茶馆林立，随处可见。

散茶逐渐取代团茶和饼茶，烹茶方法由原来的煎煮方式转为冲泡方式，不再将茶叶碾成粉末，而是直接把茶叶放入茶壶或茶杯中，注入开水沏泡，又称“撮泡法”。这种泡茶法不仅保留了茶的清香，而且操作简便，直到今天仍应用广泛，可以说是中国饮茶史上的一次革命。其中最典型的“撮泡法”是至今仍盛行于闽粤台沿海一带的“工夫茶”。明清时的饮茶方式日臻完善而讲究，茶壶茶杯要先用开水洗涤，再用干布擦干，茶泡完后先倒掉茶渣，再斟到杯子里。茶壶一般选用紫砂壶，因紫砂“盖不夺香，又无熟汤气”。

## 向日常饮料的方向发展

中国饮茶习俗发展到今天，总的来说可分为三类：第一类喜欢添加佐料，中国很多少数民族的饮茶习俗都有这个特点，如边陲的酥油茶、盐巴茶、奶茶，以及侗族的打油茶、土家族的擂茶等；第二类追求清雅怡和，寻求道家、佛家的“清净”意境，清饮雅尝，如中国江南的绿茶、北方的花茶、西南的普洱茶、福建和广东一带的乌龙茶等；第三种讲究多重享受，把茶和其他文化相结合，备有精美点心，伴以歌舞、音乐、书画、戏曲等，不少著名茶馆都是这种风格。

随着社会科技的发展，人们生活节奏加快，传统的茶叶产品和饮用方式已不能完全满足人们的需要，各种“方便茶”随之出现，如速溶茶、浓缩茶、袋泡茶和罐装饮料茶等。这些饮用方式虽不能称为品茶，但不能否认，它们充分体现了现代文化务实之精髓，是饮茶方式的发展趋势之一。以各种成品茶叶为原料，利用现代先进技术萃取茶叶中的水可溶物，过滤弃去茶渣，获得茶汤，可制成固态的速溶茶和液态的浓缩茶。速溶茶饮用时，直接放入开水中溶化，即可饮用，没有茶渣。浓缩茶装在瓶罐中，兑水即可饮用。袋泡茶将茶叶碎末装在纸袋中，冲泡时直接将纸袋放入茶杯，加开水浸泡，饮完后将茶渣连袋丢弃，也比较方便。罐装茶饮料即开即饮，特别适合快节奏的生活，逐渐成为大众化的饮料，有着广阔的前景。

## 茶的外传

中国是茶的故乡，有着悠久而独特的茶文化。随着对外交流的发展，具有民族特色的茶文化，逐渐传播到周边国家。特别是在强盛的唐朝时期，各国都前来学习大唐文化，更是掀起了茶文化传播的高潮。

4世纪至7世纪中叶，朝鲜半岛三国鼎立，茶树的种植始于6世纪中叶。朝鲜《三国本纪》卷十，《新罗本纪》兴德王三年云："入唐回使大廉，持茶种子来，王使植地理山。茶自善德王时有之，至于此盛焉。"这段文字所反映的历史是，唐文宗太和后期，新罗的使者大廉将茶籽带回国内，种植于智异山下的华严寺周围，朝鲜的种茶历史由此开始。至7世纪初，饮茶之风已遍及全朝鲜。

在南北朝和隋唐时期，中国与百济、新罗的往来比较频繁，经济和文化的交流关系也比较密切。特别是新罗，与唐朝有通使往来120次以上，是与唐通使来往最多的邻国之一。新罗人在唐朝主要学习佛典、佛法，研究唐代的典章，有的人还在唐朝做官。因而，唐代的饮茶习俗对他们来说应是很亲近的。

新罗在学习、借鉴中国茶文化的同时，还建立了自己的一套茶礼。这套茶礼主要包括四个重要的敬茶礼节：吉礼敬茶、齿礼敬茶、宾礼敬茶和嘉礼敬茶。当时，高句丽共有五种迎接使臣的宾礼仪式，而且不同的仪式表示了不同的庄重程度，用于接待不同地位的外国使臣。迎接宋、辽、金、元使臣的仪式，一般在乾德殿阁举行。国王在东朝南，使臣在西朝东接茶；或国王在东朝西，使臣在西朝东接茶；某些隆重的时候，由国王亲自敬茶。

⊙ 中国茶农在国外种茶

日本位于中国东部，由于地理上的邻近，历史上两国交流也比较频繁。中国茶文化对日本茶道的发祥具有深刻的影响。茶入日本，主要以浙江为通道、以佛教传播为途径。浙江地处东南沿海，是唐、宋、元各代重要的进出口岸。从唐代到元代，日本的僧侣陆陆续续地来到浙江各佛教圣地修行求学，当时浙江的名刹大寺有天台山国清寺、天目山径山寺、宁波阿育王寺、天童寺等。其中天台山国清寺是天台宗的发源地，天目山径山寺是临济宗的发源地。这些日本僧侣在浙江不仅学会了种植茶树、煮泡茶叶，还吸收了中国内涵丰富的茶道精神，回国后成为传播中国茶文化的重要使者，茶道因而得以在日本发扬光大，并形成具有日本民族特色的茶道。

在日本的遣唐使和学问僧中，与茶叶文化的传播有较直接关系的是都永忠和最澄。777年，都永忠随遣唐使来到大唐，居住20多年后，与最澄等一起回国。815年，嵯峨天皇行幸近江滋贺的韩琦，经过梵释寺时，该寺大僧都永忠亲手煮茶敬奉，受到天皇的嘉奖。此后，嵯峨天皇下令种茶，茶成为日本皇室的贡品之一，深受皇室喜爱。畿内、近江、丹波、播磨等地逐渐成为茶叶的重要产地。另一个传播中国茶文化的重要人物是日僧最澄。唐顺宗年间，日本最澄禅师到中国浙江天台山，随从道邃行满学习天台宗，后又到越州龙兴寺从顺晓学习密宗。据《日本社神道秘记》记载，唐贞元二十一年（805年），最澄与都永忠等一起从明州起程归国，将浙江天台山的茶种带回了日本，种于日吉神社旁，即如今的日吉茶园旁

## ·茶源自中国·

可以说，各国的茶树种子、茶叶名称和茶文化，都直接或间接源自于中国。例如，茶的英语是Tea，就能证明这一点。因为中国茶叶从海上输出到欧洲是从厦门开始的，而茶在厦门方言中的发音是Te。由此可见，欧洲的茶是从中国传入的。因此，茶和陶瓷、丝绸一样，是中华民族对世界人民的卓越贡献。

边。在最澄之前，天台山与天台宗也有赴日传教的僧人，如鉴真等。他们不仅带去了天台派的教义，而且也带去了中国的科学技术和生活习俗，其中包括饮茶之道。

南宋时期，中国茶文化继续向外传播。这一时期来中国学习茶文化的重要日僧是荣西曾，他一共到过中国两次。他第一次从中国回日本时，除了带回30余部60卷的天台新章疏外，还带回了茶树种子，并种植于佐贺县肥前背振山、拇尾山一带。宋孝宗淳熙十四年，荣西曾再次来到中国，待了四年后，回到日本长崎，分别在京都、镰仓修建了建仁寺和圣福寺，并在寺院中种植茶树，大力宣传禅教和茶饮。他在晚年所著的《吃茶养生记》中，将茶称为“圣药”、“万灵长寿剂”。该书有力地推动了日本茶道的发展，被称为日本第一部茶书。

这一时期，中国宋代天目茶碗、青瓷茶碗等茶具精品也逐渐从浙江传入日本。天目茶碗在日本茶道中具有特殊意义，只在“台天目点茶法”和贵客临门、向神佛献茶等庄重场合才使用。日本从最初喝茶到东山时代创立茶礼，都只用天目茶碗饮茶，后来由于茶道的普及，所用茶碗大多为朝鲜和日本的仿制品，天目茶碗日益成为稀有珍品。

随着茶饮在日本的普及，奈良称名寺和尚村田珠光（1423～1502年），将平民聚合饮

⊙美国罗得岛州的中国茶亭

茶的集会“茶寄合”与贵族茶会“茶数寄”合二为一，形成禅宗点茶法，具有日本民族特色的茶道开始形成。另一名僧千利休继珠光建立茶道之后，进一步发展了日本茶道，提炼出茶道四规“和、敬、清、寂”，成为日本茶道的主要精神，千利休因而被称为“天下茶匠”。

宋、元期间，中国对外贸易的港口增加到八九处，朝廷设立市舶司专门管理海上贸易，其中包括茶叶贸易，准许外商购买茶叶运回国，陶瓷和茶叶逐渐成为中国的主要出口商品。尤其到了明朝，政府采取积极的对外政策，曾七次派遣郑和下西洋，加强了与东南亚、阿拉伯半岛、非洲东岸等地区的经济联系与贸易往来，输出了大量茶叶。

在这种背景下，西欧各国商人纷至沓来，从中国购买了大量茶叶回国销售，饮茶之风逐渐在各国上层社会盛行。明神宗万历三十五年（1607年），中国茶叶开始直销欧洲，荷兰海船经由爪哇来到中国澳门，收购茶叶转运欧洲。在荷兰人的推动下，饮茶之风逐渐波及荷兰、英国、法国等地。茶叶刚传入欧洲时，由于价格昂贵，被荷兰人、英国人视为“贡品”和奢侈品。随着海运的发展，输入欧洲的茶叶量越来越多，价格也随之降低，茶叶逐渐成为一般人的饮料。英国逐渐成为世界上最大的茶叶消费国家，至今英国人仍有喝下午茶的习惯。

有关资料显示，中国茶叶最早传入俄国的时间是在6世纪，当时人们把茶运销到了中亚细亚。元代时，蒙古人远征俄国，带去了中国文明。而到明朝时，大量茶叶开始销往俄国。清代雍正五年（1727年），中俄签订互市条约，以恰克图为中心开展陆路通商贸易，茶叶成为贸易的主要商品，其运输路线是先用马将茶叶驮到天津，然后再用骆驼把茶叶运到恰克图。由于从中国进口茶叶价格较高，俄国试图自己

栽培茶树。光绪十年（1884 年），俄国人索洛沃佐夫从中国汉口运回 12000 株茶苗和成箱的茶籽，开始栽培茶树，茶园位置选在查瓦克—巴统附近。

光绪十四年（1888 年），另一名俄国人波波夫来到中国，他到宁波参观茶厂时，看中了该厂的重要茶叶技工刘峻周，于是出重金聘请。以刘峻周为首的 10 名茶叶技工，跟随波波夫回到了俄国，在高加索、巴统工作了 3 年，种植的茶树面积达 80 公顷，并建立了一座小型茶厂。8 年后，聘请合同期满，波波夫再次挽留刘峻周等人。次年，刘峻周回中国招聘了 12 名技工，并携带家眷前往俄国。经过 3 年的努力，刘峻周等人在俄国阿札里亚种植了 150 公顷的茶树，为俄国茶叶事业的发展做出了很大贡献。

## 茶的分布

虽然茶树的种植在世界范围内已相当普遍，但并不是所有的地方都适合茶树的生长，而且不同气候、不同地质出产的茶叶也不尽相同。那么茶树都分布在哪些地区呢?

### 世界茶区分布概况

据研究，茶树生长的最北地区位于约北纬 49° 的地区，纬度和中国东北的北部差不多，但中国这一纬度地区已经不能种植茶树了。茶树生长的最南地区位于南非，约南纬 33° 的地区。茶树可以生长的最高海拔是 2600 米，最低海拔是离海平面仅几十米。中国东经 95° ~ 122°、北纬 18° ~ 37° 之间的地理范围，都有茶树分布，但主要还是集中于南部的许多省份，包括浙、苏、闽、湘、鄂、皖、川、渝、贵、滇、藏、粤、桂、赣、琼、台、陕、豫、鲁、甘等省区的上千个县市。

从茶树在各洲的分布来看，茶树主要集中在亚洲、非洲和拉丁美洲三大洲。目前，世界上一共有 50 多个国家的气候、地质条件适合茶树的生长。不同国家和地区适合种植不同类型、不同品种的茶树，从而形成了具有各种品质特征的茶叶，各种各样的茶叶构成了颇为丰富的茶类结构。世界生产的茶叶中，红茶的产量占了世界茶叶总产量的 70% 以上，其品种也最多。中国出产最多的不是红茶，而是绿茶，所产绿茶大约占了世界绿茶总产量的 60%，堪称绿茶生产大国。

在出产茶叶的 50 多个国家中，只有中国、印度、斯里兰卡、印尼、肯尼亚、土耳其等国家才有大规模的茶园，其他国家的茶园都是小规模的，因此产量也不大。这几个国家的茶园面积之和占了世界茶园总面积的 80% 以上，而且大部分集中在亚洲。全世界每年的茶叶产量大约有 300 万吨，其中亚洲生产的茶叶就占了 80% 左右。其中印度是世界上茶叶总产量最大的国家，是非常重要的茶叶生产大国。

### 中国茶区分布

中国茶区分布非常辽阔，东起台湾省东部海岸（东经 122°），南至海南省榆林（北纬 18°），西至西藏自治区易贡（东经 95°），北达山东省荣成县（北纬 37°）。东西跨经度达 27°，南北跨纬度达 19°，生产茶叶的地区多

**·高山为何出好茶·**

高山出好茶的奥妙就在于其生态条件满足了茶树的生长习性，具体表现在：高山森林茂盛，光照时间短，茶叶含较多的氮化合物；高山多雾，红光、黄光增强，茶叶所含氨基酸、叶绿素和水分较多；高山海拔高、气温低，氨基酸和芳香物质含量较高，而多酚和儿茶素的含量较低，降低了茶叶的苦涩味；高山湿度高，茶叶纤维素少，可长时间保持鲜嫩。

达21个省（区、市）、上千个县市，茶园面积达110万公顷。

中国茶区按地理范围划分，可分为三个级别：三级茶区是最基层的单位，按各产茶地县划分，具体指挥茶叶生产；二级茶区是中层管理单位，按各产茶省（区）划分，主要作用是进行省（区）内生产指导；一级茶区属全国性划分，是最高层次的茶区单位，主要作用是进行宏观指导。中国共有四个一级茶区，即西南茶区、华南茶区、江南茶区和江北茶区。

西南茶区位于中国西南部，具体位置是大渡河以东，米仑山、大巴山以南，神农架、巫山、方斗山、武陵山以西，红水河、南盘江、盈江以北，包括贵州、四川、重庆、云南和西藏等省，是中国最古老的茶区。西南茶区大部分地区为盆地、高原，地形相当复杂，其中云贵高原为茶树原产地中心。有多种土壤类型，其中四川、贵州以及西藏东南地区土壤以黄壤为主，云南中北地区多为山地红壤、赤红壤和棕壤。西南茶区的地质、气候条件都适合茶树生长，可栽培的茶树种类较多，包括灌木型茶树、小乔木型茶树和乔木型茶树。该茶区出产红茶、绿茶、沱茶、紧压茶和普洱茶等，是中国发展大叶种红碎茶的主要基地之一。

华南茶区位于中国南部，是中国最适宜茶树生长的地区，年降水量是中国茶区之最，茶树年生长期10个月以上。具体范围包括广东、广西、福建、台湾、海南等省。华南茶区的土壤多为赤红壤，部分为黄壤，土壤肥沃，有机物质含量高。其特点是水热资源丰富，且全区茶园大部分土地有森林覆盖。中国许多大叶种茶树都集中在这个茶区，包括乔木型和小乔木型的茶树，出产的茶叶适宜制作普洱茶、红茶、六堡茶、大叶青、乌龙茶等。

江南茶区位于中国长江中、下游南部，具体范围包括浙江、湖南、江西等省和皖南、苏南、鄂南等地，是中国的主要茶叶产区，年产量大约占全国总产量的2/3。江南茶区地形大多是低丘陵地区，也有少高山，海拔在1000米以上，如安徽黄山、浙江天目山、江西庐山、福建武夷山等。茶园主要分布在丘陵地带，少数在海拔较高的山区。土壤基本上为红壤，部分为黄壤。该茶区种植的茶树，除了少部分小乔木型中叶种和大叶种外，大多为灌木型中叶种和小叶种。该茶区出产的茶叶适宜制作乌龙茶、绿茶、花茶等名茶。

江北茶区位于长江中、下游北岸，主要生产绿茶。具体位置是东至山东半岛，南起长江，西起大巴山，北至秦岭、淮河，包括山东东南部、陕西东南部、甘肃南部、湖北北部、河南南部、安徽北部、江苏北部等地。江北茶区是中国最北的茶区，所种植的茶树大多为灌木型中叶种和小叶种。茶区土壤多为黄棕土，部分茶区为棕壤，不少地区土壤的酸碱度偏高，是中国南北土壤的过渡类型。年降水量较少，为700～1000毫米，且分布不匀，常使茶树受旱，但少数山区气候较好，也有不少名茶，如六安瓜片、信阳毛尖等。

不过，虽然中国茶园的总面积很大，但是单位茶园面积的产量却不高，还不到世界平均水平的一半，这说明中国茶树种植水平还不够高；另一方面，中国茶叶制作水平也有待提高，中国每年生产的茶叶多达60万吨，但名茶、优质茶的产量却只占总产量的11%。因此，只有茶树的种植水平和茶叶的制作水平提上去，中国的茶业才能有长足的发展。

⊙ 云南玉溪峨山高香生态茶园奇美的景色，这里数千亩茶地年产优质普洱茶近千吨，还出产云南十大名茶之一的峨山银毫。

# 茶业中心迁移记

中国茶业最初兴于巴蜀，秦国领土扩展到巴蜀后，随着国家的统一，各地经济、文化交流逐渐加强，从巴蜀传播到国内其他地区。随着茶业的传播，茶业中心逐渐由巴蜀迁移到长江中游或华中地区，然后再迁移到长江中下游地区，呈现了东移、南移的趋势。

## 早期的茶叶中心——巴蜀

据文字记载和历史考证，巴蜀早在战国时期就已开始产茶，并形成了一定规模的茶区。《华阳国志·巴志》中记载："周武王伐纣，实得巴蜀之师……茶蜜……皆纳贡之。"由此可见，当时茶的生产和制作不仅已有相当水准，而且茶已成为珍贵的贡品。顾炎武认为"自秦人取蜀而后，始有茗饮之事"，可见中国乃至世界的茶文化，都起源于巴蜀。现在绝大多数学者都认同这一说法。

巴蜀茶业在中国早期茶业史上的突出地位，可在西汉王褒的《僮约》中得以证明。这本古书中记有"烹茶尽具"及"武阳买茶"。"烹茶尽具"反映的是西汉时成都一带不仅饮茶成风，而且还出现了专门的饮茶用具；而"武阳买茶"则表明茶叶已经商品化，出现了如"武阳"一类的茶叶市场。可见，当时巴蜀不但是中国茶叶的一个消费中心，同时也是重要的茶叶集散中心。

据考证，西汉时巴蜀已形成若干茶业产区。茶业重要产区和茶市的形成，是茶业发展到一定程度的重要标志。不过需要指出的一点是，虽然西汉的茶业获得了较大的发展，但当时茶的饮用还留有早期药用的某些特点，司马相如在《凡将篇》中仍将茶列为药物，就是最好的证明。

秦汉统一中国后，茶业随着巴蜀与各地经济文化交流的加强而有所发展。茶的加工和种植逐步向东部、南部传播。湖南茶陵的命名就反映了这种现象。茶陵是西汉时设的一个县，因为是重要的产茶区，所以叫茶陵。茶陵邻近江西、广东边界，说明西汉时期茶的生产已经传到了湖南、广东、江西等地区。

三国时，孙吴占据了东南的半壁江山，包括江苏、安徽、江西、湖北、湖南、广西的部分地区和广东、福建、浙江的全部陆地。这些地区是中国当时茶业传播和发展的主要区域。这一时期，南方茶树种植的规模和范围有了很大的发展，而北方的豪门望族也兴起了饮茶之风。西晋时，长江中游茶业发展相当快，这可以从《荆州土记》中得到佐证。该古书记载有"武陵七县通出茶，最好"，说明当时荆汉地区茶业发展的喜

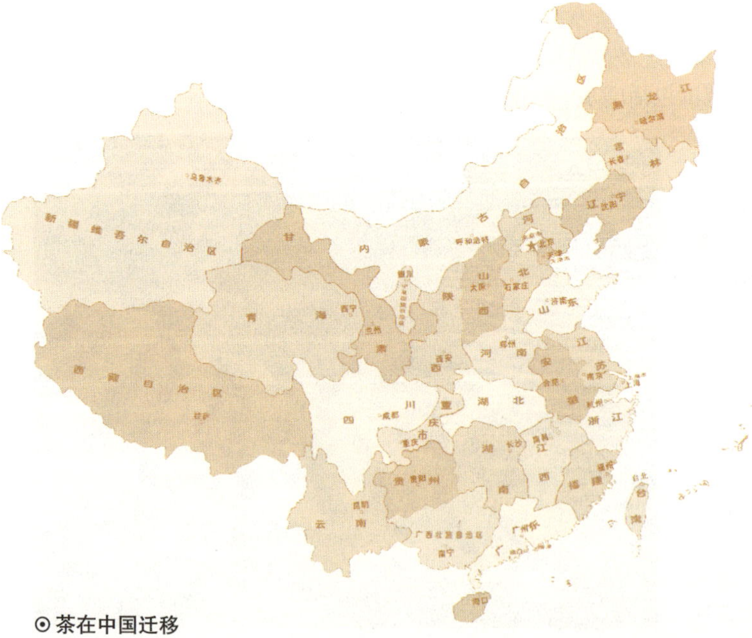


⊙ **茶在中国迁移**

茶最早源于中国的西南地区，后来逐渐传播开来，中国适宜种茶的地区很多，主要集中在西南三省、江南地区、两广和福建等地。

### ·茶入吐蕃·

关于茶入吐蕃的最早记载见于唐代。据《西藏日记》记载，唐贞观十五年（641年）文成公主进藏时，其随带的陪嫁物品中就有茶叶和茶种。因此，文成公主进藏对吐蕃饮茶习俗的推广和发展起到了重要的促进作用。此后，西藏饮茶之风兴起，达到“宁可三日无粮，不可一日无茶”的程度。中唐时期，唐朝朝廷使者出使吐蕃，看到当地首领家中已有不少中原的名茶，包括产于寿州、舒州、顾渚等地的茶叶。中唐以后，茶马交易使吐蕃与中原的关系更为密切。

人形势，巴蜀独冠全国的优势，似已不复存在。

此外，由于三国吴国和东晋均把都城定在现今的南京，很多达官贵人特别是东晋的北方士族逐渐集结、移居到今苏南和浙江江东一带。得益于有利的政治和经济环境，长江下游茶业的发展自然比其他地区更快、更明显。因此，三国、西晋时期，随着荆楚茶业的日益发展，加上有利的地理条件，长江中游，逐渐取代了巴蜀在中国茶业上的地位，成为重要的茶业中心。

西晋南渡之后，北方豪门过江迁居，建康（今南京）成为中国南方的政治中心。这一时期，由于上层社会盛行崇茶之风，南方特别是江东一带，饮茶和茶文化有了较大的发展，促使中国茶业向东南推进。中国东南地区的茶树种植，从浙江西部逐渐扩展到现今温州、宁波沿海一带。不仅如此，长江下游宜兴一带的茶业也发展较快。三国两晋之后，茶业中心东移的趋势愈加明显。

## 唐代茶业的发展

唐代是中国茶业和茶叶文化发展史上一个具有划时代意义的重要时期。在唐代，“荼”去一划，才出现“茶”字；陆羽写《茶经》，才出现茶学；茶开始征税，才建立茶政；茶销往边疆，才开始有边茶的生产和贸易。总之，直到唐代，茶才真正成为一种重要的生产事业和文化，所以史称“茶始于唐”。

六朝以前，茶在南方的生产和饮用已相当普遍，但北方喝茶的人还不多。唐朝中期以后，北方饮茶之风盛行，中原和西北少数民族地区都嗜茶成俗，南方的茶叶生产也相应发展起来。特别是与北方交通便利的江南、淮南茶区，茶叶产量更是以空前的速度增长。据史料记载，当时安徽祁门周围，千里之内都种植茶树，山无遗土，当地人十有七八从事茶叶生产。

根据《茶经》和唐代其他文献的记载，这时期的茶叶产区已遍及14个省区，包括今天的四川、陕西、湖北、云南、广西、贵州、湖南、广东、福建、江西、浙江、江苏、安徽、河南，其规模与中国近代茶区相去不远。与此同时，南北茶叶贸易的规模也日益扩大，如《封氏闻见记》所载，南方各地所产的茶叶，“自江淮而来，舟车相继，所在山积”。这一时期，中国南方长江流域各地的茶业生产几乎翻了一番。

唐代时，长江中下游茶区不仅茶的产量大幅度增加，而且制茶技术也达到了当时的最高水平。茶叶生产和技术的中心，正式转移到了长江中下游。正因为如此，湖州紫笋和常州阳羡出产的茶才成为贡茶。同时由于贡茶设置在江南，也带动了全国各茶区的生产和发展。

从五代和宋朝初年起，全国气候由暖转寒，使得中国南方茶业的发展速度快于北方茶业，并逐渐取代长江中下游茶区，成为宋朝的茶业中心。其中最显著的一点是，贡茶从顾渚紫笋改为福建建安茶。结果，唐朝时还未曾形成气候的闽南和岭南一带的茶业，在宋朝明显地活跃和发展起来。

宋朝茶业中心南移的主要原因是气候的变化。因为江南早春气温降低，茶树发芽推迟，茶叶不能在清明前进贡到京都。而福建气候较暖，如欧阳修所说：“建安三千里，京师三月尝新茶。”成为贡茶后，建安茶的采制更加精益求精，名声也愈来愈大，成为中国团茶、饼茶制作的主要技术中心，带动了闽南和岭南茶区的崛起和发展。由此可见，到了宋代，茶已传播到全国各地。宋朝的茶区基本上已与现代茶区范围相符。明清以后，茶区一直没有多大变化，只是茶叶制法有所改变，各茶类此兴彼衰而已。

# 茶的功用

## 养生是饮茶的重要功效之一

中国很多古籍和古医书都有关于茶叶的药用价值和饮茶健身的记载。如李时珍《本草纲目》:“茶苦而寒，最能降火……又兼解酒食之毒，使人神思爽，不昏不睡，此茶之功也。”《茶经》中更有精论:“茶之为用，味之寒，为饮之最，精行俭德之人，若热渴、凝闷、脑疼、目涩、四肢烦、百节不舒，聊四五啜，与醍醐甘露抗衡也。”

此外，《神农食经》、《神农本草》、《广雅》、

⊙玉川煮茶图 明

这幅图画描绘了中国古代人通过饮茶来养生的情景。

《本草拾遗》、《新修本草·木部》等古籍中均记载有茶叶的药用价值。唐朝刘贞亮甚至总结出著名的“饮茶十德”，以说明茶有多种养生功效，即“以茶散郁气、以茶驱睡气、以茶养生气、以茶除病气、以茶利礼仁、以茶表敬意、以茶尝滋味、以茶养身体、以茶可行道、以茶可雅志。”

唐宋时，茶的药用价值得到空前的重视，茶疗逐渐兴起。茶疗是指以茶为主，结合其他中草药防治多种疾病的治疗方法。由于无论任何体质的人，茶疗均有保健的作用，至明清朝代，茶疗之风更加盛行。中医学家李时珍在其著作《本草纲目》中记载:“茶苦而寒，阴中之阴，沉也降也，最能降火。火为百病，火降则上清矣。”并详细地论述了茶的治病方法。他认为，龙珠香片加桂圆，可补血益气、强心健脾；龙井加草决明，可防治高血压头痛；碧螺春加川芎及天麻，能减轻神经血管性头痛。总的来说，茶疗要根据各人的身体状况，搭配好茶叶和中草药，方能见疗效。

中医一向有“药食同源”之说，意即医药源自于食物。远古时代，茶除了充饥的作用外，还被用做药物，所以自古以来，茶与中药就有着十分紧密的关系。随着社会的发展和技术的进步，现代医学通过分析茶叶的营养成分和药理功能，为茶疗找到了科学的根据。茶因具有药用价值被列为世界三大健康饮料之一。

## 茶的营养成分

据现代科学研究，茶叶中的无机矿质元素约有27种，包括磷、钾、硫、镁、锰、氟、铝、钙、钠、铁、铜、锌、硒等多种。其中钾、钠可以维持体液平衡，镁可以保持人体正常的糖代谢，锰、铜可以参与多种酶的作用，氟可以预防龋齿、助长骨骼，钙、硅也有助于骨骼生长，硫、镍与循环代谢有关，铁与造血功能有关。

**·茶的营养价值·**

如果从茶的营养价值分析，喝绿茶对人体最好。因为绿茶加工后基本上保持了鲜茶叶的有效成分，而其他茶类经加工后，原来的有效成分都受到一些破坏。据分析，绿茶中所含的维生素是红茶的5~6倍。

茶叶中的有机化合物主要有蛋白质、脂质、碳水化合物、氨基酸、生物碱、茶多酚、有机酸、色素、香气成分、维生素、皂苷、甾醇等。此外，茶叶还富含其他功能性成分，它们对人体保健的作用如下：茶多酚可以抗氧化、清除自由基、抗菌抗病毒、防龋、抗癌抗突变、消臭、抑制动脉粥样硬化、降血脂、降血压等；咖啡碱具有兴奋中枢神经、利尿、强心的作用；多糖有利于调节免疫功能、降血糖、防治糖尿病。

从上面的分析可以看出，茶叶成分对人体的生理、药理功效是多种多样的，难怪古代有这么多医术都论述到茶的养生、药用价值。归纳起来，茶主要有七大保健作用，依次是利尿、兴奋、抑制动脉硬化、抗菌、强心解痉、防龋齿、抑制癌细胞。茶叶中的咖啡碱和茶碱具有利尿作用，能治疗水肿、水滞瘤等症状，如红茶糖水具有解毒、利尿功效，可以治疗急性黄疸型肝炎；咖啡碱是一种兴奋剂，能使中枢神经系统兴奋起来，有助于振作精神；而茶素、维生素 P、维生素 C 都有增强微血管壁弹性的作用，可以活络降压，并防止动脉硬化；茶多酚和鞣酸可以通过凝固细菌的蛋白质将细菌杀死，所以茶叶具有抗菌、抑菌作用；咖啡碱可以解除支气管痉挛，促进血液循环，能辅助治疗支气管哮喘、心肌梗塞；氟离子与牙齿的钙质能生成“氟磷灰石”，提高牙齿的防酸抗龋能力；牡荆碱、桑色素、儿茶素等黄酮类物质有着不同程度的体外抗癌作用。

据研究，茶在减肥、美容等方面也有一定功效。中国西藏自治区、内蒙古自治区等地的人们常年都以肉食为主，缺乏蔬菜，茶具有消食去腻作用，因而成为当地人的生活必需品。如唐代《本草拾遗》中就记载：“茶久食令人瘦，去人脂。”可见，早在唐朝时期，中国人民就已发现了茶叶的减肥作用。

## 中国茶的种类

中国是世界上茶叶品种最多的国家之一，按不同的标准，茶叶可分为不同的类别。如按发酵程度分，可分为不发酵茶、微发酵茶、半发酵茶、全发酵茶和后发酵茶；按季节分，可分为春茶、夏茶、秋茶和冬茶；按生长环境分，可分为平地茶和高山茶。此外，还有其他的分类方法。

通常是把茶叶分为基本茶类和再加工茶类，其中基本茶类按颜色分为绿茶、红茶、乌龙茶、黄茶、黑茶、白茶。以基本茶类为原料进行再加工的产品统称为再加工茶类，主要包括花茶、紧压茶、萃取茶和保健茶等。现将茶的基本类型和再加工茶类进行简单介绍如下。

### 茶的基本类型

绿茶是中国产量最大的茶类，以茶树新梢为原料，经杀青、揉捻、干燥等工序制成，属不发酵茶类。绿茶的干茶及冲泡后的茶汤、叶底均以绿色为主调。最新研究表明，绿茶对防衰老、防癌抗癌、杀菌、消炎等均具有特殊效果，为其他茶类所不及。绿茶的杀青方式主要有蒸青、晒青、烘青和炒青四种，相应的，绿茶分为蒸青绿茶、晒青绿茶、烘青绿茶和炒青绿茶。

用蒸汽杀青是中国古代的杀青方法，蒸青绿茶则是中国古代最早出现的一种茶类。其品质特点是“三绿”，即干茶色泽翠绿、汤色碧绿、叶底鲜绿。晒青绿茶利用日光进行晒干，除以散茶形式销售外，还用于加工紧压茶，销往边疆地区，如砖茶、沱茶等。烘青绿茶经杀青、揉捻、烘干等工序制作而成，香气一般不如炒青，大部分用于窨制各种花茶，称为茶坯。按原料的老嫩程度和制作工艺不同，又可分为普通烘青和细嫩烘青两类。炒青绿茶因干燥方式采用炒干而得名。按外形可分为长炒青、圆炒青和扁炒青三类。长炒青形似眉毛，称为眉茶；圆炒青外形如颗粒，称为珠茶；扁炒青则称为扁形茶。

红茶属全发酵茶类，基本制作工序是萎凋、揉捻、发酵、干燥。红茶的品质特点是“红汤红叶”，其主要原因在于制作过程中的“发酵”工序。红茶干茶色泽乌黑油润，冲泡后具有甜花香或蜜糖香，汤色红艳明亮，叶底红亮。中国红茶可分为三类：红碎茶、小种红茶和工夫红茶。

中国红茶制法传到印度和斯里兰卡后，当地人将鲜茶叶切碎后再进行发酵和干燥，茶叶外形细碎，呈颗粒状或片末状，故称红碎茶。它是目前世界上消费量最大的茶类。干茶颜色为乌黑或红棕色，茶汤红艳明亮，味浓醇，香气鲜甜，叶底红亮，可加糖加奶饮用。小种红茶是中国出现最早的红茶，主要产于福建省崇安一带，用松木燃烧熏烟焙干。其外形条索粗松，颜色乌黑油润，茶汤黄暗，滋味浓厚，松柏香味明显，叶底呈暗铜色。以崇安县桐木关生产的正山小种红茶为最好。工夫红茶由条形红毛茶加工而成，在安徽、云南、福建等十多个省均有生产，其中安徽的“祁红”最有名。特级祁红外形紧细苗秀，滋味香醇，具有一种特殊的甜花香，在英国被誉为“皇家香味”。

乌龙茶又名青茶，属半发酵茶类，其基本制作工序是萎凋（即凉青、晒青）、做青、炒青、揉捻、干燥。乌龙茶既有绿茶的清香和花香，又有红茶的醇厚。其外形色泽青褐，冲泡后叶片中间呈青色，叶缘则呈红色，素有“青叶红镶边”之美称。乌龙茶主要产于福建、广东和台湾三省，品种包括台湾青茶、广东青茶、闽南青茶和闽北青茶。

台湾青茶按萎凋、做青程度不同，可分为台湾乌龙和台湾包种。乌龙萎凋、做青程度较重，汤色金黄明亮，滋味浓厚，有熟果香味；包种因发酵程度较轻，叶色较绿，汤色黄亮，滋味近似绿茶。广东青茶条索粗壮，匀整挺直，色泽黄褐呈鳝鱼皮色，并有朱砂红点。其品质特点是耐冲泡，有自然花香，冬季采制雪片，香气特佳，以凤凰单枞和凤凰水仙最有名。闽南青茶中最著名的是被誉为“茶王”的安溪铁观音，其条索卷曲重实，呈蜻蜓头状，汤色金黄浓艳，滋味醇厚甘鲜，具有幽远怡人的兰花香，其韵味被誉为“观音韵”。闽北青茶产于福建省北部武夷山一带，主要有武夷岩茶、闽北水仙、闽北乌龙，其中武夷岩茶最为有名。武夷岩茶香气浓郁，胜于兰花而深沉持久，“锐则浓长，清则幽远”。滋味浓醇，生津回甘，这种独特的韵味被誉为“岩韵”。

黄茶属轻发酵茶类，基本工艺近似绿茶，但在制茶过程中加以闷黄，冲泡后具有“黄汤

**⊙ 这几幅图是中国古代从种茶、采茶到制茶的全过程。它说明在古代中国制茶工艺已很成熟。**

黄叶"的特点，其滋味醇和。按原料芽叶的鲜嫩度和大小，黄茶可分为黄大茶、黄小茶和黄芽茶。黄大茶采摘较粗老的芽叶加工而成，以安徽的"霍山黄大茶"和广东韶关的"广东大叶青"最为著名。黄小茶由较细嫩的芽叶加工而成，成品黄亮光润，叶边微卷，开汤香气浓厚，汤色澄黄明亮，滋味醇和爽口，茶渣极其柔软嫩脆，很适合喜欢"呷茶"的人们。黄芽茶采摘单芽或一芽一叶加工而成，原料非常细嫩，品质特点是芽头肥壮，色泽黄亮，甜香浓郁，滋味甘甜醇和，最有名的是湖南岳阳的"君山银针"和四川雅安的"蒙顶黄芽"。

黑茶属后发酵茶，基本的制作流程是杀青、揉捻、渥堆、干燥。由于原料较粗老，堆积发酵时间较长，叶色呈油黑或深褐色，故称黑茶。它是中国特有的茶类，生产历史悠久，花色品种丰富。年产量很大，仅次于红茶、绿茶，是中国第三大茶类。黑茶是很多紧压茶的原料，黑茶压制成的紧压茶有茯砖茶、黑砖茶、花砖茶、湘尖茶、青砖茶、康砖茶等。黑茶主要供边疆少数民族饮用，又称边销茶，著名品种有普洱茶和六堡茶。

普洱通常是用云南大叶种制作的晒青绿茶，经泼水堆积发酵（沤堆）的特殊工艺加工制成。散茶条索粗壮肥大，色泽乌润或褐红（俗称猪肝色），滋味醇厚回甘，并具有独特的陈香。六堡茶是广西的著名黑茶，汤色红浓，滋味甘和浓醇，有陈香并略带松烟味和槟榔味，耐于收藏。普洱茶具有降低血脂、减肥、抑菌、助消化、暖胃等多种功效，历来被认为是一种具有保健功效的饮料。因此，普洱茶在日本、法国、德国、意大利等国家及中国港澳地区有"美容茶"、"减肥茶"、"益寿茶"和"窈窕茶"之美称。

白茶属轻微发酵茶类，基本工艺过程是萎凋、晒干或烘干。白茶多选用芽叶上白茸毛较多的品种，制成后干茶外表满披白色茸毛。白茶的主要特征是色银白，真有"绿妆素裹"之美感，芽头肥壮，汤色黄亮，滋味鲜醇，叶底嫩匀，是中国特有的茶类。冲泡后芽尖向上，挺立杯中，慢慢下沉，如春笋破土，非常美观；其色白隐绿，汤色浅淡，味甘醇。

## 茶的再加工

再加工茶类包括花茶、萃取茶、保健茶和紧压茶等。花茶又名窨花茶、熏花茶、香片茶等。由于茶叶吸收了花香，喝起来既有茶味又有花的芬芳，是中国北方非常受欢迎的茶类。按使用的花不同，可分为茉莉花茶、珠兰花茶、玉兰花茶、玫瑰花茶等。大多数花茶都以茉莉花为主窨制。茉莉花茶是用加工干燥后的茶叶与含苞待放的茉莉鲜花混合窨制而成，以烘青绿茶为主要原料，统称茉莉烘青。外形条索紧细匀整，色泽黑褐油润，香气鲜灵持久，滋味醇厚鲜爽，汤色黄绿明亮，叶底嫩匀柔软。

萃取茶又名速溶茶，是利用科学方法提取茶叶成分并配以各种果味的方便饮料。其特点是冲水即溶，杯内不留残渣，容易调节浓淡，还可根据个人喜好添加牛奶、白糖、香料、果汁等。产品种类有速溶红茶、速溶绿茶、速溶花茶、调味速溶茶（又名冰茶）等。

保健茶又叫药茶，乃以茶叶为主要原料、配以其他调料加工制作而成。近年来，保健茶

⊙ 黑砖茶

紧压茶的一种。中国紧压茶最早约出现在唐代。

品种层出不穷，如养身的暖茶（红茶加生姜、甘草和蜂蜜而成），清凉去毒的金龙保健茶（乌龙茶加金银花而成），除口臭的茶汁，降血脂的苦丁茶，减肥的麦茶，清凉的薄荷茶、青草茶，进补的冬虫夏草茶、野草人参活力茶等。

紧压茶俗称"茶砖"，又叫黑茶。紧压茶以黑茶、晒青和红茶的毛茶为原料，经蒸软后压制成各种不同形状的砖茶或饼茶。紧压茶的多数品种比较粗老，干茶色泽黑褐，汤色橙黄或橙红。在少数民族地区非常流行。紧压茶有防潮性能好，便于运输和储藏，茶味醇厚，适合减肥等特点。

紧压茶与散茶不同，甚为紧实，所以不能用沸水冲泡，因为这样难以将紧压茶的茶汁浸出。饮用紧压茶时，必须先将紧压茶捣成小块或碎粒状，然后再放在铁锅或铝壶内烹煮才可，而且在烹煮过程中，还要不断搅动，要花较长时间才能使茶汁充分浸出。习惯饮用紧压茶的少数民族，主要分布在西藏、新疆、内蒙古等高原地带，由于那里的气压低，水不到摄氏 100 度就沸腾，就更不能用于冲泡紧压茶了。这就是紧压茶为什么不用冲泡而用烹煮的原因所在。

## 十大名茶

中国茶叶历史悠久，品种繁多，犹如春天的百花园，万紫千红，竞相争艳。在众多的茶叶珍品中，中国十大名茶备受注目。

### 西湖龙井

产于浙江省杭州市西湖周围的群山，居中国名茶之冠。按产地分为"狮、龙、云、虎、梅"五个品类，其中狮峰龙井香气高锐而持久，滋味鲜醇，色泽略黄，为五品类中品质最佳者。龙井属炒青绿茶，以"色绿、香郁、味甘、形美"四绝著称于世，素有"国茶"之称。高档龙井茶以一芽一叶为标准。冲泡时选用玻璃杯，茶叶在杯中逐渐伸展，一旗一枪，上下沉浮，滋味甘鲜醇和，香气幽雅清高，汤色碧绿清莹。龙井茶的采摘有三大特点：一早、二嫩、三勤。茶农常说：早采三天是宝，迟采三天是草。通常以清明前采制为最佳，称为"明前龙井"，为龙井茶之极品，产量很少，非常珍贵。

⊙ 西湖龙井及茶汤

### 洞庭碧螺春

产于江苏吴县太湖之滨的洞庭山，乃中国名茶珍品。以"形美、色艳、香浓、味醇"四绝闻名中外。干茶条索紧结，白毫显露，色泽银绿，翠碧诱人，卷曲成螺，故名"碧螺春"。因其香气锐高而持久，俗称"吓煞人香"。碧螺春用细嫩芽头炒制而成，一斤高级的碧螺春干茶需要六七万个茶芽，足见茶芽之细嫩。其采摘季节性很强，春分开始谷雨结束，前后不到一个月时间。高档碧螺春都在清明前后采制。碧螺春的冲泡多用玻璃杯，开水温度以 70 ~ 80 度为宜。茶投入杯中后，瞬间白云翻滚，

⊙洞庭碧螺春及茶汤

雪花飞舞，清香袭人，宛如高级工艺品，是典型的绿茶。

## 安溪铁观音

是乌龙茶的极品，产于福建省安溪县，历史悠久，素有“茶王”之称。干茶肥壮圆结，沉重匀整，色泽砂绿，整体形状似蜻蜓头。冲泡后汤色多黄浓，艳似琥珀，有天然馥郁的兰花香，滋味醇厚甘鲜，回甘悠久，俗称“音韵”。茶音高而持久，可谓“七泡有余香”。一年可采四期茶，分春茶、夏茶、暑茶、秋茶，其中以春茶为最佳，产量占全年的一半。其采制技术非常特别，不是采摘幼嫩的芽叶，而是采摘成熟新梢的 2 ~ 3 叶，俗称“开面采”。品饮铁观音，需备小巧精细的茶具。先用沸水冲泡洗茶，再续水正式冲泡 2 ~ 3 分钟，然后倒入小杯品饮。品饮铁观音，可先闻其香，再品其味，每次饮量虽不多，但满口生香，回味无穷。

⊙安溪铁观音及茶汤

## 大红袍

产于福建崇安东南部的武夷山，为武夷岩茶中品质最优者。大红袍的采制技术与其他武夷岩茶相似，每年春天采摘 3 ~ 4 叶开面新梢精制而成。大红袍外形条索紧结，带扭曲条形，俗称“蜻蜓头”。叶背有蛙皮状砂粒，俗称蛤蟆背。色泽绿褐鲜润，冲泡后汤色橙黄明亮，滋味醇厚回苦，叶片红绿相间，典型的叶片有“绿叶红镶边”之美感。其最突出的特点是香气馥郁，有兰花香，“岩韵”明显。品饮大红袍，必须按“工夫茶”小壶小杯细品慢饮的方式，才能真正品尝到岩茶之巅的韵味。大红袍冲泡七八次后仍有香味，相当耐冲泡。

## 普洱茶

是在云南大叶茶基础上培育出的一个新茶种，亦称滇青茶，为黑茶类之代表。因原运销集散地在普洱县而得名，距今已有 1700 多年的历史。普洱茶鲜叶肥壮，叶色黄绿间带红斑，条索粗壮结实，白毫密布。香气高锐持久而独特，滋味浓醇而富有刺激性，冲泡五六次仍有香味，茶汤橙黄浓厚，滋味醇厚回甜，饮后令人回味无穷。普洱茶不仅独具陈香，而且还有重要的药物价值。经医学临床实验证明，普洱茶具有降低血脂、减肥、抑菌、助消化、暖胃、生津、止渴、醒酒、解毒等多种功效。因此，很多人把普洱茶当成养生妙品。

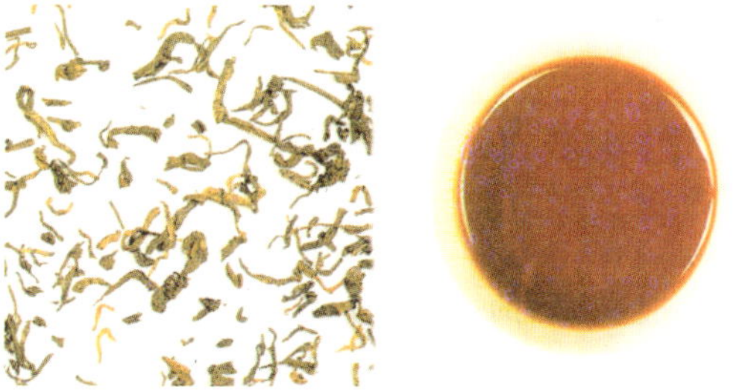

⊙云南普洱茶及茶汤

## 祁门红茶

简称祁红，是中国红茶的代表，有百余年的生产历史。产于安徽省祁门、东至、贵池、石台、黟县，以及江西浮梁一带，以祁门历口、闪里、平里一带的品质最优。高档祁红外形条索紧细苗秀，色泽乌润，冲泡后茶汤红浓，香气清新芬芳，馥郁持久，有明显的甜香，有时带有玫瑰花香。这种特有的香味，被国外消费者称为“祁门香”。在国际市场上，祁红与印度大吉岭茶、斯里兰卡乌伐的季节茶并列为世界公认的三大高香茶。祁红茶清饮更能领略其特殊香味，加奶后呈乳色粉红，其香味特点犹存。祁红主销欧洲，是欧洲下午茶的珍品和馈送亲友的高贵礼物，在英国受到了皇家贵族的宠爱，被誉为“群芳最”。1915年，在巴拿马展览会上荣获金质奖，赢得了国际市场的最高评价。

## 黄山毛峰

产于安徽黄山，主要分布在桃花峰的云谷寺、松谷庵、吊桥庵、慈光阁及半寺周围。这里山高林密，日照时间短，云雾多，自然条件十分适合茶树生长。茶树得云雾之滋润，无寒暑之侵袭，因而蕴成良好的品质。黄山毛峰分特级和一、二、三级，特级黄山毛峰在清明前后采制，形似雀舌，白毫显露，色似象牙，鱼叶黄金。冲泡后，清香高长，汤色清澈，滋味鲜浓、醇厚、甘甜，叶底嫩黄，肥壮成朵。其中“鱼叶金黄”、“色似象牙”是特级黄山毛峰的两大明显特征。

## 六安瓜片

产于安徽西部大别山茶区，是中国著名的绿茶。以六安、金寨、霍山三县所产茶叶最佳，故名六安瓜片。色翠绿，香清高，味甘鲜，耐冲泡。因最先源于金寨县的齐云山，故又名“齐云瓜片”。沏茶时雾气蒸腾，清香四溢，又有“齐山云雾瓜片”之称。齐云瓜片中又以齐云山蝙蝠洞所产瓜片为最佳。因为蝙蝠洞周围经常云集成千上万的蝙蝠，其粪便富含磷质，利于茶树生长，所以这里的瓜片最为清甜可口。六安瓜片的成品，叶缘向背面翻卷，呈瓜子形，与其他绿茶大不相同。冲泡后，汤色翠绿明亮，香气清高，味甘鲜醇，还有清心明目、提神、通窍散风之功效。按采制季节，六安瓜片可分为三个品种：谷雨前采制的称“提片”，品质最优;其后采制的大宗产品称“瓜片”；进入梅雨季节，鲜叶粗老，品质较差，称“梅片”。

⊙六安瓜片及茶汤

## 君山银针

产于湖南岳阳洞庭湖中的青螺岛，是具有千余年历史的传统名茶。成品茶芽头茁壮，长短大小均匀，茶芽内面呈金黄色，外层白毫显露完整，而且包裹坚实，因外形像银针而得名“君山银针”。君山银针属芽茶，因茶树品种优良，树壮枝稀，芽头肥壮重实，每斤银针茶约有2.5万个芽头。君山银针风格独特，年产量不多，但质量超群，属中国名优茶。根据芽头的肥壮程度，君山银针分为特号、一号、二号三个档次。1956年，在国际莱比锡博览会上，君山银针被誉为“金镶玉”，并赢得金质奖章。其售价也创中国当今名优茶之最。君山银针的贮藏十分讲究。先将石膏烧热捣碎，铺于箱底，再在上面垫两层皮纸，然后用皮纸将茶叶分装成小包，放在皮纸上面，封好箱盖。只要适时更换石膏，银针品质就能经久不变。

## 信阳毛尖

产于河南信阳车云山，是中国著名的内销绿茶，以其原料细嫩、制工精巧、形美、香高、味长而闻名。信阳毛尖外形细、圆、紧、直、多白毫，一般为一芽一叶或一芽二叶。风格独特，质香气清高，汤色明净，滋味醇厚，叶底嫩绿；饮后回甘生津，冲泡四五次，尚保持有熟栗子的香味。1915年在巴拿马万国博览会上，信阳毛尖获名茶优质奖状。

### ·恩施玉露·

产于湖北恩施，是中国为数不多的一种蒸青绿茶，其制作工艺及所用工具相当古老，与陆羽《茶经》所载十分相似。成茶条索紧细，色泽鲜绿，匀齐挺直，状如松针；茶汤清澈明亮，香气清鲜，滋味甘醇，叶底色绿如玉。其显著特点是“三绿”（茶绿、汤绿、叶底绿）。

## 名茶趣闻什锦

中国是世界上出产茶叶最多的国家之一，茶叶品种繁多，其中不乏名茶，如碧螺春、龙井、铁观音、黄山毛峰、大红袍等。关于这些名茶的来历，民间流传着很多有趣的故事。关于名茶来历的传说和趣闻，是中国茶文化的重要组成部分。

### 碧螺春的由来

相传很早以前，西洞庭山上住着一位姑娘，名叫碧螺；东洞庭山上住着一个小伙子，名叫阿祥。一年，太湖中出现一条凶恶残暴的恶龙，扬言要杀碧螺姑娘，阿祥决心与恶龙决一死战。一天晚上，阿祥操起渔叉，潜到西洞庭山同恶龙搏斗了七天七夜，最后昏倒在血泊中。碧螺姑娘为了报答阿祥的救命之恩，亲自照料阿祥。她来到阿祥与恶龙搏斗的地方，看到一棵小茶树，决定把它培育好。清明前后，小茶树长出了嫩绿的芽叶，碧螺采摘了一把嫩梢，回家泡给阿祥喝。说也奇怪，阿祥喝了这茶，病居然一天天好起来了。正当两人陶醉在幸福的爱情之中时，碧螺却因劳累过度，倒在了阿祥怀里。阿祥悲痛欲绝，把碧螺埋在洞庭山的茶树旁。从此，他努力培育茶树，采制名茶。为了纪念碧螺姑娘，人们就把这种名贵茶叶取名为“碧螺春”，其中也暗含“从来佳茗似佳人”之意。

⊙茶农正用手炒制碧螺春茶

### 龙井茶的由来

传说清朝乾隆帝下江南时，曾化装成平民，以体察民情。这天，乾隆帝来到杭州龙井狮峰山下，看见十多棵绿荫荫的茶树，几个乡女正在茶蓬前采茶，看着有趣，也学着采了起来。刚采了一把，忽然有太监来找他，说：“太后有病，请皇上急速回京。”乾隆皇帝听说太后娘娘有病，随手将自己采的茶叶往袋内一放，离开狮峰山，日夜兼程地赶回京城。乾隆帝回到宫廷后，到太后床前请安，太后问：“皇儿，何来的清香？”皇帝一听，觉得奇怪，哪来的清香呢？他随手一摸，原来是自己在杭州狮峰山所采的茶叶。经过几天，茶叶已经晾干，散发出浓郁的香气。乾隆见太后喜欢这香味，于是命宫女将茶泡好，送到太后面前。茶汤清香扑鼻，太后喝了一口，顿觉浑身舒畅，眼睛红肿、胃胀都消失了，禁不住称赞：“杭州龙井的茶叶，真是灵丹妙药。”实际上，太后只是吃了太多的山珍海味，一时肝火上升，双眼红肿，胃里不适，并没有病。由于茶叶有去腻消食的作用，喝完后自然有这样的效果。乾隆皇帝见太后这么喜欢这些茶叶，于是将那十八棵茶树封为御茶，命人每年采摘新茶，专门进贡给太后饮用。杭州龙井狮峰山下胡公庙前面至今还保存着这 18 棵御茶，不少旅游者到杭州旅游时，皆专程前往拍照留念。

### 铁观音的由来

铁观音是有着 200 多年历史的名茶，其原

⊙ **铁观音**

铁观音是中国青茶中的珍品，尤其以安溪铁观音为最佳。

⊙ **大红袍**

大红袍是红茶的代表，它香味浓，经久耐冲。

产地是安溪县西坪镇。相传清朝乾隆年间，安溪西坪上尧有一位茶农，名叫魏饮，制得一手好茶。他有一个习惯，就是每天早晚都泡茶供奉观音菩萨，而且坚持了十多年，从不间断。一天晚上，魏饮梦见一座山崖，崖上长着一株散发出兰花香味的茶树，他欲上前采摘，却被一阵狗吠声惊醒。第二天，他到山上采茶，居然在崖石上发现一株茶树，与昨晚所梦一模一样。他把茶叶采下来，带回家中，精心制作，最后制出来的茶，味道甘醇鲜爽，喝完后，精神为之一振。于是魏饮把这株茶挖回家种植，把它奉为“茶之王”。由于此茶美如观音重如铁，又是观音托梦所得，人们将这种茶叶命名为“铁观音”。

## 大红袍的由来

传说以前有一穷秀才上京赶考，路过武夷山时，病倒在路上，善良的老方丈将其救回庙中，泡了一碗茶给他喝，秀才的病居然就好了。后来，秀才金榜题名中了状元，到武夷山来谢恩。老方丈说：“我去年是用茶叶治好了你的鼓胀病。”于是秀才要求见识一下这棵救命之茶。在老方丈的陪同下，随从们前呼后拥着状元来到了九龙窠。只见峭壁上长着三株高大的茶树，枝叶繁茂，吐着一簇簇嫩芽，在阳光下闪着紫红色的光泽，煞是可爱。老方丈说，由于茶树长在峭壁上，采摘困难，每逢春天茶树发芽时，他就会召集一群猴子爬上绝壁采茶，并给它们穿上红衣裤。状元见此茶如此神奇，欲采制一盒进贡皇上，老方丈听后甚为乐意。第二天，方丈带着大小和尚一同来到九龙窠峭壁茶树下，焚香礼拜，齐声高喊：“茶发芽！”众人采下芽叶后，精心制作，装入锡盒，让状元带回京城献给皇上。状元带茶进京后，正遇皇后肚疼鼓胀，卧床不起，喝下状元带回的茶后，立即身心舒畅。皇上见状，大喜，把一件大红袍交给状元，让他到武夷山代为封赏。状元又回到武夷山，在众人的簇拥下，来到九龙窠，命一樵夫爬上峭壁，将皇上赐的大红袍披在茶树上，以示皇恩。后来人们就把这三株茶树出产的茶叶称为“大红袍”。

## 白毫银针的由来

传说有一年，福建政和一带由于久旱不雨，

### ·茶馆·

茶馆著名文学家老舍先生曾说：“喝茶本身是一门艺术。本来中国人是喝茶的祖先，可现在在喝茶艺术方面，日本人却走在我们前面了”。简单一句关于喝茶的话，就足以说明老舍先生的爱国之心。他以清茶为伴，文思如泉，创作《茶馆》，通过对旧北京裕泰茶馆的兴衰际遇，反映从戊戌变法到抗战胜利后50多年的社会变迁，成为饮茶文学的名作，轰动一时。

瘟疫四起，每天都有人死亡。有人说洞宫山上有一口龙井，旁边长着几株仙草，可以消除这次瘟疫。很多人都到洞宫山找这种仙草，但奇怪的是，去找仙草的人都有去无回。有兄妹三人，商定轮流去找仙草，以挽救乡亲父老。这一天，大哥来到洞宫山下，路旁走出一位老爷爷，叮嘱他上山时只能向前，不能回头。大哥满口答应，他一口气爬到半山腰，只见到处都是石头，阴森恐怖。他正欲继续往上爬，忽听背后一声大喝："你敢往上闯！"大哥大惊，一回头，便成了一块石头。二哥也重蹈覆辙，变成了石头。于是找仙草的重任便落到了三妹的头上。三妹来到洞宫山下，也遇到了一位老爷爷，那老爷爷叮嘱她千万不能回头，还送她一块烤糍粑。三妹谢后继续前行，来到乱石岗，怪声四起，为了不受影响，她用糍粑塞住了耳朵，牢记老爷爷的话，坚决不回头，终于来到龙井旁，采得仙草，下山救人。这种能治疗瘟疫的仙草其实只是茶叶，由于白如银形如针，故叫"白毫银针"，产于福建省东北部政和县。性温和，可以明目降火，治"大火症"。

⊙白毫银针

白茶是中国特有的珍贵名茶，它以安徽产的白毫银针最为有名。

## 黄山毛峰的由来

明朝天启年间，江南黟县新任县官熊开元带书童到黄山春游，不小心迷了路，幸好遇到一位腰挎竹篓的老和尚，便借宿于寺院中。寺院长老泡茶敬客，所泡茶叶身披白毫，形似雀舌，冲泡后，出现了一种奇异的景象。那热气绕碗边转了一圈后，直往上升，到一尺高时化成一朵白莲花。然后白莲花又慢慢上升，逐渐化成一团云雾，最后散成一缕缕热气，弥漫了整个房间，清香沁人心脾。熊知县看到这种景象，惊讶得合不上嘴巴，忙问长老这是什么名茶，长老告诉他说此茶名叫"黄山毛峰"。临走前，长老让知县带一些茶叶和泉水回去，并叮嘱用此泉水冲泡，才能出现白莲奇景。熊知县回县衙后，兴致勃勃地向同窗旧友太平知县表演了一番。太平知县见状，甚是惊喜，于是向熊知县要了些茶叶，打算偷偷地拿去献给皇上，以邀功请赏。奇怪的是，太平知县的茶叶冲泡后，并不见白莲奇景，皇上于是大怒，欲治太平知县欺君之罪，太平知县只得如实禀告。皇帝立即传令熊开元进宫，熊开元得知原委后，带来黄山泉水冲泡黄山毛峰，果然出现了白莲奇观。皇帝看得心花怒放，念熊知县献茶有功，升为江南巡抚，三日后上任。但熊知县志不在于献茶邀赏，而且白莲奇观一事，让他看透了官场的勾心斗角，于是脱下官服玉带，到黄山云谷寺出家做了和尚，法名"正志"。

## 君山银针的由来

很多名茶传说都和皇帝有关，君山银针也不例外。传说五代时后唐的第二个皇帝李嗣源登基那天，侍臣为他沏了一杯茶，用开水冲泡时，出现了一种奇景。只见一团白雾腾空而起，逐渐形成一只白鹤，更奇怪的是，那白鹤还对明宗点了三下头，然后飞向蓝天。再看杯中的茶叶，都毫不例外地悬空竖着，像一根根破土而出的春笋，等到慢慢下沉时，又如片片雪花飞舞。明宗见状，甚喜，问侍臣是什么茶叶。侍臣回答说："此乃黄翎毛（即银针茶），用君山白鹤泉（即柳毅井）水冲泡所致。"于是明宗下旨把君山银针定为"贡茶"。现在湖南省洞庭湖君山出产的银针名茶，传说第一颗茶叶种子是4000多年前娥皇、女英播下的。

## 茉莉花茶的由来

很早以前，北京有一位茶商，名叫陈古秋。

⊙ **花茶**

花茶也是中国名茶之一，花茶是将茶叶、茶花及其他花混在一起制成的。

一天，他正和一位品茶大师叙旧，忽想起有位南方姑娘曾送他一包茶叶，便请大师品尝。冲泡时，碗盖一打开，异香扑鼻，在冉冉升起的热气中，隐约有一位美貌姑娘，手捧一束茉莉花，然后慢慢变成一团热气。陈古秋见此奇景，甚为不解，请教品茶大师，大师说："此乃茶中绝品'报恩茶'。"但为什么手捧茉莉花呢？大师边品茶边悟道："依我之见，这是茶仙提示，茉莉花可以入茶。"原来三年前陈古秋曾去南方购茶，在客店遇见一位无钱葬父的少女，他慷慨地送了她一些银子。那姑娘为表谢意，回送他一小包茶叶，乃含以茶谢恩之意。

## 冻顶乌龙茶的由来

该乌龙茶采自台湾冻顶山，故名"冻顶茶"。据说，台湾冻顶乌龙茶是从福建传过去的。当时，一位叫林凤池的台湾人，由于祖籍在福建，要到福建参加科举考试，却苦于无路费，在乡亲们的资助下，林凤池才得偿所愿。他考中举人后回台湾探亲，由于喜欢喝茶，回去时把福建武夷山产的36棵乌龙茶苗带到台湾，种在南投鹿谷乡的冻顶山上，经精心培育繁殖，建成了一片茶园，所制之茶清香可口。后来林凤池奉旨进京，把这种茶献给了道光皇帝，皇帝饮后极为称赞，冻顶乌龙茶逐渐传播开来。

## 白牡丹茶的由来

传说西汉时期，有位叫毛义的太守，因厌恶官场黑暗，乃弃官随母去深山老林隐居。母子俩来到一座青山前，只觉异香扑鼻，询问一位老者，得知异香来自莲花池畔的18棵白牡丹。见这里美如仙境，母子俩决定隐居于此。不久，母亲病倒，毛义四处寻药，试了很多种药，都不见疗效。一晚，毛义梦见一位白发银须的仙翁对他说："治你母亲的病，须用鲤鱼配新茶，缺一不可。"时值寒冬季节，到处都结了冰，毛义好不容易敲破池塘冰块，才捉到了鲤鱼，但为难的是，冬天根本不会有新茶。正在这时，那18棵牡丹居然变成了18棵仙茶，树上长满嫩绿的新芽叶。毛义知道这肯定是仙人之意，乃立即采下晒干。按照梦中仙翁的指示，毛义用新茶煮鲤鱼给母亲吃，果然药到病除。由于所摘取的茶叶，白毛茸茸，看上去如一朵朵白牡丹花，因此毛义将其命名为"白牡丹茶"。

⊙ **白牡丹茶**

这是一种全部用茶花制成的花茶，它具有清香淡雅、回味久等特点。

## 制作方法

茶的品质特性受到制作工艺的影响，不同的制作工艺能制作出不同的茶类。在悠久的制茶历史上，人们在实践生活中积累了丰富的制茶经验，总结出了不同茶类各自不同的制作工艺，下面简单介绍六大茶类（即绿茶、乌龙茶、红茶、黑茶、黄茶和白茶）以及花茶的制作工艺。

### 绿茶的制作方法

绿茶典型的制作工序：杀青、揉捻和干燥。杀青是第一道工序，也是最为关键的一道工序。因为杀青能使茶叶内部水分蒸发，具有青草味道的芳香物质也随之挥发掉。水分减少后，叶子变软，就可以进行下一道工序，即揉捻造形，而芳香物质的挥发，则可以改善茶叶的香气。重要的是，杀青可以破坏鲜叶中酶的特性，制止多酚类物质氧化，防止茶叶红变，保证了茶叶的颜色。因此，杀青对绿茶的品质至关重要。杀青时的茶叶量、温度、时间、方式等，都会影响杀青的质量。目前，随着制茶的逐步机械化，出现了专门的杀青机，除了少数的特种茶，杀青过程均在杀青机中进行。

第二道工序揉捻的作用主要是通过外力将叶片揉破，使茶叶由片状变成条状，缩小体积，以便于包装、贮藏、运输和冲泡。另一个作用则是挤出一部分茶汁，使其溢附在茶叶表面，以提高冲泡时茶汤的浓度。如果茶叶比较老，应该趁杀青后茶叶尚未变凉就进行揉捻，因为此时茶叶温度较高，比较软，容易揉捻变形；如果茶叶比较嫩，则要等杀青后摊开晾凉后才进行揉捻，不然会揉捻过度，导致末叶过多。现在，除一些名茶仍用手工操作外，大部分绿茶的揉捻都在揉捻机中进行。

⊙ 图绘制茶的场景。三人各司其职，皆专心致志，一丝不苟。本画设色古朴，构图疏而不露，突现一种恬适的工作氛围。

最后一道工序是“干燥”，干燥方法有烘干、炒干和晒干三种。制作绿茶时，一般是先烘干，然后再炒干。因为如果直接炒干，由于茶叶揉捻后，依然含有较多的水分，会在炒干机内结成团块，同时茶汁也容易黏在锅壁上，影响茶叶的质量，所以茶叶要先烘干才能放进炒干机里。经过干燥这一工序，茶叶可以蒸发大部分水分，从而达到适合贮藏的干燥程度。

### 乌龙茶制作方法

乌龙茶典型的制造工序：萎凋、做青、炒青、揉捻、干燥。其中后两道工序揉捻和干燥与绿茶的制作原理相同，这里不再详述。乌龙茶的萎凋和绿茶的杀青很相似，都是将茶叶内部水分蒸发。乌龙茶的萎凋方法有四种，分别是晾青、晒青、烘青、人控条件萎凋，其中晾青是指室内自然萎凋，晒青是指日光萎凋，烘青是指加温萎凋。通过萎凋这一工序，可使茶叶部分水分蒸发掉，提高叶子韧性，便于进行接下来的工序。另一方面，可增强茶叶中酶的活性，去掉部分青草气，从而提高茶香的质量。

做青是形成乌龙茶特有品质特征的关键工序，是奠定乌龙茶香气和滋味的基础，乌龙茶的特殊香气和绿叶红镶边就是在这一工序中形成的。茶叶经萎凋后，放入摇青机中，随着摇青机的摇动，茶叶互相碰撞，擦伤叶缘细胞，使其发生轻度氧化，从而使叶片边缘呈现红色，中央部分则由暗绿转变为黄绿，即所谓的“绿叶红镶边”。做青阶段，乌龙茶的品质基本形成。炒青的作用也相当于绿茶的杀青，主要作用是抑制酶的活性，减缓氧化进程，防止叶子继续变红，是属于承上启下的工序，可以将做青阶段形成的茶叶品质固定下来。另一方面，可以使部分水分蒸发掉，茶叶变软，便于接下来的揉捻；同时，低沸点的青草气物质也随之挥发掉，使茶香变得馥郁而纯正。

## 红茶的制作方法

红茶包括工夫红茶、红碎茶和小种红茶，其制法大同小异，都有四个工序，即萎凋、揉捻、发酵、干燥。萎凋是指鲜叶经过一段时间失水，由硬脆状态变成萎蔫凋谢状态的过程。萎凋可使茶叶蒸发部分水分而变柔软，韧性增强，便于造型。同时，萎凋还可去除青草味，使茶叶初现清香，是形成红茶香气的重要加工阶段。萎凋方法有自然萎凋和萎凋槽萎凋两种。自然萎凋是指将茶叶薄摊在室内或室外阳光不太强的地方，让水分自然蒸发。萎凋槽萎凋是指将鲜叶放在通气槽中，用热空气加速萎凋过程。这种萎凋方法目前被广泛使用。

红茶揉捻的作用与绿茶基本相同，除进行茶叶定形外，还可增进色香味浓度。同时揉捻可破坏茶叶细胞，使之在酶的作用下进行必要的氧化，有利于发酵的顺利进行。发酵是红茶制作的独特阶段。发酵后，茶叶由绿变红，形成红茶“红叶红汤”的品质特点。目前，这一工序普遍使用发酵机来控制温度和时间。如果发酵程度适宜，嫩叶色泽红匀，老叶则红里泛青，熟果香将取代青草气。发酵好的茶坯还需经过干燥才能制出成茶。干燥是指利用高温烘焙迅速蒸发水分以达到保质干度的过程。这样做有三个目的：迅速钝化酶的活性，停止发酵；蒸发水分，缩小体积，固定外形，保持干度以防霉变；挥发掉低沸点的青草气味，保留高沸点的芳香物质。

⊙手工炒茶
随着茶叶外销量的增多，手工炒茶已经不能满足需要。

## 其他茶制作方法

黑茶典型的制造工序：杀青、揉捻、渥堆、干燥。其中渥堆是黑茶制造的特有工序，也是形成黑茶品质的关键工序。黑茶采用炒的方式杀青。由于黑茶一般采摘粗老叶子制作，含水量低，需高温快炒，翻动均匀，炒至暗绿色即可。杀青叶出锅后，要立刻趁热揉捻，以塑造良好外形。黑茶的揉捻方法与一般红茶、绿茶相同。把揉捻后的叶子堆放在篾垫上，厚度为15 ~ 25厘米，盖上湿布，保湿保温，以保证渥堆的进行。渥堆进行时，要根据温度的变化，适时翻动1 ~ 2次。关于渥堆的化学变化原理，目前主要有三种看法：酶促作用、微生物作用和湿热作用。但多数人认为黑茶的渥堆与黄茶的闷黄过程相似，主要是湿热作用。干燥的目的在于固定品质，防止变质。黑茶的干燥方法主要有烘焙法和晒干法。

黄茶典型的制作工序：杀青、闷黄、干燥。黄茶的品质特点是“黄汤黄叶”，其制作的关键工序是闷黄。变色过程中程度较轻的为黄茶，程度较重的则成了黑茶。黄茶的杀青和其他茶类的杀青一样，作用是破坏茶叶中酶的活性，蒸发茶叶中一部分水分，散发掉茶叶中的青草气，对茶叶香味的形成有重要作用。闷黄是黄茶制作工艺的重要特点，是形成“黄汤黄叶”的关键工序。影响闷黄的因素有两个，即茶叶的含水量和温度。含水量越多，茶叶温度越高，湿热条件下的黄变过程也就愈快。从杀青到干燥结束，都可以为茶叶的黄变创造合适的湿热条件。闷黄作为一个工序，可以安排在杀青后进行，或在毛火后进行，甚至闷炒交替进行。不同的闷黄方法可得到不同品质的茶叶，但无论是哪种闷黄，都是为了形成黄茶“黄汤黄叶”的品质特征。黄茶的干燥一般分几次进行，和其他茶类相比，干燥的温度偏低。

白茶典型的制作工艺：萎凋、烘焙（或阴

**·花茶窨制的专有名词·**

花茶窨制的专有名词：窨花、提花、压花、打底。窨花完成后，用少量鲜花复窨一次，出花后不再复火，经摊凉后即可匀堆装箱，称“提花”；经过茶坯鲜花拌和、窨花、通花、出花、烘干等一系列工序制成花茶，称“窨花”；鲜花经窨花或提花工序后尚有余香，花渣可再用于窨制中低档茶坯，利用花渣进行窨花者，称为“压花”；在窨花或提花时，配用少量第二种鲜花一起窨制，称为“打底”。

干）、拣剔（或筛拣）、复火、装箱。白茶的制作工艺和其他茶类最大的不同之处是其干燥的方法不是采用揉捻和炒干。白茶主要产于福建省，是中国特有的茶类。白茶干茶表面密布白色茸毫，其品质特征的形成主要有两个原因：一是采摘多毫的幼嫩芽叶制成，二是制法上采取不炒、不揉的晾晒烘干工艺。目前白茶的种类不多,有芽茶（白毫银针）和叶茶（如贡眉），制作工艺简单。白毫银针作为芽茶的制作工序为：茶芽、萎凋、烘焙、筛拣、复火、装箱。白牡丹、贡眉等叶茶的制作工序为：鲜叶、萎凋、烘焙（或阴干）、拣剔（或筛拣）、复火、装箱。

花茶的窨制原理：花茶的制作工艺中最关键的是窨制，这是花茶制作和其他茶类最根本的区别。花茶窨制（熏制）是指将鲜花与茶叶拌和，让茶叶在静止状态下慢慢吸收花香，然后去掉花朵，将茶叶烘干制成花茶。利用鲜花吐香和茶叶吸香的两个特性，一吐一吸，茶味、花香水乳交融，这是花茶窨制的基本原理。有些高档茶坯为了增加花香的浓度,会窨制 2 ~ 3 次，每次的窨制工艺和以上工艺基本相同，只是花的数量、温度、时间、水分含量等略有不同。

## 中国名泉

“茶有各种茶，水有多种水，只有好茶、好水，味才美。”这话充分说明了茶与水的密切关系。历史上，品茗爱好者大多喜欢游历名川大山，鉴赏天下之名泉佳水，并按其水质进行排名。

### 金山中泠泉

金山，位于江苏省镇江市西北部。古今闻名的中泠泉就位于金山公园西一里处。用中泠泉泉水沏茶，茶味清香甘冽。唐代张又新《煎茶水记》中记载，品泉家刘伯刍品鉴过若干名泉佳水后，把中泠泉评为第一，故中泠泉素有“天下第一泉”之美誉。为什么中泠泉的泉水如此神奇呢？真正的中泠泉泉水是极为难得的，因为它的泉眼在波涛汹涌的江心，汲取其泉水极不容易。《金山志》记载：“中泠泉，在金山之西，石弹山下，当波涛最险处。”据说古人汲水要在一定的时间，还要用特殊的器具——铜瓶或铜葫芦，垂入石窟之中，才能得到真泉水，如果位置不合适，就得不到真正的泉水。后来由于地质变迁，中泠泉的泉眼露出了地面。人们在泉眼四周砌成石栏方池。清代书法家王仁堪在石栏上写了“天下第一泉”五个苍劲有力的大字，从而使这里成了镇江的一处古今名胜。

### 杭州虎跑泉

虎跑泉，位于浙江杭州市西南大慈山白鹤峰下慧禅寺（俗称虎跑寺）侧院内，距市区约 5 公里。该泉从大慈山的断层陡壁的砂岩、石英砂中渗出，泉水晶莹甘洌，居西湖诸泉之首，和龙井泉一起并誉为“天下第三泉”。“龙井茶叶虎跑水”被誉为西湖双绝。古往今来，凡是来杭州游历的人们，都以品尝虎跑泉水冲泡的龙井茶为快事。历代的诗人们留下了许多赞美虎跑泉水的诗篇。近年来，西湖风景区的虎跑、

⊙ 位于杭州西湖西南隅大慈山白鹤峰麓的虎跑泉

龙井、玉泉、吴山等地方均恢复或新建了一批茶室，中外茶客慕名而至，常常座无虚席。杭州市不少品茗爱好者，经常于清晨乘车或骑自行车到虎跑等名泉汲取泉水，用以冲茶待客，或自饮品尝，以取陶然之乐。

## 北京玉泉山玉泉

玉泉，位于北京西郊玉泉山东麓。漫步在风景秀丽的颐和园昆明湖畔之时，玉泉山上的高峻塔影和波光山色，就会映入眼帘。明代蒋一葵在《长安客话》中对玉泉山水作了生动的描绘："泉出石罅间，诸而为池，广三丈许，名玉泉池，池内如明珠万斗，拥起不绝，知为源也。水色清而碧，细石流沙，绿藻翠荇，一一可辨。"清康熙年间，在玉泉山之阳建澄心园，后更名曰静明园，玉泉即在该园中。从清朝初年开始，玉泉就是宫廷帝后品茗御用之泉水。乾隆帝曾对天下的名泉佳水做过深入的研究和品评，除对水质的清、甘、洁进行比较之外，还用特制的银斗比较衡量，以轻者为上。乾隆帝把天下名泉列为七品，而京师玉泉名列第一。他在《玉泉山天下第一泉记》中说："则凡出于山下，而有冽者，诚无过京师之玉泉，故定为天下第一泉。"

## 济南趵突泉

趵突泉，一名瀑流，又名槛泉，宋代始称趵突泉。位于山东济南市西门桥南的趵突泉公园内。有泉城之誉的济南市共有四大泉群，即趵突泉、黑虎泉、珍珠泉和五龙潭，而趵突泉名列七十二泉之首，是中国北方最负盛名的大泉之一。趵突泉从地下熔岩溶洞的裂缝中涌出，三窟并发，浪花四溅，声若隐雷，势如鼎沸。郦道元《水经注》有云："泉源上奋，水涌若轮。"泉池的形状为方形，面积大约有一亩，周围砌起了石栏，池内的三股清泉，日夜喷涌，乍一看，就像三堆白雪，甚为奇观。由于池水澄碧、清醇、甘冽，非常适合烹茶。宋代曾巩有诗云："润泽春茶味更真。"

⊙ 趵突泉

趵突泉位于山东省济南市，是中国著名的泉。它的泉水来自地下，泉水水质好。

## 庐山康王谷水帘泉

江西九江庐山康王谷水帘泉，又称三叠泉、三级泉，位于庐山东谷会仙亭旁。唐代陆羽曾游历名山大川，品鉴天下名泉佳水，将水帘泉评为"天下第一名泉"。因被陆羽评为"天下第一名泉"，水帘泉曾名盛一时，为嗜茶品泉者所推崇乐道。宋朝诗人苏轼和陆游曾品鉴过帘泉之水，并留下了品泉诗章。苏轼在咏茶词中称赞"谷帘自古珍泉"。陆游在《试茶》诗曰："日铸焙香怀旧隐，谷帘试水忆西游。"从庐山观山上看水帘泉，只见一缕天泉，垂直飞泻而下，落在大盘石上，发出洪钟般的响声。泉水散而复聚，曲折回绕，又往下泻，谷风吹来，泉水似冰绢飘于空中，如万斗明珠随风散落，在阳光的照射下，五光十色，晶莹夺目，蔚为壮观。

## 无锡惠山寺石泉水

惠山寺，位于江苏无锡市西郊惠山山麓锡惠公园内。惠山，一名慧山，又名惠泉山，以名泉佳水著称于天下。惠山寺石泉共有三个泉池，入门处是泉的下池，开凿于宋代。池上面是漪澜堂，堂后就是闻名遐迩的“二泉亭”。亭内和亭前有两个泉池，分别为上池、中池，相传为唐代开凿。上池呈八角形，水质最佳；中池呈不规则方形，从若冰洞浸出，又称“冰泉”。惠山寺泉水自开凿之初，就和茶人品泉鉴水紧密联系在一起。唐代，惠山寺二泉池开凿之时，陆羽正在太湖之滨的长城顾渚山、义兴唐贡山等地访茶品泉，他多次赴无锡考察惠山，著有《惠山寺记》，并将惠山泉评为“天下第二泉”。除陆羽外，唐代品泉家刘伯刍、张又新也曾品评过惠山二泉之水。唐武宗会昌年间，宰相李德裕住在京城长安，曾责令地方官吏派人用驿递方法，把 3000 里外的无锡泉水运去享用。宋徽宗时将二泉水列为贡品，命人按时按量送往东京汴梁。

## 杭州龙井泉

龙井泉，本名龙泓，又名龙湫。位于浙江杭州市西湖西面的风篁岭上，属裸露型岩溶泉。龙井泉相传在三国东吴赤乌年间（238 ~ 250 年）已被发现。由于此泉大旱不涸，古人以为与大海相通，有神龙潜居，所以称之为龙井。宋代诗人苏东坡曾称赞龙井泉曰：“人言山佳水亦佳，下有万古蛟龙潭。”龙井泉水源自山岩，水味甘醇，四季不绝，清如明镜，寒碧异常。取一小棍轻轻搅拔井水，水面上即呈现出一条由外向内旋动的分水线，见者无不称奇。据说是泉池中已有泉水与新涌入泉水的比重和流速不同所致，但也有人认为是龙泉水表面张力较大所致。乾隆巡幸江南至杭州时，曾不止一次去龙井烹茗品泉，并写了《坐龙井上烹茶偶成》的咏茶诗：“龙井新茶龙井泉，一家风味称烹鲜。寸芽出自烂石上，时节焙成谷雨前。何必凤团夸御茗，聊因雀舌润心莲。呼之欲出辩才在，笑我依然文字禅。”

## 苏州虎丘寺石泉水

苏州虎丘，又名海涌山。位于江苏省苏州市阊门外西北山塘街，距城约 3.5 公里。春秋吴王夫差葬后三日，有白虎蹲其上，故名虎丘。虎丘不仅以风景秀丽闻名遐迩，也以名泉佳水著称于世。据《苏州府志》记载，茶圣陆羽晚年长期寓居于苏州虎丘。他发现虎丘山泉甘甜可口，遂在虎丘山上挖筑一石井，称为“陆羽井”，又称“陆羽泉”，并将其评为“天下第五泉”。因虎丘泉水清甘味美，唐代品泉家刘伯刍又将其评为“天下第三泉”。闻名天下的“虎丘石泉水”，其具体位置是在“千人石”右侧的“冷香阁”。井口约有一丈见方，四面石壁，不连石底，井下清泉寒碧，终年不断。此乃陆羽当年寓居虎丘时开凿的古石泉，即“陆羽泉”。

⊙ “天下第五泉”遗址

### ·山泉水的水质·

山泉水大多出自岩石重叠的山峦。山上植被繁茂，从山岩断层细流汇集而成的山泉，富含二氧化碳和各种对人体有益的微量元素；而经过砂石过滤的泉水，水质清净晶莹，含氯、铁等化合物极少，用这种泉水泡茶，能使茶的色、香、味、形得到最大发挥。当然，并非所有的山泉水都可以用来沏茶，如含硫磺的山泉水就不能用于沏茶。

## 茶具类型

茶具是指茶杯、茶壶、茶碗、茶盏、茶碟、茶盘等饮茶用具。中国茶具种类繁多，造型优美，兼有实用价值和艺术价值，为历代茶的爱好者所青睐。按制作材料不同茶具可分为瓷器茶具、陶土茶具、金属茶具、竹木茶具、漆器茶具、搪瓷茶具和玻璃茶具等。

中国瓷器茶具品种甚多，主要有彩瓷茶具、黑瓷茶具、白瓷茶具和青瓷茶具。彩瓷茶具品种繁多，其中最引人注目的是青花瓷茶具。青花瓷茶具的特点是：色彩淡雅，幽菁可人，有华而不艳之力；花纹蓝白相映成趣，有赏心悦目之感。古人将黑、蓝、青、绿多种颜色统称为“青”，故“青花”的含义相当广泛。青花瓷茶具开始成批生产，始于元代中后期，主要生产地是江西景德镇。青花瓷茶具将中国传统绘画技法运用在瓷器上，因此也是元代绘画的一大成就。明代，景德镇的青花瓷茶具，质量、造型、纹饰等都冠绝全国，花色品种越来越多。清代，青花瓷茶具制造又进入一个历史高峰，特别是康熙年间烧制的青花瓷器具，堪称“清代之最”。

黑瓷茶具于晚唐出现，于宋朝盛行，一直保持到元朝，明朝、清朝时，开始衰微。宋人斗茶，主要有两方面的内容，一是斗茶面汤花

⊙黑釉茶壶

⊙青花瓷茶壶茶碗

的色泽和均匀度，以“鲜白”为先；二是斗汤花与茶盏相接处水痕的有无和出现的迟早，以“盏无水痕”为上。由于以黑瓷茶具斗茶，更容易看出有无水痕，因此宋代斗茶的兴起，为黑瓷茶具的崛起创造了条件。据资料记载，宋代瓷器茶具中的最大品种就是黑瓷茶盏。当时，福建建窑、江西吉州窑、山西榆次窑等，都是黑瓷茶具的主要产地。其中建窑生产的“建盏”最为精致，茶汤入盏后，点点光辉五彩缤纷，令人赏心悦目，增加了斗茶的情趣。

白瓷茶具的特点是，上釉、成陶火度高，致密透明，无吸水性，音清而韵长。因白瓷茶具色泽洁白，能反映出茶汤色泽，适合冲泡各类茶叶；色彩缤纷，造型各异，外壁多绘有四季花草、飞禽走兽、山川河流、人物故事；且传热、保温性能适中，堪称饮茶器皿之珍品，其使用最为普遍。唐代，河北邢窑生产的白瓷器具已“天下无贵贱通用之”；元代，江西景德镇白瓷茶具已远销国外。

青瓷茶具。青瓷茶具色泽青翠，用来冲泡绿茶，有益汤色之美。不过，青瓷茶具不大适用于冲泡红茶和白茶，因其底色会使茶汤失去本来面目。晋代，浙江的越窑、婺窑、瓯窑已具相当规模；宋代，浙江龙泉哥窑成为五大名窑之一（浙江有着悠久的青瓷生产史，其生产的青瓷茶具质量最好）；明代，青瓷茶具以质地细腻、造型端庄、釉色青莹、纹样雅丽而蜚

## ·陶土器具·

陶土器具是新石器时代的重要发明。最初是粗糙的土陶，后来逐步发展为比较坚实的硬陶，然后演变为表面敷釉的釉陶。远古时代的宜兴，制陶业就已相当发达，商周时出现了几何印纹硬陶；秦汉时已开始烧制釉陶。陶器的佼佼者当推宜兴紫砂茶具，它崛起于北宋初年，流行于明代。和一般陶器不同，紫砂壶内外都不敷釉，采用当地的紫泥、红泥、团山泥抟制焙烧而成。

声中外。16世纪末，龙泉青瓷出口法国，轰动整个法兰西，被法国人视为稀世珍品。

陶土茶具主要是指宜兴制作的紫砂茶具。紫砂茶具由陶器发展而来，始于宋代，盛于明清，流传至今。一般认为，一件较好的紫砂茶具，必须具有“三美”，即造型美、制作美和功能美，三者兼备，方称得上是一件完善之作。茶人钟情于紫砂茶具的原因有两个，一是紫砂茶具造型多变，富含文化品位，“方非一式，圆不相同”就是人们对紫砂茶具器形的赞美；二是紫砂茶具质地适合泡茶：“泡茶不走味，贮茶不变色，盛暑不易馊。”紫砂茶具坯质致密坚硬，取天然泥色，大多数为紫砂，亦有少数是红砂、白砂的。特点是耐寒耐热，泡茶无熟汤味，能保真香，且传热缓慢，不易烫手。不过，美中不足的是，由于紫砂茶具本身有颜色，茶汤装在其中，难以看到原来的汤色。

金属用具是中国最古老的器具之一，通常用金、银、铜、铁、锡等金属材料制作而成。秦汉前，古人就用青铜制盘盛水，用青铜制爵、青铜制尊盛酒，我们可以推知，这些青铜器皿自然也可用来盛茶。秦汉后，茶具逐渐从其他饮具中独立出来。南北朝时，中国出现了包括饮茶器皿在内的金银器具。隋唐时，金银器具的制作在数量和质量上都达到了一个高峰。不过金属茶具有个明显的缺陷，就是用于泡茶，会使“茶味走样”。元代特别是明代以后，随着新茶类的出现，饮茶方法的创新，最重要的是陶瓷茶具的兴起，金属茶具逐渐消失。但金属贮茶器具至今仍使用广泛，因为金属和纸、竹、木、瓷、陶等材料相比，其密闭性能更好，有利于散茶的保存。因此，现今还有用锡制作的贮茶器具。

⊙木制素色漆托盘

竹木茶具制作方便，无污染，一直深受茶人喜爱。陆羽在《茶经》中开列的28种茶具中，多数是用竹木制作的。实际上，隋唐以前，除陶瓷器外，民间多用竹木制作茶具。清代，四川出现了一种竹编茶具，多为成套制作，主要品种包括茶杯、茶盅、茶托、茶壶、茶盘等。竹编茶具由内胎和外套组成，内胎多为陶瓷类饮茶器具，外套乃精选慈竹，制成粗细如发的柔软竹丝，按内胎形状、大小编织嵌合，使之成为整体如一的茶具。这种茶具能保护内胎，且不易烫手，更重要的是美观大方，富含艺术欣赏价值，因此很多人购置竹编茶具用于摆设和收藏。不过，竹木茶具的缺点是寿命较短，不能长期使用和保存。

漆器茶具始于清代，有“宝砂闪光”、“金丝玛瑙”、“釉变金丝”、“仿古瓷”、“雕填”、“高雕”和“嵌白银”等品种。较为著名的漆器茶具有北京雕漆茶具、福州脱胎茶具、江西波阳、宜春等地生产的脱胎漆器等，其中以福州的漆器茶具为最佳。漆器茶具多姿多彩，特别是创造了红如宝石的“赤金砂”和“暗花”等新工艺以后，漆器茶具更是鲜丽夺目，令人爱不释手。

⊙竹制茶具

搪瓷茶具品种繁多：网眼花茶杯，层次分明且饰有网眼，有较强的艺术感；鼓形茶杯和蝶形茶杯，式样轻巧，造型独特；仿瓷茶杯，其质地可与瓷器媲美；加彩搪瓷茶盘，用于放置茶壶、茶杯；保温茶杯，能起保温作用且携带方便。搪瓷茶具起源于古代埃及，后传入欧洲，大约在元代时，传入中国。明代景泰年间，中国创制了珐琅镶嵌工艺品——景泰蓝茶具。清代乾隆年间，景泰蓝从宫廷流向民间，中国搪瓷工业开始出现。搪瓷茶具以坚固耐用、图案清新、轻便耐腐蚀的特点而著称。不过，搪瓷茶具也有缺点，就是传热快、易烫手，一般不做居家待客之用。搪瓷茶具20世纪五六十年代曾在中国广泛流行，后来为其他茶具所代替。

玻璃茶具素以质地透明、光泽亮丽、形状各异而著称，它既可用于品茶，又可用于饮酒，因而深受人们喜爱。玻璃茶具晶莹剔透，用之泡茶，茶人可清楚地观察到茶汤色泽鲜艳、澄清碧绿，细嫩柔软的茶叶上下游动，逐渐舒展，芽叶朵朵，亭亭玉立，别有一番情趣，令人赏心悦目。但玻璃茶具的缺点是容易破碎，不耐用，而且很容易烫手。一般来说，现在通用的各类茶具中，以瓷器、陶器茶具特别是宜兴紫砂壶为上，玻璃茶具次之，搪瓷茶具再次之。

## 泡茶要点

泡茶并不难，难的是泡出好茶来。不同品种的茶叶，冲泡方法也不同，但一些基本要素是相通的，就是要注意茶叶的用量、泡茶的水温、泡茶的水质以及泡茶的次数和时间，即所谓的泡茶"四要素"。掌握了这"四要素"，就基本上掌握了泡茶的方法。

### 茶叶用量

要确定茶叶用量，具体用多少茶叶，要根据实际情况而定，如消费者习惯、茶叶种类等。茶叶用量要根据消费者习惯而定。如中国华北和东北地区人们冲泡花茶时，喜欢喝淡茶，因此茶叶用量较少，而且往往用大茶壶冲泡；长江中下游地区主要饮用名优茶，如龙井、毛峰等，每次用量也较小，常用小瓷杯或小玻璃杯冲泡；福建、广东、台湾等地，工夫茶颇为流行，茶具虽小，但用茶量不少；中国西北地区，如西藏、新疆、青海、内蒙古等，蔬菜比较缺乏，当地人以肉食为主，一般喜饮喝浓茶，故用茶量较大。

茶叶用量还要根据茶叶种类而定。根据经验，如果是乌龙茶，每次要用的茶叶几乎是茶壶容积的一半，甚至更多，所以工夫茶一般是浓茶；假如用茶杯冲泡，红茶茶与水的比例一般为1 ∶ 50或1 ∶ 60，即每150 ~ 200毫升的开水可以冲泡3克左右的干茶，绿茶的茶叶用量和红茶基本相同；如果是普洱茶，则每150 ~ 200毫升的开水可以冲泡5 ~ 10克的干茶。

### 泡茶的水温

泡茶的水温主要根据茶叶品种而定。总的原则是：老茶叶高温水，嫩茶叶低温水。因为一般来说，泡茶水温与茶叶中的有效成分在水中的溶解度呈正比例关系，即水温愈高，有效成分溶解愈多，茶汤就愈浓；反之，水温愈低，有效成分溶解愈少，茶汤就愈淡。

如乌龙茶、普洱茶和花茶，由于这些茶叶冲泡时用量较多，而且叶片一般较老，茶叶中有效成分难以浸出，必须用100℃的沸水冲泡，才能喝出茶味来。各种花茶、红茶和中低档绿茶，也要用100℃的沸水冲泡。因为如果水温

### ·大桶茶的冲泡·

在喝茶人数众多的场合，往往需要冲泡大桶茶。对于大桶茶来说，茶叶和水比例的恰当与否直接关系到茶汤的质量。根据经验，两者的比例一般为1∶50。根据这个比例，可以确定用水量和用茶量：用水量=杯子的容量×人数×每人供应杯数，用茶量＝用水量除以人数。此外，冲泡大桶茶时，可用纱布袋、细铁网隔离茶汤和茶叶。

不够高，茶汤滋味会过于淡薄。中国大部分少数民族饮用砖茶，砖茶一般用黑茶制作而成，叶片较老，需要放在锅中熬煮，才能使茶叶成分溶解，如果气压较低，还需要用高压锅熬煮。

高级绿茶以及其他名茶，芽叶一般比较细嫩，不能用100℃的沸水冲泡，因为水温过高，会把茶叶“烫熟”，还会破坏茶叶中大量的维生素C，而且容易浸出茶叶中的咖啡碱，导致茶汤苦涩，同时茶汤颜色容易变黄。一方面不利于人体对营养成分的吸收，另一方面喝起来的口感也不好。这类茶叶的冲泡，一般以80℃左右的温水为宜。温水泡出的茶汤嫩绿明亮，滋味鲜爽，同时还保留了茶叶原有的维生素C。总的来说，茶叶愈嫩、愈绿，冲泡水温就愈低。

⊙煮茶图

## 泡茶的水质

古代茶人认为水为茶之母，好茶尚须好水冲。著名的杭州“双绝”——龙井茶，虎跑水；世人皆知的“扬子江心水，蒙山顶上茶”，就是最好的证明。张源在《茶录》中说：“茶者，水之神；水者，茶之体。非真水莫显其神，非精茶曷窥其体。”这话说明了在茶与水的结合体中，有时水比茶叶更重要，因为水是茶色、香、味的载体。张大复在《梅花草堂笔谈》中也说：“茶性必发于水，八分之茶，遇十分之水，茶亦十分矣；八分之水，试十分之茶，茶只八分耳。”由此可见，泡茶水质的好坏，直接影响到茶色、香、味的优劣。

古人认为，只有精茶与真水的融合，才是至高的享受、最美的境界。因此，历代茶人对泡茶水质，均诸多讲究。曾有人为了泡茶，专门收集“朝露之水”、“初雪之水”、“清风细雨之中的无根水”等。甚至冬天时，还有人收集梅花花瓣上的积雪，用罐装好，深埋于地下，以待来年烹茶时使用。可见古代茶人对泡茶水质的重视和执著。那么，到底哪些水适合泡茶呢？下面具体分析一下自来水、纯净水、山泉水、井水以及江、河、湖水。

我们生活中常用的自来水，往往含有少量氯气以及从水管中带来的少量铁质，并不是一种好的沏茶用水。因为氯化物会和多酚类发生化学反应，生成带有苦涩味的物质，同时还会在茶汤表面形成一层“锈油”。研究表明，如果水中的铁离子含量超过万分之五，就会导致茶汤变褐色。如果没有其他选择，非要用自来水沏茶，最好先把自来水贮存于无污染的容器中，待氯气散发后再用。

纯净水是指利用多层过滤、超滤、反渗透技术，将一般饮用水杂质除去并使水的酸碱度达到中性而得到的人工水。纯净水既干净又透明，是一种较为理想的沏茶用水。市面上各种品牌的纯净水、矿泉水，大多可以用来沏茶。这种水质冲泡出来的茶汤，色、香、味俱全。

山泉水大多从山岩断层中流出，由细流汇集而成，富含二氧化碳和各种对人体有益的微量元素，水质清净晶莹，含氯、铁等化合物极少。用之沏茶，茶汤晶莹透澈，香气滋味纯正、鲜醇爽口，能使茶的色、香、味、形发挥到极致。不过，不是所有的山泉水都可以用来沏茶，像含有硫磺的矿泉水，就不能用来沏茶。

井水是一种地下水，悬浮物较少且透明度高。不过，需要注意的是，井水要“活”的才行，若是一潭死水的井水，则不能用于泡茶。唐代陆羽《茶经》记载“井取汲多者”，明代陆树声《煎茶七类》也记有“井取多汲者，汲多则水活”，都强调了要用活水井里的水。同时，如果是浅层地下水，特别是城市井水，由于容易受到周围环境的污染，也不宜用于泡茶。明代焦竑《玉堂丛语》和清代窦光鼐、朱筠《日下旧闻考》中都提到的京城文华殿东大庖井，水质清明，滋味甘洌，曾是明清两代皇宫的饮用水源。福建南安观音井，曾是宋代的斗茶用水，至今犹存。

江、河、湖水属地表水，如果远离人烟，如浙江桐庐的富春江水、淳安的千岛湖水、绍兴的鉴湖水等，所含杂质较少，也是较为理想的沏茶用水。唐代陆羽在《茶经》中说：“其江水，取去人远者。”但常见的江、河、湖水往往比较混浊，污染物较多，不宜用于沏茶。

### 茶叶的冲泡时间和次数

这和茶叶种类、泡茶水温、用茶数量都有密切关系，不可一概而论。一般来说，红茶、绿茶的冲泡时间为 3 ~ 5 分钟，而乌龙茶的冲泡时间较为特别，具体来说，第一次冲泡时间为 1 分钟，第二次冲泡时间为 1 分 15 秒，第三次冲泡时间为 1 分 40 秒，第四次冲泡时间为 2 分 15 秒。可见，越往后的次数，冲泡时间就越长。因为只有这样，前后的茶汤浓度才比较均匀。

一般的红茶、绿茶泡第一次时，能浸出 50%左右的可溶性成分；泡第二次时，能浸出 30%左右的可溶性成分；泡第三次时，能浸出 10%左右的可溶性成分；泡第四次时，茶叶的成分已所剩无几。因此，对于一般的红茶、绿茶来说，最多只能冲泡三次。如果是碎茶，则只能冲泡一次，再泡就没有茶味了。

## 品茶之道

古人饮茶，重在一个“品”字。“品茶”，不仅是鉴别茶的优劣，也带有神思遐想、领略饮茶情趣之意。《红楼梦》中妙玉讥笑贾宝玉饮茶，一语道破说：“岂不闻一杯为品，二杯即是解渴，三杯便是饮驴了。”意即品茶不在量而在质。喝茶时，需细细品尝，步步领略，方知风韵。由于不同茶类具有不同的品质特征，所使用的茶具、冲泡程序、品茶方法也不尽相同。

### 品饮绿茶

品饮绿茶前，可先观察一下干茶的色泽和造型。把一定量的干茶，在白纸上摊开，就可仔细观察。绿茶因品种不同，色泽有碧绿色、深绿色、黄绿色等，有时还布满白毫。形状则各具特色，有条形的、扁形的、螺形的，还有针形的。高档细嫩的绿茶，一般选用玻璃杯或

⊙《宫乐图》描绘的品茶场景，说明唐时品茶已很普遍。

⊙ 宋代赵传《文会》图中文人品茶的场面

白瓷杯冲泡，因为透明的玻璃杯便于人们赏茶观姿，而白瓷杯则能衬托出茶汤的色泽。绿茶的冲泡一般不用盖子，因为盖上盖子，会把嫩茶闷黄，使茶失去鲜嫩色泽和清鲜滋味。

绿茶的冲泡方法有“上投法”和“中投法”两种。“上投法”先倒开水，再投茶叶，适用于龙井、碧螺春等外形紧结重实的名茶。如果用透明的玻璃杯冲泡，可以清楚地看到茶叶自上而下地飘舞，“芽似枪剑叶如旗”。如果对着阳光，还可看到游动的茸毫闪闪发光。“中投法”先放茶叶再注入开水，而且开水要分两次注入，适用于黄山毛峰等茶条松展的名茶。将干茶投入杯后，先倒入 1/3 杯的开水，大约 2 分钟，干茶吸水舒展，此时再把杯子倒满。饮茶前，先端起来闻茶香，在沁人心脾的茶香中小口品啜，将茶汤含在嘴里，使之与舌头味蕾充分接触，才能真正领略到绿茶的清爽怡人。

## 品饮红茶

红茶的饮用方式多种多样，按花色品种分，有工夫饮法和快速饮法；按调味方式分，有清饮法和调饮法；按茶汤浸出方式分，有冲泡法和煮饮法。一般说来，无论采用何种饮法，都要先置具洁器，即准备并清洗干净茶壶、茶杯等。高档红茶较为讲究，一般用白瓷杯冲泡，因为白色的背景更能衬托出茶汤的色泽和茶叶的美姿。茶叶用量以每杯 3 ~ 5 克为宜，如果是袋泡茶，则每杯放 1 ~ 2 包。茶叶放入杯中后，注入沸水至八分满。大约三分钟后，便可闻到阵阵沁人心脾的清香，待茶汤凉至适口时，即可举杯品味。条形红茶一般可冲泡 2 ~ 3 次，而红碎茶一般只可冲泡 1 次。高档红茶更要在“品”字上下工夫，除闻香观色外，还要缓缓啜饮，方能品出红茶的醇味，领会饮红茶的真趣，获得精神的升华。

## 品饮乌龙茶

中国广东、福建、台湾等地，特别是闽南和广东潮汕地区，尤其喜欢品啜乌龙茶。因其冲泡过程颇费工夫，故称“工夫茶”。“工夫茶”是中国茶艺表演中的一枝奇葩，茶具、茶叶和冲法均极为讲究。地道的潮汕工夫茶，煮茶的燃料必须是橄榄核，水需是山坑石缝水，而乌龙茶则选用上等名茶，如福建安溪铁观音、武夷岩茶等。

“工夫茶”品饮前，先要准备好茶具，将茶壶、茶盘、茶杯等清洗干净后，还要用沸水淋洗一遍，并且在泡饮过程中还要不断淋洗，以使茶具保持一定的热度。这是“工夫茶”的独特之处。然后把乌龙茶倒入白纸中，轻轻抖动，分出粗茶和细末，并用竹匙将其分别堆开。将细末茶填入壶底，再把粗茶盖在上面。这样做，是为了避免茶叶冲泡后，碎末填塞茶壶内口，阻碍茶汤的顺畅流出。冲茶时，技术要求比较高，盛水壶需在较高的位置，沿着茶壶边缘，缓缓地冲入茶壶，以免冲破“茶胆”，同时使壶中茶叶打滚，形成圈子，促使茶叶散香，这种注水法俗称“高冲”。当水漫过茶叶时，停止注水，用壶盖轻轻刮去浮在茶汤表面的浮沫，以洗去茶叶表面的尘污，保存茶的真味。也可以把第一次冲茶的水倒掉，俗称“茶洗”。第二次冲水，至九成满时，盖上壶盖，用沸水淋遍整个壶身，“内外夹攻”，加快茶叶有效成分的浸出。2 ~ 3 分钟后，乌龙茶的真味就冲泡出来了。

用沸水再次冲洗茶杯，将乌龙茶斟入杯中，便可饮用。关于乌龙茶的斟茶方法，历来有“关公巡城”和“韩信点兵”的趣闻。斟茶时，用食指轻压壶顶盖珠，中指和拇指则紧夹壶后把手，茶壶不要离杯子太高，以免失香散味。先

⊙品饮乌龙茶

往每个杯子倒入半杯茶汤，循环往复，逐渐加至八成满，以使每杯茶汤香气均匀，这就是“关公巡城”。斟茶到最后，把罐底的浓汤点点滴滴地斟入各杯，以使每杯茶汤浓度均一，这就是“韩信点兵”。第二次斟茶，仍需先用开水烫杯。烫杯的手法也颇费工夫，用中指顶住杯底，大拇指按于杯沿，将杯倒立于盛满开水的杯碗中，然后用沸水浇淋。

茶水一经冲入杯内，就应趁热啜饮，稍凉则色味大逊，此谓“喝烧茶”。品茶时，一般用右手食指和拇指夹住茶杯杯沿，中指抵住杯底，先观汤色，再闻其香，尔后啜饮。闻香时应来回移动杯子，由远到近，又由近到远，再由远到近，这样来回三四次，以从不同的距离感觉茶香，可谓别具一格。最后，才慢慢移到嘴边，小口啜饮。如此品茶，方能真正领会到乌龙茶的妙处。可以边喝边聊边冲泡，好的乌龙茶“七泡有余香”，不过如果是一般的乌龙茶，则只能冲泡 3 ~ 4 次。

## 品饮花茶

花茶是中国北方人们经常喝的茶叶品种，融茶叶之美、鲜花之香于一体。花茶的冲饮要避免香气的无效散失，同时还要显示茶胚的特质美。泡饮花茶前，可先欣赏花茶的外形。将花茶干茶摊于洁白的纸上，仔细观察其外形，然后闻茶香，以增加品饮花茶的情趣。花茶一般选用白色有盖瓷杯，或是盖碗冲泡，以避免香气的散失。茉莉毛峰、银毫等细嫩花茶和高级名茶，则可选用玻璃杯，因其茶胚形美，透明的杯子便于“目品”茶叶舒展、沉浮时的“茶舞”。冲泡花茶前，要先烫盏，即把茶盏置于茶盘上，用沸水高冲茶盏和茶托，以达到清洁的目的。清洁杯盖，可将其浸入盛满沸水的茶盏中转动，最后把水倒掉。

花茶的冲泡是先放茶叶再注水。用竹匙从贮茶罐中取出花茶，分别置入茶盏。往茶盏冲入沸水时，把茶壶提到高处，使沸水从高处落下，以滚动茶盏内的茶叶，散发茶香。水至八分满时，停止注水，快速加盖，以免茶香散失。花茶冲泡后，静置大约 3 分钟，即可饮用。提起茶盏，轻轻揭开杯盖一侧，就可闻到阵阵香气，凑着香气做深呼吸，更能充分领略香气给人带来的愉悦感觉，此称“鼻品”。花茶的香气有三个质量指标：鲜灵、浓厚、纯正。闻香后，待茶汤凉至适口时，小口啜饮。口含茶汤，使之与舌头味蕾充分接触，充分品尝茶叶香气后才咽下，这叫“口品”。

## 茶道精神

中国茶道不像日本茶道那样，有着严格的程式和体系，而更崇尚自然美、随和美。日本茶道主要反映中国禅宗思想，而中国茶道以儒家思想为核心，融儒、道、佛为一体，内涵更为丰富。但总的来说，日本茶道与中国茶道有着渊源关系，均强调了茶的清心、静气、养神、助智等精义。

王玲教授在其著作《中国茶文化》第二编“中国茶艺与茶道精神”中，清楚地阐述了“茶艺”和“茶道”的含义，从这段话中，我们能更好地理解什么是茶道。“茶艺与茶道精神，是中国茶文化的核心。我们这里所说的‘艺’，是指制茶、烹茶、品茶等艺茶之术；我们这里所说的‘道’，是指艺茶过程中所贯彻的精神。有道而无艺，那是空洞的理论；有艺而无道，则无精、无神……茶艺，有名，有形，是茶文化的外在表现形式；茶道，就是精神、道理、规律、本源与本质，它是看不见、摸不着的，但你却完全可以通过心灵去体会。茶艺与茶道结合，艺中有道，道中有艺，是物质与精神高度统一的结果。”

可见，茶道比茶艺更注重精神内涵。中国饮茶的最高境界，就是在茶事活动中融入哲理、伦理、道德等，在品茗中品味人生、参禅悟道、修身养性、陶冶情操。在探讨中国茶道精神之前，我们先来看看朝鲜和日本的茶道精神。

朝鲜茶道精神是“清、敬、和、乐”。中国儒家的中庸思想被引入朝鲜后，形成“中正”精神。1786～1866年，草衣禅师张意恂在《东茶颂》里提倡“中正”的茶礼精神，指茶人在凡事上不可过度也不可不及，和中庸思想非常相似。后来韩国茶道精神以“中正”精神为依据，归结为“清、敬、和、乐”或“和、敬、俭、真”四个字。

日本茶道精神是“和、敬、清、寂”。日本茶道精神的形成，受中国文化特别是禅宗影响深刻。1522～1592年，千利休明确提出“和、敬、清、寂”为日本茶道的基本精神，被称为日本“茶道四规”。其中“和”、“敬”是处理人际关系的准则，“清”、“寂”是指饮茶的环境气氛，追求幽雅、清静、古朴，营造一种空灵静寂的意境，令人遐想联翩。

中国茶道精神是“和、静、怡、真”。其中“和”是中国茶道哲学思想的核心，“静”是中国茶道修习的必由途径，“怡”是指中国茶道的独特享受，“真”是中国茶道的终极追求。

“和”是儒教、佛教、道教共通的哲学理念，意味着天和、地和、人和，意味着宇宙万物的有机统一与和谐，并因此产生实现天人合一之后的和谐之美。茶道所追求的“和”，乃源于《周易》中的“保合大和”。保合大和的意思是，世间万物皆由阴阳二要素构成，要生存发展，需要阴阳协调、保全大和之元气。唐代陆羽在《茶经》中很详细地论述了这一点。他一共用了将近250个字来描述他所设计的风炉，这对于惜墨如金的他来说是很少见的。陆羽认为，

⊙ **品茶图**

中国古代文人墨客多从品茶中寻找修身养性的快乐。

## ·中国茶道·

中国饮茶活动上升为精神活动，与道教的悟道、静清无为、羽化成仙密切相关。中国茶文化更崇尚自然美、随和美，强调自然美学精神。但由于没有仪式可循，往往也就道而无道了，不利于茶道精神的规范传播。现在人们提到茶道，往往首推日本。日本茶道强调古朴、清寂之美，具有严谨的程式，比中国茶道更为规范一些，但它的“四规”、“七则”似乎过于死板，拘泥于形式，打躬静坐，让人很难感到怡然自乐。

煮茶的过程就是“金、木、水、火、土”五行相生相克并达到和谐平衡的过程。风炉的制造材料是铁，从“金”；煮茶燃烧的木炭，从“木”；风炉上煮的茶汤，从“水”；风炉放置在地上，从“土”；木炭燃烧，从“火”。

儒家根据“大和”的哲学理念推出“中庸之道”。在儒家思想里，“和”的意义相当丰富，相当于“中”、“度”、“宜”、“当”，意味着一切恰到好处，无过亦无不及。儒家对“和”的诠释，在茶事活动中都有表现。泡茶时，“酸甜苦涩调太和，掌握迟速量适中”，为中庸之美；待客时，“奉茶为礼尊长者，备茶浓意表浓情”，为明礼之伦；饮茶时，“饮罢佳茗方知深，赞叹此乃草中英”，为谦和之礼；而在品茗的环境与心境方面，则“普事故雅去虚华，宁静致远隐沉毅”，为俭德之行。

庄子曰：“水静则明烛须眉，平中准，大匠取法焉。水静伏明，而况精神。圣人之心，静，天地之鉴也，万物之镜。”老子曰：“至虚极，守静笃，万物并作，吾以观其复。夫物芸芸，各复归其根。归根曰静，静曰复命。”可见，老子和庄子认为，“虚静观复法”能使人明心见性，领悟世间万物真理的妙法。因为静则明，静则虚，静则虚怀若谷、内敛含藏、洞察秋毫。“静”是中国茶道修身养性、追寻自我的必由途径。只有“静”，才能通过淡淡的茶汤品味人生真谛；才能在茶事活动中明心见性；才能通过小小的茶壶去领悟宇宙的奥秘；才能通过茶道修习来锻炼人格、超越自我。古往今来，众多高僧、儒生，都异曲同工地把“静”作为茶道修习的必经途径，可谓“欲达茶道通玄境，除却静字无妙法”。

宋徽宗赵佶对茶道也颇有研究，他在《大观茶论》中写道：“茶之为物……冲淡闲洁，韵高致静。”认为品茶意境在于静，静则空，空则悟。戴震曾作诗《赏茶》，诗中生动地描述了煮茶环境之静：“自汲香泉带落花，漫烧石鼎试新茶。绿阴天气闲庭院，卧听黄蜂报晚衙。”寂静之中听到黄蜂飞过，和王维的“蝉噪林愈静，鸟鸣山更幽”有异曲同工之妙。无论道教、儒教，还是佛教，都主张通过“静”来悟道。融汇中国道教、儒教、佛教思想精华的中国茶道，同样也主张在宁静的氛围中，使人的心灵净化、升华，洞察世间万物，领悟大自然蕴藏的奥秘，达到“天人合一”的“天乐”境界。

“怡”者，乃和悦、愉快之意。中国茶道和日本茶道的主要不同之处在于，日本有严格、繁复的仪式，而中国虽然自古就有道，但宗教色彩不浓，它将儒、道、佛三家的思想融在一起，各层面的人可以根据自己的情况和爱好，从不同的角度理解茶道，并加以发挥创造，因而也就没有严格的组织形式和清规戒律。

如文人学士饮茶，重在“茶之韵”，在饮茶之中，吟诗作对，修身养性，寄托情怀，交朋结友；佛家饮茶，重在“茶之德”，利用茶来提神，辅助参禅悟道；道家饮茶，重在“茶之功”，利用茶叶的药用价值，增强体质，延年益寿，最后羽化成仙；王公贵族饮茶，乃追求“茶之珍”，因名茶非一般人能喝，同时也是为了附庸风雅。可见，茶道满足了各个阶层的需要，是名副其实的雅俗共赏之道。中国茶道的“随意性”还表现在品茶方式的多样性方面。中国茶人品茶时，可寄情于山水之中，可观月赏花，还可和其他活动相结合，如弹琴、吟诗、作画、下棋，甚至潜心读《易》。

“真”，意味着真理、真性、真诚，是中国茶道的终极追求。“真理”是指在品茶中领悟

"道"，实行精神的升华；"真性"是指品茶时表露真正的自我，无拘无束，任由思想海阔天空；"真诚"是指茶人在品茶中坦诚相见，交流感情、沟通思想、理解对方。可见，"和、静、怡、真"构成了中国茶道精神的基本内涵，是对茶道精神的高度概括。

## 儒家茶理

从表面上看，中国儒家、道家、佛家各有自己的理论观点，对茶道有着不同的理解，茶在修炼中的作用也不尽相同。儒家一向主张积极入世，认为茶有助于沟通人际关系，使人与人之间和谐共处；道家修行的目的是得道成仙，茶可以营造出一种空灵的虚静，能帮助修行之人避世超尘；佛家讲究悟性，利用茶来提神，可以使思路开阔，明心见性，顿悟佛法。

但从本质上看，中国的茶道思想以儒家思想为主体，以中庸精神为前提，融合进了儒、道、佛三家的思想精华，因此各家茶理存在相同之处，即均讲究"和谐、平静"。中庸之道，是儒家学说的基本精神之一。中庸体现了中国人的智慧，反映了中国人对"和谐自然"的认识和追求。中国茶道在各个方面都体现出"温、良、恭、俭、让"的精神，即中庸之道，并把儒家修身、齐家、治国、平天下的伟大哲理融进品茗的日常生活中。

⊙ **煮茶图**

品茶与品境是中国文化追求的一种境界。

儒教的创始人孔子是中国古代的教育家、思想家、政治家，他在中国文化方面的主要贡献是"制礼行乐"。因此，儒家在茶事活动中，无论是采茶、制茶，还是饮茶、敬茶、赠茶等方面，都讲究一个"礼"字。

儒家认为，茶可以自省、养廉、修德。唐代刘贞亮曾总结出茶有"十德"，除了对人体具有药理作用的六德外，即"以茶尝滋味"、"以茶养身体"、"以茶散郁气"、"以茶驱睡气"、"以茶养生气"、"以茶驱病气"，还有注重茶道精神的四德，即"以茶利礼仁"、"以茶表敬意"、"以茶可雅心"、"以茶可行道"。可见茶对于儒家的重要意义。同时，儒家的中庸思想也在很大程度上影响了茶道的内涵。

有人曾从酒和茶的角度分析过西方人和东方人的性格特点，认为西方人性格像酒，火热、兴奋，但也容易偏执、暴躁，动辄决斗，很容易对立；中国人的性格像茶，清醒、理智、平和，做人处事不卑不亢，执着持久，强调人与人之间相互帮助，在友好、和睦的气氛中共同进步。

与无边的宇宙和大千世界相比，人类生存的空间显得相当狭小。因此，人与自然之间，人与人之间，就难免有矛盾和冲突。解决这些矛盾，西方人往往采取直接的方式，结果导致水火不容。中国人在社会生活中，以儒家中庸思想为指导，主张人与人之间要理智、平和地相处，相携相依，多些友谊与理解，以建立一个有秩序的社会；在人与自然的关系中，主张天人合一，五行协调，向大自然的索取不能无休无尽，避免破坏平衡。

儒家把这种思想引入茶道，主张在饮茶中创造和谐气氛，沟通思想，增进友情，达到互敬、互爱、互助的目的。在饮茶中审已、自省，清醒地看待自己和别人。各自内省的结果，是加强理解，从而创造出一个尊卑有序、上下和谐的理想社会环境。如过年过节时，各单位举行旨在促进团结的“茶话会”；有客来访时，敬上一杯香茗，以表示友好与尊重。这些都是儒家中庸之道在日常茶事活动中的具体表现。

茶虽然对人有一定的刺激作用，能使人兴奋，但总的效果是亲而不乱、嗜而敬之。饮茶能使人冷静地面对现实，这是茶和中庸精神相吻合的地方。我们常见有人酗酒斗殴，却不见人喝茶打架，即使是品饮终日，也不会扔杯砸碗。这是因为茶道追求的是“和谐自然”，而这种精神来源于茶道的中庸思想。

此外，儒家还常借茶的品性比喻人的品德。如唐朝诗人韦应物有诗《喜园中茶生》云：“洁性不可污，为饮涤尘烦。”宋朝大诗人欧阳修在《双井茶》中亦云：“岂知君子有常德，至宝不随时变易。”茶圣陆羽更是强调茶“最宜精行俭德之人”。明朝屠隆在其著作《考盘余事》中，也特别列出“人品”一节，论述了对饮茶之人的品德要求，分析了茶对人格自我完善的重要意义。在儒家看来，茶的清淡宁静和人清廉高尚的品德是相对应的。这种自然和人文的高度契合，充分体现了儒家对“真、善、美”境界的追求。茶成为自然和心灵沟通的重要媒介，这正是儒家一贯追求的最高境界。

在西方人看来，水和火是两种根本对立、难以相容的事物。但在中国人看来，两者在一定条件下却能相容相济。被儒家称为“五经之首”的《易经》认为，水火完全背离，是“未济”卦，即不能成事；水火交融，是“既济”卦，即可以成事。

⊙ **韩滉文苑图**

中国古代的文人墨客常常把儒家思想引入茶道，谈论“茶理”时往往也离不开儒家思想。

茶圣陆羽认为，水、火、风相结合，才能煮出好茶，发茶性，去百疾。他所造的八卦煮茶风炉就充分体现了这种思想。煮茶风炉形如古鼎，整个结构以《周易》思想为指导，运用了《易经》的三个卦象：坎（八卦中代表水）、离（在八卦中代表风）、巽（在八卦中代表火），来说明煮茶中所包含的自然和谐的原理。陆羽在煮茶风炉的三足间设三窗，于炉内设三格，一格书“彪”（彪为风兽），绘“巽”卦，象征风；一格书“翟”（翟为火鸟），绘“离”卦，象征火；一格书“鱼”，绘“坎”卦，象征水。总体意思是“风能兴火，火能煮水”，表明风、水、火的和谐统一。

中国历史上，无论煮茶、点茶、泡茶，都讲究“精华均分”，实际上也是“和谐”的表现。除了饮茶环境要和谐自然外，饮茶的程式、礼仪等也要和谐自然。从茶与环境的协调来看，要体会茶的雅韵，最好选择书房并伴有琴声；要体会茶的苦寂，最好是古刹青灯下。总的来说，儒家茶道精神的主旋律是一种欢快格调，寓教于饮，寓教于乐，其欢快精神在民间茶礼、茶俗中表现得尤其明显，这同时也是中国茶文化的主调。

### ·和谐精神·

在中国茶文化中，处处贯彻着和谐精神。如宋人苏汉臣的《百子图》，画面上一大群小孩，一边调琴、赏花、欢笑嬉戏，一边拿着小茶壶、茶杯品茶。孩子虽多，却能和谐共处，不打架吵闹。而直接以“同胞一气”命名的俗饮图，则把茶壶、茶杯称为“茶娘”和“茶子”，更是直接地表达了这种亲和精神。

## 佛家茶理

佛教修行经常需要坐禅，由于坐禅中闭目静思，极易睡着，且坐禅时间往往较长，有"过午不食"之说，有时甚至要通宵坐禅，茶于是成为消除坐禅疲劳的重要手段。同时，佛教在饮食方面戒律严格，佛教徒要戒酒、戒荤、吃素，茶叶符合佛教规诫，且营养丰富，能补充人体营养，自然便成了僧侣们最理想的饮料。佛家认为，茶有"三德"：提神、助消化、抑制性欲。古人常说"茶如隐逸，酒如豪士"。佛教一向主张清心寡欲、六根清净，当然容易认同茶这种"清虚之物"。

禅宗讲究以茶助禅，明心见性，以助"顿悟"。随着佛教茶事活动的发展，禅宗与茶道在思想内涵方面找到了越来越多的共通之处，此谓"茶禅一味"。"茶"与"禅"相通主要表现在四方面："苦"、"静"、"凡"、"放"。

茶叶滋味苦涩，素有"苦菜"之称。明朝李时珍《本草纲目》记载："茶苦而寒，阴中之阴，最能降火，火为百病，火降则上清矣。"佛家认为茶有"苦后回甘、苦中有甘"的特性，可以帮助修习佛法的人品味人生的苦甜，参破"苦"谛。佛理博大精深，其总纲为"苦"、"集"、"灭"、"道"四谛。佛祖得道后，首先创立了"四谛"之说，并在鹿野苑说法，向门徒传授佛法。"四谛"之中，以"苦"为首。佛法认为人的一生要遭遇多种苦，包括生苦、老苦、病苦、死苦、怨憎会苦、爱别离苦、求不得苦等。人苦恼的原因有物质方面的，也有精神方面的，因此人无论贫、富、贵、贱，都逃避不了"苦"。因而，佛法主张"苦海无边，回头是岸"，通过参禅修行，可以看破生死达到大彻大悟。大彻大悟之后，则可脱离苦海。

"静"是中国茶道修身养性、追寻自我的必由途径。静，方能品出茶韵；静，方能超越茶本身，领悟人类社会以及大自然的道理。因此，茶道非常讲究"静"。佛教坐禅讲究五调，即调心、调身、调食、调息、调睡眠，要在静中进行；佛学著名的三学"戒、定、慧"，以"静"为基础。可以说，佛教禅宗的创设基础便是"静"。"静"因此成为茶道和佛教的共通之处。历代禅师都把静坐、静虑当成是参悟佛理、明心见性的重要课程。

中国茶道含义比较广泛，不同阶层、不同背景的人对茶道有不同的理解，本质上是在平凡生活中感悟人生哲理，具有"凡"的特点。正如日本茶道宗师千利休所说："须知道茶之本不过是烧水点茶"，此话一语道出茶道的"凡"。禅宗也主"凡"，主张根据平时观察到的生活事物，通过独处静虑，以小见大，在平凡的小事中契悟大道，其关注点在于"凡"。

中国茶道中，"怡"是茶人在品茶中放松身心的享受。品茶强调"放"，即放下眼前的凡事，放下手头的工作，忙中偷闲，松弛神经，舒缓身体，其乐无穷。演仁居士有诗最妙："放下亦放下，何处来牵挂？做个无事人，笑谈星月大。愿大家都做个放得下、无牵挂的茶人。"佛教修行特别强调"放"，是因为人之所以感到苦恼，除了周围的客观因素外，很大一部分原因还在于主观的"放不下"。既然人无法改变周围的现状，唯有通过调整心境来改变心态，使人生变得更乐观些，这就需要佛教的修行。

⊙ **明慧茶院**

建于北京西山大觉寺中，是佛教修行者品茶悟人生的好地方。

## ·吃茶去·

唐代高僧从谂禅师因住赵州观音寺，人称“赵州古佛”。由于嗜茶成癖，他每次说话之前总要说：“吃茶去。”《广群芳谱茶谱》引《指月录》载道：有僧到赵州从谂禅师处，师问：“新近曾到此间吗？”僧曰：“曾到。”师曰：“吃茶去。”又问僧，僧曰：“不曾到。”师曰：“吃茶去。”后院主问曰：“为什么曾到也云‘吃茶去’，不曾到也云‘吃茶去’。”师召，院主问曰：“为什么？”师曰：“吃茶去。”其实，僧徒们往往通过平常的语言达到“悟道”的目的，“吃茶去”就是从谂禅师的机锋语。后来“吃茶去”三字便成了禅林的著名法语。

近代高僧虚云法师曾说：“修行须放下一切方能入道，否则徒劳无益。”要想修出成果，必须放下一切，达到“六根”清静的境界，免去人内心所有的杂念。换言之，整个身心世界都要放下。放下身心，也就放下了烦恼，看周围的事物时，也会持着乐观、积极的态度。

关于“茶禅一味”的个中禅趣，明代陆树声的一段描写可谓经典：“其禅客过从余者，每与余相对跏趺坐，啜茗汁，举无生话。终南僧明亮者，近从天池来，饷余天池苦茶，授余烹点法甚细……大率先火候，其次候汤，所谓蟹眼鱼目，参沸沫浮沉以验生熟者，法皆同，而僧所烹点味绝清，乳面不黟，是具人清净味中三昧者。”小小斗室，除茶具外，别无他物。品饮者盘腿对坐，细听风炉、茶铫之鸣声，静观火候和汤面的变化，个中充满禅趣的风味，“非眠云跛石人，未易领略”。

“茶”和“禅”除了在思想方面有共通之处外，茶道在佛教文化的滋养下，如石蕴玉，如水含珠，经常引用佛教的典故和禅语，帮助人们理解茶道的内涵。如“平常心”、“直心”、“无”等。“平常心”是指保持平衡的心态，不浮不躁、不卑不亢，平静地面对生活、接人待物。茶道也讲究“平常心”，在品茶中以“平常心”去体会茶中真味，领悟人生真谛。

“直心”是指毫无杂念之心。佛教修行时，要抛开所有烦事，去除一切妄念，使心灵保持纯洁清静。佛教认为，“直心”是修行悟道的关键，有了“直心”，无论在什么样的环境下，均可以修心；如果没有“直心”，即使待在最清静的深山古刹中，内心杂念重重，无论如何，也不能修出正果来。茶道借用佛教用语，有“直心是道场”之说，认为理想世界存在于现实世界中，只要有一颗“直心”，无论在任何地方，都可以求道、证道、悟道。

“无”是佛教世界观的反映，不同于世俗所说的“无”，是超越了世俗认为的“有”、“无”之上的“无”。关于佛教的“无”，有一个非常有趣的典故，就是五祖传道。佛典记载，禅宗五祖弘忍知道自己将要圆寂后，决定将衣钵传授给弟子。他召集来所有的弟子门人，要他们写出对佛法的领悟心得，谁写得最好，悟得最透彻，就把衣钵传给谁。神秀因天资聪明、学识丰富而成为弘忍的首座弟子，他首先提笔写下一首诗：“身是菩提树，心如明镜台。时时勤拂拭，莫使惹尘埃。”弘忍看完后，觉得这诗虽然写得不错，但尚未悟出佛法的真谛。其他弟子也陆续写完诗，但弘忍都不甚满意。

见此情况，寺中烧水的小和尚慧能也提笔写了一首诗：“菩提本无树，明镜亦非台。本

⊙ **交流悟道经验**

各个寺庙中的僧人经常利用佛事活动的机会来交流参禅悟道的经验，交流“茶理”也是其中一项重要内容。

来无一物，何处惹尘埃。”此诗每句都点到了“无”，而且和神秀的诗呼应得天衣无缝，令弘忍眼前一亮，于是当夜就将达摩祖师留下的袈裟和铁衣钵传给了慧能。因为他觉得慧能已经领悟了“诸性无常，诸法无我，涅槃寂静”的真理。只有认识了世界“本来无一物”，才能进一步认识到“无一物中物尽藏，有花有月有楼台。”所以“无”是历史上禅僧们经常书写的一个字。茶学界也普遍认为，只有领悟了“无”的境界，才能创造出“禅茶一味”的真境。“无”是茶道艺术创造的源泉，因此成为茶室中常见的墨宝。

中国唐宋时期，佛教盛行，寺必有茶，教必有茶，禅必有茶。特别是在南方寺庙，几乎出现了庙庙种茶、无僧不茶的嗜茶风尚。中国江南许多名寺古刹以前都有专门从事植茶劳动的僧侣。人们把僧侣们自行种植、自行采制的茶叶称为“寺院茶”。由于寺院多建在群山环抱的幽谷深处，具有适宜茶树生长的优越的生态条件，逐渐成为生产、宣传和研究茶叶的中心。僧侣们不仅参加劳动，还能够精心培育、采制茶叶，因此生产出来的“寺院茶”品质尤佳。

正所谓“自古名寺出名茶”。如四川的蒙山茶，据传就是由汉代甘露寺的普慧禅师亲手所种的“仙茶”加工而成；福建的武夷岩茶，相传最初亦是由唐宋以后的武夷寺僧采制而成；江苏的碧螺春，据说最早是在北宋时，由洞庭山水月僧人采制的“水月茶”演变而来。佛教寺院不仅出产名茶，而且十分讲究饮茶之道，这从寺院设置的一些名称可以看出。如僧侣辩论佛理、招待施主的地方，称为“茶堂”；召集众僧饮茶时，要击打法堂内的“茶鼓”；专管烧水煮茶、献茶待客的僧人称“茶头”。此外，还有一些茶事活动，如“奠茶”，即在佛前、堂前、灵前供奉茶汤，每日必行；“戒腊茶”，即按照受戒年限的先后饮茶。

## 道教茶理

道家崇尚清静无为，于自然恬淡中求得生命的延续和超越，因此颇重养生之术。茶性俭而平和，自然纯朴，和崇尚清静无为的道家思想有着天然的契合。道家认为茶汇集了天地之灵气，长期饮之，可使人轻身换骨，除去污浊之气，因而把饮茶作为日常清修的辅助手段。

道家学说为茶道注入了崇尚自然、崇尚朴素、崇尚真的美学理念以及重生、贵生、养生的思想。重要的是，还注入了“天人合一”的哲学思想，树立了茶道的灵魂。“天人合一”包含两方面的含义，一是“自然人化”，二是“人化自然”。

“自然人化”是指自然界万物的人格化、人性化。中国茶道思想在道家的影响下，认为自然万物都具有人的品格和情感，都是生命体，可以和人进行精神沟通。因此才有郑板桥品茶时邀请“一片青山入座”。此外，宋朝诗人苏东坡也曾写过“自然人化”的诗：“仙山灵雨湿行云，洗遍香肌粉未匀。明月来投玉川子，清风吹破武林春。要知冰雪心肠好，不是膏油首面新。戏作小诗君莫笑，从来佳茗似佳人。”可见，在中国茶人的眼里，大自然的山水、石沙、草木，都是具有感情的生命体，能与之对话、交流。

⊙ **品茶图**

在中国古代，茶是道家最为主要的修行辅助物之一。

在中国茶道中，“自然人化”表现在多方面，包括大自然的人化、山水草木的人化、品茗环境的人化，甚至还包括茶的人化和茶具的人化。历代文人学士在品茶时，都追求“自然人化”

## ·天台山·

浙江天台山，相传是古时的仙山。晋代《神异记》中记载，浙江余姚人虞洪上天台山采茶，遇见一个道士，手里牵着三头青牛。这个道士把虞洪带到一个瀑布下，说："我是神仙丹丘子，听说你很善于煮茶，常常想分到点尝尝。"然后指给虞洪一棵大茶树，从此，虞洪便常以茶敬奉丹丘子。相传晋朝时的著名炼丹士葛洪，也曾经在天台山种过茶，至今还留有遗迹。

的境界。白居易品茶，"野麝林鹤是交游"；曹松品茶，"靠月坐苍山"；陆龟蒙品茶，"绮席风开照露晴"；李郢品茶，"如云正护幽人堑"；齐己品茶，"谷前初晴叫杜鹃"；曹雪芹品茶，"金笼鹦鹉唤茶汤"……可见，在中国茶人的眼里，世间万物皆有情，不同的事物衬托出了不同的品茶氛围。

"人化自然"在茶道中则表现为人对自然的回归渴望，以及人对"道"的体认，是道家"天地与我并生，而万物与我唯一"思想的典型体现。具体来说，"人化自然"表现在品茶时乐于亲近自然，能与自然进行思想情感的交流，在人格上能与自然相比拟，并在茶事活动中体悟自然的规律。中国茶道对"人化自然"的渴求特别强烈，茶人在品茶时喜欢寄情于山水，忘情于山水，心融于山水，其境界与日本茶道截然不同。

元好问《茗饮》一诗，生动形象地表现了道家"天人合一"的思想，该诗通过契合自然的绝妙诗句，具体描写了品茗的境界："宿醒来破厌觥船，紫笋分封入晓前。槐火石泉寒食后，鬓丝禅榻落花前。一瓯春露香能永，万里清风意已便。邂逅化胥犹可到，蓬莱未拟问群仙。"诗人以槐火石泉煎茶，对着落花品茗，此种环境下，在诗人心中，茶就如春露一般永久留香，而万里清风则送诗人梦游华胥国，并羽化成仙，神游蓬莱三山。这种境界可视为"人化自然"的极致。茶人只有达到"人化自然"的境界，才能化自然的品格为自己的品格，才能从茶壶的水沸声中感觉到自然的呼吸，才能以自己的"天性自然"去接近、去契合客体的自然，从而彻悟茶道、天道、人道。

受道家"天人合一"哲学思想的影响，茶人在品茶中可以领略"人化自然"和"自然人化"的意境，因而对大自然有着无比的热爱，渴望回归自然、亲近自然。可以说，中国茶人最能领略到"情来爽朗满天地"的激情，以及与大自然"物我玄会"的绝妙感受。"诗圣"杜甫曾写过一首品茗诗："落日平台上，春风啜茗时。石阑斜点笔，桐叶坐题诗。翡翠鸣衣桁，蜻蜓立钓丝。自逢今日兴，来往亦无期。"在这首诗中，"人化自然"和"自然人化"相结合的效果是：情景交融、动静结合、声色并茂、虚实相生。

受道教影响，中国茶道主张"道法自然"，

⊙老子雕像

相传老子最早提出修道"天人合一"之理念，这与他饮茶悟道是分不开的。

其含义可以从精神、行为、物质三个层次进行分析。精神方面，主要表现为完全解放自己的心性，“道法自然，返璞归真”，在茶香之中获得恬淡、清静的心境，升华到“悟我”的境界，使精神与宇宙融合、交流。行为方面，中国茶道以自然朴实为美，一切茶事活动都顺其自然。静如山岳磐石，动如行云流水，动静结合。表情、言语、举手投足，都应发自自然，任由心性，毫不造作。物质方面，中国茶道认为，种茶、采茶、制茶等活动都要遵循大自然的规律。只有顺应自然，才能种出、制出品质优良的茶叶。

道家除了为茶道注入“天人合一”的哲学思想外，还注入了道家修行的一些理论和思想。如“贵生”、“尊人”、“无己”、“坐忘”等。“贵生”带有较为明显的功利主义色彩。道家追求长生不老，希望通过修行得道成仙，所以主张“贵生、养生、乐生”。在这种思想的影响下，中国茶道特别讲究“茶之功”，即茶在保健养生、延年益寿方面的作用，通过品茶来助长功行内力。

古人认为茶是天涵之、地栽之、人育之的灵芽。对于茶来说，天地有涵栽之功，人有培育之功，其中人的功劳最大。因此，中国茶道在很多方面都表现了道家的“尊人”思想，尤其是茶具的命名。茶人一般把有托盘的盖杯称为“三才杯”，其中杯托为“地”，杯盖为“天”，杯子为“人”，这样命名的意思是：天大、地大、人更大。此外，品茶时杯子的拿法也有讲究。若把杯托、杯盖都放在茶桌上，只用杯子喝茶，这种拿杯手法称为“唯我独尊”；若把杯子、托盘、杯盖一同端起来品茗，这种拿杯手法称为“三才合一”。

茶道所追求的“无我”，即是道家主张的“无己”。“无我”，并不是从肉体上消火自我，而是从精神上消除物、我的对立，使精神和肉体融为一体，达到“心纳万物”的境界。“无我”表现了道家自由自在、不拘名教、旷达逍遥的处世态度。

“静”是道家修行的必由路径，为了达到“至虚极，守静笃”的境界，道家在茶道中提出了“坐忘”这一入静的法门。“至虚极，守静笃”是指心无杂念的心境和聚精会神思考的状态。做到这一点并不容易，道家提出了“坐忘”，盘腿而坐，把全部心思都集中于思考以及和大自然的交流之中。这一致静法门如此之重要，以至于中国茶道把“静”视为茶道“四谛”之一。

## 茶馆

茶馆是专门用来饮茶的场所，有多种称呼，如茶楼、茶室、茶馆，其中以茶馆为多。尽管称呼不同，但意思一样，都是供茶客饮茶、吃早点的地方。有独立经营的，也有附属于餐馆、旅店和娱乐场所的。

北京茶馆种类繁多，重要的茶馆有大茶馆、清茶馆、书茶馆等。其中大茶馆的茶具一律用盖碗，碗盖打开时用于拨茶，饮用时用于遮口，相当讲究礼仪。大茶馆按其接待对象可分为若干档次，有红炉馆、窝窝馆、搬壶馆等，其中红炉馆档次最高。清茶馆，顾名思义，以饮茶为主题，到清茶馆的多为老人家。馆内陈设雅洁、简练，茶具皆用盖碗。春、夏、秋三季还在门外或内院搭架凉棚，散客坐前棚，常客则坐室内，院内设雅座。书茶馆则以评书为主题，饮茶只是为了更好地听评书。书茶馆在开书前卖清茶，以供过往行人歇息解渴。开书后，则不再单独接待仅来喝茶的客人，除非边喝茶边听书。过去，北京天桥一带的书茶馆，以曲艺为主，如梅花大鼓、京韵大鼓、北板大鼓、唐山大鼓、梨花大鼓等。著名的书茶馆布置讲究，桌子和椅子多以优质的藤条、木头为材料，有时还在墙上挂字画，营造听书的气氛。

北京人春天郊游踏青，夏季观荷，秋季赏红叶，冬天看西山雪景，因而在郊区又出现了“野茶馆”。此外，北京还有专供茶客下棋的“棋茶馆”。清代，茶馆是重要的社会活动场所，食禄不做事的八旗子弟整天泡在茶馆里面，所以清代北京的茶馆史就是末代皇朝历史的缩影。北洋军阀、国民党时代，茶馆依然是

⊙北京的老舍茶馆

政客官僚经常出入的场所。

天津茶馆也叫茶楼、茶社，除卖茶外，经常伴有小吃、清唱、评书、大鼓等节目，有点类似于北京大茶馆。除正式茶馆外，天津的集体饮茶之地还有澡堂、戏院、饭庄、茶摊位等。茶客什么人都有，三教九流，一边喝茶一边欣赏节目。每位客人一壶一杯，如果几个人一起来，可以一壶几杯。天津茶楼的分类不如北京茶楼那样细致，也没有四川、杭州那样的独特风味，大多为综合性活动场所。如“东来轩”茶楼，早茶茶客多为厨师，晚茶则是演员与票友联谊清唱。“三德轩”茶楼，早晨是漆工、瓦工、木匠等喝茶找事做的时间，他们往往坐上半天，等待主顾，中午则添唱评书大鼓。还有些茶楼是不同阶层的人清闲、看报、交流信息或棋友们下棋的场所。此外，茶楼也常是古玩交易之地。

上海人称上茶馆叫“孵茶馆”，一个“孵”字，道出了上海人身处闹市，无处消遣，到茶馆暂享清闲的心境。在上海，最具地方特色的茶馆大多位于老城隍庙一带。如“老得意楼”，共三层，一层为劳动者提供歇息、解渴、解饿的场所，喝茶的人多为挑夫、贩夫，门口有烧饼摊。二层档次比较高，文化气息较浓，茶客在此可吃茶兼听评书。三层供玩鸟者聚会，充满市中野趣。在城隍庙附近的豫园，是上海最幽雅的茶室。豫园是一座传统的南方私人园林，虽不如苏州园林，却也千曲百折，幽雅动人。里面设的几处茶室，品茶环境相当好，有山有水有亭，十分雅致。总的来说，作为一个近代工商城市，上海茶馆的文化气氛还算比较浓。过去，上海公园也设有茶室，经常高朋满座，常有贵家公子、小姐来品茶，美其名曰学“文明气派”，实际上只是附庸风雅而已。不过有时也有真正的文化人来茶室聚会，虽然书香味还比不上北京清茶馆，但在上海滩，这也算是儒雅之地了。

杭州茶馆又称“茶室”，一个“室”字，别有一番意境。它既可以是文人的书室，又可以是佛道的净室，颇有一些“仙气”、“佛气”与“儒雅”之风。因此杭州茶馆虽然数量不及四川成都，但其中的文化气氛却大胜一筹。杭州茶室对茶叶和泡茶水质皆较为讲究，一般要名茶配名水，品茗临佳境，并贵在一个“真”字。杭州茶馆在吸引顾客方面各有高招。最常见的方法是在茶馆中安排曲艺表演，其中表演得最多的是“说书”。稍大一点的茶馆都设有专门书场，请说书艺人进馆表演。

杭州还有一些专业性、行业性的茶馆，同一行业或有相同爱好的人，每天来这些茶馆聚会，或谈生意，或找工作，或交流技艺。有名的茶馆如南班巷茶馆、水果行茶店、木匠业茶店等，其中南班巷茶馆是曲艺艺人们指定的聚会之所。此外，杭州最有特色的要算“鸟儿茶会”。杭州不少人喜欢养鸟，他们经常拎着鸟笼，到特定的茶馆聚会，称为“鸟儿茶会”。

杭州茶馆的建筑多为两层，设计古朴高雅，气势不凡。其中一楼主要面向普通大众，陈设简单，价格低廉。有些茶馆一楼不卖茶，只出售点心、面食或其他商品。茶馆门口经常设有专门的钱摊，把零碎小钱罩在铁丝笼子里，供人兑换付账，收取微量手续费。二楼是有钱人喝茶的地方，轩敞开阔，装潢布置考究。

四川有一大特点，就是茶馆多，“头上晴天少，眼前茶馆多”，说的就是四川。四川茶馆的棚子、桌子、椅子大多是用竹子做的，茶具一般选用较为讲究的盖碗，茶叶则选用碧螺春、茉莉花茶、龙井茶等名茶。四川人喜欢在热闹的茶馆里一边品饮盖碗茶，一边海阔天空相互交流信息，川人称之为“摆龙门阵”。有兴致的时候，还可以叫几碟茶点小吃，欣赏曲艺表演。因此，四川茶馆是四川人重要的文化娱乐场所，一些大茶馆专门设有四川扬琴、评书、清音、金钱板等演出活动，人们可以在茶馆里一边饮茶，一边欣赏具有浓郁地方特色的曲艺节目。

在旧社会，四川茶馆是一个非常重要的场所，具有特殊的社会功能，即“民间法庭”。“民间法庭”的作用是调解社会纠纷。如果出现纠纷，双方无法协调，可约定到某茶馆“评理”，请当地有头有面的人物担任仲裁，在双方辩论完后，如果仲裁认为双方都有不对的地方，则各付一半茶钱；如果仲裁认为责任主要在于一方，则理亏的一方不仅要认输赔礼，而且还要包付茶钱。

可以说，在四川，每个行业都把茶馆当作结交聚会的好去处，各种各样的人都喜欢聚于茶馆，通过“摆龙门阵”，了解行情、洽谈生意、看货交易。甚至黑社会从事枪支、鸦片买卖等勾当时，也选在茶馆进行。此外，官府的“袍哥门”也常在茶馆谈公事，有时还把组织的“码头”设在茶馆里。

广州人称茶馆为茶楼。广州茶楼与茶馆的概念不尽相同，它不但供应茶水、点心，而且建筑规模宏大，富丽堂皇，和一般的茶馆相比，“富贵气派”较为明显。广州人聚朋会友，洽谈生意，业余消遣，都乐于上茶楼。叫上一壶浓茶，几件美点，边吃边谈，既填饱了肚子，又联络了感情，甚至在谈笑风生之间就谈成了一笔生意，实在是一件惬意的事情。在广州，上至达官贵人，下至车夫“苦力”，都好饮茶，广州因此成为中国茶楼最多的城市。广州人喜欢把饮茶称为“叹茶”，“叹”是粤语音词，为享受之意。广州每日的茶市分早茶、午茶和晚茶。午茶相对比较冷清；晚茶有渐兴之势，一般到次日凌晨 1 ～ 2 时才收市，有的茶楼甚至通宵营业，尤其是夏天，茶楼成为人们消夏的首选去处；早茶最为兴隆，从清晨 4 时一直到上午 11 时，茶楼里往往座无虚席。遇上节假日，不少茶楼还要排队候位。

⊙ 杭州一家老字号茶馆的“店小二”正在表演茶艺绝活

# 中国茶书

中国最早的茶书是唐代陆羽撰写的《茶经》,它可以说是世界上第一部茶学专著。随后,涌现了大量茶学著作,或者专门介绍烹茶技术,或者集中介绍茶具使用方法,或者主要介绍茶叶种类及采制过程。但大部分茶书都以《茶经》为基础,不是对《茶经》内容作进一步研究,就是对《茶经》内容进行补充。因此,《茶经》是经典中的经典,陆羽因此成为茶之始祖——茶圣。

陆羽,字鸿渐,一名疾,字秀疵,自称“桑苧翁”,又号“竟陵子”,唐代复州竟陵人。陆羽自幼无父母,被笼盖寺和尚积公大师收养。积公好茶,陆羽很小便得艺茶之术。因志不在佛,逃离寺院,在一戏班子学戏。一次陆羽随伶人做戏,为竟陵太守李齐物所赏识,开始研习儒学。775年安史之乱,陆羽流落到名茶产地湖州,搜集了不少关于茶叶生产和制作的材料,还认识了很多爱茶的诗人。上元初,陆羽结庐于湖州之苕溪,花一年的时间写出了《茶经》的初稿,时年28岁。763年,陆羽又对《茶经》作了一次修订。774年,湖州刺史颜真卿修《韵海镜源》,陆羽参与其事,乘机搜集历代茶事,又补充《七之事》,最终完成《茶经》,前后历时十几年。《茶经》出现后,天下逐渐尚茶成风,同时也逐渐出现了其他的茶学专著。可以说,专门为茶而著书,始于陆羽;茶事得以流传世间,也始于陆羽。

《茶经》内容比较全面,分卷上、卷中、卷下三部分,这三部分下面又有十节。“卷上”共三节内容:一之源,论茶的起源、特性、品质和种类;二之具,论采茶、制茶的用具;三之造,论茶叶的采制方法。“卷中”只有一节内容,即四之器,论煮茶、饮茶的器皿。“卷下”内容较多,共六节内容:五之煮,论烹茶方法、各地水质品第;六之饮,谈各地饮茶风俗;七之事,记述古今有关茶的典故和原产地;八之出,谈各地所产茶叶的特点;九之略,论哪些茶具、茶器可以省略;十之图,教人用绢帛抄《茶经》张挂。总的来说,《茶经》是中国古代最完备的一部茶书,陆羽根据自己亲身调查和实践的结果,系统地总结了唐朝以前的茶叶生产经验,并搜集了详细的茶叶史料,是茶文化不可多得的宝贵财富,至今仍然是茶学者重要的研究资料。

唐朝的另一本茶书《十六汤品》以陆羽《茶经》“五之煮”为基础,对茶水煮沸情况加以

⊙陆羽烹茶图 明 赵原

《陆羽烹茶图》是一幅将诗和画巧妙结合在一起的著名作品。画题诗为:山中茅屋是谁家,兀会闲吟到日斜,俗客不来山鸟散,呼童汲水煮新茶。

### ·中国茶叶博物馆·

中国茶叶博物馆是中国唯一的茶专题博物馆，坐落在杭州西湖西侧龙井茶乡，占地22000平方米，建筑面积3500平方米，于1991年4月正式对外开放。这座现代化的博物馆依山取势，周围茶园青翠馥郁，环境十分秀丽。四座主要建筑风格优雅，错落有致。其中一号楼为陈列大厅，系统介绍茶叶发展史；二号楼为行政办公楼，设有资料室，学术交流厅等；三、四号楼为茶室，是游客品茶的场所。

详细论述。该书的著者是苏庆，但关于他的资料不全，传记不明。《十六汤品》认为，水沸程度可分为三种：第一沸，冒出来的水泡像鱼目；第二沸，水泡如涌泉连珠；第三沸，整个水面腾波鼓浪。《十六汤品》认为煮茶水质可分为“十六品”，并为每种水品起了个好听的名字：第一品名“得一汤”，第二品名“婴汤”，第三品名“百寿汤”，第四品名“中汤”，第五品名“断脉汤”，第六品名“大壮汤”，第七品名“富贵汤”，第八品名“秀碧汤”，第九品名“压一汤”，第十品名“缠口汤”，第十一品名“减价汤”，第十二品名“法律汤”，第十三品名“一面汤”，第十四品名“宵人汤”，第十五品名“贼汤”，第十六品名“大魔汤”。

同样，唐朝茶书《煎茶水记》也根据陆羽《茶经》“五之煮”，对各地水品加以详细论述，成书于唐宪宗元和九年（814 年）。原称《水经》，后为避免和北魏郦道元所著《水经注》相混，改名为《煎茶水记》。著者张又新，陆泽人，字孔昭，元和进士。《煎茶水记》非常注重水品，将各地煮茶水质分为 20 种，认为“庐山康王谷之水帘第一，无锡惠山泉水第二，蕲州兰溪之石下水第三，峡州扇子山下虾蟆口水第四，苏州虎丘寺石泉水第五，庐山拓贤寺下方桥之潭水第六，扬子江之南灵水第七，洪州西山之西东瀑布水第八，唐州柏岩县之淮之源第九，庐州龙池山之岭水第十，丹阳观音寺水第十一，扬州大明寺水第十二，汉江金州上游之中零水第十三，归州玉虚洞之香溪水第十四，商州武关西之洛水第十五，吴淞江水第十六，天台山西南峰之千丈瀑布第十七，郴州之圆泉水第十八，桐庐之严厉陵滩水第十九，雪水第二十。”

宋朝最重要的茶书，要数蔡襄所著的《茶录》。蔡襄，北宋兴化仙游（今属福建晋江）人。字君谟，为北宋著名茶叶鉴别专家。曾任福建转运使，负责监制北苑贡茶，以创制小团茶而闻名。宋英宗治平四年（1067 年），蔡襄有感于陆羽《茶经》“不第建安之品”，乃著《茶录》，向皇帝推荐北苑贡茶。《茶录》上篇论茶，下篇论器。上篇共分十目，包括色、香、味、藏茶、炙茶、碾茶、罗茶、候茶、盏、点茶；下篇共分九目，包括茶焙、茶笼、砧椎、茶铃、茶碾、茶罗、茶盏、茶匙、汤瓶，主要论述茶汤品质和烹饮方法。《茶录》弥补了《茶经》许多不足的地方，是继《茶经》后最有影响的论茶专著。

宋朝还有一本可以与《茶录》并列的茶书，即宋徽宗赵佶所著的《大观茶论》。它可以称得上是宋朝的第二部茶书。该书在《茶经》的基础上，根据宋朝茶事活动的变革而稍作改进。其内容包括如何种植茶树，如何采茶、蒸茶、榨茶、制茶、鉴别茶等，其中所谈到的茶器，与蔡襄在《茶录》中所提到的基本相同。宋徽宗赵佶是宋朝第八代皇帝，在位 27 年，后为金人所俘，死在东北。“大观”是赵佶的年号，赵佶于大观初年著《茶论》，因此后人称之为《大观茶论》。

宋朝另一茶书《品茶要录》，著者黄儒，字道辅，宋建安人。鉴于以前没有茶书专门讨论过茶叶质量和制作工艺的关系，也没有茶书提过茶叶欣赏鉴别的标准，黄儒决定著书弥补这一空白。他在《品茶要录》中总结出“十说”，分别是：采造过时，白合盗叶，入杂，蒸不熟，过熟，焦釜，压黄，渍膏，伤焙，辨壑源、沙溪。《品茶要录》全书内容包括茶品、采茶、日晒茶、焙茶、藏茶、诸花茶、择水、养水、洗茶、候汤、注汤、择器、条器、协盏、择薪、择果、茶效、人品、茶具等章节，不仅内容丰富，而且文笔优美流畅，是一本难得的茶学著作。

《宣和北苑贡茶录》也是宋朝著名的茶学专著，为北宋熊蕃所著。熊蕃，字茂叔，北苑（今福建省建瓯县）附近的建阳人。《宣和北苑贡茶录》广纳百家之长，吸收了陆羽、张又新、刘伯温、苏庆等茶家观点，取其精华去其糟粕而成。该书问世后，由于内容适用于散茶，因而风行一时。但《宣和北苑贡茶录》还存在“所述欠详”的缺点，淳熙十三年（1186年），曾任福建转运使主管账司的赵汝砺搜集资料，著《北苑茶录》，以作为《宣和北苑贡茶录》的补充，弥补了这一缺陷。

明朝时，饮茶方式有了很大的改变，重要的表现是散型茶逐渐取代固型茶。在这种背景下，《制茶新谱》应运而生。该书主要内容还是陆羽《茶经》和蔡襄《茶录》两书中的观点，基本上没有新的内容，同时还参考了其他茶学著作。该书重点论述末茶和叶茶的制法，虽然创新的地方不多，但著者钱椿年在“制茶诸法”目录下，提出了不少新的见解和主张，如“烹茶时，先用热汤洗茶叶，去除其茶叶的尘垢和冷气，然后烹之”，这是当时比较新的做法。

明朝茶书《茶疏》，著者许次纾，明钱塘人，字然明。许次纾嗜茶成癖，常与朋友于饮茶之间，吟诗作对，且好学多问，对茶颇有研究。所著《茶疏》一书，被认为是当时最好的茶书，和历代茶书相比，有不少超越的地方。《茶疏》分产茶、今古制法、采摘、炒茶、岕中制法、收藏、置顿、取用、包裹、日用顿置、择水、贮水、舀水、煮水器、火候、烹点、秤量、汤候、瓯注、荡涤、饮啜、论客、茶所洗茶、童子、饮时、宜辍、不宜近、良友、出游、权宜、虎林水、宜节、辨讹、考本等章。其中“产茶”一项，完全没有参照以前的文献资料，详细地论述了当时的产茶情况；“今古制法”一项，则提出了比较新的观点，反对当时社会上流行的在团茶中混入香料的做法，认为这不仅抬高了茶价，而且会导致茶味的丧失。

还值得一提的是明代田艺蘅所著的《煮泉小品》。田艺蘅，明钱塘人，博学善文，性情豪放，曾任徽州刺史，辞官后隐居在家，文学方面有《田子艺集》等著作。《煮泉小品》是田艺蘅在茶学方面的著作，专门论述茶水，全书分为源泉、石流、清寒、甘香、宜茶、灵水、异泉、江水、井水、绪谈共十章。

## 历代贡茶

晋《华阳国志·巴志》载：“周武王伐纣，实得巴蜀之师。”巴蜀被封为诸侯后，向周王朝纳贡，贡品中就有茶叶。贡茶早在西周时期就出现，然后贯穿整个封建社会，直到清王朝灭亡，贡茶制度才随之消亡。贡茶是中国茶叶发展史上的一种特殊现象，也是中国封建社会的特有产物。它对茶叶生产和茶叶文化都产生了巨大的影响，是茶文化的重要内容。

唐代以前，贡茶数量虽然有所增加，但并未在制度上强制规定进贡的数量和质量。唐朝时期，社会安定，茶叶种植业发展迅速，初步呈现区域化、专业化的特点。茶叶制作方面出现了手工作坊，茶叶逐渐商品化，为贡茶制度的形成奠定了物质基础。“茶始于唐，兴于宋”，唐代是中国茶叶发展史的重要阶段。贡茶制度

⊙ **龙井茶**
绿茶珍品，中国古代贡茶中的代表。

设立的目的，一是为了满足统治阶级穷奢极侈的需要，二是为了缩小商业经营范围，阻碍商品经济的发展，维护封建制度的根基。但由于

⊙ **事茗图**

明代画家唐寅所作。描绘了文人雅士夏日品茶的生活图景。透过画面，仿佛可以听见潺潺水声，闻到悠悠茶香。

贡茶专供朝廷饮用，往往不惜耗用巨资，制作精益求精，品目日新月异，客观上推动了茶叶制作技术的发展。

唐代贡茶制度有两种形式：一是在茶叶产地直接设立贡茶院，专门制作贡茶，如长兴顾渚山贡茶院，它是中国历史上第一座国营茶叶加工厂，其规模宏大、组织严密，管理精细，制作精良；二是由各州定额纳贡品质优异的茶叶，共有 20 多个州，包括今湖北、四川、陕西、江苏、浙江、福建、江西、湖南、安徽、河南 10 个省的诸多地区。其中雅州的蒙顶茶号称第一，名曰“仙茶”；常州的阳羡茶和湖州的紫笋茶并列第二；荆州的团黄茶排在第三。实际上，贡茶制度是赋税制度的重要组成部分。顾渚贡茶，是一种带有劳役性质的赋税；各州所纳贡的茶叶，则是一种实物税。

唐王朝不惜挥霍人民血汗，据记载，贡茶院“有房屋三十余间，役工三万人”，“工匠千余人”。贡茶院的劳动力，既不是官奴隶，也不是番户，而是具有一定技能的茶叶专业户，因为茶叶制作并不是简单的劳动，而需要技术和经验，只有茶叶专业户才能胜任。茶季到来时，朝廷就临时雇来这些人，报酬是每天三尺绢。但他们对政府有人身依附关系，社会地位不高。每年春光明媚季节，贡茶院都会张灯结彩，热闹非凡。常州、湖州刺史率领百官先祭“碧泉涌出，灿若金星”的金沙泉，然后开山造茶。朝廷规定第一批贡茶要赶上清明祭祖大典，因此工人们往往因工作艰辛而疲困不堪，而官员们则“有酒亦有歌”，纵情欢乐。

宋代时，贡茶沿袭唐制，但顾渚贡茶院渐趋衰落，贡焙中心由浙江顾渚移往福建建安，茶叶在品质和数量上有了更大的发展。“北苑龙焙”规模壮观，“官私之焙三百三十有六”。贡焙的名品，尤其是团饼茶类，达到了前所未有的水平。宋徽宗《大观茶论》云：“本朝之兴，岁修建溪之贡，龙团凤饼，名冠天下。”“故近岁以来，采摘之精，制作之工，品第之胜，烹点之妙，莫不盛造其极。”

宣和年间，北苑贡茶中的龙凤茶盛极一时，其他贡茶也令人目不暇接。宋真宗咸平元年（998 年），福建转运使丁渭负责监造贡茶，专门精制 40 饼龙凤茶，进献皇帝，被升为“参政”，封“晋国公”。此后，建州便每年进贡大龙凤茶。庆历年间，另一福建转运使蔡襄任，将丁渭“八饼为一斤”的大龙团改为“二十饼为一斤”的小龙团，龙凤茶越加精致，当然，身价也越加昂贵。但这还不是终点。宋神宗时，又出现了一种比小龙团更精美的茶叶，名叫“密云龙”；宋哲宗时，“瑞云祥龙”跃居“密云龙”之上，成为贡茶魁首；宋徽宗时，又出现了“银丝水芽”，龙凤贡茶发展到此，其精美程度可谓达到了极点。

元朝，由于统治阶级蒙古族和汉族的生活习惯不同，加上茶类也出现了一些变化，贡茶制度遭到较大的冲击，和唐宋时形成的规模相比，贡茶无论在数量上还是在质量上，都呈平淡之势。明朝贡焙制度有所削弱，仅在福建武夷山建小型御茶园，但仍然实施定额纳贡制。明太祖朱元璋由于亲自参加农民起义，转战江南广大茶区，深知茶农疾苦。他认为龙凤团饼茶既劳民又耗国力，因之诏令罢造，改为生产

**·长兴贡茶院·**

湖州长兴顾渚山，与常山宜兴唐贡山接壤，东临太湖，西北依山，峰峦叠翠，云雾弥漫，土层深厚，土壤肥沃，茶树生态环境优越，水陆运输方便，所产“顾渚扑人鼻孔，齿颊都异，久而不忘”。广德年间，与常州阳羡茶同列贡品。大历五年（770年），唐朝在此建造规模宏大、组织严密、管理精细、制作精良的贡茶院。该贡茶院是中国历史上第一座国营茶叶加工厂。

散条茶，遂把中国制茶法、品饮法推向一个新的历史时期。

清代，中国茶业进入鼎盛时期，全国形成了以产茶著称的区域和区域化市场，凡是好茶都可以成为贡茶，贡茶产地不再局限于某一地区。康熙三十八年（1699年），清圣祖康熙皇帝南巡江苏太湖时，巡抚宋荦购到朱正元独制的“吓煞人香”茶进献给皇帝。康熙饮后，认为此茶极好，可惜名字欠雅，遂赐名为“碧螺春”。自此以后，“碧螺春”名震四方，年年作为贡品进朝。除了碧螺春外，贡茶还有杭州西湖的龙井茶。乾隆帝微服私访来到杭州，品尝了采自胡公庙前茶树的龙井茶，觉得此茶香味特佳，遂将庙前18棵茶树封为御茶。于是龙井茶声誉大噪，成为每年必须的贡茶。

清朝时期，中国茶业商业资本逐渐转化为产业资本，光是福建建瓯的茶厂就有上千家，小的茶厂数十人，大的茶厂百余人，从事茶业的人越来越多。根据江西《铅山县志》记载，乾隆时期，铅山县河口镇从事茶业的人有两三万，茶行多达48家。虽然清代继续采用历代的定额纳贡制，但到中期时，由于社会商品经济的发展，资本主义因素进一步增长，贡茶制度逐渐消亡。

## 茶叶贸易

榷茶和茶马互市，是中国宋、元、明、清四个朝代“茶政”的两项主要内容。榷茶的意思，就是茶叶专卖。榷茶首先出现于唐代，宋代时形成制度，后为历代相沿袭，直到中国最后一个封建王朝清代中叶才告消失。茶马交易也始于唐朝，唐肃宗李亨至德至乾元年间（756～760年），驱马市茶，开了茶马交易的先河，后成制于宋朝。

⊙ 蒙顶山坐落在四川省雅安市名山县境内，是世界茶文化圣山，茶马古道的起点。

宋朝时，一方面为了增加国库收入，另一方面为了革除茶叶自由贸易的种种弊端，开始推行“茶叶官营官卖的榷茶制度”和“边茶的茶马互市”两项基本国策。榷茶制度是政府对茶叶买卖的一项专控制度，实质上也是一种茶叶税制。实行榷茶制度，茶税已寓于其中，所以不再另行设税。北宋榷茶制度的基本内容是：园户（山区种茶的农民）要生产茶叶，先向附近的山场兑取“本钱”；茶叶采制以后，以成茶折交“本钱”；余下来的茶叶，不允许卖给其他人，而要全部出售给山场，山场也就是代表官府的机构。

这样，官府通过严密控制茶叶生产，几乎完全垄断了茶叶资源，接下来就高价批发给商人。茶商也一改过去向产区农民直接收购茶叶的做法，先向榷货务交付金帛，然后凭券到榷货务货栈和指定的山场兑取茶叶，然后再销往各地。官府和商人构成了茶叶流通领域里的两大经营主体，双方围绕茶利的瓜分，结成了既相互利用又相互斗争的关系。

崇宁以后，南宋、元朝、明朝和清朝，虽然也实施过税茶或其他制度，但基本上都仿效和沿用北宋的榷茶制度，直至清代咸丰年间（1851 ~ 1861 年），清朝被迫允许外商在中国腹地开厂设栈，榷茶制度逐渐废除，最后为厘金和其他捐税所取代。

中国封建社会“茶马互市”涉及到政治、军事、经济、文化诸方面，在茶叶经济史上占有很重要的地位。历史上，中国内地茶叶多马匹少，而战争的主力为骑兵，马匹是战场上决定胜负的重要条件，对统治者来说非常重要。北方和西北少数民族地区则马匹多茶叶少，当地人多嗜茶如粮，茶和粮食一样，是生活的必需品，有“一日无茶则滞，三日无茶则病”之说。因此，边茶贸易往往采用“以茶易马”或“以马换茶”的交换形式。“茶马互市”就是唐朝、宋朝、明朝在边境少数民族地区实行的一种以茶易马的贸易制度。

茶马交易最早出现于唐代，但当时尚未形成制度。宋代时，契丹、西夏和女真等的崛起对两宋政权造成严重威胁，朝廷需要钱购买马匹等战争物资。由于西南少数民族爱喝茶，而中原又盛产茶叶，于是决定将部分茶叶“用于博马，实行官营”，在四川名山等地设置了“茶马司”，这是专门管理茶马贸易的政府机构。从此以后，政府明文规定以茶易马，“茶马互市”成为一种经常性的贸易。

宋朝确立茶马互市政策之后，在今天的山西、陕西、甘肃、四川等地广开马市，大量换

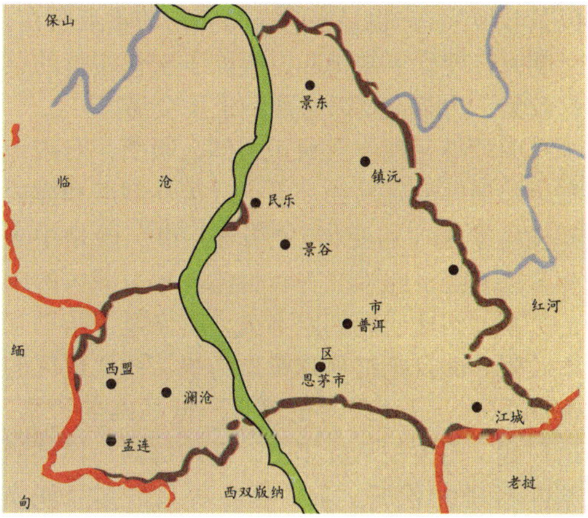


**⊙ 茶马古道示意图**

茶马古道是中国西南地区的一条以茶叶同其他少数民族进行贸易的重要商道。

取吐蕃族、回纥族、党项族等少数民族的优良马匹，用以保卫边疆。“茶马互市”除为朝廷提供一笔巨额的茶利收入解决军费之需外，更重要的是通过茶马贸易，既满足了国家对战马的需要，另一方面“茶马互市”成了中央王朝与西南少数民族联系的纽带。朝廷同西南地区少数民族保持友好关系，也便于集中力量与西北少数民族政权抗衡。

宋代茶政严厉，于成都、秦州各置榷茶买马司，其后为了保证边疆贸易的秩序，朝廷还专门设立了提举茶事兼马政，改称都大提举茶司。据《宋史·职官志》记载，茶马司的职责是“掌榷茶之利，以佐邦用；凡市马于四夷，率以茶易之”。茶马司设立后，南宋茶马互市的机构就相对固定下来，主要有八个地方，包括四川五场和甘肃三场。四川五场主要用来与西南少数民族交易，所换得的马匹，大部分用于劳役；甘肃三场则全部用来与西北少数民族互市，所换得的马匹高大健壮，适合做战马。

## ·茶入西藏·

唐朝文成公主嫁往吐蕃（今青藏高原），带去了大量茶叶作为陪嫁品。那里的人们以肉食为主，茶能提神、去腻、助消化，且营养丰富，逐渐成为他们不可缺少的饮料，饮茶遂在西藏蔚然成风。人们对饮茶的爱好胜过任何其他爱好，用“倚为性命”来形容他们对茶的依赖，一点也不过分。干活累了，喝茶消疲劳；生病了，喝茶解毒；出门远行时，带的是茶叶；招待客人时，端出来的也是茶。茶在人们的生活中无处不在。

以茶叶换战马，也是当时茶马互市的重点所在。元朝时，朝廷不缺马匹，废除了宋代实行的茶马政策，边茶主要以银两和土货交易。

明朝继元朝将西藏正式纳入版图，对内地与边疆地区的贸易往来无论政策、制度和方式都发生了很大的变化，“茶马互市”既是中央和藏区的经济纽带之一，也体现了对藏区的统治关系。因此明朝创立不久，就恢复了茶马互市政策，而且把这项政策作为统治西北地区的重要手段，提高茶的价格，压低马匹的价格。据记载，明太祖洪武年间，平均每匹马换到的茶叶不到20公斤，而一匹上等马最多只能换60公斤茶叶。

明洪武年间，为了确保“茶马互市”顺利开展，对边境管理很严，“守把人员若不严守，纵放私茶出境，处以极刑，家迁化外”，并不定期派朝廷官员巡视检查。成化年间，朝廷派遣御史专门巡视陕西茶事，从而确立了专职巡视监察制度。明朝茶马互市制度比宋朝更为严厉。《砚史·食货志》记载：“律例丝茶出境与关隘失察者，并凌迟处死。盖西陲藩边，切莫诸番，番人持茶为生，故以严法以禁之。易马之酬之，制番人之死命，壮中国之藩篱，断匈奴之左臂，非常法论也。”

清朝康熙二十二年（1683年）收复台湾后，全国大规模战争已经结束，封建统治秩序进一步稳定，朝廷开始淡化茶马贸易。雍正时期，朝廷不仅控制了满、蒙民族的马匹，而且在察哈尔和辽西设立了牧马场。茶马贸易的作用逐渐消失。清朝康熙中期，茶叶输出价值占出口总值60%，到乾隆末期，上升到88.8%。可见，清政府对茶叶的重视已从茶马贸易转向出口贸易。雍正十三年（1735年），持续了将近700年的茶马互市制度正式废止。

## 斗茶

古人喜欢以竞赛方式评定茶叶质量优劣、沏茶技艺高下，这种竞赛称为“斗茶”。“斗茶”又称“茗战”，即品茗比赛，可以说是中国古代品茶的最高表现形式，大致相当于现在的名茶评比。在茶文化的发展过程中，斗茶以其丰富的文化内涵，为茶文化增添了灿烂的光彩。

在中国饮茶史上，斗茶大致出现于唐代中期。据无名氏《梅妃传》的记载：“开元年间，玄宗与妃斗茶。顾诸王戏曰：‘此梅精也。吹白玉笛，作惊鸿舞，一座光辉。斗茶今又胜我点。’”梅妃是唐玄宗李隆基的宠妃之一，杨贵妃入宫后，逐渐失宠。《梅妃传》为无名氏所著，最早见于元代陶宗仪的《说郛》。《梅妃传》中简略地描写了唐明皇李隆基与嫔妃在宫中斗茶取乐的事情，并没有详细记录当时斗茶的具体情形。这是关于斗茶的最早记录，可惜由于所记甚为简略，后人难以从记载中了解斗茶的内容。

⊙货郎图·斗茶

此图表现了中国古代货郎们为了在竞争中获胜，而进行斗茶的表演。

**·分茶·**

宋代流行一种技巧性很高的烹茶游艺，叫作“分茶”。宋代陶谷的《荈等茗录》记载：“茶至唐始盛，近世有下汤运匕，别施妙诀，使汤纹水脉成物象者。禽兽虫鱼花草之属，纤巧如画，但须臾即就散灭，此茶之变也。时人谓之‘茶百戏’。”“分茶”时，先将茶碾成粉末，注入沸水，然后以筅击拂，这时盏面上的汤纹就会幻变出各种图样来，犹如一幅幅的水墨画，故有“水丹青”之称。由于斗茶和分茶在点茶技艺方面有相同之处，有人认为分茶也是一种斗茶。

斗茶的出现，主要原因在于贡茶制度。一些地方官员和权贵千方百计献上优质贡茶，以博取皇帝欢心，为此先要比试茶的质量。于是，斗茶之风日益盛行起来。斗茶最早流行于贡茶产地，然后常见于上层社会，后来进一步普及到民间。唐庚《斗茶记》中记载：“政和二年三月壬戌，二三君子相与斗茶于寄傲斋。予为取龙塘水烹之，而第其品。以某为上，某次之。”意思是三五个知己相约一起品茶，各自拿出所收藏的好茶，轮流品尝，以评定茶质的优劣和等级。

斗茶始于唐代，而盛于宋代。宋代，“斗茶”已成为社会生活中常见的一种现象，大概有三种类型：一是士族斗茶，即文人雅士、朝廷命官在闲适的风景胜地或宫廷楼阁中进行的一种高雅的茗饮方式。清代“扬州八怪”之一的郑板桥曾作诗曰：“从来名士能评水，自古高僧爱斗茶。”二是山间斗茶，即在茶叶产地、加工作坊，对新制的茶叶进行品尝评鉴。三是市井斗茶，即贩茶者、嗜茶者在市井茶店里开展的招揽生意的斗茶活动。

对于宋朝的斗茶活动，当时不少文人学士都作过精彩的描绘。北宋文学家范仲淹在《和章岷从事斗茶歌》有“北苑将期献天子，林下雄豪先斗美”、“不如仙人一啜好，洽然便欲乘风飞”、“胜若登仙不可攀，输同降将无限穷耻”等词句，既写出了当时官员、文人为向皇帝献好茶，经常进行斗茶的社会现象，又勾画出了斗茶输赢两家的心态。此外，苏东坡也有“斗赢一水、功敌千钟”的词句。具体来说，宋代斗茶的内容包括茶质、研碾、燃料以及水质等方面。

斗茶时，一般选用“新”茶。输赢的标准主要有两个：汤色和水痕。因为汤色反映了茶的采制技艺，水痕反映了饼茶研碾的细腻程度。若茶汤泛红，说明烘焙过了火候；若茶汤泛黄，表明采制不及时；若茶汤泛灰，说明蒸青时火候过度；若茶汤偏青，说明蒸青时火候不足；若茶汤纯白，表明茶采摘时叶片肥嫩，制作恰到好处。因此，茶汤色泽纯白者为胜。

观水痕，主要是看汤花持续时间的长短。宋代主要饮用团饼茶，饮用前先要将茶团茶饼碾碎成粉末。如果研碾细腻，点汤、击拂都恰到好处，汤花就匀细，可以紧咬盏沿，久聚不散；否则，汤花泛起后很快就消散，不能咬盏，便露出水痕。因此，水痕出现的早晚，就成为评定茶汤优劣的依据，以水痕早出者为负，晚出者为胜。

斗茶不仅讲究茶品和水质，燃料也至关重要。好的燃料火力适度而持久，且不会产生烟和异味。沾染油污的炭、木柴或腐朽的木材不

⊙杭州“清河坊茶会”上的斗茶表演

宜做燃料。如温庭筠《采茶录》记载："茶须缓火炙，活火煎。活火谓炭火之有焰者。当使汤无妄沸，庶可养茶。始则鱼目散布，微微有声。中则四边泉涌，累累连珠。终由腾波鼓浪，水气全消，谓之老汤。三沸之法，非活火不能成也。"认为宜用带有火焰的活火煮茶。陆羽《茶经·五之煮》也写到，煮茶"其火用炭，次用劲薪。"

所谓"水是茶之母"，煮茶的水质在很大程度上会影响到茶汤的质量。古代茶人对水质尤为讲究，曾有人为了泡茶，专门收集"朝露之水"、"初雪之水"、"清风细雨之中的无根水"等，一度被传为佳话。北宋江休复的《江邻儿杂志》记载："苏才翁尝与蔡君谟（即蔡襄）斗茶，蔡茶水用惠山泉，苏茶小劣，改用竹沥水煎，遂取胜。"可见茶水关系至深。唐代陆羽《茶经》记载"井取汲多者"，明代陆树声《煎茶七类》也记有"井取多汲者，汲多则水活"，都强调了要用活水井里的水。

宋朝流行"点茶"，因而斗茶活动常采用"点茶"的冲泡技巧。正式点茶时，先用沸水将茶粉调成膏状，然后边添加沸水，边用茶匙击拂，使茶汤表面泛起一层浓厚的泡沫。如果泡沫能较长时间地凝在杯盏内壁不动，则点茶成功。宋代点茶以茶粉为原料，饮用时连茶粉带水一起喝下，不同于今天的饮茶习惯。

元代，斗茶之风虽不及宋代，但仍流行于世。当时，斗茶之风已不再局限于名茶产地和寺院，而是深入民间，演变成了一种社会风俗。

近年来，全国各产茶区召开的名茶评比会，实际上就是古代斗茶活动的继续和发展。现代斗茶的情景，从福建安溪县西坪镇评比"茶王"的活动可见一斑。安溪县西坪镇是铁观音的故乡，其斗茶活动堪称一大奇观。西坪共有茶农一万户，年产乌龙茶达 2500 吨。每年收获茶叶后，茶农们各自拿出最好的铁观音，先参加小组比赛，评出优胜者后参加村里比赛。26 个行政村选出百来种上品铁观音后，集中到镇上参加复赛，选出其中最好的七种，最后参加西坪镇每年春秋两季举行的"茶王"决赛。

## 辨茶

茶叶的质量直接影响到茶汤的质量，因此需要认真分辨，慎重挑选茶叶。各种茶叶由于品种的不同，以及制作方法和精细程度的不同，其色、香、味都有所不同。

首先，我们来了解一下季节茶的特征。由于不同季节的气温、雨量和日照条件均有所差异，同一地域、同一品种的茶叶，如果是不同季节出产的，其品质也不相同。"春茶苦，夏茶涩，要好喝，秋白露（指秋茶）"，这是人们对季节茶自然品质的概括，其中以秋季出产的茶叶为上品。因此，在选购茶叶时，还要考虑茶叶出产的季节。

下面就对秋茶、夏茶、春茶的品质进行详细分析。

### 秋茶的品质特征

从色泽来看，绿茶干茶呈黄绿色，红茶干茶呈暗红色；冲泡后可看到叶底夹有铜绿色芽叶。

⊙ 狮峰龙井

狮峰龙井是龙井茶中的极品，它对色泽、形状、香味都有极高的要求。

从外形来看，干茶叶片大小不一，叶张轻薄瘦小；冲泡后，对夹叶较多，叶缘的锯齿较为明显。从香气来看，秋茶茶叶香气平和，茶香不高，滋味淡薄。

## 夏茶的品质特征

从色泽来看，红茶色泽红润，绿茶色泽灰暗或乌黑；冲泡后绿茶滋味苦涩，汤色青绿，叶底中夹有铜绿色芽叶，红茶滋味欠厚，带涩，汤色红暗，叶底较红亮。从外形来看，红茶、绿茶条索松散，珠茶颗粒松泡，茶叶轻飘宽大，嫩梗瘦长；冲泡后可以更详细地看到，红茶和绿茶的叶底均显得薄而较硬，对夹叶较多，叶脉较粗，叶缘锯齿明显。从香气来看，夏茶冲泡时，茶叶下沉较慢，香气欠高，略带粗。

## 春茶的品质特征

从色泽来看，红茶色泽乌润，绿茶色泽绿润；冲泡后，绿茶汤色绿中透黄，红茶汤色红艳，显金圈。从外形来看，红茶、绿茶条索紧结，珠茶颗粒圆紧，茶叶肥壮重实，或有较多毫毛；冲泡后，茶叶柔软厚实，正常芽叶多，叶张脉络细密，叶缘锯齿不明显。从香气来看，春茶冲泡时，茶叶下沉较快，香气浓烈持久且馥郁，滋味醇厚。

## 正宗上等花茶的香气特征

茉莉花茶香气清鲜芬芳，珠兰花茶香气浓纯清雅，玳玳花茶香气浓厚净爽，玉兰花茶香气浓烈甘美。一般来说，正宗的上等花茶，头泡香气扑鼻，二泡香气纯正，三泡仍留余香。倘若花茶的香味有郁闷混浊之感，则不能称为上等花茶。

中国北方地区人们普遍喜欢喝花茶，于是一些不法商人乘机以拌花茶冒充花茶。虽然这两者的原料都是茶叶和香花，但由于制作方法不一样，其质量也相去甚远。花茶是鲜茶叶和鲜花一起窨制而成，而拌花茶只是将花干掺入干茶叶中形成，茶叶并未真正吸入花香，属假冒花茶。更有甚者，一些假花茶，只是在茶叶表面喷上香精。因此，要认真辨别，才能买到真正的花茶。

辨别香花茶与拌花茶，通常的依据是茶叶的香气。辨别时，可双手捧起茶叶，送至鼻端，用力吸一下茶叶的气味，如果茶叶具有浓郁的纯正花香，且略带花瓣，则为正宗的花茶。如果只有茶味，而无花香，且茶叶中夹杂了较多的花干，则很有可能是拌花茶。假若还不放心，可以用开水冲泡茶叶，重复闻两三次，判断有无花香存在，就更容易作出判断。为使花茶的香气更加明显，每闻一次，盖上杯盖，用力抖动一下。花茶以透出浓、鲜、清、纯的花香者为上品。

拌花茶的香气没有这么持久，至多在头泡时尚能闻到一些低沉的香气。至于将香精喷于茶叶表面的假花茶，其香气只能维持一到两个月，以后就会消失殆尽。经常饮花茶的人，可以根据香气的真伪来判断花茶的真伪。

一般来说，鉴别茶叶的质量要“眼到、手到、鼻到”。其中“眼到”是指要用眼睛观察茶叶的色泽和外形，这是最主要也是最常用的方法。高品质茶叶首要的条件就是新鲜，陈茶是谈不是高品质的。新的绿茶呈嫩绿或翠绿色，光泽明亮，而陈茶则呈灰黄色，色泽暗晦。新的红茶色泽油润、乌润，陈茶则色泽灰褐。特别是高品质的名茶和高档茶，汤明叶亮，能给人一种新鲜感，其原因在于新茶中维生素 C 含量较高，多酚类物质保留较好。此外，加工精细的茶叶，其色泽均匀一致，无焦斑。

观察茶叶外形，主要是看茶叶的粗细是否均匀，采摘得好的茶叶，其芽叶完整，片末碎茶少，单片和老片的干茶叶也较少，规格基本一致。同时，还要看茶叶中是否掺杂其他异物。一些制作粗糙的茶叶会混有梗、籽、朴、片等茶树本身的夹杂物，甚至还会夹杂草叶、树叶、

### ·新茶与陈茶·

新茶与陈茶是相对而言的。一般将当年春季从茶树上采摘的头几批鲜叶加工而成的干茶，称为“新茶”。茶叶收购部门的“抢新”，销售部门的“新茶上市”，消费者的“尝新”，指的都是每年最早采制加工而成的几批茶叶。

⊙ 冻顶乌龙茶
冻顶乌龙茶是台湾名茶，它的采制工艺十分讲究，经晒青、炒青、初烘，多次反复团揉和暗火而制成。

沙泥、竹丝、竹片、棕毛等非茶树杂物。观看茶叶的色泽和外形时，可抓一把茶叶放在白色的瓷盘上，将其摊开，认真观察。

“手到”是指用手接触茶叶，判断其是否足够干燥。具体的做法是，用食指和拇指夹起茶叶，轻轻揉捏，如果能捏成粉末，则表明茶叶的含水量比较小，在5%以下，干燥程度已适合贮藏。因为茶叶的干燥程度是茶叶保鲜的重要条件。如果茶叶含水量过高，不仅茶多酚、维生素C、叶绿素等成分容易被破坏，产生陈色、陈气和陈味；而且茶叶还容易受微生物的污染而形成“霉气”。因此，“手到”这一鉴别程序非常必要。

“鼻到”是指用鼻子去闻茶叶的香味，根据香味的优劣来判断茶叶的质量。辨别的方法是，用双手捧起一把干茶，先哈一口热气，再放在鼻端，然后做深呼吸。如果用火灼烤少量茶叶，就更易识别出茶叶的气味。凡香气高而纯正，具有茶叶固有清香者，为真茶；凡带有青腥气或其他异味者，为假茶。具体来说，绿茶如果闻到板栗香、奶油香或锅炒香，则为优质茶。红茶如果闻到甜香或焦糖香，则为优质红茶。

茶香的纯正与否，有无烟、焦、霉、酸、馊等异味，也可以从干香中鉴别出来。如果闻香观色还难以判断，可取少量茶叶放入杯中，加入沸水冲泡，进行开汤审评，进一步从茶叶的色、香、味、形，特别是从展开的茶叶叶片上来进行识别。

## 茶叶的贮存

不同品种的茶叶，其保鲜期也有所不同。绿茶、白茶、黄茶属于不发酵茶或轻发酵茶，保鲜期最短，新茶一般上市三个月后就开始变味。青茶属半发酵茶，保鲜期为半年左右。红茶属全发酵茶，可以保存更长一些。黑茶是后发酵茶，保存越久，品质越好，素有“茶叶古董”和“黑色黄金”之称。

茶叶的保存一直是茶学界的一大难题，至今还没有一种方法能使茶叶长期保鲜，只能尽量延长茶叶的保鲜期而已。茶叶的陈化变味，实质是茶叶化学成分发生变化之故。如形成绿茶色泽的重要成分叶绿素，是一种很不稳定的物质，容易受光线和温度的影响而发生分解，形成脱镁叶绿素，即使在常温下，如果贮存时间过长，叶绿素也会不断向脱镁叶绿素转化，导致茶叶色泽出现显著褐变。

茶多酚是茶叶的重要成分，它的含量决定了茶汤的质量，包括茶汤的滋味和色泽。茶多酚本身无色，但在贮藏过程中会发生氧化、聚合反应，形成茶黄素与茶红素，进而形成褐色素，使红茶汤色变深变暗。

茶叶中维生素C的含量关系到茶叶的品质。它也容易发生氧化反应，而且越是高级的绿茶，维生素C含量也越高，也就越难以保存。维生素C被氧化后，会使茶叶颜色变褐，滋味变涩，同时也降低了茶叶的营养价值。类脂物质在贮藏过程中同样会被氧化、水解，使茶叶香味变得陈旧，加深茶汤颜色。

茶叶的保存环境是引起茶叶化学成分变化的重要原因，主要包括湿度、温度、光线等因素。湿度是导致茶叶变质的直接原因之一，由于茶叶中的很多物质都属亲水化合物，如果保存环境湿度过大，茶叶含水量将急剧上升，当超过8%甚至10%时，就会滋生微生物，出现

⊙ **古人常用的几件贮茶工具**

这是中国古代几件比较常用的茶叶贮存装置，依次为竹器和金属贮具。

霉变现象。

因此，茶叶必须处于干燥保存的状态。"干燥"意味着茶叶在贮藏前含水量要控制在一定范围内，同时保存环境的相对湿度要低。一般来说，茶叶在贮藏时最理想的含水量是3% ~ 5%。如果含水量高于5%，要先进行干燥处理，然后再贮藏。判断茶叶是否足够干燥，可以用手指轻轻捻搓茶叶，如果茶叶立即变成粉末，则表明足够干燥，适宜贮藏。

温度也是导致茶叶变质的直接原因，因为高温会加速茶叶化学成分的氧化反应，使茶叶中一些原可溶于水的物质，变得难溶或不溶于水，芳香物质也遭到破坏。实验证明，温度每升高10℃，绿茶褐变的速度就加快3 ~ 5倍。根据经验，茶叶在5℃时，能有效保持原来品质；茶叶在-5℃时，氧化过程十分缓慢；在-10℃时，茶叶中很多成分的氧化变质极其缓慢；茶叶在-20℃时，氧化几乎停止，品质几乎可以几年甚至长久不变质。因此，低温贮藏已成为保持茶叶品质的一种有效手段。

氧气是物质发生氧化反应的必需条件，茶叶化学成分的氧化，必须在有氧环境内进行。空气中氧气的含量通常为20%，如果能除去这部分氧气，将能减慢茶叶的氧化速度，从而避免茶叶品质发生劣变。于是，就出现了茶叶真空机，现在很多茶庄都使用这种方法保存茶叶。真空包装的茶叶，只要不开启，放在冰箱里至少可以保存一年半载，茶叶的原汁原味保持不变。

光线是引起茶叶变质的重要因素。强光会加速植物色素和脂类物质的氧化反应，产生带有异味的物质，导致茶叶出现日晒味和陈味。因此，避光保存也是茶叶保存的重要原则之一。茶叶的保存环境要避免光线直接照射，茶叶的包装不能使用全透明或半透明的材料。

此外，异味物质也是茶叶产生劣变的又一重要因素，因为茶叶是一个多孔的疏松体，其中的高分子化合物，性质非常活泼，如果茶叶与香皂、樟脑、卷烟等接触，会很快吸附它们的气味，从而产生异味，影响茶叶的质量。因此，要严防茶叶与有异味的物质接触，贮茶容器也必须保持清洁无味，贮藏室内不能同时存放其他有异味的物质，必要时还要通风换气。

综上所述，茶叶化学成分发生反应导致茶叶变质的原因，可分为内部原因和外部原因两方面。鉴于这些内因和外因，人们总结出了有效保存茶叶的方法，如低温保存法、密封保存法等。

低温保存法，其原理是通过降低茶叶保存环境的温度，减缓茶叶化学成分反应的速度，从而延长茶叶的保质期。低温保存法是一种比较理想的保存茶叶的方法，一般适用于家庭少量茶叶的保存，名茶和花茶最好也采用这种方法贮藏。由于冰箱内较潮湿，而其一般还放置其他食品，容易串味，因此放在冰箱里的茶叶必须密封良好。其具体做法是，先用密封的铁质、瓷质容器装好茶叶，外面再套上一层塑料以防潮，最后才放入冰箱内保存。

密封保存法，其原理是通过减少茶叶和氧气、水分的接触，减缓茶叶成分的反应速度，以达到长期保存茶叶的目的。密封保存法一般用于贮存大宗的绿茶、红茶、青茶。保存时，要选用干燥无味、结构严密的容器，如瓷坛、铁桶（盒）等。茶叶保存容器的材料以锡质为上，双层盖的不锈钢、瓷器等居中，铁质容器、纸质容器则次之。不过，容器的密封性固然重要，但如果不能避光，也不能用于长期保存茶叶，因为光线也会加速茶叶的氧化。

茶叶的吸湿剂通常以硅胶、石灰或木炭为原料。其中硅胶是贮存茶叶的理想吸湿剂，它的吸水能力是石灰的1000倍，而且硅胶吸湿后经日晒、烘焙又可继续使用，是一种经济实惠的吸湿剂。生石灰可用作高级名茶的吸湿剂，不过保存时石灰应装在布袋内，以避免和茶叶直接接触。要注意的是，生石灰不能用于贮存花茶和红茶，因为它会导致香气散失。

在日常生活中，我们会经常打开茶叶罐取茶叶，这样一来，就会使原本密封的茶叶罐变成“不密封”，茶叶就会吸水受潮。家庭保存茶叶，要选择大小适合的茶叶罐。因为通常来说，满罐茶叶的保鲜期肯定比半罐茶叶的保鲜期要长。

## 饮茶学问

中国大部分地区是季风气候，四季极为分明，春天温暖、夏天炎热、秋天凉爽、冬天寒冷。如能根据茶叶的性能功效，随季节变化选择不同的茶叶品种，更能发挥茶叶的保健作用。

春天，万物复苏，生机勃勃，整个自然界充满了生机。人体和大自然一样，正处于抒发之际，但美中不足的是，人们时常感到困倦乏力，即所谓的春困现象。俗话说，一年之计在于春，精神焕发才能使一年有好的开始，此时适宜饮花茶提神，如茉莉花茶和桂花茶等。因为花茶味甘凉，且具芳香辛散之气，有利于散发积聚在人体内的冬季寒邪，促进体内阳气生发。花茶是集茶味之美、鲜花之香于一体的茶中珍品，“花引茶香，相得益彰”，其香气浓烈，爽而不浊，可令人精神振奋，提高人体机能效率，有消除春困的作用。因此，中医认为，春天适宜喝花茶。

夏天，骄阳高照，气候炎热，人体内津液消耗大，容易精神不振，此时宜饮龙井、毛峰、碧螺春等绿茶。因为绿茶属未发酵类茶，茶味略苦，性寒，具有消热、消暑、解毒、去火、降燥、止渴、生津、强心提神的功能。此外，绿茶富含维生素、氨基酸、矿物质等营养成分，还具有降血脂、防血管硬化等药用价值。其茶汤清鲜爽口，香气清幽，滋味甘香，略带苦寒味，夏日常饮，能清热解暑，强身益体。

秋天，花木凋落，金风萧瑟，气候干燥，人容易感到口干舌燥、嘴唇干裂，这时宜饮用铁观音等青茶。青茶又称乌龙茶，属半发酵茶，介于绿茶和红茶之间，既有绿茶的清香，又有红茶的醇厚。茶性不寒不热，适合秋天气候，常饮能润肤、益肺、生津、润喉，并有效清除体内余热，恢复津液。其叶片色泽青褐，冲泡后可看到叶片中间呈青色，叶缘呈红色，素有

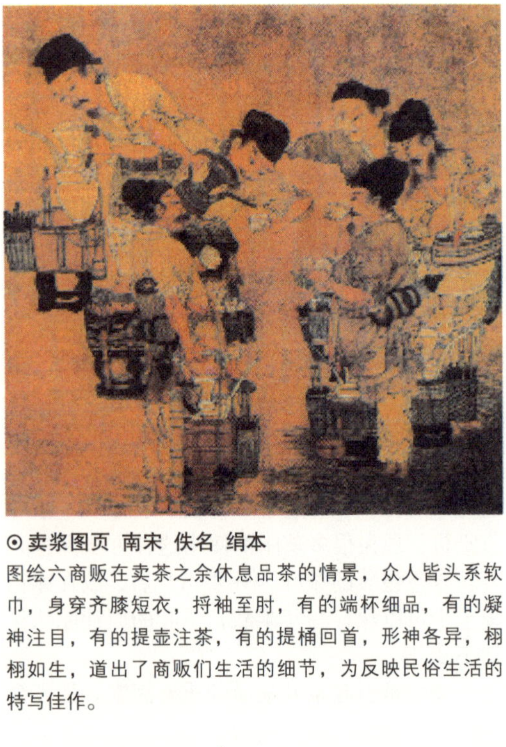

⊙**卖浆图页　南宋　佚名　绢本**

图绘六商贩在卖茶之余休息品茶的情景，众人皆头系软巾，身穿齐膝短衣，捋袖至肘，有的端杯细品，有的凝神注目，有的提壶注茶，有的提桶回首，形神各异，栩栩如生，道出了商贩们生活的细节，为反映民俗生活的特写佳作。

“青叶红镶边”之美称。

冬天，天气寒冷，万物蛰伏，寒气较重，人体生理功能减退，阳气渐弱，对能量与营养要求较高，此时宜喝祁红、滇红等红茶。红茶干茶呈黑色，冲泡后叶红汤红，醇厚干温，可加入奶、糖作调味料，茶香不改。红茶属全发酵茶，性甘温，且含有丰富的蛋白质和糖分，饮之可生热暖腹，善蓄阳气，御寒保暖，提高抗病能力。因此，中医认为：“时届寒冬，万物生机闭藏，人的机体生理活动处于抑制状态。养生之道，贵乎御寒保暖。”此外，冬季人们进食油腻食品增多，饮用红茶还可去油腻、开胃口、助养生。可见，冬天喝茶以红茶为上品是有医学依据的。

饮茶除了四季有别外，从茶叶营养角度来讲，不同的人群在饮茶时还要注意不同的问题。中国目前茶叶的主要消费群体是老年人，一般说来，未经高温炒烤和混有添加物的绿茶，较适合老年人饮用，因为从总体上看，此类绿茶在降脂、抗癌方面的作用更为明显。

此外，老年人还可根据病情和体质，配制适合自己的药茶。例如，如果血脂过高，可在茶叶中加入三七叶；如果气虚，可在茶叶中加入人参片；如果经常口干舌燥，可在茶叶中加入麦冬。由于老年人对咖啡碱的耐受能力较弱，要特别注意饮茶的时间。早上起来，不能空腹喝茶，最好用牛奶、豆浆等饮品代替；吃完早餐后半小时，喝茶能提神；中午吃完饭后，可喝淡茶；晚饭后则不能再喝茶，避免过于兴奋而影响睡眠质量。

⊙品茗图 清 吴昌硕

女性也是重要的茶叶消费群体。由于体质的特殊性，女性在非常时期一般不适宜喝茶。例如，处于行经期时，女性应该多吃富含铁的食品以补血，而茶叶中的鞣酸会和食物中的铁分子结合，产生沉淀，影响食物的补血作用；处于妊娠期时，茶叶中的咖啡碱会使孕妇的心跳加速，增加妊娠中毒的危险性；处于临产期时，咖啡碱会导致心悸、失眠，使孕妇感到精神疲劳；处于哺乳期时，由于鞣酸有收敛的作用，会抑制乳腺分泌。因此，女性处于行经期、妊娠期、临产期、哺乳期等特殊时期，均不适宜喝茶。

俗话说：“当家度日七件事，柴米油盐酱醋茶。”由此可见茶与人们生活的密切性。

茶可以提神醒脑、促进消化，有益于人体的健康。但如果所饮之茶过浓，就会对身体造成伤害。一般来说，如果经常性地大量饮用浓茶，容易出现身体不适。因为浓茶容易稀释胃液，影响消化，不利于人体对铁的吸收，会导致便秘甚至血压升高、心力衰竭等症状。因此，“淡茶养身，浓茶伤身”，饮茶应弃“浓”择“淡”。

中国自古以来就有“茶能解酒”的说法，现实生活中，很多人也常常以浓茶醒酒，将解酒当作是饮茶的重要功效。然而，科学研究表明，茶不仅不能解酒，反而还可能加重酒醉的症状。因为酒精对心血管有强烈的刺激性，而浓茶同样也具有兴奋心脏的作用，如果茶和酒一起刺激心脏，会对心脏造成损害。因此，以浓茶解酒的做法是不妥当的，如果要醒酒，可吃些水果，如苹果、柑橘之类，不然也可以喝果汁或糖水。

此外，以茶服药也是一种非常错误的做法，因为茶叶中的成分会和药物发生反应，降低药物的疗效。如治疗缺铁性贫血的枸橼淀酸铁、硫酸亚铁，所含的亚铁离子会和茶叶中的鞣酸发生沉淀，不仅妨碍铁的吸收，还会引起腹痛、便秘；含生物碱的药物，如阿托品、利血平、麻黄碱、可待因、元胡、黄连等，都可以和鞣酸发生沉淀，降低药物疗效；此外，茶叶中的咖啡碱对一些镇静药、镇咳药会有抵抗作用，影响疗效。

## 茶宴与茶话会

茶宴又名“茶会”、“汤社”、“茗社”。“茶宴”一词最早见于《吴兴记》,该书成于454年前后,书中提到：“每岁吴兴、毗陵二郡太守采茶宴会于此。”茶宴是古人以茶宴请宾客、招待朋友的一种方式。名茶和水果、点心相结合，是古代最讲究的正统茶宴方式。在茶宴上，宾主一边细啜慢品，一边赋诗作对，谈笑风生。

酒会醉人伤神，而茶能醒神健身，且有提神、消食、明目、祛邪的作用，因此唐代时饮茶之风盛行，茶成为当时的一种珍贵饮料。茶宴的形式多种多样，可分为三大类：一是清饮，常常呼朋唤友于花间竹下，以茶代酒；二是寺院举办的大型茶宴，如径山茶宴等；三是茶季时在茶叶产地举办的品茶歌舞宴。唐肃宗年间，湖州的紫笋茶和常州的阳羡茶是入贡朝廷的贡品，每年茶季到来时，湖州和常州的太守都要到两州毗邻的顾渚花山“境会亭”聚会，由州太守和知名人士共同品尝和审定贡茶的质量。同时，皇帝还派出茶吏、专使、太监到“贡茶院”、“茶舍”，专门监制贡茶，这就形成了一年一度的茶宴。

⊙江西茶会碑

唐代诗人白居易曾作诗描写过茶宴的盛况：“遥闻境会茶山夜，珠翠歌钟俱绕身。盘下中分两州界，灯前合作一家春。青娥递舞应争妙，紫笋齐尝各斗新。自叹花时北窗下，蒲黄酒对病眠人。”从此诗中可以看出，白居易因生病不能参加茶宴而惋惜不已，足见茶宴受文人喜爱的程度。

茶宴的出现，刺激了茶食的发展。茶宴与酒宴不同，食品亦有区别。茶宴中的食品称为茶食，主要是较清淡的面食与果品。如《世说》中提到的“粽”和《大金国志》中所提到的“蜜糕”，都是用糯米做的一种茶食。日本《禅林小歌》中详细介绍了源自中国的唐式茶会的食品，均为素食，包括葛粉做的水晶包子、乳饼、茶麻饼、馒头、卷饼、温饼等饼类及馄饨、螺结、柳叶面、相皮面、经带面、打面、素面、韭叶面、冷面等。在非正式的茶宴中，也有荤的茶食，如陆游独好鸭脚，曾在《听雪为客置茶果》中写道：“不栗和梨，犹能烹鸭脚。”茶宴消失后，茶食则传入民间。在现今北京、上海、南京、广州、成都等地的茶馆里，茶食不但品种多而精美，且各地自有特色。除茶馆外，茶食在民间习俗中也有一定的地位。

宋代，茶宴之风更加盛行，从官场到民间，从文坛到寺院，都常有茶宴。户部尚书蔡京在《延福宫曲宴记》中提到了皇室茶宴的盛况：“宣和二年十二月癸巳，召宰执亲王等曲宴于延福宫……上命近侍取茶具，亲手注汤击指。少顷，白乳浮盏面，如疏星淡月，顾诸臣曰，此自布茶。饮毕，皆顿首谢。”特别是宋徽宗，经常以茶宴请大臣，并亲自动手烹煮。他还著有茶书《大观茶论》。

元朝、明朝时，注重饮茶意境的文人士大夫设茶宴，往往寄情于大自然，通过书画表现名山大川、自然风光，并将诗词、歌舞融入到茶宴中去。清代，公私茶宴时常可见，史载：“上至朝廷宴会，下至接见宾客，皆先之以茶，品在酒醴之上。”清代皇室和一般旗人，喜欢饮用以茶末煎煮而成的茶，这是满族入关前的饮茶方式，“仍尚苦茗茶、团饼茶，犹存古人煮茗之意。”

茶宴刚出现时，主要用于代替酒宴，以标榜士大夫们的俭朴。随着社会的发展，茶宴逐渐变得铺张、奢华。自从陆羽提倡茶是“修身养性之物，精行俭德之人所为”后，茶宴走入淡泊宁静之路。对茶宴极为推崇的白居易在其后来所作的《夜泛阳坞入明月湾即事寄崔湖州》之后注：“尝羡吴兴每春茶山之游，泊入太湖，羡意减矣。”可见，此时茶宴已失去了往日的昌盛。到了明代，文人们更认为“饮茶以客少为贵，客众则喧，喧则雅趣尽矣”，众人聚会的茶宴逐渐消失。

近代，为了继承和发扬中国茶文化，茶宴又被赋予新的内容与形式。如常见的结婚茶宴，新郎、新娘用茶宴料理和茶食点心招待宾客，在茶香鼓乐声中缔结伉俪。喜庆之际，新娘还要表演茶艺助兴。近年来，各茶叶产销省区还举行别开生面的探新茶宴。一般在新茶伊始时举行，由专家、名流、领导参加，仿照古代茶宴仪式，进行点茶、观茶、闻茶、品茶、论茶，共同探讨茶叶经济的发展途径。

20 世纪 90 年代兴起的武夷茶宴，为武夷的风景名胜增添了一道亮丽的风景，吸引了来自全国各地的游客。武夷茶宴的茶食全由名厨好手利用现代烹饪技术制作，运用了蒸、熘、爆、炒、焖、炖等烹调技艺。茶食或利用茶汁，或利用青叶，或以茶为主料，或以茶为配料，各有风味。清新淡雅的茶食，崇尚自然，原汁原味，清淡不油腻，几乎不放味精，散发出淡淡的茶香，既健康又美味，符合绿色生态食品的要求。

⊙福建泉州极具特色的“观音茶王宴”

早在 18 世纪，茶话会已在英国盛行。据说当时英国的剑桥大学，有很多嗜茶的学术界人士，常去伦敦海德公园俱乐部举行茶话会，开展学术研究，交流科技文化，从而推动了科学技术的发展。这种活动曾被誉为“剑桥精神”。随着社会的发展和饮茶方式的变革，到了 20 世纪，茶话会已风行世界。在日本，除了“茶道”外，茶话会也几乎遍及了每个城市。

中国自古以来就有饮茶聚会、聊天联谊的习惯。茶话会就是在古代的茶宴、茶会和茶道

**·茶食·**

除茶馆外，民间习俗中也有茶食。如云南昭通地区的绥江，“摆茶”时会请客人吃点心，结婚时男方要送女方“茶礼”，即一些（一般是十几抬）自制的点心，这些点心其实就是茶食。

### ·宫廷茶宴·

茶宴始于汉代，盛行于唐代、宋代，清朝时也颇为流行。清乾隆皇帝，经常在每年立春之日，在重华宫设茶宴，宴请内廷大臣、翰林学士或宗亲，赐以三清（即松实、梅花、佛手）及茶果，赋诗联句。并常以重刻淳化阁法贴、宫藏珍贵画卷、文房四宝等颁赐于群臣。

的基础上逐渐演变、发展起来的。最早的茶话会出现于北宋，由太学生自发组织，颇似今日的茶话会。此外，北宋时还有皇家的茶会。

茶会发展到今天已成为“一杯清茶，辅以果品”的茶话会，是一种简朴无华的社交性集会最佳形式。在内容和礼仪上，既不像古代茶宴、茶会那样豪华和隆重，也不像日本“茶道”那样有一套严格的礼仪和规范，只是饮清茶，或佐以糖果、糕点，是聚会交谈的一种新形式。如遇有喜庆佳节、新春团拜、学术讨论、开业典礼等，大家以茶代酒，随便漫谈，感情融洽，气氛热烈，即不奢华浪费，又省时间益身心。内容、人数不同的茶话会采用不同的形式。如果与会人员只有几个人，可用一张圆桌；如果是几十人甚至几百人，一般每桌安排10人，或将方桌拼成长方形；如果是几百人、上千人的大型茶话会，则常用圆桌，与会人员团团围坐。

至于茶话会的饮品，香茶是必备之物，有条件的还可以增加鲜果、糕点及各色糖果。茶话会的布置，可以根据季节的不同，在席间或室内布置一些鲜花。夏季一般用茉莉花，因其叶子嫩绿、花朵洁白，能使人有清幽雅洁之感；冬季则以腊梅、水仙为宜，腊梅破绽吐香，水仙生机盎然，能使人感受到春天的气息。较大型的茶话会，还可配以轻柔的音乐或小型的文艺节目，如小品、相声等，以增添欢乐气氛。

杭州西湖畔的万人品茶会

# 中医

## 中医起源和发展

中华民族具有悠久的历史，它创造了光辉灿烂的古代文明，中医药是其中璀璨夺目的一颗明珠。

早在200万年前我们的祖先就开始劳动、生息、繁衍、发展着，但那时条件恶劣，他们经常受到猛兽的攻击、自然灾害的侵袭、饥饿的威胁和病痛的折磨。在与大自然的长期斗争中，人体本身结构（如脑容量增大）、生理机能（如思维能力加强）不断进化和完善及原始知识得到同步发展，在寻找食物的过程中，他们逐渐发现某些植物的果、叶、花、茎能减轻或消除一些病症；在烤火取暖的同时，发现用兽皮、树皮包上烧热的石块或沙土放在局部身体可减轻疼痛；在使用石器的过程中，发现身体某一部位受到刺伤后反能解除另一部位的病痛等；约20～30万年前随着知识的积累，开始出现医事活动的萌芽；约4～5万年前我们的祖先对医学知识已处于思考、记忆和口头传授阶段。1万年前伴随农牧猎渔、采集业的发展，人们渐渐认识了一些药物，制作了原始的治病工具，并会有意识地主动利用火（灸熨）、水（洗浴）、砭石与骨（针刺）等外治方法来疗伤止痛。至奴隶社会早期（距今4000多年）已初步形成了针灸、按摩、熨烫、药物等治疗方法，有了医学的雏形。夏朝人们学会了酿酒，俗话说“酒是百药之长”，医与酒有着不解之缘。商朝（3000多年前）的厨师伊尹发明了汤液，促进了方剂的诞生，为内治学的发展创造了条件；从殷墟出土的十六余万片刻有文字的甲骨中，有323片与疾病有关，里面出现了十余种按人体部位确定的病名，中医理论的源头似可追溯到此。西周采用粗略的四诊法看病，是中医诊断的开端，此时有了专职医师，具体分为疾医（内科）、疡医（外科）、食医（营养）、兽医，并建立了医政管理、医师考核和死亡报告制度，有了草、木、虫、石、谷五类约100种药。

⊙ **石器**

图为河北省阳原县虎头梁出土的旧石器时代晚期的石器。为石英岩质地，以楔形、圆形为多数。石器不仅是当时的生产工具，在某种情况下，它们还可以用做原始医疗器材。如灸熨就可以用石头、契形砭石。

春秋以迄秦汉时期：春秋战国时期哲学思维活跃，是中医理论发展的黄金时期，也是中医理论的奠基阶段。公元前5世纪医和最早提出了“阴、阳、风、雨、晦、明”六气致病学说，加之天人感应思想，医学理论开始萌芽。春秋战国之际，中国现存最早的完整中医专著《黄帝内经》问世。该书系统总结了在此之前的治疗经验和医学理论，运用朴素的唯物论和辩证法思想，对人体的解剖、生理、病理以及疾病的诊断、治疗与预防，做了比较全面的阐述，初步奠定了中医学的理论基础。《难经》是一部可以与之相媲美的古典医籍，最早的灸法专著是马王堆出土的《足臂十一脉灸经》、《阴阳十一脉灸经》，同时出土的还有《五十二病方》等。东汉初年的《神农本草经》是中国现存最早的药物学专著，记载了365种药的性能和主治。虽有神农尝百草、伏羲制九针、黄帝论医事的传说，但事实上，中医药并不单纯是由黄帝、神农发明的，作为炎黄子孙，为了表达对祖先的崇敬和尊奉，后世将中医药里的医理奠基通过《黄帝内经》归功于黄帝，将药物起源通过《神农本草经》献给了炎帝。战国时扁鹊会用望、闻、问、切法诊断，会用灸熨、按摩、药物治疗，成为医巫分业第一人。东汉华佗可用麻沸散全麻进行剖腹术，并首创保健操“五

**⊙东汉时期所绘“五禽戏”动作示意图**

“五禽戏”是东汉名医华佗在前人的基础上创编而成的。它模仿虎、熊、鹿、猿、鸟五种动物的行为活动，将动物的行为人格化，帮助人们锻炼身体、养生长寿。

禽戏”；杰出的医学家张仲景博采众长，著成《伤寒杂病论》，确立了中医学辨证施治的理论体系与治疗原则，为临床医学的发展奠定了基础，备受后代医家推崇。

魏晋隋唐时期：实践医学进入全面发展阶段，临床各科渐趋繁荣，对疾病的认识更深入、广泛、详细、准确，诊治经验更丰富，药品更多，功效更明确，制方更繁多、合理、有效，各种论著颇多。如内科：晋王叔和所著《脉经》是中国第一部脉学专著，归纳整理了二十四种脉象。隋巢元方等编写的《诸病源候论》是中国现存最早的病因症候学专著，分述了内、外、妇、儿、五官等各病的病因、病理和症状，光是症候就列有1729条之多，其中的一些描述相当详尽而科学。唐著名医家孙思邈著《千金方》、王焘著《外台秘要》，均对各病的诊治有所论述，并搜集了大量的验方；前者尤其在营养缺乏性疾病的防治方面成就突出。外科：隋巢元方的《诸病源候论》中有肠吻合术和血管缝合术记载；孙思邈的《千金方》中有拔牙等手术；9世纪出现的《仙授理伤续断秘方》是中国最早的治疗骨折、脱臼的专书。传染病科：晋葛洪的《肘后方》对天花、恙虫病有所描述，并载有用狂犬脑敷伤口治狂犬病的方法；唐代对麻风病和结核病已有认识。唐代已形成妇儿专科，孙思邈著《千金方》中记录有人工流产术。西晋皇甫谧撰成《针灸甲乙经》，为中国现存最早的针灸专书，确定穴位总数349个，对针灸医学影响巨大。《唐·新修本草》（又名《唐本草》）包括本草、药图、图经三部分，载药850种，是中国古代也是世界第一部由政府颁行的药典。唐朝非常重视医学教育，积极传授中医知识，而且中外医学交流十分活跃。

宋金元时期：以《伤寒论》和运气学说被重视为发展契机，中医以多学派（尤其是金元四大家的兴起）的产生而繁荣，由于百家争鸣，各有创见，大大丰富了中医内涵，推动中医理论不断深化和发展，不断取得新的突破。宋代对中医教育比较重视，设立了“太医局”，作为培养中医人才的最高机构。专设的“校正医书局”，曾有计划地对历代重要医籍进行了搜集、整理、考证和校勘，目前我们所读到的《素问》、《伤寒论》、《金匮要略》、《针灸甲乙经》、《诸病源候论》、《千金要方》、《千金翼方》和《外台秘要》等，都是经过此次校订、刊行后流传下来的。王惟一曾铸造两具铜人作为针灸教学和考试之用，开教育模型之先河。元危亦林著《世医得效方》对伤科论述尤为精辟，如治疗脊柱骨折法与现代治则如出一辙。11世纪中医即开始应用“人痘接种法”预防天花，成为世界医学免疫学的先驱。

明清时期：除对古籍进行诠释、演绎外，不少是对前人，特别是对金元理论的归纳整理、补充综合、融会贯通、逐步统一，大型医籍不断涌现，明杨继洲的《针灸大成》、陈实功的《外科正宗》及吴有性的《温疫论》等均影响深远，这些都使中医理论更系统完善，特别是辨证论治原则的确定，使传统、朴素的理论与实践进一步结合，并发挥更大的作用。明朝还是药学

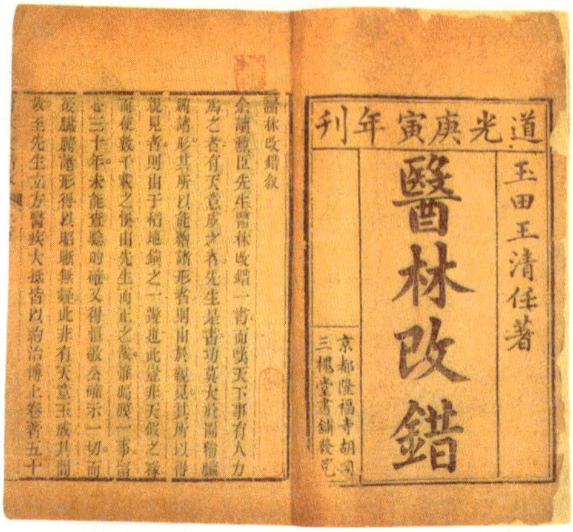


⊙《医林改错》书影

清代医家王清任著，二卷。王清任自 20 岁左右学医以来，发现古代医书中有关人体结构和脏腑功能的记载有不确之处。于是根据自己的观察，把人体内脏状况绘成“亲见诸脏图”，并与“古人所绘脏腑较”图一并附于《医林改错》卷首，以便比较研究。他强调了人体内脏对于医生治病的重要性，将医学与解剖生理学联系起来，比前人提高了许多。

集大成时期，李时珍历时 30 年写成的《本草纲目》，收载药物 1892 种，附方 11096 首，对中国和世界药物学的发展做出了杰出的贡献。清朝时温病学派崛起，特别是新病原说创立，对热性传染病有了进一步的认识。此期各类厚重的医学论著颇多，《医宗金鉴》、《医学心悟》、清代傅山的《傅青主女科》、陈复正的《幼幼集成》、唐容川的《血证论》等是代表。晚清王清任写的《医林改错》，纠正了古代医书中的一些错误；此时“人痘接种”预防范围已遍及全国。中医最早的学术团体“一体堂宅仁医会”也于 1568 年在顺天府（北京）成立。

鸦片战争后，随着西医广泛传播，形成了中医、西医、中西医结合并存的局面，废止中医、中西汇通和坚持传统中医的论争一直没有停止；中西医汇通学派代表人物及其著作有张锡纯的《医学衷中参西录》等。与此同时，多种中医药刊物相继出版，各类学术团体纷纷成立，近代中医学校也于 1885 年创办，但中医发展总体处于停滞不前的状态。

新中国成立后中医获得了新生，并有了长足进步，中医院校如雨后春笋般出现，中医人才辈出，技能不断改革创新（如针刺麻醉），各种中医书籍、期刊层出不穷。改革开放以来，古老中医学进入了一个崭新的飞速发展时期，并正在不断创造奇迹，走向世界。

中医药学是中华民族灿烂文化的重要组成部分，几千年来为中华民族的繁荣昌盛做出了卓越的贡献，并以其系统的理论体系、独特的诊疗方法、显著的疗效、浓郁的民族特色、浩瀚的文献史料，屹立于世界医学之林，成为人类医学宝库的共同财富。中医药学历数千年而不衰，显示了强大的生命力，是中国医药卫生事业所独具的特色和优势。

## 看不见的人体经络网

经络学说是中医根据体表反应点、针刺感应路线、穴位主治性能及各种经络现象，在长期临床实践中逐步形成和不断完善起来的独特理论，在传统医学中占有重要地位。早在春秋战国时期，就有了《十一脉灸经图》，中国最早的医学巨著《黄帝内经》中也对经络学有系统的论述。经络学说贯穿于中医的各方面，也是针灸疗法的理论基础。

经络是人体组织结构重要的一部分，它像人身上的交通网，大的干线叫经脉，小的支线叫络脉。经脉又细分为正经和奇经，正经有 12 条，左右对称，属脏的称阴经，属腑的称阳经。一般说阳经走在人体的背、外侧，阴经走在腹、内侧；若将手举起，则是 6 条阴经均上行（足→胸或胸→手），6 条阳经皆下行（手→胸或胸→足）。在头部则是前额走阳明经，侧方走少阳经，后枕部走太阳经。人有五脏六腑，加上心包，共 12 个，十二经分别与这 12 个脏腑相对应，每条经以它在体内联系的一个脏或腑的名称来命名，如足阳明胃经就是与胃相联系。每条阴经配一条阳经，如肺与大肠相表里，手太阴肺经与手阳明大肠经也是相表里。奇经有 8 条，不通脏腑，起补充十二经的作用，其中任、督二脉的作用特别重要，常与十二经

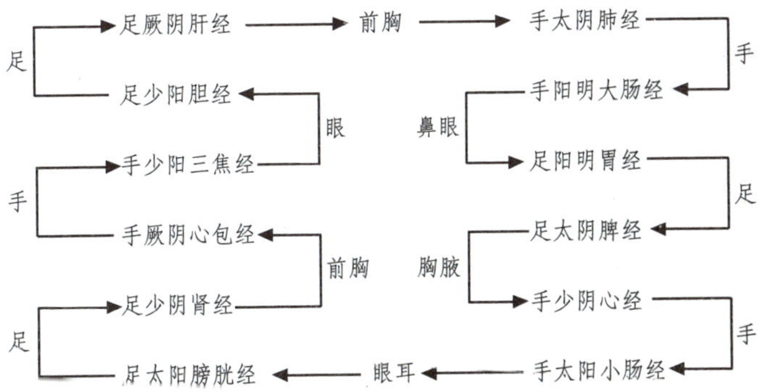


相提并论，称为十四经。络脉是经脉的分支，像大街小巷，络脉中大点的是十五络，小点的叫孙络、浮络等，数量很多。这样，经络共同构成一个纵横交错、内外贯通、穿插叠织、四通八达、无处不及的气血循环网，就像是一张硕大的通讯网或交通网，把体内脏腑与体表各部器官密切联系了起来。穴位就是散布在这些交通线上的一个个车站，它们是经络中气血汇聚至人体表面的部位。

正常情况下经络负责运送气血，营养周身组织，维持人体正常功能活动；沟通联络五脏六腑、五官九窍、筋脉肉皮骨等，使机体内外协调统一；捍卫机体不受外邪侵犯等。

有病时经络会首先受伤，使气血痹阻，不通则痛，比如受风湿时皮肤、关节常先出现结节、肿胀、疼痛。由于经络内外相通，所以外邪能通过经络传入内脏，如受凉可通过手太阴肺经传入而引起咳喘；在凉台上坐久了，则感肚子痛，甚至腹泻，就是因为寒气从体表顺经络进入了胃肠所致；同时内脏有病也能通过经络反应到体表，如患胆囊炎时，往往在足少阳胆经的胆囊穴上出现感觉异常；疾病还能利用经络在脏腑间互相传感的特点，造成此病引发彼病的情况，如肝病影响胆，心热移传到小肠等。

古医家认为：不明十二经络，开口动手便错。因经络与脏腑的生理、病理状况紧密相关，而脏腑有病必然导致气血涩滞不畅，在一些部位就会出现结节、条索反应物或异样感觉，经络便成了疾病的显示窗，医生可根据这些线索和部位来诊断疾病。更有人用“知热感”或经络测定仪观察穴位的敏感度和皮肤电阻的改变来分辨脏腑的虚实，运用的也是这一原理。如对头痛，若痛在前额往往与阳明经病有关，痛在头侧旁常与少阳经有关，痛在枕颈部多与太阳经有关，痛在头顶就要考虑足厥阴肝经或督脉病证了。

用经络学说指导治疗最常见的就数针灸、推拿、眼保健操、保健按摩和减肥了，因为经穴是经络脏腑之气输注于体表的部分，在此处针灸、推拿按摩可达到疏通经络、调和气血、治病疗疾的目的。人们常看到胃痛时医生给针胃经的“足三里”穴，肝病时灸肝经的“期门”穴等，就是这个道理。其他如针麻、埋线、水针、小刀针等，都是在经络学说的基础上，把针灸疗法与现代医学结合起来的产物。一般说经络循经所过的部位就是该经主治的范围，治疗时多强调选准“经”，而不过分要求选准穴，换句话说就是只要“经”不错，穴偏点不误大事。

中医认为每种药对经络有一定的选择性，从而产生了药物归经的学说，并用此指导临床用药。再以头痛为例，治疗头痛的药挺多，但不是随便什么药都能用的，归经不同，用药就

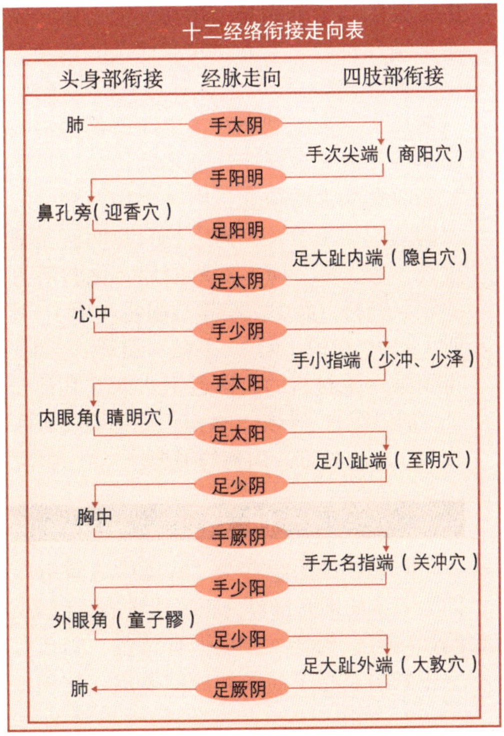

⊙《红楼梦》张太医论病细穷源插图

大相径庭。藁本入足太阳膀胱经，善治后头痛；白芷入足阳明胃经，治前额痛最好；而吴茱萸入足厥阴肝经，治头顶痛多用。还有些药，不仅自己能入某经，甚至还能把其他药也引入该经，如羌活和黄连就分别是足太阳膀胱经与手少阴心经的引经药。

经络的实质虽经多年研究，目前仍不十分清楚，几种主要的观点是：一是神经系统。二是神经－体液的综合调节功能。体液包括内分泌及多种激素。三是机体的生物电现象。四是单独的特殊传导系统等。相信随着科研的步步深入，待揭示出细胞间乃至分子水平上的联络方式，或从全新的角度认识时，将有助于全面弄清经络的实质。

## 望闻问切的诊察法

一说到中医诊病，大家马上就会联想到“搭脉看舌”，不错，不论谁，只要去看中医，这两步是必定要走的。一次，一位中医在德国讲学，主人找来四个心律不齐者，并再三要求他当场演示辨证功夫，中医诊察的结论分别是：怀孕、冠心病、情绪郁结和过劳。主人在叹服之余，请教其中的奥秘。客人告诉他，人体是有机的整体，局部病变可影响到全身，中医诊病虽需搭脉察舌，但光这样还远远不够，为了广泛准确收集病人的信息，中医也像西医一样要调动一切手段，不同之处只是西医是通过视、触、叩、听、X光拍片、化验等办法获取资料，而中医是靠“眼看（望）、耳听（闻）、口说（问）、手触（切）”这四法得到第一手材料的，再运用八纲或其他辨证，加以综合、归纳，做出正确诊断（证），作为立法、处方、用药的根据。

### 问 诊

问诊在中医学称为“临证中之首务”，因为细致的询问常可为正确辨证找到线索，问诊内容极为详细，也很有特色，明代医家张景岳总结了前人问诊的要点，整理成《十问歌》，后人略作修改成为：“一问寒热二问汗，三问头身四问便，五问饮食六胸腹，七聋八渴俱当辨，九问旧病十问因，再兼服药参机变，妇女必问经带产，小儿当问麻疹斑。”十问歌的内容言简意赅，非常实用。临证时还要根据实际病情，灵活而有主次的进行选择和补充，特别是主要病症的特点、主症的伴随症状及其他全身情况。

比如问汗：因汗出与阳气盛衰、津液盈亏相关，故要分清到底是无汗还是有汗，是自汗还是盗汗、战汗、绝汗。例如盗汗是指夜间睡着后出汗，常伴有发热、颧红、心烦、失眠多梦、口干舌燥，为阴虚内热所致，是内伤病，结核病多见。另外汗出部位有无异常，如半身无汗多由痰湿阻脉、营卫不调、气血不和所致，可见于中风时。若体弱病危时突然额头冷汗大出，是亡阳之兆；冷汗多因阳虚，热汗多由外感风热或内热蒸迫所引起。黄色汗多因风湿热邪交蒸所致等。

又如问饮食口味：有多食、善饥、反消瘦时，不是胃火亢进就是消渴症（糖尿病）；若本不能进食的久病之人突然暴食，多为脾胃之气将绝之证；偏食生米、泥土异物等是虫积（寄生虫病）的表现。口味提示：如口苦为肝胆有热，口酸有腐味为胃肠积滞，口臭为胃火盛，口淡为胃有湿或虚证，口甜为脾有湿热，口咸为肾虚等。喜冷饮，是里热伤津。口渴不多饮者，若喜热饮多属湿证或虚寒证，若喜冷饮则属湿热证。

## 望诊

我们常讲“察颜观色”，用它来形容中医望诊，是最合适不过了。望诊分为望全身和望局部，前者指望神、气色、形态，后者指望头与发、指纹、舌头、五官、排出物等，特别强调的是注意面部及舌。扁鹊从齐桓公、华佗从严昕脸色看出他们身患重病，及时发出警告，可见两位名医的望诊技术的出神入化，从中也能体会望诊对诊断有多重要。

“神”是机体生命活动的体现，形神兼备是每个正常人都具有的，它通过目光神态、面部表情、形体动作、语言气息、反应能力等表现出来。轻病人仍可有神，病情重则失神，假神就是俗话说的回光返照。病虽重只要有神则正气仍在，疗效较好；病看似不太重，若萎靡不振，说明正气已衰，疗效不一定很理想。面部病色一般分为青、赤、黄、白、黑五种，如青色表示有寒证、痛证、淤血证、小儿惊风或肝病。发黄示脾胃病。望形态主要是看壮弱、胖瘦及行、坐、卧、站姿，肥胖症易患阳气不足和痰湿停留；消瘦者易阴血不足和阳火旺。

⊙**诊断图 布画唐卡 清**

《诊断图》是《四部医典》系列挂图唐卡的第三幅，以“如意树”的形象，描绘出藏医学诊断病症的最基本的方法。图中分别以三杆主枝代表望诊、触诊、问诊。

根据全息论，中医认为舌是人体生理和病理的一面镜子，望舌是通过察看舌质和舌苔的形态、色泽、润燥等测知病情变化的一种独具特色的诊法，在中医诊断中占有重要地位。从舌苔可知病邪深浅，从舌质能了解正气盛衰。正常舌象为舌色淡红，舌苔薄白，舌质（舌体）柔软、活动自如。一般以舌尖诊心肺，舌中部诊脾胃，舌的两边诊肝胆，舌根诊肾的病变，如舌尖红为心火上炎。舌质颜色淡白示有虚寒症，舌青紫色是热毒太盛或阴寒内盛、气血不畅，多为热证、寒证、淤血证。舌有芒刺多属热邪亢盛，舌纹粗糙苍老多为实热症，舌体胖大是由于脾肾阳虚，舌体震颤多为肝病或热极生风，小儿舌头里外吐弄多有智力障碍等。若舌苔黄腻多是胃肠有湿热，苔灰黑而润为阳虚寒、痰湿内阻；苔色灰黑而干为里热证。

现代医学研究舌色与舌的血液循环状况关系密切，如红绛舌就是因毛细血管扩张、血流量加大、血液浓缩所致，苔色与丝状乳头增生角化加剧、细菌作用等有关。

## 闻诊

闻诊包括听声息和嗅气味两方面，前者分为听语言、呼吸、咳嗽、呕吐、肠鸣等，后者分为嗅病体之气与病室分泌物、排泄物之气两种。语声低微、少气懒言多属虚寒症，语言错乱、说话不流利是因心病无法主神明，狂言乱语是癫症。打呃声高而有力多属实症，声音慢慢嘶哑多因精气内伤、肺萎津枯的虚证；实喘多属肺有实热、痰饮内停，虚喘属肺肾虚损；咳声如犬吠多为白喉证，小儿多日频咳不止可能是百日咳。口臭多有胃热，口出腥臭、咳吐脓痰多是肺化脓证；尿臊臭多为湿热下注，尿有甜味则为消渴证（糖尿病），身有臭秽味多为瘟疫。

## 切诊

切诊包括脉诊和触诊。

脉诊又称切脉，2300多年前扁鹊奠定了“望色、听声、观形、切脉”的诊断法基础，诊脉为其特长，故有“至今天下言脉者，由扁鹊也”之美誉。

西晋王叔和最先归纳整理了切脉经验，所著的《脉经》是中国第一部脉学专著，里面详述了寸口脉法，归纳、总结、阐明、描述了浮、芤、洪、滑、数、促、弦、紧、沉、伏、革、实、微、涩、细、软、弱、虚、散、缓、迟、结、代、动24种脉象，并论述了脉象和多种病证的关系，对脉学的发展做出了很大的贡献。后来《脉经》传入阿拉伯，被阿维森纳收入《医典》中。明李时珍在《濒湖脉学》中也总结了27种脉象。

切脉是指医生用手指触按病人腕部的桡动脉跳动，以探查脉象，从而了解病情的一种诊断方法。切脉常用的是寸口诊法，左侧寸关尺处脉象依次代表心肝肾，右侧代表肺脾肾。对小儿是用“一指切三脉”法。华佗给顿子献、王继先给宫教切脉而知死期，郭玉隔幕判断男女脉象巧应对和帝考试，既说明诊脉确能发现病症，也显示了各位名医脉诊技术的高超过人。

健康人脉象应为一次呼吸跳4次，寸关尺三部有脉，脉不浮不沉，和缓有力，尺脉沉取应有力。常见病脉有浮、沉、迟、数、虚、实、滑、洪、细、弦脉等。滑脉按之流利，圆滑如盘中滚珠，多见于青壮年气血充实和妊娠妇女。弦脉是端直而长，挺然指下，如按琴弦，提示肝胆病、痛证、痰饮。迟脉指脉跳缓慢（每分钟脉搏少于60次），提示可能有寒证，若脉有力就为实寒，无力为虚寒。结代脉是指脉不齐，跳跳停停，多见于冠心病、心肌炎、心衰时及房（室）传导阻滞、房（室）性早搏、心房纤颤等。

⊙ **明切脉罗汉塑像**

四川新津观音寺明代重修大雄宝殿中，有一对切脉诊病罗汉十分生动传神。病僧平伸左手微笑待诊，医僧凝神定气，圆睁双眼，全神贯注地沉浸在诊脉之中。表现中医诊脉的古代艺术品不多，遗存今日实属罕见。

脉搏大体上是浮主表，沉主里，数主热，迟主寒，有力主实，无力主虚。浮而有力为表实；浮而无力为表虚。有人用脉搏描记仪初步描出了15种脉象，所得与切脉基本一致，认为脉搏强弱与心脏收缩力、血容量、血压等有关，病情有变化时脉搏改变早于血压。

触诊就是触按肌肤、经络和胸腹以了解寒热、润燥、有无压痛、包块、软硬等，好明确疾病部位和性质。如腹痛喜按为虚证，拒按是实证；疮疡若肿块硬、不热无痛、散漫无头、皮色不改多见于阴疽，溃疡病足三里穴常有压痛等。

望闻问切是中医传统诊断方法，内容繁多，效果明显，实际应用中必须是四诊合参，方能避免片面性。

## 奇特的辨证与辨病方式

有位外籍华人患有牙本质过敏、耳鸣重听、腰痛、前列腺肥大、斑秃、阳痿、五更泄等多种疾病，经常往返于内科、五官科、骨科、口腔科、皮肤科之间，钱花的数目不小，药吃了不少，可就是难见起色。一次他回国探亲，找了位中医。老中医告诉他：“你患的这些病，在中医看来只是一个肾虚。”中医给他服龟鹿二仙胶和金匮肾气丸，辅以针灸肾俞、三阴交穴，外搽斑秃酊，治疗一段时间后，病情明显好转。这是一个典型的辨证施治的例子。

中医有多种辨证方法，主要是八纲辨证、脏腑辨证、六经辨证、卫气营血辨证和三焦辨证。八纲辨证是各种辨证的总纲，起提纲挈领、执简驭繁的作用。脏腑辨证是在八纲辨证的基础上，进一步确定病变脏腑的辨证方法，常用于内伤杂病。六经辨证、卫气营血辨证和三焦辨证则主要适用于外感温热疾病。各种辨证方法虽各有千秋，但在实际应用时，常相互联系与补充。

## 八纲辨证

八纲指阴、阳、表、里、寒、热、虚、实八个辨证纲领，疾病尽管错综复杂，但基本都可用八纲加以归纳，可八纲辨证所得的结论只是个初步的概括，只给治疗指出了一个大概的方向，要想明确具体病因，还必须结合病因、脏腑或卫气营血作进一步的辨证。

表里是辨别疾病部位和病变趋势的一对纲领。凡病变在皮肤、肌肉、经络的属表证，病变在脏腑的属里证。除单纯表证、里证外，还有半表半里证，即邪气正相搏于表里之间而表现出的一类特殊症候，在六经辨证中这称为少阳病。

寒热是辨别疾病性质的一对纲领。由于“阳盛则热，阴盛则寒”、“阴虚生内热，阳虚生外寒”，所以寒证是阴盛或阳虚的表现，热证提示有阳盛或阴虚。辨明寒热可为使用寒药或热药提供依据。寒证和热证既可单独出现，亦可在人体不同部位出现寒热错杂的情况，当病情危重时还会出现真寒假热或真热假寒证。

虚实是辨别人体正气强弱和邪气盛衰的一对纲领。虚指正气虚，包括血虚、气虚、阴虚、阳虚等；实指邪气盛，凡外邪入侵和因内脏功能失调而产生的痰饮、淤血、水湿、食积等滞留体内都属实。辨清虚实可使遣方用药有的放矢，虚证宜扶正补虚，实证应祛邪泻实。

阴阳是概括上述六种症候的总纲。表、实、热证属阳，里、虚、寒证属阴。判断阴阳是依据上述六纲而定，一般临床常将实热证称为阳证，将虚寒证称为阴证。

八纲之间并不孤立，而是相互关联、彼此错杂、互为交叉的，如表证有表寒、表热、表实、表虚之分；里证有里寒、里热、里虚证之别；还有表寒里热、表虚里实等错综复杂的变化。随病情发展或因治疗失当，寒证可化热，实证能变虚，或出现表里相兼、虚实寒热真假同在的复杂局面。

## 脏腑辨证

脏腑辨证是运用脏腑学说理论，对四诊收集到资料，结合八纲辨证，推断病变所在的脏腑、症候性质的辨证方法。脏腑辨证不仅是内伤杂病最主要的辨证方法，而且也是其他各种辨证方法的基础。人体任何病变都是脏腑机能失常的反映，由于每个脏腑的功能不同，故临床表现各异，根据各脏腑的生理功能来分析病证，是脏腑辨证的理论依据。

心与小肠病：心主血脉，藏神，开窍于舌，其华在面，与小肠相表里。心有病时多有血脉运行障碍和精神意识思维异常，如心悸、心痛、失眠、昏迷、发狂等，辨证有心气虚、心阳虚、心血虚、心阴虚、心脉痹阻、心火亢盛、痰迷心窍等证。小肠受盛水谷，分清泌浊，有病时多表现为二便异常，如腹泻、尿赤、尿频等症。辨证有小肠实热。

**⊙ 王大夫诊脉潇湘馆 清**

此图为《孙温绘全本红楼梦》中插图之一。黛玉因心事过重，发昏、吐带血丝的痰。第二天，贾琏带大夫给黛玉诊脉。大夫告诉贾琏说：“六脉皆弦，为平日郁结所致。”于是开了方子。大夫的话反映了中医的病因理论中的“病由内起”、“七情内伤”。

肝与胆病：肝藏血，主疏泄，性喜条达而恶抑郁，肝主筋，开窍于目，其华在爪，与胆相表里。肝病常见症状有头痛、眩晕、胸胁胀痛、性急易怒、筋脉拘急、月经不调及多种眼病等。辨证有肝血虚、肝阴虚、肝气郁结、肝火上炎、肝风内动（包括热极生风、肝阳化风、血虚生风）、肝胆湿热等。胆主管储存和排泄胆汁，有病时则出现黄疸、口苦、肋痛。

脾与胃病：脾为后天之本，脾胃主要负责消化、吸收和运输食物里的养分和水湿，脾还统血、濡养肌肉。脾有病时主要是运化水谷功能失常、水湿停聚及中气下陷，表现内脏下垂、出血、痰饮、消化不良、打嗝、腹胀痛等。辨证有脾气虚、脾阳虚、寒湿困脾、湿热蕴脾等证。胃病有许多种，主要有胃阴不足、胃寒证、胃火证、食滞胃脘等。

肺与大肠病：肺主气，宣发肃降，通调水道，与大肠相表里。肺有病时主要反映在呼吸功能异常，如呼吸困难、咳嗽气喘、咳痰吐血、水肿等。辨证有肺气虚、肺阴虚、风寒束肺、风热犯肺、痰热壅肺、痰浊阻肺等证。大肠有病时表现泄泻、下痢、便血、腹胀痛，辨证有大肠湿热、大肠液亏等证。

肾与膀胱病：肾藏精，负责水液调节，主管纳气，主骨生髓充脑，乃先天之本。肾有病时主要表现在肾精不固、水液代谢失调、气不摄纳、不孕不育、气喘、水肿、胸闷。辨证有肾阴虚、肾阳虚、肾气不固、肾不纳气等，如本文开头提到的那个外籍华人。膀胱有病时排尿不畅或异常，辨证有膀胱湿热等。

脏腑虽各有不同功能，但它们是分工又合作，共同构成一个有机的整体，有病时也相互影响，而出现数脏兼病的情况，如心脾两虚、心肾不交、肝脾不调、肝胃不和、肝肾阴虚、脾肾阳虚、肺肾阴虚、脾肺气虚等等，有时甚至三四个脏腑同时被波及，这时的症状就更复杂了。

## 六经辨证

六经辨证是将外感风寒在其发生、发展过程中出现的症候，分成六大类型，即太阳、阳明、少阳三阳病证，及太阴、少阴、厥阴三阴病证，并对其进行的辨证。太阳病证显示表证，少阳病证属于半表半里证，其余阳明病证和三阴病证均属里证。凡属正盛邪实、抗病力强、病势亢奋、表现为热证、实证的多属三阳病证，治疗以祛邪为主；凡抗病力弱、病势虚衰、表现为寒证、虚证的，多属三阴病证，应采用扶正治疗。

## 卫气营血辨证

卫气营血辨证是用于外感温热病的辨证方法。

温热病是感受六淫、疫疠等病邪所引起的多种急性发热性疾病的总称，大体相当于西医所说的急性传染性、感染性、过敏性、免疫性疾病，其特点是起病急、热度高、发展快，变化多，易于化燥伤阴，甚至动风、动血，出现斑疹、吐衄、神昏、惊厥、抽搐等。

卫气营血分别代表四个深浅区域概念，从表到里依次是卫分、气分、营分，血分。在外感温热病时，卫气营血被用来表示病程中病变深浅轻重的四个阶段，及各阶段病理变化和传变规律。

⊙唐代《五脏六腑图》中插图

文中说："且胆者，生于金，金主于武，故多勇，宜抑之大吉。夫胆者乘阴之气，禀金之用，主煞。煞则悲，故人之悲者，金生于水，则目中堕泪失。心主火，胆主水，火主辛，水主苦，所以人有弊者，即言辛苦。火得水而灭，水得火而煎，阴阳交争，水胆胜火，故泪从目出也。"

### ·辨病与辨证·

辨病：是根据病史、症状和辅助检查获得的客观指标来确定诊断的思维过程，是以研究各种疾病的发生发展及其特殊规律为宗旨的，西医多采用此法。

辨证:是中医认识和诊断疾病的方法，是将四诊收集的病史、症状和体征等资料，加以分析、综合、归纳，以审辨病因、病变部位、性质、邪正盛衰状况，以及病变的趋势等，从而作出判断，为治疗提供依据。

关系:辨病和辨证有联系又有区别，辨病侧重于认识疾病的特性，把握该病的发展趋势；辨证注重个体差异，着重反映疾病某一阶段的病理特征和机体状况。现代科学的发展，为辨病和辨证的结合创造了有利的条件，如以前中医诊断瘀血是靠观察舌、脉表现判断得来的，而今又增添了血液流变学等多个项目检测，疗效更令人鼓舞，二者结合使治疗更具特异性和针对性，也为中西医结合指出了一条途径。

外感温热病一般传变规律是由卫分起，渐次传入气分、营分和血分，这标志着病邪由浅入深。病在卫分时较轻浅，邪尚在体表皮毛和肺；若到气分，病邪已入里，较前稍重，病在胸、肺、肠、胆；至营分病更重，邪热入了心营；至血分为最重，邪已深入肝肾，常常耗血伤阴。由于病邪性质和轻重不同，病人又有个体差异，故临床表现多样，发病不一定全按卫气营血的顺序，有不经卫分，一上来就是气分，甚至营分病的；亦有病虽入气分，而卫分之邪仍未消除的；有气、营、血三燔同时受到热灼的；甚至有的卫分之病不经气、营而直传入血分的等等。温病的治疗是：卫分证宜辛凉解表，气分证宜清热生津，营分证宜清营透热，血分证须凉血散瘀。

### 三焦辨证

也是用于温病的辨证方法，以上中下三焦分部来说明温病病程中的初、中、末三个阶段，并以此归纳病机转变。上焦包括肺、心包经的症候，中焦念胃脾经的症候，下焦指肝肾经的症候。传变规律是从上焦肺经传至中焦，再至下焦；病重时由肺卫直传心包经。治疗以养阴保液为主。

## 未病先防、有病防变的预防观念

古代将技术精良的医生叫“上工”，“治未病”意思是无病早防，有病早治，既病防变，想方设法延缓病程。“上工治未病”的思想早在春秋战国时业已形成，并在中国最早的医学巨著《黄帝内经》中记载，它反映了中医学积极主动的治疗观。

### 未病先防

强调的是预防为主，这种思想和现今的预防理念不谋而合。中医力倡采用正确养生和保健、食疗方法，如保持精神愉快、生活起居规律、重视体育锻炼等，使血脉流畅、关节滑利、气机疏通、体质健康、延缓衰老，提高自身抗病能力。还可以用中草药做些预防和人工免疫，如用贯众、板蓝根防流感、流脑；端午节门前挂菖蒲叶，洒雄黄酒，用苍术、白芷烟熏辟秽，预防接种等。当有疾病流行时，采取各种紧急措施“避其毒性”，少去公共场所；必要时还可以吃预防药，打预防针，像 2003 年春 SARS 流行时那样。平时讲卫生，减少食物及水源污染，饮食有节、起居有常、劳逸适度、注意吃素、远离外伤、身心健康，这些是避免外邪六淫、疫疠、内伤七情、饮食、劳伤等因素致病的有效方法。

### 有病早诊早治

当病在皮毛时，病邪浅、病情轻，正气未伤，及时治疗，易愈；现代人不少处于亚健康状态，正属于病变要发没发阶段，应高度重视，倘若病到五脏，就只有一半病人能治好了。《黄帝内经》称“上工救其萌芽，治其未发”，就是强调在病的初期及早彻底歼灭掉，不给其发展深入的机会。当年齐桓公不听扁鹊的话，严昕、顿子献对华佗的劝告置若罔闻，这种讳疾忌医态度，使小恙拖成大病，终至不救。

### 既病防变

指早些把握住疾病的发展规律，采取积极措施，阻断邪气传变。如有肝病时，从“木克土”可知肝病会传到脾，就应预先充实脾气，使肝病无法影响脾胃。清著名医家、温病派创始人叶天士曾说，他治病的体会就是“务在先安未受邪之地”，这的确是防治成功的宝贵经验。

### 延缓病程

主要是对慢性病和复发性疾病而言，当病情盛实时，难给病邪以毁灭性打击，而当病势已衰，邪气亦虚，正气也弱时，扶助正气，清除余邪可收到较理想的效果，此时治疗意在延缓病程，使缓解期尽可能延长，再复发时尽量减轻。

“治未病”体现了中医对待疾病的积极、正确态度，能把握住疾病发生发展的规律，设法阻断传变，使“已病”向“未病”、“未病”向健康长寿方向发展，才算得是“上工”。

## 扶正祛邪的施治理法

如果你常去中医院看病，一定会发现每次医生给你开的药方都不同，有时相差还挺大；而有时另外两个人患了不同的病，医生给他们开的方倒可能差不多，这是怎么回事呢？原来中医看病十分讲究审证求因、辨证论治，绝不是头痛医头、脚痛医脚，而是首先要通过四诊合参，辨清楚病邪性质、诱因、病变部位、正气盛衰等，得出“证”的诊断，再考虑治病原则和用药。由此看出，施治完全是根据“证”而确定的。那么，治病的基本原则都有哪些呢？下面简单介绍一下。

### 治 则

一、治病求本。本是指疾病的根本，犹如树木的根和主干。治病求本就是从错综复杂的临床表现中探求出患病的根本原因，如对出血病人，好中医绝不是一上来就止血，而是一定要先弄明白：何时、何部位、为什么出血、出血量多少等，判断是因为脾不统血，还是肝不藏血，或是血热妄行，有无血瘀？然后才针对病因去止血。当然若出血量过大，中医也会先止血的。

二、急则治其标，缓则治其本。标与本是相对的，一般说病邪、新病、体表病、次要的病，急症（如高烧、大出血、昏迷、休克、喘咳、呕吐、剧痛等）都算标；反之是本。在特殊条件下，标可转化为本。本代表疾病过程中占主导地位和起主要作用的情况，一般都是先治本。但当标在紧急情况下、威胁病人生命或使病人极为痛苦时，就要先治标，如止血、降温、止吐、止痛、升血压等，保住性命，度过了急性期，再调理治本，以求彻底治愈。如哮喘病急性发作期，应以化痰、平喘、清肺为主，缓解期重点是养肺、健脾、补肾。由此可知治标是权宜之计，是为了救急，为治本创造条件，治本仍是治病的根本大法。如果标本并重或皆不太急，就需标本兼治了，如平素体弱病人又反复外感风寒，就宜益气解表药同用。

三、扶正祛邪。当正气虚弱而邪气不重时，以扶正为主；若以邪实为主要矛盾，适宜祛邪；扶正要扶在根本，祛邪务必彻底。对正气虚、邪气实的“虚实夹杂”者，需扶正和祛邪兼用或稍分先后主次。晚期癌症多有“虚实夹杂”，就常攻补兼用。此法的使用原则是“扶正不留

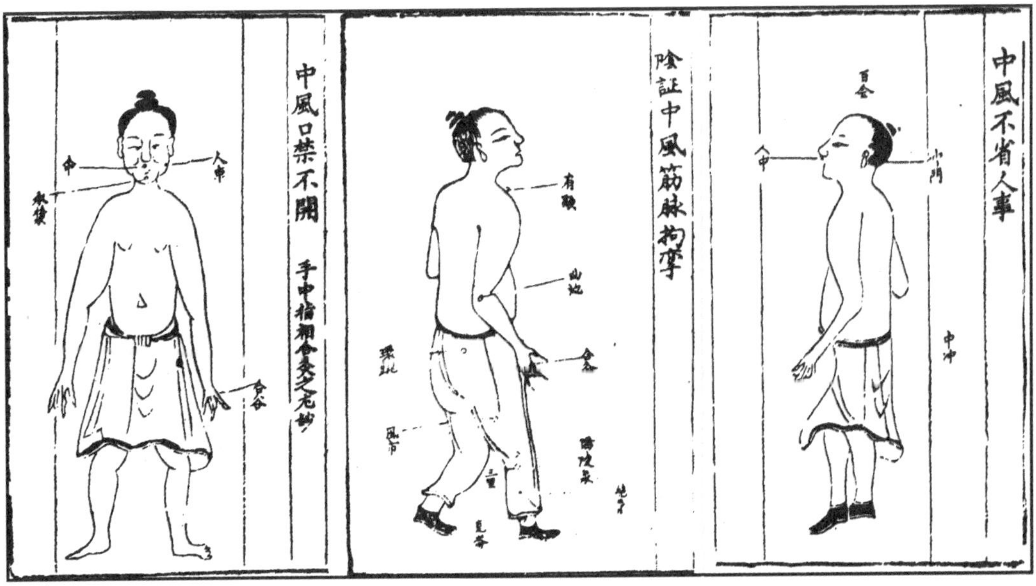


⊙ **中风不省人事（右图）、阴证中风筋脉拘挛（中图）、中风口禁不开（左图）**

以上三图均属中风病例，但针灸治疗穴位却各不相同。如“中风不省人事”中要针灸人中、百会、冲门、中冲穴；“中风口禁不开”要灸人中、承浆、合谷穴；而“阴证中风筋脉拘挛”要灸合谷、足三里等穴。

邪，祛邪不伤正”。

四、调合阴阳、脏腑气血。根据阴阳、气血虚实盛衰情况，给阳虚者壮阳，阴虚者滋阴，寒证用热药，热症投寒药，血热妄行时清热凉血，脾气亏损宜补益脾胃，助其恢复阴平阳秘。

五、三因制宜。即治疗因时、因地、因人制宜。以治疗外感风寒为例：冬季可重用辛温解表药，使邪从汗出；夏季就不能太多用辛温发散药，以防出汗过多伤津气；西北地区高寒，辛温解表可用麻黄、桂枝；东南地区温和，只适宜用荆芥、苏叶等较平和的发散药。在梅雨季节或潮湿的地方，用药时可加点羌活、白芷等以驱风散湿；老人小孩用药量要略轻，以保护正气。

六、同病异治和异病同治。病证无论表现是什么，都以辨证结果为用药依据。古时有二个府吏倪寻、李延皆头痛发热，华佗发现他们症状相同而病源不同，倪是进食太多，李是受冷感冒，辨证一是里热，一是表寒，于是他给倪吃泻药，给李吃发散药，使二人头痛全消；再如同样是咳嗽，由于病因不同，可分别采用杏苏散、桑菊饮、二陈汤、生脉散、附桂八味丸等治疗，这是“同病异治”的范例。而高血压病、甲亢、肺结核、阵发性心动过速、神经衰弱均可用天王补心丹治疗；失眠、贫血、心脏官能症、血小板减少性紫癜、功能性子宫出血、皮肤病（顽固性湿疹）全可用归脾丸，这称为异病同治。

## 治 法

治法是在治则指导下治疗疾病的基本方法。按给药是针对疾病还是反向疾病的性质分正治和反治，按用药途径分内治法和外治法。

### 正治与反治

正治：是指一般常规治法，即针对疾病性质、病机而治疗。具体采用寒者热之，热者寒之，虚者补之，实者泻之等。

反治：指与常规相反的治法。在特殊情况下，尤其是某些复杂、严重病症时，由于出现假象，或在大寒、大热症时对正治法发生所采用的治法。具体分为：热因热用，寒因寒用，塞因塞用，通因通用。就是假寒真热时给寒药，假热真寒时给热药，用补益药治由于虚损引起的胀闭证，用通下药治实热蕴结肠道引起的泻利，用活血逐瘀法治因于瘀血所致的崩漏。

由上可知，无论正治和反治，本质上都是在治病求本这一大原则下的灵活变化。

**内服法**

以内服药为主，是临床最普遍而常用的方法，依八纲辨证主要分八大法。

1. 汗法：又称解表法，发汗不仅可用药物，还可用浴、熏、蒸、烧法，主要用于表证；药量以汗出病解为宜，过汗会伤津，甚至亡阳，尤其是夏天更需注意。

| 病 证 | 治 法 | 代 表 方 |
|---|---|---|
| 表寒证 | 辛温解表法 | 麻黄汤、桂枝汤 |
| 表热证 | 辛凉解表法 | 银翘散、桑菊饮 |
| 素体阴虚并外感 | 滋阴解表法 | 加减葳蕤汤 |
| 气、阳虚并外感 | 益气解表法 | 麻黄附子细辛汤 |

2. 清法：适于治疗里热证，但此法易伤脾胃而不宜久用。

| 病 证 | 治 法 | 代 表 方 |
|---|---|---|
| 热在气分 | 清热泻火 | 导赤散、龙肝泻肝汤、泻白散、清胃散、白头翁汤 |
| 瘟疫、温毒、火热毒盛 | 清热解毒 | 黄连解毒汤、普济消毒饮、解毒消疮饮、五味消毒饮 |
| 热入营分，有动血及热毒炽盛 | 清营凉血 | 清营汤、犀角地黄汤、紫雪丹 |
| 暑热病 | 清热祛暑 | 香薷饮、新加香薷饮 |
| 湿热俱盛、湿从热化 | 清热祛湿 | 茵陈蒿汤、甘露消毒丹、八正散 |
| 暮热早凉、潮热骨蒸 | 清热养阴 | 青蒿鳖甲汤、清骨散 |

3. 下法：适用于燥屎内结、热结便秘、停痰留饮、淤血内蓄。

| 病 证 | 治 法 | 代 表 方 |
|---|---|---|
| 热 结 | 寒 下 | 大承气汤 |
| 寒 结 | 温 下 | 大黄附子汤 |
| 燥 结 | 润 下 | 麻子仁丸 |
| 水 结 | 逐 下 | 十枣汤、舟车丸 |

4. 温法：又称祛寒法，主治里寒证，此法多与补法配用。

| 病 证 | 治 法 | 代 表 方 |
|---|---|---|
| 里虚寒 | 温中散寒 | 附子理中汤 |
| 阴寒证 | 回阳救逆 | 四逆汤、参附汤 |
| 阳虚血竭、寒凝经脉 | 温络通痹 | 当归四逆汤、黄芪桂枝五物汤、阳和汤 |

5. 消法：将食、痰、气、血、水、虫等聚结成的有形之邪消散。

| 病 证 | 治 法 | 代 表 方 |
|---|---|---|
| 食积停滞 | 消食导滞 | 保和丸、枳实导滞丸 |
| 痞块 | 行气消痞 | 消痞积缓散、枳实消痞丸、鳖甲煎丸 |
| 寄生虫疳积 | 驱虫消积 | 化虫丸、乌梅丸 |

6. 补法：适用于各种虚证、脏腑功能减退、气血精津液及阴阳亏损之证。

| 病 证 | 治 法 | 代 表 方 |
|---|---|---|
| 气虚证 | 补气 | 四君子汤、补中益气汤、玉屏散 |
| 营血亏虚 | 养血 | 四物汤、归脾汤 |
| 气血两虚 | 气血双补 | 八物汤、当归补血汤 |
| 阴虚 | 滋阴 | 六味地黄丸、杞菊地黄丸、天王大补丸、百合固金汤 |
| 阳虚 | 壮阳 | 右归丸、金匮肾气丸 |
| 阴阳俱虚 | 阴阳两补 | 大补元煎、肾气丸 |
| 气阴不足 | 补益气阴 | 生脉散 |

7. 和法：用于半表半里证、脏腑气血阴阳不和、寒热失调、虚实夹杂等证。

| 病 证 | 治 法 | 代 表 方 |
|---|---|---|
| 半表半里、少阳证 | 和解少阳 | 小柴胡汤 |
| 胆气犯胃、胃失和解 | 调和胆胃 | 蒿芩清胆汤 |
| 肝脾不和 | 调和肝脾 | 逍遥散、四逆散 |
| 邪在肠胃 | 调和肠胃 | 半夏泻心汤 |
| 气滞血瘀 | 调和气血 | 生化汤、血府逐瘀汤 |

8. 吐法：将痰涎、宿食或毒物呕出之法，瓜蒂散、盐汤探吐方为其代表方。

此外还有理气（行气、降气）、理血（活血化瘀、止血）、祛湿（解表祛湿、燥湿化湿、清热利湿、利尿渗湿、温阳利水）、祛痰（燥湿化痰、清热化痰、温化寒痰、软坚消痰）、祛风（祛风除湿、养血祛风、平肝熄风、清热熄风）、开窍（清心开窍、涤痰开窍）、安神（养血安神、滋阴安神、重镇安神）、固涩（固表止汗、固肾涩精、固肾缩泉、敛肺止咳、涩肠止泻、固涩止带）等分类治法。

## 外治法

包括药物、器械和手法外治三种。其中药物外治有熏蒸、敷贴、熨、涂抹、磨擦、含漱、点滴、塞、洗涤法、吹、导、握药等，西周时它是外科、骨伤科医生最重要的治疗手段。战国时扁鹊（秦越人）在抢救虢太子时采用了针灸、汤熨等综合疗法，收到了“起死回生”的奇效。器械外治包括针灸、拔罐、埋线、刮痧、放血疗法、握健身球等；手法外治含按摩、足疗、甩手等。总之外治起源极早，经数千年发展，外治之法已是丰富多彩，层出不穷。值得一提的是清代名医吴尚先，他治病主要采用外治法，而且疗效颇佳。据说有时每天诊治病人多达三四百。他的治法主要用膏药贴敷、配合点、搐、熏、擦、熨、烙等。更可贵的是他把数十年经验进行了系统整理，撰写成《理瀹骈文》一书，对中医药外治法做出了突出贡献。

## 中药及其方剂

医药从不分家，无论是电影、电视上，还是小说、戏剧里，一出现热腾腾煎煮中药的情景，不用解释谁都知道这是生病吃中药了。中药为什么能治病呢？下面就来简单介绍一下中药常识。

### 中药的采集、炮制与收藏

一般全草、茎枝和叶子是在植物生长最茂盛的时候采集，根类药在秋季或春季抽苗时采集，花类药在花蕾含苞欲放时采，果实和种子在成熟后采，树皮、根皮在春夏季剥取。

炮制是通过洗、泡、漂、润、水飞、渍、发芽、研粉、炒、炮、煅、煨、炙焙、烘、煮、淬、蒸、压榨、发酵等方法使药物清洁，并清除或减少其毒性、烈性、副作用，改变药物性能，便于制剂和贮藏而采用的加工方法。如半夏经生姜汁浸泡可解除毒性；生地黄蒸制后成熟地，使原有的性寒凉血作用改为性温补血；海产品可漂去腥咸味。

贮藏主要是防潮、防霉变和防虫蛀鼠咬。麝香、冰片、肉桂等挥发性强的药应密封，马钱子、藤黄、蟾酥等毒性药宜专人专柜保管，蛤蚧、海马、土鳖虫等动物药可加花椒保存，人参、鹿茸、熊胆、蛇胆等贵重药藏于米缸中，芦荟、鹿皮胶等胶类药应密封贮藏于低温处，磁石要常撒铁屑，生姜、鲜芦根、生地等鲜药材宜埋在沙土里等。

### 中药的性能

性能即药理作用，包括性味和功能两方面，归纳起来主要为四气五味、升降沉浮、归经、补泻和毒性等。

四气又称四性，是指药有寒、热、温、凉四性。寒与凉、热与温性质基本一样，只是程度上不同，它与病证上的寒热是相对应的。温热药能温中、散寒、救逆、祛风、助阳、补益气血，有刺激、鼓动、强壮的兴奋作用，用于治寒证，如附子、蜀椒、海狗肾；寒凉药能清热、泻火、解毒、凉血、攻下、定惊，有抗菌、消炎、镇静的抑制作用，用来治热证，如石膏、蒲公英、黄芩、犀角。人们吃螃蟹时爱配生姜或紫苏作佐料，是由于生姜、紫苏性温热，既能祛除螃蟹的寒性，又能解除蟹之毒性；大家在夏季或发热时愿饮菊花茶、绿豆汤，是因为菊花、绿豆性苦寒，可清热解毒，平肝潜阳明目。还有一类性质平和药，无论寒证和热证均可选用。阳症用温热药，无疑是火上浇油，而阴症用寒凉药就像雪上加霜。过用阳热药有伤阴之弊，过用寒凉药则有伤阳之虑。

五味是指药有辛、甘（淡）、苦、酸、咸五种滋味，辛、甘（淡）属阳，后三味属阴。辛能发汗、散结、行气、止痛、滋养，适于表证、气血阻滞证；甘可滋补、和中、缓急、止痛，用于虚证、拘急疼痛；淡长于渗湿、利水、消肿，宜于水湿内停症；酸能固涩、收敛，适用于虚汗、泄泻；苦可泻火、燥湿、泄下、清热、降气，用于湿热、喘逆；咸擅长软坚、散结、润下、滋阴、潜降，宜用于通便、痞症。

每种药都有性、味，同性药有不同的味，同味的药有不同的性。一般每种药只有一性，但可有 2 ～ 3 种味，所以药物作用多种多样。治病时就是根据药味、药性有针对性地选用。

升降沉浮是指药物作用的趋向而言。一般具有升阳、发表、祛风散寒、涌吐、开窍功能的药都能上行向外，药性为升浮的，多是辛甘味和温热性药。具有泄下、清热、利尿渗湿、重镇安神、潜阳熄风、消导积滞、降逆、收敛及止咳平喘等功效的药能下行向内，药性是降沉的，多是苦、咸、酸、涩味和寒凉药。但少数药升降沉浮不明显，或存在二重性。药物的升降沉浮性还常受到加工炮制或复方中其他药性的影响。一般病邪在上在表的，宜用升浮药，在下在里的，宜用沉降药。

疾病有虚实之分，药物的作用分补益和泻下两方面，临床就是根据辨证，虚则补之，实则泻之。

归经是指药物对脏腑、经络有选择性作用的特性，一般治疗时都选用能归入有病变脏腑、经络的药才可能药到病除，如黄连、黄芩、黄柏都是清热解毒药，但黄连善于清心火，黄芩长于清肺火，黄柏偏重于清下焦火，决明子喜清肝火，这就是因为归经不同的缘故。同归一经的药，由于性味、升降沉浮各异，所起作用亦各有千秋，如黄芩、干姜、百合、葶苈子、杏仁、苏子均归肺经，治肺病，但作用分别是黄芩清肺热，干姜温肺寒，百合补肺阴，葶苈子泻肺实，杏仁宣肺止咳，苏子降气平喘等。归二经的药最多，如石膏归肺、胃经；而附子、甘草、灵仙能通行十二经。

有的药不仅自己能入某一经，还能把其他药一并带入该经，被称为引经药，如羌活是膀胱经引经药，藁本、黄柏是小肠经引经药等。处方时常开引经药以增强疗效。

中草药毒性分为大毒、常毒、小毒、无毒四类。

中药配伍是否恰当分为“七性”，其中“相须”（知母配地黄）、“相使”（黄芪配茯苓）能产生协同作用，增强药效，可充分利用；“相畏”、“相杀”能减轻或消除毒副作用，用时要多考虑；“相恶”、“相反”药不宜配用，应禁忌。另一性是单味药。有时一味药巧妙配伍能超过各单味药原有的功效许多倍，如黄芩单用清肺胃之热，有凉血、解毒之功效，而配半夏，苦降辛开。

中药禁忌分配伍禁忌、妊娠禁忌和服药禁忌三种，后者就是俗话说的“忌口”。古人曾总结出配伍禁忌的“十八反、”“十九

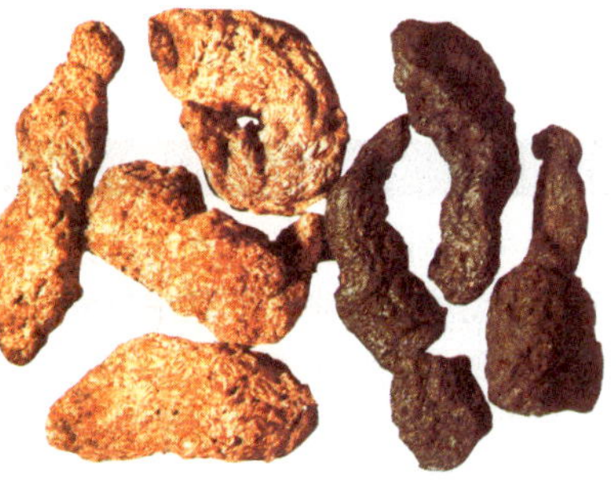

⊙ 生地、熟地

新鲜或干燥块根，鲜地黄被称为“生地黄”；蒸熟后称“熟地黄”。

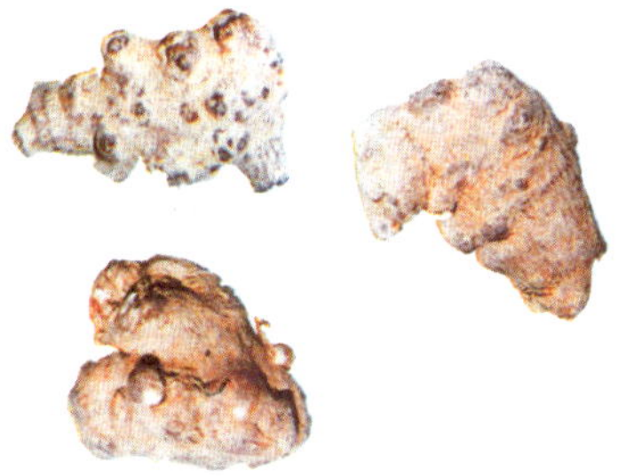

⊙ 三七

化瘀止血、消肿止痛，为理血药。

畏”，作为用药的参考。妊娠禁忌分禁用药和慎用药。

## 中药的分类

临床依据药物的作用将常用中药大致分为十九大类，分别是解表药（辛凉解表、辛温解表）、清热药（清热泻火、清热燥湿、清热解毒、清热凉血、清虚热）、止咳祛痰药（温化寒痰、清化热痰、止咳平喘）、消导药、理气药、理血药（止血、活血化瘀）、泻下药（攻下、润下、峻下逐水）、催吐药、镇潜药（重镇安神、养血安神、平肝熄风）、祛湿药（利水渗湿、芳香化湿）、祛风湿药（祛风湿、祛风止痛、祛风镇痉）、补益药（补气、养血、助阳、滋阴）、祛寒药、和解温里药（和解表里、调和肝脾、调和肠胃）、润燥药、宣窍药、收涩药、驱虫药、外用药等。另外还有抗肿瘤药、麻醉药（全身、局部）、动物脏器（如肝、肾、甲状腺）做药等。

另外中药对用量十分讲究，与性别、年龄、季节、地区、体质、生活习惯等均有关，需因势利导、因地制宜、灵活掌握。病之当服，附

子、大黄、砒霜皆是宝，病之不当服，参、芪、归、地都是毒。

## 中药方剂

方剂一般是由一至数十种中药组成，但绝非是多味药简单的堆砌，而是根据病证将药物按一定的原则进行有机的组合。制方适宜否，主要看药性四气五味的配伍是否恰当。古医家曾研制出治疗各种病症的方剂，汉代方剂学已具有严谨组方及固定的方名，如西汉淳于意的下气汤、火齐汤、苦参汤等，后汉张仲景在《伤寒杂病论》中载有300多方剂。

方剂结构分为主药（君）、辅药（臣）、佐、使四部分，方剂中的主药和辅药味数没有限定，总之是以精简有效为原则。有的方剂君臣佐使样样俱全，有的只有前二样，这全依辨证立法而定。

方剂的组成虽有一定之规，但在具体应用时常需酌情灵活加减。这种变化的种类大致分为：加减药味、配伍改变、药量调整和变更剂型。

中医临症处方是一门精深的学问，原则性很强，灵活性也极大，历代名方药物搭配、分量轻重、比例大小无不恰到好处，至今仍有确凿的疗效。有人曾对张仲景的“五苓散”和“炙甘草汤”及张介宾的“正柴胡饮”研究发现，只有按原方剂量比例用药，效果才最佳，稍加改动，疗效则大减，由此可见大师名医对各药性、药味及相互组合配伍的掌握实在是达到了炉火纯青的境界，不得不让人感慨万分。

临床运用的中药剂型主要有汤、丸、散、膏、丹、酒、冲、片、注射液等，此外还有茶、胶囊、锭、饼、糕、购、钉、条、线、烟、熏、海绵、薄膜等剂型，其中特别值得一提的是汤剂，汤剂出现于商初，它的发明大大促进了中药方剂的发展，周代复方汤剂已十分普遍。

临床常用方剂有：桂枝汤、白虎汤、龙胆泻肝汤、附子理中汤、柴胡疏肝汤、四物汤、天王补心丹、真人养脏汤、麻杏石甘汤、补阳还五汤、补中益气丸等。

## 煎熬中药

选好药锅：最好用清洁的砂锅或搪瓷锅。三国时庸医陆矜用铜锅煎药给曹操治偏头痛，结果越治越重，曹操在盛怒之下，把他杀了。

古人对煎药火候有近乎苛刻的要求。通常是急火煎沸，慢火煎至液成。感冒药不宜久煎，滋补药需小火久煎慢煨。

注意时间：补药头汁煮沸后文（小）火30分钟到1小时，二汁再煎半小时。解表发汗药急火煮沸后再煎3～6分钟即可。一般药煮沸后再煎半小时。有时医生会要求有些药需先煎、后下、包煎、另煎冲服等。

煎药用水：古人十分讲究煎药，像造酒一样，一方水出一味酒。水分为季节水、天上空中水、地上地下水、加工后的水等。如1947年秋成都温病流行，名医李斯炽按温病处方，但第二天来人说药没起效。李老仔细调查后，发现那些人煮药时怕水不干净，在里面加了不少小苏打。正是这种含强碱的水，破坏了药效。重换水后再按原方煮药，很快病情大改观。

## 服用中药的注意事项

掌握好用量：量大中毒已屡见不鲜，曾有人因服云南白药、六神丸中毒；过小则不起效。

中西药合用要谨慎：但若用朱砂安神丸加三溴合剂治失眠，可因药在体内形成溴化

⊙熬药炉 明

中药煎药有文火、武火之分，先煎后下之别。古代上层社会都有专用熬药炉。图为明太医熬药炉，制作精致，造型美观，腹壁有纹饰，整体及炉膛较炊饮用炉小巧。

汞而致腹痛；用四环素与牛黄解毒片同服可降低前者疗效。

服药期间需忌口：一般服用热药、发汗药禁生冷，调理脾胃药禁油腻，消肿理气药禁豆类，止咳平喘药禁鱼腥，止泻药禁瓜果，滋阴清热药忌辛辣等。应用甘草、黄连、桔梗、乌梅忌猪肉，薄荷忌鳖肉，商陆忌狗肉，荆芥忌鱼蟹，天门冬忌鲤鱼，丹参、茯苓忌醋，鳖甲忌苋菜，地黄、首乌忌葱、蒜、萝卜、猪血，土茯苓、人参、威灵仙忌茶，白术忌桃、李、蒜，麦冬忌鲫鱼，仙茅忌牛奶，柿霜忌螃蟹，蜂蜜忌葱。另外还需注意十八反、十九畏。

**⊙临症用药歌诀行书扇面 清**

扇面内容为不同病症常用药物歌诀和用药注意事项，适于初学者熟读记忆。

## 神奇的针灸疗法

1987 年 11 月的北京，在第一届世界针灸学术大会上曾出现过激动人心的一幕：两位因脑血栓瘫痪的病人被抬到台上，中国针灸师在众目睽睽之下从容行针，只见一人针到瘫除，另一人也跃然站立，随着他们走向台前向各国专家致意，霎时全场掌声雷动，表达了对中国医师精彩演示所展现的高超技艺和别具一格的神奇针灸疗效的由衷赞叹和佩服，但这只是无数感人场面中的一个小小的缩影。前几年，旅美中医采用针灸和服中药法已使试管婴儿成功率从 20% 提高到 40% ~ 60%，小小银针又帮西方尖端技术大大前进了一步。几千年来针灸疗法为中华民族的繁荣昌盛立下过汗马功劳，由于它经济安全、简便易行、见效快、应用广，不仅深受中国人民的欢迎和爱戴，也享誉世界五大洲，世界卫生组织已正式决定将其用于 40 余种疾病的治疗。

准确地说针灸疗法是针法和灸法的合称，针法是将金属针刺入人体某些部位或腧穴，并施以一定的手法，给人体以机械刺激而治病的方法。灸法，古称灸焫，是将点燃的艾绒或其他药物放在体表穴位熏烤或烧灼，给肌体以温热刺激和药物的共同作用而防治疾病的方法。它们均属外治法，理论基础都是经络学说，临床上又常相互配合应用，所以后世多将它们相提并论。但针灸也各有所长，针刺治不好的病，尤其是一些危急重症，恰恰是灸法所适宜的，故古人云："大病宜灸"，灸法被誉为"医之大术"、"要中之要术"。中医理论认为针法可平衡阴阳、调和气血、疏通经络，灸法另外还可温经散寒、消肿止痛、回阳提神，从而激发抗病潜力，达到扶正祛邪之目的。现代医学研究显示，针灸主要是通过四大反应（即对神经的兴奋和抑制、对血管的收缩与舒张、对内脏功能的兴奋和抑制、对新陈代谢的促进与减弱），产生调整、强壮、修复三大作用（其中调整占主导地位），使各脏器间、机体和环境间协调一致，使血液循环加快，运氧能力提高，调整血压、激素水平，大大增强免疫力而发挥功效。无论针或灸法都必须根据病情、辨证、部位、体质、性别、年龄、时间、环境、职业等酌定应用的种类、疗程、具体内容和方法。

据考证，针法源于原始氏族公社时期，灸法则要追溯到先祖会用火后，在为生存而斗争中，他们最初是无意间发现有时创伤或被火灼烤可使一些病痛或不适减轻，久而久之便逐渐学会主动利用尖锐石片、荆棘、火灼来治病了。传说是伏羲制了九针，黄帝教制的九针。夏商时针灸已很盛行，俗称"一灸二针三用药"，可见当时治病以针灸为主。马王堆出土的战国时的《足臂十一脉灸经》、《阴阳十一脉灸经》和《脉经》是已知最早的针灸专著；它们和据传由秦越人（扁鹊）所著《难经》一起奠定了针灸学的理论基础。以后历代针灸学家又不断给予补充、完善，使之理论更臻系统，内容更为丰富，应用更趋广泛，疗效更加显著。其中贡献较突出的有：晋皇甫谧所著《针灸甲乙经》是首部针灸专著，书中将《内经》中的160个腧穴猛增至349个，而后世一千多年间只再增加了12个；宋王惟一著《铜人腧穴针灸图经》，并铸造2个铜人，开创了针灸模型之先河；另外东晋葛洪的《肘后备急方》、唐王焘的《外台秘要》、唐孙思邈的《千金要方》、元滑伯仁的《十四经发挥》、明杨继洲的《针灸大成》等均是闪耀光辉的经典巨作，对促进针灸学发展功不可没。清代以后针灸学渐湮灭不彰，新中国成立后针灸学重获新生，特别是针刺麻醉的成功和在国内外的推广应用，使针灸得到更大普及、发展和提高。

针灸的神奇功效早在司马迁的《史记》中就有记载，扁鹊用砭石刺头使"尸厥"（类似现在的休克）的虢太子起死回生，华佗治曹操头风病（偏头痛）一针见效，秦鹤鸣用头顶刺血治愈唐高宗头痛目眩病，李洞元针刺催产诞太子，喻昌一针救二命，叶天士一针让失音人说话，杨继洲治臂腿瘫随针而愈，针灸除瘤等都是医学佳话。

平时我们最常见的针法是用毫针采取不同的进针法和手法而"得气"治病。针具最原始的是砭石，后来慢慢有了骨针、竹针、陶针，商周时随冶炼技术发展又出现了铜针、金针、银针、铁针，《黄帝内经》里记有九种针，它们形状不同，用途各异。现代针具则种类繁多，还引入了声、光、电、磁等，如激光针就是用红宝石做源发射激光束刺激腧穴治病。同时治法也有许多改进，目前大致分为三类：

针刺法，如：耳针、头面针（头皮针、面针、眼针、鼻针、口针、舌针、人中针）、四肢躯体针（手针、足针、腕踝针、腹针、夹脊针、背腧针）。

特殊针具刺法，如：皮肤针（梅花针、七星针）、皮内针、三棱针、芒针、粗针、挑针、陶针、双（三）针速刺针、小宽针、蟒针、赤医针、神经干刺激针、猪鬃针。

复合刺法，如：温针灸法、刺血疗法、小针刀、电针、水针、火针、声电针、激光针、微波针、脉冲针、超声针等。

针刺麻醉是一种根据针刺能减轻或消除疼痛和调节机体功能的原理，选择适当的穴位扎针，使病人在清醒状态下施行手术的麻醉方法，这是中西医紧密结合所取得的新成就，中国已施术于一百余种疾病、几百万例，颈部、头面部手术时麻醉效果最佳，在国内外均获得了极高的评价和赞誉。

灸材绝大多数是用艾，它性温辛、芳香，易燃，有温中散寒除湿作用，故多用于虚寒症。由艾叶加工制成的艾绒质量优劣对疗效有直接影响，越陈的艾叶越好，一般认为湖北蕲州产的艾叶最好。施灸时将艾绒做成艾条和艾炷，艾炷灸分为直接灸和间接灸，前者已很少使用，后者是将灸炷与皮肤之间隔上姜、蒜、葱、盐等。艾条依是否混有各种中药成分为清条和药条，可采用各种手法施灸。另有一类药条叫太乙神针、雷火神针，采用的是灼灸法。此外还有艾熏蒸、艾饼灸、温针灸和温灸器法，后者适用于儿童；苇管灸用于耳病。

不用艾绒的灸法有发泡灸和不发泡灸，发泡灸（天灸）是用白芥子、灯心草、威灵仙等直接置于体表，进行刺激；不发泡灸有蒸脐灸

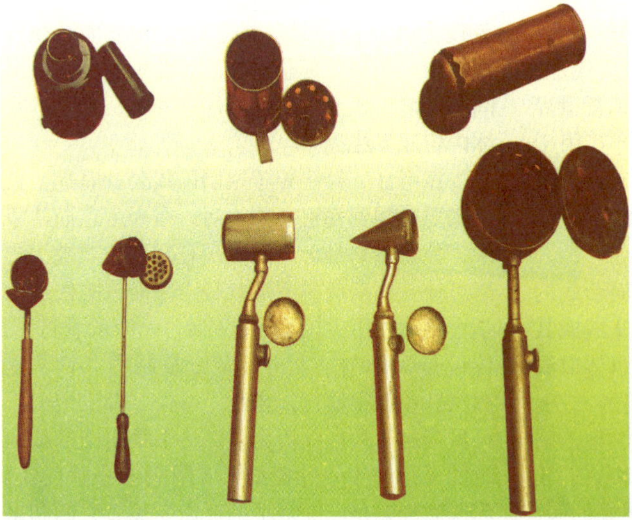

⊙各种针灸器具

等，还有用硫磺、黄蜡、烟草的火热灸。现代又出现了电热（温）灸。

针灸还有明显的保健作用。保健灸历史悠久，历来备受医家推崇，南宋窦材在《扁鹊心书》中说："保命之法，灼灸第一。"孔子、孙思邈、李时珍都经常自灸而得高寿，日本是灸法运用广泛的国家。保健灸主要是灸足三里、膏肓、神厥（脐中）、气海等穴，前者最重要，现代医学研究证明常灸足三里能调节血压、降低血脂、改善血液循环、增强体质、消除疲劳、抵抗衰老、防治多种疾病。

随着社会发展和生活水平的提高，人们渴望拥有更多的毒副作用小、近远期疗效可靠的防病治病方法，期待掌握更多御病于养的保健养生之法，而针灸恰恰很好地适应了这种需求，可以预见，方兴未艾的"针灸热"必将焕发出更加绚丽的光彩。

**⊙针灸画像石拓片（局部） 东汉**

画像石于山东微山市出土，为墓室内装饰图案。图左面有一个人面鸟身的神医，手执砭石正为病人做针刺治疗。把医者比成鸟像，正是为了象征战国名医扁鹊。

## 不拘一格的外治法

人类最早的医事活动之一就是创立外治法，中国4000多年前即有此法，秦汉时已形成规模并广泛应用于临床，历代中医著作中都有载述，下面集中介绍一些外治法。

### 别具一格的推拿按摩法

推拿按摩法简易灵验、无毒副作用，不仅《五十二病方》、《黄帝内经》中有记录，《金匮要略》中还介绍过"自缢死"的按摩急救手法，这是非常珍贵的有关"人工呼吸"手法的最早文献。

推拿按摩法对施治手法进行了阴阳分类、五行定性：如推、摩、揉、抖等法属阳，按、拿、点、牵等法属阴；摩、揉法归金，拿、捏法归土，点、按法归水，拔、弹法归木，推、抖法归火。治疗时通过不同的手法补泻来达到阴平阳秘，或利用五行生克制化关系，也可依照脏腑归属、经络走循来调节气血、疏通经脉，使脏腑经络功能活泼如常。另外此疗法直接作用于皮骨筋肉，便于纠正"筋出槽"、"骨错缝"等筋骨损伤而滑利关节，达到筋顺骨正、动摇自如的目的。

推拿按摩的基础手法不下100多种，最简单实用的一种分类法是：

压力类手法：包括按、拿、压、颤、振、搽、点、掐、镇、挤、拧、捏、撮、抓、揪、分、疏、捻、滚、散、拍、打等法。

活动类手法：包括摩、推、擦、抹、运、刮、揉、搓、拭、捋、顺、牵、扯、拨、摇、抖、扳、背、叩、击、捶、劈、啄、弹、缠、引伸等法。

复合手法由两种或两种以上基础手法灵活组合而成，种类不计其数，名称好听且形象，如猿猴摘果、二龙戏珠、黄蜂出洞、凤凰鼓翅、飞经走气、赤凤点头、凤凰单展翅、苍龙摆尾、孤雁游飞、取天河水、引水上天河、老汉扳僧、天门入虎口、双龙摆尾等。

本法应用广泛，可治内、外、妇、儿、五官、骨伤各科病症300余种，如感冒、头痛、高血压、咳嗽、糖尿病、落枕、颈椎病、肩周炎、腰腿痛、软组织损伤、骨关节炎等。最能发挥其作用的要属养生、儿科和骨伤科，并因此使中国骨伤科享誉海内外。

根据现代医学研究，推拿按摩术具有镇静消炎、解痉止痛、改善血液及淋巴循环、促进新陈代谢、调节神经功能、增强免疫能力和调整人体功能等作用。

## 捏脊疗法

此法简单易行，术者仅需捏拿病人脊背部皮肤就能治病，故一直在民间广泛流行；由于它治疗小儿疳积效果最好，所以又叫“捏积”。具体操作是双手将小儿背部皮肤捏起，沿脊柱由下向上边捏边拿5遍，最后再揉双侧肾腧穴3～5次。主治小儿疳积、消化不良、腹泻、便秘、胃肠功能紊乱、高血压、痛经、失眠。

## 罐具疗法

亦称拔罐，古称“角法”，早在2500年前就有了，比中国最早的医学巨著《黄帝内经》还早的长沙马王堆出土汉帛《五十二病方》中已有记载。

经过漫长的历史演变，拔罐的罐具已从兽角、竹筒发展为陶罐、金属罐、玻璃罐，乃至近年来的塑料或橡胶制的抽气、挤压罐等。

罐具疗法依排气方法分为火罐、水罐、抽气罐和挤压罐法；按拔罐方式分为单罐、多罐、闪罐、留罐、走罐法。综合运用各法可组成药罐法（包括煮、贮、蒸汽药罐法）、针罐法（用多种针刺法＋挑治、割治＋闪、留、走罐法）和刺络拔罐法（三棱针放血＋拔罐）。不同的拔罐法作用不同，如留罐可祛寒，走罐能活血通络，多罐用以泻实。

本法具有温经通络、祛湿逐寒、清热解毒、行气活血、消肿止痛作用，多用来治疗感冒、咳喘、腹痛、腹泻、腰腿背痛、风湿痹证、高血压头痛、眩晕、荨麻疹、目赤肿痛、蛇虫咬伤、丹毒及疮疡初起等病。

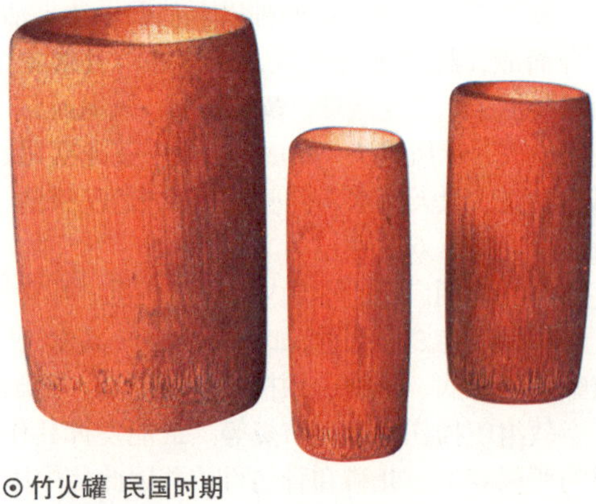

⊙ **竹火罐 民国时期**
高 9~10 厘米，口径 3.5~7 厘米。

## 刮痧疗法

古称“戛法”，现仍在民间，尤其是边远、偏僻地区广泛应用。

广义的刮痧疗法包括刮痧法、撮痧法和挑痧法。刮痧疗法所用器具可选边缘光滑的嫩竹板、瓷碗、茶杯、小汤匙、铜钱、铜勺柄、苎麻、八棱麻，小孩用棉线、头发，海边用小蚌壳，近代用有机玻璃纽扣、铝质分币。刮痧时器具要蘸植物油或清水，在选定的部位用直接或间接法由上而下、由内向外反复刮动，直至局部皮肤出现紫黑色痧点为止。撮痧法是采用扯、挤、拧、挟、抓、揪、捏等法，在选定的部位或穴位拧起一个橄榄大小的充血斑点的治法。挑痧法又称刺络法，是用三棱针刺入皮下再挑起来，并用双手挤出紫黑色瘀血而治病的方法，用此法需注意皮肤和针具的消毒。

痧疗具有解表驱邪、开窍醒脑、疏畅气血、清热解毒、行气止痛、急救复苏之功效。现代医学研究认为，其主要原理是使神经兴奋，循环增强，代谢旺盛，从而加强抵抗力。临床常用于治疗感冒、头晕、头痛、发热、咳喘、咽痛、腰腿痛、风湿痹症、腿抽筋等。

⊙ **刮痧器**
刮痧是中国民间使用的一种十分方便的治疗手段。主要适用于痧症腹痛、天行时疫等疾病。刮痧后，病人常感到局部或周身轻松，症状减轻。图中为一青玉刮痧器，从名医后代处征集，上有“杏林春暖”铭。

## 热熨冷敷

热熨古时称为“汤熨”，据说上古先民会用火后不久即有了本法，扁鹊救虢太子“尸厥”（休克）时就曾用过此法，使太子起死回生。

热熨是采用能吸热且散热慢的材料，将其敷于患者体表特定的部位，借助温热之力将药性通过皮肤腠理，直达脏腑治病。

熨剂大多选用气味辛香雄烈之品，主药有温经活血、散寒祛湿、舒筋活络作用，也可选辛凉散瘀、清泄热毒之剂。热熨常用蒸煮、煎炒、贴、熨斗等法，炒可再细分出盐、麦麸、醋、沙、葱、姜、椒、吴茱萸、蜂房炒法等；贴法是将腊、药膏趁热贴敷患处；熨斗法是用熨斗、热水袋、水壶等熨。

本法广泛用于风寒湿痹、气血瘀滞、虚寒证、感冒、中暑、中风偏瘫、肝硬化腹水、出血症、痈疽疮疡、骨质增生、肩周炎、月经不调、软组织损伤、慢性盆腔炎、子宫脱垂等，尤长于治疗局部疼痛者。

冷敷疗法是将制冷物贴于患处或特定部位以治病的方法。古代多用冰块、冰水；现在主要用冰袋、冰枕、氯乙烷等。一般是将冰袋放在头、颈、腹股沟、腋下或出血、损伤处。

冷敷可降低体温，减轻局部反应，止血止痛、消肿，适用于各种阴虚火旺、阳热炽盛之证，即现代医学所说的各种炎症、功能亢进、变态反应、出血性疾病，如外感高热、中暑、慢性肾炎、三叉神经痛、牙痛、鼻衄、软组织挫伤急性期时。

## 线疗法

线疗法是将各种线材作用于病变部位而治病的一种方法。

拖线法：通过来回抽拉、拖动粗丝线，排净脓液和腐物，常用于治乳腺、肛肠等部位的脓肿、瘘、窦道。

挂线法：用丝线、橡皮筋线，以挂线方式钝性缓慢剖开瘘管、窦道，多用在肛肠科。

穴位埋线法：用直埋、横埋或结扎法将羊肠线埋入特定的穴位，利用持续刺激作用而治病。主要用于咳喘、胃肠功能紊乱、面瘫、遗尿、癫痫、脊髓灰质炎后遗症、腰腿痛、神经官能症、视神经萎缩、遗精、耳鸣、耳聋、神经性皮炎、眼屈光不正等症。

## 挑割疗法

是一种用针挑断一些特定部位的皮下纤维组织来治病的方法，古代属于刺络范畴。

挑割的部位多选在穴位、疹点、结节、淤血点、痛点、神经根（干）分布区域。

针具是挑针（不锈钢圆锥针）或粗缝衣针。

适合此法治疗的有：腰背肌劳损、肥大性脊柱炎、颈椎病、坐骨神经痛、支气管哮喘、肺气肿、肛门痔瘘裂脱、眼结膜炎、麦粒肿、甲状腺机能亢进、甲状腺肿大、面神经炎、慢性咽炎等。

## 熏蒸疗法

即利用煎药时产生的蒸汽来治病，其效能主要来自温热和药物作用。

方法是将配好的药煎沸，用熏气法或喷蒸法熏患处，常用于风湿痹痛、支气管炎、慢性腰腿痛、坐骨神经痛、肩周炎、急性跌打损伤、小儿脱肛、痔疮、外阴炎、盆腔炎、扁桃体炎、副鼻窦炎、咽炎等。熏蒸完还可用药液擦洗患处或相应穴位。

## 滴塞疗法

是将药直接塞入鼻腔或肛门，或将药汁、菜果汁滴入眼、耳、鼻、喉的治病法。如猪胆汁、人乳、冰片、韭菜汁、萝卜汁、卤汁、生姜、葱白等，都可作于此疗法，且可起到意想不到的疗效。

## 刺血疗法

古称“刺络”，是用三棱针、瓷锋针、滚刺筒、小眉刀、杯罐等器具，采用点、散、叩、挑、割刺法及针罐、吮吸等法，刺破人体某些腧穴、病灶处、病理反应点或浅表小静脉，放出少量血液，以治病的一种特殊疗法。现今有时可见从静脉抽血（少于50毫升）的做法。本法可泄热醒神、化淤通络、解毒急救、调气和营，常用于中暑、各种中毒、流感、麻疹、菌痢、咳喘、中风、高血压、风湿病、神经痛、神经麻痹、腰腿痛、小儿发热惊厥、软组织挫扭伤、皮肤溃疡、颈椎病等。

### 漱咽疗法

漱咽就是漱津、吞津，古人认为口为华池（玉池），唾液为醴泉、玉浆，咽服可养生、润身、流利百脉，化养万神。

### 嚏疗法

用辣椒、胡椒、姜等药物或用草、纸、羽毛、棉签刺鼻取嚏，此法可通关开窍、升降气机、发汗祛邪、行气活血，可用于昏迷、癫痫的急救、外感时邪、头面部病证、呃逆、排除异物等。

### 呕吐疗法

用中药（瓜蒂、藜芦、赤小豆、盐、萝卜籽）或器具（羽毛、筷子、压舌板等）刺激催吐，主要用于宿食内滞、痰滞胸膈、毒物初入、胃脘痈疽、热毒阻喉、瘀结上部、厥证。

### 熏烤法

如芝麻杆熏烤治风寒痹证、谷草熏烤治荨麻疹，桑枝烟熏烤治神经性皮炎。

## 中医各科特色与成就

最初医学是大内外科，后来才逐渐分科，所谓儒之门户分于宋，医之门户分于金元，此后随医学发展科系就越分越细。下面简述各主要科别的发展情况。

### 内科（含传染病）

目前狭义的中医内科只包括时病及杂病两大部分，前者包括伤寒和温病，其中大部分是传染病；后者指与脏腑经络相关的各类病证，也就是我们平时说的内科。

先秦时期是中医内科的萌芽阶段，那时对内科病症的认识多是零星记载，周朝的“疾医”相当于内科医生。《黄帝内经》奠定了中医理论体系的基础，也标志着内科学的形成。中国第一部中医内科学专著当推东汉张仲景的《伤寒杂病论》，此书后经王叔和编次整理成《伤寒论》和《金匮要略》。

《伤寒论》是时病的经典著作，以六经辨证为纲，对伤寒证病因、病机、诊治、预后都做了规范化的论述和总结，成为相当长一个时期内治疗时病的准则。魏晋时疫病流行，医家已察觉到“温病”不同于伤寒，经过唐宋金元的酝酿和经验积累，终于在明清时形成了独立的温病学派，他们明确提出温病可经口鼻、接触传染，阐述了传变方式，探索出用卫气营血和三焦辨证来表示温邪深浅部位与阶段，并据此创造出新的治法、方剂，对控制传染病的流行，发挥了巨大作用，并延用至今。

虽早在《黄帝内经》、马王堆汉墓出土医方和甘肃武威汉代医简中均有杂病内容，可惜太简要。而张仲景的《金匮要略》则系统得多，作为杂病最早的专著，该书基本以脏腑辨证为纲，为后世治疗杂病奠定了基础。那时已掌握了急救自缢者的人工呼吸法，对许多常见五脏六腑疾病按虚实论证治病。葛洪曾收录了颇多对内科急症治疗行之有效的方剂，为后人树立了简便廉验的治法典范。隋唐时期对杂病的病因、病理有较系统的总结，并有这方面的专著《诸病源候论》问世。宋金元是杂病发展的辉煌时期，学派林立，百家争鸣、名医辈出，著名的如金元四大家。这使明清时内科发展进入到一个新阶段，又产生了温补派、血瘀论派等，还创立了各种专门学说，他们在治疗杂病方面各有建树。

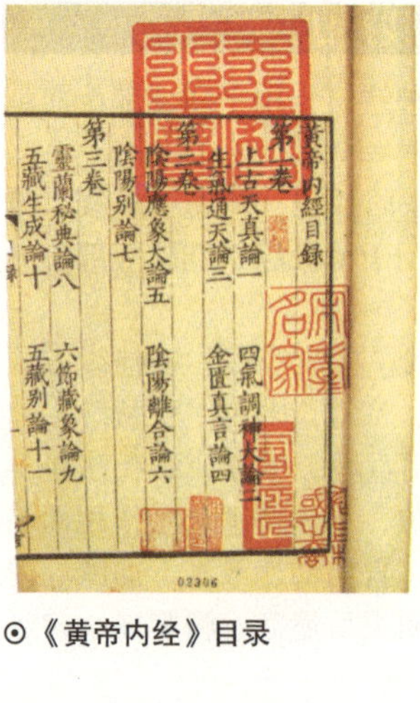
黃帝內經目錄
第一卷
上古天真論一　四氣調神大論二
生氣通天論三　金匱真言論四
第二卷
陰陽應象大論五　陰陽離合論六
陰陽別論七
第三卷
靈蘭秘典論八　六節藏象論九
五藏生成論十　五藏別論十一

⊙《黄帝内经》目录

新中国成立后，除对内科古籍的继承、注释、整理和研究外，临床治疗向各专业领域深入，早些年侧重防治急性传染病、抢救急症（心肝肾衰竭、休克、出血），近些年重点是防治心脑血管病，如高血压、冠心病、中风及糖尿病、溃疡病、肺结核等；并积极研讨中医治疗艾滋病、戒毒、减肥的功效，都取得了很大进展。

## 外 科

周朝时外科医生被称为“疡医”，负责诊治化脓性感染、皮肤病、瘿瘤、损伤、外伤杂病等。秦汉时已对战伤、厌氧菌感染、皮肤病有了初步认识，能做痔漏手术，并有饮毒酒使患者麻醉后行开颅手术的记载，华佗能在酒服麻沸散麻醉下进行肠吻合术，已注意将战伤的诊治情况做专门的记录，1500年前更有总结军阵外科经验的专书《刘涓子鬼遗方》问世。隋唐时肠吻合术、大网膜切除术、血管结扎术、唇修补术、烧灼止血法水平更高，已懂得反复

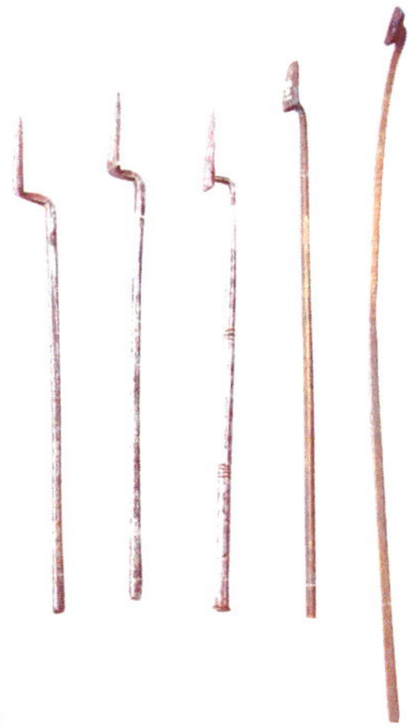

⊙ 清代铜烙

烙法，晋代即用于外科，唐代用于喉科，清代外科疔疮及喉科应用较多。常分为尖烙、方烙两种，既可治疗，又可灼止血。

| 外科及骨外科主要著作 | | | |
|---|---|---|---|
| **著作** | **作者** | **时间** | **主要内容** |
| 《金疮方》 | 佚名 | 先秦 | 论述刀枪箭伤引致痉挛等病。 |
| 《五十二病方》 | 佚名 | 先秦 | 对破伤风、疥疮的认识准确，提出的痔漏手术可行，并有用酒消毒和麻醉的可靠记录。 |
| 《刘涓子鬼遗方》 | 刘涓子 | 晋代 | 在建立消毒观念、提高手术技巧及外科病的鉴别诊断方面都有独到之处，对化脓性感染、痔漏的分类、治疗更系统化。 |
| 《理伤续断方》 | 蔺道人 | 唐代 | 对骨折脱臼的清创、牵引、复位、手术、固定、外敷药、麻醉等处理原则与今如出一辄。 |
| 《外台秘要》 | 王焘 | 唐代 | 穷搜博采载方6000余个，晋唐间散佚的医书，均赖此书识其概略，得以流传。材料弥足珍贵，受到历代医家之重视。 |
| 《卫济宝书》 | 东轩居士 | 宋代 | 擅长治痈疽，该书是一部外科临证指南，载多种医疗器械。 |
| 《外科精要》 | 陈自明 | 宋金 | 奠定了外科病因、病机、诊治的基础，对痈疽之辨证最为精当，强调整体施治。 |
| 《世医得效方》 | 危亦林 | 元代 | 骨伤科正骨疗法专著。 |
| 《外科正宗》 | 陈实功 | 明代 | 擅长手术，不仅对百余种病综述病理、病证，论及诊治，还选列方剂，创造性地继承和发扬了截肢术、下颌关节整复手法、死骨剜除术、鼻息肉摘除术等；本书以“列症详、论治精”著称。 |
| 《外科大成》 | 祁坤 | 清初 | 认为外证难于内证。博采历代名贤治验，以“外科诸症其本必根于内”为宗，脉、因、症、治论述精辟，条理有序，是外科临症必备参考书。 |

皮肤感染与糖尿病有关，脐风乃因不洁引起。唐宋以后重视人员培养，宋太医局医学教育九科中外科占两席，由医博士等负责教学，学生毕业后按实力授予职称。伍起予的《外科新书》可能是最早的以“外科”命名之专著。宋金元时以外科为专业的医家显著增多，后期骨伤、皮肤科渐与之分开，此期外科专著丰富多彩，如《卫济宝书》、《外科精要》等约 40 多种。

近千年来，强调整体的理念日盛，同时因解剖学尚不精确，麻醉效果欠理想，缺少良好的止血方法等，外科除小手术外已接近停滞不前，也正是因此才使外科辨证施治，鉴别诊断、治疗理论和非手术医疗技巧有了长足的进步。宋以后外科分为两派，一派精于手术治疗，一派崇尚和习惯于用内科方法治外科病，以后者人数居多。明清这两大派争鸣时激时缓，申斗垣、顾世澄、薛已、汪机等对进一步发展技巧均有精良阐发，而王洪绪、陈文治等多数人仍坚持用药物及其他非手术法治疗。陈实功撰《外科正宗》，他一方面抨击内科轻视外科的错误，另一方面批评外科本身轻视诊断、乱开刀的态度，对中国外科发展有着深刻的影响。新中国成立后针刺麻醉曾一度用于较大手术，中西医结合进行急腹症非手术治疗、大面积烧伤等取得了进展。

## 骨伤科

骨折和脱臼的诊治起源很早，汉代已有专记官兵伤折医案的《折伤薄》，4 世纪葛洪关于敷药、止痛、消炎、夹板固定、制动的论述使骨伤治疗大大前进一步，《诸病源候论》记载的“碎骨便更缝连”更是骨科学上最早的内固定，也反映出那时处理复杂骨折的救治水平。唐太医署称骨伤为“角法”，由按摩博士直接教授，届时的突出成就还反映在蔺道人著的《理伤续断方》这部中国最早的骨伤科专著上。元代正骨及金伤科正式独立，专职骨伤医增多，治疗范围扩大，治愈率明显提高；危亦林在《世医得效方》中对骨伤的阐述代表了元代骨伤科的最高水平，其中脊柱骨折悬吊复位更是世界首创。明清称接骨科，骨伤科专著增多，切开整复的手术限于消毒、麻醉、止血等技术尚不理想未有发展，而手法整复则得到明显进步，《普济方》中《折伤门》内容反映了当时的最新水平，不少治法近代医家仍多宗其理或改其法而用之。中西医结合发展的骨伤科发明了小夹板固定、短期制动等新技术和新理论。

## 妇产科

中医妇产科最先关注的是产育方面，周秦时的《山海经》中记有食之可“生子”或“无子”的 7 种药，并且已认识到父母血缘太近对下一代不利。《内经》中有对妇女解剖、生理、病理特点的描述，能抓住月经这一中心阐明女子生长衰老过程，谈到几种常见妇产科病证，甚至还有一张治疗血枯经闭的药方——四乌贼一芦丸，至今仍为妇科所常用。战国时出现了妇科医生，称为“带下医”，扁鹊曾任过此职。华佗对妇产科有精湛的技艺，曾用针药正确诊治过死胎未下的患者。汉初有了女侍医——义驹和淳于衍。最早的妇科病历是淳于意在《诊籍》中留下的闭经病案和难产病案。中医很早就提出了“胎教”说，后世又做了更全面合理细致的规避和限制，这是优生学发展的必然。中医很早就有了妇产科专著，如公元前 200 年的《胎产书》等，那时妇产科已初具规模。隋

**妇产科主要著作**

| 著作 | 作者 | 时间 | 主要内容 |
|---|---|---|---|
| 《诸病源候论》 | 巢元方 | 隋朝 | 有 8 卷论述妇产科病症，涉及 283 种证候，特别是提到了人工流产术。 |
| 《经效产宝》 | 昝殷 | 唐末 | 产科专著之始，尤其注意消毒。 |
| 《妇人大全良方》 | 陈自明 | 宋金 | 现存最早而较全面的妇产科专著，对一些常见症辨证清晰。 |
| 《证治准绳》 | 王肯堂 | 明 | 理论性较强且有系统的总结性妇产科专著，为后代学著的基础。 |
| 《傅青主女科》 | 傅山 | 清 | 临床实用价值高，理法方药均有创新精神。 |

### ·病种类·

伤寒：病名。广意是一切外感热病的总称；狭义指感受寒邪太阳表证；还指冬季感寒所致的病症，亦名正伤寒。

温病：病名。多种外感热病的总称，临床特征为起病急、热象盛、传变快、易化伤阴；伤寒病5种疾患（中风、温病、湿温、热病、伤寒）之一；指春季发生的热性病。

疳积：病证名。疳疾而有积滞的证候；是一种由脾胃运化失常所引起的慢性营养障性疾病，多见5岁以内儿童。

命门：是先天之气蕴藏所在，人体生化的来源，生命的根本。命门一说在右肾，一说是两肾。具体体现在两肾之间的动气。

命门火：体现肾阳的功能，是生命本元之火，寓于肾阴之中，是性机能和生殖能力的根本，还能温养五脏六腑，对人身的生长、发育、衰老关系密切。

疫疠：又名瘟病，是由感染瘟疫病毒而引起的传染病。

朝可进行人工流产术，后代专著中也多录有绝产术，说明1000多年前先人已对生育有正确认识，并有合理的措施。孙思邈极重视妇产科，将《妇人方》三卷安排在《千金要方》之首，并倡导成立专科；唐末更加注意断脐与产房的消毒。宋代不光对乳腺炎、破伤风的辨证十分明确，并会在催产方中加兔脑，现代已知那里面含有催产素。宋太医局300位学生中有10人专学妇产科，并设有产科教授，这是世界医事制度上妇产科最早的独立分科，比欧美早了700多年。金元四大家都有涉及妇产科的论述和治法，他们的经验充实丰富了妇产科的内容。明清时妇产科的名医名著有：傅山的《傅青主女科》、武之望的《济阴纲目》、萧庚六的《女科经纶》等。

## 儿　科

约2500年前扁鹊曾当过“小儿医”，华佗善用四物女宛丸治小儿下痢。长沙马王堆汉墓书帛中有婴儿瘛、痫病的记述。第一部儿科专著是《颅囟经》，最早的小儿药书叫《胎胪药录》。晋隋唐的王叔和、巢元方、孙思邈、王超都是各代精通儿科的名医，并在各自的著作中有明细阐发。葛洪最早描述了对小儿健康危害最大的天花的典型症状与流行特点。至唐末，不仅对儿科基本理论及麻、痉、惊、疳四大症均已有所载，而且治疗方法亦甚详备。宋以后均设有小方脉科（儿科），有医学博士培训生徒，宋还创立有慈幼局，专门收养遗弃儿。此时儿科专著日多，理论渐臻完善，其中以钱乙

**儿科主要著作**

| 著作 | 作者 | 时间 | 主要内容 |
|---|---|---|---|
| 《小儿药证直诀》 | 钱乙 | 宋代 | 阐明五脏寒热虚实证候，建立五脏论治之方，针对小儿病特点因证制方。 |
| 《幼幼新书》 | 刘昉 | 南宋 | 广集儿科证治，是宋代幼幼第一全书。 |
| 《幼科发挥》<br>《育婴家秘》 | 万密斋 | 明 | 提出“心肝有余，脾肺肾不足”的观点，重视调理脾胃，对后世有启迪作用。 |
| 《保婴撮要》<br>《保婴粹要》 | 薛铠<br>薛已 | 明 | 继承和发展了钱乙五脏虚实辨证思想，重视脾胃作用。 |

的学术思想影响最甚，被誉为“幼科之鼻祖”。金元四大家均擅长儿科，虽各有侧重，但都倾向于认为小儿乃稚阳之体，热病多见，治宜辛凉健脾养阴，为儿科病的诊治做作论蔚为大观，如万密斋提出的保护胃气的治法对儿科学发展起了承先启后的作用，同时医家还十分重视痘疹的防治。种人痘之法是中国医学的重要发明，清康熙时政府曾下令推广种痘，为保护儿童免于天花感染发挥了重大作用。自清代温病学兴起以来，卫气营血辨证对儿科温病的辨证施治产生了极重要的影响，儿科急性热的治疗得到了长足的发展和进步。

## 五官科

距今3000多年前的甲骨文中已有眼、口齿、耳鼻咽喉病记载，《史记》中曾提到舜帝和项羽皆为“重瞳”，这是世界最早的有关瞳孔异常的记录。扁鹊是有历史记录的最早从事过五官科治疗的医生，标志着五官疾病专科化的开始。西周《山海经》中录有7种治眼病的药。《黄帝内经》提出脏腑有病可在五官中表现出来，还记述了多种病的症状和名称，其中一条颇似副鼻窦炎引起的视神经病变。秦汉时最先描述了梅核气一症，并知用半夏厚朴汤治之；记录过治疗口腔病的“齿脉”及其循行过程，那时的唇裂修补术业已达相当精巧的水平，可用榆皮、美桂做“牙齿充填术”。常用耳鼻咽喉药已近60种，用药剂型也较多，有滴耳、滴眼、灌鼻、吹鼻剂，如皂荚末吹鼻、韭菜汁滴鼻等。尤其是当时已掌握了用药物失活牙髓法，这是中国对世界口腔医学的重要贡献。魏晋隋时已明白化脓性中耳炎可致颅内感染。唐代眼耳鼻喉已分科，可行金针拨障术治白内障，用烧灼法治翼状胬肉，对青光眼有独到见解，比欧洲早10个世纪记录了目蜡候（结膜蝇蛆病）等三个眼病的诊治法；孙思邈把五官病列为七窍病，搜集了近300个药方，对诊治进行归纳分类；已出现了牙刷，发明用汞合金充填，这是又一项中国在口腔医学领域的世界性重大发明。宋太医局医学教育中五官科占一席，各种总结性专著不断问世，学会用压迫颈动脉法止鼻血。明清时各科专著及综述颇多，阐述详细，内容丰富为前所未有，对本科的发展都起到了极大的推动作用。虽无眼底检查仪器，王肯堂却能在《证治准绳》中将眼底病患者的绝大部分症状进行详尽描述，凡今日能用肉眼检查出来的常见病，该书几乎罗列无遗，其对中医眼科的发展具有划时代的意义。此时针拨术已相当完善，针刺部位与今日较理想的手术部位相同，针拨八法、术后护理已配套成形。清对全身病与眼病关系的认识进一步深化。《本草纲目》1892种药中用于耳鼻咽喉科药达856种，鼻息肉摘除术的原理和方法与现今基本相同。19世纪初疫喉流行，使咽喉病的防治有了较快发展，除内服外吹药，针灸治疗亦十分常见。此时口腔科能开展有别于齿牙再植术的种齿。

## 皮肤科

3000多年前先人已认识了若干皮肤病，如疥、癣、疮，并知道该病与季节有关，治疗方法有：敷、刮、杀（蚀去腐肉）。“皮肤”一词最早见于《黄帝内经》，其中提到的皮肤病近30种，有疠（麻风）、痈、疽、疣、痤、癣、肿、疥、疮、丹毒、白癜风、皲裂、大漆皮炎、冻疮等。当时的防治多用针灸，有肌肉麻痹者用按摩，并有处方多种，药物二十余种；尤其发明用雄黄（砷）和水银（汞）治疗疥癣，这在世界上是领先的。当时对麻风病已较熟悉，用复方治疗，并有了辨证施治的萌芽。汉以后在世界上最早认识了恙虫病，并首先记录了局部化脓性感染、恶脉病（急性淋巴结炎）、恶肉病（类似皮肤新生物），已能治疗四十多种皮肤病，如用黄连粉治脓疱疮。隋唐可认识一百多种皮肤病，能相当正确地论述各种皮肤病的病因、症状和病理，指出漆疮与机体免疫力有关，观察到疥虫的存在；同时对麻风病的症状进行了生动的描述，相当精确认识到麻风是由“毒虫”而不是“风”所引起，孙思邈曾亲自诊治麻风病人，被誉为中国第一位麻风病专家，他还创造了许多皮肤病治方。宋以后进行了大规模的文献整理研究工作，皮肤病增补了许多新经验和新观点。无论是金元四大家，还是温补学说，对皮肤病的发展均产生了重要影响，此间对麻风病、梅毒、炭疽、化脓性皮肤病、日晒疮等的治疗方法更加灵活，并出现了专著。鸦片战争后性病猖獗，麻风病人曾增至50万以上，直到新中国成立，才从根本上改变了上述情况。

## 肿瘤科

中医对肿瘤的记载最早见于《黄帝内经》，以后历代文献中屡有述及，只是现在发病率明显升高而已。瘤的名称各异，分别称为肿疡、翻花疮、瘿赘、恶疮、岩、噎膈等，唐以后多称为肉瘤、血瘤、骨瘤，良恶性肿瘤均有。“癌”字最早见于宋《卫济宝书》，最早以“癌”专指恶性肿瘤的是杨士瀛，他最先对乳腺癌、唇癌、皮肤癌、阴茎癌、颈部癌做了细致确切的描述，《证治准绳》中甚至记载了一个罕见的因科举不第而郁闷不乐致乳癌的男病例，但对内脏癌文献少有记录。中医认为肿瘤是由于七情、外邪、饮食起居等引起的气血郁滞所致，主张采用活血化瘀、消肿散结及全身疗法，必要时割除。在肿瘤内科治法上，《黄帝内经》提出的“坚者消顺，结者散之”的消散攻伐治法一直沿用至今，即用抗肿瘤药攻伐，如斑蝥对肝癌、当归和芦荟对慢性粒细胞性白血病、陈实功创造的和荣散坚丸与阿魏化坚膏治失荣（颈部肿瘤）都有一定的作用，同时按辨证施治原则，本着“扶正祛邪”治则，注重整体调节，增强免疫力，这对减轻症状、延长生命都取得了较好疗效。肿瘤外科治法在古代曾有华佗“刳腹破背、抽割积聚”，切除过肠瘤，御医也曾切除过晋景帝眼部肿瘤。对有蒂的瘤子就用腐蚀性药反复涂敷其蒂根部，逐渐使蒂断瘤落。

近50年来，中国更大力开展了中西医结合治疗肿瘤，如今多数早中期癌症都采用手术—化疗—放疗—中医法，晚期则主要用中药。实践证明，中西医结合治癌症最有效，因为中药能祛邪抗癌外，还能调补气血、减轻症状、增加饮食、改善精神状态，发挥补虚扶正培本作用，为西医强攻做好准备。中西医结合在增强疗效，提高治愈率，延长生存期，明显改善病人的生存质量等方面取得了举世瞩目的成就。

## 急 救

一说起中医人们往往将它与治慢性病联系起来，其实，中医急救重危病人古已有之，即使从张仲景记载人工呼吸算起，也足有两千多年了。中医的急救学内容十分丰富，方法多样独特，疗效确切，许多与现代医学理论如出一辙，做法大同小异。如张仲景介绍的抢救自缢者的方法，比国外人工呼吸的最早记录早1600多年。救治溺水者的骑牛法、倒背法一直沿用至今。孔子都知道将棉絮置于病人鼻前，视其是否飘动来验证人是否真死了，若无法明确时就停放三天看能否复活。此外中医对昏厥病人的抢救亦甚有经验，如张锐救热厥病人，喻嘉言救血厥产妇，扁鹊救暴厥的虢国太子等，他们一看面色，二观血色，三靠症状推断生死，或用针灸，或用汤剂济生还阳。对临床急症中医也有不少高招，如孙思邈用葱管导尿，比外国早1200多年。再如用葱管插入晕厥者鼻子诱使打喷嚏促苏醒，针四缝治疗急腹症——蛔虫性肠梗阻，既简单又速效还省钱，用防风解乌头、附子、砒霜、芫花中毒，雄黄丸救治喉痹（白喉、喉头水肿、急性扁桃腺周围脓肿等）、牛涎外涂治眼球外伤破损、灌豆浆救活喝卤水自杀者等，均取得较好的疗效。至于用冠心苏合丸、活心丹等抢救心绞痛、心肌梗塞早已为现代人所熟悉，救活者不计其数，如一位日本游客在飞往上海的飞机上突发心梗，就是用麝香保心丸救住命的。除了单独用中医药救治外，凡有中医药参与的现代急救项目，其疗效也往往好于单用西医者，不少中医药急救方法长期居世界领先地位。

### ·张景岳急智解危险·

一日，一个1岁的孩子不慎将一枚钉鞋的铁钉吞下，卡在喉间，母亲忙倒提孩子欲倒出铁钉，哪知小孩反而口鼻喷血，情况危急。张景岳恰巧路过，见状忙将小孩放平，小孩“哇”的哭开了，景岳断定铁钉已入胃，就找来磁石一钱、朴硝二钱，研为细末，用熟猪油、蜂蜜调好，让小孩服下。不久孩子解下一物，润滑无棱，药物护其表面，拨开一看，里面包着铁钉。原来磁石吸铁，朴硝附其上，猪油和蜂蜜可滑肠，四药合功，裹护铁钉排出却不伤肠胃。

## 历代中医学派的发展与流变

中医学源远流长，是历代各大医家及各个学派的不断汇集、薪传，不断综合、提炼、升华，才推动了整个中医学的发展与壮大，所以了解历代中医学派可以起到提纲挈领的作用。

有据可考的医学流派形成于春秋战国时期。此后2500余年间中医学术争鸣不断，流派蜂涌，此起彼伏，其中最主要的有10大派，简介如下。

### 医经学派

该派以研究古医经基础理论为主，对中医基础理论的确立、理论体系的不断完善和发展，有着深远意义。古书载医经有七家，现仅存《黄帝内经》（简称《内经》），故汉以后，医经派演变为“内经学派”。由于著名医学家们前仆后继、孜孜不倦地对《内经》进行研究和阐发，不但使医经学派代代相传，后继有人，而且使它成为现代中医的本源、正宗，为中医学奠定了雄厚坚实的基础。历代研究《内经》卓有成效的医学家及代表作品有：秦越人与《难经》、华佗与《中藏经》、皇甫谧与《针灸甲乙经》、全元起与《内经训解》、杨上善与《太素》、王冰与《素问注释》、吴琨与《素问吴注》、张介宾与《类经》等。

### 经方学派

“经方”有两个涵义，一指经验方，一指经论方（或称经典方）。宋以前“经方”纯指经验方，宋以后因医家尊张仲景的《伤寒杂病论》（简称《伤》）为经典著作，尊其方为“经典方”，故“经方”只限于《伤》所载之方。

经方学派既包括经验方学派，也包括经论方学派。前者由善于收集、整理、研究、运用历代经验方的医家组成，据说古代经方有十一家，经验方书至少在280卷以上，该流派在宋以后被称为“时方派”。经论方学派兴起后至清代最为盛行，并一直延续到近代。这股风甚至刮到了国外（如日本），足见其影响之深远。明清时该派著名医家有方有执、柯琴、徐大椿、

⊙ 皇甫谧像

喻嘉言、张锡驹等。无论经验方派还是经论方派，对临床经验的积累和方剂学的发展都作出了巨大贡献。

### 伤寒学派

本派专门研究或发挥张仲景的《伤寒论》、《伤寒杂病论》中有关伤寒病症为主的部分，从晋至清绵延千余年，一直比较活跃，有时甚至成为中国医学上的主流派。张仲景的《伤》集古代医经和经方两学派之大成，确立了辨证施治的理论体系，对中医临床的发展，特别是外感病的诊治，有着深远的影响。然因社会动乱，使原籍散失不全，连孙思邈也是晚年才看到此书的。

伤寒学派起始于晋唐，主要是对《伤寒论》旧论的搜集、整理、编次，此期以晋太医令王叔和为代表，孙思邈、巢元方、王焘亦多有贡献；兴盛于宋金时期，主要是对《伤寒论》进行注释、阐发，以成无已为代表，庞安时、常器之、郭雍、朱肱等盛负时誉，后又经宋医书局勘校定稿，使之流传后世；成熟在明清，主

⊙张仲景塑像及《伤寒杂病论》

要是围绕《伤寒论》的错简重订、“三纲鼎立”、六经实质、研究方法与侧重等问题开展热烈的学术争鸣，在其内部流派竞起，著论宏富，从而促进了伤寒学派的大发展。宋以后仲景方被称为“经方”，尤其是清末民国，出现了“经方派”，主要代表有曹颖甫、章次公、余无言、吴棹仙等。

## 河间学派

以刘完素为代表的河间学派，以阐发火热病机为中心内容，以善用寒凉为治疗特点，重在外感。当时战乱频仍，瘟疫流行。刘完素以五运六气概括病机十九条，并扩大其中的火热病机，形成“火热论”，又自出机杼，自拟新方，用药多主寒凉，从而形成了系统的火热病机及治疗特色，成为寒凉派的师祖。

自完素的第三代弟子朱震亨起，在火热论基础上，大倡“阳常有余，阴常不足”，自成一家之言。间接私淑刘完素的张从正也在河间派中独树一帜，渐发展成苦寒攻邪派。

河间学派盛行于宋金时代，薪传数百年，它丰富了中医学对火热病的认识，对病机学、临床治疗学的进步贡献很大。在其发展过程中，不仅分化、独立出攻邪派、丹溪派，并为明清时期温病学派的形成奠定了基础。

## 攻邪学派

是从河间学派中派生出来的一个分支，以张从正为代表，他继承了河间派善用寒凉的特点，又以擅长攻邪独树一帜，其学术思想强调“病由邪生，攻邪已病”，善用汗、吐、下三法祛邪。攻邪派丰富和发展了中医邪正学说和治则理论，尤其汗、吐、下三法对临床的实际运用具有指导意义，对温病学派的形成也有宽泛的影响。

## 易水学派

本派以研究、阐发脏腑病机及辨证施治方法为中心，重在内伤。张元素以脏腑寒热、虚实来归纳分析病机的症候，分类药物，确立了脏腑病证及其遣药制方的体系，并按五脏病理制定了五种制方大法，对脏腑病变进行温寒、清热、补虚、泻实治疗，成为易水派开山。

易水派以张元素为代表，以李杲、王好古为中坚。但李杲更注重于水谷内伤的发挥，临床惯用补中益气、升阳养胃之法，被称为“补

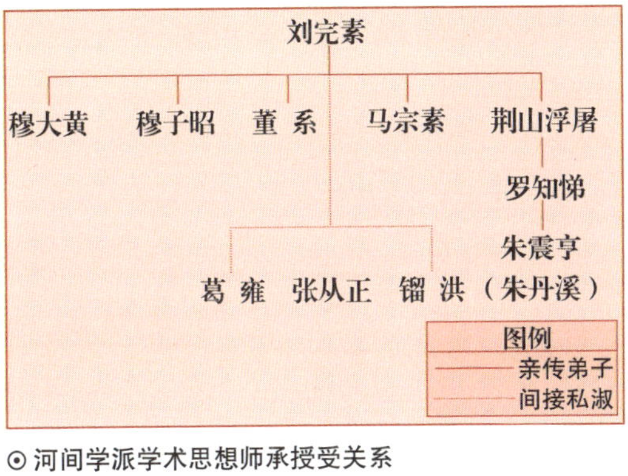


⊙河间学派学术思想师承授受关系

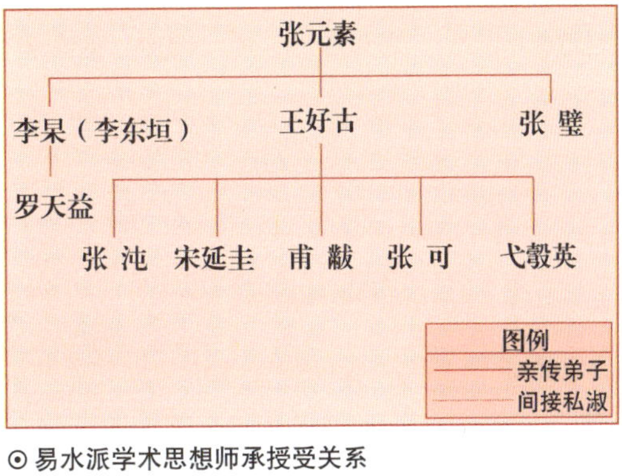


⊙易水派学术思想师承授受关系

土派”。王好古对肝脾肾三脏的病因、病机、辨证论治有所发挥，治疗注重温补三阴，虽承其师之说，又别具一格。张璧深探伤寒之奥旨，又侧重于对脉诀、针灸的阐扬，已稍变其师法。罗天益不囿于其师李杲的内伤脾胃之说，而强调温补脾胃的健脾消滞，还详于三焦辨证的阐述，此为运用张李理论又自成一说者。

易水学派丰富了中医学的脏腑学说，又为温补派的形成奠定了基础。

## 丹溪学派

是以朱震亨（丹溪）为代表的,以阐发“阳常有余，阴常不足”论为中心学术思想，以善用滋阴降火药为治疗特点的一个医学流派。

此学派实由河间派分化、发展而来，朱震亨直接师承河间再传弟子罗知悌，又旁开易水派名门李杲（李东垣）。朱继承了河间派的火热学术思想，却把外感火热引向内伤火热；虽然强调内伤杂病的治疗，又旨在阐发滋阴降火；是熔两派学术思想为一炉，集刘张李之大成，别开生面、独树一帜，开创了研治内伤杂病的新局面。

传丹溪之学最有成就的当数戴思恭与王履，系丹溪派的中坚；私淑丹溪而学术成就较大的有王纶、徐彦纯二氏。

丹溪学派自元代始肇，至明代兴旺发达，不仅大力阐释了滋阴降火理论，积累了治疗内伤杂病之气、血、痰、郁的宝贵经验，同时对命门之火的理论、温补学派、温病学派的形成产生了重要影响。

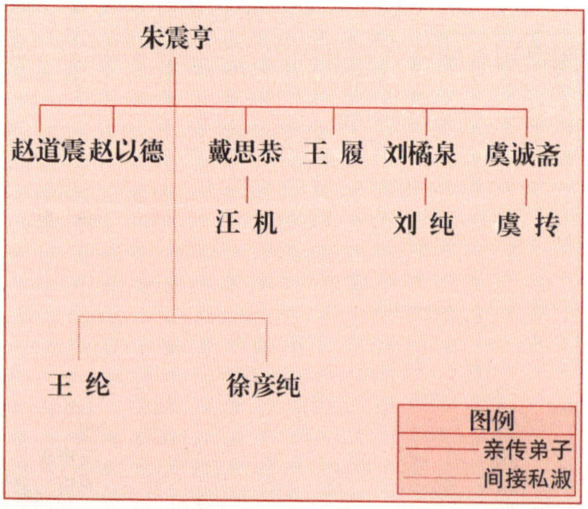


⊙丹溪学派学术思想师承授受关系

## 温补学派

是明代以研究脾肾及命门水火的生理特性及病理变化为中心内容，以温养补虚为治疗特点的一个学派，它实际是由易水派发展、演变而来。

温补学派在研究脏腑病机基础上，转为专论脾肾，着重对脾肾及肾命水火学说进行深入探讨和研究，欲揭示人体生命活动的奥秘，因此有人将温补学派称为肾命学派。

薛已是本学派的先导，善于补脾益肾。他的脾肾并重的思想，对后世影响深刻。孙一奎主张的肾间动气说、赵献可力倡的肾命水火说，张介宾阐发的肾命学说，李中梓提出的先后天根本论，使温补学说更臻完善。

温补学派医家的共同特点是：以阐发脾肾和命门水火的生理特性及病理变化为中心课题；既重视经典理论的研究，又十分注重临床实践经验的积累；治疗内伤杂病时，反对过用寒凉克伐生气，也不赞成滥用《和剂局方》的辛热刚燥之剂，而是崇尚温补，习用甘温柔润之品以补真阴元阳。

温补派的主要贡献在于发展了易水派的脏腑病机学说，详细分析了肾命学说，积累了丰富的温养补虚脾肾的宝贵经验，对后世临床各科都产生了积极而深刻的影响。

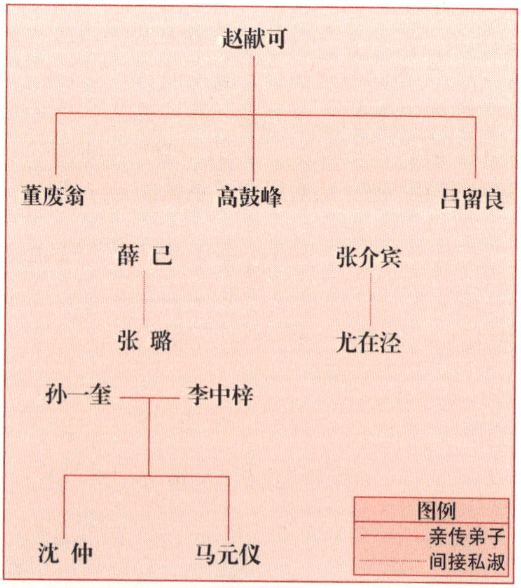


⊙温补派学术思想师承授受关系

### ·中医理论中的儒家思想·

儒家学说所强调的复杂社会脉络和严密经济制度，以及两者之间的相互关系，在中医生理功能上的一些表述也有所反映。例如，认为脏器官（胃、小肠、大肠、三焦、膀胱和胆囊）是空的，用来储存食物和胃肠循环所产生的废物。“脏”字就是仓库或储存器的意思。很多针灸的穴位或草药疗法中都是以运河、水沟、宫殿、君、臣、使等来命名的。一个药方中的主要中药就称为君药，起辅助作用的药就是臣药或者使药。这些描述反映了儒家学说对中医药的深刻影响。

该派学术思想继承关系中直接师承者少，间接私淑者多。

### 温病学派

该派以研究温热病著称，可说是由伤寒学派和河间学派派生出来的。

明末清初，中国反复出现大范围的瘟疫流行，从吴又可起，渐形成了一支学术力量，以研究温热病中的瘟疫见长，故又称为“温疫学派”，范围较局限。清中晚期，以叶天士、吴鞠通、薛生白、王孟英为代表的“温热学派”相继创建了卫气营血辨证和三焦辨证的理论，名著有《温热论》、《湿热病篇》、《温病条辨》等，标志着温病学派已进入成熟阶段，发展到鼎盛期，由此可知，温病学派实可分为两支，一支是温疫学派，出现于温病派早期，另一支是温热学派，见于温病学派发展到成熟期。金元四大家、温补派、温病派很多方均属时方，他们用药清淡轻灵，善于随证自拟新方，为时方派的共同风尚。温病学派是在与伤寒学派不断的学术争鸣中得以发展壮大，后来竟可羽翼伤寒，并与之抗衡，推动了中医学向前发展。

### 汇通学派

该派持中西医汇通观，有汪昂、朱沛文、唐宗海、张锡纯等，他们想将中西医汇聚、沟通、结合在一起。这一近代医学流派，一无师承，二无先说，敢于探索，敢于创新，是现代中西医结合的先行者。但因多种原因，这一学派并未取得重要成就，处于“汇而未通”的境地。

## 中华名医

### 医祖扁鹊

扁鹊，原名秦越人（约公元前407～公元前310年），又号卢医，多认为是战国初期齐国渤海郡州（今河北任丘北）人，中国历史上第一位被列入正史的著名医家。“扁鹊”一词原本为古代传说中能为人解除病痛的一种鸟，秦越人医术高超，百姓敬他为神医，就把古代传说中黄帝时的神医“扁鹊”的美名赠给他。

扁鹊云游各国，为君侯看病，也为百姓除疾。他不满足于一技一法，而是一专多能，技术十分全面。如在邯郸，他看到妇女患病较多，就当了“带下医（妇科医生）”，在妇科病方面下工夫；到洛阳，看见许多老年人患了视听衰退病，就当了“耳目痹医”，着眼于五官科疾病的研究；在咸阳，看到儿童的发病率很高，就当了“小儿医”，钻研儿童病原因，这样他就成了随俗而变、集医技于一身的全才，不论在哪里，都是声名大振。他不仅医术高明，更可贵的是医德高尚，在危重病患面前，敢于承担风险；当赞誉颂扬扑面而来时，又能谦虚对待，因此赢得了人民的普遍崇敬、欢迎和爱戴，名扬天下。扁鹊一生坚持“六不治”原则，成为医巫分家第一人。

扁鹊在长期医疗实践中，刻苦钻研，勤奋好学，在认真总结前人和民间经验的基础上，

⊙扁鹊像

结合自己的医疗实践，大胆创新，形成了一套“望色、听声、切脉、写形”四诊合参的诊断方法，并沿用至今，可以说，是扁鹊奠定了传统中医中医学诊断法的基础。从齐桓公讳疾忌医的故事中可知扁鹊在望诊上的造诣之深，达到了出神入化的地步；扁鹊还以诊脉为特长，有“至今天下言脉者，由扁鹊也”之美誉。他发明银针，循经取穴，进行针刺治疗，抢救了不少垂危病人，如使虢国太子起死回生一直是医学界的美谈。他不仅精通针灸，还善于综合应用砭石、熨贴、按摩、手术、汤药等多种疗法，成为中国医学史上进行辨证论治和施行全身综合治疗的奠基人，对中医学发展作出了卓越的贡献。

## 神医华佗

华佗（145 ~ 208 年），又名敷，字元化，沛国谯县（今安徽亳州）人，是东汉末年杰出的医学家，其最突出的贡献是麻醉术——酒服麻沸散的发明和体育疗法“五禽戏”的创造，被后世尊为外科的祖师。他的名字一直被视为优秀医生的象征，历史上有杰出成就的医生，常常被称为“华佗再世”。

华佗自幼熟诵儒家经典著作，尤对医学和养生法感兴趣。他婉言谢绝了为官的荐举，不求功名利禄，不慕荣华富贵，宁愿捏着金箍铃，走家串户，为人民解除疾苦。

他谦虚好学，精研医学典籍，在实践中刻苦钻研、进取，终于积累了丰富的经验，练就了高超的技术，获得了渊博的知识。他不仅继承了秦汉以来的宝贵遗产，还有所创新和发展，不管什么疑难杂症，到他手里，大多药到病除。

华佗尤为擅长外科，能做不少手术，如“刳剖腹背”、“抽割积聚”、“断肠滴洗”、肿瘤摘除、胃肠缝合等，为了减轻患者手术时的痛苦，华佗发明了中药麻醉剂——麻沸散。一次有个病人患肠痈（阑尾炎），华佗立即用酒冲服“麻沸散”使病人失去知觉后，将他已溃烂的阑尾割除，四五天伤口即愈合了，这是世界上最早的外科手术。《三国演义》中华佗为关羽刮骨疗伤的故事更是家喻户晓。华佗的外科手术，受到历代的推崇，被后世尊为“外科开山鼻祖”。“麻沸散”是世界上第一种医用麻醉剂，它的发明，极大地促进了外科治疗的发展，这一无可比拟的贡献在中国和世界的医学史、麻醉学和外科手术史上都值得人们景仰。到 19 世纪中期欧美医生才开始施用麻醉药，比中国整整晚了 1600 多年。

华佗在继承古代气功的基础上，模仿虎的扑动前肢、鹿的伸转头颈、熊的伏倒站起、猿的脚尖纵跳、鸟的展翅飞翔等活动姿态，创编了“五禽戏”。这是一套能使全身肌肉和关节都得到舒展的体育疗法，从而开创了中国及世界医疗保健体操之先河。

曹操因头风病（偏头痛）请华佗治疗，华佗感觉开颅治疗效果好，多疑的曹操认为华佗有意谋害他，遂将其杀害。直到曹操的爱子曹冲（仓舒）患病，诸医无术救治时，曹操才悔恨懊丧地说：“吾悔杀华佗，才使此儿活活病死。”

## 医圣张仲景

张仲景（150 ~ 219 年），名张机，字仲景，南阳郡涅阳（今河南省南阳县人），东汉著名医学家，医术高明，是中国医学史上最受人尊敬的先贤之一，被后人尊为“医圣”。

张仲景少年聪敏、稳重、善思、好学，博览群书，尤爱医典。他生活的年代战争频繁，社会动荡，疫疠流行，民不聊生，许许多多的人死于伤寒，目睹瘟疫的肆虐，面对惨痛的景象，他决心行医济世救人。

于是他“勤求古训，博采众方”，边看病，边学习，边采集，边总结，仔细观察，用心思考，缜密分析，潜心研究伤寒病的诊治。人所共知，和传染病接触十分危险，尤其是在当时那么落后的情况下，可张仲景全然不顾个人安危，多次深入到传染病流行区调查。张仲景的医技高明，他创立的方剂被称为经方，沿用至今。他曾做过长沙太守，十分体恤百姓疾苦，每月的初一和十五都坐在大堂上给百姓治病，分文不取，这就是“坐堂”一词的由来。对自缢的人他主张施以人工呼吸，对昏厥者给予针刺疗法；此外还积极提倡预防为主，不吃腐败食物等。

他创造性地将古人的学术精华加以发挥、提炼，并结合自己的实践，经过数十年含辛茹苦的努力，最终撰成中国医学宝库中最具价值的鸿篇巨制《伤寒杂病论》这部理、法、方、药均较为完备的医学典籍，确立了中医学辨证论治的思想精髓，从此奠定了“仲景学说”的基础，影响着中医学史几千年的进程，开创了中医学理论和临床发展的崭新阶段。

⊙孙思邈像

## 药王孙思邈

孙思邈（581 ~ 682 年），京兆华原（陕西耀县）人，唐代杰出的医学家、药物学家，有“药王”之称。《千金要方》、《千金翼方》是其代表作。

孙思邈自幼聪明好学，有“神童”之称。青年时已通晓诸子百家，对老子、庄子学说最为擅长。成年后在太白山（终南山）民间行医、采药，深受当地人民的爱戴。隋唐二代帝王因敬重其德高望重、学识渊博、医术精湛，曾多次邀他出山为官，均被婉拒。

他能虚心学习古方，并在炉火纯青的基础上将不少古方化裁，推陈出新，组成一些新方，这种临证变通的做法为后人树立了榜样，对方剂学发展起了很大作用。当时文人中兴服“五石散”，不少人服后出现中毒症状，却误认为是“风度”，孙思邈不仅告诫人们食散风不可长，还自创了甘草、桂枝、杜仲汤为这些人解毒。虽然孙思邈名声显赫，他仍能不断汲取别人经验，丰富自己的学识，甚至不断将印度、波斯等地的医术运用到自己的实践中，还在民间博采众长，用于卫生防疫，如元旦喝屠苏酒，端午节喝雄黄酒，还用雄黄酒擦肌肤以防病。在临床治疗中孙思邈主张用综合疗法，即内服药与针灸等相结合；尤其是他独辟蹊径，积极倡导食疗养生，如用猪肝（含维生素 A）治夜盲症，用海藻、昆布、羊的甲状腺（含碘）治地方性甲状腺肿，用谷糠、蓖麻叶（含维生素 B）治脚气病等均取得良效，也十分符合现代医学对这些病的认识，比欧美类似的发现和运用早 1200 多年。

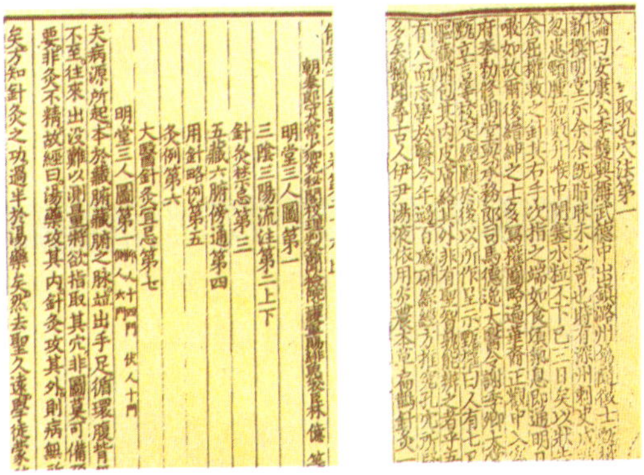


⊙《千金要方》与《千金翼方》书影

孙思邈最重要的著作是《千金要方》、《千金翼方》，书里记录了唐以前一些医学成就和他自己的临床经验，理、法、方、药均有涉及，内容十分丰富，仅医方就收录了 6500 多个。

孙思邈医德高尚，他不仅曾在《大医精诚》中论述医德修养，认为医生一要医术精专，二

### ·扁鹊“六不治”原则·

在上古，神权高于一切，巫术占统治地位。战国时期医巫已经开始分业。扁鹊完全抛弃巫医，明确宣告了“六不治”原则：即“骄恣不论于理，一不治也；轻身重财，二不治也；衣食不能适，三不治也；阴阳并，藏气不定，四不治也；形羸不能服药，五不治也；信巫不信医，六不治也”。

要品德高尚，把人命关天的大事看得比黄金更贵，而且身体力行，这些论述至今仍有教育意义。孙思邈逝世前立下遗嘱，要求丧事从简，万勿奢侈，为后世所称颂。孙思邈有句名言：“胆欲大而心欲小，智欲圆而行欲方。”意为医生在诊治过程中，既要敢想敢干，当机立断，又要小心谨慎，周密思考，不能鲁莽；考虑问题敏捷，处理事物灵活，行为端正。这不仅成为历代医生的座右铭，而且对社会各行各业的人也非常适用，深含哲理，广为流传。

### 伟大的医药学家李时珍

李时珍（1518～1593年），字东璧，号濒湖，湖北蕲春人，他的巨著《本草纲目》总结了明以前药物学知识和经验，为古今中外所称颂。

李家世代业医。李时珍从小酷爱读书，年轻时即已显露出非凡的医学才能，名声与日俱增。李治病极其认真，疗效卓著，曾用延胡索治愈荆穆王妃胡氏的胃痛病，用驱虫药治好了富顺王之孙嗜灯花的病，并使富顺王父子和好如初。同时他学识渊博、爱好广泛，天文、历算、文学无所不精。中年时他曾被推荐任太医院院判一年，借机阅读了很多珍贵古籍，看到了许多稀罕的御用药材，这大大丰富了他的阅历，开阔了视野，增长了见识。在实践中，李时珍看到了历代医药学家的业绩和辉煌，也发现以往理论和认识上的缺点与混乱，尤其是药学方面，若不纠正，将贻误人命。立下重修本草宏愿时，李时珍只有二十几岁。

为写《本草纲目》，他广泛涉猎群书，搜集百家著作，参考800多种典籍，一边行万里路，亲自上山采药，制作标本，一边访谈咨询，搞清了许多药用植物的生长特性，不仅摹绘图样，有时对某些药还要亲身尝验，如对常吃生姜的后果，医家众说纷纭，李就常吃生姜，结果证明还是孙思邈说得对，结论为：食姜久，积热患目。并对某些动物药进行了解剖或追踪观察，对矿物药进行了比较和炼制。李时珍历尽千辛万苦，耗时三十余年，足迹遍布大江南北，倾其毕生精力，三易其稿，终于在他61岁时完成了这部巨著。可以说他搜罗百氏、穷晓博阅、勤奋刻苦的求学精神，躬亲试验、踏实肯干的实践活动，一丝不苟、实事求是的严谨科学态度，是取得巨大成就的决定性因素。另外他还著有《濒湖脉学》、《奇经八脉考》、《食物本草》等多部作品。

## 中医四大经典著作

### 《黄帝内经》

《黄帝内经》简称《内经》，是中国目前最早的一部经典医学巨作。现在一般认为它不是一个时期或某个人的著作，而是从春秋战国开始，一直到秦汉几百年间，由许多医书汇集、不断增补而成，其大部分内容形成于战国，由于中华民族有尊古的习俗，故托名黄帝。《内经》集中反映了秦汉以前的医学成就，确立了中国医学独特的理论，为中医学的发展起了奠基和导向作用。

《内经》包括《素问》9卷和《灵枢》9卷，共162篇，内容非常广泛，概括为：

阴阳五行学说：这本是古代哲学思想，中

医将它与医学结合起来，逐步形成了中医独特的理论体系，并以此渗透贯穿到中医领域的各个方面，用来解释人体生理、病理变化，指导防治，尤其强调人是一个有机整体，与环境紧密相关。

脏腑经络学说：《内经》讨论了各脏腑、组织、器官的生理功能、病理变化及通过经络沟通的相互联系又相互制约的关系。

论病学说：包括邪正理论、病因、病机、疾病传变和病症五方面，这些内容占了《内经》的大部分篇幅。邪正理论强调“正气内存，邪不可干”。病因讲了“六淫”、“七情”、饮食、劳伤、虫积等。病机19条从阴阳、内外、寒热、虚实八方面对疾病传变进行了归纳，分析精辟，至今对临床实践仍有很大的指导意义。全书对200多种病的病因、病机、症状、诊治、预后作了具体论述，为后世的临床各科发展奠定了基础。

诊法学说：主要讲了望、闻、问、切，尤详于脉诊，并强调要四诊合参，为中医诊法的渊薮。

治则治法学说：提出了治未病、治病求本、标本论治、扶正祛邪、补虚泻实、调整阴阳等论点。总结的治法有针灸、按摩、导引、外敷、蒸浴、放血、薰熨等，尤以针灸最精彩。

运气学说：着重探讨了自然界气候对人体生理病理影响的变化规律，并试图用这些规律指导人们趋利避害、防病治病。

养生学说：在“天人相应、形神合一”等整体观的指导下，提出了协调阴阳、饮食有节、起居有常、恬淡虚无、精神内守等一系列防病健身益寿的养生方法，其中防重于治的思想尤其可贵。

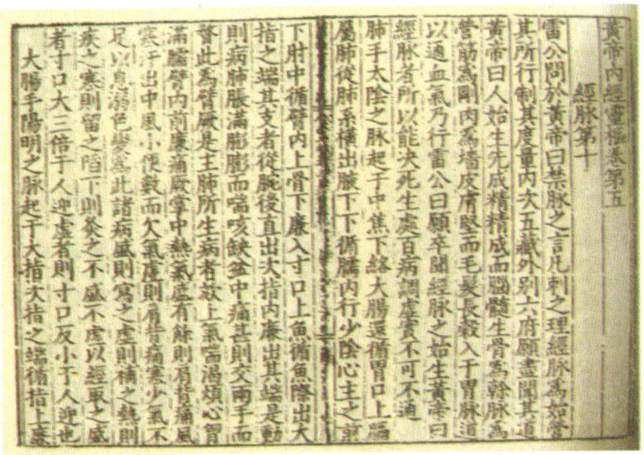
黃帝內經靈樞卷第五
經脈第十
雷公問於黃帝曰禁服之言凡刺之理經脈為始營
其所行制其度量內次五藏外別六府願盡聞其道
黃帝曰人始生先成精精成而腦髓生骨為幹脈為
營筋為剛肉為牆皮膚堅而毛髮長穀入于胃脈道
以通血氣乃行雷公曰願卒聞經脈之始生黃帝曰
經脈者所以能決死生處百病調虛實不可不通
肺手太陰之脈起于中焦下絡大腸還循胃口上膈
屬肺從肺系橫出腋下下循臑內行少陰心主之前
下肘中循臂內上骨下廉入寸口上魚循魚際出大
指之端其支者從腕後直出次指內廉出其端是動
則病肺脹滿膨膨而喘咳缺盆中痛甚則交兩手而
瞀此為臂厥是主肺所生病者咳上氣喘渴煩心胸
滿臑臂內前廉痛厥掌中熱氣盛有餘則肩背痛風
寒汗出中風小便數而欠氣虛則肩背痛寒少氣不
足以息溺色變為此諸病盛則寫之虛則補之熱則
疾之寒則留之陷下則灸之不盛不虛以經取之盛
者寸口大三倍于人迎虛者則寸口反小于人迎也
大腸手陽明之脈起于大指次指之端循指上廉

⊙《黄帝内经·灵枢》卷内第五页

另外书中记载的血液循环见解也是世界上首次提出。

综上所述，可见《内经》在中医学中的地位和作用，随着多种译本的问世，它已越来越被世界所重视。

## 《黄帝八十一难经》

《黄帝八十一难经》简称《难经》，相传是秦越人（扁鹊）所著，成书年代大约在秦汉之际，至少也在东汉之前。这部著作以基础理论为主，又以脉诊、经络、脏腑为重点，全书以设问答疑的形式解释了81个难题，其中第一至第二十二难论脉，第二十三至第二十九难论经络，第三十至四十七难论脏腑，第四十八至第六十一难论病证，第六十二至六十八难论穴位，第六十九至第八十一难论针法，其阐述简要，辨析精微，不但推演了《内经》的微言奥旨，发挥至理，剖析疑义，垂范后学，而且有不少独到见地，如首创独取寸口和分寸关尺的三部按脉法，此法一直沿用至今，成为中医一大特色；还系统阐述了奇经八脉的循行线路和功能，弥补了《内经》中经络学说的不足；又提出了与《内经》不同的三焦、命门学说。在临床方面明确提出“伤寒有五”（伤寒、中风、湿温、

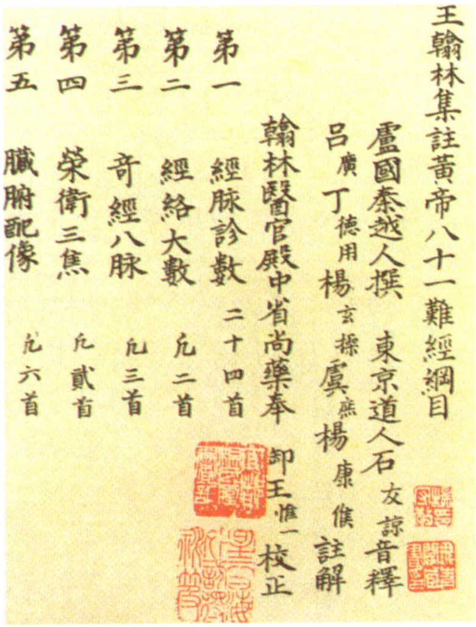
王翰林集註黃帝八十一難經綱目
盧國秦越人撰　東京道人石友諒音釋
呂廣　丁德用　楊玄操　虞庶　楊康候　註解
翰林醫官殿中省尚藥奉御王惟一校正
第一　經脈診數　二十四首
第二　經絡大數　凡二首
第三　奇經八脈　凡三首
第四　榮衛三焦　凡貳首
第五　臟腑配像　凡六首

⊙《集注八十一难经》内页

现存《难经》各传本中，以《难经集注》本最古，而《王翰林集诸家补注黄帝八十一难经》较接近旧本，现藏台北故宫博物院之中。

热病、温病），并对五脏之积泄多有阐发，这些都对中医学的发展产生了深远的影响。宋代大诗人苏轼曾称颂此书：“句句皆理，字字皆法，后世达者，神而明之”。因此，《难经》像《内经》一样被置于至尊和绝无异论的位置，至今仍被奉为中医重要的古籍之一。

## 《伤寒杂病论》

《伤寒杂病论》是东汉末张仲景所撰，它确立了中医学重要的理论支柱之一——辨证论治的思想。后来几经战乱散轶、编次，该书被一分为二，成为《伤寒论》和《金匮要略》二书。

《伤寒论》全书10卷，以六经辨证为纲，以方剂辨证为法，是一部论治外感热病的专著。它将外感疾病所表现出的各种规律性病证归纳为太阳、太阴、少阳、少阴、阳明、厥阴六经病症，三阳经病多属实热，三阴经病多属虚寒；每经贯串运用四诊八纲，对伤寒各阶段的辨脉、审证、治则、立方、用药规律以条文形式进行了全面的阐述，论析主次分明、条理清晰，在认识和处理疾病的方式方法上，强调运用多种诊法，综合分析；还制定出了许多简要实用的药方，如对六经病各立主证治法（“太阳伤寒”用麻黄汤，“太阳中风”用桂枝汤，阳明经证用白虎汤，阳明腑证用承气汤，少阳病用小柴胡汤），是第一部理论与实践并重，理、法、方、药有机结合的临床医学用书。

《金匮要略》是奠定中国临床医学基础的重要古籍之一，全书共25篇，以内科为主，涉及外科和妇科，对各种杂病的因、证、脉、治均有介绍。该书诊断重视四诊合参，辨证上以脏腑、经络为重点，结合卫气营血、阴阳五行理论，看重预防和早期治疗，论述精要，治法灵活，制方严谨，颇有实用价值，尤其是该书强调了整体观念，也提醒注意治病的轻重缓急；书中述及的急救人工呼吸法，方法合理，注意事项也颇周全。

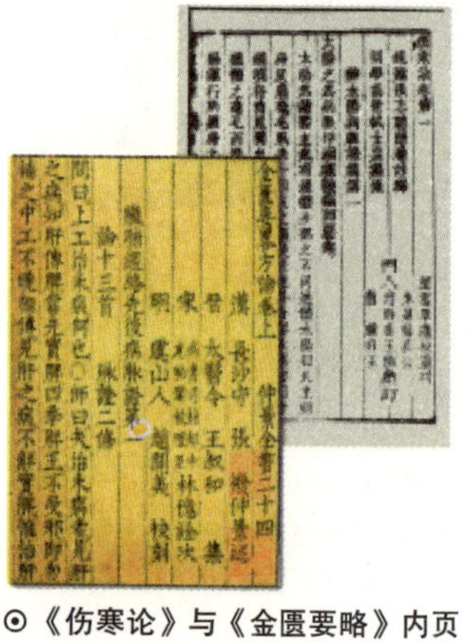

⊙《伤寒论》与《金匮要略》内页

作为在临床医学方面有重大贡献的一代宗师，张仲景提倡“精究方术”，他在《伤寒论》中实际立方112首，《金匮要略》立方262首，这些方剂具有药味精炼、配伍严密、主治明确、疗效确凿的特点，被后世誉为“众方之祖”或“经方”，其中大部分是后世方剂学发展和变化的重要依据，至今仍被广泛用于临床。

## 《温病条辨》

《温病条辨》系温病学著作，全书6卷，清代吴瑭（鞠通）受吴又可、叶天士影响，在多年临证实践基础上撰于1798年。与汉代张仲景感于宗族数百人死于伤寒而奋力钻研极其相似，吴鞠通也是因多个家人死于温病而发奋读书，精究医术，终成温病大家，创造了温病学派最高成就的。他认为温病有9种，吴又可所说的瘟疫只是其中最具传染性的一种，另外还有8种温病，可以从季节及疾病表现上加以区分，这是对于温病很完整的一种分类方法。该书建立的温热学说体系，其特点是以三焦来区分温病整个发展过程的三个阶段，以此归纳病机转变，以分辨阴阳、水火的理论为主导思想，采用三焦辨证纲领，倡导养阴保液。在温热病的病机、辨证、论治、方药等方面，均有精辟论述。这种新的归类方法，十分适用于温热病体系的辨证和治疗，并确立了由上而下的正常三焦“顺传”途径，由此决定了治则：“治上焦如羽，非轻不举；治中焦如衡，非降不安；治下焦如沤，非重不沉。”“三焦辨证”是在中医理论和辨证方法上的又一创举。与张仲景的六经辨证、叶天士的卫气营血辨证虽名称不同，但实际应用时相辅相成，互为羽翼。书中还列出了清络、清营、育阴的各种治法，仅上中下三焦就载入治法238个，含方201首，如将银翘散辛凉平剂，将桑菊饮辛凉轻剂，将白虎汤辛凉重剂等，对温病用方卓有贡献。《温病条辨》的另一重大贡献，就是经精心化裁，为后人留下了许多优秀的实用方剂，像银翘散、桑菊饮、藿香正气散、清营汤、清宫汤、犀角地黄汤等等，现在临床使用的方剂，十之八九出自该书。

## 中医的教育与传承

中医学能历经数千年而延绵不绝并不断发展，是因为它有一套独特的医传途径。尽管唐宋起医学教育大规模发展，但师徒授受和家传的方式仍不失为古代医学教育的主要形式。

### 师　传

这是一种传统的带徒方法，历史上许多名医都是通过这条途径带出来的，如长桑君带出了扁鹊，扁鹊又带出了子阳、子豹、子容、子明、子越、阳仪七人；公孙光和公乘阳庆带出了淳于意，淳于意又带出了宋邑、高期、冯信、杜信、唐安等；张伯祖带出了张仲景，张仲景又带出了杜度、卫沈；张元素带出了李东垣，李东垣又带出了罗天益等。师传的特点是：

一、可广泛选识“良驹”。

二、师徒均不是为了“觅钱”，而是为了“传医”，有共同明确的奋斗目标。

三、自愿结合，易调动双方积极性。

四、中医是一门实践性很强的学科，实践中教学，活学活用，成长快。

五、有明显的承师特征，学生往往成为其师傅所属学派的继承人。师承关系又可分为“亲炙”和“私淑”两种。

### 家　传

这是一种有亲缘关系的带徒法。在科学界，国内外均能见到这种一家几代都是科学家、名医的现象，如居里夫妇都是科学家，同时又是诺贝尔奖金获得者，他们的长女伊伦·居里和女婿里奥·居里也双双荣获诺贝尔奖金。中国中医往往是“传子不传婿”、“传媳不传女”，在一定条件下这种方法还是教出了不少良医，如元代危亦林家是五世业医，明代李时珍的祖父、父亲都是享有盛誉的名医；另外葛可久、陈自明、叶天士、王士雄、朱沛文、庞安时等祖辈也都是三至五代业医者；更有甚者，据载东汉医圣张仲景的子孙世代相承业医达一千余年之久。医业世袭的长处是可从小耳濡目染培养兴趣，潜移默化受到影响，父辈也心甘情愿传承验方、秘方；但子孙最终能否显露头角、出类拔萃，关键还在本身的努力。

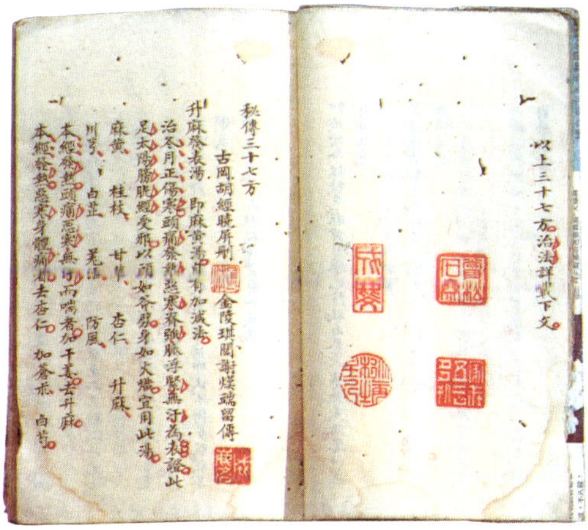

⊙《家传伤寒秘诀》书影

为名医萧龙友祖父萧成麟 1885 年手抄医书，32 开共 110 页，分为“家传三十七方”等五部分，涉及姓名、籍贯、收藏、斋馆等。萧龙友先生业医有道，家学渊博，于此有据。

### 自　学

由于医古文艰涩难懂，学医需有坚实的文学功底，相对而言，文人学医要容易一些，故有“文人学医如笼中抓鸡”之说。古代一些医家开始是学儒的，后因多种原因改而学医，其中不少就是采取自学法，发愤攻读，终成一统的，如张元素因科考时不慎用字冒犯皇帝避讳而落第，遂抛弃仕途，潜心学医，最后竟成为金元四大家之一的易水派开山鼻祖。

### 学府传授

一提起中医院校，人们多会认为这是近代的事，其实早在晋代已有正式的医学教育。南北朝时就已创办了最早的医学校，设太医博士、太医助教等职。隋代设置有专管医学教育的“太医署”，署内分医、药两部，医部又分医、按摩、咒禁三科，各有博士、助教数人教授学生；药部设药园师、主药、药监等，从事药学教学，但这些学校规模不大，制度也不健全。

⊙ 明南川县医学记

上刻“大顺二年四月”，编号为“学字第三百三十一号”，重庆博物馆收藏。为明代地方医药行政和医学教育印记。

集中进行大规模多学科的医学学校教育是唐太医署的创举，这是中医教育史上的明珠，在世界医学教育史上也占有领先地位。公元624年建立的唐“太医署”，具有现代中医院校的雏形。具体表现在：

一、有隶属关系和人员编制：太医署归太常寺管，署内设太医令、太医丞两位领导，有各类员工近400人，其中学生85人。

二、医学部设医科、针科、按摩科和咒禁四科，相当于现在中医学院的四个系，其中医科最大。药学部设有“药园”一所，由药园师、药园生种植栽培药材，药园生学习栽培、采集、鉴别和炮制药物，学成后可升任药园师。药园的建立，不仅培养了药学人才，而且成为药材研究基地，也使医学生有熟悉药材的课堂，故世界第一部政府颁行的药典《新修本草》能完成于唐代绝不是偶然的。

三、课程设置：先学一段《黄帝内经》、《神农本草经》、《脉经》等基础课，再分专业学体疗科（内科）、疮疡科（外科）、少小科（儿科）、耳目口齿科（五官科）和角法科（针灸兼拔火罐科），最后是临床实践阶段。

四、修业年限：体疗科为7年，疮疡和少小科各为5年，耳目口齿科为4年，角法科为3年。

五、有考试和定职称制度：学生入校先经过考试。在校期间实行月、季、年定期考试，分别由博士（老师）、太医令、太医丞和太常丞主持，凡业术达到或超过在职医官水平者给予毕业，有正式看病的资格。成绩低劣的，延长至9年；若仍不及格，令其退学。唐严格的考试并不局限于学生，对医师、医正、医工也有考核，这既保证了教学质量，同时也鞭策在职医官钻研医术，勤于实践，不断进取。职称是根据实际治病的治愈率进行考核评定的，分别授予医师、医正、医工等职称。这种学府中常有一些名医从事教学。唐“太医署”不仅比欧洲著名的萨勒诺医学院早成立两百多年，而且“太医署”的规模之大，分科之细，组织之严，制度之建全都是后者无法相比的。唐代的医学教育并不局限于京城，而是遍及全国，各府州一级也建有地方性医学教育机构，由医药学博士掌管。这反映出当时医学教育很兴旺，还吸引来不少外国留学生。

宋朝专管医学教育的机构叫太医局，由国子监管辖，设提举（院长）1人，判局（副院长）2人，并特别规定判局一职要由懂医者担任。学校的组织管理和学生待遇一概“仿太学立法”，这标志着医学教育已纳入国家官学系统。医学校社会地位的提高，吸引了不少儒生学医，大大促进了中医学的发展，学生达300人。他们采取少而精的教学原则，科目分大方脉（内科）、小方科（儿科）、疮肿兼折疡（外科）等九科，课程设置是先学基础理论，再学专科功课，每科有教授1人。特别是王惟一设计铸造了“针灸铜人”，这即是形象的教学模型，又是绝好的考试工具，这种形象化教学手段，至今仍被采用。宋代医学教育实行“三舍法”，即依学习成绩，先“外舍”再“内舍”，然后进入“上舍”的分级教育法。考试完全仿照太学考试办法，每月一次私考，每年一次公试，成绩优秀者补升内舍或上舍。除考试外，还令医学生轮流为其他三学（即太学、律学、武学）学生及各营将士诊治疾病，并记录治疗经过和效果，年终时根据疗效，优秀的递补、奖励；疗效差的开除学籍。那时必须同时通过理论和实际治病能力的考核才准升级或毕业；若痊愈率不到70%要降级，不到50%会被除名。学习和考核注重理论和实践，这确是医学教育的重大进步，虽宋代太医局多次变动，但考试制度一直没变。除中央外，各地也仿太医局开办地方医学校，置医学博士教习医学，有些是以前精通医术的现职官员兼任教师。

元代设医学选举司负责医学教育的行政事

物，各州县设立医学，三年一试，及格者到中央复试，录取后充任医官。明太医院多选取医家子弟培训三至五年。元明医校设 13 科，清医学校科目有所减少，清后期在太医院内设教习厅，内教太监，外教进修的御医和医官亲男弟侄。

以上种种医传方法，在历史上都发挥过很大作用。从多出人才、出高级人才角度来看，比较而言，“师传”居首，“家传”次之，“自学”再次之；“学府传授”培养学生虽不少，但多当了御医、官医，不能充分施展他们的才能，故很少能成为佼佼者的。

西医传入后，对传统中医最具深远意义影响的，当推中医教育的改变，其他变化莫不以此为根源。近代最早的中医学校是温州名医陈虬于 1885 年创办的利济医学堂，该校已不像旧式中医带徒那样仅习诵原著，而是另编一套教材，又办了配套的利济医院，使教学与临床实践相结合。进入 20 世纪以后全国各地陆续开办了一些影响较大的中医学校，对培养中医人才和促进中医学术发展起了一定作用。

新中国成立后中医教育得到国家的高度重视，1956 年开始先后在北京、上海、广州、成都等地成立了中医学院，培养了不少中医学生。自 1978 年起创办研究生教育以来，已培养出数千名博士、硕士；中医药函大、夜大、带徒、自学考试等多种办学方式，也出现空前繁盛局面，为中医人才的培养开辟了广阔的途径。近年来随着不断教育改革，开办留学生教学基地，必将为 21 世纪中医在世界传统医学领域继续保持领先地位，并进一步走向世界，奠定良好的基础。

## ·针灸铜人·

1027 年宋代针灸学家王惟一设计并创造性地用精铜浇铸了两具轰动朝野的针灸铜人，铜人为男性青年，高如常人，内脏俱全，构造精巧，神态逼真，外表涂有黄蜡，身上有全部的经脉和 354 个穴位，平时供教学用，考试时被试者隔衣针刺铜人，若针中穴位则有水银流出，稍差则不能刺入。这两具别出心裁、古意盎然的针灸模型，不仅是针灸史上的创举，而且是世界雕塑艺术史上的明珠，成为价值连城的国宝。1128 年宋朝被金打败，金指定要此铜人作为和谈的条件之一。后来蒙古灭金建元，天圣针灸铜人又回到北京，供奉在三皇庙（药王庙）。1260 年曾请尼泊尔工匠修复铜人破损处。八国联军攻占北京时，一具铜人被日寇掠夺，另一具可能被俄军掠走。多数人认为现存于东京博物馆和列宁格勒博物馆中的针灸铜人，就是被掠去的宋朝天圣铜人。

明清时又陆续几度翻造过新的针灸铜人，数量不详。现陈列于北京历史博物馆的针灸铜人，系明朝铸造，原存于南京博物馆，为男性，高 188.5 厘米，重 114.5 千克，全身穴位 666 个，穴位有孔，但没有经络路线，可开启。清乾隆年间针灸名医高武曾设计铸造了成年男女、儿童针灸铜人各一尊，现仅存一尊老年妇女铜人，不能开启，高 46 厘米，重 3.75 千克，体表有经络路线和穴位，但穴位无名称，收藏于上海中医学院医史博物馆。清代吴谦等人奉诏编写《医宗金鉴》，完工后不仅各晋升一级官职，乾隆还赐给每人针灸铜人像 1 尊，这些铜人去向不明。现北京故宫博物院收藏的儿童针灸铜人高 93 厘米，实心，有经络穴位及名称，系清代文物。

## 历代医疗机构和行业管理

医生职业关系人民生命安全及国家社会的安宁福利，所以自古以来，国家和社会就对医生行为有所要求和规定。

### 历代医政管理

中国古代对医生的管理和要求的记载，最早见于周。周代已有少量正式的医生和一整套比较完整的医药管理制度：一、建立了医事官职：最高的医药长官是“医师”，下有上士、下士、府（保管员）、史（文书）、徒多人。医师的医术高明，专治王与卿大夫的病，又掌握医药政令和各种药，还负责考核其他医生、保存医案、评定薪俸与奖罚。二、有专职医务组织编制：分为疡医（外科）、疾医（内科）、食医（营养师）、兽医四科，食医专为周王调配食物；分科反映当时医学已发展到一定的水平。各侯也有专职医生。国内有患者，由医师分给众医生治疗。三、建立医疗档案管理制度：平时医生治疗结果都记录在案，使考核有据可查。如医生不慎治死了人，不仅要登记，还要写出治疗经过，报上级医师备案。兽医也如此。四、制定考核标准，定期稽考：一般每年年底做总考计算，按实际医疗业绩分级、定俸禄及升降职位，凡“十全”（100% 治愈）者为上等，“十失二次”为三等，“十失四次”为下等，如此分成上、二、三、四、下等五级，治愈率少于 60% 时，无行医资格。另外还有奖罚制度，治愈率越高，奖的越多，反之就罚的多，适中的守本禄。这种制度出现在奴隶社会，的确非常了不起，所以周朝出了不少名医，后来大概秦国的医术最高，于是医缓、医和被载入史册；但百姓主要还是靠民医治病，扁鹊是其优秀代表。而当时世界其他民族正处在以巴比伦为中心的后期，他们的医事制度很残忍，若医生治死了奴隶主，要被处以断手；医死了奴隶，要赔偿一个。相比之下，更显中国周朝医事制度的进步。

⊙ 太医丞印

太医是专门为宫廷服务的医生。战国时代的秦国已有太医令之设置，作为宫廷医院的最高行政长官。汉代，太医丞是职位仅次于太医令的医官。图为故宫博物馆收藏的一枚“太医丞印”。

自战国起历代在军队中均设军医，有专门的军医组织和管理规定。

秦朝有太医令、太医丞专管医药之事，太医令为医政最高长官，下有侍医随王伴驾，以应不时之需。秦律中有强制隔离麻风病人的规定，有专门收治麻风病人的“疠迁所”。

西汉设两套太医令、丞、侍医（医待诏），分属太常和少府管理，初步形成了后世太医院和御药房的雏形。各侯国也设太医、侍医，并出现了女侍医。东汉医官均属少府统领，由太医令掌医事管理，下辖药丞主药事；方丞主配方；各医官职位均由考试选补。汉代军队中已有对医务人员的考勤记录，汉有专门的传染病隔离治疗设施。

三国至晋，各朝基本都设太医令（署）、丞、尚药监等。南北朝时对太医署医生要考核，依治疗成绩进行奖惩。医院的设立始于南北朝；刘宋太医令秦承祖是创办医学教育第一人。

隋太常寺统管太医署，是最重要的医事服务和医学教育机构。

唐在医政管理、医疗、药事、教育诸方面均比隋制更为严密。唐太医署不但是国家医药行政及医学教育的最高领导和业务指导机构，而且其下还设有医疗机构和药库，专为皇帝和王公大臣的保健服务。唐以后各代对官方征用医生的考试和授职都有明文规定，并颁布了在社会上行医的法令。《唐律》规定：合药与针刺的差错、出售假药、贩卖毒药、行医诈伪将受惩罚。对囚犯有病、怀孕、牢房卫生、士兵奴婢工匠生病、同姓结婚、妻生恶病（患类似麻风病）、离婚等都有比较科学和合理的规定。唐代治麻风病的“疠人坊”较前更为普遍。

总的说，宋朝廷是历代王朝中对医学最重视的政府。宋设立翰林医官院主管医药行政之政令和宫廷医疗事务，把太医署改为太医局，从此二者分立。太医局主要负责医学教育，也管皇家保健咨询。翰林医官院（后改医官局）有院使、副使、医官等102人；内设大方科（内科）、小方科（儿科）、产、眼、针、疮肿、口齿、金镞等八科，由医官院统一分配医官，并全权承担为皇室治病。该院至宋徽宗时“医职冗滥”，医官达千余人，医官品秩从十四阶增至二十二阶。由于医职官衔多称“大夫”或“郎中”，以后传到民间沿用至今。翰林医官是从40岁以上、各种考试合格者中选拔的，其中成绩最优秀的留在翰林医官院，其他的充任医学博士，或放外州任医学教授。除中央外，各地也设医官，名额有限，不足的由当地经考试补充；做了医官不称职的可以罢免。宋律规定：凡利用医药诈取财物者，以匪盗论处；庸医误伤人命者，绳之以法；主管官员不体恤下属痛苦的亦予惩罚。宋尚药局是国家最高的药政机关，负责稽验方书、修合药剂，供皇上和内宫使用。同时药品属国家专利，由政府控制药品贸易，设“卖药所”及“修合药所”（即炮制作坊）若干处，是最早的国营药店和药厂，后改称“太平惠民局”、“和药局”，并推广到全国各地。宋廷整理了官药局的方剂，编成《和剂局方》，颁行各地，对当时和后世影响很大。此外，宋朝还在医疗、保健、慈善事业上采取了一些措施，设置了一些机构，如安济坊（为贫困百姓看病的场所）等对古籍的存留和传播作出了重要贡献。宋王朝医事管理可说是面面俱到，特别是医疗卫生事业已明显地面向社会迈出了一大步，作出了比较突出的成绩。

金代将翰林医官院改称太医院，此后这一名称延用至元、明、清三代，太医院每三年一考。为提高太医院医疗水平，防止庸医杀人，设立了“医学提举司”，负责掌管医生资格的考试、在职医官的考核、医书的编审、药材的辨验、医务人员的培训等事项，全国三年一小考，五年一大考，合格方可行医。元颁布了对不习医道、不通经书、不知药性的庸医的处治法，并曾下令全国禁庸医。元朝太医院院使职二品，为历代医官中最高的品秩。宫廷还设饮膳太医，专门精制御膳。

**⊙黑漆描金龙药柜 明**

金花蝶纹，四足镶铜下脚。柜内正中有一组八方施转式药屉80格，两侧各有一组10格长屉，每屉分为三格，屉面写有药名，全柜可盛药140种，柜下部三屉用以存放处方及药具。柜背有金书“大明万历年制”款，为明太医院专用药柜，原存太医院御药库。

明朝基本直接沿用金元医事制度，设置了御医。明太医院分南京、北京两处，以北京为主。民间有精通医理的人，需上报，太医院可通过考试征用之。

清朝的太医院制度更加完备，除有行政设置、医士员额等规定外，还明确了御医值班制度。在医官职务的升补上，不仅考试选拔，还需有医官保结。清廷虽停用了针灸，但民间却从未忽视过针灸疗法。

鸦片战争后，近代西医传入中国，逐渐成立了相应的医学组织，如牛痘局、海港检疫、红十字会、军医司等，但在名义上太医院仍是全国医药行政领导机关。1929年政府对医师的资格、义务、惩戒做了规定，1936年颁布了中医条例。

## 宫廷医药组织

一、专为帝王服务的尚药局和御药房。

秦由内侍医负责皇帝保健，以后历代均由太医兼任。隋炀帝时太医达到最高峰，有 210 人之多；唐以后多在百人左右。尚药局负责宫廷医疗保健事宜，每季由太常官检查药物，储新换旧，并设御药库存放皇帝常备药物。宋御药院接受各路乡贡和各国进献的珍贵药物。明清时各种为宫廷服务的医药组织已日趋完备，太医院和御药房形成了“诊视御脉”的会诊制度和御医的轮流值班制度，对医务人员的考评和升补，也设立了一系列更严格的规章。

二、为皇太子服务的药藏局和典医监。

北齐设药藏局负责掌管皇太子医药；隋增加侍药、典医丞；唐有药藏局；元设典医监，有达鲁花赤、卿等掌领东宫太医，其下有广济提举司、行典药局、典药局。明设典药局。

亲王府在京师的,则在承奉司下设司药两人。

三、为后妃宫女服务的医疗组织。

后汉设暴室，宫人或有罪的皇后、贵人有病时在此疗养；北魏、北齐时有尚药典御和丞总管中宫后妃医药；齐、梁、陈设奚官令，专门治疗后妃宫女的疾病；隋除奚宫令（局）外，还专设尚药局掌管后妃医药；唐、宋基本同隋。宋、明均还设立保寿粹合宫或安乐堂为宫人养病之所。明清后妃、宫嫔的治疗多由太医院兼任。此外还有奶婆、医婆及稳婆（接产婆）等数十人供事掖庭。

四、为王府服务的良医所。

汉代设医工长，并有太医和侍医为王府服务。隋在王府设典医丞。明在藩王府设良医所，负责总管王府人员医疗保健等。明代医药学家李时珍就曾在楚王府良医所内任奉祠正。

## 广惠司

这是元代设置的以阿拉伯医学为主的官方医疗机构。广惠司设在太医院之下，聘阿拉伯医生配制药，掌管皇帝御用药及调剂，并治疗各宿卫士和在京的平民。

## 惠民局

这是以面向平民为主的官医组织，始建于宋朝，先称卖药所，后改和剂局，又改惠民局，不仅卖药而且看病，这种门诊性质的医药场所，元、明时均采用推行，不但京城有，甚至许多府、州、县也设惠民局，担任为平民、军士医疗的任务。可是不少为徒有虚名，虽有医生，却无局舍和药材。

## 社会抚恤组织

对于老弱病残、废鳏寡孤独的照顾，周代已开始注意，管仲曾在齐都设立收容院；南齐有“六疾馆”收养贫民，给衣服和医药。梁武帝、北魏孝文帝曾设“孤独院”等，收养孤苦老人或孩子，不仅管吃住，还派医生负责医疗。唐代在寺院里设悲田院（后称养病坊）收养病人和乞丐，在福田院收养麻风病人。宋元时这类机构仍存在，只是名称各异，叫养济院、安济坊、慈幼局、居养院等。另外还有义冢，专管掩埋死而无葬者。

## 校正医书局

这是国家设立的医药书籍整理出版机构，成立于宋朝。宋代对医书校正极为重视，集中了一批当时著名的医学家和学者，有专门校正医官，并组织了多方面人才参加校定，有计划地对历代重要医经、本草、方书等各类医籍进行了搜集、整理、考证、校勘工作，并陆续刊行。现存唐以前的许多医学经典著作如《素问》、《灵枢》、《难经》、《针灸甲乙经》、《伤寒杂病论》、

⊙校书图

北宋官办的“校正医书局”在校正、刊行医书方面进行了大量卓有成效的工作，为保存古代医学文献作出了不可磨灭的贡献。

《金匮要略》、《神农本草经》、《巢氏病源》、《千金翼方》、《外台秘要》等，都是经过书局校正、整理保存下来的，这对医药学传播起了很大作用。至今精美宋版医书还是中国宝贵的财富。

## 行医中的门道

从周代建立医事制度起，医生就有民医、官医之分，官医在建立中国古代医疗保健制度、发挥集体力量从事医学文献编纂整理，兴办学校式医学教育等方面均发挥了极其重要的作用，但因身带官字，所受束缚较多。而民医虽难免良莠不齐、鱼龙混杂，但数千年来名医多出此辈，于医学理论之创见、实际治疗之贡献，实居官医之上。

官医主要为朝廷、官宦服务。历代朝廷为保“龙体”无恙，都为帝王将相及家人配有专职医生，周代是医师为王和卿看病，食医负责王的营养保健。秦改由侍医负责保健与治疗，那时的侍医整天手提药囊，紧随皇上左右，以备不时之需。据说当年在荆轲行刺的紧要关头，就是侍医夏无且急中生智，把手中的药囊猛掷向荆轲，赢得了宝贵的一瞬，救了秦始皇的命。御医多为男性，汉代出现过女侍医，留下过芳名的有义姁、淳于衍。

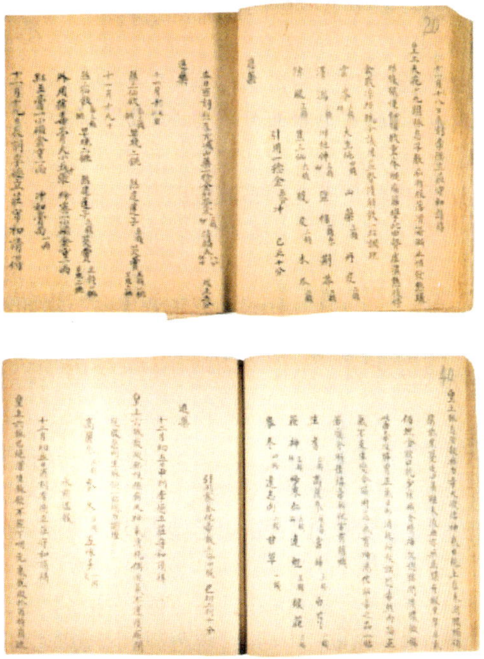

⊙ **同治帝患天花进药档**

中国第一历史博物馆藏，御医给皇帝看病有严格的制度，御医所做的诊断和用药都要记录在案。

御医给皇帝看病有严格的制度。帝王、后妃有病时，由太医院率众御医穿吉服于白天在专职太监的引领和监视下进宫，无论冬夏，殿前都生着炭火，焚烧苍术类芳香物以驱秽，众医必须从火盆上跨过，以防带入病邪。见了帝王要跪行大礼，膝行至近前，由两个御医分诊左右脉，再对换诊之，接着两医将帝王病情奏禀，然后回御医房会商，宫廷内臣亲自参加。御药要先入金罐，以专用封条封之，然后在太监监视下煎药。凡御药均一式二份，煎好后药水合在一起，分盛两碗，一份由御医、太医院院判、内臣先尝，证明无毒后，再将另一份进奉给帝王服用。整个过程有御医房太监笔录并加盖印章钤记。此制度始于隋唐，至明清基本没变。魏时已有专职尝药监。

御医的风险在于他们诊病只能成功，不能失败，比“伴君如伴虎”的大臣们的风险更甚几分，稍有不慎，轻则治罪，重则斩首，这在历史上屡见不鲜。隋唐时规定，给天子诊病、处方、选药、煎煮、尝药过程中，任一环节差错都被视为“大不敬”，要处以绞刑。药物炮制不合格，尚药房的药童、主药、侍御医、尚药奉御等均会被问罪。公元870年同昌公主久病而死，唐懿宗怪韩、康两御医用药不力，不仅杀了他俩，还下令将两族300余人全部收监。御医李玄伯原为帝所宠信，因调服丹剂，致懿宗背部生疽，李连同炼丹的所有方士均为诛死。民医单骧奉诏给宋仁宗治病，因无效而被判罪，并株连到两个儿子。清慈禧和光绪在数日内先后病死，全体太医因而获罪革职等等。

医生受统治者无端迫害的记述也比比皆是。春秋时的名医文挚用激怒法给齐闵王治疗，虽然病很快就好了，但闵王气仍不消，竟将文挚活活鼎烹而死。华佗想用开颅法治曹操的头痛病，曹怀疑害他，就把华佗杀了。御医程延诊魏帝病，认为其无病，只是吃枣多了，而被杀。

御医难当还在于他们的诊治经常受到干扰。如唐高宗患风眩头痛，御医秦鹤鸣想针刺其头部百会穴，用放血疗法止痛，武则天一听大怒："天子头上岂能放血，当斩！"幸亏高宗同意，且针到病除，秦才保住了脑袋。慈禧有次生病，一下召进四位御医，令他们各开一方，然后她查书对典，参考前四方，拟出了第五方，并按第五方配药服之。如果出现不良反应，那四位御医自然罪责难逃。

至于历代权贵对医生的藐视与蛮横，更是司空见惯。如曹操骂医生是"鼠辈"，刘邦则说："病在天，虽扁鹊何用"。淳于意因行医得罪权贵，被诬问罪，幸亏小女缇萦不顾安危，恳切上书，方免于重刑。

为帝王治病，言行举止都得注意，可说是句句斟酌，处处小心。一次扬州名医杜子良进京为光绪皇帝治病，诊为"肝郁"，谁知慈禧一听大为气恼，因这正触了她的痛处，杜见势不妙，赶快解释说"肝郁"是由"肾亏"引起的，岂料这又犯了光绪的忌，因"肾亏"易让人联想到"纵欲"。杜察言观色，马上改口道"肝郁"、"肾亏"乃皇上忧国忧民，劳形瘁心所致，这才化险为夷。若无如此巧舌如簧，机敏善变，是无论如何也干不好御医的。因此，世故的太医在应召入宫前，常以钱财贿赂太监，预先摸清帝后疾病的症结所在及其好恶，以便请脉时能应对合拍。为了保住脑袋和饭碗，御医们也想出了一些对付的办法。如清朝规定会诊的御医必须分开单独开方，每人的方不能大相径庭，所开方药要精求出处。御医们于诚惶诚恐中约定：一是先推选一老资格御医为首，各人用药无论泻补温凉，都以为首者手持钮珠的某粒为记号标志，二是诸医开方均以清代钦定的《医宗金鉴》为蓝本。这样一来，各人不仅方出一致，选药也大同小异。服后若有效，全可居功请赏；若无效，也无懈可击。

太医中也并非都是明哲保身的平庸之辈，如明仁宗朱高炽做太子时，张妃月经断停10个月，诸医相贺，诊为有孕，唯盛启东认为是血疾，他冒着生命危险，用破血药，将其治愈。

御医治病固然要冒极大的风险，但若治好了帝王的病，皇帝一高兴，就可能给予丰厚的赏赐，甚至提拔做大官，如元代名医许国祯那样；明御医许绅也因救治明世宗朱厚熜而受赏。帝后心情好时，也常表示出对御医的宽容态度。末代皇帝溥仪无病也愿让御医请个平安脉，开些保健药茶，或听他们讲述养生之道。慈禧特别高兴时还会把御医叫来作灯谜，寻欢作乐一番，即便此时，御医们也只是逢场作戏罢了，仍不敢有半点麻痹大意，更不要说忘乎所以了。

除服务于皇族、各级官员外，官医们还担

### ·医门十戒·

1. 薰莸时习戒（不要沾染上世俗的不良习气）。
2. 恃才妄作戒（不要依仗自己有才能就不顾事情的规律胡作非为）。
3. 任性偏执戒（不要随意在立法用药上偏执一方）。
4. 同流合污戒（不要与胡来的庸医、巫术同流合污）。
5. 因名误实戒（不要不察看实际情况，只按病名行事）。
6. 师事异端戒（不要听信异端邪说）。
7. 贵贱混治戒（不要对患病的富贵人和贫穷人采取同样治法，因他们的生活、体质条件不同，情志也不同）。
8. 贫富易心戒（不要对贫富患者有不同看法，采取不同态度）。
9. 乘危苟取戒（不要乘人之危，不能借人病重多取报酬）。
10. 诋毁同道戒（不要借机来贬低、诽谤同行医者）。

⊙ **宋八卦星月纹串铃**

串铃又名虎撑。医生将铁圈做成中空扁环状，内盛铁球，一摇即响，成为外出行医的一种信号和标志，尤为走村串乡的江湖郎中常用。

任为军队将士看病、为刑徒狱囚治疗、按皇帝诏令对平民百姓“施医给药”、兴办并为社会医疗慈善机构服务和参与医籍的编纂修订工作。

御医诊病过程虽然烦琐、会扼杀他们的创造热情，但保证了安全和用药的准确性，还留下了完整而详细的医案，这是一笔极宝贵的医学遗产。“旧时王谢堂前燕，飞入寻常百姓家”，现在我们大家使用的不少名方和药膳都出自这里面，可以说也享受到了过去帝王才有的待遇。

民医以庶民百姓为服务对象，有的在本乡坐堂，有的走乡串户。游医因要游走四方，所以治病主要靠针灸、推拿、单方、验方、草药、中成药等，尤其单方，是其看家本领。其治病多简单而方便，价廉又灵验，快捷却显奇效，如有人曾用一两麻子治愈一个误服鸦片中毒的小孩；用灌豆浆救活一喝卤水自杀者，因此深受百姓欢迎。由于游医缺少管理，人员素质良莠不齐，这其中不乏精通医道、医德高尚、悬壶济世、备受爱戴敬仰者，如扁鹊、华佗；也有相当数量的人确有狡诈的一面，或医术不高，或心术不正，无济世之心，存贪财之意，半医半骗，害了不少人。坐堂医一般信誉较好，药物较全，百姓多在此处买药。条件好者或遇特殊情况，医生往往将病人留在家中治疗；若病家来请，他们也常出诊，有时甚至可能奉召进京给皇族看病。古代民医治病用药都是亲自上山去采，药全是真的，煎煮亦时常亲自动手，所以疗效较好。因此若用药后疗效不理想，除医技不高外，与药物不真、煎药方法不妥等也有一定关系。

中医看病时一般较少携带器械，民医的衣着装束并不太讲究，看病的规矩也不特定，全凭当时具体情况办。

过去拜师学医后，老师一般回送学生三件礼：一双草鞋、一把雨伞、一个灯笼，意在教育学生不论路途远近，刮风下雨、白天黑夜都要去出诊，以治病救人为己任。

古代医生社会地位一直很低，即使是官医、御医也同样。医业被视为低级技巧，士大夫等高贵人是不屑为医的。汉以前只有扁鹊和淳于意被正史《史记》做了较详记述。历代修志一直把医列为方技。朱熹在评述孙思邈时，说他很有才能，可惜由于为医，只能列入归属小人的卜相医巧之列。历代医官名目繁多，但品位都不高，只有许国祯、许绅例外。元代把户口分为民、军、医、儒、灶、僧、道、匠等十级，医生排第五位，规定各户均须子承父业，不得更改，但因医生地位低下，待遇菲薄，设法逃户者屡见不鲜。御医享受国家的俸禄，也有级别差异，待遇稍好于民医。就是任职太医院的医官也常出现家贫断炊的事，如曾有医官贺祥等上奏家贫无以养赡，结果只被照准太医院院士月支米五斗，无家的三斗。专事外科的医生地位更低微。

## 光耀千秋的医德

医德即医学伦理道德，是医务人员在行医过程中必须遵守的职业道德规范，中国自古将医术称为仁术，许多人矢志学医就是抱着这种崇高的目的，历代医家大都强调高尚的医德，在其医著中多有体现，甚至李杲选徒时先考医德，并进行医德教育。

中医医德包括内容丰富，主要归纳为以下几点。

一、热爱医学事业，不追求名利地位。华佗、孙思邈、张仲景、李时珍等都是出于对人的生命的高度责任感，一生把读书当成最大的乐趣，严谨治学。叶天士 10 年中拜了 17 个老师，终学成名家。

二、以治病救人为天职，治病不分亲疏，不图私利。董奉治好病人不收钱，先种杏树，后是用粮谷换杏，董将粮谷全用来接济穷人。孙思邈力倡医生要有“大慈恻隐”之心，不倚仗专长贪财；不避昼夜、寒暑、饥渴、疲劳救治病人；他带头尽心护理病人，甚至在家里开设麻风病床。龚廷贤把“勿重利，当存仁义”列为医家“十要”重要内容，并一贯不图名利，不分贫贱，不纳馈赠。钱经纶为给百姓治病，毅然放弃当私医获高薪。唐慎微诊病经常分文不取，只要求被治好的病人告他一二个民间单方、验方或从各类医籍中帮他抄一二条方药内容。罗知悌不仅无偿为病人治好病，还送上回家路费；庞安时见求诊病人多，就把自家的房子腾出来，并亲自煎药熬粥，护理病人，一概不收礼，等病人病好了才让其回家。何澄尊重病妇不贪色的感人故事流传至今。

三、谦虚和诚，尊重同道，实事求是。历代有成就的医学家大都具有这种品格，如精于医道、医术高超的扁鹊，用汤药和针熨治好了虢太子的“尸厥”证，大家广为称颂，说他能“起死回生”，扁鹊却谦虚地说：“我不能使死人复活，这个病人本不该死，我只是帮他活过来了。”扁鹊是中国历史上第一位有记载的名医，他这种谦逊朴实的品德，为后世楷模。孙思邈医术高超却为人谦恭。陈实功曾有精辟论述：“对年长者要尊敬，对有学问者要学习，对傲慢者要忍让，对不如己者要帮助提携。”这些话真是语重心长。张璐综合概括医德内容，特列出“医门十戒”警示众医。

以上的这些医家美德，光耀千秋，赢得人们的信赖和称颂，成为中医学发展的重要条件之一。

## 杏林自古多趣话

### 龙骨与考古文化

“龙骨”是一味很常用的中药，它并非是真正的“龙”的骨头，而是古代哺乳动物如熊猫、象、犀牛、獾、猩猩、豪猪、鹿、牛的骨骼化石。中医将龙骨列为药品，始于《神农本草经》，其功能是治咳喘、气逆、泻痢、便血、腹胀结块、惊痫癫疾、妇科病等。各代名医如张仲景、葛洪、孙思邈等均常用此药，后来它的应用范围进一步扩大，所有科系都涉及。但这些老中医们万万没有料到他们广用龙骨的可怕后果，从他们手上不知毁掉了多少珍贵的动物化石，他们的药罐里差点煮光了两门重要的考古文化。直到19世纪中叶，一些外国传教士、学者来华，发现这里竟然把珍贵的化石当药吃掉，于是他们盯上了中药房里的龙骨、龙齿，或为牟取暴利，或为科研，弄走了不少标本，运往英、法、德、俄，并宣称从这些化石中发现了6个新物种。与此同时，另一项抢救工作是由中国人自己完成的。清光绪初年，河南安阳小屯村剃头匠李成发现河边的甲骨能止血治疮，由于中国的剃头匠一般都略晓医理，他就四处收集，卖给药铺。1899年清廷国子监祭酒王懿荣患疟疾，医生的处方中有龙骨，他无意中发现龙骨上有象形文字，与自己埋头钻研的殷商青铜器上的铭文字形十分相似，遂将药铺的龙骨全部收购，后经多人多年研究确定，小屯村出土的是商代卜骨，上书甲骨文。

### 中医药与名人、名著

屈原是中国古代伟大的爱国诗人，他的不朽名作《离骚》中多次提到木兰、泽兰、佩兰、申椒、香茅、肉桂、荷花、秋菊、杜蘅、芙蓉等，大多具有浓烈的芳香味。如杜蘅（即蘅芜），据传汉武帝梦中得李夫人赠蘅芜，醒后其香气在衣枕中数月不散；曹雪芹在《红楼梦》中将薛宝钗喻为蘅芜君，她住的地方称为“蘅芜院”，就是指这种香草。对这些香药的应用，诗中多次提到佩带香袋、服食花粉、花瓣和花露，或用香草做服饰，这与现代的观点不谋而合。当年慈禧太后也对花瓣情有独钟，太医院专为她制备有“菊花延龄膏”长期服用。

一提到吴承恩著的《西游记》，人们自然会联想到大闹天宫的孙悟空、良莠不辨的唐僧、撒谎贪吃的猪八戒等一个个精彩的艺术形象和故事，但其中丰富的中医药学知识很少被人提起。《西游记》集中描写中医药的是第六十八回，悟空像模像样地给朱紫国国王诊病时，一边口中振振有词地念着“医门理法至微玄，大要心中有转旋。望闻问切四般事，缺一之时不齐全：第一望他神气色，润枯肥瘦起和眠；第二闻声清与浊，听他真语及狂言；三问病原经几日，如何饮食怎生便；四才切脉明经络，浮沉表里是何般；我不望闻并问切，今生莫想得安然”，一边取出金线，按寸关尺诊脉，最后诊为“双鸟失群”证，用乌金丹治愈。孙悟空这首“四诊合参”讲得头头是道，诊脉也合要旨，道其三部、四气、五郁、七表、八里、九候，浮沉虚实皆是行家之言；沙和尚论大黄、猪八戒说巴豆亦不走谱。吴承恩熟谙药性药味，许多章节中都有体现。特别是他把至少40种延年益寿、补虚药都搬上了国王、魔鬼、妖怪的筵席桌，很多是我们今天正在使用和研究的。

融天下事于一身的盖世无双的文学巨著《红楼梦》自问世以来，各种职业、爱好、信仰的人皆为之折服，它不仅是一部封建社会的百科全书，其中也有发掘不尽的医药宝藏。据统计，《红楼梦》中涉及的医药卫生知识共290多处、5万余字，使用医学术语161条，描写病例114种，中医病案13个，方剂45个，中药125种，西药3种。一部小说中包含如此丰富的医药知识，这在古今中外文学史上也是绝无仅有的。这么多处涉及中医药，且运用又如此准确和地道，充分显示了曹雪芹深厚的中医药学功底，完全算得上是十分称职的杏林中人。如林黛玉吃人参养荣丸、贾宝玉喝莲叶汤、薛宝钗服冷香丸、巧姐出痘疹、贾元春肥胖早逝、贾母长寿、张太医为秦可卿切脉、王太医说痰迷、虎狼药和太平方治晴雯、胡庸医杀人不用刀、花样无穷的红楼药膳等，荣宁二府里可谓内、外、妇、儿、传染病、精神病、重金属中毒样样齐全。该书从医源、医理、医法、医药、医生、医事、医德、阴阳五行、藏象辨证、病因病机、五运六气、子午流注、四诊八纲、立方选药、针灸推拿等等方面无所不及，有许多对今天的医事活动仍有指导意义。

一部广为流传的《聊斋》，将蒲松龄的喜怒哀乐淋漓尽致地表达出来，在其笔下，奇花异草皆有感情，飞禽走兽亦能说话。他不单擅长文学，还是著名的中医，精通中医药，甚至曾以娴熟的笔法为中草药做了传，如在《草木传》中，他就介绍了500多种中药，并根据中

⊙宝玉喝莲叶汤

为清孙温绘全本《红楼梦》中插图。讲的是宝玉要喝莲叶汤，贾母自己做好，让玉钏送去。

药的性味、功效、特点，运用生、丑、旦、净等戏剧行当加以演义，使药物人格化，情节故事化，创作了不少妙趣横生的方剂剧本，成功地把中药搬上了舞台。在“清肺汤”中他是这样写的：“那一日在天门冬前，麦门冬后摇了摇马兜铃，内出两位妇人，一个叫知母，头戴一枝旋复花，搽着一脸天花粉；另一个叫贝母，头戴一枝款冬花，搽着一脸元明粉。金莲来求咳嗽良方，黄芩抬头一看，即知头面各般所有枳实俱是止嗽奇药，放下兜铃，汇成一方，便把那热痰喘嗽一并治去。”此中他已将清肺汤的药物组成、方剂功效纳入剧本，描述得绘声绘色，使人不仅掌握了方药知识，又能领略其文学风采。

## 药名诗趣

中药名嵌入诗中不仅仅是别出心裁的文字游戏，还以其一语双关、耐人寻味，使诗奇诡且妙趣横生。最早将药名入诗的是屈原，药名诗作为一种特殊的文学体裁起于六朝，唐以后文字游戏风起，药名诗渐广泛流行，宋时更盛，元曲、明诗、白话小说中也屡见不鲜。

洪皓因出使金，被关押15年，狱中作诗，抒发家园之思。

独活他乡已九秋，肠肝续断更则留；遥知母老相思子，没药医治尽白头。

诗中嵌入了独活、续断、知母、相思子、没药、白头6味药。

唐代张籍的“离合体诗”：

江皋岁暮相逢地，黄叶霜前半夏枝。子夜吟诗向松桂，心中万事岂君知。

诗中嵌有地黄、半夏、栀子（枝子）、桂心4味药，且前句尾字与后句首字“连珠”，难度颇大，但连得自然巧妙，借药诉衷肠，饶有兴味。

宋代药名诗声名最胜者是陈亚，其代表作是3首药名词，调寄《生查子》。

其一：相思意已深，白纸书难足。字字苦参商，故要檀榔读。分明记得约当归，远至樱桃熟。何事菊花时，犹未回乡曲。

其二：小院雨余凉，石竹风生砌。罢扇仅从容，半下纱厨睡。起来闲坐北亭中，滴尽珍珠泪。为念婿辛勤，去折蟾宫桂。

其三：浪荡去来来，踯躅花频换。可惜石榴裙，兰麝香将半。琵琶闻后理相思，必拨朱弦断。拟续断朱弦，待这冤家面。

词中嵌入有相思子、薏苡（意已）、白芷（白纸）、苦参、狼毒（榔读）、当归、远志（远至）、菊花、茴香（回乡）、禹余粮（雨余凉）、石竹、苁蓉（从容）、半夏（半下）、柏亭（北亭）、珍珠、细辛（婿辛）、蟾、桂、石榴、麝香、枇杷叶（琵琶）、荜拨（必拨）、续断、代赭（待这）等25味中药。或借其音，或借其义，与药性无关，是相思词，并非疗救相思病的处方。

用谐音这种修辞方式将数个药名拈入使用，读词如猜谜，因欲探知谜底而多一重艺术享受。这词中虽用25个药名，字数上占2/5，但仍很生动地表达了怨妇闺中相思之情，女子空守闺房的孤独、寂寞，对丈夫的思念、关怀、怨悱，写得层次分明、细腻、传神。用药名写诗如戴脚镣跳舞，作者的技巧就高在虽录入25味药却无生吞活剥之感，是一首妙趣横生的闺情诗而非故弄玄虚的文字游戏。有闺情不显药味，实在是绝妙的好词。

# 中西医的交流和相互借鉴

中西医学交流始于汉朝，开始主要是通过“丝绸之路”，大秦（罗马帝国）、波斯和汉商将一些动植物药材进行买卖交换。公元1～9世纪中国的炼丹术曾多次传到阿拉伯各地，再转传到欧洲，为世界制药化学的发展作出了开创性贡献。中国汉代的麻醉术也因传入阿拉伯而最终被发展为吸入麻醉法。唐朝东西方经贸往来频繁，医学交流活跃，西域和东南亚各国的医药，如印度医药、阿拉伯医药与西南的犀角、羚羊、麝香、琥珀及鸦片等假僧侣、商人之手陆续输入内地，中国著名僧人如法显、玄奘等也先后到印度、阿富汗、尼泊尔等地传教

⊙泉州湾宋代沉船香药

1973年出土，共2350千克，品种有降香、沉香、檀香等。这些药原产于东南亚、阿拉伯及非洲，是反映宋代中外药材交流及贸易的珍贵文物。

授医；同时大秦景教开始传入中国，大秦人善治眼病和痢疾，景教徒中不乏精通医术者，他们就在长安等地行医，将其治病技术如金针拨障术传到中国，但因其医术尚不及中医，且人数很少，对中国医学影响甚微。10世纪中国的脉学被阿拉伯医家吸收，成为该国诊断疾病的重要手段之一。

1000年前，宋代在广州、福建泉州设置了“市舶司”，从此中西方贸易和医药交流通过海上通路得到更大规模的开展。宋代出口的药物达60多种，阿拉伯商人将中药（如川芎、白芷、朱砂、白矾、硼酸、砒霜、人参、茯苓、肉桂、大黄等）运往亚、欧、非洲，中国的土茯苓曾被欧洲人当作治梅毒的良药，称为“China root”，大黄也在欧洲享有盛誉。海外输入的各类药材也丰富了中医方剂。如1973年8月在泉州发掘出一宋代沉船，内有大量原产于东南亚等地的药材，乳香、丁香、沉香、檀香、槟榔、胡椒、玳瑁、人参、朱砂、牛黄、附子等。同时外国使节敬献香药颇多，东南亚也有大量药材和香料输入中国，仅以乳香为例，动辄以亿万计，可见其盛况；宋金元时期盛行用香燥药，与当时香药贸易兴盛不无关系。国人能迅速将外来药纳入中国传统医药范畴，加以利用；如沉香原只作为香料熏衣去臭，中医用它治下焦病。元代大秦的景教、罗马天主教徒活跃在中国各地，曾为王公贵族和平民百姓医疗。明代郑和七下西洋，带走了大量的中医药和医书，随船180名医生每到一地都和当地的医生进行交流，也带回了不少西药。总之明代以前传入中国的所谓西方医药知识，大多属印度、阿拉伯等亚洲国家的古代传统医学。

明朝起来华传教士增多，著名的如利玛窦、汤若望等，他们在传教、传播西方知识的同时，也开展医疗活动，并将西方古代医学传入中土。如卡内罗主教于1569年在澳门创办了仁慈会，设立了两所医院，一所是外国人在华开办的第一所医院——圣拉斐尔医院，有病床70张；另一所是麻风医院。后来又将圣保罗学院扩充为大学，内设医科实习班，此为外国人来华创办的最早的医学校。17世纪后不少传教士以医学开道，采用开诊所、办医院的方式，借为病人诊治之机从事宗教活动，结交政要，获取民心，搜集情报，以达到侵略扩张的政治目的。但这些作法客观上将西医药知识带进了中国，如1693年5月，康熙皇帝患疟疾，就是洪若翰等几位传教士献上金鸡纳和其他西药将其治愈的。西医基础理论如神经解剖、消化生理知识、欧洲焚毁城镇的防疫法、玻璃瓶验尿诊断、鼻冲水（氨水）、强水（硝酸）等药、药物蒸馏法、放血疗法等被逐渐介绍到中国，而中医的舌脉诊、经络、藏象学说也慢慢传到西方，《本草纲目》、《脉经》开始译为多国文字，同时中国的针灸技术引起了荷兰、德国、英国医生的注意，他们尤其对灸法感兴趣，德国人认为灸法是治疗痛风最安全、迅速的疗法；荷兰人的《论针灸术》是西方第一部较为详细介绍针灸方法的专著。英国名医弗洛伊尔发明用表计数脉搏，其成就直接受到中医脉学的影响，达尔文称《本草》为中国的百科全书。17～18世纪欧洲天花肆虐，俄国1688年派人来华学习，使中国11世纪初发明的人痘接种法经俄国传到土耳其，后传遍欧美，挽救了无数生命；英国人琴纳在1796年发明牛痘接种法之前，也是用人痘接种法来预防天花的。

鸦片战争前后随着西方近代医学大举进

军，导致两种医学体系的剧烈冲突，因多种原因，中医陷于困境，取而代之的是传教士更注意发展西医卫生事业。到1937年中国已有医院300所，病床21000张，如北京协和医院、成都华西协和大学医院、山东齐鲁大学医院，另有小诊所600余处；还开办了医学院，以带徒的方式培养中国的西医人才；用西医方法治病，如用乙醚麻醉施行外科手术；与此同时，传教士和国人开始翻译西医书籍，编辑中外文版的医学期刊。此阶段西医也注意研究针灸、中药，较多中医书籍，如《内经》、《难经》、《医林改错》、《针灸大成》等被译述；1899年德国还用当归制成“优美露”，曾畅销各地。西方认为中医只是一种古老的医术和经验医学，其对中药研究多从寻找药源和博物学出发，除针灸外，并没深入到理论，也极少接触临床实际。

⊙ **彼得·帕克医生和他的弟子关阿多**

19世纪30年代末，美国眼科医生彼得·帕克在广州设立眼科医院，行医3个月给900多名中国眼疾病人治过病。

随着针刺麻醉的成功，中医药在国际上的影响加大。20世纪60年代名医岳美中受周总理派遣多次出国为外国领导治病，如当年印尼总统苏加诺患病，几位欧美医生建议切肾，是岳用针灸和中药把他的肾保住了。20世纪80年代后，中医开始走向世界，先是针灸热，后是中医热，世界各国有中医诊所19000余家，中医师86000多人，针灸师143800多人，已有100多个国家应用针灸治病，其中40多国开展了针麻研究，针灸等传统疗法在许多国家已获合法地位，欧美等医学发达国家逐步承认了中医师的专业地位，针刺治疗早已纳入医疗保险系统。中医药在世界医学体系中的地位和重要意义正为国际所公认，中医药对世界医学宝库的贡献，已得到国际社会的肯定。

近年来，随着医学科学的发展，西医自身的缺陷与不足逐渐显现，同时随着医学模式从“生物医学”向“生物—心理—社会（自然）”转变，和人们健康意识的增强、对保健的需求日益增长，疾病谱的变化，医源性、药源性、心身疾病及老龄化疾病的增多，尤其是化学药品毒副作用带来的恐慌，人们正把关注的目光更多转向天然药和传统医疗，而中医完全符合这些要求愿望，中医药日益受到世界各国人民的欢迎，伦敦英国人排队看中医，德国人预约住中医院，俄罗斯人蜂拥过境接受中医治疗，已不是奇闻。中医对外交流合作日趋扩大，仅1998～2002年间，中国中医药机构共接待访问团1775批19030人次，中国派出1190批3098人次。2002年中药产品出口总额达67095万美元，154个国家和地区与中国有中药贸易往来，中国每年都要接收大批留学生，这充分体现了中医药是中华民族的，也是世界的，中医药在国际上有着广阔的应用前景，发展潜力巨大。

# 养生

## 养生史话

中华养生文化源远流长，相对世界其他地区的养生文化而言，中华养生文化有着古代哲学和中医基本理论为底蕴，显得尤为博大精深。它汇集了中国历代劳动人民防病健身的众多方法，糅合了儒、道、佛及诸子百家的思想精华，堪称一棵充满勃勃生机和东方神秘色彩的智慧树。探索中华养生文化这棵古老而神秘的东方智慧之树，不但有利于弘扬传统文化，而且也符合当今世界科学发展的趋势。

养生作为一种文化现象，自从人类出现就问世了。早在旧石器时代，中国传说中的阴康氏部落的先民由于生活在潮湿的环境之中，不少人得了关节病。为了对付这种疾病，阴康氏部落的先民就发明了“摔筋骨、动支节”的养生方法——“大舞”。“大舞”实际上就是一种类似于气功导引的养生方法。其基本作用是宣达腠理、通利关节，达到散瘀消积、保持健康的目的。《路史》中有关“大舞”的记载虽属后人补记，但大体上却与原始文化特征相吻合。黄帝时的大将兼名医俞跗就十分擅长以按摩、气功导引为内容的动态养生法。伴随着导引动功的产生，静功养生法也初露端倪。相传黄帝本人就曾向一个名叫广成子的人求教这种养生方法。从传说来看，夏朝的开创者大禹也是一个养生方面的先驱。他所创立的“禹步”，实行上是一种呼吸运气结合脚步移动的导引养生方法。较之于“大舞”，其合理程度无疑大大提高。

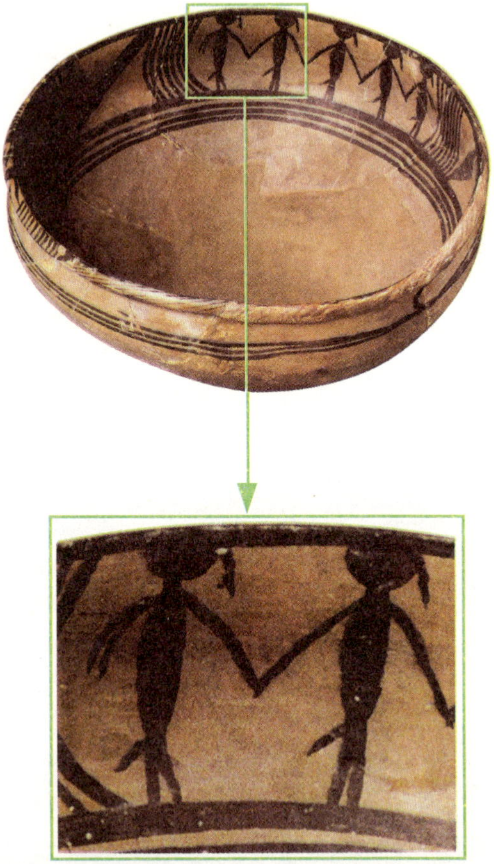

⊙**跳舞纹盆 远古**

这个陶器生动地描绘了先民舞蹈的动作与形态。有人说，这种舞蹈就是一种养生方法。

由夏至商，传说中的养生家不乏其人，其中最著名的要数彭祖。然而就有文字记载的历史，中国养生文化的萌芽大概只能上溯到殷商时代。从已出土的甲骨文的考证可以发现，殷商时的人们在生病、分娩时都祈祷祖宗神灵佑助；对日常生活中的吉凶祸福与健康状况也不时卜问，进而举行各种形式的祭祀活动以清除不祥。到了西周，养生思想进一步发展。还设有食医专门掌管周王与贵族阶层的饮食，指导“六饮、六膳、百馐、百酱”等多方面的饮食调理工作，并提出饮食调理要与四季气候相适应；还有专职主管环境卫生的职官。

春秋战国是中华养生文化发展史上的第一个黄金时代。当时的史书对养生的记载已经十分具体，如《左传》就记载了秦国医和为晋侯治病，指出晋侯之疾是“近女室，疾如蛊”的结果，此时的人们已经注意到了房室起居与健康的关系。在先秦诸子学说中，影响最大的莫过于儒、法、道、墨四家，而在养生问题上贡献最大的又属其中的儒、道两家。

然而，这500年间的所有成就，都是经过漫漫历史寒冬的酝酿与抚育的。从伏羲取天、地、雷、山、水、火、泽、风这些自然现象而画八卦，将人类在神话时期观察宇宙间阴阳交替的自然平衡现象，做了一个完美的总结；再从黄帝以下经尧、舜、禹、汤、文、武、周公这段人文与自然抗衡的岁月，人类对保持身心康泰的法则，已经摸索出一套初步的规律。当年禹带领部族对抗中国的两条巨龙黄河与长江，人们凭着加工后的树木与石器，以及人类最原始的体能去掘洞筑堤。可以想见当时的人，必定有气闷、腰酸、背痛等健康上的困扰。领导者为了解决百姓生理上的疾病，就模仿各种动物的身形，创制舞蹈动作。这样一方面解决身体酸痛的问题，另一方面也有娱乐教化的效果。由此还可证明，导引养生与舞蹈同出一源。《吕氏春秋·古乐篇》是这么说的："民气郁阏而滞着，筋骨瑟缩不达，故作为舞以宣导之。"而"作为舞"的方式，就是"乃拊石击石，以象上帝玉磬之音，以致舞百兽。"对此历史事实有了很清楚的说明。

谈到黄帝制舞作乐，就不得不提一点。人类的养生术，与武术攻击、防守的发展观念，是两种完全不同的思考方式。古人从观察动物的行为，而归纳出养生与武术运动两种肢体发展的方向，武术的肢体创作多半从观察动物的猎食行为而来。这些都是善取动物攻击的技巧与优点，而归纳出各种不同的拳脚套路。同时，古人在观察动物活动的身形特性时，也据此归纳出养生的运动方法。

秦汉至隋唐的千余年间，堪称中国养生文化繁荣的鼎盛期。西汉初年，由于当时的最高统治者大多热衷于长生不老之术，从而客观上促进了养生文化的繁荣。在西汉产生的众多养生诸作中，最令世人瞩目的要算《黄帝内经》。该书汇集了先秦时期的各种养生观点，并且首次专门从医学角度探讨了养生问题。《黄帝内经》涉及的养生原则主要有两条：一是调摄精神与形体，努力提高机体防病抗衰能力；二是适应外界环境，避免外邪侵袭。对此，《上古天真论》作了较为全面的总结。此外，《黄帝内经》还记载了许多具体的养生术，如《异法方宜论》中介绍的导引、按足乔等等，都具有实用养生价值。以上种种理论和实践均在中华养生文化史上产生过巨大影响。后世的各种养生著作多数是在《黄帝内经》的基础上发展、完善起来的。东汉以后，在《黄帝内经》的引导和带动下，中医养生学日趋繁荣。这一时期很多著名的医学家都长于养生，其中又以张仲

### ·从慈禧的宫廷生活看养生·

作为清代后期的国家统治者，慈禧的休闲生活也是丰富多彩，如看戏、逗狗、玩纸牌等。为慈禧备膳的寿膳房厨役、太监多达200多人，慈禧太后的膳食原料多为新鲜蔬菜、山珍海味。每餐荤素搭配，冬季食羊肉、鹿肉等热性食品，夏季食用野生的茯苓、山菜、蘑菇等。而粮食中做粥用米就有京米、紫米、薏米、粳米、老米、小米等多个种类。

慈禧太后所用的餐具为金银玉翠器及细瓷盘碗，冬天多用金银暖锅和银制暖锅。每品菜上均有银制的试毒牌，长约3寸，如菜有毒，银牌即变色。她使用的筷子为象牙质镶金头。

慈禧对自己的容颜之美十分看重，每天为此花费大量时间，她坚持早晚用温水洗脸、敷面，用按摩器按摩面部穴位以促进血液循环，使用扬州产的官粉、苏州制的胭脂和宫廷自配的玫瑰露护肤美颜。慈禧还相信中药美容，根据皮肤的变化经常请宫廷御医"谨拟"医方。直到晚年，她的皮肤仍有弹性。

头发的养护和梳理也是慈禧美容的重要环节，御医专门为她研究配制口服、外用的养发中药，为她梳头的太监以及梳头用具都经过精心挑选。慈禧对牙齿的护理也很科学，既用中药保护，又用药具医疗，70多岁时仍面颊丰腴，嘴部棱角分明，没有掉牙、缺齿等口腔疾病。

景和华佗为最。

明清时期，由于历代养生经验的广泛积累，因此要有所突破，深为不易。为此，反映在养生著作上的，多以汇集前人养生法则，重新编纂为主。明代高濂的《遵生八笺》汇编了万历以前养生成就，分为清修妙论、四时调摄、起居安乐，延年却病、燕闲清赏、饮馔服食、灵秘丹药、尘外遐举等八个类别。其书特色在于把培养德行作为养生第一要义的同时，又从鉴赏书画、诠评花木盆景，以及“节嗜欲、慎起居、远祸福、得安乐”的角度着笔，从而在很大程度上扩展了养生的实际领域。

## 人体三宝——精、气、神

整体观是中医的特点之一。中医的基本理论虽然具有很强的哲理性，但其中的重要学说都是在实践基础上建立起来的，并有效地指导着临床实践。古代医学家和养生家为了阐述精、气、神在人体生命活动中的特殊作用，往往把它与自然界万物赖以生存的一些基本物质共同比喻为“三宝”，这就是所谓的“天有三宝：日、月、星；地有三宝：风、火、水；人有三宝：精、气、神”。

“精、气、神”是脏腑学说中的重要内容，它们是脏腑活动衍生的产物和能量，同时又与脏腑相互依存，相互促进，不可分离。精、气、神三者虽各有不同之处，但实际上又是一个不可侵害的整体。有精则有神，所以积精可以全神，精伤则神无所舍。精又为气之母，精虚则无气，人无气则死。精、气、神三位一体，不可分离，存则俱存，亡则俱亡。

正像中国养生文化中的“阴阳”、“五行”等其他重要理论概念一样，“精、气、神”的出现也与传统哲学存在着密切的渊源关系。管仲认为，万事万物均由“精气”构成，他们“凡物之精，比（化）则为生，下生五谷，上为列星，流于天地之间，谓之鬼神；藏于胸中，谓之圣人。是故此气，杲乎如登于天，杳乎如入于渊，淖乎如在于海，卒乎如在于屺。”（《管子·内业》）在管仲的学说中，精气不但构成客观世界，包括人在内的物质本源，而且作为人体生命活动三要素的精、气、神还具有互相化生的特性。后世的养生学家正是在此基础上，逐渐赋予了作为生命活动的三要素的精、气、神以独特的理论见解。

“精”是构成人体五脏六腑、筋骨皮毛等一切组织器官与营养人体的基本物质，在生理活动的过程中不断地消耗，又不断地得到补充和滋生，从而维持人体的生命。它是人体生长发育的基础，主要来源于父母的精、血，被视为人体生命活动的原始微观物质。《黄帝内经》称：“人始生，先成精。”指的就是这种先天之精；“后天精”又称“脏腑之精”，它主要来源于后天五谷饮食之营养，通过肺的呼吸调节，脾胃的消化吸收，从而将营养物质的精微部分转化到人体的各个腑脏而构成。“精”尽管存在“先天”、“后天”之别，但二者又是相辅相成，互为依存的。“先天之精”要依靠“后天之精”的不断补充，“后天之精”则必须依赖“先天之精”的活力，而且它们还共同存储于人的两肾之中，形成所谓的“肾精”。中国养生学认为，肾精作为人体生命活动的重要物质要素之一，它主要发挥以下三种生理功能：推动人体生长发育；参与人体生殖繁衍；濡养人体脏腑组织器官。

“气”的含义有二：一是指流通着的微小难见物质，如水谷之气、呼吸之气；二是指人体组织活动能力，如五脏之气、六腑之气、经脉之气。《灵枢·邪客篇》上说：“营气者，泌其津液，注之于脉，化以为血，以荣四末，内注五脏六腑。”《灵枢·本脏篇》说：“卫气者，所以温分肉，充皮肤，肥腠理，司开阖者也。”所有这些气均存在于体内。在中国传统文化中，一切生命现象均被视为“气”活动的结果。这就是晋代葛洪在《抱朴子》中所说的：“人在气中，气在人中，自天地至于万物，无不赖以生者也。”作为中国传统文化重要组成部分之一的养生学也持有类似的观点，认为“气”是

⊙行气铭玉杖首　战国

高 5.2 厘米，底径 3.4 厘米。作十二面棱柱体，中空。在十二面中，每面竖刻三字，并有重文符号八个，共四十五字铭，扼要讲述了行气的要领、过程和作用，是目前我们所见到的较早的关于行气理论的叙述。

一种极微小而且处在活动状态的精微物质，它构成并维持人体生命活动的全过程。它与“精”一样，也是人体生命活动赖以进行的重要物质基础。所谓“人含气而生，精尽而死”，正强调了“气”和“精”同属构成生命活动的物质要素。中国养生理论十分强调“养气”、“补气”和气功锻炼，其着眼点正在于此。

“神”的含义即精神、意识、知觉，它是生命活动的现象，必须有物质基础，这个物质基础便是精。《灵枢·平人绝谷篇》上说：“故神者，水谷之精气也。”所以，神并不是虚无缥缈的，它必须有载体。“神”通常是作为人体生命活动现象的总称这样一种基本概念出现的，它包括了在大脑的精神、意识思维活动，以及脏腑、经络、营卫、气血、津液等全部机体活动功能和外在表现。“神”的生成主要以先天之精为基础，以后天的精气为补养培育而成。所以“神”的盛衰与精、气的盈亏密不可分。只有作为生命物质要素的精气充足，作为生命活动功能外在表现的“神”才可能旺盛。至于“神”的生理功能，祖国医学认为主要体现在它是人体生命活动的主宰上。人的整个机体，从大脑到内脏，从五官七窍到经络、气血、精、津液，以至肢体的活动，都无一不是依赖“神”作为维持其正常动转的内在活力。正因为“神”在人体生命活动中占有如此重要的地位，所以《黄帝内经》明确地得出了“得神者昌，失神者死”的重要论断。中国养生文化也正是在此观念影响下，才逐步形成了“形神兼养、养神为先”的鲜明的民族特色。

从以上分析中可以看出，精、气、神在传统养生理论中是作为人体生命活动的三个基本要素出现的。人的生命起源于精，生命的维持赖于气，生命的现象乃是神。精充、气足、神全是健康的保证；精亏、气虚、神耗是衰老的原因。精、气、神三位一体，它是生命的基础也是生命的现象，一旦生命结束，精、气、神随之消亡。

其中精、气是生命活动的物质基础，而神则被视为生命活动的外在表现，或称为生命结构的总体功能信息。三者之间具有互相滋生的内在联系：精充气足则神全，神躁不安则伤精耗气；精气不足，神也易浮躁不宁；只有精、气、神充盈，机体的生命活动才可能在健康状态中运行。

从养生保健的角度来看，正常的生命活动除了有赖于作为生命物质基础的精气充盈之外，同时还要力求精气处于有规则的流通状态之中。《吕氏春秋·达郁》篇指出：“血脉欲其通也……精气欲其行也。若此，则病无所居，而恶无由生矣。”传统的养生方法，如气功、太极拳、五禽戏、八段锦以及按摩、针灸等等，其主要机理也都在于促进精气流通，以使病体康复。精气流通作为传统养生理论指导原则之一，其本质要义不外乎协调阴阳气血，使机体各种功能处在最佳状态，从而有益于养生、长寿。

## 天人相应，顺应自然

天人关系在中国古代哲学史上占有十分重要的地位。所谓“天人关系”，实质上指的就是人与自然的关系。尽管古代思想家对人与自然关系问题的看法不尽相同，但其中大多数人

⊙ 自然界的一切运动变化，都会直接或间接地影响人体生理、病理。

都倾向于认为人与天地万物之间，存在着一种普遍联系和相互作用关系。

哲学领域关于天人关系的见解势必会对传统养生文化产生深刻影响，这一方面是由于养生学直接以人体作为自己的研究对象，另一方面则在于传统养生文化是以古代哲学作为自己的深厚底蕴。早在中国传统养生理论的奠基作《黄帝内经》中就明确提到："人与天地相参也，与日月相应也。"所谓"人与天地相参"强调的正是人与自然界的统一关系。这种统一关系在传统养生文化中，至少可以从以下三个方面得到充分印证：

人体的生理过程与自然界的运动变化存在着同步的关系。《灵枢》提出："春生、夏长、秋收、冬藏，是气之常也，人亦应之。"人体与自然万物同样受阴阳五行法则的制约，并遵循同样的运动变化规律。俞琰在《周易参同契发挥》中对此作了详尽的阐述："人身法天象地，悉与天地造化同途。人与自然万物有着共同的构成物质。《素问・宝命全形论》所说的"人以天地之气生，四时之法成"，正强调了人和万物一样，都是天地之气合乎规律的产物。

考察中国养生文化史可以发现，"天人相应"的观念几乎渗透到了其中的每一个角落。

首先，"天人相应"的哲学观念是古代养生家探讨人体奥秘的理论武器。其次，"天人相应"的观念为传统养生理论的形成提供了哲学依据。我们知道，在传统的养生理论中，阴阳五行学说占有十分重要的地位，而这种学说的产生，恰恰是以"天人相应"的观念作为自己的哲学依据的。所谓"天以阴阳而化生万物，人以阴阳而营养一身"，实质上正是"天人相应"哲学理论在人体阴阳学说中的具体展现。阴阳学说如此，五行理论更不例外。再次，"天人相应"的哲学观念是传统养生方法创立的认识论基础。以气功养生法为例，它的产生和完善显然与"天人相应"的哲学观念息息相关。总之，"天人相应"的哲学观是中国传统养生文化赖以生成的理论基础。把握了它，就不啻于拥有了一把开启充满东方神秘色彩的养生文化宝库的金钥匙。

"天人相应"的另一侧面便是顺应自然。中国传统养生理论认为人和自然都是"气"的产物，人处在天地之间，生活于自然环境之中，只作为自然界的一部分而存在。因此，人与自然具有相通相应的关系，同受阴阳五行法则的制约，并遵循同样的运动变化规律。关于"人与天地相参也，与日月相应也"的论述，就概括地阐明了自然界的一切运动变化，必然直接或间接地影响人体生理、病理变化的观点。唐代著名养生家王冰也认为："但因循时气序，养生调节之宜，不妄作劳，则生气不竭，永保康宁"(《素问・生气通天论注》)。

透过顺应自然以养生的含义可以发现，中国养生文化所追求的实际上是一种人体生命与自然万物的整体和谐状态。让人与自然和谐共处，热爱、尊重、保护和合理地利用自然，通过道德和法律协调人与自然、人与人的关系，实现社会生产力与自然生产力的和谐、经济再生产与自然再生产的和谐、经济系统与生态系统的和谐等等，是处理人与自然关系科学的、明智的价值追求。一方面，我们要重视人的因素，挖掘人类的聪明才智，促进人类文明的不断发展，使人类的认知更符合自然发展变化的（关键是进化和优化）的需要。另一方面，要走科学发展之路，保持人与自然的互动双赢，绝不能以牺牲自然和环境作为代价，换取短暂的、表面的繁华。坚持天人和谐，关键是将实现人类的现实利益与理性智慧、科学态度、道德精神有机结合起来，把对自然的利用改造保持在一定的范围内，充分考虑自然的承载度，避免因滥施人力引起自然更多负面的反弹。这也是中国传统文化中“天道自然”的哲学观在人体科学领域的必然延伸。

## 动静咸宜，多元并存的养生方法

作为一种焕发着勃勃生机的文化现象，传统养生学在数千年漫长的历史进程中，不但形成了自己独特的理论体系，而且也积累了一整套实用，同时又充满中国古代劳动人民聪明才智的实践方法。

由宋至清是中国养生方法演进的重要阶段。宋代，儒家一反汉唐专治经学的传统，转而引释、道入儒，从而形成了独树一帜的理学。当时的理学家认定“理”是先天存在的、是永恒而至高无上的。为了穷究此“理”，理学家们提出了“去人欲、存天理”的总原则，而静坐则被视为实现这种原则的最有效的途径之一。尽管“去人欲、存天理”的理学原则本身是与人们的养生目的相悖的，但静坐方式却包含了积极的养生意义。以北宋著名理学家邵雍为例，“静坐”固然被他视为穷理尽性的主要方法，但在“静坐”穷理的实践过程中，邵雍同样感到了这种方式所具有的养生功效。因此，在他的某些诗作，如《何处是仙乡》中，就写出了一种独特的静坐感受：“何处是仙乡？仙人不离房。眼前无冗长，心下有清凉。静处乾坤大，闲中日月长，若能安得分，都胜别思量”。

⊙朱熹像

南宋理学家、思想家、文学家。他是宋代理学的集大成者，完成了客观唯心主义体系，认为理是世界的本质，“理在先，气在后”提出“存天理，灭人欲”。

对静坐养生感受最深的，大概莫过于南宋理学。由于晚年健康状况甚差，所以朱熹十分倾心符合其理学大师身份和经历的静坐养生法。

继朱熹之后，南宋著名学者真德秀，世称西山先生，更为注重养生，认为“运气之术，甚近养生之道”，于是采集诸家养生之要，编为《卫生歌》一篇。《卫生歌》的出现，一方面表明当时的理学家已经注意对各种养生功法加以兼收并蓄，另一方面也预示着中国养生文化开始向通俗与普及的方向发展，从而使它有可能真正从少数研究者的“象牙塔”中走向广阔的社会各阶层，成为一种名副其实的大众文化。

众所周知，中国古代的文人墨客大多奉行一种儒道互补的人生哲学。当他们“通则兼济天下”之时，也许所想到的只是如何去建功立业；而一旦处在“穷则独善其身”的境况之际，他们常常对道家的学说表现出一种极大的兴趣。这种兴趣本身自然就包含了对养生之道的关注。早在唐代著名诗人卢照邻、王维、白居易等人的作品中，就有不少内容反映了他们的养生活动。

由唐入宋，诗人墨客养生的热情有增无减，当时不少文学家都是锻炼有素的养生能手，其中又以北宋的苏轼和南宋的陆游最为突出。苏轼认为“养生之方，以胎息为本”，因此他对唐孙思邈《千金要方·养性》篇中记载的胎息

### ·明清老人养生的研究·

中国的养生学，自唐代孙思邈提出“养老大例”之后，研究的重点便开始逐渐转向老年人。但这种观点真正达到普及的程度，则是在明清两代。尤其是明代嘉靖皇帝晚年追求长生之举，清代康熙、雍正、乾隆皇帝也曾多次举行千叟宴和敬老活动，最高统治者的上述举动客观上促进了重视老人颐养保健风气的形成。这一时期出现的养生著作，大多数都程度不同地联系到老人的健康和长寿问题。明清两代养生对象重老人，还显著地表现出当时出现的大批老年医学专著中，如《寿世保元》、《老老余编》、《老老恒言》等书，都把颐养老人列为重要的养生内容，其中明代御医龚廷贤还在《世寿保元·衰老论》中，对衰老原因作为专题研究。此外，当时的许多非养生专著中的养生篇章也十分重视老人的保健与长寿问题。

法曾“反复寻究”，颇有所得。苏轼还融闭息、存思及保健功于一体，创立了一种简易有效的养生方法。南宋爱国诗人陆游也是一位杰出的养生家。他所习的养生功法兼及道、释，包括导引、行气、内丹、坐禅诸项内容。

明清两代，中国的养生文化得到了飞速发展和广泛传播，当时中国人口的平均寿命因此得以显著提高。仅以《中国医学人名志》中所列医学家的寿命进行统计，其中80岁以上高龄的医学家共107人，而明代就占有86人。概而言之，明清时期的养生文化发展呈现出以下几方面的显著特征：理论水平进一步提高；表达方式通俗易懂；养生方法多元并存。较之前代，明清时期的养生方法并无重大改进只是对各种已有的养生之道加以兼收并蓄，从而显示出了一种动静并重、综合调理的多元趋势。这一时期的静态养生方法尤重治理心神。高濂在《遵生八笺》中着重提醒人们，保生须知护养心神，才能祛病延年。与静态养生重心神的特点相对应，明清时的动态养生则重视导引法。所谓“导引”，实际上是一种以“导气令和，引体令柔”为特点的主动呼吸运动与躯体运动相结合的医疗体育保健法。它起源于战国时代，与气功、按摩共同构成了中国动态养生方法的三大支柱。明代以后，由于《道藏》的刊行和武术的发展，极大地推动了导引术的普及与提高，如明代正德年间状元罗洪先所撰的《仙传四十九方》中，就十分详尽地收藏了华佗的“五禽图”，并指出：“凡人身体不安，作此禽兽之戏，汗出，疾即愈矣。”点明了导引方法的保健养生作用。此外，综合调理也是明清两代最主要的养生方法之一。

⊙御药房金煎药罐 明

## 养性立德，顺应自然和社会

传统养生学认为客观因素与人的健康长寿密切相关。中国养生文化素来正视养生的客观因素。所谓客观因素，实际上包括先天遗传、自然环境、社会环境等方面。秦汉时期，养生名家就认识到了自然环境与健康长寿之间存在着密切的联系，当时的《吕氏春秋》中就论述了水质与健康的关系："轻水所，多秃与瘿人，重水所，多尰与躄人，甘水所，多好与美人，辛水所,多疽与痤人,苦水所,多尪与伛人。"《黄帝内经》里明确地提出了地理环境与长寿密切相关，认为优美的环境、适宜的水土有利于健康长寿。东汉王充在《论衡》中也明确提出了人的寿夭取决于禀受父母先天之气的强弱，他说："夫禀气渥则体强，体强则命长；气薄则其体弱，体弱则命短。"可见，在汉末的养生理论中，已经清楚地认识到了健康长寿与和先天遗传有着密切的关系。中国后世的历代养生家对此也多有论述。明代张景岳提出："先天强厚者多寿，先天薄弱者多夭。"

每个人都生活在特定的社会环境之中，所以影响人们健康长寿的社会环境因素也同样起着至关重要的作用。《黄帝内经》早就注意到社会生活对人的身心分行存在重大影响，该书的《素问・疏五过论》称："诊有三常，必问贵贱，封君败伤，及欲侯王，故贵脱势，虽不中邪，精神内伤，身必败亡。始富后贫，虽不伤邪，皮焦筋屈，痿躄为挛。"这就强调了社会地位的变更势必影响人的情志活动，从而形成致病之源。

众所周知，中国养生学作为一门具有强大生命活力的古老学科，注重客观因素在健康长寿中的作用并不是它的最大特点。事实上，中国养生学所关注的重点完全是如何在已然的客观条件中去努力发挥人的主观能动作用，以便达到祛病延年的养生目的。明代张景岳则一方面承认人的先天遗传与寿夭关系密切，另一方面却更为注重人的主观能动作用，他说："后天之弱者常知慎，慎则人能胜天矣。"

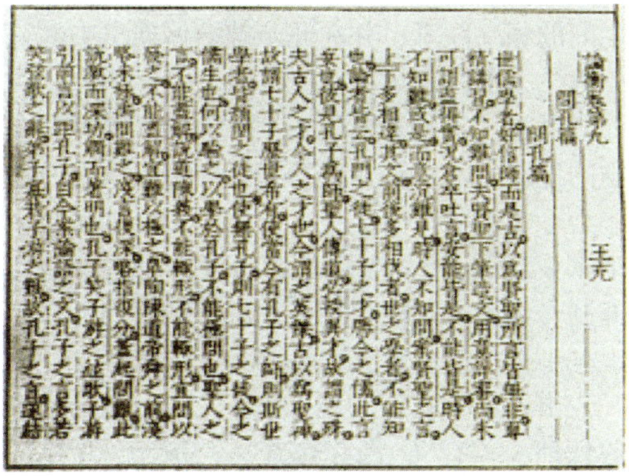

⊙《论衡》内页

东汉王充所作，存世 85 篇。书中结合实际的科学方法对人的生老病死，以及自然界的风雨雷现象进行了合理分析。

养生中所说的主观能动性，主要表现在以下几方面：

主张气功的自我调养。气功调养正是这样一种改变人体素质的行之有效的手段。气功的定义尽管五花八门，但总体上说，它不外乎是一种通过充分调动练功者的主观能动性，以综合性地进行意识、呼吸、按摩和肢体运动等训练方式来调整、加强人体功能的自我锻炼方法。这种锻炼方法的根本作用就在于增强人体的"元气"。《黄帝内经》所说的"恬淡虚无,真气从之;精神内守,病安从来"正强调了气功锻炼有助于培养人体真元之气的观点。

积极地改造自然。中国古代养生家大多十分重视自然环境的选择和改造。清代养生家曹慈山也"辟园林于城中，池馆相望，有白皮古松数十株，风涛倾耳，如置身岩壑……至九十余乃终"。他在所著的《老老恒言》一书中还大力提倡"院中植花木数十本,不求名种异卉,四时不绝更佳"；"阶前大缸贮水，养金鱼数尾"；"拂举涤砚……插瓶花，上帘钩"，十分重视在自然环境中创造有益于身心健康的"小气候"。

主动去适应社会。从养生文化的特点来看，人的主观能动性则是以另一种方式表现出来的，这就是强调个体必须通过"养性立德"来主动增强适应社会环境的能力，以便达到健康长寿的养生目的。至于如何"养性立德",《黄帝内经》提出应该力求做到"恬淡虚无"，具体要求是"美其食，任其服、乐其俗，高下不相慕"。中国养生文化中这种主张通过"养性立德"来增强社会环境适应能力的做法，从社会历史发展的角度来看，似乎失之消极被动，但从养生延年的观点来看，它无疑也是人的主观能动性的另一种表现形式。

作为中国传统养生文化的重要特点之一，客观因素与主观努力并重这一特点的存在同样不是孤立静止的，它的产生本身就是儒、道两种学说相互融合的结果。我们知道，早期儒家学说所关注的重要问题便是协调人际关系，在

⊙**柘溪草堂图 吴宏** 画家在此图中再现了其父读书处“柘溪草堂”，呈现出一派江南水乡风景。古人善养生，注重自然环境的选择和改造，努力创建有益身心的“小气候”。

社会政治领域提倡积极进取，主张“知其不可而为之”。道家学说在承认自然规律客观实在性的同时，还认为“天道”就是“无为”。从这个论题出发，道家必然要求“人道”也同“天道”那样，应该无所作为，做到“知其不可奈何而安之若命”。

战国末期，儒道两家学说的长处首次出现融合。著名唯物主义思想家荀子提出了“制天命而用之”的崭新哲学理论。荀子说：“不为而成，不求而得，夫是谓之天职。如是者，虽深，其人不加虑焉；虽大，不加能焉；虽精，不加察焉。夫是之谓不与天争职。”在此基础上，荀子进一步提出了“圣人清其天君，正其天官，备其天养，顺其天政，养其天情，以全其天功。如是，则知其所为，知其所不为矣，则天地官而万物役矣。其行曲治、其养曲适、其生不伤，夫是之谓之天”（《天论》）的观点。中国养生文化中关于客观因素与主观努力并重的特点，正是在这样一种哲学理论的指导下逐渐形成的。

## 人体机能促进及内在生态系统调节

传统养生学认为人体生态系统认识的理论基础是五行生克的系统论。“五行”就是指金、木、水、火、土五种具体形态的基本物质。五行学说就是用上述五种基本物质来解释世界构成的一种具有古代朴素辩证法因素的哲学思想。这种哲学思想曾经对中国养生文化产生过重大影响，堪称传统养生学的理论支柱之一。

战国末期的《吕氏春秋》一书中肯定世界上的许多事物都具有五行属性，并对它们作了相应的“五行”分析，凡具有寒凉、滋润、向下、静藏等特性和作用的事物及现象，均可归之于“水”；凡具有温热、升腾、昌茂繁盛等特性和作用的事物及现象，均可归之于“火”；凡具有生长、升发、条达舒畅等特性和作用的事物及现象，均可归之于“木”；凡具有肃杀、潜降、收敛、清洁等作用和特性的事物及现象，均可归之于“金”；凡具有生化、承载、受纳等特性和作用的事物和现象，均可归之于“土”。《黄帝内经》把五行当作宇宙间的普遍规律提了出来。《素问·天元纪大论》说：“夫五运阴阳者，天地之道也，万物之纲纪，变化之本始。”这里的“五运”与“五行”是同一概念。可见《黄帝内经》作者认为世间万事万物都是按照五行法则运动变化的。正是在这种哲学观念指导下，产生了事物的五行归类推衍理论，并相应推导出了一种极具华夏民族特色的世界五行图表。

五行学说的核心不仅仅在简单地将事物分属五类，更重要的是在于它能以五行之间的生克乘侮观点来探索、阐释复杂系统内部各事物之间的相互联系，并在此基础上体现出来的统一性、完整性和自我调控机制。

所谓“五行相生”，指的是一事物对它事物的促进、助长和资生等积极作用，作用的顺序为：木生火，火生土，土生金，金生水，水生木；“五行相克”则是指一事物对它事物的抑制、约束等消极作用，作用的顺序为：木克土，土克水，水克火，火克金，金克木。

由于五行之间的相生相克，所以对于其中的任何一“行”，都存在着“生我”、“我生”、“克我”、“我克”四方面的联系。以“金”为例，它与“土”之间为“生我”关系，与“水”为“我生”关系，与“火”为“克我”关系，与“木”

为“我克”关系。

在古代哲学家看来，正是事物内部结构的这种相生相克关系造成了该事物正常情况下的循环性运动，而正常的循环性运动则是事物生化作用的重要前提。

五行结构作为一个整体，它对于作为自身组成部分之一的某行所出现的太过或不及现象,就会产生一种自行调节机制,以“金”为例,“金”行过强,则对“木”克制过盛而导致“木”行偏衰,“木”行的偏衰就会减轻对“土”行的约束,“土”行因此偏盛而加强对“水”行的克制,“水”行被克制过强而偏衰，又会引发对“火”行约束减轻，从而导致“火”行偏盛,“火”行偏盛就会把过强的“金”行压制下去，使它趋向正常。若“金”行不足，则会招致“火”行的过度克制，同时引发“木”行的偏盛,“木”行的偏盛则使“土”行受克过度而偏衰,“土”行偏衰则会引起“水”行偏盛,“水”行偏盛则克“火”过度而使其偏衰,“火”行偏衰则减轻对“金”行的克制,从而使“金”行由不足复归正常。

《黄帝内经》中的五行结构实际上包含了两套自我调节机制，其一是正常状态下五行之间相生相克的运动机制，其二是非正常状态下的修复机制。正是这两套机制的特殊功效保证了五行系统处在整体动态平衡的循环运动状态之中。

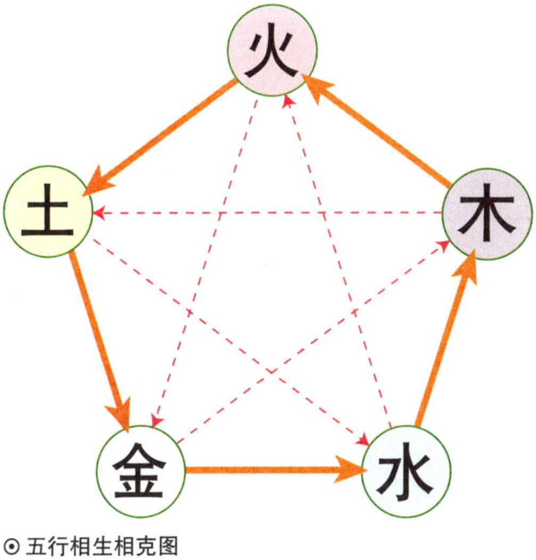


⊙ **五行相生相克图**

图中实线所示为相生关系，虚线所示为相克关系。

五行学说所具有的上述特点，使它极易被引入传统医学和养生学领域。事实上，中国养生理论也正是运用五行学说的上述基本观点来揭示人体各部分组织的形态结构和生理功能方面的复杂联系，并从整体上来把握人体生命活动的总规律的。

首先，中国养生理论将人体各种组织器官按五行特性予以归类，用以说明各自的生理功能。

以五脏为例。其中肝属木，木性曲直、喜条达，善向外、向上舒展；肝与之相对应，于是也就具备了喜条达舒畅，恶抑郁遏制，善疏通开泄的功能特性。这样，就把人体各种组织器官、生理功能，以及自然界的各种现象联结成了一个相互关联的有机整体，从而为人们的养生实践提供了两条重要思路：其一，养生应该充分考虑到各种组织器官的功能特性，以便采取相应的养护措施；其二，养生应该从整体观念出发，充分考虑到具有同类特性的外界事物对人体组织器官和生理机能的影响。

其次，五行结构中的生克学说是中国养生学关于人体机能整体调控机制的理论核心。

五行学说在养生领域的具体应用，正是根据事物间的生克关系，通过五行调控来强化人体自我调节功能，使身体各种机能维持或恢复正常有序状态,最终实现祛病延年的养生目的。

五脏如此，“五志”的调摄也是这样。“五脏”和“五志”分别作为人体众多五行小系统之一，它们除了各自内部的组成部分之间存在着一定的生克关系之外，彼此之间也同样会发生五行相克关系。

根据“世界五行图表”可以得知，五脏的肝心脾肾与五志的怒喜思（忧）悲恐有着相同的五行属性。这就提醒人们在进行情志调摄或五脏养护时，可以充分考虑到它们之间的这种内在联系，以便采取相应的措施。总之，在五行生克学说的指导下，中国养生学逐渐形成了一种通过多路调节手段来保持或促进机体健康状态的行之有效的独特养生理论。

不难看出，五行学说在探讨人体组织及其各自的功能状态时，实际上是把生命机体当作一个整体结构来加以考虑的。它所注重的是各种组织器官与整体之间的有机联系，把保持机

| 自然界 | | | | | | | | 人体 | | | | | |
|---|---|---|---|---|---|---|---|---|---|---|---|---|---|
| 五行 | 五音 | 五味 | 五色 | 五方 | 五气 | 五季 | 五化 | 五脏 | 五官 | 五形 | 五治 | 五液 | 六腑 |
| 木 | 角 | 酸 | 青 | 东 | 风 | 春 | 生 | 肝 | 目 | 筋 | 怒 | 泪 | 胆 |
| 火 | 徵 | 苦 | 赤 | 南 | 暑 | 夏 | 长 | 心 | 舌 | 脉 | 喜 | 汗 | 小肠 |
| 土 | 宫 | 甘 | 黄 | 中 | 湿 | 长夏 | 化 | 脾 | 口 | 肉 | 思 | 涎 | 胃 |
| 金 | 商 | 辛 | 白 | 西 | 燥 | 秋 | 收 | 肺 | 鼻 | 皮毛 | 悲 | 涕 | 大肠 |
| 水 | 羽 | 咸 | 黑 | 北 | 寒 | 冬 | 藏 | 肾 | 耳 | 骨 | 恐 | 唾 | 膀胱<br>三焦 |

体动态平衡视为人体健康的必要前提，并由此形成了一系列具有五行生克乘侮关系的调节机制。这些显然都与现代系统论的基本原则趋于一致。

## 蔚为大观的养生流派

中华养生经历了先秦、汉唐、宋元、明清时期的几千年发展，形成了许多学说流派。养生家历代皆有，既见于医家，亦见于文史哲诸学者中，可谓名贤辈出。

⊙ 养生气功导引图

上图主要表现肢体导引动作，欲通过结合运气调息，叩齿咽液等养生气功方法，达到治疗湿肿，腹痛等病症和养正气、炼元神的目的。

综观数千年的养生学史，中国传统养生学大致经历了一个由百花齐放、各自发展，到理论融合、诸术交用的过程，出现了许多在养生理论和方法上各有侧重、自成体系的流派，这些流派又相互影响、融合，共同构建起传统养生学的文化宝库。其中比较重要的有养神学派、包括气功和运动养生的养形学派、起居养生学派、合度养生学派、食养学派和药饵学派等，下面将一一介绍。

养神学派是指以养神为主要养生方法的学派。该学派是以安静调养人体的精神思维活动作为主要途径来保养生命、益寿延年的学派。静神思想倡始于老子、庄子，他们提出“归真返朴”、“清静无为”的理论，并编制了导引、吐纳等一整套方法对后世影响很大。《老子》说：“淡然无为，神气自满，以所为不死之药。”《黄帝内经》继老庄之后，第一次从教学角度提出静神保养可以防病，并主张依据四时之气的特点来调养神气，这为该学派奠定了理论基础。该学派认为神是生命活动的主宰。静神可以抗衰延年，因为神主持生命，人的思虑、智、志、意、魂等均由神所主，不宜躁动妄耗。强调要少私寡欲抑目静耳，调摄神志，顺应四时，常练静动，以保持神气清静，促进健康。中医学理论认为，“精”、“气”、“神”是人身三宝。“精”是构成人体、维持生命的物质基础，“气”是老天之祖气与水谷之精气以及所吸入大气所合并而成的动力，“神”指一切意识、知觉和思维活动；三者相互影响，但由神作主导。如《黄帝内经》所言，得神者昌，失神者亡。因此，传统的养生家，尤其是元明以前的，多把养神放在首位。养神方法则以老庄所提倡的静养为主流，重在修养心性，调节七情。

养形学派是指侧重形体锻炼的养生学派。该学派主张以运动形体来保养生命。《吕氏春秋》强调精气神与形体的统一，是生命的根本。如《尽数篇》:“故精神安乎形，而年寿得长也。”该学派主张动，提出：“流水不腐，户枢不蠹，形气亦然，形不动则精不流，精不流则气郁，郁处头则肿、为风；处耳则为挶、为聋，处目则为目蔑、为盲；处鼻则为鼽、为窒；处腹则为胀、为府；处足则为痿、为蹶。”以动养形，始于庄子，他提倡导引，开导引养生之先河。

⊙清宫彩绘内经图

又名内景图，形象地表现了内功修炼以及内景概念的图像，是道教对人体脏腑组织结构的认识。道教气功以意念内观脏腑组织，并以此作为内功修炼参考图。

吕不韦在其《吕氏春秋》中也强调动形（体育锻炼）对保障健康的重要。汉代以后，运动养生法得到进一步发展，如华佗创立了“五禽戏”，导引气功养生不断创新，宋代创立八段锦，明清太极拳盛行，以及近年兴起的站桩、甩手、舞蹈、体操、健体操等锻炼形体的方法，都是继承和发展了中国古代养形法。

起居养生学派侧重日常起居的调理，注意的范围很广，如家居环境、作息时间、安卧姿势、穿衣饮食等，主要有两个原则：起居有常顺四时，劳逸适度求中和。起居有常，指作息要有规律。中医理论认为，人体的气血运行和脏腑经络的盛衰，皆随着自然界的四季和昼夜而变化，人的日常生活，就应在规律中顺应自然而变，如春夏两季宜晚睡早起，秋季宜早睡早起，冬季宜早卧晚起等。而劳逸适度求中和，是指日常生活不能完全不动，也不要过分，所谓久视伤血，久立伤骨，久行伤筋，久卧伤气，久坐伤肉，皆损健康。

合度养生学派。该学派是主张通过合度去泰的方法，达到延年益寿的目的。合度，即是合乎尺度，度可释为计量标准，合度也可以说是适中不走极端。战国后期思想家、养生家韩非提出："谨修所事，待命于天毋失去要，乃为圣人。"这即是说，谨慎从事本职工作，静待天命归，不要超过额定限度。反之如果失去限度，任其纵横，最终必然会损伤身体乃至性命。所以养生必须"去泰"，也就是舍弃某种安泰的享受。美味佳肴，吃起来很顺口，但往往于身体不利。修饰妆容，大可取悦于人，可又要损耗精力。"故而去泰，身乃无害"。孔子在《孔子家语》中说："若夫智士仁人将身有节，动静以义，喜怒以时，无害其性，虽得寿焉，不亦宜夫。"孔子主张动静结合，要有节度。清代名医董凯钧，十分重视调摄之术，主张切忌极端的"动"或"静"，贵在静中寓动、动中寓静、动静结合、尺度适度。现在看来这符合科学和辩证的养生保健观，对今人有很大启示。

食养学派是用适当的饮食调养以达到补益精气，协调脏腑，抗衰延寿目的的养生派别。孔子、孙思邈、苏轼、陆游、忽思慧、李东垣、袁枚等历代的养生学家都十分重视饮食养生。金元时期名医李东垣在其著《脾胃论》中认为，脾胃是后天之本，诸脏之母，生血生化之源，周身的精液与营养均靠脾胃供给，因此脾胃健旺，才能保持人体健康长寿。而脾胃的健旺与否，又与饮食调理是否得当密切相关，因此他特别注重调理，是中国古代食养学派的典型代表。

药饵学派是主张通过服用药物平调阴阳，补益脏腑、气血以抗衰延寿的养生学派。古代养生家认为，人之所以衰老，主要由于：脏腑亏虚，尤其肾、脾功能减退，阴阳、气血亏损，以及瘀血、痰湿等病理产物郁结，妨碍气血运行，影响脏腑。针对这些原因，历代医家不断研究和配制抗衰老的药物，早于《山海经》的传说时代已有记载。春秋战国时期，人们开始希望能从药物中找到长生不老的"仙丹"，服药之风遂起，从秦至唐，终于误入炼丹服石的歧途。唐以后，人们开始崇尚用动、植物药养生，药饵养生才走上正轨。

## 历代养生名人

养生文化历史悠久，成果丰硕。这些离不开历代养生家、学者的孜孜追求。细数历代养生名人，难以计数。限于篇幅，本文只对其中七位重要的、知名度较大的人物予以简单介绍。

**老子**

看过古典名著《西游记》的人，大概都会记得书中这样一件事：齐天大圣孙悟空大闹天宫，惹恼了玉皇大帝，于是玉帝准备采取措施对他进行严惩。这时，有个老头，名叫太上老君，主动向玉皇大帝献计请旨，要把孙悟空投入八卦炉里化掉——传说中的这位"太上老君"，就是大名鼎鼎的道家创始人老子的化身。

老子（约前 571 ~ 前 471 年），本名李耳，字聃，周朝时期人。早年曾任周"守藏室之吏"，相当于现在国家图书馆管理员。公元前 516 年，周朝发生动乱，老子辞职回家，写下了著名的《道德经》(即《老子五千言》) 及其他著作，成为中国古代著名的哲学家、思想家。他一生崇尚养身之道，提出的"无为"、"清静"、"守一"之说，成为道家修炼成仙的"根"。由于他创立的道家学说和摄生有术的影响，后被东汉末道教创始人张道陵奉为道教的开山祖师、"太上老君"和"太清道德天尊"。追求长生不死、修道成仙，是以老子、庄子为代表的道家修炼的重要指导思想。这在《老子》、《庄子》两部道家代表著作中表现得最为突出，并对以后神仙思想的形成和发展，有着

⊙ 老子像

巨大的影响。

《老子》中说："深根固蒂，长生久视之道"、"盖闻善摄生者，陆行不避凶虎，入军不被甲兵，凶无所投其角，虎无所措其爪，兵无所穿其刃。夫何故？以其无死地。"这是说，善于养身修炼的人，身上没有可以致死的地方，以至兕角、虎爪、兵刃都伤害他不得，所以他走路时不怕遇见凶虎，打仗时不用甲胄护身。尽管老子所说的"善摄生者"是"闻"来的，但实际上老子本人就可称得上是一位很有成就的养生修炼者，这不仅使他高寿，活了100多岁，而且提出了"长生久视"的说法。老子认为，要想"长生久视"，最重要的是"载营魄抱一，能无离乎？"，即要能使人的血肉之躯与灵魂合一而不分离。这里的关键在于"谷（即养）神不死"，也就是炼养精神，使之永不衰竭。为此，就要做到"清静"、"无为"、"守一"，少私寡欲，知足常乐，与世无争，使心灵经常处于恬淡宁静的状态。这就是《老子》修道而养寿，以达长生久视的基本内容。

**庄子**

庄子（约前369～前286年），战国时代人。庄子继承和发展了老子关于"道"的思想，成为道家最著名的人物。庄子生活在奴隶社会迅速崩溃、封建社会逐渐形成的战国中期。这是一个"天下共苦，战斗不休"的时代。据传，庄子曾做过看管漆园的小吏，一生都很穷。面对社会急剧的变化和自身的困境，他感到无能为力，只好把理想寄托在他用文字营造的世界中，寄托在他创造出的每个神人、圣人、真人的形象上。他在《庄子》一书中，描绘了各式神仙人物，提出了各种"成仙"方术。

关于"道"，庄子描写为："夫道有情有信，无为无形；可传而不可受，可得而不可见，自本自根，未有天地，自古以固存；神鬼神帝，生天生地；在太极之先而不为高，在六极之下而不为深；先天地生而不为久，长于上古而不为老。"（《大宗师》）集中概括了道的特征。庄子说，"道"的功用，其妙无穷，古代帝王、神人、仙人、圣人之所以不同凡响，就是由于他们得了"道"。譬如，黄帝得之，以登云天；西母得之，坐乎少广，莫知其始，莫知其终；彭祖得之，上及有虞，下及五伯；傅说得之，以相武丁，奄有天下，乘东维，骑箕尾，而比于列星。

庄子在《逍遥游》中描述了自己心目中神仙的形象："藐姑射之山，有神人居焉，肌肤若冰雪，淖约若处子，不食五谷，吸风饮露，乘云气，御飞龙而游四海之外。其神凝，使物不疵疠而年谷熟。"这样的神人，外物不能损伤他，洪水滔天不会把他淹没，大旱使金石熔化、土地焦枯，他也不会感到不舒服。他们"其寝不梦，其觉无忧，其食不甘，其息深深。真人之息以踵，众人之息以喉"。"不知悦生，不知恶死。"

**孔子**

春秋末期思想家、政治家、教育家、儒家学派创始人——孔子，享年72岁，据史料记载比当时鲁国人平均寿命高出许多，可见他对养生不但有研究，而且躬身力行。

孔子主张"仁德润身"。他认为只有道德高尚的人，才会心理安定，意志不乱，得以高寿。鲁哀公曾问孔子："知者寿乎？仁者寿乎？"孔子回答道："然，知者乐，仁者寿。"接着孔子讲了人有三死：疾病死，服刑死，争战死，这些死的人都与道德有密切关系："寝处不时，

⊙孔子像

饮食不节，逸劳过度者，疾共杀之；居下位而上干其君，嗜欲无厌而求不止者，刑共杀之；以少犯众，以弱侮强，忿怒不类，动不量力，兵共杀之。”

此外，孔子情趣高雅，精通诗书礼乐；喜欢运动，爱好骑射狩猎、驾驭马车、登山；善于调摄起居，讲究饮食卫生，这些都是他健康长寿的原因。

“仁者寿”，是孔子论养生的总纲。什么样的人是“仁者”？就是“仁爱”、“仁厚”、“仁义”的人。孔子的思想核心是“仁”，其中心点是指人与人互相亲爱。“仁者寿”出自《论语·雍也》。孔子是这样说的：“知者乐水，仁者乐山；知者动，仁者静；知者乐，仁者寿”。意思是：聪明人的快乐，像水一样，永远是活泼的；仁爱的人的快乐，像山一样，崇高、伟大、宁静。聪明人不断探求知识，思维是活动的；仁爱的人有涵养，看事情是冷静的。探索知识求得乐趣；宁静有涵养，不容易生气，寿命自然会长的。

孔子谈人格修养，讲了三个重点：“知者不惑，仁者不忧，勇者不惧。”（《论语·子罕》）意思是说：“真正有智慧的人，遇事不迷惑；真正仁爱的人，不因环境不好而动摇，不患得患失，没有忧烦；真正勇敢的人，坚持正义，为人民做好事，没有什么可怕的。”“仁者不忧”，说起容易做到难，“生老病死”是自然法则，人生一世哪有不遇到困难挫折的。梁启超曾说：“盖人生历程，大抵逆境居十六七，顺境亦居十三四。”（《论毅力》）虽然每个人的境遇不一样，但谁都有过逆境。岁数大的人，年老力衰，不顺心的事可能会多些。怎样对待？就得做好“仁者不忧”。“君子坦荡荡，小人常戚戚”（《论语·述而》）也是孔子的名言。君子（仁者）襟怀开朗，无论得意或失意的时候，都是乐观的，不骄不躁，“不怨天，不尤人。”（《论语·宪问》）小人处世以自己为中心，以求利为半径，总觉得自己吃亏，所以心理上常是苦闷的。“君子坦荡荡”早已深入人心。在孔子身后1500年的五代，人们塑造了布袋和尚（俗称“弥勒佛”），整天笑呵呵的，该是“君子坦荡荡”的典型形象。

孔子更对老年人谆谆告诫说：“……及其老也，血气既衰，戒之在得。”（《论语·季氏》）这个“得”字不外逐名逐利，岁数越大，越应警惕。晚清小说《官场现形记》中描写一个当过官的老人，久病在床，早就“门前冷落车马稀”了，可是在病危的时候，还要过把官瘾。于是两个仆人站在房门口，拿出旧名片来，一个念道：“某某官长驾到！”另一个人说：“老爷欠安，挡驾。”这样演习了几遍，他才合上了眼睛。试想这样对失去官位耿耿于怀的人，还能长寿吗？

“仁者”是长寿的。怎样的人不是“仁者”呢？《论语·学而》：“子曰：巧言令色鲜矣仁。”《论语·阳货》又说：“巧言令色鲜矣仁。”这是《论语》中罕见的重复，可见孔子对“巧言令色”的反感了。什么是“巧言”？就是吹、拍、盖。什么是“令色”？就是会使脸色作伪。这样的人假言伪行，装腔作势，煞费心机，就难怪“小人常戚戚”了。

唐代韩愈对孔子所说的“仁”作了高度概括：“博爱之谓仁。”（《进学解》）仁者，就要有一片爱心，胸怀广阔，淡泊名利，心理平衡。这些都是长寿的根本。“仁者寿”，是颠扑不破的真理。

**康熙**

康熙皇帝是清代初期杰出的政治家，也是历史上著名的“康乾盛世”的缔造者。他本名爱新觉罗·玄烨，生于1654年，卒于1722年，7岁登基，做了61年皇帝，这在中国甚至在世界上都是首屈一指的。他在位期间，先后平定了吴三桂、耿精忠的叛乱，收复了台湾。尤其是在北方，坚决抵抗沙俄的侵略，迫使敌人签订了著名的《尼布楚条约》，捍卫了民族的尊严。康熙的一生可谓紧张忙碌，但在如此情况下，他竟能连续执政60年，直到晚年还是思路敏捷，身体强健，这促使我们努力去发现他的养生之道。

康熙认为，要使身体健康，关键在于饮食得宜。在平时，要注意选择那些有营养的食品，并注意各种食品之间的搭配，不能有所偏嗜，更不能暴饮暴食以至形成积滞。他又认为，胃是人体消化饮食、产生精力的重要器官，应当妥为保护，而每个人的体质不同，胃的消化及适应能力各异，有些人嗜食冷物，而另一些人则一吃凉东西就肚子疼。因而，每个人都应该对自身的情况加以注意，以合理进食。

康熙身为九五之尊，自然有无数人极力向他献媚邀宠。他爱吃水果，于是各地官员争先恐后地采摘鲜果进贡，但他从不多吃，总是品尝一点儿就够了。他说：“这些鲜果还不够熟，等放熟了，气味甘美时再吃吧！否则，对身体无益。”

康熙每次出巡，总是拒绝那些尽是山珍海味的宴席，而专吃当地所产的时令菜。他说：“老年人应当饮食淡薄，每兼菜蔬食之则少病。”

⊙康熙帝读书像

对于那些不恤下情，竭力搜刮民脂民膏，整治丰盛宴席讨好自己，力求升官者，康熙毫不客气，立即予以撤职查办。

康熙对饮水的要求是很高的。一般要把水加热煮沸，取蒸馏水饮用。每当夏日大雨倾盆或洪水暴发之际，他绝不饮用河水，他认为这时的河水喝了易生病，因为洪水容易把地表有害的矿物质、粪便甚至腐败的动物尸体冲刷下来，杂于河水之中，这当然是很不卫生的了。

康熙从不追求长生不老，他认为人的一生，从出生到死亡是一个自然过程，是不可遏止的。因而人只能顺应自然，多加保养，以求在一定范围内延长寿命。这就是康熙的养生哲学。

## 历代养生著述

养生之道，自古以来为民众保健防病所重视。随着人类社会的进步和科学文化的发展，摄生养性的内容已逐步形成了丰富多彩的中国养生学。中国古代的养生之道，内容浩富，立论精湛，然诸多论述散载于各种古籍文献，现据收集的资料，简介中国古代养生部分文献及其作者的主要养生思想，给今人以启示。

**《老子》**

《老子》作者老子，姓李，名耳，字聃。约生于春秋末期（约前571年左右），思想家，据传活了100多岁。《老子》一书，又名《道德经》，系哲学著作，其中也包含了不少养生思想。老子主张顺乎自然，清静无为，致虚极，守静笃；知足常乐。认为静胜躁，反对生生之

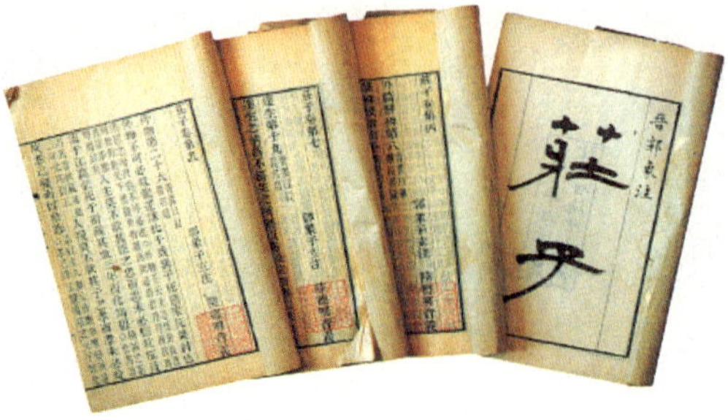

⊙ 庄子书影

《庄子》又称《南华经》，经庄子弟子及后人整理、补续，最后大约成书于战国中后期。

厚，即奉养太过度；认为益生曰祥，即纵欲贪生乃不祥之事。

## 《庄子》

《庄子》的作者庄子（约前369～前286年），名周，字子休，哲学家。主要养生思想包括："清静无为"，要求"忘我、无欲"，认为"万物无足以挠心者，故静也"。清静养神以保形体，即：抱神以静，形将自正，神将守形"，初步揭示了静动结合以养神，更有利于健康长寿。

## 《管子》

《管子》作者管仲（？～前645年），名夷吾，字仲，春秋初期政治家。《管子》一书可能为后人托名所作。他的养生思想主要有：认为"凡人之生也，必以平正"，即以"平正"养生，包括乐观端正，节五欲去二凶，去好过等；主张虚静、恬愉以养心神。认为"去欲则宣，宣则静矣；静则精，精则独立矣；独则明，明则神矣"。认为"静胜躁"，"静则得之，躁则失之"。提倡"老则长虑"，若"老不长虑，困乃竭"。即老人如不经常动脑思考问题的话，就会很快变得呆钝，加快衰老。

## 《子华子》

《子华子》作者子华子，战国时期哲学家，魏国人。养生方面的主张有：六欲皆得其宜；认识到正常生理"营卫之行，无失厥常，六腑化谷，津液布扬，故能长久而不弊"。所以，主张以"动"养生，以疏通气血为养的观点，并举"流水不腐，以其逝故也；户枢不蠹，以其运故也"来强调说明保持气血流畅的重要性。

## 《黄帝内经》

《黄帝内经》又称《内经》，成书于西汉时期，非一人一时之著作，是世界上现存最古的、最完整的一部医学著作。在养生学方面也是集大成的。其养生思想极其丰富，基本原则是"顺自然，保正气"。主要观点有：第一，"法于阴阳"。顺应天时，顺应四季气候以养生，保护生机，提倡"春夏养阳，秋冬养阴。第二，"和于术数"。主张动以养形，导引、按摩、气功、无所不包。第三，"食饮有节"。包括饮食和五味不能偏嗜。第四，"起居有常，不妄作劳"。指四季的作息制度与劳逸的适度，以防"过用病生"。第五，"恬淡虚无"，"注意精神调摄。同时已认识到长生不死是不可能的，寿命的极限（即天年）是"度百岁乃去"。

## 《养生论》

《养生论》作者嵇康（224～263年），魏末著名文学家、思想家、音乐家，是当时"竹林七贤"之一，同时又是一位有名的养生学家。后为司马昭所杀。他的养生观点主要有：重视调摄，认为"树养不同，功收相悬"。主张形神共养，因为"形恃神以立，神须形以存"。在养神之法中，既主张清虚静泰以宁神，又提倡音乐怡神以悦志。防止过用病生，注意积微成损。

## 《抱朴子》

《抱朴子》作者葛洪（284～346年），字稚川，自号抱朴子，东晋道教理论家、医药学

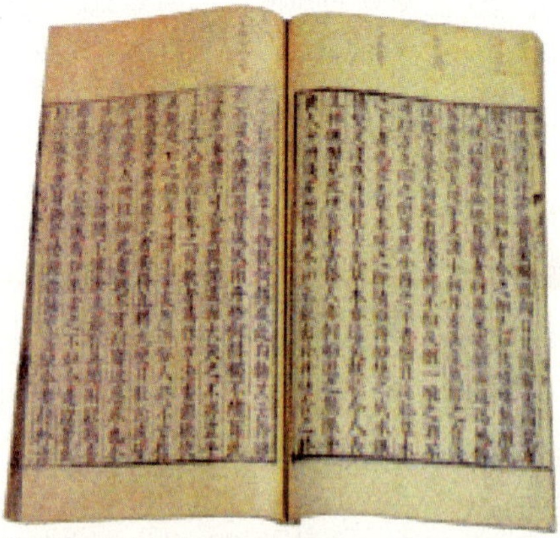

⊙《抱朴子》 东晋 葛洪

内篇20篇，论述神仙、炼丹、符等事；外篇50篇，讨论"时政得失，人事臧否"。

家、炼丹术家。其养生思想有：主张恬愉淡泊，涤除嗜欲。宝精行气，创胎息功法。房事问题，认为不可绝阴阳，唯得节宣之和。认为养生以不伤为本，主张“爱之于微，必成之于著”。主张动以养形，吐纳炼气。

**《养生延命录》**

《养生延命录》作者陶弘景（456 ~ 536 年），齐梁时代著名医家。其养生观点主要有：认为形神相依，主张闲心寡欲以养神，动以养形。认为寿夭与先天因素有关（胎气之充实和虚耗），但认为后天调摄将养更重要。防止过用病生，主张和之、节护之，以减少不必要的消耗。

**《颜氏家训》**

《颜氏家训》作者颜之推（531 ~约 590 年），南北朝学者。其养生思想有：反对“遁迹山林，超然尘滓”的炼丹学仙之道。提倡“爱养神明，调护气息，慎节起卧，均适寒暄，禁忌食饮，将饵药物”的养生之道。认为“生不可不惜，不可苟惜”。主张对儿童“固须早教，勿失机也”，而老人犹应晚学。

**《千金翼方》**

《千金翼方》作者孙思邈（581 ~ 682 年），唐代著名的医药学家、养生学家。其享年 102 岁，且在百岁时著成《千金翼方》一书。其养生思想主要有：主张清心寡欲以宁神，怡情悦志以养神。主张动以养形，秘固保精。防止各种过用病生。认识到早婚早育致先天不足，若后天调摄又不当，如此重重相生，病病相孕，是体弱早夭的原因。同时提醒人们，大醉大劳而行房事，不利于优生。男女房事，主节宣其适，抑扬其通塞。并规定了不同年龄段的房事次数。

**《景岳全书》**

《景岳全书》作者张景岳（1562 ~ 1639 年），明代著名医学家，十分注重养生。认为寿夭与先天、后天有关。治形必以精血为先。中年应开始抗衰老。虚静以养心神。防止过用病生，示人勿困于色、酒、财、气、功名、庸医之中。

**《素女经》**

《素女经》之名始见于西汉刘向的《列女传》，凡五卷。但班固《汉书·艺文志》不载，至六朝时，复见于葛洪《抱朴子·暇览》，后《隋书·经籍志》又载有《素女秘道经》一卷。可见六朝至隋唐时期的《素女经》已非西汉刘向所见之书，后者肯定对其有所增改。但此书在国内早已失传，幸而日本人丹波康赖在《医心方》中用其条录，才使其主要内容得以保存，后在清末民初有长沙人叶德辉氏将其从《医心方》中辑出，但显然已非原书之面貌，今之所传，乃叶德辉氏之辑本。

此书是一部房中术专著，从性前戏述到四至、五征、五欲、九气、九法、十动，以至“七损八益”、房中节度、疾病等一系列问题，涉及性心理、生理、病理等多方面的理论，其基本思想仍在宝精不泄，且认为每一种交合方法或动作有除疾健身之效。此书可称作中国古代房中术发展到成熟时期的代表作，故影响甚大。

此外，尚有《玉房秘诀》和《玉房指要》两书，亦是六朝至隋唐时期的重要房中著作。至唐时又有《洞玄子》一书，所论房中三十法则是对古代房中术的全面总结和发挥，其最终目的仍在于闭精不泄，调和阴阳，达到增进健康的效果。

**·古代养生名著一览表·**

这些养生名著上至先秦，下迄清代，反映了中国历代养生之要领。

《易经》、《论语》、《孟子》、《荀子》、《老子》、《庄子》、《吕氏春秋》、《马王堆古医书》、《黄帝内经》、《伤寒论》、《金匮要略》、《抱朴子》、《养生延命录》、《千金要方》、《寿亲养老新书》、《景岳全书》、《寿世保元》、《遵生八笺》、《老老恒言》、《万氏家传养生四要》。

## 永葆青春的探索——美容养生

中医美容，历史悠久，内容丰富，方法众多，至今仍有很大实用价值，是中国传统文化宝库中的一颗明珠。

中国早在公元前1000多年的商周时期，就有了“香汤沐浴”、“月粉妆梳”的描述。随着社会的进步，战国时期的古医方《五十二病方》中收录了除瑕灭瘢之类的美容方。至秦汉，出现了中国历史上第一部药学著作《神农本草经》，书中记载了白芷、白僵蚕、枸杞子、茯苓等几十种药物的美容作用，丰富了中医美容的内容。汉代，美容化妆品的使用更为普遍，出现了擅长化妆的专门人才和从事制作化妆品的商人。其同时代问世的《山海经》中也收录了不少增色悦泽、去疣疗痤的美容中药。中国现存的第一部理论专著《黄帝内经》更是从经络学说、气血学说、脏腑学说等方面奠定了中医美容的理论基础，强调了要想抗老延年、延缓容貌的衰老，就必须增强五脏六腑、阴阳气血的功能，注意养生，做到“法于阴阳，和于术数，饮食有节，起居有常，不妄作劳”。

⊙ 中医美容历史悠久，早在商周时就有“香汤沐浴”、“月粉妆梳”的描述。图为古代女子梳妆的情景。

在物质条件日益丰富的今天，美成为人们生活中的必然需求，快节奏的工作环境和各种竞争后的精神压力，使人们在工作之余更加注重精神上的愉悦和生活上的满足。

如何留住自己的青春美丽，恐怕是很多女孩子梦寐以求的事情。虽然现代医学的发展为形体、外貌美容提供了便利，但是本文所要强调的观点是单纯的外表美容仅是“舍本逐末”的做法，科学的美容法应从追求整体美、自然美和健康美入手，情绪调整是美容的要素之一。现代医学研究表明：人的肤质与精神状态好坏息息相关。皮肤色泽取决于表皮内黑色素的含量、分布位置以及皮下血管收缩与扩张的程度，而这些因素无不受控于神经体液——内分泌系统的调节，其中情绪则起着“总导演”的作用。情绪不稳，精神因素不良，不仅会损害人的身心健康，更易损害人的容貌。

如果一个人长期忧郁寡欢、焦虑烦闷，还会使上皮细胞合成过多的黑色素堆积于皮肤细胞中，使皮肤变得灰暗无光泽。忧愁苦闷导致神经衰弱、失眠，也会影响皮肤血液供应，使面容憔悴、眼圈发黑。不良情绪还会损害人体的免疫系统，使免疫细胞活力降低，脏腑功能减退，各种感染性疾病甚至癌症等亦会随之而来。现代生活的职业女性，工作紧张、生活忙碌，要真正达到“冰肌玉肤”、“肤如凝脂”、“面若桃花”的美容效果，除了一定的物质条件保证外，更需要修身养性的功夫：笑对生活，“乱云飞渡仍从容”，面对喧嚣的外界始终保持平和、恬淡之心情。精神、心境还可直接影响着一个人的气质、仪态。要达到最佳的美容效果，请注意调节您的情绪、心态，良好的心态是不用花钱的最好化妆品。

### ·人体健美“十标准”·

衡量人体健美的标准：健、力、美，很早以前就在古希腊人的头脑里形成，并一直沿袭到今天。怎样的人体才算健美呢？综汇古今中外，广采百家之见，人们总结了现代健美的 10 条标准：

一、男子肌肉均衡发达，女子体态丰满而无肥胖臃肿感。

二、骨骼发育正常，身体各部分之间比例适度、匀称。

三、双肩对称，男宽女圆，微显下削。无耸肩、垂肩之感。

四、眼睛大而有神，五官端正并与头部配合协调。

五、脊柱背视成直线，侧视具有正常的生理曲度。肩胛骨无异状隆起和上翻之感。

六、胸廓宽厚，比例协调。男子胸肌圆隆，背视则成倒梯形。女子乳房丰满而不下垂，侧视有明显的女性线条特征。

七、腰细而有力，微呈圆柱形。腹部呈扁平，男子在处于放松状态时也有腹肌垒块隐现。女子腰围比臀围细 1/3。

八、臀部圆满，男子微呈上翘，女子不显下坠。

九、下肢修长，无头重脚轻之感。大腿线条柔和，小腿长而腓肠肌位置稍高并稍突出。足弓高，两腿并拢时正视和侧视均无曲屈感。

十、整体看来无粗笨、虚胖或纤细、重心不稳、比例失调、形态异常的感觉。

此外，“静坐”是最近兴起的美容方法，深受女士们喜爱。静坐是中国传统养生学中的宝贵遗产。自古以来，凡导引、打坐、吐纳、行气、气功等，都离不开静坐。

静坐对于男女老幼的健康，都有帮助，可使耐寒力和消化力增强，且能使皮肤润泽，有美容的功效。尤其是需要长期疗养的如肺结核、神经衰弱、心脏病、慢性肠胃病、风湿、关节酸痛以及失眠等症的病人，静坐可以使人精神凝敛，心境愉快，增加对疾病的抵抗力。

日本专家认为，静坐不但是一种养生之道，而且是美容养颜的方法。静坐可以使脸部皮肤内层的水分充足，营养增加，达到美化面部皮肤的作用，而且能使头发乌黑发亮，眼睛清澈明亮，使浮躁不安的情绪趋于平静，达到气血平静，阴阳平衡，愉悦身心，延年益寿的效果。可以说，静坐是一种有效调节心理，使之达到一种良好的平衡状态的方法。

在紧张的环境中工作、生活的人刚开始很难适应，心情可能因烦躁而静不下来，这时候就要运用一些方法使自己能够安静下来，很有效的一种使全身放松，抛弃一切私心杂念的做法是——“逐次观下法”，即“眼观鼻、鼻观口、口观心”，内心的注意力集中于“脐下三寸”，即中医所说的“丹田”。能够真正达到“入静”也不是一时就可以做到的，适应几次就可以很好的控制自己的情绪了。相信这种养颜又养生的方法值得一试。

## 中华武术与养生

武术为中国的传统文化遗产，与阳春白雪的传统高雅艺术相比，与华丽的官方文化和飘逸的士大夫文化相比，来自于底层的武术可视为一种民间文化，更多地承载着社会大众的性格与气质。同时，武术又是一个较为封闭的社会文化系统，像金庸笔下所描绘的那样，帮派林立，门规森严，武功秘笈绝不轻易外传。这些都为它涂上了一层神秘的色彩。

⊙帛画《导引图》 西汉

“导引”是中国古代的一种医疗体育运动，内容包括保健功和治疗功两个方面。保健功多模拟动物动作，以呼吸运动和肢体运动为主，少数为手持器械运动。这幅导引图形象地反映了古人与衰老、疾病作斗争的情景。

有中国国术之称的武术自古以来有不少养生的功法与养生术。中国武术界历来有一个说法，就是只有先养生、强身，达到身体的强健才可技击。如身体虚弱，不击便自倒，怎可谈论搏击。因此，各门各派都有自己的养生、强身之道。

有一些养生术是单独用于养生、强身的功法。而更多的则是包含在桩功与拳路之中。中国的养生功法具有悠久的历史。据考证大禹时期便有简单的气功用于养生。三国时期，名医华佗便发明五禽戏，通过模仿五种动物的动作来锻炼身体各机能。还有少林派的八段锦、《易筋经》等也都是用于养生、强身的单独功法，长期锻炼对身体的内部机能大有好处。这也是武术养生术与现代很多健身术的区别所在。现代很多的健身术动作快，幅度大，而且只重外部形体，不重内。中国传统的养生术是武术与中医相结合，动作慢，简单，效果好，重视内部功能的保养与调节。与现代诸多健身术相比，武术里的养生术更加适合于中老年人。但这并不说明不适合年轻人，作为青年人，练习武术既能了解中国的传统文化，提高修养，又可以强身、健身、防身。

现在中国的武术健身多以太极拳为主。太极一词源出《周易》。易有太极生两仪，两仪即阴阳，太极之理即阴阳相互对立，相互统一，相互转化之理。传统太极拳又分五个主要流派，即陈式、杨式、孙式、武式、吴式。早在清末，太极拳的保健作用就已引起人们的重视。近年对太极拳健身作用的研究，证明了太极拳对人的神经系统、运动系统、循环系统、消化系统都有良好的影响。新中国成立以来，国家体委也一直强调全民健身。一直推崇武术健身项目以太极拳为主。现在体委所编的太极拳套路其内容大多是杨式大架。杨式太极拳祖师爷杨露禅习得陈式太极，后被任命为清政府京师旗营武术教师。他为了适应清朝显贵达官和体弱年迈者的体质，扩大传习范围，适应保健需要，删改陈式老架太极拳中的发劲、跳跃和难度较高的动作，编制成杨式太极拳架。杨式太极拳动作姿势舒展，简洁，动作轻柔，缓慢匀速。因此成为大众化的养生健身武术拳种。

其余武术流派也有很好的养生功法，如少林五形八法拳、形意拳中的三体桩。少林五形八法拳具有拳禅一体，内外合一，神形兼备的特点。内容包括：龙、虎、豹、鹤、蛇五种拳型，和内功、意念、外功、拳、腿、擒摔、身步、发声用气等八种功法的锻炼。该拳不仅练艺，而且主张“练身修心”。如龙形拳法，主张以意为先，凝神守中，主练“神”。这对于调节中枢神经系统的功能，有良好作用。虎形拳法，腰实臂沉（头正身直）主练“骨”。有助于调节体形，锻炼腰、腿、肩、背肌肉和促进骨骼生长，尤其对培养青少年的正确姿势，促进正常发育很有益处。豹形拳法发力迅猛，拳势暴烈，主练“力”。可增强劲力，提高灵敏、速度等素质。蛇形拳法柔巧迅疾，主练“气”。不仅能锻炼深长的呼吸，增大肺活量，还可促进血液循环，提高心血管的功能。鹤形拳法稳实轻柔，聚精凝神，主练“精”。可培养人的内在精神，使头脑清醒，精神振奋，有益于提

### ·形意拳·

形意拳发源于山西太谷，出现于明末清初，为姬际可所创。这种拳法，讲究功力，形松意紧，外形不拘一格，打法变幻多端的风格特点。讲究以意领气，以气导力，意形二表，形意一体。通过对形与意的相互调节，内与外的相互作用来达到体用兼修的功效。形意拳以冶炼操守、强健体魄的宗旨，不仅有强身健体，修身养性之功效，而且具有富于实战的技击效果。形意拳基本属于象形拳，它的主要套路多是摹仿一些动物的捕食及自卫动作而成，即所谓“象形而取意”，如龙、虎、猴、马、鸡、鹞、燕、蛇、鹰、熊等。形意拳雄浑质朴，动作简练实用，整齐划一，讲究短打近用，快攻直取。形意拳的基本套路，如五行拳、十二形等，多是单练式，练功不练拳。是目前保存最为完整的武术拳种。

高全身各器官系统的机能。

形意拳养生效果也很显著。每日左右各站10分钟，动作姿势较到位。3个月之后，身体便会强健。意拳即大成拳的养生、健身效果更为显著。很多年前便开始流行的甩手疗法来源于通背拳……中国武术门派种类繁多，其养生功法自然也数不胜数。只要日久坚持，定有成效。

## 运动与养生

“生命在于运动”，虽然现已为全世界人们所公认，但在许多人眼里，只有青少年经常运动，能够促进生长发育，强健体格、坚强其意志以及增强他们的勇敢精神。实际上，中年人经常运动，也能够健壮体格和保持青春活力，增强身体素质，使精力充沛；老年人经常运动，更能够延缓各器官的衰老进程，保持快乐的精神状态，并可防治骨质疏松症等。因此，运动养生法也成为了中国传统养生方法中非常重要的一环。运动是健康之本，是祛病延年，抗衰长寿的良方。《素问病机气宜保命集·原道论》说：“吹嘘呼吸，吐故纳新，熊经鸟伸，导引按跷，所以调其气也。”运动养生不仅包括了传统的体育运动方式，也包括了现代的运动方法和按摩养生方法。

中国是最早应用体育健身和防治疾病的国家。在中国最老的医学经典《黄帝内经·素问》中就曾这样提过：“其病多痿厥热寒，其治宜导引”（按：导引是一种体操活动）。中国古代科学家们还进一步用科学理论解释了运动能够健身治病的道理。1800多年以前，华佗曾编创了“五禽戏”作为健身运动。他的理论是“人身常摇动则谷气消，血肺通，病不生，人犹户枢不朽是也”。这都说明运动在防病和治疗中有着积极的意义。例如，练习太极拳除全身各个肌肉群、关节需要活动外，还需要配合均匀的深呼吸与横隔运动，并且尽量做到“心静”，精神贯注，这样，就对中枢神经系统起了良好的影响，从而为其他系统与器官机能的活动与改善，打下了良好的基础。

运动养生学的主要特点是以中医学的阴阳

**⊙华佗像**

华佗字元化，东汉末医学家，人称“神医”。“兼通数经，晓养性之术”，后因建议曹操实施开颅手术治病而被曹操杀害。

学说、藏象学说、气血经络学说为理论基础，以调养“精气神”为运动要点，以运动为锻炼形式，做到形神统一、刚柔相济、动静得宜，以达到活动筋骨、疏通气血、调和脏腑的目的。因此其独特之处就在于意守、调息、动形的统一。意守是指意念专注，即把全部精力专注于某一件事物上，如在运动养生时将思想集中于调节呼吸和身体运动上来。调息是指调节呼吸，即根据运动的节律快慢来调节呼吸的频率。动形是指形体的运动，即采用某种形式的身体运动进行锻炼，如人体的运动主要依靠四肢及肩、脊、腰、髋的骨骼及相关肌肉的活动来进行的，形体运动就是有意识的锻炼这些骨骼，关节和肌肉，以保持其灵活和健壮。其中最关键的是意守，只有精神专注，方可宁神静息，呼吸均匀，导周身气血运行。传统的运动形式（如太极拳、八段锦、五禽戏等）都要求在运动前首先要全身放松，平心静气，排除周围环境的干扰和去除杂念，将全部思想集中于形体。然后调节呼吸，使呼吸平静自然，均匀和缓，用腹式呼吸调节呼吸的平缓和深度。意守、调息的准备工作做好后，再开始进行形体运动。而现代的运动养生方法，不再强调形神统一，只要动作舒缓协调，全身自如放松即可。

运动养生关键在于坚持，并且适度。要量力而行，循序渐进，持之以恒。不同的运动锻炼方法各有所长，也各有特点，可根据自身情况（如年龄、体质、职业等）、实际需要、兴趣爱好，以及不同的时间、地点、场合而选择适宜的项目。在运动量适当的情况下，所选项目不一定局限于某一种，可综合应用或交替穿插进行；运动量和技术难度应逐渐加大，并注意适可而止，切不可勉强或操之过急；锻炼应在医生或教练的指导下进行，除作脉搏、呼吸、血压的监测外，也可参照“酸加、痛减、麻停”的原则予以调节。如运动后仅觉肌肉酸楚，抬举活动时稍有胀重感，可继续维持原运动量或按照原计划略加大；如局部稍有疼痛，应减轻运动量或更换运动项目；如出现麻木感，应立即停止运动，并查明原因再作决定。

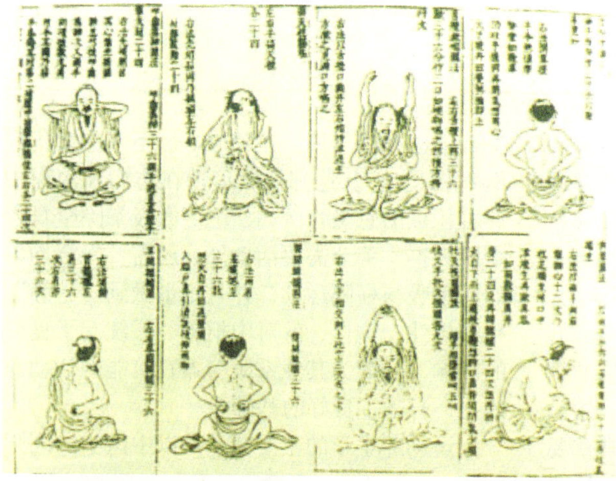

⊙ **文八段锦图谱**

文八段锦又称“十二段锦”，全套为坐式，与立式八段锦相对。包括摇天柱、舌搅漱咽、摩肾堂、单关辘轳、双关辘轳、托天按顶、钩攀等八节的导引求式。

增强体质，防治疾病，并非一日之功，要想收效，必须有一个过程，所以要持之以恒。尤其是取得初步效果时，更要加以坚持，这样才能使效果得到巩固和进一步提高。当然在疾病状态下，运动并不能完全替代治疗，这时需要在医生指导下配合或采取其他措施。

## ·文八段锦基本内容和方法歌诀·

闭目冥心坐，握固静思神。叩齿三十六，两手抱昆仑。左右鸣天鼓，二十四度闻。微摆摇天柱。赤龙搅水津，鼓漱三十六，神水满口匀。一口分三咽，龙行虎自奔。闭气搓手热，背摩后精门。尽此一口气，想火烧脐轮。左右辘轳转。两脚放舒伸，叉手双虚托，低头攀足顿。以候神水至，再漱再吞津，如此三度毕，神水九次吞，咽下汩汩响，百脉自调匀。河车搬运毕，想发火烧身。金块十二段，子后午前行。勤行无间断，万疾化为尘。

## 道教气功养生学

和道教的创立一样，道教养生学的产生也有其特定的历史条件。道教产生的历史背景主要是基于东汉后期政治黑暗、社会动乱；道教养生学的问世则是先秦两汉科学文化发展的结果。

在风云变革的春秋战国时期，在哲学思想方面先后出现了道家、儒家、墨家、阴阳家、兵家、名家、法家、纵横家、神仙家等，从而形成了百家争鸣的繁荣局面。诸子百家之中，除道家、神仙家对道教气功养生学的形成与发展的影响最大以外，儒家、墨家、阴阳家亦有相当的影响。到了秦汉，由于统治阶级的提倡，求仙长生的风气盛行，气功养生学说已广泛影响了社会的各个阶层，从而出现了许多气功家和专门著作，这就构成了道教气功养生学形成的社会条件。诸子百家的兴起，神仙学说的勃兴，黄老之道的铺张，科学技术的发展，成为道教气功养生学形成的条件。正是在这些历史背景下，孕育、产生、形成了道教气功养生学独特的气功养生体系。道教气功养生学的发展可以分为三个时期，六个阶段。

第一个时期为东汉魏晋南北朝时期，长达460余年（126 ~ 589年），又可分为两个阶段。第一阶段为东汉三国之际，道教气功养生学初步形成。许多著名的道教丹师如张道陵、魏伯阳、葛玄、左慈、封君达、葛越等，都生活在这个时期。涉及养生内容的几部道教重要著作《老子想尔注》、《老子节解》、《老子河上公注》、《周易参同契》，都成书于此际。道教气功养生学的重要范畴、术语大多数已经提出，其理论已基本建立。第二阶段为魏晋南北朝，是道教气功养生学发展的时期。著名炼养家、理论家有鲍靓、郑思远、许逊、葛洪、鲍姑、魏华存、杨羲、陶弘景、张如珍、寇谦之、由吾道荣、焦广义、王延、周节韦等。其中葛洪作《抱朴子内篇》，融秦汉以来炼养方术为一体，建立了一个系统的养生法；魏华存传《黄庭经》于世，备受后人推崇；陶弘景精于医学、养生之道，著作甚丰，成为这一阶段成绩最高的学者。其间炼养功法日益增加，并出现了一些治病去疾的功法，有运气布气为他人治病祛疾的例证。系统的派别虽没有形成，但出现了以符箓咒法为特征的天师道和以存思守神为要法的上清派。问世的几十部内炼著作，亦多为上清派人所撰。

第二个时期为隋唐五代时期，约400年（581 ~ 960年），可分两个阶段。第一阶段为隋唐时期，是气法到内丹的演变发展阶段。随着社会经济的繁荣，气功养生学有了更大的发展，并被广泛地应用到医疗卫生上。其时三大古典医籍《巢氏诸病源候论》、《备急千金要方》、《外台秘要》中，都大量收载了气功治病的功法。同时，内丹之说开始被社会知晓，出现了几十部内丹专著。重要的有苏元朗《旨道篇》、《龙虎金液还丹通元论》，

⊙ **紫气东来图轴 清 任颐**
图中老子身着赤衣，须眉皆白，高额、凸颧、阔耳、长颌，笑意盈盈，童颜鹤发。

⊙ **仙人图**

道教重生恶死，相信人坚持修炼可以成仙，长生不死。图中有四位仙人，以不同的年龄表示出各自修炼品位上的差异。

张元德的《丹论诀旨心鉴》，刘知古的《日月玄枢篇》等。作为内丹的初步阶段行气法气功一类，由于比较切实易晓，易为人们接受，故在社会上十分流行，出现了大量的著作。第二阶段为唐末五代，是内丹学开始兴盛的时期。隋唐时期，内丹学虽已行世，但由于外丹术臻于极盛，故内丹术不著。至唐末五代时，随着外丹术渐趋衰微的形势，内丹开始兴盛，研究内丹已成为一种风气。其中以崔希范、钟离权、吕洞宾、施肩吾、陈朴、谭峭、陈抟等最为著名。他们皆有著述，阐述内丹修炼的理论与方法，为宋元内丹源的形成奠定了基础。

第三个时期为宋元明清时期，约950年（960～1911年），可分为两个阶段。第一阶段为宋元时期，是内丹理论和功法阐发宏扬、内丹派别形成时期。此际内丹大家首推张伯端，他作《悟真篇》专明金丹之要，与魏伯阳的《参同契》，被道家并推为正宗。其丹法下传石泰、薛道光、陈楠、白玉蟾，而成内丹南宗一派。至金元时，在三教合一的宗旨下，又形成了以王重阳及其弟子马丹阳、刘处玄、丘处机、孙不二为首的内丹北宗（全真通）一派。其后又有陈致虚融合南北二宗，力图统一内丹法。于时著名的人物甚多，其中张无梦、高象先、刘希岳、马自然、王庭扬、霍济之、宋先生等，均有著作留传至今。还出现了几部大型内炼类书，如《云笈七籤》、《道枢》、《修真十书》。道教气功内丹学至此达到了最高峰，从而形成了道教气功最重要的派别——宋元内丹派，这也是中国气功史上的主要核心派别。第二阶段为明清时期，是对道教气功养生学的总结批判阶段。这一时期道教气功养生学发生了一些变化。一方面由于内丹学说复杂艰深，令人生畏，且师徒口口相授、秘密传播，亦不利于推广，故内术丹学的影响逐渐式微。另一方面由于导引、气功等比较切实，易于传播，故更加受到社会重视，出现了一大批接受道教内炼理论但并非职业道徒的养生家。如《养生导引法》、《修真秘要》、《保生心鉴》三书的作者胡文焕，《养生四要》、《保命歌括》的作者万全，《奇脉八咏考》的作者李时珍，《寿世青编》的作者尤乘，他们都是著名医学家。其他如《遵生八笺》的作者高濂，《夷门广牍》的作者周履靖，《修龄要旨》的作者冷谦，《三才图会》的作者王圻等均为文人。医家文人的这些活动，使道教气功的影响更加宏大。炼养不再只是道教中人专有的特技，而且成为具有更加广泛社会影响的祛病健身运动。

宋元明清时期是中国气功史上巨大的变化和转折，它带来了从气功理论到方法的深刻变革。而这种变化的根本原因在于明清社会经济文化的发展，是古代医学和养生学长期积淀的结果。宗教的躯壳已不能再容纳养生发展的这种结果。相反，由于衰落而日趋保守的道教还在一定程度上对养生发展起了阻碍作用。中国气功养生学的发展，开始摒弃那些宗教的神秘主义的因素，这是历史发展的必然结果。在道教内，这个时期还产生了一些新的派别。其中以陆潜虚的东派、张三丰的三丰派、伍守阳的伍柳派和李涵虚的西派影响较大。这些派别尽管在修炼次第上有所差别，但基本上都继承了宋元内丹派的法统，其中一个显著的特点就是力图使丹法通俗化，兼收并容诸家之说。显然，这是时代打下的烙印。

## 饮食调养窍门多

俗话说："药补不如食补。"所谓食补，就是食补能起到药物所无法起到的作用。在中国，利用调整饮食作为一种养生健身手段有着悠久的历史，早在2000多年前处于奴隶社会时期的周代，人们就已经认识到了饮食养生的重要性。在周代的宫廷里已配有专门从事皇家饮食的"食医"，即专门进行饮食调养的医生。唐代名医孙思邈对饮食养生作了重大贡献，他认为，老年人疾病的治疗，首先要注重饮食。因为食能排邪而安脏腑悦神爽志以资气血，而药性烈，犹若御兵，药势有所偏助，令人脏气不平，易受外患，所以若能用食平疴，适性遣疾，最易收养生之效益。

饮食是人类维持生命的基本条件，而要使人活得健康愉快、充满活力和智慧，则不仅仅满足于吃饱肚子，还必须考虑饮食的合理调配，保证人体所需的各种营养素的摄入平衡且充足，并且能被人体充分吸收利用。

营养平衡，首先必须养成良好的饮食习惯。不可忍饥挨饿，也不宜暴饮暴食；不可偏嗜某种食物，也不可偏废某种食物。还要注意饮食的卫生，并根据自身的身体况禁忌某些食物，这样才有利于防止疾病的发生，达到饮食养生长寿的目的。饮食养生是通过吃来进行的。应用日常食品，根据不同的经济条件、不同的生理病理需要进行调理养生，不但能充饥，更能补充营养，有益健康，祛病延年，是一种乐于被人们接受的重要养生手段。总体来讲需要把握以下原则：

养生之道，莫先于食。利用食物的营养来防治疾病，促进健康长寿。通过调整饮食来补养脏腑功能，促进身体健康和疾病的康复。而合理的饮食，可以使人身体强壮，益寿延年。而饮食不当，则是导致疾病和早衰的重要原因之一。下面介绍一些中国古代养生家的饮食养生方法和经验，可供养生者借鉴：

饮食有节，利身益寿。"饮食节，则身利而寿命益；饮食不节，则形累而寿损。"对于老年人来说，节制饮食更是健康长寿的重要措施。老年人随着年龄的增长，生理功能逐渐减

⊙**宴饮图　西晋**

"养生之道，莫先于食。"利用食物的营养来防治疾病，可促进健康长寿。

退，机体的新陈代谢水平逐渐减弱，加之活动量减少，体内所需热能物质也逐渐减少。因此，老年人应适当地节制饮食，以保持机体能量代谢的平衡。多食一些富有营养又易于消化的食物，如新鲜蔬菜、水果等。

进食有时，三餐有别。俗话说得好："早饭吃好，午饭吃饱，晚饭吃少。"注意一日三餐合理安排对养生长寿是大有益处的。在食物选择方面，早餐应选择体积小而富有热量的食物，午餐应选择富含优质蛋白质的食物，晚餐则应吃低热量、易消化的食物。

合理搭配，不可偏食。人体对营养的要求是多方面的，饮食合理搭配能够保证机体所需要的各种营养素。因此，要避免偏食和饮食的单调，做到膳食的合理搭配，要粗细粮混食，做到粗粮细做，干稀搭配；副食最好荤素搭配。

饮食宜清淡，不宜过咸。如饮食过咸，摄入盐量过多，可引起高血压病，进而影响心肾功能。

点滴调味料健康学问大，酱油糖醋盐与健康关系密切。不要小看这些调味料，每天一点一滴不仅满足着你的口腹之欲，还能成为你健康的好帮手。咸味是绝大多数复合味的基础味，有"百味之王"之说。从大约5000年前的黄帝时期，食盐已经被认识和食用了。不仅一般菜品离不开咸味，就是糖醋味、酸辣味等也要加入适量的咸味，才能使其滋味浓郁、适口。

如酱油以咸为主，兼具鲜香。使菜肴增味、生鲜、添香、润色、并能补充养分。酱油中的氨基酸是人体的主要营养物质，尤其是一些人体不能合成的氨基酸，必须通过酱油摄取。食盐能增鲜味、解腻、杀菌防腐。盐的主要成分是氧化钠，每天都必须摄入一定的盐来保持新陈代谢，调整体液和细胞之间的酸碱平衡，促进人体生长发育。另外，含碘的食盐还有益于甲状腺。常用淡盐水漱口，不仅对喉咙疼痛、牙齿肿痛等口腔疾病有治疗和预防作用，还能预防感冒。急性局限性皮炎瘙痒，用盐水洗涤涂搽可以止痒。每日坚持用淡盐水洗眼，对治疗砂眼能收到好的效果。用盐水洗发，可以减少头发脱落。清晨起床后喝一杯盐开水，可治便秘。食糖具有使菜肴甘美、提高营养、使成品表面光滑、加热后呈金黄或棕黄色等作用。运动中需要补充适量的糖，可以通过提高血糖水平，增加供给能量，节约肌糖原的损耗，减少蛋白质和脂肪酸供能比例，延缓疲劳发生。砂糖水还可以刺激肠胃，帮助消化。食醋主要起增加酸味、香味、鲜味及和味解腻、去腥除异味的作用。醋能促进新城代谢，食醋是有效防止动脉硬化、高血压的方法之一。醋还能增进食欲，并促进消化液的分泌，同时具有很强的杀菌力。它能在30分钟内，杀死沙门氏菌、大肠菌等多种病菌，多吃醋还能维持肠道酸性，达到去除有害病菌的效果。在室内熬醋熏蒸，对感冒有一定的预防作用；发高烧时，用经过稀释的食醋浸泡手巾敷在皮肤上，便会降低身体体温；用醋水漱口可治疗轻度的喉炎。烫伤时，用醋淋洗，能止痛消肿，防止起泡，伤好无斑痕。

## 千年养生茶道

早在中国唐代就有了"茶道"这个词，如《封氏闻见记》中："又因鸿渐之论，广润色之，于是茶道大行。"尽管"茶道"这个词从唐代至今已使用了1000多年。

面对博大精深的茶道文化，如何给茶道下定义，实属不易。历代茶人都没有给其下过一个准确的定义。直到近年，对茶道见仁见智的解释才多了起来。其实，给茶道下定义是件费力不讨好的事。茶道文化的本身特点正是老子所说的："道可道，非常道。名可名，非常名。"同时，佛教也认为"道由心悟"，如果一定要给茶道下一个定义，把茶道作为一个固定的、僵化的概念，反倒失去了茶道的神秘感，同时也限制了茶人的想象力，淡化了通过用心灵去悟道时产生的玄妙感觉。用心灵去悟茶道的玄妙感受，好比是"月印千江水，千江月不同"。

⊙**煮茶图 明 仇英**

一高士斜倚巨石，低头品茗，一茶童在旁边扇炉煮茶，唐代以来，于青山绿水间品茶、会友已成为文人的一种时尚。

有的“浮光耀金”,有的“静影沉璧”,有的“江清月近人”，有的“水浅鱼读月”，有的“月穿江底水无痕”，有的“江云有影月含羞”，有的“冷月无声蛙自语”，有的“清江明水露禅心”。有的“疏枝横斜水清浅，暗香浮动月黄昏”。有的则“雨暗苍江晚来清，白云明月露全真”。月之一轮，映像各异。“茶道”如月，人心如江，在各个茶人的心中对茶道自有不同的美妙感受。

茶道不同于茶艺，它不但讲求表现形式，而且注重精神内涵。中国茶道精神是“和、静、怡、真”。其中“和”是中国茶道哲学思想的核心，“静”是中国茶道修习的必由途径，“怡”是指中国茶道的独特享受，“真”是中国茶道的终极追求。茶道精神亦称为茶道的四谛。

“和”是儒、佛、道三教共通的哲学理念。茶道追求的“和”源于《周易》中的“保合大和”。“保合大和”的意思指实践万物皆有阴阳两要素构成，阴阳协调，保全大和之元气以普利万物才是人间真道。陆羽在《茶经》中对此论述的很明白。惜墨如金的陆羽不惜用250个字来描述它设计的风炉。指出，风炉用铁铸从“金”；放置在地上从“土”；炉中烧的木炭从“木”木炭燃烧从“火”；风炉上煮的茶汤从“水”。煮茶的过程就是金木水火土五行相生相克并达到和谐平衡的过程。可见五行调和等理念是茶道的哲学基础。儒家从“大和”的哲学理念中推出“中庸之道”的中和思想。在儒家眼里和是中，和是度，和是宜，和是当，和是一切恰到好处，无过亦无不及。儒家对和的诠释，在茶事活动中表现得淋漓尽致。在泡茶时，表现为“酸甜苦涩调太和，掌握迟速量适中”的中庸之美。在待客是表现为“奉茶为礼尊长者，备茶浓意表浓情”的明礼之伦。在饮茶过程中表现为“饮罢佳茗方知深，赞叹此乃草中英”的谦和之礼。在品茗的环境与心境方面表现为“普事故雅去虚华，宁静致远隐沉毅”的俭德之行。

“静”是中国茶道修习的必由之径。中国茶道是修身养性，追寻自我之道。苏东坡在《汲江煎茶》诗中写道：“活水还须活火烹，自临钓石汲深清。大瓢贮月归春瓮，小勺分江入夜瓶。雪乳已翻煎处脚，松风忽作泻时声。枯肠未易禁三碗，卧听山城长短更。”生动描写了苏东坡在幽静的月夜临江汲水煎茶品茶的妙趣，堪称描写茶境虚静清幽的千古绝唱。中国茶道正是通过茶事创造一种宁静的氛围和一个空灵虚静的心境，当茶的清香静静地浸润你的心田和肺腑的每一个角落的时候，你的心灵便在虚静中显得空明，你的精神便在虚静升华净化，你将在虚静中与大自然融涵玄会，达到“天人合一”的“天乐”境界。

得一静字，便可洞察万物、道通天地、思如风云，心中常乐，且可成为男儿中之豪情。道家主静，儒家主静，佛教更主静。我们常说：“禅茶一味。”在茶道中以静为本，以静为美的诗句还很多，唐代皇甫曾的《陆鸿渐采茶相遇》云：“千峰待逋客，香茗复丛生。采摘知深处，烟霞羡独行。幽期山寺远，野饭石泉清。寂寂燃灯夜，相思一磐声。”这首诗写的是境之静。在茶道中，静与美常相得益彰。古往今来，无论是羽士还是高僧或儒生，都殊途同归地把“静”作为茶道修习的必经大道。因为静则明，静则虚，静可虚怀若谷，静可内敛含藏，静可洞察明澈，体道入微。可以说“欲达茶道通玄境，除却静字无妙法”。

“怡”指中国茶道中茶人的身心享受。“怡”

### ·经常喝茶能防蛀牙·

每一片茶叶都有丰富的氟化物，在冲泡过程中，这些营养物质能够转移到热水中。氟化物能够坚固牙釉质并防止龋齿的形成。仅一升红茶就能为人体提供大约2毫克氟，这个数量能够满足一个成年人一天所需氟含量的50%。每公斤干燥的茶叶含有40毫克到330毫克的氟，比一般植物要高10倍乃至几百倍。牙科研究人员研究了世界各地的茶叶，发现中国的乌龙茶和绿茶含氟量最高。此外，新采摘的茶叶中含氟量较高；低档茶含氟量要高于高档茶；粗老茶叶含氟量高于茶芽和嫩叶。因此，常用低档茶叶冲泡的茶水漱口，是个防蛀牙不错的选择。

者，和悦、愉快之意。中国茶道是雅俗共赏之道，它体现于平常的日常生活之中，不讲形式，不拘一格。突出体现了道家“自恣以适己”的随意性。同时，不同地位、不同信仰、不同文化层次的人对茶道有不同的追求。历史上王公贵族讲茶道，他们重在“茶之珍”，意在炫耀权势，夸示富贵，附庸风雅。文人学士讲茶道重在“茶之韵”，托物寄怀，激扬文思，交朋结友。佛家讲茶道重在“茶之德”意在去困提神，参禅悟道，间性成佛。道家讲茶道，重在“茶之功”，意在品茗养生，保生尽年，羽化成仙。普通老百姓讲茶道，重在“茶之味”，意在去腥除腻，涤烦解渴，享受人生。无论什么人都可以在茶事活动中取得生理上的快感和精神上的畅适。

参与中国茶道，可抚琴歌舞，可吟诗作画，可观月赏花，可论经对弈，可独对山水，亦可以翠娥捧瓯，可潜心读《易》，亦可置酒助兴。儒生可“怡情悦性”，羽士可“怡情养生”，僧人可“怡然自得”。中国茶道的这种怡悦性，使得它有极广泛的群众基础，这种怡悦性也正是中国茶道区别于强调“清寂”的日本茶道的根本标志之一。

“真”是中国茶道的终极追求。中国人不轻易言“道”，而一旦论道，则必执着于“道”，追求于“真”。“真”是中国茶道的起点也是中国茶道的终极追求。中国茶道在从事茶事时所讲究的“真”，不仅包括茶应是真茶、真香、真味；环境最好是真山真水；挂的字画最好是名家名人的真迹；用的器具最好是真竹、真木、真陶、真瓷，还包含了对人要真心，敬客要真情，说话要真诚，心境要真闲。茶是活动的每一个环节都要认真，每一个环节都要求真。

## 养生酒文化

酒，在人类文化的历史长河中，已不仅仅是一种客观的物质存在，而是一种文化象征，即酒神精神的象征。在中国，酒神精神以道家哲学为源头。庄周主张，物我合一，天人合一，齐一生死。庄周高唱绝对自由之歌，倡导“乘物而游”、“游乎四海之外”、“无何有之乡”。庄子宁愿做自由的在烂泥塘里摇头摆尾的乌龟，而不做受人束缚的昂首阔步的千里马。追求绝对自由、忘却生死利禄及荣辱，是中国酒神精神的精髓所在。

⊙酿酒画像砖 东汉

酒作为一种独特的物质，其产生和发展与

生产力的发展有着密切的关系。在原始社会里，人类最初的饮酒行为虽然还不能称之为饮酒养生，但却与保健养生有着密切的联系。最初的酒是人类采集的野生水果在剩余的时候得到适宜条件自然发酵而成的，由于许多野生水果本身就具有药用价值，所以最初的酒可以称得上是天然的“保健酒”，它对人体健康有一定的保护和促进作用。

⊙ 水井街酒作坊遗址 明

位于今四川省成都市水井街，是迄今发现的唯一的古代白酒作坊遗址，整个作坊面积有 1700 平方米，估计当时年产量有十几吨，该作坊晾台、酒窖、炉灶等生产用具一应俱全。

酒有多种，其性味功效大同小异。一般而论，酒性温而味辛，温者能祛寒、疏导，辛者能发散、疏导，所以酒能疏通经脉、行气和血、蠲痹散结、温阳祛寒，能疏肝解郁、宣情畅意；酒为谷物酿造之精华，故还能补益肠胃。此外，酒能杀虫驱邪、辟恶逐秽。《博物志》有一段记载：王肃、张衡、马均三人冒雾晨行。一人饮酒，一人饱食，一人空腹；空腹者死，饱食者病，饮酒者健。这表明“酒势辟恶，胜于作食之效也”。

随着生活水平的提高，人们对健康的需求也越来越高，追求健康的方式也越来越多。保健酒作为一个全新的名词，正逐步走进人们的生活。其实，保健酒早在远古时期就已经出现，只是那时候它更多的是作为“药酒”被人们认知的。

酒与药物的结合是饮酒养生的一大进步。唐宋时期，药酒、补酒的酿造较为盛行。这期间的一些医药巨著如《备急千金要方》、《太平圣惠方》、《圣济总录》都收录了大量的药酒和补酒的配方和制法。唐宋时期，由于饮酒风气浓厚，社会上酗酒者也渐多，解酒、戒酒似乎也很有必要，故在这些医学著作中，解酒、戒酒方也应运而生。在上述四部书中这方面的药方多达 100 余例。唐宋时期的药酒配方中，用药味数较多的复方药酒所占的比重明显提高，这是当时的显著特点。复方的增多表明药酒制备整体水平的提高。唐宋时期，药酒的制法有酿造法、冷浸法和热浸法。

酒之于药主要有三个方面的作用：

一、酒可以行药势。古人谓“酒为诸药之长”。酒可以使药力外达于表而上至于颠，使理气行血药物的作用得到较好的发挥，也能使滋补药物补而不滞。

二、酒有助于药物有效成分的析出。酒是一种良好的有机溶媒，大部分水溶性物质及水不能溶解、需用非极性溶媒溶解的某些物质，均可溶于酒精之中。中药的多种成分都易于熔解于酒精之中。酒精还有良好的通透性，能够较容易地进入药材组织细胞中，发挥溶解作用，促进置换和扩散，有利于提高浸出速度和浸出效果。

三、酒还有防腐作用。一般药酒都能保存数月甚至数年时间而不变质，这就给饮酒养生者以极大的便利。

但是要做到科学饮酒须注意从以下几方面加以注意：

一、饮量适度，切忌过量饮酒；

二、适当的饮酒时间，一般认为酒不可夜饮。

三、饮酒温度：在这个问题上，一些人主张冷饮，而也有一些人主张温饮。主张冷饮的人认为，酒性本热，如果热饮，其热更甚，易于损胃。如果冷饮，则以冷制热，无过热之害。但清人徐文弼则提倡温饮，他说酒“最宜温服”，“热饮伤肺”、“冷饮伤脾”。比较折中的观点是酒虽可温饮，但不要热饮。至于冷饮温饮何者适宜，这可随具体情况的不同而有所区别对待。

四、坚持饮用，任何养生方法的实践都要持之以恒，久之乃可受益，饮酒养生亦然。

## 居风水宝地，采日月精华

古人认识到了地理环境与人的寿夭之间存在着密切的关系，所以古代养生家都十分重视生活环境的改造，并相应创立了一系列行之有效的适应地理环境的养生方法。

这些方法包括：山林养生法和日光养生法。山林中空气新鲜，是一种理想的养生场所。唐代著名养生家孙思邈的《道林养性》、《退居养性》就阐述了山林养生的好处，明代高濂的《遵生八笺》则详细记载了山林养生方法，书中写道："时值春阳，柔风和景，芳树鸣禽，邀朋郊外，踏青载酒、湖头泛舟，问柳寻花，听鸟鸣于茂林。"古代养生家在长期的养生实践中已经直观地感受到了日光具有保健作用。晋代养生家嵇康在《养生论》中就提出了"晞以朝阳"的观点，孙思邈也提倡"呼吸太阳"。历代道教养生家更是推崇日光的养生作用，《黄庭经》中就有"日月之华救老残"的说法；宋代的《云笈七签》中还发明了与现代日光浴相类似的所谓"采日精法"。此法要求人们早起面向太阳，双目微开，仅露一线，调匀呼吸，仰头将日光吸入腹内。如此便可长生久视。

除了注重上述两种养生法之外，古代适应地理环境养生法还包括"花卉养生"、"绿色植物养生法"等各种方法。这些方法的共同特征就是要通过人的主观努力，尽可能地让人体充分利用外界地理环境中的有利因素，避免不利条件，从而达到养生保健的目的。

花卉具有吸收二氧化碳，释放氧气的功能。居室内侍弄几盆花草，不仅可以美化装点居室，而且能够有效净化室内空气，保持空气清新自然，有益于人体健康。但如果不注意室内养花的宜与忌，则又会有碍健康。居室养花有"三宜"、"二忌"。

居室养花"三宜"：一、宜养吸收抗毒能力强的花卉。花卉能吸收空气中一定浓度的有毒气体，如二氧化硫、氮氧化物、甲醛、氯化氢等。茶花、仙客来、鸢尾、紫罗兰、晚香玉、

落地窗前可以摆放绿色植物来藏气于室，否则室内的气就会往大街上流出去。

凤仙花、牵牛花、石竹、唐菖蒲等通过叶片吸收毒性很强的二氧化硫，经过氧化作用将其转化为无毒或低毒性的硫酸盐等物质；水仙、紫茉莉、菊花、鸡冠花、一串红、虎耳草等能将氮氧化物转化为植物细胞的蛋白质等；吊兰、芦荟、虎尾兰能大量吸收室内甲醛等污染物质，消除并防止室内空气污染。二、宜养能分泌杀菌素的花卉。茉莉、丁香、金银花、牵牛花等花卉分泌出来的杀菌素能够杀死空气中的某些细菌，抑制结核、痢疾病原体和伤寒病菌的生长，使室内空气清洁卫生。三、宜养互补功能的花卉。大多数花卉白天进行光合作用，吸收二氧化碳，释放氧气，夜间进行呼吸作用，吸收氧气，释放二氧化碳。而仙人掌类则恰相反，白天则释放二氧化碳，夜间则吸收二氧化碳，释放氧气。将互补功能的花卉同养一室，既可使二者互惠互利，又可平衡室内氧气和二氧化碳的含量，保持室内空气清新。

居室养花二忌：一、忌多养散发强烈香味和刺激性气味的花卉。兰花、玫瑰、月季、百合花、夜来香会散发出浓郁的香气，室内如果摆放香型花过多，香味过浓，会使人的神经产生兴奋，特别是在卧室内长时间闻之，会引起

失眠。圣诞花、万年青、夹竹桃散发的气体对人不利，更不能入口。郁金香、洋绣球所散发出来的微粒接触过久，皮肤会过敏、发痒。二、忌摆放数量过多。夜间大多数花卉会释放二氧化碳，吸收氧气，与人争气，而且夜间居室大多封闭，气流与外界不够流通，如果室内摆放花卉过多，会增加室内二氧化碳的浓度，引起人体缺氧，影响健康。

一般来讲除了夏季，人们很少在夜间开窗睡觉。如果选择植物时不考虑植物的呼吸方式，就可能影响居室的空气质量，进而对睡眠产生不良影响。经测算，每千克植物在夜间进行暗呼吸，平均每小时放出的二氧化碳为一毫克。假设一个居住面积为5平方米、高2.9米的房间，其空间为14.5立方米，那么，一株植物一夜（按8小时计算）呼出的二氧化碳，可使室内二氧化碳浓度上升0.028%。因此，要想营造居室绿色氧吧，除了要考虑绿色植物的株型、花色，还要考虑它们吸收二氧化碳的方式。

以蝴蝶兰类植物为例，蝴蝶兰类植物原本生活在热带丛林，那里的相对湿度接近百分之百。因此，蝴蝶兰无须像嘉德利亚兰那样用假球茎来贮存水和氧，而是靠多汁的叶片，短短的茎与发达的根系来贮存水。由于热带雨林白天的气温很高，为了防止水分大量的蒸发散失，蝴蝶兰类植物就不能像其他植物那样，白天将位于叶背面的气孔打开，进行光合作用和气体交换，以防止植物体内的水分大量蒸腾，导致植物软缩或枯萎，而是在白天关闭叶片背面的气孔，到了晚上，待周围环境气温降低到适当温度后，才开启叶片背面的气孔，排出氧气，吸收二氧化碳。

在光照条件下，植物水分的蒸发量只相当于其他条件下的1/10至1/4之间的这种生理现象，称之为菊景天酸循环代谢（简称CAM）。常见的具有CAM代谢方式的植物除了蝴蝶兰类植物，还有仙人掌科植物，如仙人球、仙人影、仙人指、蟹爪兰、令箭荷花等；凤梨科植物，如紫花凤梨、红掌丽穗凤梨、火炬凤梨、七彩菠萝等。龙舌兰科植物既是CAM植物，又能吸收电器辐射，如酒瓶兰、金边虎尾兰、金边短叶虎尾兰、棒叶虎尾兰等。

对于需要长期在电脑周围工作的人来说，富贵竹是一款很好的选择。如果您迁入新居或为房间做了装修，那么，养一两盆吊兰，就能很快将室内的甲醛气体全部吸收，净化室内空气。

## 舟车行旅话养生

利用旅游活动来调整心态，解郁强身，可称之为旅游养生。旅游养生以中医理论为指导。根据阴阳五行原理，可将旅游行为分为静游、动游、怒游、险游、思游、悲游六种行为。

静游是指活动性较小的旅游行为，对机体能量的消耗较小，比如欣赏园林风光和小桥流

### ·“放”字巧话养生·

放宽心胸——胸怀开阔，保持积极进取的态度，不要自寻烦恼。
放下身份——老人离退休后应坦然面对现实，安心当个普通老百姓。
放开脚步——经常到大自然中走走，呼吸新鲜空气，还可旅游养生。
放心自在——遇事但求尽心，即可心安理得。
放声大笑——乐观幽默，笑对人生，无忧无虑。
放松肌肉——生活节奏不要太紧，遇事顺其自然，劳逸结合。
放眼看世界——看得远，想得开，要以大局为重，不为眼前利害斤斤计较。

水、泛舟湖泊、品茗赏月等。静游具有阴柔之美，最适合于中老年人和体质较弱者。动游是指活动性较大的旅游行为，对机体能量的消耗较大，比如登山涉水、长途旅行、漂洋过海、探险览胜等。动游含有阳刚之美，适合于青壮年人和体力较好者。凡能导致人们产生情绪起伏的旅游活动被称之为怒游。比如游览杭州的岳武坟、北京的卢沟桥、北京的圆明园遗址等，均能激起人们的情绪变化。根据中医五行治病原理，怒游适合于思虑过度、情绪郁结的病人的养生需要。凡能导致人们产主惊恐情绪的旅游活动称之为险游。比如游览巴东的酆鬼城；登临黄山的奇峰险景等，皆属此类。险游具有镇心降火之作用，能调节过度兴奋的情绪，适用于心火过旺者。凡能引起人们怀古思绪的旅游称之为思游。比如观游赤壁遗址，往往能激起人们思古之幽情，又如游览洞庭君山则有怀念湘妃之思。故地重游也能令人追思往昔等等。即使是一般的大自然美景，也能引起人们的遐想和深思。思游具有镇惊作用，适合于患有恐慌症的人。凡能引起人们悲伤情绪的旅游活动称之为悲游。比如汨罗江之游使人因凭吊屈原而油生悲伤之情。秋冬之季，万物萧条，大地由青绿变为枯黄，观之也有悲秋之感等。悲游具有制怒平肝作用，适合于情绪易于激愤者。这些不同类别的旅游，可使人的意念与自然达到某种默契，使心神与尘世形成某种和谐，从而渐渐升华到天人合一的境界。

我们应根据自身健康状况选择适宜的时机和地点来安排外出旅游。春季有花粉过敏史的人不宜去南方，宜去北方旅行。春天的广东，气温不冷不热，非常利于旅行，但空气湿度太大，患有风湿病、关节炎、腰腿病以及皮肤病的病人，不宜去广东旅行。夏季旅行宜选择在山区或海边。但是，患有高血压病、肺心病、冠心病、风湿性心脏病、先天性心脏病等心脏病的人，切不可去高原或上高山旅行，只能去气候温和、地势平坦的地方旅行。秋季雨水稀少，气候干燥，无论南方还是北方，都非常适合旅行。但对于患溃疡病的人或患过溃疡病的人来说，这个时节是不适合旅行的，因为胃溃疡特别是十二指肠溃疡在秋季最容易复发。冬天北国冰天雪地，确实是一种奇丽的自然景观，

⊙关山行旅图轴 五代 关仝

特别是冰上雪地运动、冰雕艺术，有着极大的吸引力。然而，对患有肺气肿、肺心病、慢性支气管炎者，过敏体质者，高龄老年人，均不宜北上旅行的。

在旅行途中，如果长时间乘坐车辆，需要注意以下几方面：车窗要适度打开，通风换气，以保持车内空气新鲜，否则人就会出现头痛、头晕等不适感。乘车时不要总是坐着，应常变换体位，或站一会儿或抬高下肢坐一会儿，也可用手从上往下进行下肢按摩，帮助血液回流，

以预防旅行者水肿。为预防晕车病的发生，在开车前半小时，服用乘晕宁。在旅途中要尽量减少头部活动，可将头靠在坐椅背上，闭目养神，避免看窗外移动的景物。一旦出现全身疲乏无力、头痛、头晕、恶心、呕吐、全身冷汗、面色苍白等症状时，应仰卧，安静，用冷毛巾敷前额。

顺利到达目的地畅游大自然，这实在是一件美事。可是当您兴高采烈地欣赏大自然时，别忘了形形色色的旅游病。首先是花粉过敏症。花粉过敏症多由各种树木、蒿类或其他植物的花粉引起，多表现在呼吸道及眼部，有鼻塞、流涕、打喷嚏，鼻腔、眼角以及全身发痒等症状，与支气管哮喘相似。有的人皮肤上会生出一团团的风疹块，严重者还会出现胸闷、憋气，若不及时治疗，有可能并发肺气肿和肺心病。春秋季节是花粉过敏的高峰。因此，过敏体质的人最好不要选择这两个季节外出旅游，更不要随便触摸花卉。尤其不要选择有风的天气外出，因为风能加速花粉的传播。过敏者如需外出旅游，要备上脱敏药物，如西替利嗪、扑尔敏等。其次要注意紫外线辐射症。紫外线辐射症是由阳光中的紫外线对人体皮肤的损伤而致。预防紫外线辐射症，一是要合理安排旅游时间，尽可能避免中午（特别是中午 11 点至下午 3 点）外出；二是尽量穿色浅、质薄的衣服，服装以宽松、吸汗性强的长袖衣服为好；三是在烈日下头戴草帽或其他防护帽，为保护眼睛，还应戴上太阳镜；四是减少“日光浴”，以免加速皮肤老化。另外还有些特定地理环境产生的症状如高山旅游症、海滨旅游症、洞穴旅游症等。

旅游回来，可以适当清补，如西洋参、百合等。适当吃些高蛋白食物，如牛奶、鸡蛋和豆类等，使人的大脑产生一种特殊物质，可消除出游回来的不适、抑郁情绪。此外，食谱搭配应以温软易消化、清淡有营养的食物为主，适当多吃些新鲜瓜果、蔬菜及鱼、虾、瘦肉、豆制品等，还可经常吃些藕粉、莲子粥、荷叶粥等，少吃油条、烤饼、肥肉等厚味之物，尤其须忌过食生冷食物，如冰砖、冷水、凉粉、冷菜等，以免损伤脾胃，诱发疾病。

许多人举家外出旅游。但如果安排不当，出游回来常会出现“上火”现象，主要表现为全身燥热、口干舌苦、食欲不振、大便黄赤干结等症状；也有的人则眼睛发红、牙痛、口腔溃疡、嘴角起疱疹等，医生建议，凡有“内火”者，除给予药物治疗外，应多饮水，以清热降火来调节体温，多吃水果抗炎消暑；保持心情舒畅，不急不躁，抑怒降火，以达到“心静自然凉”的效果。出外旅游回来，步行病、失眠症是非常普遍的，首先应该避免油腻食物，长途游行下来，如果小腿和足背肿起来或长水泡，回到家里可用温水泡脚、按摩腿肚，小腿垫高睡觉。有些人是扁平足、脚长鸡眼，特别不耐走路。预防这些足部不适的方法是不要逞强一直走路，走路时要选择柔软、舒适、防滑的旧鞋。

## 琴棋书画，愉悦身心

本篇要介绍的便是如何通过日常娱乐来达到养生益寿的目的。娱乐指有益于身心的活动，不包括对人身心有害的恣意玩乐。恣意玩乐时，由于精神作用的支撑，往往感觉不到疲倦，实则心神内耗，元气大伤，久而久之便积劳成疾。这种玩法对身体非但无益，反而有害，属于《素问·上古天真论》说的“以欲竭其精，以耗散其真，不知持满，不时御神，务快其心，逆于生乐，起居无节，半百而衰”的范围，养生学上称为“逆乐”。因此，如何科学地利用娱乐养生值得探讨。

关于这一点，其实中国传统的琴、棋、书、画四大文化体系已经帮我们很好地概括了。用现代的语言可描述它们为：音乐、下棋、读书和绘画（包括书法和观画）。通常，人们只知道它们是中华灿烂文化的组成部分，却不知它们作为养生手段伴随着中华文化的发展已有很长的历史。

拿音乐来说，它对人具有特殊的心理作用。《乐记》说："乐者心之动。"说明音乐与人的精神活动关系至为密切。精神作用支配内脏功能，所以音乐对人体内脏活动也有影响。中国医学很早就利用音乐这种作用治疗疾病。宋金时代著名医家张子和《儒门事亲·卷三》中指出："好药者，与之笙笛不辍。"意思是用笙笛一类乐器给人演奏，是一种很好的药。宋欧阳修自述："予尝有幽忧之疾，退而闲居，不能治。既学琴于友人孙道滋，受宫声数引，久则乐乐愉然，不知疾之在体矣。"宫调乐曲大多明快、活泼、昂扬、故能使人兴奋，而治"忧疾"。

现在，音乐疗法已被广泛采用。不少医院和疗养院采用为病人播放优美轻音乐的办法，治疗高血压、心脏病、哮喘等疾病。有的还将音乐与色光（如：由绿光或蓝光组成的冷青光）相结合，称之为"音乐色光疗法"，治疗情绪易怒、头痛、心痛等疾病，收到明显的疗效。需要指出的是，音乐养生疗疾要因人而异，因症而异。情绪忧伤消沉的病人，可听振奋人心的军乐或进行曲；情绪烦躁易怒的人，则须听优美柔和的乐声。而噪声、怪声、强刺激的声音，对人非但无益，反而有害。

下棋则是一种有益于性情修养的活动。业余时间杀上几盘，可增加生活的情趣，有益于生活的调节，又有利于智力开发。尤其是中老年人身体较弱，不宜做剧烈运动，下棋便是一种很好的选择。《梨轩曼衍》说："围棋初非人间之事，乃仙家养性乐道之具也。"其他棋类也同样有"养性乐道"的功能。下棋可使人精神集中，意守棋局，排除杂念，一心对弈。凡是善于下棋的人，深知"乐在棋中"。《古今笑史·弈》记载了李讷用弈棋制躁怒的故事："李讷仆射，性卞急，酷尚弈棋，每下子安详，极于宽缓。往往躁怒作，家人辈则密以弈具陈于前，讷一睹，便忻然改容，取子布算，都忘其恚矣。"虽然冯梦龙将这则故事作为笑话记载，但也说明了棋可移情养性的道理。

和其他娱乐活动一样，下棋需要适度。如果下棋时间过长，坐而少动，血液下行，流动减慢，会出现下肢疼痛、浮肿等现象；又会因胃蠕动减慢，影响消化和食欲。另外要明确娱乐的目的，下棋有分胜负、争高低的性质，但不要过于计较，否则无益有害。正如《避斋闲览》指出的："本图适性忘虑，反致劳思伤神，不如其已。"对于胜负，应淡然处之。

读书对于养生的好处也很多，一般人都只看重它可以开拓知识领域，启迪智慧，是事业成功的重要条件这一方面，而不看重它的娱乐、调心和养生的作用。其实读书对人的精神和身体的影响都很大的。一本能吸引人的书能把读者带入书中的境界，随着书中的描写漫游，随着书面的翻动感情不断起伏，时而发思古之幽情，时而鸣不平的激愤，时而欣喜若狂，时而拍案叫绝。好书能使人充满希望，充满理想，心胸开阔，积极向上。

与读书相适应，如果长期坚持练习书法，能够延年

⊙听琴图 宋 刘松年

益寿。中国历史上许多著名书法家都享有高寿，如颜真卿被李希烈杀害时已 76 岁，柳公权享年 88 岁，欧阳询 85 岁，宋高宗 81 岁，文征明 90 岁，董其昌 82 岁。何乔潘在《心术篇》中说："故书家每导以无疾而寿。"

同样，观画对人的情绪和身体都有影响。尤其是中国画重在写意，讲究意境，能把人带入一种境界，使人产生无限的联想，因而对人能产生生理作用。如观虎豹雄狮，提神壮胆；观山水风景，心旷神怡；赏花卉，怡然自乐；对寒梅松竹，情怀高逸。中国画史中记载了很多以画怡情，健体，疗疾的例子。隋炀帝杨广即位时，"身体虚弱，喉下舌燥"。太医看后，并不给他开药方，而是精心制作两幅画，一幅为"梅熟时节满园春"，另一幅为"京都无处不染雪"，"梅"画使人一望生津，"雪"画意境清凉，使人望而除燥。隋炀帝看后，顿觉喉舌酸而甜润，躁疾祛除。

作画比观画对人的影响更深更大。作画时绝虑凝神，沉静运气，将自己的全部心神和气力送入笔端，所画线条颜色，都是作者感情的寄托。画者深入画中，领略其美，既能娱心，又能炼体，起到利关节、通气血、和情志、调阴阳、陶冶情操、焕发青春、抗老延年的作用，故绘画者多长寿。齐白石高龄 97 岁，张大千活了 84 岁，何香凝享年 94 岁，还有很多著名画家年寿都很高。

**重屏会棋图卷 南唐 周文矩**

古人有"围棋初非人间之事，乃仙家养性乐道之具也"之说，下棋可使人精神集中，排除杂念。

当然，除了上面介绍的四大类娱乐活动，生活中还存在很多有益于身心的活动。如：旅游、放风筝、跳舞、垂钓、看戏等等。所有的这些娱乐活动，如果能够把握好度，用心去体会，都能对我们养生起到很大的帮助。

## 春季养生三要诀

俗话说"一年之计在于春"，因此，我们一定要做好春季的养生保健，为一年的健康打下基础。春季是生机勃勃的季节，正如《黄帝内经》里所说："春三月，此谓发陈。天地俱生，万物以荣"。然而春季多风，乍暖还寒，昼夜温差大，所以春季养生一定要顺应春令舒畅生发之气，注意保卫体内的阳气。这个养生原则应具体贯串到饮食、运动、起居，防病、精神等各个方面去。

春季如何保养阳气呢？中医认为"肝藏血"，从现代生理学来看，这里的"血"是指体内一切营养物质而言。体内大多数营养物质都以糖原形式储存于肝中，而且肝本身也有一定的红细胞生成功能。这种认识是有科学性的。血中某些分解产物如氨类是有毒的，但肝可以使之集中并形成无毒的尿素而排出体外。一旦肝脏出现问题，其合成尿素的功能下降，氨类物质进入肾和膀胱，可以直接损害这些脏器，严重时会发生氨中毒。因此，一切有关补益肝脏、强化肝脏、养护肝脏的养生方法，都可以成为春季养阳的主要内容和第一选择。

现介绍两种实用且易掌握的养肝护肝方法：

一、健腿舒筋护肝法：肝主筋，因而舒筋活络是保护肝脏的重要方法。1. 干洗腿：两手紧抱一侧大腿根，稍用力向下磨擦到足踝，然后再往回磨擦到大腿根。可预防下肢静脉曲张、水肿和肌肉萎缩等。2. 揉腿肚：以两手掌夹紧一侧小腿肚（即腓肠肌），旋转揉动，可加强肌力，预防腿肚抽筋和肌肉萎缩。

二、卧姿养肝法：春季宜早睡早起，睡时头宜朝东方，以顺应自然发生之气。宜仰卧，头东足西，舌抵上颚，闭口闭目，鼓漱30次，使口中津液逐渐增多，待津液满口时，缓慢咽下。每天临睡前做一次即可。对于人们春季津液不足之口干舌燥、皮肤干燥等均有作用。

养阳的另一侧面便是“春捂”的养生之道。民间常常流传着“二月休把棉衣撇，三月还有梨花雪”、“吃了端午粽，再把棉衣送”的俗语。如果过早地脱去棉衣，寒气会乘虚而入，寒则伤肺，加上人体的皮肤已经开始变得疏松，对寒邪的抵御能力有所减弱，所以易患流行性感冒、急性支气管炎、肺炎等呼吸道疾病，还有一些严重危害人们健康的流脑、麻疹、腮腺炎、猩红热等多种传染病也易在这个季节流行。这些疾病虽与细菌、病毒有关，但若防范及时，“春捂”得法，体质强健，则将会减少发病的机会。因此在早春从棉衣换到毛衣或者夹衣不要匆忙，要根据天气的变化，一件一件地减，此外被褥也不应该马上减薄，以符合“春捂”的养生之道。

那么，“捂”应该捂哪里呢？古人在长期的生活与劳动实践中认识到，寒多自下而生，因此中国古代养生家提出了春令衣着宜“下厚上薄”的主张。这与现代医学所认为的人体下部血液循环较上部为差，易受寒冷侵袭的观点相吻合。因此骨骼、关节，尤其是裸露的脚趾与踝、膝关节等地方需要重点防护好。此外“头颈”部位也需要特别注意。老人，尤其是头发稀疏者，不宜过早摘下帽子、围巾。因为整个冬天都在受着大帽温馨护着的头颈，已经习惯于这种环境生活，若在乍暖还寒的气温下，突然远离帽子，就容易遭受风寒头痛、感冒伤风。颈椎病、肩周炎等就会乘虚而入，尤其是已有颈椎增生的中老年人，在春寒时长久暴露于寒湿中，常导致局部肿胀，颈椎病的症状加重。一些老年人在早春时颈部疼痛、僵硬不适、头昏、肩重、手麻、乏力等缠绵不已，正是源于颈部疏于保护之故。

遗憾的是，一些年轻的女士却过早穿起了单薄的紧身裤、裙装或短裤，殊不知，这对身体十分不利。据报道，突尼斯妇女喜欢一年四季穿裙子，结果患风湿性关节炎的约占妇女总人数的70%。另据日本东京女子医科大学学者的长期观察，日本现代青年女性所患的诸多妇科病，大多与感受寒冷有关。所以，在“风度”与“温度”之间，从健康角度来看，春天还是以遵循后者为好。

除了“养阳”与“春捂”，为了能使身体更健康，春季养生还需要从以下几方面给以全面的注意。

一、调养精神：春天精神调摄应做到疏泄

### ·春天小心旧病回头·

由于气象要素的多变，在春天常引起许多疾病复发。最为常见的有：

一是冠心病，每年2～4月份是心肌梗死的发病高峰期。主要是天气变化无常，忽冷忽热，时风时雨，常使冠心病患者的病情恶化。

二是风湿性心脏病，主要是由于风湿热反复发作侵犯心脏引起。常因寒冷、潮湿、过度劳累以及上呼吸道感染后复发或加重。研究表明春天是“风心病”复发率极高的季节。

三是关节炎，关节炎病人对气象的变化甚为敏感，尤其是早春，气温时高时低，时风时雨，关节炎患者症状明显加重。因此，患者应重视关节及脚部保暖。如果受寒，应及时用热水泡脚，以增加关节血液循环。

四是肾炎，春季是感冒的多发季节。对肾炎患者来说，感冒不仅引起发热、流涕、鼻塞、咳嗽、咽痛等上呼吸道炎症，而且极易导致肾炎复发。

五是花粉症，每年春暖花开、艳阳高照时节，总有些人感到鼻、眼奇痒难忍，喷嚏连续不断，流涕、流泪不止。有人还会出现头痛、胸闷、哮喘等症状，这是接触某种花粉后引起的过敏反应，又称“花粉症”。因此，在鲜花盛开、花粉飘香的季节，有过敏体质的人应尽量少赏花，外出时要戴口罩、墨镜等，以减少接触花粉的机会。

⊙汉宫春晓图卷　明　仇英

踏青问柳可以陶冶性情，调养精神，是春季养生不错的选择。

条达，心胸开阔，情绪乐观，戒郁怒以养性，假日去踏青问柳，游山戏水，陶冶性情，会使气血调畅，精神旺盛。

二、调节饮食：春天新陈代谢旺盛，饮食宜甘而温，富含营养，以健脾扶阳。忌过于酸涩，宜清淡可口，忌油腻生冷，尤不宜多进大辛大热之品，如参、茸、烈酒等，以免助热生火；宜多吃含蛋白质、矿物质、维生素（特别是B族维生素）丰富的食品，特别是各种黄绿色蔬菜，如瘦肉、豆制品、蛋类、胡萝卜、菜花、大白菜、柿子椒、芹菜、菠菜、韭菜等。此外，还应注意不可过早贪吃冷饮等食品，以免伤胃损阳。

三、运动锻炼：春天是体质投资的最佳季节。春天空气清新，这种环境最有利于吐故纳新，充养脏腑。春天多锻炼，会增强免疫力与抗病能力，一年之中少患流感等各种疾病，且令人思维敏捷，不易疲劳。人们可根据自己年龄与体质状况选择户外活动，如太极拳、慢跑、放风筝、春游踏青等。

四、预防春困：春天风和日丽，但人却感到困倦。疲乏头昏欲睡，早晨也不醒，这种现象就是大家所说的“春困”。那么怎样减轻与预防春困呢？保证睡眠，克服消极懒惰思想情绪；积极参加锻炼和户外活动，改善血液循环；适当增加营养，研究证明，缺乏B族维生素与饮食过量是引发春困的重要原因，故宜多吃含维生素B族丰富的食品；保持室内空气流通，少吸烟，如不太冷，适当减些衣服，或用冷水洗脸，都会使困意尽快消除。

五、保健防病：春天温暖多风，最适于细菌、病毒等繁殖传播。所以一定要讲卫生，勤洗晒衣被，除虫害，开窗通风，提高防御能力，传染病流行时少去公共场所，避免传染。春天又是气候交替的过渡季节，若不重视保健，一些旧病极易复发，如偏头痛、慢性咽炎、过敏性哮喘、高血压、心肌梗塞、精神病等，应特别注意从衣食住行各方面调摄预防。

## 酷暑天如何养生

夏天，指农历四月至六月，即从立夏之日起，到立秋之日止。其间包括立夏、小满、芒种、夏至、小暑、大暑等六个节气。在一年四季中，夏季是一年里阳气最盛的季节，气候炎热而生机旺盛，对于人来说，此时是新陈代谢旺盛的时期，人体阳气外发，伏阴在内，气血运行亦相应地旺盛起来，并且活跃于机体表面。为适应炎热的气候，皮肤毛孔开泄，而使汗液排出，通过出汗，以调节体温，适应暑热的气候。在谈到夏天如何养生时，汪绮石在《理虚元鉴》里指出：“夏防暑热，又防因暑取凉，长夏防湿。”这里再清楚不过地指明了夏季养生的基本原则：在盛夏防暑邪；在长夏防湿邪。

暑为夏季的主气，独发于夏季，容易耗气伤津。这是它的病理特点。暑邪侵入人体，常见腠理开而多汗，汗出过多导致体液减少，此为伤津的关键，津伤时，即见口渴引饮、唇干口燥、大便干结、尿黄心烦、闷乱等症。如果不及时救治，开泄太过，则伤津可以进一步发展，超过生理代谢的限度必然将耗伤元气，此时可出现身倦乏力、短气懒言等一系列阳气外越的症状，甚至卒然昏倒，不省人事而导致死亡，由此观之，夏季防暑不可等闲视之。

需要注意的是，人们在酷暑一定不要贪凉，谨防空调病的发生。空调病发生的原因有两点：

第一点是，人们由于每天多次出入空调环境，这样人体多次经受冷适应的条件反射，促使交感神经对肾上腺素的大量分泌，无形中给心脏增加了负担。而在中医理论中，早就有夏季宜养心的说法，因为五脏应五时，具体到夏季是心与之相应。夏季人们室外活动多，活动量也相对增大，加之夏天昼长夜短，天气炎热，故睡眠时间也较其他季节少一些。因此，体内消耗的能量多、血液循环加快、汗出亦多。显而易见，在这个季节，心脏的负担是很重的，倘若不注意对心脏的保养，很容易使心脏受到伤害。由上可知，夏季人们多次反复出入空调环境，于心脏是不利的，而心属火，伤心即伤阳气。

第二点是，久处空调环境中的人，一旦进入炎热的自然环境时，体内就要发生一系列的生理反应。除体温迅速上升外，皮肤开始出汗，而带汗的皮肤又往往粘有许多细菌。当人们再回到空调环境中时，皮肤和血管马上收缩，细菌很容易利用开张的毛孔进入人体内而引起感染。

防止空调病的办法有：室内外的温差不宜太大，以不超过5℃为好。室内温度不低于25℃。入睡时，最好关上空调机；空调房里不要长期关闭，有条件时要常使室内空气与外界空气流通。当在室内感觉有凉意时，一定要站起来适当活动四肢和躯体，以加速血液循环。患有冠心病、高血压、动脉硬化等慢性病的人，尤其是老年人，不要长期待在空调环境里，患有关节痛的人亦不要老在空调环境里生活。

**⊙消夏图页**

夏季天气炎热，宜于“虚堂、净室、水亭、木阴，洁净空敞之处”纳凉，自然清新。

湿为长夏之主气，在中国不少地方，尤其是南方，既炎热又多雨。人们所说的湿病就多见于这个季节。这个季节里空气中湿度最大，加之或因外伤暴露，或因汗出沾衣，或因涉水淋雨，或因居处潮湿，以至感受湿邪而发病者最多。由于湿的形成往往与地之湿气上蒸有关，故其伤人也多从下部开始。临床所见之下肢溃疡，湿性脚气、带下等症往往都与湿邪有关。对于湿，现代科学用湿度来表示，是指空气中的含水量，物体潮湿的程度。空气的湿度是气候变化的一个重要因素，它对人体有直接的影响。一般来说，对人体适宜的湿度是40%～60%，当气温高于25℃时，适宜的相关湿度为30%。秋天，天气凉爽，湿度适中，人的精神倍增；而夏季三伏时节，由于高温、低压、高湿度的作用，人体汗液不易排出，出汗后不易被蒸发掉，因而会使人烦躁、疲倦、食欲不振，易发生胃肠炎、痢疾等。若湿度太低，上呼吸道黏膜的水分可大量散失，从而使抵抗力下降，易引起感冒。不仅如此，长夏时节由于天气闷热，阴雨连绵，空气潮湿，衣物和食品都容易返潮，甚至发霉、长毛，人也会感到不适。若穿着返潮的衣物，容易感冒或诱发关节疼痛，吃了霉烂变质的食品，就会引起胃肠炎，甚至导致中毒，所以在长夏一定要重视防止湿邪的侵袭。

防止湿邪侵袭，在居住环境上就要切忌潮湿：中医认为，"湿伤肉"，即感受湿邪，易损伤人体肌肉，如常见的风湿关节炎等症。《黄帝内经》里又指出:"伤于湿者，下先受之"，下，指人体下部。意谓湿邪伤人往往从人体下部开始，这是因为湿邪的形成往往与地的湿气上蒸有关。因此，在长夏居室一定要做到通风、防潮、隔热，如果室内过于潮湿，空气污浊，会损伤人体阳气。有些国家对儿童风湿病的研究证明，50%以上的患儿，是由于住在潮湿的屋内造成的。

以上，我们仅是大略地论述了夏季养生的两条基本原则，那么，又怎样在精神、饮食、起居、运动，防病诸方面贯彻执行呢？为了安度炎夏，生活中我们还应该注意以下几方面：

清淡饮食，但也不能拒绝荤菜。由于夏季人的胃酸分泌减少，加之饮水较多，冲淡胃酸，导致机体消化功能较弱，故饮食应清淡一些。应多吃营养丰富、气味清淡之品，忌食油腻、煎炸及热性的食物。但是，清淡不等于素食，因为素菜中虽然含有大量的膳食纤维及丰富的维生素，但缺乏人体必需的蛋白质，长期吃素容易导致营养失衡。

所以即使在炎炎夏日也不要拒绝荤菜，可适当摄入一些瘦肉、蛋、奶、鱼以及豆制品，关键是在烹调时多用清蒸、凉拌等方法，不要做得过于油腻。如可取鲜嫩碧绿的荷叶，用开水略烫后，用来包鸡、包肉，蒸后食用，风味别致、清香可口、有增进食欲之效。

保证睡眠充足。夏季日长夜短，气温高，人体新陈代谢旺盛，消耗也大，容易感觉疲劳，因此夏季保持充足的睡眠对于促进身体健康、提高工作、学习效率具有重要的意义。为了保证充足的睡眠，首先应做到起居有律；其次应注意卧室通风、凉爽；第三要保持平静的心境，力求"心静自然凉"；第四要有适当的午睡时间，夏季午睡可使大脑和身体各系统都得到放松，有利于下午的工作和学习，也是预防中暑的措施。

苦味宜多食。中医认为，凡有苦味的蔬菜，大多具有清热的作用，因此，营养学家建议，夏季经常吃些苦菜、苦瓜等苦味食品，能起到解热祛暑、消除疲劳等作用。如素有"菜中君子"美称的苦瓜，苦中带甘，略含清香，食之回味隽永。夏天常食苦瓜汤或苦瓜菜肴，能调和脾胃，清除疲劳，醒脑提神，对中暑、胃肠道疾病有一定的预防作用。苦菜也是一味药食同源的蔬菜，具有清凉解毒、消毒排脓、祛瘀止痛、防治胃肠炎等功能，食用苦菜时，将它的根、叶洗净，可拌可炒可做汤，味道苦中带香，是解暑开胃的佳肴，而且对肠炎、痢疾等有一定的防治作用。夏季出汗较多，不妨喝点带苦味的饮料，啤酒、绿茶、苦丁茶等都是不错的选择。

游泳注意安全。酷热难耐的夏天，如能在碧水清波中一展身手，不仅使人暑热顿消，而

⊙ 夏季养生，尤忌湿邪，因此居住环境要力求干燥、通风。

**·盛夏锻炼五忌·**

一忌在强光下锻炼：中午前后气温最高。除游泳外，忌在此时锻炼，谨防中暑。

二忌锻炼时间过长：锻炼时间不宜过长，半小时左右为宜，以免出汗过多引起中暑。

三忌锻炼后大量饮水：夏季锻炼出汗多，如这时大量饮水，会给血液循环系统、消化系统增加负担。同时饮水会使出汗更多，盐分则进一步丢失，从而引起痉挛、抽筋等症状。

四忌锻炼后大量吃冷饮：体育锻炼可使大量血液涌向肌肉和体表，而消化系统则处于相对贫血状态。大量的冷饮不仅降低了胃的温度，而且也冲淡了胃液，轻则可引起消化不良，重则会导致急性胃炎。

五忌锻炼后立即洗冷水澡：因为夏季锻炼，体内热量增加快，皮肤的毛细血管也大量扩张以利于身体散热。突然过冷刺激会使体表已开放的毛孔突然关闭，造成身体内脏器官紊乱，体温调节失常，以致生病。

且还能锻炼身体，增添生活情趣。游泳时需注意以下问题：首先要选择一个水质较好的游泳场所，一般来说，清澈见底或呈浅蓝色的水是比较干净的，为了安全起见，要选择没有礁石、淤泥、旋涡以及没有水草的地方游泳。最好到海滨浴场或游泳池中去，那儿比较安全。其次，做好下水前的准备活动，避免进入水中后发生手足抽筋的现象。再次要注意游泳卫生，患有肝炎、皮肤病、眼病的人不宜进入公共游泳场所，以防污染水质。最后，身体疲倦、腹中空空以及过饱时都不宜游泳，妇女在经、产、孕期，也不宜游泳。

体内不能缺水。夏季气候常常比较闷热，出汗较多，一定不要等到口干舌燥时才喝水，特别是中老年人更要养成主动喝水的习惯，即口不渴时也要进行“必须的”喝水，这是因为中老年人对失水的口渴反应减低、显得耐渴。当体内发出口渴“信号”的时候，已经处于比较严重的缺水状态了。失水是早衰和夭寿的主要原因，人体在缺水时全身血容量会减少、心脏灌注压下降、心肌缺血，容易造成心肌损害，此外，体内缺水时，汗液和尿液会相对减少，这样就会影响体内代谢产物的排泄，造成有害物质在体内蓄积，使人体出现慢性中毒。因此，水的摄取既要适时，又要适量。

一般来讲，少量多次喝水比较好，一次大量饮水会对人体产生许多危害，严重者会导致体内水和电解质平衡的紊乱，甚至出现水中毒。因此，平时一定要养成主动饮水的习惯，在清晨起床后、上午 10 点左右、下午 3 ~ 4 点、晚上就寝之前这四个“最佳饮水时间”要饮用 1 ~ 2 杯白开水，在出汗较多、运动或洗澡后也要注意及时补充水分。此外多吃蔬菜和水果也是补充水分的好方法，既补充了水分，又提供了必要的矿物质和其他营养素，可谓一举多得。

## 秋风起，话养生

从立秋之日起到立冬之日为止，这段时间称为秋天。其间经过立秋、处暑、白露、秋分、寒露、霜降等六个节气。并以中秋（农历八月十五日）作为气候转化的分界。《管子》指出：“秋者阴气始下，故万物收。”从秋季的气候特点来看，由热转寒，即“阳消阴长”的过渡阶段。人体的生理活动，随“夏长”到“秋收”而相应改变。因此，秋季养生不能离开“养收”这一原则，也就是说，秋天养生一定要把保养体内的阴气作为首要任务。正如《黄帝内经》里说：“秋冬养阴。”所谓秋冬养阴，是指在秋冬养收气、养藏气，以适应自然界阴气渐生而旺的规律，从而为来年阳气生发打基础，不应耗精而伤阴气。

如何在秋季保养体内的阴气呢？关键是要防燥护阴。中医学认为，燥为秋季的主气，称为“秋燥”。其气清肃，其性干燥。每值久晴未雨、气候干燥之际，常易发生燥邪为患。由于肺司呼吸，肺合皮毛，肺与大肠相表里，故当空气中湿度下降时，肺、大肠与皮毛首当其冲，这是燥邪致病的病理特征。

燥邪伤人，易伤人体津液。所谓“燥胜则干”，津液既耗，必现一派“燥象”，常见口干、唇干、鼻干，咽干、舌干少津、大便干结、皮肤干甚至皲裂等症。肺为娇脏，性喜润而恶燥，燥邪犯肺，最易伤其阴液。肺失津润，功能必然受到影响，因而宣降失司，轻则干咳少痰，痰黏难咯，重则肺络受伤而出血，见痰中带血。肺中津亏后，因无液以下济于大肠，因而使大便干结难解。

秋令燥气又有温凉之分，一般认为早秋气温尚高，故为温燥；晚秋气温下降，故为凉燥，无论温凉，总是以皮肤干燥，体液缺乏为其特征。但二者在临床上还是有区别的，温燥伤人，常表现为不恶寒或微恶寒，发热较明显，脉呈细数；而凉燥伤人，则常不发热或微发热，反之，恶寒较明显，脉多不数。

以上从总的原则上阐述秋天防燥邪伤人、烦躁护阴。另外，秋季人们还须注意这一季节对心理养生的影响。宋代大养生家陈直说：“秋时凄风惨雨，老人多动伤感，若颜色不乐，便须多方诱说，使役其心神，则忘其秋思。”所谓凄风惨雨，是形容在秋风扫落叶之后，当人们身临草枯叶落、花木凋零的深夜之时，此时霜降已至，自然界的秋风、秋雨常令人出现秋愁。尤其是对于老年人来说，常易在他们心中引起萧条、凄凉、垂暮之感，勾起忧郁的心绪。文学名著《红楼梦》中曹雪芹也有“已觉秋窗愁不尽，那堪秋雨助凄凉”的动人诗句，还有“秋风秋雨愁煞人”等等。缘何秋风秋雨愁煞人呢？

医学研究证明，在人的大脑中，有个叫松果体的腺体，分泌一种“褪黑激素”。这种激素能诱人入睡，还可使人消沉抑郁，而阳光则使褪黑激素分泌量减少。反之，秋凉以后，常常是阴沉沉的天气，阳光少且弱，松果体分泌的“褪黑激素”相对增多。此外，“褪黑激素”还有调节人体内其他激素（如甲状腺素、肾上腺素）的作用。这样，使甲状腺素、肾上腺素受到抑制，生理浓度相对降低。而甲状腺素和肾上腺素等又是唤起细胞工作的激素，它们如相对减少，就使细胞“瘫痪懒散”，人们也因此而情绪低沉，多愁善感了。

由上可知，秋天的“秋风秋雨”易引起人们的情绪低落。那么，怎样克服这种情况呢？其一是要让阳光围绕着你，在工作场所，要争取照明充分；第二，当情绪不好时，最好的方法是转移一下注意力，去参加体育锻炼，如打太极拳、散步等，或参加适当的体力劳动，用肌肉的紧张去消除精神的紧张，这是因为运动能改善不良情绪，使人精神愉快。有条件的最好去旅游，去游山玩水，因为临水使人开朗，游山使人幽静，泛舟水中，怡然自得，年轻的攀山登岩，砺炼意志。此外，还可采取琴棋书画易情法，正如吴师机在《理瀹骈文》里说：“七情之病也，看书解闷，听曲消愁，有胜于服药者矣。”因此，当处于“秋风秋雨秋愁时”，可以听一听音乐，欣赏一下戏剧，或观赏一场幽默的相声，这样，苦闷的情绪也

**⊙麟堂秋宴图 明 尤子求**

秋季凉燥，“须予当令之时增衣被，敛阳养阴”，还要进补果蔬，生津去燥。

随之而消。

根据“天人相应”的理论，《黄帝内经》里曾明确指出了秋天精神调神的具体原则，如《素问·四气调神大论》里说：“使志安宁，以缓秋刑；收敛神气，使秋气平；无外其志，使肺气清，此秋气之应，养收之道也。”意思是说，在秋天里，人们一定要保持精神上的安宁，只有这样才能减缓肃杀之气对人体的影响；还要注意不断地收敛神气，以适应秋季容平的特征，并不使神志外驰，以保肺之清肃之气，这就是顺应秋季季节特点，在精神上养收的方法。在这里我们可以用一句话来概括秋天精神调养的原则，即要做到清静养神，而要达到这一点，办法是尽量排除杂念，以达到心境宁静状态。

## 以防寒、养肾为要旨的冬季养生

冬季是从立冬日开始，经过小雪、大雪、冬至、小寒、大寒，直到立春的前一天为止。冬三月草木凋零，冷冻虫伏，是自然界万物闭藏的季节，人体的阳气也要潜藏于内。因此，冬季养生的基本原则是要顺应体内阳气的潜藏，以敛阴护阳为根本，由于阳气的闭藏，人体新陈代谢水平相应较低，因而要依靠生命的原动力“肾”来发挥作用，以保证生命活动适应自然界的变化。中医认为，人体能量和热量的总来源在于肾，就是人们常说的“火力”。“火力”旺，反映肾脏机能强，生命力也强；反之，生命力弱。冬季时节，肾脏机能正常，则可调节机体适应严冬的变化，否则，将会使新陈代谢失调而发病。

那么，怎样才能保证肾气旺，即火力旺呢？关键性的一点是，是要防止冬季严寒气候的侵袭。中医把能使人致病的寒冷气候，称之为寒邪，寒邪是以空气温度较低或气温骤降为特点的。寒为冬季之主气，即主要见于冬天，但其他季节并不是一点没有。在平时，如汗出当风，淋雨涉水，多嗜生冷及从事某些特殊工种者（如冷藏工人等）亦常能感受寒邪而罹患寒病。

中医认为，寒为阴邪，常伤人阳气。何谓阳气？《黄帝内经》里解释说，阳气就好像天上的太阳一样，给大自然以光明和温暖，如果失去了它，万物便不得生存。人体若没有阳气，体内就失去了新陈代谢的活力，不能供给能量和热量，这样，生命就要停止。一些年老体弱的人，在冬季往往容易感觉手足不温、畏寒喜暖，这种情况，人们常称之为“火力不足”，即中医所说的“阳气虚”。

人身之阳气盛衰，往往标志着人体生理功能活跃的程度，但威胁人体阳气的莫过于寒邪。寒邪伤阳后，人体阳气虚弱，体内生理机能受到抑制，就会产生一派寒象，常见的情况有：

恶寒：即怕冷，这是由于寒邪外夹肌表后，体内阳气之一的卫气与外寒相搏，而见腠理闭寒，致使卫气受到遏制而不得宣泄，就产生恶

### ·季节性情感失调症·

所谓季节性情感失调症，是指一些人在冬季发生情绪抑郁、懒散嗜睡、昏昏沉沉等症状，并且经常出现，这种情况多见于青年，尤其是女性。

现代医学气象学的研究表明，人的心理、生理与外界自然环境的变化是息息相关的。季节性情感失调症是由于严寒的气候作用于人体所致。其发生机制为：寒冷使机体的新陈代谢和生理功能处于抑制和降低状态，体内调节物质代谢的环磷酸腺苷、环磷酸鸟苷的含量减少，核糖核酸和脱氧核糖核酸的合成代谢减慢，脑垂体、肾上腺皮质功能亦受到明显的抑制，使得血液循环变慢、脑部供血不足，植物性神经功能发生紊乱，因而出现了精神萎靡、注意力不集中等一系列症候。

⊙冬季草木凋零，冷冻虫伏，万物闭藏，“宜居处密室，温暖衣衾，调其饮食，适其寒温，不可冒触寒风。老人尤甚”。

寒，在恶寒的同时，亦可见到发热的症状，这是卫气郁结的缘故。

脘腹冷痛：这是外来寒邪经体表侵袭后，直入肠胃所致，寒邪损伤了人体脾胃的阳气，故胃脘部疼痛，同时还可出现呕吐清水，下利清谷，甚至四肢厥冷等症状。

脉象异常：寒邪袭人所致脉象异常，主要是脉紧、脉迟、脉沉，原因是寒邪侵入经脉后，影响了脉内的气血运行。寒邪留滞人体后，还能见到人体肌肉、皮肤、筋脉拘挛之象。

疼痛：这是寒邪侵袭人体后最常见的症状之一，如寒邪侵袭肝脏经脉，阻碍肝经气血运行，引起气血凝滞，则见睾丸肿胀疼痛，即人们所说的“寒疵”；若寒邪客于四肢，则形成痹症，西医所说的风湿性关节炎即属此类。《黄帝内经》里在探讨疼痛病的机理时，曾明确指出：“血虚则痛”，但血虚形成的原因很多，重要的一点就是寒邪入侵血脉后，造成血流不畅，由于血流不畅，血液的供应发生障碍，故产生疼痛。

总之，寒邪伤人时所出现的症状是很多的，这里就不一一列举了。此外，寒邪伤人在临床症状上还有一个特点，即排出物、分泌物往往澄澈清冷，如鼻流清涕、咳吐清痰、呕吐清水、小便清长、下利清谷等。倘若外感寒邪后郁久不解，则这些分泌物将转清为黄为赤，此已属由寒化热的象征了。

严寒的冬季，阳气潜藏，阴气盛极，自然界的蛰虫伏藏，用冬眠状态养精蓄锐，以便为来春生机勃发做好准备。人体的阴阳消长代谢也处于相对缓慢的水平，成形胜于化气，因此，养肾防寒要着眼于“藏”。具体到人体的精神活动，又如何藏呢？《黄帝内经》里早已明确指出：“冬三月，此谓闭藏……使志若伏若匿、若有私意、若已有得。”意思是说，人们在冬季要保持精神安静，要想办法控制自己的精神活动，最好能做到含而不露，好像把个人的隐私秘而不宣，又如得到渴望之珍品那样满足。其中心思想是：在冬季人们要把神藏于内，不要暴露于外，这正和夏日里调养精神的方法——“使华英成秀”截然相反。

中医强调“神藏于内”，是有积极意义的，尤其是在人们激烈竞争的今天，更有其重要价值。这正如《黄帝内经》里所说：“精神内守，病安从来”；“躁则消之，静则神藏”，由此可见，不仅冬季要做到精神安静，神要藏于内，即使春、夏、秋三季也需要神藏，只是程度不同而已。

近年来，国内外有关学者非常重视思想清静与健康关系的研究。生理学研究证实，人在入静后，生命活动中枢的大脑又回复到人的儿童时代的大脑电波波慢状态，也就是人的衰老生化指标得到了“逆转”。社会调查发现，凡经过重大精神挫折、思想打击之后，又未得到良好的精神调摄，多种疾病的发病率都有明显增加。社会实践证实，经常保持思想清静、调神养生，可以有效地增强抗病能力，减少疾病的发生，有益于身心健康。

要使“神藏于内”，首先要加强道德修养，少私寡欲。儒家创始人孔子早就提出“仁者寿”，“大德必得其寿”，这是很有道理的。从生理上来讲，道德高尚、光明磊落、性格豁达、心理宁静，有利于神志安定，气血调和，人体生理功能正常而有规律的进行，精神饱满，形体健壮，这说明养德可以养气、养神。少私，是指减少私心杂念；寡欲，是降低对名利和物质的嗜欲。如若不然，私心太重，嗜欲不止，欲望太高太多，达不到目的，就会产生忧郁、幻想、失望、悲伤、苦闷等不良情绪，从而扰乱清静之神，使心神处于无休止的混乱之中，导致人体气机紊乱而发病。正如《黄帝内经》里所说："怒则气上，喜则气缓，悲则气消，思则气结，惊则气乱，恐则气下。"这里的气上、气下、气结、气缓、气乱、气消，均为人体气机失常，而气机失常将导致人体生命活动的受损，倘若能减少私心、欲望，从实际情况出发，节制对私欲和名利的奢望，则可减轻不必要的思想负担，使人变得心地坦然，心情舒畅，从而促进身心健康。《太上老君养生诀》里清楚指出："且夫善摄生者，要先除六害，然后可以保性命延驻百年。何者是也：一者薄名利，二者禁声色，三者廉货财，四者损滋味，五者除佞妄，六者去妒嫉。"这里说的再清楚不过了，否则六害不除，万物扰心，神岂能清静？

"神藏于内"的第二点是：要能调节不良情绪。人生活在世界上，总会遇到不顺心的事，使你不高兴的事，甚至是悲欢、愤怒、兴高采烈。那么，应该怎样办呢？这就要学会调摄情绪。如遇事节怒，宠辱不惊，都是节制法在调摄情绪中的运用。此外，亦可采取疏泄法：就是把积聚、抑郁在心中的不良情绪，通过适当的方式宣达，发泄出去，以尽快恢复心理平衡。

## 男性养生新观念

男女有别，因此男性养生与女性养生需要区别对待。由于男子在体型上一般较女子身高肩宽、力壮气足、肌肉结实，因此，不少人认为，男性比女性剽悍、健壮。但随着医学的不断发展，越来越多的资料表明，男性不但不比女性健壮，而且患病的机会多于女性，寿命普遍短于女性。这就决定了男性养生不仅有其必要性，更有现实性。

从生理角度来看，男性从生命的开始就比女性面临更多的磨难。男性受精卵没有女性受精卵易于成活。由于遗传的因素，男性胎儿存在于子宫中时，要经过比女性胎儿更为复杂的转化过程，所以，男性胎儿的自然流产率高于女性胎儿。在出生后第一个月中，男婴的死亡率比女婴高30%，男婴残疾、畸形率也比女婴多33%。由此可见，男性的先天条件并不比女性优越，男性的素质并不是天生强健的。

男性的耐受力和抗病力也比女性差。男性不及女性耐寒、耐饥、耐疲劳、耐受精神压力。男人在工作中遇到阻力时，往往心跳加快，血

### ·男性健康的十大表现·

一、有充沛的精力，能从容不迫地担负日常生活和繁重工作，而且不感到过分紧张与疲劳。

二、处事乐观，态度积极，乐于承担责任，事无大小，不挑剔。

三、善于休息，睡眠好。

四、应变能力强，能适应外界环境的各种变化。

五、能够抵抗一般性感冒和传染病。

六、体重适当，身体匀称，站立时，头肩臂位置协调。

七、眼睛明亮，反应敏捷，眼睑不易发炎。

八、牙齿清洁，无龋齿，不疼痛；牙龈颜色正常，无出血现象。

九、头发有光泽，无头屑。

十、肌肉丰满，皮肤有弹性。

⊙渊明漉酒图 明 丁云鹏

适量的酒能行气活血，舒情快意，对人体有益。漉酒是酿酒工序之一，就是将新酿出的酒用纱布过滤澄清。

压升高，肾上腺分泌增加，而女性却少有这类反应，因而男性的心血管疾病的发病率高于女性。女性有双重的免疫基因，有双倍于男性的免疫物质，因而许多疾病女性少发，而男性多发，病死率也高。有人做过统计，大约有 30 多种疾病，诸如心脏病、糖尿病、血友病、胃溃疡、色盲、秃顶、疖疮等，都是男性多发。

许多人以为女子情绪善变，精神脆弱。其实，男人没有女人情绪稳定，男性对精神压力的耐受力远远低于女性。有资料表明，男性瘾病患者多于女性，自杀者男性多于女性，癫痫患者的男女之比为 8 ： 1。许多国家精神病院的男病人比女病人多得多。口吃的男女之比为 5 ： 1。第二次世界大战中，因为被围和轰炸而患精神病的男人几乎比女人多 70%。

从长寿角度来看，也为男子敲响了警钟——男性短寿。据俄罗斯医学界统计，俄罗斯新生儿男女比例基本协调，但到老年时，男女比例则为 50 ： 100，男性的平均寿命远不如女性长。在中国，男子的平均寿命也比女性短 5 岁。随着医学科学的不断发展，人们对男性科学的认识不断深化。男性较女性强健的观念已经开始动摇，男性健康问题引起人们的广泛关注。探求男性养生之道，已经成为许多男子尤其是老年男性的热门话题。

令人遗憾的是，直到现在，还有不少男性以健壮的男子汉自居，以父母给其一个先天较女性为优的身体条件而盲目乐观，因而不珍惜自己的身体。更令人担忧的是，不少非健康男性拖着病态的身子，却昧然不觉，我行我素，依然酗酒、嗜烟、暴饮暴食、通宵玩牌，自残其身，以妄为常。一些男子对其自身很不了解，男性科学知识及养生之道知之甚少，以致患病失治，丧失生育能力者有之，不知不觉地给妻子带来疾病者有之，明明自己不育，却责怪妻子不孕者有之，如此等等。可见，不论医者，或是一般男性，均应懂点男性养生保健知识，这不仅有益于自己，也有益于家庭和社会。

从体质类型来讲，男性常见的体质可分为寒性体质、热性体质和抑郁体质三类。一、寒性体质。寒性体质包括阳虚性体质和痰湿性体质。属于寒性体质者，多形体肥胖，形盛气衰，容易疲劳，精神不振，多汗，多痰，小便清长，大便多糖，畏寒怕冷，肢冷体凉，喜食热物等。在调摄上当避免感寒受湿，宜顾护阳气，可服用性温平和之药食如鹿茸、人参、羊肉、牛鞭、枸杞等。二、热性体质。热性体质包括阴虚性体质和湿热性体质。属于热性体质者，多形体消瘦，精神易于激动，小便短少或黄，大便干燥或秘结，畏热喜凉，心烦热或日晡微热，喜食冷物或冷饮。热性体质的男性平时饮食应清淡，忌食煎炒炙爆及辛辣之物；忌用鹿茸、鞭类等辛温燥热之品。可服用性平缓和之滋补药物和食物如沙参、麦冬、百合、冬虫夏草等。三、抑郁性体质。抑郁性体质是指性格内向、多思易郁的体质倾向。这类体质的男性多具有一定文化素养，性格不稳定，情志变幻无常，遇事疑虑重重，凡遇到婚姻、家庭、事业诸事不遂或社会压力时，难以承受，抑郁不乐，且非常敏感，易受自我暗示或他人暗示的影响。具有抑郁性体质者，应移情易性，开朗豁达，适当参加文娱活动和体育运动，以利于养生保健。治疗上以舒肝解郁、畅达气机为主，慎用补益，忌用辛燥壮阳之品，同时辅以精神心理调护。

注重养生保健的男性也需要注意避免养生误区。如时下很流行的“补铁”对于男性来讲就不如“补锌”。因为男士中真正缺铁者不足1%，大多数男性如果出现缺铁性贫血，体内很可能隐藏着内脏慢性出血或造血障碍的疾患。若不及时找出原因而盲目补铁，将会延误诊治时机。此外，与女性相比，男性不能承受铁的超负荷补给。当体内的铁处于“满罐”状态时，女性可以通过月经解除过量铁的负荷，而男士则容易“铁”满为患。若同时患有血色素沉着症，过量的铁就会沉积于组织器官中，对健康形成威胁。而锌是体内各种酶的活性成分，对调整免疫系统功能十分重要。但据美国政府最新调查表明，男子中缺锌者竟然超过2/3。因此，男士应注意摄入海产品、瘦肉、粗粮和豆类食物，以达到补锌的目的。

另外，盲目的壮阳也是男性保健一大误区。认为繁殖力强的动物如蚕蛾、麻雀是强性动物，动物的阳具，如牛鞭、海狗肾能益肾壮阳，刺激性欲。更有人把梅花鹿、牛的阳具割下来，风干后高价出售。其实这类所谓壮阳药对增强性欲的作用是极为有限的。即使是被现代医学临床使用证明有效的，如育享宾、士的年等，虽能增强性欲，延长性交时间，对治疗男性勃起功能障碍有较好的疗效，但也有较大的不良反应，对中枢神经有一定程度的损害。

最近，有研究人员发现，许多常用药，尤其是安眠镇静药、抗精神病药、抗高血压药以及许多神经介质药物，都会抑制性欲，甚至导致性功能障碍，而一般人对此并不知道。

## 女性养生新观念

人到中年万事忙，尤其是女性，上有双亲要赡养，下有孩子要抚养。虽然人到中年，事业有成，风度翩翩，美丽依然，但此时机体已进入生理衰退期，或隐藏着某种疾病，中年女性巧养生，有助于维护身心健康，保持旺盛的精力和体力。在节奏加快、工作压力日益增大的现代社会生活中，很多女性随着年龄的增长，激素水平不断下降，处于内分泌失调、植物神经功能紊乱的亚健康状态。如不加以调适，就会影响女性的健康。目前，在北京、广州、福州、沈阳等一些大城市兴起了女性特征保养法，赢得了众多女性的青睐。

据调查，约80%的女性对女性特征的理解只局限在外表方面。实际上，女性特征包括以下三个层次：第一特征指由基因决定的生殖器官的构造和外形，出生即能鉴别。第二特征指青春期后，男女身体发生的种种生理变化，如毛发、男性的喉结、女性的胸部等，由性激素决定。第三特征指心理特征：主要表现为思维及情感的表现与表达方式，如情

⊙ **玉制女模型**

由于男女之防，中国古代用玉制女模型来指出病痛处。

## ·女性产后四注意·

一、注意保护头发：妇女产后易脱发。所以产后应注意饮食多样化，及时补充蛋白质、维生素和矿物质，以有助于头发的生长。

二、注意保护面容：妇女产后因身体疲劳，又要护理婴儿，睡眠不足，会使面部皮肤松弛，所以应保证每天睡眠不少于8小时。如面部有浅蝴蝶斑，则应避免过多日照，使用祛斑霜。

三、注意保护牙齿、眼睛：妇女产后牙齿易松动，宜坚持刷牙，适当补钙及适量维生素A、维生素B，使眼睛明亮。

四、注意保持体态：妇女产后会引发“生育性肥胖症”，应注意合理饮食，不要过量，宜少食多餐，要荤素合理搭配，少吃动物脂肪及甜食。同时，要积极坚持适当运动，以防止肥胖。

绪的波动、被爱的渴求、易接受暗示、多愁善感、温柔体贴、寻求帮助、善于合作等。

最近研究表明，21 ~ 22岁是人类处于青春发育阶段的巅峰时期，也是分泌系统功能达到顶峰的时期。之后，性激素分泌将以每10年下降15%的速度逐年减少，以致身体所有器官的功能下降。30岁之前，性激素分泌的微量减少不足以影响到其他器官的生理机能。到30岁以后，体内性激素的减少就会引起其他器官的功能减退。到50岁时，性激素水平已经减少了大约有40%。到60岁时，性激素水平只有年轻人的1/4左右。到80岁时，就只剩1/5了。因此，部分女性需要接受激素替代疗法。女性特征保养则是综合运用物理治疗仪器、中医保健按摩、保健操、个体化保健指导和心理调试等方式，对女性特征进行保养。

人体内分泌系统与整体是一个供需平衡的关系，即内分泌系统是根据整体需要量来分泌性激素的。如果经常对女性的特殊部位加以刺激，就能使女性性激素保持一个较高的水平，从而使女性特征更为突出。目前任何高科技产品都取代不了人体自己分泌的激素，所以，应当提倡以运动刺激为主，调节自体激素分泌的女性保养方式。

女性特征保养在形体上着眼于塑造女性的曲线美，在功能上注重性激素分泌、性功能与心理功能的保养。其中，肾是女人美丽与健康的发源地，当你卸完妆后，面对你依然黄而晦暗的脸，早起后浮肿的眼睛，日渐脱落的秀发……你就要重视破坏你美丽的“肾虚”了。中医认为：“肾为先天之本”，“肾藏精，主生长，发育，生殖”，“肾主骨，生髓，通脑”，“肾主纳气，肾主水液”，“肾开窍于耳”，“肾司二便”，“腰为肾之府”等等。总之肾脏的健康能说明人体生长、发育、生殖系统的活力。如果肾虚了，就会出现一系列衰老的现象。

此外，女性养生要提早，不要透支身体。要防范抑郁症，不要给自己太大的压力，减少自我矛盾。而且在饮食、保健各方面都要注意。

饮食上，要用好的油。我们常说饮食要少盐少油，这其实不对。因为女性的激素要靠油分来帮助分泌，如果饮食太清淡，就会缺乏激素，导致血清素下降，脑部理性运作成功能减退，容易抑郁。除了油以外，维生素和多种微量元素也很重要，需要补足钙、锌、铁等。

作息要规律，内分泌才能正常。从中医讲晚上11点到凌晨1点是肝经保养的时间，如果总是当夜猫子，肝血不能归经，身体就不能充分排除毒素。要多运动，每天走1万步，大约1小时，就可以有助气血循环。不要过度减肥，因为脂肪也和雌激素相关，如果过度减肥，雌激素就会出大问题。

对于孕妇还须注意尽量不要剖腹产。腹部有六七条经络，如任脉、肾经、胃经、脾经等。剖腹产会让这些经络全断，肾气会容易卸掉，对女性有严重影响。

## 老年人养生之道

对于寿命正确的认识是老年人长寿的前提。过去有人这样说:“一个人从生下来之日起，就等于接近死亡一天。”这种说法其实是十分错误的，这种消极认识不利于人的健康，更不利于增寿。应该说，一个小生命的出现，是从母体里就开始增寿了，孩子呱呱落地，就与大自然、人群、宇宙接触;生活一天，就是增加一天的寿命，这就叫增龄又增寿。而且增龄的过程是终生都在进行。我们要积极面对生活，使自己潇潇洒洒地活在这个世界上，中医理论里就讲到天人合一的科学性和必然性。

⊙明代象牙寿星老

无害其生，无伐其性，则人可尽其天年，健康长寿。

虽然近年来，随着生活水平的改善，老年人健康意识不断提高，老年保健已成为老年人生活中的一个重要内容，人们对健康长寿的期望显得越来越强烈，但要达到健康长寿这一目的，其中的奥秘并非人人皆知。

总的来讲，老年人健康长寿需要以积极的态度健康地生活，要做到生理、心理健康，适应四时变化规律，适应社会发展变化。如果老年人都能做到从这几方面去努力，那么自然会感到活得自然、潇洒、幸福和快乐。中医学认为人体与自然界是一个统一的有机体，因而人的各种生理活动，一定要客观地和自然界的四时变化相适应。中医学非常注意环境、季节、气候对人类健康长寿的影响,并指出“人客观存在天地之气生，四时之法成”，“天暑衣厚则腠理开，故汗出；天寒则腠理闭，气湿不行，水下流于膀胱，则为溺与气”。也就是说，老年人要延年益寿，必须遵守客观规律的变化，而绝不应超越自然的变化。

春养生、夏养长、秋养收、冬养藏，这是四时养生之道。反之，则会出现“逆春气，则少阳不生，肝气内变;逆夏气，则太阳不长，心气内；逆秋气，则太阴不收，肺气焦满；逆冬气，则少阴不藏，肾气独沉。”因此，老年人更应注意春避风，夏避暑，秋避湿，冬避寒，调节阴阳，顺应自然的变化，维持正常的生理规律，同时也可以主观能动地改造自然环境，使之适应自己生存的需要，达到长寿的目的。

适应四时需要注意一些季节性常见病。感冒是一年四季都会发生的常见病。这种病对一般人来说是小病，但对老年人，特别是患有慢性病的老年人，情况就不同了，他们有可能因此引起严重并发症。故老年人对感冒切不可掉以轻心。人到老年，各器官系统在解剖结构和生理功能上均出现明显的衰退现象。其中呼吸系统衰退得更早更明显，因为呼吸系统是人体对外开放的门户，经常受污染空气的刺激。呼吸系统衰老的表现是黏膜萎缩；表皮纤毛上皮细胞减少，纤毛脱落；分泌细胞功能衰退，分泌物减少，致使呼吸道的防御机能和抗病能力大大降低。由于肺泡扩张，肺内气体增加，很容易形成老年性肺气肿。此外，老年人的呼吸

⊙《北海真人》画轴 明 吴伟

真人是先秦神仙家、道家以及后世道教对修炼得道而长生不死之人的称谓，在医学经典《黄帝内经》中也有“真人”一词。图中北海真人相传为秦时人，名若士，常骑神龟游于北海之上，腾云驾雾，来去无踪。

肌萎缩，胸廓活动幅度变小，通气功能降低，为细菌和病毒在肺内滞留繁殖提供了条件。这些因素决定了老年人一旦患感冒，很容易得支气管炎、肺炎等并发症。

老年人得支气管炎和肺炎，危险性比一般人就大了。因为青少年和中年人对炎症较敏感，症状出现较早，容易做到早期发现早期治疗。老年人神经系统的反应却比较迟钝，炎症早期很少出现症状，出现了也就比较严重了。加之老年人的抵抗力和对药物的敏感性较差，治疗效果也很不理想。于是，支气管炎可能被延误成慢性支气管炎，肺炎会演化成化脓性胸膜炎、肺脓肿或心包炎等严重疾病。

慢性支气管炎在老年人中发病率很高，平均占13%左右，北方农村高达40%以上，而很多老年人对慢性支气管炎不那么重视，而它恰是引起肺心病的祸根。它会引起支气管狭窄，使肺中气体不能充分排出，内压增大，乃至肺泡破裂，形成阻塞性肺气肿。肺内压增加又挤压肺泡壁的毛细血管，使血液循环受到阻碍，引起肺动脉压增高，增加右心室射血的阻力。日子长了，右心室壁肥厚，心肌收缩力减弱，出现心力衰竭，容易得肺心病。可见，预防感冒是老年保健的关键，应引起充分重视。

虽然不同的老年人在长期的社会实践中逐渐形成了各种不同类型的养生保健方法，而不同的方法，对健康的影响是不一样的，但老年人如能自我分析性格的特点，遵循以下养生规律、原则，扬长避短，那么将对防病健身、延年益寿大有好处。

养后天、保先天是老年人养生的基本原则。中医学将人的脾胃称之为后天之本，是气血生化之源，将肾称之先天之本，是真阴真阳所藏之地。故而对老年人来说，养后天，饮食有节，保先天，重视藏精乃是更为重要的。饮食有节，脾胃健运，化源不竭，正气充沛，可以延年。中医学有“谨和五味，骨正筋柔，气血以流，腠理以密，如是则骨气以精，谨道如法，长有天命”。意为脾胃之健，对维持机体的气血通调，筋骨之健，乃至生命之本，有十分重要的意义。老年人脾胃功能比较虚弱，注意保养脾胃的健康，也是延年益寿的关键。护后天，乃是保养肾气，肾藏先天之精，为水火之宅，是人体一身元气之所至，五脏之阴非此不生，非此不化，肾在人的生殖、发育、衰老方面起着重要作用，由此可知，保养肾精，对于维护人体健康的重要性。所以应该做到“恬淡虚无……精神内守”、“志闲而少欲，心安而不惧”。只有善于调养，才能保真全神，精神并茂，以延年益寿。

调情志、惜精神，是老年人养生时须谨记的要点。中医学把人的情志变化归纳为喜、怒、忧、思、悲、恐、惊七个方面，称之“七情”，七情不节，精神过劳，则神志散乱，气血失调，内脏不安而引起各种疾病。中医认为“喜乐无度则伤心，大怒气逆则伤肝，悲哀不止则伤肺，常忧久思则伤脾，大惊卒恐则伤肾”。老年人的情感易躁易动，平时应注意调节七情，减少

## ·健康老年人的标准·

1．眼有神：目光炯炯有神，说明视觉器官与大脑皮层生理功能良好。眼睛是人体精气汇集的地方，故眼有神，是精气旺盛，肝、肾功能良好的明证。所以身体健康的老年人，眼睛应该是亮的。

2．声息和：说话声音洪亮，呼吸从容不迫，说明发音器官、言语中枢、呼吸系统以及循环系统的生理功能良好。中医认为声息和是正气内存的表现，正气充足，邪不可干，就不容易得病，所以身体健康的老年人声音洪亮，呼吸均匀通畅。

3．前门松：指小便正常、畅通无阻。说明泌尿系统和生殖系统功能良好。中医认为小便淋漓不畅，可谓“膀胱气化失利”，表明泌尿系统或生殖系统功能受损。所以身体健康的老年人，肾功能良好，膀胱功能正常，排尿通畅。

4．后门紧：肛门括约肌紧张度良好，肠道无特殊疾病。中医认为老年人由于脾肾阳虚导致中气下陷，可发生五更泻、便秘或大便失禁。所以，身体健康的老年人排便通畅。

5．形不丰：老年人体型应偏瘦，不应肥胖，始终保持标准体重。经调查，中国百岁以上老年人，无一例肥胖者。老年人肥胖不仅气喘嘘嘘，行动不便，且易引起“肥胖综合征”，即高血压、冠心病、糖尿病、高血脂、胆囊炎和胆石症等。过分肥胖必然影响寿命。

6．牙齿坚：牙齿完坚者老化慢。中医认为：“齿为骨之余，肾主骨生髓。”肾精充足，则牙齿坚固，自然多寿。如肾虚则骨败齿摇。古代医书记载著名医学家华陀的弟子吴普90岁高龄仍耳聪目明、牙齿完坚，说明长寿者口腔健康状况都比较好。

7．腰腿灵：腰腿灵活自如，说明腰腿的骨骼、肌肉、运动神经以及运动中枢生理功能良好。俗语说：“人老腿先老，将老腰先病。”中医认为老年人腰腿灵活，说明肝、脾、肾尚实。因为肝主筋，脾主肉，肾主骨，肝好筋强，脾好肉丰，肾好骨硬。

8．脉形小：血压不高，心律正常，动脉血管硬化程度低，脉形就小。中医认为老年人多因肾水亏虚，肝阳偏亢，故脉常粗大而强。如果60岁以后还能保持较小的脉形，说明阴平阳秘，气血调和。

各种异常的刺激，防止七情过激，心胸要宽，遇事不慌，无所惊恐，少思无悲，精神愉快，才能永保安康。

慎起居、宜劳逸，是老年人生活应遵循的规律。起居有节，劳逸适度这也是养生妙道。起居有节乃是指生活要有规律，劳逸适度是指活动的动静要平衡，只有这样，才能保持体内阴阳协调，气血和平，脏腑机能均衡，故可健康长寿。中医学认为，活动可以促进气血正常的运行转输，筋骨刚劲，脏腑和调，病不得生。所以说慎起居，宜劳逸也是老年人养生要领之一。

勤锻炼、益长寿，是老年人保持健康活力的法则。体育锻炼可以保健身体，预防疾病。老年人进行适当的体育锻炼，可以使气血疏通，促进脏腑的功能，“春三月，此为发陈……夜卧早起，广步于庭，被发缓形，以便去生。”但是，老年人由于年事已高，体内脏器有不同程度的衰老，故锻炼要适度，不可过激、过强，以防损害身体。

资料表明，人类的平均寿命正愈来愈长，这就充分说明，只有通过人类自身得天独厚的聪明才智，合理改善自己的生存发展条件，才能使人体和周围自然环境之间的适应向着更高的水平发展，使人们健康长寿的憧憬，变得更为现实。

# 饮食

## 中国人的饮食

中国人讲吃，不仅仅是一日三餐，解渴充饥，它往往蕴含着中国人认识事物、理解事物的哲理。一个小孩呱呱坠地，亲友要吃红蛋以示喜庆。“蛋”是生命的延续，“吃蛋”寄寓着中国人传宗接代的殷切厚望。每个人从周岁开始每个生日都要“吃”，结婚时更要“大吃特吃”，到了六十大寿，觥筹交错地庆生宴更是不可避免的喜庆之事。这些“吃”对中国人的文化心理结构也产生了深刻的影响。被人打了嘴巴叫“吃耳光”，被冷落叫“吃闭门羹”，混得不错叫“吃得开”，一时得志叫“吃香”，受到了损失叫“吃亏”，而得到了好处则叫“吃了甜头”……

“吃”在中国无所不在，无往不通。这种“吃”，表面上看是一种生理满足，但实际上“醉翁之意不在酒”，它借吃这种形式表达了一种丰富的心理内涵。吃的文化已经超越了“吃”本身，获得了更为深刻的社会意义。亘古至今，聪明睿智的中国人将饮食上升为一种思想、一种境界，乃至一种哲理而论修身、齐家、治国、平天下。

中国人首先将饮食与生存融为一体。“饮食男女，人之大欲存焉。”人具有自然属性和社会属性。作为一个自然人，口腹之乐和男女之乐都是人的天然需要。然而，性有年龄的阶段性，而食却与人终生相伴。所以就有了“民以食为天”，“食为八政之首”，“夫礼之初，始诸饮食”以及“人生万事，吃饭第一”，“开门七件事，柴米油盐酱醋茶”等宏论和俗语。中国著名学者夏丏尊曾在《谈吃》中说：“吃的重要更可于国人所用的言语上证之。在中国，吃字的意义特别复杂，什么都会带了‘吃’字来说。被人欺负曰‘吃亏’，打巴掌曰‘吃耳光’，希求非分曰‘想吃天鹅肉’，诉讼曰‘吃官司’……相见的寒暄，他民族说‘早安’、‘午安’、‘晚安’，而中国人则说：‘吃了早饭没有’？‘吃了中饭没有’？‘吃了夜饭没有’？衣食住行为生活四要素，人类原不能不吃。但吃字

⊙ **宴饮图**

明张岱《夜航船》载：“十月朔拜暮，有司进暖炭，民间作暖炉会。”图为众人围坐宴饮的热闹场面。

的意义如此复杂，吃的要求如此露骨，吃的方法如此麻烦，吃的范围如此广泛，好像除了吃以外就无别事也者，求之于全世界，这怕只有中国民族如此的了。”

中国人在饮食上更讲求享受。千百年以来，中国人心甘情愿地把大量的精力倾注在饮食之事中。菜中味、酒中趣、茶中情，无论穷富，不分贵贱，中国人都在饮食之中各得其所，各享其乐。总体来说，中国人的饮食追求，是“美味享受、饮食养生”。因此，中国是一种美性饮食观念。中国人对饮食追求的是一种难以言传的“意境”，这种意境来源于人们对菜肴美味的感觉，正所谓“色、香、味、形、器”俱全。中国饮食之所以有其独特的魅力，关键就在于它的味。

中国菜的制作过程叫烹调。烹是煮熟食物，调是五味调和。《黄帝内经》说“五味之美，不可胜极”，其核心思想是传统思想中的和为贵思想。苦、辣、酸、甜、咸的调和之味交织融合协调在一起，互相补充，互助渗透，水乳交融，形成你中有我，我中有你的调和之美，尽情地进行味觉享受。

中国人把饮食作为一种艺术，以浪漫主义的态度，追求饮食的精神享受；而西方的饮食则是一种理性饮食，西方人把饮食当成一门科学。以现实主义的态度，注重饮食的营养功能。西方人吃东西时，不论食物的色、香、味、形如何，营养一定要得到保证，讲究一天要摄取定量的热量、维生素、蛋白质以及各种微量元素等。即使口味不是很好，甚至一日三餐千篇一律，外国人也会理智地吃下去，因为他知道这些食物中有营养。对西方人来说，食物的味道则是次要的。如果加热烹调会造成营养损失，他们就半生不熟地囫囵吞下，甚至于干脆生吃。

然而，中国人并非仅因生存和享受而注重饮食。如果那样，中国人岂不都是暴殄天物、贪图口腹之欲的酒肉之徒了吗？中国历代都不乏雅饮雅食之人，安于清贫之人，节俭养生之人。

中国道家始祖老子云：“治身养性者，节寝处，适饮食。”这一句“适饮食”真正使人感受到老子所追求的雅饮与雅食的意境。古人说：“君子食无求饱，居无求安，敏于事而慎于言。”还说：“士志于道而耻恶衣恶食者，未足与议也。”并以一句“饭蔬食，饮水，曲肱而枕之，乐亦在其中矣。不义而富且贵，于我如浮云”证实了自己的追求。而那句名扬千古的“廉者不受嗟来之食”，则是有气节之人的代表。中国宋代著名的美食家苏东坡就是个节俭养生之人。他曾自律曰：“东坡居士自今日以往，不过一爵一肉。有尊客，盛馔则三之，可损不可增。有召我者，预以此先之，主人不从而过是者，乃止。一曰安分以养福，二曰宽胃以养气，三曰省费以养财。”

## 中国的菜系

华夏民族历史悠久，饮食文化渊远流长，闻名于世。中国菜肴以其独具特色的色、香、味、形而对全世界有着无穷的诱惑力。中国是一个多民族的国家，长期以来，由于各地区的地理、气候、物产、历史文化、风俗习惯、信仰等方面的差异，形成了有着不同风格的地方菜系。任何一个菜系，都有自己独具特色的著名菜点，都深涵着此菜系独具的神韵。每个菜系的特有风味都会使食客们在大快朵颐之余有着去体味其历史去感受其渊源的冲动。

说起中国的菜系，多数人都会对四大菜系、八大菜系津津乐道。四大菜系，即黄河下游的鲁菜系、长江上游的川菜系、长江下游的苏菜系、珠江流域的粤菜系。八大菜系指山东鲁菜系、四川川菜系、江苏苏菜系、广东粤菜系、湖南湘菜系、安徽徽菜系、浙江浙菜系、福建闽菜系。除此之外，还有七大菜系、十二大菜系、十六大菜系等多种说法。而四大菜系、八大菜系均得到了饮食界的公认。有人甚至饶有兴趣地用拟人化的手法来形容著名的八大菜系，苏、浙菜好比是清秀多情的江南美女；鲁、皖菜则

**⊙洛阳水席**

“水席”起源于洛阳，与洛阳的地理气候有很大关系——洛阳四面环山，地处盆地，雨量较少，气候干燥寒冷，民间饮食多用汤类。久而久之，逐步创造出了极富地方特色的“洛阳水席”，并形成“酸辣味殊，清爽利口”的风味。

好比是古朴壮实的北方大汉；而粤、闽菜犹如风流典雅的江南公子；川、湘菜就是内涵丰富充实、才艺满身的名士。这样的形容恰到好处地点出了八大菜系的风味特点。

除此之外，中国菜肴还有许多风味流派，如素菜、食疗菜等，均历史悠久，别具特色。中国还有更多的富有浓厚的地方特色的菜肴。如京菜、沪菜、东北菜、鄂菜、秦菜、豫菜、晋菜、黔菜、桂菜等都是风味独特的地方菜，值得一尝。

中国众多风味菜系的形成有着深厚的历史饮食文化背景。从上古到东周，华夏族人民主要栖息于以黄河流域为中心的北方，源远流长的北方菜至今仍是汉族饮食的主体。战国时期，楚、吴、越等国日益强盛，南方基调的菜肴已在屈原的《楚辞·招魂》书有过描述。秦汉时期，大力开发边疆，地处西南的巴、蜀经济文化迅速增强，饮食当然也不例外，扬雄的《蜀都赋》中就有对川菜原形的记述。南北朝时期，迎来了民族的大融合，南菜北烹，北菜南调，无不对苏菜和浙菜产生深远的影响。由于佛教的传入和流行，加之南朝梁武帝的提倡，佛教斋食逐步在社会上产生影响，使中国早已出现的素菜得到进一步发展。隋唐五代时期，中国的花色菜、食疗菜也有新的发展。

宋代，中国菜的发展出现了一个高潮，汴京和临安的市肆中，冷菜、热菜、羹汤和花色菜名目繁多，数以百计。当时市场上已明确标明“南食店”、“北食店”了，表明中国菜肴的主要风味流派在宋朝时已具雏形。元明清三代，中国菜肴又得到较大的发展，北京作为都城，独树一帜，广收各地菜特别是北方菜之长。近在咫尺的鲁菜更有“北菜之王”的美誉。清人徐珂所辑《清稗类钞》中记到:“肴馔之各有特色者，如京师、山东、四川、广东、福建、江宁、苏州、镇江、扬州、淮安。”可见，中国的各种菜系当时已经有了大致的分野。

一个菜系，代表一个地方的风味特色，一个地方风味，代表当地人们的饮食口味。晋代张华在其《博物志》中说：“东南之人食水产，西北之人食陆畜。”“食水产者，龟蛤螺蚌，以为珍味，不觉其腥臊也；食陆畜者，狸兔鼠雀，以为珍味，不觉其膻也。”中国地大物博，各地气候和人们饮食习惯直至现代也不尽相同，各省区人们都有其特殊的口味偏爱和要求，如山东、东北多喜咸，江苏、浙江多喜甜，山西、陕西多喜酸，四川、湖南多喜辣。一方水土养一方人。同时，对这些饮食口味的偏爱正是形成地方风味特色的根本原因。

气候、生态环境和风俗习惯，也赋予各地区菜系特有的风韵。如广东人“食杂”，特别钟情于海鲜和野味，是与背山面海的生态环境密切相关的；而福建人的嗜汤则与天热时间长，流汗消耗体力较多有关；四川人偏爱麻辣，则与四川盆地雾多，阴天多，湿气重有关；苏菜南菜北烹，河鲜和蟹黄系列脍炙人口，这与其所处的地理位置和生态环境密切相关；东北菜重厚味，偏爱高热量的肉食和炖菜，这与东北地区寒冷的气候不无相关；著名的鲁菜多厚味大菜，也与周围的食料资源有关。

菜色缤纷的华夏菜证明了中国人精于饮馔。千变万化、风格各异的菜肴，就是我们引以为荣的中国菜系。

# 鲁菜

鲁菜历史悠久，源远流长，是中国八大菜系之一。鲁菜古老、凝重、深厚、严谨，如一位出自诗礼之乡的学者般富有深厚的内涵。中国儒家鼻祖孔子是山东人，也正是他那句“食不厌精，脍不厌细”对鲁菜也产生了很大的影响。在中国博大精深的饮食文化、众味飘香的各大菜系中，鲁菜独占鳌头。

山东是中国古文化发祥地之一。地处黄河下游，气候温和，胶东半岛突出于渤海和黄海之间。境内山川纵横，河湖交错，沃野千里，物产丰富，交通便利，文化发达。齐鲁大地海鲜水族、粮油牲畜、蔬菜果品、昆虫野味一应俱全，为鲁菜烹饪提供了广大的发挥空间。山东省蔬菜种类繁多，品质优良，号称“世界三大菜园”之一。胶州大白菜、章邱大葱、苍山大蒜、莱芜生姜都蜚声海内外。水果产量居全国之首，仅苹果就占全国总产量40%以上。猪、羊、禽、蛋等产量也是极为可观。水产品产量是全国第三，其中名贵海产品有鱼翅、海参、大对虾、加吉鱼、比目鱼、鲍鱼、天鹅蛋、西施舌、扇贝、红螺、紫菜等。山东酿造业的历史也很悠久，洛口食醋、济南酱油、即墨老酒等都是久负盛名的调味佳品。如此丰富的物产，为鲁菜系的发展提供了无数的原料资源。

鲁菜历史极其久远，其雏形要追溯到春秋战国时期。除了“食不厌精，脍不厌细”之外，孔夫子还提出“鱼馁而肉败不食，色恶不食，臭恶不食，失饪不食，不时不食，割不正不食，不得其酱不食……”等一系列的美食主张，对鲁菜的形成不无影响。秦汉时期，山东的经济空前繁荣，鲁菜在这个时期已经初具规模。南北朝时，鲁菜的发展已经相当成熟。高阳太守贾思勰的《齐民要术》一书所总结的很多烹饪经验即取于齐鲁一带。隋、唐、宋、金等朝过后，鲁菜日臻成熟，逐渐成为北方菜的代表。到元、明、清时期，鲁菜的烹调工艺和调味风格逐渐流传于华北、京津、东北一带，并且进入宫廷，成为御膳的珍品。清高宗弘历曾八次驾临孔府，并在1771年第五次驾临孔府时，将女儿下嫁给孔子第72代孙孔宪培，同时赏赐一套“满汉宴银质点铜锡仿古象形水火餐具”给孔府，这更促使鲁菜系中的奇葩“孔府菜”有了更大的发展。

鲁菜系有包括济南、德州、泰安在内的济南派；包括青岛、烟台等沿海城市的胶东派，以及堪称“阳春白雪”的典雅华贵的孔府菜等三大流派。同时，还有星罗棋布的各种地方风味小吃。鲁菜正是在以上三派的基础上，集山东各地烹调技艺之长，兼收各地风味之特点加以发展升华而成。

⊙孔府菜一品豆腐

⊙传统鲁菜九转大肠

## ·鲁菜著名菜点·

糖醋黄河鲤鱼、九转大肠、炸山蝎、德州五香脱骨扒鸡、原壳扒鲍鱼、博山豆腐、奶汤蒲菜、汆西施舌、蜜汁梨球、炸紫酥肉、红焖鳝鱼、锦装鳖、扒驼掌、拆烩鲢鱼头、红烧龟肉、红烧水鱼、七彩杂锦煲、烤牌子、滴水计时神仙鸭、烩乌鱼蛋、糍粑鱼、油爆鲜贝、油爆双脆、干烂虾仁、锅塌鱼扇、爆三样、诗礼银杏、白扒鱼翅、南煎丸子、芙蓉西施舌、熘黄菜、带子上朝、清炖加吉鱼、拼什锦合菜、三下锅、焦熘里脊、拌肘子、醋烹虾段、三美豆腐、双烤肉、黄焖鸭肝、芥末鸡皮、酱汁鱼、焖大虾、吉祥干贝、炒豆腐脑、珊瑚金钩、锅塌豆腐、海米珍珠笋、清汤柳叶燕菜、清汤什锦、汤爆双脆、烧海螺、烧蛎蝗、烤大虾、清汤燕窝、赛螃蟹

福山拉面、银丝卷、长官包子、周村烧饼、盘丝饼、酱什锦菜、烤鱿鱼、炒辣蛤蜊、冻菜凉粉、地瓜枣、海鲜馄饨、虾汤面、蛤蜊面、海鲜水饺、杠子头火烧、蟹壳黄合饼、中华锅贴、油旋、五仁包、泉城大包、天天炸鸡、春饼、灌汤包、草包包子、芝麻排骨、烤地瓜、炸酱鸡、荠菜春卷、糖醋煎饼、八批果子、玫瑰糖炸糕、鸡丝馄饨、长清大素包、民众煎包、济南米粉、景芝金丝面、单县羊肉汤、蛋酥炒面、豆汁粥、八宝茶汤、石子旋饼、六角旋饼、泰山豆腐面、蓬莱小面、梨丸、龙凤炒饭、黄县肉盒、芙蓉烧麦

鲁菜用料广泛，海鲜、山珍、鲜蔬，甚至瓜果花卉都是入馔的佳品，鲁菜制作注重用汤，号称“汤为百鲜之源”。汤分为清汤和奶汤，清浊分明，主要取汤的那种清鲜。鲁菜中各种名汤菜有数十种之多。“清汤柳叶燕窝”、“清汤全家福”、“汆芙蓉黄管”、“奶汤蒲菜”、“奶汤八宝布袋鸡”、“汤爆双脆”等均为鲁菜中的汤菜精品。鲁菜更精于调味，咸、鲜、酸、甜、辣为鲁菜的主要味型。纯正浓厚、咸甜分明，真正值得回味。咸鲜为鲁菜的主味，在烹调中多用盐水和酱。鲁菜更善用葱香调味，什么菜都要以葱花爆锅，很多馔品要以葱段佐食。鲁菜刀功精细，工于火候，烹调技法全面，以爆、炒、烧、炸、熘、蒸、扒见长，其中尤以爆最为著名。“爆”菜一定要旺火速成，如一道油爆菜，急火快炒，一鼓作气，瞬间完成，制作成的菜肴香、脆、爽且富于营养。甜菜拔丝，也是鲁菜独具的技法，除了苹果、山药、蜜桔、香蕉，就连小小的葡萄等也能用于拔丝，缕缕甜丝，香脆可口。鲁菜烹制海鲜亦有独到之处，尤以对海珍品和小海味的烹制堪称一绝。在山东，大凡海产品，不论是参、翅、燕、贝，还有鳞、蚧、虾、蟹，经当地厨师的妙手烹制，都可成为清鲜味美的海味佳肴。以小海鲜烹制的油爆双花、红烧海螺、炸蛎黄以及用海珍品制作的蟹黄鱼翅、扒原壳鲍鱼、绣球干贝等，都是独具特色的鲁菜珍品。

鲁菜中许多名菜都历史悠久，底蕴深厚。九转大肠是鲁菜传统名品之一，这个菜名的由来别有一番趣味。据说此菜为清光绪年间济南城里县东巷九华楼首创。九华楼店主姓杜，是济南富商，在济南开的店铺很多，所开店铺，均以“九”字冠名。九华楼烧制的大肠下料多，用料全，先煮熟焯过，后炸，再烧，出勺入锅反复多次，直到烧煨至熟。调料中有名贵的中药，砂仁、肉桂、豆蔻，还有葱、姜、糖、酱、盐、油、酒等。有一次，九华楼店主请客，席间有一道“烧大肠”，品味后客人们纷纷称道，有说甜，有说酸，有说辣，有说咸。座中有一位知名文人为答谢主人的盛意，赠名为“九转大肠”，一是迎合店主的喜“九”之癖，二是赞美厨师技艺高超和制做此菜用料齐全、工序复杂、口味多变如道家炼烧九转仙丹。这个名字深得店主和来客好评，于是，九转大肠便声名远播了。

诗礼银杏是鲁菜菜系中孔府菜最早的上等名菜之一。相传孔府诗礼堂是孔子和其子孔鲤学诗学礼的地方。到了宋代，此处长出了两棵银杏，孔府厨师取用这里出产的白果做成菜肴，供学者食用，故取名为诗礼银杏。

# 川菜

中国西南的“天府之国”——四川，有“一菜一格，百菜百味”的川菜。四川素有“烹饪天国”的美誉。川菜是中国八大菜系之一，具有浓郁的地方特色，味道变化无穷，“吃在中国，味在四川”的声名名震寰宇。

川菜的发祥地是巴（以重庆为中心，包括川东、黔北、湘西、鄂西、陕南等古代巴国故地）、蜀（以成都为中心，包括川西北、甘南、滇北、黔西北等古蜀国和古益州故地）。巴蜀自古与殷、周、楚、秦都有过频繁的经济文化关系，饮食文化的交流自不在话下。三国之时，川菜已经日益形成。西晋大文学家左思在《蜀都赋》中大吟“若其旧俗，终冬始春，吉日良辰，置酒高堂，以御嘉宾”，再现了1500多年前川菜的烹饪技艺和宴席盛况。唐宋之时，川菜有较大的发展，名品佳肴层出不穷。明朝末叶，辣椒从南美洲传入中国，川菜的风味又得到了进一步的丰富和发展。晚清时期，川菜逐步形成以清鲜醇浓并重、擅用麻辣调味著称的独特风味。

川菜的发展还得益于历代聪明睿智的川厨对其他饮食精华的兼收并蓄。巴蜀虽在中国西南，但历朝历代的外地人在巴蜀并不少见。特别是在清朝，外籍入川的人更多，以湖广为首，陕西、河南、山东、云南、贵州、安徽、江苏、浙江等省的人也都有移民四川的。他们将其家乡的饮食习尚与名馔佳肴带入四川，这些饮食文化都对川菜的发展起到了推动作用。川菜博采众长，“南菜川味”、“北菜川烹”，继承传统，改进创新，形成了风味独特，具有广泛群众基础的四川菜系。

川菜包括了成都和重庆以及乐山、江津、自贡、合川等地方的菜点特色。川菜讲究色、香、味、形、器，兼有南北之长，在“味”字上尤为突出，素以味多、味广、味厚著称，味型多样、变化精妙。东晋常璩有蜀人“尚滋味，好辛香”之说。川菜虽以麻辣著称，但常用的味型相当丰富，有咸鲜微辣的常味型，有咸甜酸辣兼备的鱼香味型，有咸甜麻辣酸鲜香并重的怪味型，有咸鲜辣香的红油味型，有典型麻辣厚味的麻辣味型，有酸菜和泡菜的酸辣型，还有椒麻型、椒盐型、姜汁型、蒜泥型、煳辣型、糖醋型、香糟型、芥末型、荔枝型、麻酱型、葱油型、陈皮型、五香型、酱香型等20多种，真不愧“一菜一格，百菜百味”。

川菜的味美、味多、味浓、味厚，与四川

⊙成都川菜博物馆

口味丰富，别具特色的调味品是分不开的。自贡井盐、内江白糖、阆中保宁醋、三汇的特醋、中坝酱油、郫县豆瓣、清溪花椒、永川豆豉、涪陵榨菜、叙府芽菜、重庆的辣酱、宜宾的芽菜、南充冬菜、新繁泡菜、忠州豆腐乳、温江独头蒜、北碚莴姜、成都二金条海椒等，都是川菜独有的味道之源。

川菜菜品已达4000种之多，历史的积淀，使一道道精致的菜品包含着一段段美丽动人的故事。大文学家苏轼是个地道的美食家，他不但撰写了脍炙人口的《老饕赋》，还“聚物之夭美，以养吾之老饕”，创制了东坡肉、东坡羹和玉糁羹等佳肴；清代，四川总督丁宝桢，又称“丁宫保”，首创川菜名馔“宫保鸡丁”，独具风味，备受欢迎。“麻婆豆腐”是100多年前由成都北门外万福桥一个小饭店里面夫姓陈的麻姓妇女创制。成菜麻、辣、烫、酥、鲜、嫩，久负盛名，流传国内外。成都市至今仍有“陈麻婆豆腐店”，每日顾客盈门，坐无虚席。

川菜的烹调方法千变万化。流传到现在的有炒、煎、烧、炸、腌、卤、熏、泡、蒸、熘、煨、煮、炖、焖、卷、焯、爆、炝、煸、烩、糁、蒙、贴、酿、酥、糟、风、醉、拌等30多种。特别是以小煎小炒、干烧干煸见长。川菜中汤的烹制方法也十分讲究，所谓“川戏离不了帮腔，川菜少不了好汤”。

川菜菜式也很多，从高级宴会菜式、普通宴会菜式、大众便餐菜式到家常风味菜式，一应俱全。这四类菜式既各具风格特色，又互相渗透、互相配合，满足了食客们不同的要求。

⊙ 川菜之魂——四川郫县豆瓣

无论是高级宴会菜的红烧熊掌、竹荪肝膏汤、干烧鱼翅，普通宴会菜的清蒸杂烩、粉蒸肉、咸烧白、甜烧白，还是大众家常的宫保鸡丁、鱼香肉丝、水煮肉片、麻婆豆腐、回锅肉，任何一款川味佳肴都让人回味无穷。

四川小吃与四川菜一样，不仅款式多姿多彩，口味也是无比丰富。从各色小面到抄手包饺；从糕团汤元到筵席细点；从凉拌冷食到热饮羹汤；从锅煎油烙到蒸煮烘烤，堪称“花色品种琳琅满目，甜咸酸辣各味俱全”。

目前四川地区盛行火锅美食。在重庆、成都两大城市形成了“火锅街”、“火锅城”。吃着又辣又烫的“毛肚火锅”，流一身大快淋漓的汗，别有一种情趣、一番快意。

## 苏菜

1949年10月1日晚的国宴对整个中国来说都是具有特殊的意义的，而当时别开生面的国宴就是由苏菜的一个分支淮扬菜担当的主角。有“南食之柱”美誉的苏菜清纯细腻，有着江南别样的风情，又是那样富贵典雅，无愧于国宴本色。

苏菜，是江苏的地方风味，中国饮食文化中的八大菜系之一。苏菜历史悠久，先秦时期，吴地已有一些见诸文献的著名菜肴，可以看做是江苏菜的渊源。春秋时齐国的易牙曾在徐州传艺，创制了千古名肴——“鱼腹藏羊肉”。专诸为刺吴王，在太湖向太和公学“全鱼炙”，苏州名菜“松鼠鳜鱼”即是“全鱼炙”中的一种。以后东吴、东晋和南朝的宋、齐、梁、陈6个朝代，都锐意经营华东地区，金陵、镇江、无锡、常州、温州等城市相继崛起，对苏菜的发展起到了很大的促进作用，此时的苏菜已经相当成熟了。南北朝时，南京的“天厨”烹饪技法已经相当精湛，能用一种食材做出几十种菜，一种菜又能做出几十种风味来。隋唐时期，松江的金齑玉脍、糖姜蜜蟹，苏州的玲珑牡丹鲊，扬州的缕子脍，都是造型精美的花式菜肴。原来南人菜咸而北方菜甜，江南进贡到长安、洛阳的鱼蟹要加糖加蜜。宋室南渡杭州，中原大批士大夫南下，带来了中原的饮食风味，使苏菜的口味有了较大的变化。明清时期，苏菜已经相当成熟，烹饪技法日益精细，菜肴品种大为丰富，风味特色也更加突出，在全国的影响也越来越大。当时还盛行一种船宴，南京、苏州、扬州都有船宴。清人徐珂所辑《清稗类钞》中记有“肴馔之各有特色者，如京师、山东、四川、广东、福建、江宁、苏州、镇江、扬州、淮安”。徐珂举的10处，有5处为江苏名城。如今的苏菜与历史的苏菜不仅一脉相承，而且更加绚丽多彩。

江苏为鱼米之乡，物产丰饶，饮食资源十分丰富。著名的水产品有长江三鲜——鲟鱼、刀鱼、鲥鱼，还有太湖银鱼、阳澄湖清水大闸蟹、南京龙池鲫鱼以及其他众多的海鲜、河鲜；鲜蔬有太湖莼菜、淮安蒲菜、宝应藕、板栗、茭白、冬笋、荸荠等名菜。“春有刀鲸夏有鳃，秋有肥鸭冬有蔬”，一年四季，水产禽蔬林林总总，长年不断。这些富饶的物产都为苏菜的形成和发展提供了优越的物质基础。

江苏的历代名厨造就了苏菜别具一格的传统佳肴，这别具一格来源于古有“帝王州”之称的南京，“天堂”美誉的苏州及被史家叹为“富甲天下”的扬州。苏菜主要由淮扬、金陵、苏锡、徐海这四个地方风味构成，同中有异，各有千秋，各具特色，影响遍及长江中下游广大地区，在国内外享尽盛誉。

淮扬菜以扬州为中心，包括镇江、两淮地区的菜肴。淮扬菜历史悠久，是江苏菜的重要组成部分。淮扬菜特点鲜明，注重刀功、火功，擅长烹制鱼鲜，制菜擅用炖、焖、煨等烹调方法，口味咸甜适中，清淡适口。淮扬菜还擅长瓜果雕刻，极其精致可爱。

金陵风味，又称“京苏菜”，指以南京为中心的地方风味菜。南京菜以滋味平和、醇正适口为特色，名店马祥兴的四大名菜——松鼠鱼、蛋烧麦、美人肝、凤尾虾可作为南京菜的代表。南京的金陵鸭馔更为著名，板鸭、盐水鸭、黄焖鸭、卤鸭肫肝乃至鸭血汤等，可上华

### ·苏菜著名菜点·

鸡汤煮干丝、清炖蟹粉狮子头、水晶肴蹄、鸭包鱼、香炸藕夹、炸酥肠、牡丹菜卷、松鼠鳜鱼、烩鱼香肉圆、蟹肉扒翅、糖醋瓦块鱼、油爆虾、太湖脆鳝、镇江肴肉、栗子焖羊肉、无锡肉骨头、一品汽锅鸡、红烧栗子鸡、南京盐水鸭、油淋鸽子、卤汁冬菇、酥炸桃仁、松鼠鱼、蛋烧麦、美人肝、凤尾虾、卤鸭肫肝、鸭血肠、爆乌花、荷叶焗鸡、彭城鱼丸、清汤火方、鸭包鱼翅、西瓜鸡、碧螺虾仁、鸡茸蛋、常熟叫化鸡、松鼠鲫鱼、霸王别姬、天目湖砂锅鱼头、淮安软兜、金蹬仙裙、大煮干丝、三套鸭、水晶肴肉、荷包鲫鱼、梁溪脆鳝、沛公狗肉、养心鸭子、四谛丸子、杏仁豆腐、羊方藏鱼、凤尾对虾、红烧沙光鱼、板栗烧鸡、芙蓉套蟹、酒醉螃蟹、生熏鱼、锅塌鲤鱼、蟹黄煨鱼肚、奶汤鱼皮、荷花铁雀、炒头脯

苏州糕团、汤包、密汁豆腐干、松子糖，玫瑰瓜子、虾子酱油、枣泥麻饼、猪油咸糕、煲仔鱼丸、果汁煎肉脯、白云猪手、南京蒲菜、玫瑰猪油大方糕、桂花小元宵、梅花糕、枫镇大面、小笼馒头、春卷、蟹肉汤包、歃汤、冰葫芦、干丝脆鱼、葱油大烧、藕粉圆子、鱼汤面、淮饺、文楼汤包、鳝鱼辣汤、韭菜合子、芙蓉藿香饺、文蛤饼、鱼鳞酥、什锦素菜包、刀鱼卤面、烫面蒸饺、马蹄酥、三鲜馄饨、银丝面、常州大麻糕、桂花糖芋艿、五色玉兰饼

席盛宴，也可流连于街头巷尾，素有“金陵鸭馔甲天下”的美誉。

苏锡菜主要以苏州、无锡两地组成。“上有天堂，下有苏杭”，苏州被称为“东方威尼斯”。苏锡菜擅长烹制河鲜、湖蟹、蔬菜，非常注重造型，菜品清新多姿，讲究火候，善于调味，口味略微有些甜。苏锡风味的传统名菜很多，如清乾隆时已有的樱桃肉；由传说变为名菜的叫化鸡；典型功夫菜鸡茸蛋、梁溪脆鳝；用太湖名产银鱼制作的香松银鱼；无锡灯船上必备的船菜白汤大鲫鱼等都是驰名中外的苏锡名菜。

徐海菜指自徐州沿东陇海路至连云港一带的地方风味菜。徐海菜以鲜咸为主，五味兼蓄，风格淳朴，注重实惠，菜品别具一格。如徐州的霸王别姬、彭城鱼丸、沛公狗肉、羊方藏鱼，连云港的凤尾对虾、红烧沙光鱼、爆乌花等名品佳肴，都为人们所传颂。

清鲜平和，是苏菜的基调。苏菜所用江鲜、河鲜、湖鲜、海鲜、鲜瓜、鲜果、鲜花、鲜蔬，都为了一个“鲜”字；苏菜刀功精细，刀法多变，无论是细切粗划、先片后丝，还是脱骨雕镂，都能显示出刀功的精湛超群；苏菜重视火候，讲究火功，以炒、熘、煮、烩、烤、烧、蒸为主要烹法，擅长炖、焖、煨、焐，具有鲜、香、酥、脆、嫩等特点。炖生敲、炖菜核、炖鸡孚的“南京三炖”，还有扒烧整猪头、拆烩鲢鱼头、清炖狮子头的“镇扬三头”，都是采用宜兴砂锅焖钵制作的名品。

苏菜历史内涵丰厚，许多名菜精品都有一段美丽动人的传说或典故。“天下第一菜”和乾隆皇帝，“龙宫大将”与“将军过桥”，孟姜女和太湖银鱼，松鼠鳜鱼吱吱作响，乞丐发明的“叫化鸡”等，都是人们在品味苏菜佳肴时的佐食之料。

## 粤菜

广东菜又称粤菜，粤菜选料博杂、生猛时尚，是中国传统的八大菜系之一。

粤菜历史悠久，早在秦汉时就已现端倪。南越王墓和岭南地区大量汉墓出土的随葬食品中，最多的是海产品、野味和瓜果。到了汉代，粤菜就借物产之利，有了现在依旧著名的蛇馔。《淮南子·精神篇》云：“越人得蚺蛇，以为上肴。”

唐宋以来，随着广州的繁荣和周围各圩镇的崛起，饭馆、茶楼日益增多，广州各圩镇的交流日益频繁，逐渐形成了具有岭南特色的以鲜活海产、野味和时蔬花果入馔为主流的广府菜。唐代大诗人韩愈被贬至潮州，在他的诗中就有潮州人食鲎、蛇、蒲鱼、青蛙、章鱼、江瑶柱等各种野味海鲜的描述。宋代著名大文学家苏轼因政事被贬至广东岭南，岭南的美食却给了这位大美食家无限的安慰。他曾向弟弟苏辙炫耀道：“五日一见花猪肉，十日一遇黄鸡粥。”花猪肉至今仍是东江的名菜。

粤菜菜系基本上是广州菜（又称广府菜）、潮州菜、客家菜三个菜种的融合体，而以广州菜为中心。元明时，随着广府和潮州、客家地区交流的日益频繁，三个菜种也逐渐互相交融，粤菜越来越成熟。

清时，珠江和韩江两个三角洲逐渐发展成商品农业的鱼米之乡。韶关、湛江等地的农业

⊙广州十三行油画 清

粤菜源于传统的潮汕食俗，十三行成为外贸窗口后，粤菜吸收了往来广东的外国人的异国风味。

生产也日趋兴盛，粤菜的发展也更是上了一个新的台阶。清中叶的后，虽国势日衰，但广东省会广州的饮食却日益兴旺。鸦片战争后，海禁大开，中原风味、欧美风味以及南洋风味都为粤菜注入了新鲜的血液，粤菜大系逐渐形成了。

广东地处中国南部沿海，境内高山平原鳞次栉比，江河湖泊纵横交错，气候温和，四季常青，物产丰富。盛产石斑鱼、龙利鱼、鲟鱼、鳜鱼、对虾、肉蚧、羔蚧、鳊鱼、鲈鱼。除此之外，广东还盛产稻米、甘蔗、小麦、花生等。广东也是全国最大的水果生产基地，盛产香蕉、柑桔、荔枝、菠萝。咖啡、可可、胡椒的产量也居全国首位。清朝人竹枝词曰："响螺脆不及蚝鲜，最好嘉鱼二月天，冬至鱼生夏至狗，一年佳味几登筵。"把广东丰富多样的烹饪资源淋漓尽致地描绘了出来。清淡鲜活的粤菜就是在如此丰富的物产基础上发展并成熟起来的。

粤菜中广州菜的"广州"是广义的，凡讲广州话的地区均在此范围，包括珠江三角洲各市、县，以及肇庆、韶关、湛江等地。广州菜用料广泛，精细讲究又要保持鲜活。即席烹制，吃起来别有一番新鲜的滋味。潮汕菜的"潮汕"也是广义的，凡讲潮州话的地方都在此范围内，包括汕头、潮州、普宁、惠来、揭阳、饶平等地在内。潮汕菜历史悠久，菜肴别具特色、自成一派。东江菜又称客家菜，客家为南迁的中原汉人，他们聚居于东江山区，菜肴有着中原固有的风貌。客家菜用料以肉类为主，原汁原味，讲求酥、软、香、浓，注重火功，以炖、烤、煲著称，尤以砂锅菜见长。

粤菜最大的特点就是选料博杂，无所不吃。有人说广东人"天上飞的除了蚊子，地上站的除了凳子，都能烧成美味佳肴"。这当然是一句夸张的笑话，但粤菜确以选料广博闻名。飞禽走兽、山珍海味、野菜山花，均可入馔。蛇、麻雀、鹧鸪、穿山甲、蝙蝠、海狗、鼠、猫、狗、猴、龟……超过 1000 种的材料经过粤厨的妙手，都可以变成桌上的珍异佳肴。早在南宋，周去非的《岭外代答》一书中就对此有精辟的记载："深广及溪峒人，不问鸟兽蛇虫，无不食之……"如今，鲍、参、翅、肚、山珍海味为粤菜名品，而蛇、鼠、猫等野味也为粤菜中具有独特风味的佳肴和药膳。

汤菜是粤菜的灵魂。在广东，不是喝酒"不醉不归"，而是饮汤"不够不归"。广东人的汤菜不仅仅是为了大快朵颐，养生更为重要。蝎子灵芝煲老龟可以去湿养颜滋阴，鸡骨草煲生鱼能保肝去湿毒，野生乌鸡炖羊胎花则为女性尤物，有显著的健身、美容、养胃的功效。这样对身体有益的汤菜，汤料当然要好好选择一下了。火气旺盛，一定要选择甘凉的绿豆、薏米、海带、冬瓜、莲子等，用以滋润、清火；

**·粤菜著名菜点·**

中式五花肉排、烤乳猪、白灼虾、龙虎斗、太爷鸡、香芋扣肉、红烧大裙翅、黄埔炒蛋、炖禾虫、狗肉煲、五彩炒蛇丝、菊花龙虎凤蛇羹、纹露美鲍、乳猪大拼盘、雀巢黑椒牛柳、清蒸石斑鱼、青蟹粉丝煲、梅菜扣肉、玫瑰油鸡、凉瓜排骨、咖喱牛肉、客家封鸡、京都排骨、菊花石榴鸡、啤酒蟹、豉汁青口螺、香荽豆腐鱼汤、蒸蒜香大虾、蒜心生鱼片、锅巴肉蟹、潮州冻肉、清甜莲子、清田鸡腿、佛手香酥骨、煎酿茄子、鱼皮角、文昌鸡、东江盐鸡、两柠煎软鸡、铁板煎牛柳、八珍扒大鸭、豉汁茄子煲、蚝油扒生菜、潮州白鳝煲、清蒸大鲩鱼、沙茶牛肉、麒麟鲈鱼、蚝油牛肉、白云猪手、贝丝扒菜胆

油条、咸煎饼、笑口枣、艇仔粥、伍湛记及第粥、瑶柱白果粥、欧成记云吞面、沙河粉、猪肠粉、濑粉、萝卜糕、马蹄糕、伦教糕、红豆沙、绿豆沙、糯米麦粥、八宝粥、芝麻糊、杏仁糊、汤丸、双皮奶、姜汁撞奶糊、甜粽、咸粽、炒田螺、猪红汤、牛骨汤、酸辣瓜菜、蒸肠粉、松糕、棉花糕、钵仔糕、面糕、芋头糕、沙翁、薄脆、酥皮莲蓉包、娥姐粉果、蜂巢芋角、蟹黄灌汤饺、薄皮鲜虾饺、干蒸烧卖、荷叶饭、肇庆裹粽

寒气过剩，就要选择性热的冬虫夏草、参之类的汤料。在夏季不宜喝大补的汤，即使在秋冬季，年轻人和小孩子也最好不要喝。粤菜做汤菜讲究三煲四炖，煲汤一般需要 3 小时，炖汤需要 4 ~ 6 小时。煲汤其实很容易，将原料调配合理，慢慢在火上煲着就行了。葱、姜、蒜、花椒、大料、鸡精、味精、料酒之类香料大可不必多放，一片姜足矣。喝汤讲究原汁原味，只要时间够，煲的汤自然会香飘四溢。煲汤以质地细腻的砂锅为宜，瓦罐和铁锅也可。

提起广东的小吃，名气并不比粤菜差。广东的小吃不仅丰富多彩，多种多样，历史也很悠久。

广东粥很注意调味，滑鸡粥、鱼生粥、及第粥和艇仔粥远近闻名；广东粉为沙河粉，软中带韧；广东面则以伊府面最为出名。广东小吃的制作技法多为蒸、煎、煮、炸四种。酥皮莲蓉包、娥姐粉果、马蹄糕、伦教糕、蜂巢芋角、蟹黄灌汤饺、薄皮鲜虾饺、干蒸烧卖、沙河粉、荷叶饭等，都是广东著名的风味小吃。

广东地处亚热带，一年四季都有鲜果上市，故有“水果之乡”的盛誉。广州的水果品种有 500 多种，荔枝、香蕉、木瓜、菠萝等产量大，质量好，被誉为岭南四大名果。昔日的“一骑红尘妃子笑”的果王荔枝，如今已入平常人之口。此外，还有芒果、杨桃、石榴、龙眼、白榄、乌榄、黄皮、杨梅、菠萝蜜、三华李、西瓜等。当然，这些鲜果无一不为广东人桌上的美餐。

## 湘菜

湖南菜又称湘菜，正如那湖南的辣妹子，湘菜也是热情、泼辣，别有一番江南风情。

湖南因位居洞庭湖之南而得名，又因湘江纵贯全省，故简称湘。这里气候温暖，雨量充沛，阳光充足，四季分明，物产资源丰富，是著名的鱼米之乡。《史记》中曾记载，楚地“地势饶食，无饥馑之患”。长期以来，“湖广熟，天下足”的谚语广为流传。湘菜源远流长，根深叶茂，在几千年的悠悠岁月中，经过历代的演变与进化，逐步发展成为颇负盛名的地方菜系。

秦汉之时，湘菜菜系已基本形成，烹调技艺已有相当高的水平。1974 年，在长沙马王堆出土的西汉古墓里，发现了迄今最早的一批竹简菜单，不仅记录了百余种名贵菜品，还记载了羹、炙、煎、熬、蒸、腊、炮等 10 余种烹调方法。六朝唐宋时期，湖南经济文化日益繁荣，湘菜也随之有了长足的发展。当时的名菜“东安鸡”、“怀胎鸭”、“龙女斛珠”、“子龙脱袍”等，距今已有千年的历史了。

明、清两代是湘菜发展的黄金时期。当时的湖南商旅云集，市场繁荣，湘菜茶楼酒馆遍及全省各地，其独特风格也在这时基本定局。晚清战事频仍，湖南人曾国藩、左宗棠先后率领湘军转战南北，也将湘菜带到了各地。特别是左宗棠，还为湘菜留下了“左宗棠鸡”这道名肴。晚清进士谭延闿对湘菜的影响更大。谭延闿，湖南茶陵人，字祖庵，曾任湖南督军兼省长，后出任南京国民政府主席及首任行政院院长，深谙饮馔之学。当时有一位烹调技术极好的厨师叫曹荩臣，因排行第四，人称曹四（曹荩臣与宋善斋、肖麓松、柳三和并称长沙四大

⊙ 左宗棠鸡

湘菜一种，相传因清代左宗棠嗜吃这样烹制的鸡而得名。

⊙ 湘菜名品——剁椒鱼头

名厨）。曹四本在清朝衙门里当官厨，后被谭延闿纳为私人厨师。谭公馆的菜在当时颇具声名，时人称曹四为谭厨，称谭家菜为祖庵大菜。1930 年谭延闿去世之后，谭厨在长沙独自经营餐厅，各式菜肴均以“祖庵”二字冠名，如“祖庵鱼翅”、“祖庵豆腐”等，声名大噪，生意兴旺之极，将湘菜口味传播得更广。

长期以来，湘菜受地区物产、民风习俗和自然条件等诸多因素的影响，逐步形成了以湘江流域、洞庭湖区和湘西山区为基调的三种地方风味。湘江流域菜以长沙、湘潭、衡阳为中心，是湖南菜的主要代表，鲜香酥软，清脆爽口。腊味制法是湘江流域湘菜的特色，冷盘、热炒、汤蒸，都是绝佳的美味佳肴，名菜“腊味合蒸”，更是柔软不腻，咸香可口。洞庭湖区菜以烹制湖鲜、河鲜见长，煮菜是其一大特色。当地人有“不愿进朝当驸马，只要蒸钵炉子咕咕嘎”的民谣，可见湖南人对煮菜的钟爱。湘西菜擅长烹制山珍野味和各种腌制品，有浓厚的山乡风味。“湘西酸肉”为土家族、苗族人民的风味菜肴，是将腌制后的肉爆炒做成的菜肴，又香又辣，让人爱不释“口”。

湘菜的最大特色就是辣。湖南人对辣椒“宠爱有加”，几乎吃什么都放辣椒。湖南人的嗜辣与气候有关。那里气候温暖潮湿，古称“卑湿之地”，而吃辣椒能提热、开胃、去湿、驱风。久而久之，湖南人就形成了食辣的习惯。除辣之外，湘菜还能使用调味品烹制出酸、甜、咸、苦等多种单纯和复合口味的菜肴。特别是“酸辣”，以辣为主，酸寓其中。“酸”是酸泡菜之酸，比醋酸要醇厚柔和。湘菜的刀功也异常精妙，基本刀法有 16 种之多，光凭湘菜名厨的一把刀，就能使菜肴千姿百态、变化无穷。整鸡剥皮，盛水不漏，“发丝百页”，细如银发。特别是“菊花鱿鱼”、“金鱼戏莲”等创新菜更是神形兼备，栩栩如生，令人有巧夺天工之叹。湘菜刀功之妙，还在于不仅要着眼于造型的美观，还要处处顾及到烹调的需要，要依味造形，形味兼备。湘菜烹调方法很多，以煨、㸆、炖、蒸、煎、炒、炸最为常见。煨菜软糯汁浓，炖菜醇香汤清，煎菜、炒菜要注重火候，要恰到好处，蒸菜则香味更浓，回味悠长。湘菜中技艺更为精湛的是煨㸆。煨在色泽变化上又分为“红煨”、“白煨”，在调味汤上分“清汤煨”、“浓汤煨”、“奶汤煨”等几种。不管是哪种，均要小火慢㸆，这样煨出来的菜才能保持那种原汁原味。许多煨㸆出来的菜肴，如醇厚浓香的“祖庵鱼翅”，汁纯滋养的“洞庭金龟”都是湘菜中的名馔佳肴。

湘菜中有一道名肴“东安子鸡”非常的著名。东安子鸡，原名“醋鸡”，因其原创始于湖南东安县，故名。此菜是用嫩母鸡和红辣椒煸、烧而成，红白黄绿四色相间，色香味俱全。相传东安子鸡创于唐玄宗开元年间，一天晚上，在东安县的小饭店里来了几个商客，苦于菜已卖完，店家只好将家中的两只小母鸡捉来为客人做菜，加葱、姜、蒜、辣椒将鸡块大油热炒，并加盐、酒和醋焖烧，淋上麻油出锅，真是香味扑鼻，鲜嫩无比。这道菜从此不胫而走。东安县县令也是位好食者，慕名而来，吃了店家精心烹制的鸡肉后，连声称赞，挥毫在牌匾上写下了“东安子鸡”四个大字。从此以后，东安子鸡便名声远播了。直到现在，东安子鸡仍然是湘菜中的精品名馔。

做东安子鸡，一定要嫩母鸡，还要加上湖南的朝天椒。吃在嘴里，酸、辣、鲜、嫩，口舌立即就能感到那种说不出的快感。

# 徽菜

古有“无徽不成镇”，今有徽菜天下闻。徽菜是安徽菜系的简称，从历史余韵中走来的徽菜名闻天下，那种新鲜活嫩、原汁原味，让食客们一品难忘。

安徽地处华东腹地，气候温和，雨量适中，四季分明，物产丰盈，皖南山区和大别山区盛产茶叶、竹笋、香菇、木耳、板栗、山药、石鸡、石鱼、石耳、甲鱼、鹰龟等山珍野味。这些都为徽菜的发展提供了坚实的物质基础。

徽菜历史悠久，源远流长。徽菜起源于古徽州，即今安徽歙县。后因新安江畔的屯溪小镇成为“祁红”、“屯绿”等名茶和徽墨、歙砚等特品的集散中心，商业兴旺，饮食业发达，徽菜的重点逐渐转移到屯溪，在这里得到进一步发展。徽菜这一地方风味的形成和发展，与安徽的经济文化底蕴是分不开的。古徽州历来人文荟萃、文风鼎盛。在各地游学做官的安徽人大有人在，这些官吏便将家乡的安徽菜带到了全国各地。安徽商人史称“新安大贾”，起于东晋，唐宋时期日渐发达，明代晚期至清乾隆末期是徽商的黄金时代。徽商“十三在邑”守家园，“十七在外”闯天下。人数之多，活动范围之广，资本之雄厚，在历史上是首屈一指的，民间遂有“无徽不成镇”的说法。徽商富甲天下，饮馔丰盛，而又偏爱家乡风味，可以说徽菜的扬名与徽商的兴盛相生相伴，哪里有徽商，哪里就有徽菜馆。宋时，徽菜传至京都，宋高宗赵构听说了徽菜以后，就向身旁的学士汪藻询问徽菜究竟好在哪里，汪藻用梅圣俞的两句诗回答：“沙地马蹄鳖，雪天牛尾狸。”赵构闻听此言，马上让御厨烹食，美味绝佳，从此徽菜又成为了宫廷御膳。明清时期，徽商在扬州、上海、武汉一带盛极一时，上海的徽菜馆一度曾达500多家。更为可贵的是，由于古徽州医学发达，健身强体食谱的药膳早就纳入徽菜体系。如枸杞子炖乌骨鸡、冰糖炖百合、紫苏炒瘦肉、沙炒银杏果等。

⊙黄山炖鸽

在漫长的岁月里，经过历代安徽人的辛勤创造，徽菜已逐渐从徽州地区的山乡风味脱颖而出，如今已集中了安徽各地的风味特邑、名馔佳肴，逐步形成了一个雅俗共赏、南北咸宜、独具一格、自成一体的著名菜系。

徽菜的传统菜品多达千种以上，其风味包含皖南、沿江、沿淮三种地方菜肴的特色。皖南以徽州地区的菜肴为代表，是徽菜的主流与渊源。其主要特点是喜用火腿佐味，以冰糖提鲜，善于保持原料的原汁原味，味型上以咸、鲜、香为主。不少菜肴常用木炭风炉单炖单熬，原锅上桌，浓香四溢，体现了徽味古朴典雅的风貌。沿江风味盛行于芜湖、安庆及巢湖地区，以烹调河鲜、家禽见长，讲究刀功，形、色均精致鲜明，善于以糖调味，擅长烧、炖、蒸和烟熏技艺，菜肴清爽、酥嫩、鲜醇，别具特色。沿淮菜是以黄河流域的蚌埠、宿州、阜阳的地方菜为代表，擅长烧、炸、熘等烹调技法，擅用芫荽、辣椒为菜肴调味配色，咸鲜酥脆、微辣，别具一格。除此之外，九华山的素菜、天柱山的雪山菜、合肥四大名点，以及安庆、庐州的风味小吃也都驰名海内外，足令食客馋涎。

徽菜的风格与其他菜系不同，以烹饪山珍野味著称。徽菜选料严谨，力求新鲜活嫩，决不以次充好或是随意敷衍。最大的特色在于重味，即善于发挥原料本身的滋味，保持原汁原味，并且常用火腿佐味，冰糖提鲜，料酒除腥。

⊙ 安徽绩溪名菜“一品锅”

提到徽菜还有一点不能不提，那就是徽菜名品在漫长的历史长河中形成的种种逸闻趣事。不少徽菜名肴都蕴含着一段美丽的传说或故事，合肥曹操鸡就是始创于东汉末年的安徽合肥传统名菜。这道鸡菜为何会用大名鼎鼎的曹操命名呢？这里边还有一个典故。相传东汉末年，合肥因地处吴头楚尾，乃兵家必争之地。汉献帝建安十三年（208年），曹操统一北方后，从都城洛阳率领83万大军南下征伐孙吴，也就是历史上著名的赤壁之战。在曹军行至庐州（今安徽合肥）时，曹操因军政事务过于繁忙，操劳过度，头痛病发作，卧床不起。行军膳房厨师为了尽早治好曹操的病，遵照医嘱，选用当地仔鸡配以中药、好酒，精心烹制成一道药膳鸡。曹操食后感到味道精美，十分喜爱，病也慢慢地好了起来，身体很快就康复了。自打那以后，曹操每次进餐一定要吃这道药膳鸡。从此，“曹操鸡”的声名也就不胫而走，流传至今。现今的曹操鸡，以合肥烹制的最为出名。以当地优质仔鸡为主料，配以曹操家乡——安徽亳州出产的古井贡酒与天麻、杜仲、香菇、冬笋、花椒、大料、桂皮、茴香、葱姜等18种开胃健身的辅料制成。不仅味道鲜美，营养也十分丰富，具有食疗健体的功效。

李鸿章杂烩这道徽菜也颇有来历。据传，光绪二十二年（1896年），李鸿章出访美国。一次，在驻地宴请美国宾客，他的随行厨师做了一桌非常丰盛的中国菜，其中即以徽菜为主。菜肴美味可口，吃到最后时菜品稍显不足，于是李鸿章下令厨师再添新菜，但因厨房准备的正菜均已上桌，情急之下，只好将配菜时剩下的海鲜等余料下锅混烧成一菜。得到了客人们的交口称赞，纷纷询问李鸿章此菜何名。李鸿章随口应答“杂碎”。从此，“杂碎”就在美国扎了根，成为一道名菜。“杂碎”就是“杂烩”，因李鸿章的口音比较浓，因此听起来像“杂碎”一样。在中国我们称此菜为“李鸿章杂烩”。1968年，泰国总理访问美国，白宫官员得知他很喜欢中国菜，竟向华盛顿皇后酒店订了50份李鸿章杂烩来款待他。看来这道菜要真是名不虚传。

## 浙菜

浙江菜简称浙菜，俊秀、端庄，淡雅宜人，真正有一种文人气质。

《黄帝内经·素问·导法方宜论》曰：“东方之域，天地所始生也，渔盐之地，海滨傍水，其民食鱼而嗜咸，皆安其处，美其食。”《史记·货殖列传》中亦有“楚越之地……饭稻羹鱼”的记载。由此可见，浙江烹饪已有几千年的历史。春秋时，越王勾践为复国，加紧军备，并在鸡山（今绍兴市的会稽山），办起大型的养鸡场，养鸡以充粮草之用。所以浙菜中最古的菜要首推绍兴名菜“清汤越鸡”。其次是杭州的“宋嫂鱼羹”。相传北宋汴梁人宋五嫂随宋室南迁杭州，和小叔在西湖捕鱼为生。一日，小叔感冒，宋五嫂用姜、酒、醋等烧了一份鱼羹，小叔食后很快病愈。此后宋嫂以卖鱼羹为业。一次，宋高宗泊舟苏堤，偶起鲈鱼之思，品尝到宋嫂制的鱼羹，果然味美，便赐银百文。消息传开，缙绅豪贵纷纷下顾，宋嫂遂成巨富。“宋嫂鱼羹”以鲜鲈鱼肉加火腿丝、笋丝、香菇丝，鲜嫩润滑，有“赛蟹羹”之说，至今已有800

多年的历史。

浙菜由杭州、宁波、绍兴、温州等地方风味组成,以杭州菜为代表。浙江菜选料追求“细、特、鲜、嫩”。选料精细,取物料精细部分使菜品达到高雅上乘。浙江菜的口味在于咸甜的调味上,甜味一般较重。浙江菜喜欢用腌制的雪菜调理肥腻菜肴的味道,像梅干菜烧肉、烧鸭、烧鱼等,充满了浓厚的乡土风味。烹调方法上以南菜北烹为长见,口味上以清鲜脆嫩为特色。形态上则讲究精巧细腻,清秀雅丽。

杭州菜为浙菜的主流。杭州是中国六大古都之一,自古为文人荟萃之地,乾隆下江南留下不少风流韵事,也留下不少珍馐美食。细腻典雅、极富文化内涵的杭州菜开始在全国火起来,得益于杭州人讲求清淡和原汁原味的饮食习惯。杭州人在吃上头颇讲求诗意的,南宋以来,杭州菜兼收江南水乡之灵秀,受到中原文化之润泽,得益于富饶物产之便利,形成了制作精细,清鲜爽脆、淡雅细腻的风格。杭州菜咸中带甜,在口味上南北交融。杭州菜又称“京杭大菜”,当时贯穿南北的京杭大运河使北方的烹饪方法传入杭州,因此杭州菜的口味比较能为北方人所接受。它不像苏州菜那么甜,也不像上海菜那么浓重。杭州菜的物料以杭州西湖的特产莼菜最为有名,“西湖莼菜汤”色泽悦目,清香奇异,具有清热消渴、解毒的作用。

宁波、绍兴濒临东海,素有鱼盐之便,菜肴多以“鲜咸合一”的独特滋味见长,菜品色泽与口味较浓。用料上,宁波菜取用海鲜居多,烹调方法以蒸炖见长,讲究鲜嫩软滑,注重保持原味。绍兴菜善于烹制河鲜家禽,入口香酥绵糯,汤鲜味浓,富有乡土风味。绍兴的清汤越鸡、鲞扣鸡、鲞冻肉、虾油鸡、蓑衣虾球,宁波的咸菜大汤黄鱼、苔菜小方烤、冰糖甲鱼、锅烧鳗,湖州的老法虾仁、五彩鳝丝,嘉兴的炒蟹粉、炒虾蟹等,都有几百年的历史。

温州地处浙南沿海,古称“瓯”,素以“东瓯名镇”著称。由于近闽,“瓯”菜受闽菜影响,多以海鲜入馔,口味清鲜、淡而不薄,烹制方法上以爆、炒见长,轻油、轻芡,注重原料的刀工成形,具有自成一体的饮食风格。三丝鱼卷、三片敲虾等菜是瓯菜的代表。

宁波汤团闻名全国,居江南小吃之冠。汤清光洁,口感佳美,香、甜、鲜、糯、滑,咬开一个小口子,油香会立时流满口。宁波汤团之所以历史悠久,制作精细是根本。汤团选用优质精白晚糯米为主料。其配黑芝麻、猪板油、白糖、桂花做料,工艺程序更是严谨。磨粉、制馅、制丸,连汤入碗都十分讲究。

宁波汤团是闻名全国的小吃,图为师傅正在制作汤团。

浙菜中最著名的菜是西湖醋鱼。西湖醋鱼的由来有一个美丽的传说,据说,古时西湖边住有宋氏兄弟,以打鱼为生。当地恶棍欲占其嫂,杀害其兄,又欲加害其弟。宋嫂劝小叔外逃,行前特意用糖、醋烧制一条草鱼为他饯行,勉励他苦甜毋忘百姓辛酸之处。后来小叔得了功名,在一个偶然的宴会上吃到甜中带酸的特制鱼菜,终于找到了隐名遁逃的嫂嫂,他就辞去官职重操渔家旧业,后人仿效烹制西湖醋鱼也就随叔嫂传珍的美名,历久不衰地流传下来。

⊙杭州名菜西湖醋鱼

烹制西湖醋鱼一般选用西湖鲲鱼做原料，烹制前饿养两天，使其排净肠内杂物，除去泥土气。后又将鱼先油炸再勾芡的传统旧法，改为用沸水一氽，再用姜丝、糖醋勾芡浇淋，用鸡汤和火腿炖汤为底子。不用油、不用盐、不用味精，却滋味很浓。成菜色泽红亮，肉质鲜嫩，酸甜可口，略带蟹味。

“裙屐联翩买醉来，绿阳影里上楼台，门前多少游湖艇，半自三潭印月回。何必归寻张翰鲈（誉西湖醋鱼胜过味美适口的松江鲈鱼），鱼美风味说西湖，亏君有此调和手，识得当年宋嫂无。”如今，西湖醋鱼这道菜名闻中外，受到世界人民的欢迎。

## 闽菜

福建菜又称闽菜，醇和、鲜嫩、稳重、含蓄，既有一汤十变的意境，又有南海怡人的风韵。

福建古为百越文身之地，异域殊风，饮食与内地向来有很大的区别。福建地处沿海，岛屿星罗棋布，盛产海鲜，所以鱼、虾、螺、蚌等海鲜历来都是福建人的最爱。古籍《闽小记》中所记福建特产有鲟鱼、墨鱼、蛤、蚌、燕窝、土笋等，《福建通志》也记有“两信潮生海接天，鱼虾入市不论钱”的诗句。勤劳勇敢的福建人民用这些物产烹制珍馐佳肴，逐步形成别具一格的闽菜。

闽菜历史悠久，源远流长。秦时，秦始皇设郡，福建开始有“闽”的称谓。闽菜就是在古代闽越少数民族饮食的基础上发展而来的。魏晋南北朝时期，北方动荡不安，大量汉人迁徙到福建，北方人带来的中原饮食化对福建的饮食产生了很大的影响。唐、宋以来，泉州、福州、厦门先后对外通商，四方商贾云集，经济文化日益繁荣，京、广、苏、杭等地的烹饪技术也相继来到了福建。闽菜在继承传统技艺的基础上，博采各路菜肴的精华，改掉粗糙、油腻的习俗，逐渐朝着精细、清淡、雅致的特点演变，“嗜欲饮食，别是一方”。此时，闽菜已经形成并且越来越成熟了。明清之时，闽菜日趋完善，菜品已经相当精致和丰富。特别是在清末民初之时，福州、厦门等地的闽菜已经形成了新的饮食风尚，日益讲求精美，一大批富有地方特色的老字号名店涌现出来，技艺之高，声誉之隆，行业之盛，前所未有。佛跳墙、鸡茸金丝笋、爆脆蜇皮等闽菜佳肴，使闽菜的声威大振。

福建菜拥有福州、闽南、闽西三种不同的地方风味。其中，福州菜是闽菜的主流，除盛行于福州外，在闽东、闽中、闽北一带也广泛流传。闽菜除了这三大派系之外，厦门南普陀寺、福州鼓山涌泉寺和泉州开元寺的素菜也别具特色。

闽菜最大的特色就在于汤菜的制作。所谓汤菜，就是富于汤汁的菜肴，而并非菜汤。闽菜的汤菜十分考究，变化无穷，素有“一汤十变”的美誉。闽菜的汤菜最能体现菜肴本质和原味，这也是闽菜的精髓所在。佛跳墙为闽菜的“首席”代表，是一道集山珍海味大全的著名汤菜，有“国菜至尊，闽菜之首”的美誉。此菜用刺参、广肚、鱼翅、鲍鱼、珧柱、鸽蛋、蹄筋、鸡、鸭等20多种名贵原料，加骨汤、绍酒、白萝卜球等，以荷叶密封于酒坛中，用文火煨制而成。这款佛跳墙至今已有100多年历史了，关于其来历，还有一段美丽的传说。相传，清时有一群骚人墨客到福州郊外春游野餐，他们把各自带来的不同山珍海味20余种都放在一个酒坛里，在吟诗之时慢慢地煨着。酒坛中的菜熟了以后，奇香无比，香味飘到附近的一个寺庙，引诱得一群和尚跨墙而来，想一尝异味。其中一个秀才见状，不禁赋诗曰：“启坛荤香飘四邻，佛闻弃禅跳墙来。”佛跳墙由此得名。如今佛跳墙已随福建华侨扬名海外。

闽菜的调味别具一格，偏于甜、酸、淡。这一风格也与烹调原料多取自山珍海味有关。闽菜还善用红糟、虾油、沙茶、辣椒酱、芥末、桔汁，以及姜、蒜等佐料调味，风格独特。其中，

⊙佛跳墙

光是红糟的妙用就有炝糟、拉糟、煎糟、灶糟、醉糟等十多种。这些奇特而味美的调味，可以防腐、去腥、增香、调色、醒脾、开胃，是颇受中外食客欢迎的独特风味。

闽菜的器皿也别具一格，多采用小巧玲珑、古朴大方、大小不一的盖碗，处处体现着雅致、轻便、秀丽的风格。

福建还有品类众多的地方风味小吃，均取材于沿海浅滩的各式海产珍品，配以特色调味而成，堪称美味。如福州的“鱼丸”，厦门的“土笋冻”，漳州的“五香卷”，泉州的“油焗红鲟”，三明的“芝麻咸饼”、“蛋菇”，南平的“文公菜”、“建瓯板鸭”，龙岩的“客家捆饭”、“芋子包”，宁德的“鸳鸯面”、“剑蛏”以及莆田的“醉螃蟹”等，多姿多彩，韵味无穷。

文学家郁达夫系浙江富阳人，但却钟情于福建美食。他在《饮食男女在福州》一文中毫无掩饰地对福建菜夸赞道：“山珍海味，一例的都赋为泥沙……一年四季，笋类菜类，常是不断；野菜的味道，吃起来又比别处的来得鲜甜，……作料采自本地，烹制学自外方。五味调和，百珍并列，于是乎闽菜之名，就宣传在饕餮家的口上了。”郁达夫尤其喜欢福建长乐的蚌肉，“色白而腴，味脆而鲜，以鸡汤煮得适宜。长圆的蚌肉，实在是色香味俱佳的神品”，无怪乎他会不顾学者风范，“红烧白煮，吃尽了几百个蚌”。郁达夫还很爱吃牡蛎，这些“特别的肥嫩清洁”的牡蛎，“价钱的廉，味道的鲜，比起东坡在岭南所贪食的蚝，当然只会得超过”。郁达夫对福建小吃也是津津乐道，对肉蒸、鸭面、水饺子、牛肉、巾沙鱼等地道的福建小吃爱不释口，念念不忘。他说这些小吃“亦佳且廉”，各有长处，食来“倒也别有风味”。

## 中国小吃

在博大精深、悠远绵长的中国饮食文化长河里，小吃犹如一颗璀璨的明珠，经过千古的历炼依然闪烁着其耀眼的光芒。

中国小吃多彩多姿，美味异常。北京的驴打滚、灌肠、爆肚、炒肝、豆汁儿，上海的南翔小笼包、城隍庙梨膏糖、奶油五香豆、五芳斋糕团，扬州的翡翠烧麦、五丁包子，成都的夫妻肺片、钟水饺、赖汤圆，广州的艇仔粥、云吞面、沙河粉……琳琅满目，多姿多彩，真让人垂涎欲滴。

所谓小吃，就是在正餐以外，用以消闲和点补的食品。中国小吃历史悠久，古时称为“小食”。中国晋代古籍《搜神记》载管辂谓赵颜曰：“吾卯日小食时必至君家。”小食之时，也就是吃小吃的时候，大概在下午三四点钟。唐宋时期，中国的小吃已是非常成熟和繁荣了。古籍《酉阳杂俎》、《东京梦华录》、《武林旧事》中所列小吃名目已经不少。元明清三代，中国小吃见于记载的就更多了，以北京为例，《燕都小食品杂咏》、《北平的巷头小吃》等都是记载北京传统风味小吃的专著。时至今日，全国各地的小吃不仅品种繁多，款式多样，滋味更是大胜从前，小吃筵席也屡见不鲜。

中国小吃多且各具特色。学者陈诏的“大凡北方的小吃，结实而味重；南方的点心，精致而旨甘”之说，道出了南北小吃的特点。另

⊙宫廷御膳糕点

外，人们还将南北两大风味小吃具体地分成京式、苏式、广式三大特色。京式小吃泛指黄河以北的大部分地区制作的小吃，包括山东、华北、东北等地，以北京为代表；苏式小吃是指长江中下游江浙一带制作的小吃，源于扬州、苏州，发展于江苏、上海，因以江苏省为代表，所以称为苏式小吃；广式小吃则是指中国珠江流域及南部沿海一带制作的小吃，以广东省为代表。

京式小吃以古都北京为中心，广收北方各地、各民族风味及宫廷小吃的优秀品种而形成，具有品种繁多、应时应节、口味浓重的特点。京式小吃中宫廷小吃有艾窝窝、豌豆黄、芸豆卷、肉末烧饼等，民间小吃则以大麻花、茶汤、豆汁儿、爆肚、炒肝、焦圈等最为著名。

苏式小吃源于天堂美誉的苏州和富甲天下的扬州。秀丽的美景、悠久的文化以及富足的南方鱼米之乡是苏式小吃得以形成和发展的重要条件。苏式小吃口味多样，品种繁多，制作精细，别有一番南国特色。因地区不同，苏式小吃又可分为苏扬风味、淮扬风味、宁沪风味和浙江风味。各色口味同中有异，均是南北咸宜的名特小吃。如淮扬汤包、花色酥点、藕粉圆子、淮安茶馓、翡翠烧卖等。

广式小吃源于民间，博采众长，特别是受西方饮食文化的影响颇深，具有中点西做的特色。广式小吃口味清淡，精工细做，种类繁多。有油器、糕品、粉面、粥品、甜品和杂食等多种类别。及第粥、萝卜糕、马蹄糕、糯米鸡、灌汤饺、云吞面、炒田螺等都是广式小吃的代表作品。

除了这三大小吃之外，西北的秦式、西南的川式也是驰名海内外的小吃。事实上，中华大地上，有着深厚的文化底韵和独特技艺的名小吃数不胜数，如山西的闻喜饼、安徽的大救驾、云南的过桥米线、新疆的羊肉串、甘肃的拉面、厦门的土笋冻……

中国小吃中还蕴含着无限的华夏文化。每一个品种的制作方式和食用方式都蕴含着深刻的哲理和中国人特有的审美意趣。喝上一碗甘爽怪味的豆汁儿，就会令那些老北京回想起从前那种悠闲生活；尝上一口鳝糊面，则好似置身于古朴典雅的苏州园林之中，耳边也似乎响起了莺声燕语的苏州评弹；吃上一个赖汤圆，就仿佛回到了天府之国，回到了天下幽、天下秀的青城和峨眉……

另外，中国小吃的来历也与文化息息相关。每一种小吃原本就是深蕴于某种历史背景下的重要文化成果。每一个品种的制作方式和食用方法，都蕴含着一定的哲理和审美情趣，反映了一定时期和地域的文化、民情和风俗习惯。可以说，研习小吃及其背后的故事，对于研习一个地区的风俗文化有着非常重要的意义。

## 中国面点

中国面点是中国烹饪的重要组成部分，自古以来就是人们餐桌上不可或缺的必备食品。面点的发展是先有主食、小吃，然后才有点心、糕点，这其中有一个从简到繁、从单一到多样的演变过程。面点的发展与当时社会的物质技术条件有着很大的关系，因此，随着社会的物质技术条件不断提高，面点的制作也越来越精良，并不断推出新的品类。发展到今天，中国面点的种类已经十分丰富，而且制作精致，口味独特，不仅深受国人的喜爱，就连外国友人也对中国的面点赞不绝口。

在商代以及商代之前，面点食品非常简单，

⊙ **煎饼图 三国**

图中的婢女头梳发髻，身穿彩衣，蹲跪在一个热气腾腾的平底锅前烧火煎饼，身后还有两大盆待煎烤的原料。

主要就是糗（谷物熬熟后晾干捣粉）之类的面食。直到春秋战国时期，才出现比较多的面点品种。从西周开始，农业的发展就受到了很大的重视，因此，谷物的种类开始不断增多，出现了稻、黍、麦等各种不同的品种。同时，谷物加工技术也有了很大的进步，石磨的发明实现了从粒食到粉食的过渡，对面点的发展具有重大的意义。此外，调味品和炊具的多样化使得面点的种类不断增多，据史料记载，从西周到战国时期的面点有 20 种左右。

春秋战国时期的面点主要以稻米和黍米为原料，油料主要使用的是猪油、羊油等动物油，在制作面点时也开始使用盐、蜜等调料，烹制手法有蒸、炸、烤、烙等。当时较具代表性的面点有饵、酏食、糁食等。饵是一种蒸制的糕，以稻米和黍米合蒸为之；酏食，是以酒酏制作的一种饼，这大概是中国最早的发酵饼；糁食是一种宫廷食品，是用稻米粉加牛、羊、豕肉丁制成的一种油煎饼；是以蜜和米面煎制成的，类似于后代的馓子，《楚辞集注》曰："炬籹，环饼也。吴谓之膏环，亦谓之寒具。"

到了汉代，面点的种类迅速增加，而且开始在民间普及。汉末刘熙的《释名·释饮食》中记载："饼，并也。溲面使合并也。胡饼作之大漫沍也，亦言以胡麻著上也。蒸饼、汤饼、蝎饼、髓饼、金饼、索饼之属，皆随形而名之也。"这里的胡饼即为炉烤的芝麻烧饼，蒸饼类似于今天的馒头，汤饼是水煮的揪面片，为面条的前身，索饼也类似于面条，髓饼是用动物骨髓、油脂和面制成的炉饼。此外，在汉代还出现了节日吃面的习俗。据《西京杂记》记载："九月九日，佩茱萸，食蓬饵，饮菊花酒，令人长寿。"

魏晋南北朝时期是中国面点发展的高潮期之一。这一时期面粉的加工已经非常精细，发酵方法的使用也开始普遍，并出现了蒸笼等炊具和面点成型器，面点的种类更加多样化，制作也更为精细。这时的面点主要有馒头、棋子面、膏环、烧饼、薄壮、汤饼、豚皮饼、蒸饼等，据说馄饨、春饼、煎饼等也是在这一时期出现的。这些面点不仅风味多样，而且制作也达到了较高的水平。如蒸饼可以蒸得使顶端"坼十字"，类似于后来的开花馒头。

在魏晋南北朝时期，不仅面点的制作工艺得到了进一步的发展，而且还出现了相关的著作，如扬雄的《方言》、刘熙的《释名》、崔宴的《四民月令》以及贾思勰的《齐民要术》等等。此外，这一时期出现了更多吃面的习俗。如在北方某些地区，有"春日吃馒头、夏日吃薄壮、秋日吃起溲、冬日吃汤饼"的习俗；在荆楚地区，则有"立春啗春饼、夏至食粽、伏日作汤饼"的习俗。

到了隋唐五代，已有的面点得到了进一步的发展，派生出许多新的花色和品种。比如说“花形馅料各异”的二十四气馄饨、名品古楼子、过水凉面槐叶冷淘、莲花饼馁等，都是在已有面点馄饨、胡饼、面条、蒸饼等的基础上发展出来的新品种。除了已有品种的新发展之外，还出现了一些新的品种，比如说包子、饺子等。包子一词始见于《清异录》，其中记载了“张手美家”所卖的节食，伏日为绿荷包子。这一时期并没有出现饺子一词，但从新疆吐鲁番的一座墓葬中，曾挖掘出保留完好的饺子，这就足以证明唐代已经出现了饺子，并且已经传到了中国西部。

隋唐五代面点的一大特点是出现了食疗面点，实现了医学与饮食的结合。对此，《食疗本草》和《食医心鉴》中均有所记载。以动植物食药和面粉为原料，制成各种面点，在果腹的同时也达到了治病强身的目的，如著名的生姜末馄饨、羊肉索饼、野鸡肉饼等。在唐代，面点开始进入宴席，唐代韦巨源的《烧尾宴食单》中就有 20 多道面点。此外，唐代也是中外文化交流空前繁荣的朝代，因此有不少西域饮食传入中原，同时也有不少中国饮食传到国外。日本人将中国的馓子、蒸饼等面点称为唐果子，即是中国面点外传的最好证明。

宋元时期是中国面点的全面发展阶段。这一时期，面点制作技术迅速提高，新品种相继推出，早期的面点流派也是在这时产生的。这一时期出现了多种多样的和面方法、成形方法和成熟方法，馅心原料和浇头也是应有尽有，因此，面点的花样也是十分丰富，角子、月饼、烧卖、卷煎饼、元宵、麻团等都是这一时期的面点。角子即饺子，此时已出现了水晶角儿、煎角儿等多个品种；月饼当时还不是中秋食品，只是市肆面点；烧麦为薄面皮包裹馅心，开口处捏折而成；卷煎饼是薄饼卷馅心油炸而成，类似后代的春卷；元宵用糯米粉制成；麻团为中空的面团外裹芝麻油炸而成。

宋元时期的饮食业非常繁荣，北宋汴京、南宋临安和元大都都有很多面点店，各类面点品类繁多，令人眼花缭乱。除了面点店，很多酒楼里也开始经营面点。为了满足不同人群的需要，汴京和临安出现了很多北食店、南食店和川饭店，在经营酒菜的同时也经营面点，这就是早期的面点流派。此外，少数民族的面点在这一时期发展得比较迅速，出现了很多有名的面点，如契丹族的年糕，金人的大软指、小软指，西夏人的花饼，蒙古族的溯罗脱因，女真族的高丽粟糕等。

明清时期是面点发展的又一高潮，面点的制作工艺进一步提高，新品种不断涌现，中国面点的风味流派也是在这一时期初步形成的。明清出现的新品种主要有春卷、火烧、青糕、油条、锅盔等；旧品种也发展出了很多新花样，如包子有汤包、水煎包等多种品类，面条有手抻面、刀削面、油泼面、五香面、担担面等品种，粽子也有水果、豆沙、火腿等不同的馅料。

⊙ **家务俑一组　唐**

这组俑为泥胎施彩，表现了舂粮、簸粮、磨面、擀面和烙饼的家务情景。女俑上身穿白襦，外罩半臂衣，下身系蓝群，衣饰整洁。

随着面点制作的渐趋成熟，各地的特色小吃也逐渐脱颖而出，独领风骚。比较著名的有苏杭的汤团、淮扬的三丁包、云南饵丝、天津的狗不理包子、北京的驴打滚、内蒙古的哈达饼等。

在宴席中，面点的位置也有所提高，一般的宴席中都要上一两道面点，有时甚至要上四五道。明清时的节日面点已经基本定型，与我们现在的相差不多，如春节吃年糕、十五吃元宵、立春吃春饼、端午吃粽子、中秋吃月饼等。此外，面点流派也已经基本形成，主要有京式、苏式和广式三大流派。小吃按地域不同分出很多分支，如北京、天津、山东、广西等。点心则出现了百花齐放的情况，比较著名的有北京宫廷御点、山西民间礼馍、苏州市肆粉点、扬州富春茶点、广州早茶细点、杭州灵隐斋点等。

到了现代，面点的繁荣达到了空前的高度，无论是面点的制作原料还是制作工艺，都有了很大的提高和改善。随着中外饮食文化的交流不断加深，国外的面点不断涌入中国，中国的面点也纷纷走出国门，这也在一定程度上促进了中国面点的发展。由此看来，面点的发展从来都没有停止过，在不同的历史时期，总是有适合当时人们口味的新品种问世。

## 饺子文化

饺子是深受中国人喜爱的一种面食，也是中国的特色元素符号之一。关于饺子的起源，历来都是说法不一。比较普遍的一种说法是饺子起源于唐代。据说唐太宗喜欢吃丸子，但又怕油腻，所以就让厨师在肉中加菜，制作清淡一些的丸子。厨师照做了，可是加了菜的丸子不能成型，于是厨师就想了个办法，将丸子用面皮包住水煮，结果唐太宗非常喜欢，连称好吃，从此后饺子就流传开来了。当然，那个时候的饺子还不叫饺子，而是叫牢丸。

在各种面食之中，饺子在中国人心目中的地位是非常高的，这一点从人们的节日饮食中就可以得到证明。俗话说得好："初一的饺子初二的面，初三的合子围锅转。"春节是中国人最看重的节日，而饺子就是春节食品中不可缺少的重要角色。除夕晚上的饺子是一定要吃的；初一早上的饺子也是必不可少的；初三要吃合子，而合子也是饺子的一种；初五还要吃饺子，初五被称为破五，在这天吃饺子有捏破之意。

⊙ 饺子是深受人们喜爱的一种面食，是有中国特色的元素符号之一。

饺子成为中国人的节日食品并不是偶然的，而是因为其本身就有着吉祥的寓意，符合春节的节日气氛。最常见的饺子形如元宝，过年食用有财源广进之意，符合人们的祈富心理。一家人围在一起包饺子、吃饺子，也有一种祥和、喜庆的过年气氛，而且还可以增添浓浓的亲情。品尝饺子并不仅仅是在品尝饺子本身的味道，更多的是在品尝亲情，享受团圆。所以说，饺子不止是一种食品，还有着更丰富的内涵。

春节吃饺子并不是近代才有的新规定，而是从古代承袭下来的。饺子成为春节的当家食品究竟源起何时，目前还没有确切的史料记载，但在明代的《明宫史》中，就已经记载了除夕吃饺子的情景。"五更起……饮椒柏酒，吃水点心，即扁食也。或暗包银钱一二于内，得之者以卜一岁之吉。"这里的扁食即是指饺子。直到现在，有些人家在过年包饺子的时候也仍

### ·各地（民族）不同的除夕吃饺子习俗·

苏杭一带：除夕夜吃蛋饺和胖头鱼，但鱼只吃鱼身，留下头和尾，寓意金银元宝和有头有尾。
云南昆明：除夕年饭吃大豆制成的饵块，寓意五谷丰登。
东北三省：除夕夜吃酸菜猪肉饺子，意为酸宝（即栓宝）。
河南：将饺子与粉皮一起煮，意为“玉带缠宝”。
陕西：将饺子和面条一起煮，意为“金丝穿元宝”。
山东：必须吃素饺子，不能放荤，寓意新的一年素素静静，平平安安。
蒙古族：吃水饺，烤羊腿，围火而食，并向长辈敬“辞岁酒”。
满族：吃饺子、豆包、血肠、鱼等。

然会包进去一两枚洗干净的硬币，谁吃到了就预示在新的一年里会财运亨通。此外，也有人在饺子里面包入花生、红枣、糖块等，预示长寿、红火和甜蜜。

由于饺子有着丰富的文化内涵，因此在春节吃饺子的时候，也有很多讲究。首先，馅要清素，预示新的一年顺顺利利，素素静静；其次，家里能干活的人必须全部动手，寓意亲和人气旺；再次，煮饺子的时候必须用秸秆，寓意生活节节高；此外，吃前要先放炮，意为驱邪除恶，吃的时候必须按辈分高低依次进食，辈分高的先吃，小孩不能上桌，而且一定要吃双数才吉利，不能吃单数。当然，现在已经很少有人严格遵守这些规矩，毕竟时代已经变了，传统的规矩也应该适应时代的发展而有所改变。

除了春节之外，中国还有冬至吃饺子的习俗。俗话说得好：“冬至不端饺子碗，冻掉耳朵没人管。”为什么会有这样的俗语呢？难道冬至吃了饺子就不会冻耳朵了吗？这样的说法当然是不可信的，不过关于冬至吃饺子，倒是有一段传说。据说在东汉时期，医圣张仲景见到白河两岸的人民饥寒交迫，骨瘦如柴，不少人的耳朵都冻得僵硬溃烂，很是不忍。于是，他让弟子将羊肉、辣椒和驱寒药材一同煮，然后切碎，再用面皮包成耳朵状的“饺饵”接着煮，便成了“祛寒饺饵汤”。众人吃后两耳发热，寒气全消，冻耳很快就好了。人们为了纪念张仲景，就在每年的冬至都包饺饵。

饺饵就是饺子。饺子在历史上有很多名称，如饺饵、牢丸、粉角、角子等，今天之所以叫饺子应该是讹读的结果。除了节日，在很多重要的场合，饺子也是必不可少的食品。比如说在人们庆祝丰收的时候，都要吃饺子。吉林长白山的猎民在猎得野猪的时候，也会围着篝火包野味饺子。此外，每当家中有人要出远门的时候，家人都会包饺子为他饯行，预示出走的人在外面可以赚更多的钱财，所以民间也有“送行饺子接风面”的说法。

现在，我们可以根据自己的喜好选择馅料，包自己喜欢的饺子。事实上，各地的饺子在口味上确实有很大的差别，这当是饺子“入乡随俗”的结果。无论走在那一座城市的街头，都可以看到各种各样的饺子馆，但在众多饺子馆中，当属老边饺子馆和白记饺子馆历史最久。老边饺子馆始创于清道光年间，以创始人姓边，因此取名老边饺子馆，其以海参、干贝和虾仁做的三鲜水饺，受到了中外食客的一致好评。白记饺子馆始创于光绪年间，其制作的铃铛饺，肉馅抱团，用筷子夹起来会通通作响，令人拍手叫绝。

在西安，有一家集古今包饺子技艺之大成的饺子馆，蜚声海内外。这家饺子馆以鸡、鸭、鱼、肉、猴头蘑、海参、鱼翅等为馅料，可做出酸、甜、麻、辣、咸五种口味的饺子。厨师们还将108种饺子分别编成百花宴、牡丹宴、龙凤宴和宫廷宴四种宴席，深受海内外食客的欢迎。

## 米文化

早在7000多年前，中国就已经开始种植水稻。随着农耕技术的提高和推广，水稻的种植也更加普遍，并出现了很多新品种，在春秋战国时期的著作《管子·地员》篇中，就记载了10种水稻的品名。到了汉代，稻谷种植得到了进一步的发展，仅《齐民要术》一书中，就记载了36个品种。

到唐代时，广东已经出现了双季稻。明代的稻谷种植技术开始渐趋成熟，稻谷的种类也是籼、粳、糯分明，早、中、晚齐全，并出现了有关水稻栽培和品种方面的著作。明代宋应星的《天工开物·乃粒》中有这样的记载："凡稻种最多，不粘者，禾曰秔，米曰粳；粘者，禾曰稌，米曰糯……凡稻谷，形有长芒、短芒、长粒、短粒、尖粒、圆顶、扁面不一。其中米色有雪白、牙黄、大赤、半紫、杂黑不一。"由此可见，明代时的稻谷种类已经十分丰富了。

到了现代，稻谷的种植和品种更是发展迅速，中华大地开始普遍种植水稻。在品类上，除了一般的籼米、粳米、糯米之外，还出现了很多闻名遐迩的名品，比如说苏南粳米、常熟鸭血糯、天津小站米、湖南的颗砂御米、四川的寸谷、浙江的蒸谷米、山东的曲阜香米、广西的东兰墨米、江西石城贡米、北京的京西米、辽宁的盘锦大米等。

随着稻谷生产的发展，稻米的加工技术也不断进步，这也在一定程度上促进了米文化的发展。在稻谷生产和稻米加工发展的同时，出现了各种各样的米食品，其中最具代表性的要数米饭和米粥。在《汲冢周书》中有"黄帝始蒸谷为饭"的记载，但从出土的文物来看，米饭的历史应该要更早一些。春秋战国时期以前，米饭的制作方法一般都是蒸，而且蒸饭也是当时长江流域居民的主食。

战国之后，米饭的制作方法开始丰富起来，有蒸、煮、捞等。制作方法的差异再加上配料的不同，使得米饭的种类也是千差万别。在广东等地有一种青粳饭，是用白粳米浸在南烛木叶及茎皮煮取的汁中，待米上色后蒸熟晒干，然后再浸汁，再蒸，再晒干，经"三蒸晒"而成。青粳饭本是道家食品，后来又被佛家所用，大多在四月初八浴佛节的时候制作。李时珍说，食用青粳饭可以"不饥，益颜色，坚筋骨"。

在北京、东北等地的民间，流行一种包儿饭，也有人称其为菜包、菜团子。早在明代，包儿饭就已经很流行了。据《明宫史》记载："（四月）又以各样精、肥肉、姜、葱、蒜剁如豆大，拌饭，以莴笋大叶裹食之，名曰包儿饭。"相传包儿饭是努尔哈

⊙《耕织图册·收刈》 清

赤带兵打仗时，当地的妇女为了方便兵士行军打仗给他们带在路上吃的，后来就成为了一种富有特色的满族食品，并一直流传到了今天。

粥的历史与饭差不多，但相对饭来说，人们对粥似乎更感兴趣，因为粥不仅可以果腹，而且还可以强身祛病、益寿延年。宋人张耒说："每日起，食粥一大碗，空腹胃虚，谷气便作，所补不细，又极柔腻，与肠胃相得，最为饮食之妙诀也。"苏轼也有类似的看法："夜饥甚，吴子野劝食白粥，云能推陈致新，利膈益胃。粥后一觉，妙不可言也。"由此可见，古人对粥是十分青睐的。

古人早就发现了粥的食疗作用，将不同的材料与米同熬成粥，即可发挥不同的食疗作用。比如说莲子粥"益精气，强智力，聪耳目"；鹿尾粥可"大补虚损"；燕窝粥"色白治肺，质清化痰，味淡利水"等。现代人也非常注重粥的养生功效，目前市场上出现的各种养生粥谱即是很好的证明。在熬粥的时候，古人的一些经验是可以借鉴的。如清代黄云鹄的《粥铺》中说："水宜洁，宜活，宜干。火宜柴，宜先文后武。罐宜沙土，宜刷净。米宜精，宜洁，宜多淘。上水宜稍宽，后毋添……"

除了米饭和米粥以外，米制品还有很多其他的种类，如米线、米粉、元宵、粽子、米糕锅巴、米酒、粑粑、饵块、炒米等。米制品虽然是生活中的常见食品，但也有不少米制品和节日挂上了钩。如农历九月九日重阳节的时候要吃米糕，寓意"百事皆高"；农历五月五日端午节的时候要吃粽子，以纪念伟大的爱国诗人屈原；农历腊月初八要吃腊八粥，相传这是佛祖释迦牟尼得道成佛的日子……这些节日的出现无疑对米文化的发展起到了一定的促进作用，且随着国人对传统文化的日益重视，米文化也必定会得到进一步的发展。

## 悠久的汤文化

人们常说"无酒不成席"，其实无汤也同样不成席。一桌丰盛的菜肴，如果缺少一道汤，那就会失色不少。汤往往是宴席上的点睛之笔，无论肴馔多么丰盛，汤都是必不可少的。法国著名厨师路易斯·古伊说："汤是餐桌上的第一佳肴。"中国同样流传着"宁可食无馔，不可饭无汤"的说法，可见中国人也是非常看重汤的。无论是国宴还是家宴，无论上四道菜、六道菜还是八道菜，都少不了一道汤，四菜一汤或八菜一汤等也成了中国人的宴请习惯。

中国的汤文化历史悠久，在2700多年前的食谱上，就已经出现了十几道汤菜。据史学家考证，最早喝汤的历史并不在中国，但有关汤的最早食谱确实是在中国发现的。当时有一道汤叫作"银海挂金月"，也就是"鸽蛋汤"，至今仍在沿用。到唐宋时期，民间有"客到则设菜，欲去则投汤"的民俗，可见当时喝汤已经非常普遍了。发展到今天，汤的种类已经十分丰富，可以满足不同人的不同需求。

汤的原料非常广泛，绝大多数食物都可以做出美味的汤，而且可以根据个人喜好调出最适合自己的口味。在很多人看来，做汤应该是非常简单的，但事实却并非如此，确切地说，要做出真正的好汤绝非易事。"菜好烧，汤难吊"，这是历代厨师的经验之谈。要做出美味可口的汤，没有精湛的技艺、不掌握要领是绝对不行的。

汤的原料以鲜味浓厚的动物性原料为宜，一般选择母鸡，而且必须是宰杀后体重在三斤以上的老母鸡，越老就越好。在以鸡为主料的前提下，可以加配一些其他的辅料，比如说瘦猪肉、火腿、鸭子、骨头等。原料以大块整只下锅，加冷水，水要一次性加足，不能中途续加。锅烧开之后，撇去浮沫，加入葱、姜、料酒即可熬制，一定要等到最后的时候再加盐，以免破坏汤汁的鲜味。此外，熬汤的火候也非常重要，一定要把握准，过大或过小都会影响汤汁的鲜美。

提起喝汤，就不得不提到两个地方，广东和江西。广东的汤天下闻名，广东人不仅爱喝汤，而且还个个是煲汤的高手，尤其是广东的女人，更是煲得一手的好汤。亦舒曾经说过："女人煲得一手靓汤，不愁没有出路。"广东人认为喝汤最有营养，适合养生，所以广东人煲汤是非常讲究的。

江西人也十分讲究喝汤，而且也很会做汤，江西民间的瓦罐煨汤也是汤品中的大乘，而且还获得了专利。将一个个小瓦罐一层层地码在大瓦缸内，然后点燃黑焦炭等保持恒温7个小时，称之为煨。瓦罐煨汤对火候的把握和配料的选择非常讲究，很考验厨师的技艺。煨汤是非常费时的，但只有久煨才能将原料的鲜味和营养成分充分溶解在汤中，这也是瓦罐煨汤美味的重要原因。曾有诗赞美瓦罐煨汤曰："民间美味五千年，四海宾客常流连。天下奇鲜一罐收，过了此馆无此店。"

汤除了美味之外，也是很好的养生保健佳品。因为汤在熬制的过程中，原料的营养成分都充分溶入了汤中，人通过喝汤就可以吸收到这些营养成分，大大提高了营养的吸收率。再加上很多食物都有医疗作用，因此喝汤也可以达到食疗的目的。如果从汤的鲜美来看，广东的老火靓汤和江西的瓦罐煨汤都是汤中极品，但很多人都没有耐心熬这样的汤，尤其是整天朝九晚五的上班族，根本没有充足的时间在家里煲汤。对于这些人来说，简单的汤品或许更适合他们日常食用。有一种五色保健汤，用五种颜色的食物共同熬制，可以实现营养的均衡摄入，具有很好的保健功效。

喝汤的时间最好选择饭前，尽量避免在饭后喝汤。这是因为饭前喝汤，可以润滑口腔和食道，防止干硬的食物刺激消化道粘膜，有润滑剂的作用；另一方面，饭前喝汤还可以起到稀释和搅拌食物的作用，有利于消化和吸收；更重要的是，饭前喝汤可以占据胃的容积，并通过胃粘膜迷走神经的传导反射到食欲中枢，使人出现饱腹感，抑制了食欲。有研究表明，在饭前喝一碗汤，可以让人少吸入100～190千卡的热能。所以说，饭前喝汤可以促进人的消化和吸收，保护消化器官，减少能量的摄入，不仅使人苗条，还可以

⊙ 中华美食——汤

### ·"四菜一汤"的源起·

相传朱元璋当上皇帝之后，有一年遇上了天灾，各地粮食欠收，百姓生活苦不堪言，可就在这种情况下，有些官员仍然穷奢极欲，尽情享乐。出身贫苦的朱元璋见状非常恼火，他决心进行整治。恰逢皇后生日庆典，当文武百官入席就座以后，朱元璋命宫女开始上菜。第一道菜为炒萝卜，第二道才为炒韭菜，接着又上了两大碗青菜，最后是一道极其普通的葱花豆腐汤。宴后，朱元璋当众宣布："今后众卿请客，最多只能'四菜一汤'，这次皇后的寿筵席即是榜样，谁若违犯，严惩不贷。"从此后，四菜一汤便流传开来了。

让人更健康。

相对而言，饭后喝汤则有很多弊端。人在饥饿的时候是食欲中枢最兴奋的时候，这时进餐会增加人所吸收的热量，等到出现饱腹感的时候，其实已经是热量超标了，如果在这个时候再喝一些汤，就会造成营养过剩，使人肥胖。此外，在饭后喝汤还会冲淡胃液，影响消化和吸收，对健康无益。

在中国，南方人比较喜欢在饭前喝汤，而且汤的营养丰富，大多是老火靓汤，很容易让人产生饱腹感，减少食欲；而北方人则喜欢饭后喝汤，且汤里面的油水很多，大多是吃饱了以后再喝，把胃都撑大了。所以说，北方人普遍比南方人胖，就是这个道理。

在喝汤的时候，要放慢速度，给身体消化吸收的时间。如果喝得过快，就很容易造成营养堆积，影响食物的消化和吸收。此外，不能喝太烫的汤。因为人的口腔、食道、胃粘膜所能承受的最高温度就是摄氏60度，如果超过了这个温度，就会造成粘膜烫伤。虽然说人的皮肤有自我修复能力，但是长此下去将会导致消化道的粘膜恶变，很容易诱发食道癌。至于汤的种类，可以根据自己的喜好随意搭配，但切忌单一，以免造成营养失衡。

## 调味的艺术

中国美食讲究色香味俱全，而这其中的核心就是调味，色和香都要靠调味来实现。我们常常将自己喜爱的食物称为“美味”，老北京人把吃到美食称为“得味”，就说明了调味的重要性。一道菜能不能被称为美味，关键在于它的调味是否得当。调味其实就是在烹饪中合理地使用调料，调制出人们喜欢的口味。同样的食材和调料，不同的人却能做出不同的味道，而且可能相差很远，这就是调味的艺术。只有掌握了调味的艺术，才能将食物的味道与食客的口感统一起来，让食客流连忘返。

最初的调料只有盐和梅两种，因此也只能调咸和酸两种口味。但现在不同了，调料的种类十分丰富，可以调出的口味自然也就不计其数了，人们可以根据自己的喜好调出最适合自己的口味。现在的调味一般都是复合味，比如说酸甜、咸辣等，但其基本味还是我们常说的五味，也就是酸、甜、苦、辣、咸。任何复合味都是由这五种基本味中的两种或两种以上复合而成的，当复合比例发生改变时，复合之后的口味也会随之改变。因此说，复合味是极其丰富的，每个人都可以调制出一种独特的口味。

咸味被称为五味之首，在五味中具有领军的作用，是五味中最单纯、最重要的一味。清人章穆在《调疾饮食辨》中说：“酸甘辛苦可有可无，咸则日用所不可缺；酸甘辛苦各自成味，咸则能滋五味。酸甘辛苦暂时俱佳，多食则厌，久食则病；病而不辍，其实则夭。咸则终身食之不厌，不病。”菜肴的烹制离不开盐，因为盐具有提味、解腻、去腥膻的作用，如果不放盐，原料的鲜香之味就不能被充分激发出来。其他味道要增加适口感，也同样离不开盐，厨师们甚至在做甜味点心时都要加一点盐提味，故有“好厨一把盐”的说法。

甜味是很多人都非常喜爱的一种口味，大多数糕点都是以甜味为主的。中国最早的甜味调料是饴糖，也就是麦芽糖，现在则多用蔗糖，但也有用蜂蜜、饴糖或糖精的。甜味在五味中具有缓和的作用，当其他几味太过的时候，都可以用甜味缓和一下。比如说当菜过咸的时候，加一些糖就不会那么咸了。在烹制鱼类和肉类食品的时候，糖具有除臭、解腥和提鲜的作用。在烹制其他味菜肴的时候，糖可以用来上糖色或增加汤汁的粘稠度及风味感，但不能放太多，以免影响主味。

酸味也是一种大众化的口味，南北方都有以酸味为主的菜肴。中国最早的酸味调料是梅，后来在发明酿酒的过程中，又出现了另一种重要的酸味调料——食醋，这也是现在主要的酸味调料。酸可以去腥解腻，将油脂化为醇，因此在吃了太多油腻食物时，上一道酸味菜肴是很有必要的。此外，酸还可以增加胃液的酸度，

⊙滤醋图 三国时期

刺激食欲，利于消化，因此，在烹制菜肴的时候加一点醋也是不错的选择。醋的种类很多，不同的醋调制出的酸味不同，用法也不同，在使用时应该视具体情况选择合适的酸味调料。

辛味是最具刺激性的一味，当前非常流行的川菜就是以辛味为主的。我们现在所说的辛味主要是指辣椒的味道，但在古代，辛味则是指葱、姜、蒜、花椒、桂皮、韭菜、芥子等蔬菜的味道。当然，古代的辛味调料在现代也同样适用，但辛味还是以辣椒的辛辣为主。辛辣的食物可以刺激食欲，促进消化液的分泌，很适合食欲不振的人食用。此外，辛味还可以消除体内的气滞和血滞等症状，因此很适合长期生活在空气潮湿的环境中的人食用。在烹制菜肴的时候，加入辛味调料可以去腥除臭，解腻增香，但不能过于追求辣的刺激，否则就辣而不香了。

在五味之中，苦味是用得最少的，也很少单独运用，但却是不可或缺的。苦味主要是食物中含有的生物碱、萜类等有机物产生的，陈皮、丁香、杏仁等都属于带有苦味的调料。很少有人喜欢苦味菜肴，但适当选用却往往可以达到意想不到的效果。比如说在炖肉的时候加入适量的苦味调料，不但可以解除腥膻，而且还可以激发肉香。苦味一定要与其他味相互融合，这样既可以增加菜肴口味的丰厚感，又不会让人产生不愉快的感觉。苦味调料不宜多放，因为人的味蕾对苦味非常敏感，只有少放才不会被品尝出来。

其实，最能够刺激人食欲的味道并不是五味中的任何一种，而是未列入五味的鲜味。鲜味本身并不特殊，大多数食物都有鲜味，只是它非常容易被其他味掩盖，因此要烹制出鲜味十足的菜肴并不容易。由鲜味本身的特点可知，一般的烹饪方法是很难保留住鲜味的，最容易获得鲜味的方法是熬汤。将鸡、鱼、排骨等原料放入锅中，加水煮开，在煮的过程中清除其腥膻等异味，然后稍加点盐，食物的鲜味就全都出来了。如果用蔬菜，则以新鲜的蔬菜为佳。味精也是鲜味调料，有增鲜的作用，但因其是人工合成的，所以在口感上就大打折扣了。通常情况下，高明的厨师是不会用味精来提鲜的。

调味是一门艺术，讲究也颇多，应该根据食材本身的特点进行调味，这样才能产生更好的口感。比如说对于膻味较重的牛羊肉及内脏类，调味时就要注意去膻提鲜；对于新鲜的蔬菜及鱼虾等，在调味时则应该注意保留食材本身的鲜味，不可放过多的调料；对于本身没有特殊味道的原料，就要视菜肴的需要进行调味，而且一定要加入鲜汤……在调料的选择上，一定要选择正宗的优质调料，这样调出来的味才能正。很多北方的川菜馆都从四川空运调料，就是这个道理。

每道菜都有特定的口味，还有些菜是一菜

多味，比如说有的咸鲜，有的辛辣，有的酸甜，有的上口甜收口咸，有的上口咸收口甜，这都是通过调味来实现的。一般来说，调味可以分三个过程进行。首先是烹制前的调味，将调料与食材搅拌均匀，浸渍一下，也可以加上蛋液和淀粉浆，使原料初步入味；接着是加热过程中的调味，将主调料选择合适的时机加入，菜肴的口味主要取决于这一过程；最后是加热之后的调味，这是对之前调味的补充和完善，属于定味过程，比如说撒些椒盐、辣椒油、香料等。

菜肴的调味除了要符合自己的口味之外，还要注意营养与健康。人体对酸、甜、苦、辣、咸五种味道的需求是大致相等的，只有做到酸、甜、苦、辣、咸这五味的合理搭配，才有益于人体健康。因此，在调味时应该注意五味的平衡。需要注意的是，五味都不能太过，否则都会对健康产生负面影响。此外，调味还应该结合自己的身体状况。胃酸过多的人就不适合吃酸味食物，糖尿病患者不能吃甜味食物，消化道疾病患者不宜食用辛辣食物等。

## 中国菜的工艺

中国人历来讲究烹饪之美。烹饪作为一门技艺，一门生活的艺术，在中国历代都备受推崇。说中国菜“有肴皆艺，无馔不工”，实不为过。中国菜工艺之精湛，形式之多姿多彩，意境之如诗如画，不仅令人赏心悦目、食欲大开，更重要的是体现了中国人对饮食之美的无限追求。

中国烹饪贵在色、香、味、形、器，归根结底在于菜肴的“美”，在于美与味融而为一的“美食”，而美食的根基即在于烹调技法的工艺。中国菜擅用雕刻彩染的技艺，创制具有观赏价值的工艺菜点。塑形、点染、刻划、花色拼盘，造型艺术的手法无所不用，餐桌上的菜品则千变万化，多彩多姿，让食客们观之不忍下箸。圣人孔子曾云：“食不厌精，脍不厌细”，声称“割不正不食”，儒家礼仪促使孔子对饮食有了形式上美的肯定和追求。《管子·侈靡篇》有“雕卵（鸡蛋）然后瀹之”的记载，虽有侈靡之嫌，却难以掩饰当时饮食文化美的光辉。如此看来，中国菜的工艺历史悠久，功夫匪浅。

⊙花色拼盘

中国菜的雕刻工艺源于先秦的“雕卵”，到了汉魏有“雕酥油”。进入唐宋，技术就更加精湛了。宋代的扬州人能用西瓜皮雕刻成人物、花卉、虫鱼的模样，精巧可爱。食雕能在菜肴上写字作画，甚至于雕花。在真正能食用的菜肴上刻字雕花更有一定的难度。如将煮熟的猪蹄膀或五花肉，修成图形或椭圆形、正方形或长方形，或在其皮上刻出合适的字样和花边；或用雕刻刀在其皮上雕出菊花、大丽花等花卉；在煮熟的乳猪腿的皮上戳出鱼鳞花等等。

中国菜粘砌的工艺多用于果品的造型。唐时已有一种面塑艺术，著名的烧尾宴中就有一组“素蒸音声部”的面食，用面塑成70个蓬莱仙子，载歌载舞，栩栩如生，华丽壮观。

兼观赏与食用为一体的工艺菜，当数“花色拼盘”。花色拼盘就是用食品的色调和线条，拼成色彩绚丽的佳肴美馔。如用红肠、火腿、香菇、黄瓜、菠萝、樱桃等食品，拼出“龙凤呈祥”、“孔雀开屏”、“彩蝶双飞”、“喜鹊迎春”的美图。花色拼盘的前身，是商周时祭祖所用的“钉”（整齐堆成图案的祭神食品），后来人们便将食品做成花果、禽兽、珍宝的形状，在盘中摆放成图形。唐代曾有颇为壮观的组合风景拼盘，令人叫绝。比丘尼（尼姑）梵正曾依

⊙辋川图 王维 唐朝

传说唐代尼姑梵正曾根据此图创制了“辋川小样”的大型风景冷盘。

照唐代诗人王维所画的《辋川图》创制而成名为“辋川小样”的大型组合式风景冷盘，用料仅为脯、酱瓜、蔬笋之类，每客一份，一份一景，共20份，合在一起就是那幅旷世之作——《辋川图》。

造型奇美精伦的工艺热菜自然是将中国菜的工艺体现的淋漓尽致。唐宋之时，中国的工艺菜已经很是精致了。如用鱼片拼成牡丹花做成的“玲珑牡丹”，红烧甲鱼上面装饰鸭蛋黄和羊网油的“遍地锦装鳖”以及“花形馅料各异、凡二十四种”的“生进二十四气馄饨”等。如今的工艺菜就更让人称绝了。一款糖醋鲤鱼，做成之后放入盘中，头尾高翘，大有鱼跃龙门之势。川菜有一款扇面豆腐，厨师用豆腐及其他精细原料，做成一把扇面的形态，又用几色原料在这“扇面”上点缀出石竹图形，装盘后取名“扇面豆腐”，色彩浓淡相宜，像一幅扇面画。不仅吃起来美味可口，又大有观赏扇面美景的情趣。像这样的精美至绝又美味异常的工艺菜，在中国菜谱中不可胜数。

中国工艺菜的精美绝伦与中国厨师如火纯青的刀功是分不开的。中国刀功不仅要适应火候，便于入味，最重要的是要保持菜肴的形态美，因而是烹调技术的关键之一。中国早在古代就重视刀法的运用。《庄子·养生主》描述了著名的庖丁解牛，庖丁解牛之时，“目无全牛”、“游刃有余”，“手之所触，肩之所倚，足之所履，膝之所踦，砉然响然，奏刀騞然，莫不中音”。这解牛是否可与雕塑家们相媲美呢？唐代还有刀功的艺术表演。《酉阳杂俎》载“有南孝廉者善斫脍，薄丝缕，轻可吹起；操刀响捷，若合节奏。因会客炫技”。此人切的肉片，彀薄的竟然一吹即起，真是让人叹为观止了。

中国的刀功有直刀法、片刀法、斜刀法、剞刀法和雕刻刀法等，原料能加工成片、条、丝、块、丁、粒、茸、泥等多种形态，以及丸、球、麦穗花、荔子花、蓑衣花、兰花、菊花等多样花色，还可镂空成美丽的图案花纹，雕刻成“喜”、“寿”、“福”、“禄”字样，增添喜庆筵席的欢乐气氛。特别是刀技和拼摆手法相结合，把熟料和可食生料拼成艺术性强，而且形象逼真的鸟、兽、虫、鱼、花、草等花式拼盘更是厨艺一绝。

中国菜的精巧工艺将美学与烹饪合理、巧妙地融为一体，使菜肴鲜美华丽，可食用，可欣赏，从而大大地提高了菜肴的品味和价值。中国人饮食的特色和传统从来都将物质的享受与精神的愉悦结合在一起，中国菜的精美工艺恰恰起到了刺激食欲的重要作用。

### ·中国烹饪的刀功·

中国的刀功主要有切、片、排、斩、剞等形式，有200种之多，主要有：

**切** 直切、跳切、推切、拉切、滚刀切、转刀切、滚料切、推拉切、锯切、铡切、拍刀切、绸上切

**片** 推刀片、拉刀片、斜刀片、坡刀片、抹刀片、反刀片

**排** 限刀排、刀刃排、刀尖排、刀背排

**斩** 粗斩、细斩、跟刀斩、排刀斩

**剞** 直刀剞、拉刀剞、推刀剞

## 中国菜的烹饪技法

中国菜的烹饪技法可以说是五花八门，每种烹饪技法都有自己的独特之处。同一种食材，用 10 种不同的烹饪技法来烹调，就可以烹制出 10 种不同口味的菜肴。厨师的厨艺如何，除了调味之外，还要看厨师对各种烹饪技法的掌握和运用。总的来说，中国菜的烹饪技法包括炒、爆、熘、炸、烹、煎、贴、烧、炖、蒸、煮、烩、炝、腌、卤、烤、拌、拔丝、卷等 20 多种。

炒是目前使用最广泛的一种烹饪技法，因其操作方法简单且成熟时间短，在家庭烹饪中占有十分重要的位置。炒讲究急火快翻，在锅内放少许油，加入食材和调料快速烹制，短时间内出盘。炒的原料以小原料为宜，且要保证大小粗细均匀，这样有利于快速成熟。炒可分为生炒、熟炒、软炒和煸炒四种。生炒即将生料放入油锅中直接炒，且原料不挂糊；熟炒是先将原料加工成全熟或半熟，然后再下油锅炒；软炒是先将原料上浆滑油，然后再快火翻炒；煸炒是将原料拌腌后再下油锅反复翻炒，直到汁干料脆。

爆是用热油旺火，原料下锅后翻几翻或颠几下即出锅的烹饪方法。爆的原料必须是细小无骨的，而且调料要事先调成汁，待原料下锅后就马上倒入，加快操作时间。爆可分为酱爆、葱爆、宫爆（保）、油爆、芫爆和火爆。酱爆是先将主料上浆滑油或焯水，然后爆香酱料再下主料；葱爆是先将原料腌好，然后同大葱一起下锅；宫爆（保）是先将主料上浆滑油，然后爆香调料和配料，再勾芡汁起锅；油爆是先将主料过油炸，然后加调味芡汁同爆；芫爆是先将原料上浆焯水或过油，然后以香菜为主要配菜进行烹制；火爆是先将主料腌好，然后旺火速爆，出锅前喷洒白酒。

熘是一种类似于炒的烹调技法，但要比炒复杂一些。熘的原料要首先腌制一下，然后上浆滑油，也可以用锅蒸或氽水，接着加入调料翻拌，最后勾芡。按照不同的分类方法，可以将熘分成不同的种类。按照颜色可将其分成白熘、红熘和黄熘；按口味可分为鱼香味、果汁味、醋香型、咸香型、糟香型、糖醋味等；按勾芡技法可分为对汁法、浇汁法和卧汁法；按照芡汁可以将其分为包芡熘、糊芡熘和流芡熘。此外，还有糟熘、焦熘、滑熘、水熘、糖熘、醋熘、浇汁熘和淋汁熘等多种熘法。

炸是指将原料放在大量热油中加热制熟的烹调方法。炸可使成品达到外脆里嫩的效果，而且有利于原料上色。炸有很多种，比如说干炸、吉利炸、包卷炸、氽炸、浸炸等等。干炸是指将原料腌制入味后再蘸干粉或挂糊炸制；吉利炸是指将原料腌制后做成一定的形状，然后蘸面包糠等原料再入油炸；包卷炸是指将入

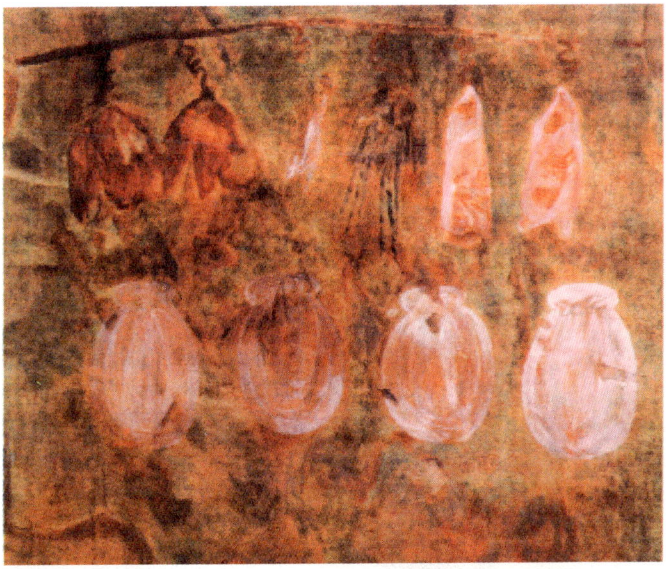

**⊙庖厨图 西晋**

图中可见悬挂有兔、野鸡、猪头、蹄膀、内脏、干鱼、提壶和鲜鱼。下面有 5 人操作，表现侍人为主人准备宴饮的忙碌场面。右壁的右后方画有一锅灶，一人在灶上操作。

味的原料用紫菜、蛋皮、面包面等辅料包裹起来，然后再挂糊炸制；余炸是指将原料放在温油中慢慢地炸熟；浸炸是指将腌制好的原料放入旺火热油中，然后马上关火，用余热将其炸制成熟。

煎是指用少量油小火慢慢加热制熟的烹饪方法。煎制菜肴一定要把握好时间，时间太短油温不够，原料难以成熟；时间太长则容易煎糊。煎的种类有干煎、酥煎、香煎、煎炒、煎炸等很多种。干煎是指将原料腌制后拍上面粉，然后上油锅煎制；酥煎是指将原料腌制后挂上酥皮糊，然后再入锅煎制；香煎是指将原料腌制入味后煎制，并在起锅前淋入洋酒；煎炒是先煎后炒的烹饪技法，先将原料腌制入味，然后上浆煎制，最后再炒制调味出锅；煎炸是指先用少量油煎制，然后再用大量油炸制。

烹是建立在炸或煎的基础之上，烹汁入味的烹饪方法。烹汁要用清汁，不能加芡粉，配料多用葱、姜、蒜和香菜，吃口咸香，略带酸甜。烹可以分为两种，即炸烹和煎烹。炸烹是指先将原料入油锅炸熟，然后再烹入清汁成菜；煎烹则是指先将原料入锅煎熟，然后再烹入清汁成菜。烹其实是炸和煎的延伸，炸和煎是一次加热成菜，烹则是两次加热成菜。烹入清汁的时候要特别注意，不能将清汁一次性倒入，应该先倒入一半儿，然后将另一半儿放入勺中，边翻勺边淋汁。此外，烹法的操作要迅速，烹汁的过程应该在短时间内完成。

⊙**陶灶 东汉**

出土于广州东郊先烈路。

贴是将两种或两种以上的扁平状原料贴合在一起，然后挂糊入油锅加热烹制的烹饪技法。贴是煎的延伸，但贴所用的油量比煎多一些，而且贴只加热一面，也就是紧贴锅底的一面。贴菜的调味因菜而异，可腌制、加调味汁等。

炖是将原料加汤水及调味品共同烧沸，然后转至小火慢慢成熟的烹饪技法。炖讲究火攻，至少要保证一小时以上。开始炖的时候不能放盐和带色的调味品，待熟后再进行调味。炖可分为隔水炖和清炖两种：隔水炖是将灼烫后的原料置于密闭的容器中，然后放在水锅中用蒸汽长时间加热；清炖是将灼烫后的原料放入砂锅中用小火炖。

烧是指将初步熟处理的原料加汤调味烧制，然后再收汁或勾芡的烹调方法。烧可以分为红烧、白烧、干烧、葱烧、辣烧等很多种。红烧多用酱油烧成红色；白烧要注意保持本色，不能加入带颜色的调料；干烧与红烧类似，只是红烧用水淀粉收汁，干烧则讲究用火收汁；葱烧主要以葱为调配料；辣烧则以辣味调料烧制。

蒸是一种先将原料调好味，然后再放入蒸笼中利用水蒸气使其成熟的烹饪方法。根据原料的不同，蒸可以分为猛火蒸、中火蒸和慢火蒸三种。根据技法则可分为清蒸、粉蒸、包蒸、扣蒸、上浆蒸等。

煮是将原料放入水中加热成熟的烹饪方法。煮和炖有相似之处，但煮的时间要比炖短。煮可分为油煮、白煮等多个种类。油煮并不是用油去煮，而是指原料经过煎、炒、炸等初步熟处理以后，再加入汤汁煮；白煮则是将生料直接放入水中加热成熟。

烩是指将初步熟处理的原料加汤水煮，然后再勾薄芡使汤菜融合的烹饪方法。烩菜中虽然有煮的环节，但不能煮得太久，一般在汤沸的时候即可勾芡。此外，芡汁的稀稠一定要适度，过稀汤菜无法融合，过稠则容易糊嘴。

炝是用沸水灼烫或用油滑透原料，然后趁热加入各种调味品使其成菜的一种烹饪方法；拌则是将原料直接加调味品调拌成菜。炝和拌都是制作凉菜的，但炝有烹有调，而拌则是有调无烹。腌是指用盐等调料浸渍食物的烹饪技法。

⊙烧烤羊肉图　东汉

卤是先用各种料物制成卤汁，然后将经过初加工的食物放入卤汁中慢慢加热至其成熟的烹饪技法。在加热的过程中，卤汁逐步渗入到食物之中，因此制出来的食物十分味美可口。制作卤菜，卤汁的制作是关键，要用多种基本调料和香料来调制。此外，卤制的时候要用小火长时间加热，这样才能让食物充分吸收卤汁中的各种滋味。

烤是将加工处理过或已经腌渍入味的原料，用明火或暗火进行加热的烹饪技法。烤分为很多种，比如说挂炉烤、焖炉烤、烤盘烤、叉烤、串烤等。

拔丝是将经过熟处理的原料再用糖调制成菜的烹饪技法。拔丝的关键就在于炒糖，可以用水炒，也可以用油炒，其标准都是要炒到糖色发红。炒好糖后，加入炸好的原料迅速颠翻，就可以出锅了。蜜汁是先将原料加工成半成品后熟料，然后放入由白糖、蜂蜜、麦芽糖等化成的浓汁中，采用烧、蒸、炒、焖等方法加热成菜的烹饪技法。

中国的饮食文化博大精深，中国菜的烹饪技法也有很深的学问，并非只言片语所能言清。虽然每种烹饪技法都有自己的独特之处，但各种烹饪技法之间却并不排斥，甚至有时还是相辅相成的。合理地选择和搭配烹饪技法是烹饪的窍门，值得我们好好研究。

## 饮食礼仪

中国素称“礼仪之邦”、“食礼之国”，“民以食为天”的饮食大事自然与礼仪密切相关。儒家经典《礼记・礼运》云：“夫礼之初，始诸饮食”。五千年的中国饮食文化中蕴含着上自皇室，下至家庭一直恪守不移的饮食礼仪。这些礼仪无一不是深刻了我们的思想，存在于我们的生活，还会影响我们的未来。

古人为什么将食礼看得如此重要呢？《周礼・天官・大宗伯》云：“以饮食之礼，亲宗族兄弟。”《曲礼上》则曰：“夫礼者所以定亲疏，决嫌疑别异同，明是非也。礼，不妄说人，不辞费。礼，不逾节，不侵侮，不好狎。修身践言，谓之善行。行修言道，礼之质也。”正因为礼可以确定人际关系，分辨道理的是非，陶冶人的品德，养成良好行为。而“饮食男女，人之大欲也”，所以饮食之礼乃重中之重。对儒家经典三礼有所了解的人都知道，食礼可是说是一切礼仪制度的基础，饮宴活动几乎贯穿于所有的礼仪活动。

中国人的饮食礼仪是源远流长的，也是比较完备的，而且有从上到下一以贯通的特点。在中国，根据文献记载可以得知，至迟在周代

⊙婚宴 清 选自《清人嫁娶图》

时，饮食礼仪已形成为一套相当完善的制度。这些食礼在以后的社会实践中不断得到完善，在古代社会发挥过重要作用，对现代社会依然产生着影响，成为文明时代的重要行为规范。

中国的食礼涵盖面很广，可按多种方法进行分类。按民族划分，有汉族食礼和少数民族食礼；按阶层划分，有宫廷皇家食礼、官府缙绅食礼、军营将士食礼、学院士子食礼、市场商贾食礼、行帮工匠食礼、城镇居民食礼和乡村农夫食礼；按地域划分，有东北地区食礼、华北地区食礼、西北地区食礼、华东地区食礼、中南地区食礼和西南地区食礼；按用途划分，有祭神祀祖食礼、重教尊师食礼、敬贤尊老食礼、生寿婚丧食礼、贺年馈节食礼、接风饯行食礼、诗文欢会食礼、社交游乐食礼、百业帮会食礼和民间应酬食礼等等。总之，食礼的形式和内容丰富多彩，上自帝王将相，下至黎民百姓，无不与之发生广泛的联系，无不依靠它进行社会交际。

与我们的生活密切相关的主要有宴饮之礼、待客之礼与进食之礼。

作为汉族传统的古代宴饮礼仪，自有一套程序：主人折柬相邀，到期迎客于门外。宾客到时，互致问候，引入客厅小坐，敬以茶水、烟或点心。《清稗类钞·宴会》云：“（客来）即就坐，先以茶点及水旱烟敬茶，俟筵席陈设，主人乃肃客一一入席。”客齐后导客入席，以左为上，视为首席，相对首座为二座，首座之下为三座，二座之下为四座。客人坐定，由主人敬酒让菜，客人以礼相谢。席间斟酒上菜也有一定的讲究：应先敬长者和主宾，最后才是主人。男女同席时，则先女宾后男宾。酒要斟至八分满为宜。上菜时要先上冷菜后上热菜。上全鸡、全鸭、全鱼等大菜时，不能把头尾朝向正主位。宴饮结束，主人要将客人让入客厅小坐，上茶、交谈、辞别。这种传统宴饮礼仪如今在中国大部分地区仍保留得很完整。

待客的礼仪，《周礼》、《仪礼》与《礼记》这儒家经典“三礼”中已经记载得非常详细。

凡是陈设便餐，带骨的菜肴放在左边，切的纯肉放在右边；干的食品菜肴靠着人的左手方，羹汤放在靠右手方；细切的和烧烤的肉类放远些，醋和酱类放在近处；葱葱等伴料放在旁边，酒浆等饮料和羹汤放在同一方向。这些规定都是从用餐实际出发的，并不是虚礼，主要还是为了取食方便。仆从摆放酒壶酒樽，要将壶嘴面向贵客；端菜上席时，不能面向客人和菜肴大口喘气，如果此时客人正巧有问话，必须将脸侧向一边，避免呼气和唾沫溅到盘中或客人脸上。主人要做引导，要做陪伴，主客必须共餐。尤其是有长者在席时，斟酒时须起立，离开座席面向长者拜而受之。长者表示不必如此，少者才返还入座而饮。长者可举杯一饮未尽，少者不得先干。长者如有酒食赐与少者和僮仆等低贱者，他们不必辞，少者还得记住要先吃几口饭，谓之“尝饭”。虽先尝食，却又不得自己先吃饱完事，必得等尊长吃饱后才能放下碗筷。凡是熟食制品，侍食者都得先尝一尝。如果是水果之类，则必让尊者先食，少者不可抢先。

食礼为先，食礼是饮膳宴筵方面的社会规范与典章制度，餐饮活动中的文明教养与交际准则，赴宴人和东道主的仪表、风度、神态、气质的生动体现。

进食之礼在先秦时已有了非常严格的要求。进食时少者、位卑者一般要坐得比尊者长者靠后，而进食时要尽量坐得靠前一些，以免不慎掉落的食物弄脏了座席。主人不能先吃完而撇下客人，要等客人食毕才停止进食。宴饮完毕，客人自己须跪立在食案前，整理好自己的餐具及剩下的食物，交给主人的仆从。更有“共食不饱”、“共饭不泽手”、“毋口它食”、“毋啮骨”、“毋投与狗骨”、“毋扬饭”、“毋刺齿”、“当食不叹”等许多饮食礼仪。这些进食之礼曾作为许多家庭的家训，代代相传。

## 四时八节话饮食

每一个国家、每一个民族都拥有自己独具特色的时令节日。5000年的历史文化蕴育了中华民族独特的节日体系，春节、除夕、端午、中秋、重阳……从古至今，中国人都是通过丰富多彩的饮食文化活动来寄托自己在岁时中的希望和情怀，于是就形成了独具特色的节日饮食风俗。

中国人对春天有着深厚的感情，春季的节日也格外多。春节、元宵节、二月二“龙抬头”、寒食节、清明节、三月三上巳节等。人们对春天的希望，对人生的畅想全在这些岁令时节中淋漓尽致地表达出来。

春节是农历的大年初一，是中国一年之中最隆重的传统节日。在节气中大年初一这一天也称元日，也就是过年。北方人都会包饺子以贺春节，饺子内还要包上一些钱物，吃到的人在今年就会有格外好的运气。南方人则吃年糕，取的是“年年高兴、年年高升”的吉祥之意。春节之时，亲朋好友还要互相拜年，吃年节酒。这个习俗古已有之，《法苑珠林》中提到，唐朝时，长安城内“每至元日以后，递饮酒相邀迎，号‘传坐酒’”。古人在大年初一时还会喝屠苏酒、柏味酒、椒华酒以贺新年，取吉避邪。唐方干《元日》诗中有“才酌屠苏论年齿，座中唯笑鬓毛斑”的诗句，是春节时全家团聚，长幼共饮屠苏酒的欢乐场面的再现。

正月十五元宵节，除了看花灯、猜灯谜等节日活动外，吃汤圆是万万不能少的。汤圆在

⊙卖元宵 清 选自《太平欢乐图册》

北方多称元宵，在南方又称汤团。相传吃汤圆始于春秋时期，宋代时已经称其为“圆子”、“团子”，取“团团圆圆”之意。流传甚广的民谣《卖汤圆》，“吃了汤圆好团圆”，这对中国人来说是最吉祥美好的祝福了。

二月二，龙抬头。人们为祈求五谷丰登、人丁兴旺、国泰民安，将五谷瓜果的种子互相馈赠，古人还有吃富贵果子、太阳糕和撑腰糕的记载。清明寒食节，以冷食为主，不动火，古人还有吃青团和红藕的习俗。风筝飞满天的三月三，自古就是人们踏青春游的好时节。这个节日中，古人还要吃黍曲菜羹、龙舌饼和乌米饭以防病健身，祈求平安。

到了夏天，立夏、浴佛节、端午、夏至、七夕等节日饮食更是别具特色。

立夏是一个尝新的季节。李子、樱桃、香梅、蚕豆、新茶、笋苋羹和百草饼等美味食品是古人在立夏这个节气中所吃的佳食。另外，江浙一带还有在立夏吃咸蛋或茶叶蛋的食俗。

五月初五端午节也是中国民间比较重大的节日。千百年来，人们为纪念屈原而独创了端午节必食的美味——粽子。粽子，古称角黍。《风土记》记载，五月五日“先节一日，以菰叶裹黏米栗枣，以灰汁煮令熟。……一名粽，一名角黍。”古籍《岁时杂记》云：“端午粽子，名目甚多，形制不一，有角粽、锥粽、茭粽、秤锤粽，又有九子粽。”如今粽子的制作更是多种多样，但万变不离其宗，多用糯米制成。除吃粽子之外，每逢端午节，古人还会喝雄黄酒、草蒲酒。按阴阳五行的说法，端午节这天可以决定人的精神气血的盛衰和生死寿夭，如果喝了这两种酒，便可以解毒避恶、趋吉避凶。

南方天气炎热，对夏至这个节气较为看重。夏至之日，人们常吃烤鹅、冰酒、百家饭、玄冰丸、飞雪散、冷淘面、麦豆饭、馄饨等食物来祈求平平安安地度过这个夏天。

七月七日，俗称“七夕”、“乞巧节”，源于一年一度牛郎织女鹊桥相会的美丽神话传说。这一天，很多地方有吃巧果、巧水、巧饼、汤饼、煎饼、油槌的风俗。

秋天是收获的季节，中秋节和重阳节两个隆重的节日为人们在金秋时节平添了几分愉悦。

八月十五中秋佳节，是团圆之节。赏月、吃月饼、饮桂花酒都是这个节日中必不可少的活动。关于月饼，《帝京景物略》上说：“八月十五日祭月，其祭果饼必圆，分瓜必牙错瓣之如莲花。……月饼月果，戚属馈相报，饼有径二尺者。女归宁，是日必返其家，曰团圆也。”八月桂花香，饮上一杯清香怡人的桂花酒，无不为这个团圆佳节增添了几分雅兴。

九月九日谓之重阳节，又称“敬老节”或“老人节”，也是一个古老的节日。重阳时节，秋菊盛开，相聚、登高、赏菊、饮菊花酒、吃菊花糕，人们在避邪祈福中享受着生活的无限欢娱。重阳食糕，是很重要的传统，糕与“高”同音，寓意吉祥。重阳糕品种很多，主要有菊花糕、万象糕、狮蛮糕、食禄糕和花糕等，各具特色。古代重阳节物，还有迎霜兔、酒糟蟹、羊肝饼、九品羹和毛豆等。

节日的热烈气氛和丰富多彩的饮食活动驱走了严寒。冬天的节日中以冬至、腊日和除夕最为重要。

古人对冬至极为重视。《东京梦华录》说：“京师最重冬至节，虽至贫者，一年之间积累假借，至此日更易新衣，备办饮食，享祀先祖，官放关扑，庆贺往来，一如年节。”北方有冬至日吃饺子的习俗，因为饺子的形状很像是人

⊙中秋制月饼 清 选自《太平欢乐图册》

⊙重阳 忱醺 清 选自《太平欢乐图》
浙江一带在重阳节做粉糕，又名栗糕。

的耳朵，吃了饺子，再冷的天也不会冻坏耳朵。古人在冬至日还有吃米丸、黍糕、百味馄饨、冬至盘、冬至米团的食俗。

十二月初八是腊日，又称“腊八”。“腊八粥”是国人必食之物，各地还有吃“腊八汤面”、“腊八蒜”、“腊八豆”等各异的食俗。

大年三十为除夕之夜。除夕之夜家家举宴，谓之合家欢、团圆饭。从古代起，人们就极为重视除夕之夜。《清嘉录》即云：“除夜家庭举宴，长幼咸集，多作吉利语，各年夜饭，俗呼合家欢。”南方人将这晚的团圆饭称为“年夜饭”、“宿年饭”、“年根饭”、“合欢宴”等，佳肴美馔应有尽有；北方必吃饺子，“年年饺子年年顺”。总之，除夕食俗是合家团圆，庆丰收、贺岁迎新的象征。

不同的节日，有不同饮食习俗；不同的民族，也有不同的节日庆祝方式。上述岁时饮食全以汉族为例，中国的其他少数民族岁时饮食更是别具特色丰富多彩，值得我们去感受。

## 餐饮老字号

中国是一个文明古国，有着悠久的历史和灿烂的文化，几千年的社会发展孕育了很多特色浓郁的老字号企业，其中，就包括不少餐饮老字号。在餐饮业异常发达的现代社会，老字号企业受到了人们的特别青睐。老字号不仅是质量和信誉的保证，更承载了古老的饮食文化。走进老字号，不仅是在品尝它的特色美食，更是在品味它的文化内涵。既有美食，又有文化，这是餐饮老字号的独特魅力，也是其长盛不衰的主要原因。

在每一个老字号背后，都有许多动人的故事，每一个老字号都是一道商业景观。不仅如此，每个老字号还代表着一种传统文化现象，是一道文化景观。人们常说“不到长城非好汉，不吃烤鸭真遗憾”，就是将烤鸭视为了北京的象征。在北京民间流行的一些歇后语，也生动地描述了老字号的特色。比如说东来顺的涮羊肉——真叫嫩，六必居的抹布——酸甜苦辣都尝过，砂锅居的买卖——过午不候等。

全聚德始创于清同治年间，其创始人为杨全仁。杨全仁本是河北人，初到北京的时候在前门做生鸡鸭买卖，因为精通贩鸭之道，因此买卖也越做越红火。几年下来，攒了不少钱。在杨全仁每天往返的途中，都要经过一家叫作“德聚全”的干果铺，铺子的位置非常醒目，杨全仁早就看上了这个地方，只可惜时机还不成熟。后来，这家干果铺的生意越来越差，到同治三年的时候，已经濒临倒闭。杨全仁就趁这个机会，用自己多年的积蓄买下了“德聚全”的店铺。

为了给店铺起一个响亮的名字，杨全仁特意请来了一位风水先生。风水先生围着店铺转了两圈，告诉杨全仁这是一块风水宝地，店铺两旁有两条小胡同如两根轿杆儿，将来在此地盖起一座楼房，那就有如八抬大轿，前途无量，只是以前的店铺晦运难除，除非将其字号倒过来，方可扭转运势，踏上坦途。杨全仁想了想，将“德聚全”倒过来是“全聚德”，自己的

⊙ 中华老字号全聚德

名字中有“全”,而“聚德”又有聚拢德行之意，确是个好名字。于是,他便请了个秀才书写“全聚德”三个大字，并制成金字牌匾挂起来，立刻为小店增色不少。

杨全仁懂得经营饭馆不能徒有虚表，必须要用好厨师、好堂头和好掌柜才行。于是，他经常到各种烤鸭铺转悠，探寻烤鸭的秘密，拜访烤鸭的高手。当时，有一位专为宫廷御膳做挂炉烤鸭的孙师傅，烤鸭技术十分了得。杨全仁得知后，就想尽办法与孙师傅交朋友，喝酒下棋。后来，这位孙师傅终于被杨全仁的真诚打动了，来到全聚德制作烤鸭。因为孙师傅的到来，全聚德的烤鸭技术有了很大的提高，并为全聚德烤鸭赢得了“京师美馔，莫妙于鸭”的美誉。如今，全聚德烤鸭更是名扬四海，受到了海内外的一致好评。

砂锅居始创于清乾隆年间，据说是当时王府里的更夫创建的。砂锅居的原址在西单缸瓦市定王府更房临街处，当时的清宫和各王府都有祭祖制度，祭品多是上等的全猪制成的，而定王府祭祖用过的猪肉一般都会赏给更房里的更夫食用，更夫们常拿这些猪肉到府外换钱。后来，更夫们干脆与御膳房的厨师合作，在缸瓦市定王府更房的墙外正式开了一家店，专门经营砂锅煮白肉，并取名和顺居，但人们还是习惯称其为砂锅居，久而久之，砂锅居便成为店名了。

砂锅居刚开业的时候，只有少数官员前来品尝，后来客人越来越多，生意越做越好，一头猪不到中午就卖完了。卖完之后，当天就不再营业了，食客只能等到第二天再来。在嘉庆年间，就有“缸瓦市中吃白肉，日头才出已去吃”的说法，可见当时的砂锅居已经十分火爆了。当初的砂锅居都是用大砂锅煮肉，现在则换成了一口口小砂锅。现在的砂锅居仍然以砂锅白肉最为出名，但也同时兼营其他的菜品，而且是全天营业，不再有“过午不候”的规矩了。

天福号始创于清乾隆三年，是山东人刘凤翔和一个山西客商合伙创建的。据说天福号刚开的时候，仅仅是一家普通的酱肉铺，无名无号，生意也不景气。没过多久，山西客商就撤股了，只剩下刘凤翔独撑门面。一天，刘凤翔到市场进货，在旧货摊看到一块旧匾，上面书写着“天福号”三个字，字写得很漂亮，刘凤翔一眼就看中了，且认为有“上天赐福”之意，于是决定买下来。回到家中，刘凤翔将旧匾重新粉饰了一番，将其挂在门楣上，用作招牌，结果吸引了很多文人墨客前来欣赏，而小店的生意从此也越来越好。

天福号的酱肉和酱肘子一般都是夜间制作，白天出售。一次，刘凤翔的后人刘抵明在看守炉灶的时候睡着了，肘子煮过了火，可没想到这样做出来的肘子味道更好。这让刘抵明大为惊喜，于是，他就在这锅肘子的基础上认真研究，总结出了一套更为精良的制作方法。在刘家后人的努力下，天福号的酱肘子越来越可口美味，名气也越来越大。慈禧在品尝过天福号的酱肘子之后，连声称好，并赐给天福号一块进宫的腰牌，每天都要将定量的肘子送入宫中。从此，天福号的酱肘子便成了清朝的贡品。直到现在，天福号酱肘子的销售仍然十分火爆，每逢节日都要提前预定。

一条龙始创于清乾隆五十年，其创始人为山东禹城一位韩姓人士。当时北京的羊肉铺绝大多数都是由山东人经营的，这位韩姓人士最初来到北京的时候，就是在一家羊肉铺当学徒。这家羊肉铺不仅卖生羊肉，而且也制作烧羊肉、酱牛肉、白羊头肉等熟食，还烙芝麻烧饼。韩某聪明好学，很快就掌握了各种食品的制作技术。学成之后，他开始寻觅店铺，后来选了一间在东四牌楼南面的店铺，他希望自己的生意能够永远兴隆，事事顺心，于是就为店铺取名南恒顺。

南恒顺的生意很好，到韩家第六代韩同利的时候，已经盖起了一间门脸的筒子房，并开始经营涮羊肉、炒菜、抻面等多个品种。南恒顺的涮羊肉和芝麻烧饼都非常有名，这与其严格的选料和独特的制作工艺是分不开的。相传光绪皇帝曾经在南恒顺吃过饭，从此，南恒顺便改名为一条龙，而且南恒顺的生意也因此更加火爆。南恒顺曾经先后遭遇了两次火灾，连光绪皇帝曾经坐过的龙椅也被烧掉了。不过这并没有影响它的兴旺，如今，在重新修缮过的前门大街上，一条龙的门前仍然门庭若市。

老字号的文化底蕴是无可厚非的，每个老字号都有它的独特内涵，但老字号要在现代社会立足，就必须跟得上时代的发展，不断创新，这样才能让古老的老字号在现代社会散发出独特的魅力。包括上面介绍的几个在内的一些老字号正是因为适应了时代的发展，所以才能够久盛不衰。

## 闲话餐具

中国餐具品种齐全，款式多样，材质丰富。如果除却原材料和造型的变化不谈，中国饮食的餐具可以说在新石器时代已基本齐备。中国各地新石器时代的遗址已有5000余处，大量出土的彩陶餐具让我们一睹先民的饮食风貌。夏商周时代，中国出现灿烂的青铜文化，餐具自然是最大的受益者。当时的青铜器餐具多种多样，并从功用上有具体分工。烹煮器有鼎、鬲、甗、甑、釜，黍稷器有簋、簠、敦、彝、盂，酒器有尊、罍、壶、卣、觥，脯醢器有豆、笾、锜，盛冰器有鉴、匜……青铜器餐具工艺精美，庄重凝练，最能体现贵族的风度。

⊙ **牛头龙纹鼎　春秋晚期**

春秋战国以后，随着统治者的生活日益奢华，餐具也随之日益精致华丽，仅原料就有金、银、玉、象牙、水晶、玛瑙等。而此时也是漆器餐具发展最鼎盛的时期。耳杯、豆、樽、盘、壶、卮、盂、鼎、匕等餐具最为常用。当时的漆器餐具多用木胎，但也有皮胎和竹胎，且多为高浮雕、透雕和圆雕，并上有深浅不一的红、黄、绿、蓝、白、金、褐等各种颜色，再配以各种图案的纹饰，处处都透着一种多彩多姿的秀逸之美。

盛唐之时，经济的强大促进了饮食的繁荣和昌盛。此时，金银餐具颇为流行，主要有杯、壶、碗、盘、盒等，有的为唐式，有的借鉴的西方器具的样式，有的则西器造型、东方纹样，均别具一格。金银器餐具工艺十分精湛，不仅运用了钣金、浇铸、焊接、切削、铆、镀等技术，还要在表面满饰精美的花纹，尤其显得富丽豪华。金银餐具多用于上层统治者，唐以后的历代宫庭金银餐具均有单品流传至今。

宋代饮食餐具普遍使用瓷器。据说，宋徽宗最爱瓷器，仅汴京（今河南开封）就有官、汝、定、哥、钧五大名窑。从那时起，中国的餐具便逐渐由瓷器占统治地位。但由于瓷器破损率高，难以流传久远，故宋代瓷器在今天已成为稀世之宝。

宋代的瓷器五彩纷呈、各有千秋。邢瓷如银类雪，白瓷若玉似冰，龙泉瓷色彩葱翠，钧州瓷红若胭脂，而最著名的青瓷，则以青如天、明如镜、薄如纸、声如磬的质地，受到中外青睐。宋代瓷器又分官用和民用两大类，其中官用为宫廷等专用，做工考究，档次很高。官用的整套餐具被称为“整堂”，而民间百姓的则称为“散用”。瓷器餐具耐高温，光洁度好，又有很高的实用价值和欣赏价值。如今瓷器餐具已经风靡全球，中国人民为人类饮食做出了重大的贡献。

明代餐具除了洪武窑、永乐窑、宣德窑、成化窑、正德窑和嘉靖窑等出产的著名瓷器以外，以珐琅器和漆器最为瞩目。珐琅器在明初从西方传入中国，后经云南人在北京仿制，因肇始于景泰年间，初创时只有蓝色，所以称为景泰蓝。景泰蓝色彩艳丽，精巧至极，景泰皇帝朱祁钰最钟爱此物。

⊙寿碗 清

清代集历代精美餐具之大成，不仅有在工艺上更加精巧，在式样上也越发新奇。各种珍贵器具在清宫中均可得一见。仅宁寿宫慈禧膳房中，就有金、银、牙、玉餐具1500多件。值得一提的是，清代又有了珐琅彩，是一种御用瓷器，精致无比，具有极高的艺术欣赏价值。

时至今日，随着现代科学技术的发展，餐具制造业的发展也很快，不仅传统餐具出现在我们的餐桌上，一些新型餐具也不断涌现。餐具不仅能为佳美的菜肴锦上添花，更能烘托筵席气氛，使食客大饱口福之前大饱眼福。中国饮食餐具之美，在质、在形、在装饰、在与佳馔珍馐的匹配谐和。美器与美食的谐合，是饮食美学的最高境界。

## 菜单源流

西方人以出自公元9世纪的《烹饪津梁》为最早的菜单，然而，真正将菜单作为一种文化且在文学作品中恣肆张扬铺陈的，还应当首推中国人。战国时期楚国的爱国诗人屈原在《楚辞·招魂》篇中为我们记载了中国宴会的第一份菜单。菜单中记录了大量楚国国王的饮食，有“胹鳖炮羔，有柘浆些。鹄酸臇凫，煎鸿鸧些。露鸡臛蠵，厉而不爽些……”。中国有关饮食的记载浩如烟海，然而作为一份能反映筵席整体风貌的菜单，这篇《楚辞·招魂》应为最早。这份战国菜单中有稻粢、穱麦、黄粱等主食，有挫糟冻饮的冷饮，有蜜、大苦、咸、辛、柘浆等调味品，有肥牛之腱、胹鳖、炮羔、鹄酸、臇凫、煎鸿鸧、露鸡臛蠵等美味菜式，真是珍馐佳馔，应有尽有。菜单中还充分体现了当时高超的烹饪技艺，如煨、红烧、烧烤、醋烹、水煮、油煎等。

《楚辞·招魂》以后，汉长沙马王堆轪侯墓的竹简菜单记有食品100多种；隋朝的尚食值长谢讽《食经》中记名馔53种；唐代韦巨源所著《烧尾食单》中记菜点58种，宋代周密记张俊供奉宋高宗赵构的“御宴”馔肴250种，《粤菜存真》记录清代“满汉全席膳单”有各色肴点共100多种……

中国古代还有几份菜单值得一提。西汉才子枚乘曾赋《七发》，其中一大段为一份出色的美宴菜单，小牛肥肉、狗肉和羹、烧煮熊掌、兽脊烧烤、鲤鱼脍片、野鸡豹胎……生猛海鲜、九酝八珍都能这在份菜单上找到最初的踪迹。在欣赏赋文遗韵的同时，还能品味千年之古的美味。宋代著名诗人陆游在《老学庵笔记》中曾经记载过宋朝宫廷宴请金国使者的国宴菜单。此单包括：肉咸豉、爆肉双下角子、莲花肉、油饼骨头、白肉胡饼、群仙肉、太平毕罗、假黄鱼、奈花素粉、假沙鱼、水饭、咸豉、旋钱鲊、瓜姜。另外，主食还有枣子髓饼、白胡饼和环饼等。这份菜单是宴请金人的特色菜单，大有几分“胡味”。

清代著名文学家袁枚不但是美食家，而且还是菜单收藏爱好者，他收藏的菜单有数百种之多，后来收入他的《随园食单》一书中，为烹饪界所珍爱。《随园食单》主要分为须知单、戒单、江鲜单等 14 个方面，其中大到山珍海味，小至一饭一粥，味兼南北，无所不包。行文简明扼要，通俗易懂，既具操作性，也有评议阐述，是一部理论性、实用性很强的饮食菜单。《随园食单》名闻天下，被誉为中国古代菜单之最。

近代也不乏知名的名家菜单，张大千大风堂酒席的菜单由大千先生亲自书写，书法遒劲古朴流畅。该菜单在写法上也不同于其他的菜单，不光写上每一道菜，还详详细细注明选什么料，用量多少，什么方法烹制，属于什么味型，以及上桌的程序等等。张大千的挚友张学良将军收藏张大千的菜单最多，并装订成册请大师题名留念。张大千画了白菜、萝卜和菠菜，题名“吉光兼美”，并题诗云：“萝菔生儿芥有孙，老夫久已戒腥荤。脏神安坐清虚府，那许羊来踏菜园。”

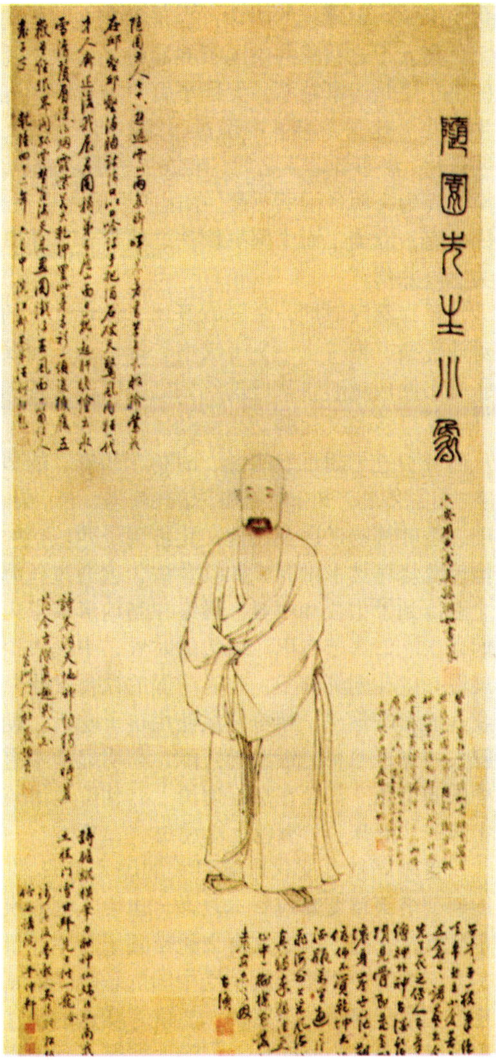

⊙袁枚像

菜单曾是帝王豪门的专宠。清朝乾隆皇帝的早膳菜单，菜品共有 53 种，晚餐食谱，菜品也有 75 种，更别提正式的大宴了。末代皇帝溥仪的晚餐菜单内容即包括炒三冬、炒黄瓜酱、大豆芽炒各达英、鸭条烩海参、葛仁烩豆腐、烩酸菜粉、红烧鱼翅、锅烧茄子、红烧桂鱼、热汤面黄焖鸡、熏肝、清汤银耳、木樨汤、羊肉汤白菜、酱肘子、摊鸭子……

现在的菜单融入了许多文化因素，内容丰富，设计精美，寓知识性、趣味性为一体，饭店轶事、名人掌故、诗词曲赋纷呈，图文并茂，交相争妍，令人赏心悦目。

## 走向世界的中国菜

古人云：“民以食为天。”国人一向对吃是极为考究的，所以中国的饮食文化源远流长，博大精深。经过数千年的沉淀堆积，至今已成以八大菜系为主的饮食文化不仅是中华民族文化宝库中一颗璀璨的明珠，也是世界文明的瑰宝。集天下之精华的中国菜异彩纷呈，数不清的小吃更是丰富精萃。无怪乎百年前孙中山先生就在《建国方略》中说过，“我中国近代文明进化，事事皆落人之后，唯饮食一道之进步，至今尚为文明各国所不及。中国所发明之食物，固大盛于欧美；而中国烹调法之精良，又非欧美所可并驾。”

早在秦汉时期，中国就开始了饮食文化的对外传播。据《史记》、《汉书》等记载，西汉张骞出使西域时，就通过丝绸之路同中亚各国开展了经济和文化的交流活动。张骞等人除了从西域引进了胡瓜、胡桃、胡荽、胡麻、胡萝卜、石榴等物产外，也把中原的桃、李、杏、梨、姜、茶叶等物产以及饮食文化传到了西域。中国传统烧烤技术中有一种啖炙法，也通过丝绸之路传到了中亚和西亚，最终在当地形成了人们喜欢吃的烤羊肉串。汉代的时候，中国人卫满曾一度在朝鲜称王，此时中国的饮食文化对朝鲜的影响最深。朝鲜习惯使用筷子吃饭，朝鲜人的烹饪原料、饭菜的搭配，都明显地带有中国的特色。甚至在烹饪理论上，朝鲜也讲究中国的“五味”、“五色”等说法。

受中国饮食文化影响更大的国家是日本。唐朝著名高僧鉴真应日本之邀，出生入死 6 次东渡日本，把中国的饮食文化带到了日本，日本人吃饭时使用筷子就是受中国的影响。鉴真还带去了干薄饼、干蒸饼、胡饼等糕点的制作工具和技术，当时在日本市场上能够买到的唐果子就有 20 多种。之后，在中国的日本留学生几乎把全套的中国岁时食俗带回了本国，如元旦饮屠苏酒、正月初七吃 7 种菜、三月上巳摆曲水宴、五月初五饮菖蒲酒、九月初九饮菊花酒等。唐时，日本还从中国引入了面条、馒头、饺子、馄饨和制酱法等。清代，中国僧人黄檗宗将素食菜肴带到日本，被日本人称之为“普茶料理”。之后，中国荤素菜肴传入日本，被日本人称为“卓袱料理”。卓袱料理对日本的餐饮业影响很大，它的代表菜如“胡麻豆腐”、“松肉汤”等，至今仍是日本人的最爱。

元代，意大利人马可·波罗来到了中国。在他的《马可·波罗游记》上记载了许多中国美食。他对中国的面条有着浓厚兴趣，不但吃得津津有味，而且把学到的手工带回他的祖国，成为意大利通心粉。他回去时还带着中国的调味料和食品，使中国菜进入欧洲大陆。

明代，郑和七下西洋，出行了亚非等 30 多个国家和地区，随行人数众多，与各国进行了政治、经济以及烹饪文化的交流与传播，中国菜进一步扩大了影响。

清代，西方游人赫氏在道光年间曾游历中国各地并且到达了西藏，其所著的游记中盛赞中国菜。他说：“中国文明之先端，饮食尤以中国调味为世界之冠”，而海外盛传中国饮食之风的原因在于“中国烹饪法之精良，又非欧美所可并驾”，中国菜“比之今日欧美最高明医学卫生家所发明之最新新学理更高明”。

中国菜传到美洲大陆大约在 19 世纪中期，较早一批中餐馆是 1867 年在加拿大渥太华和 1870 年在美国旧金山出现的。随着中国与世界各国文化交流的日益频繁，中国菜更加受到世界各国人民的欢迎。

中国的烹饪文化经久不衰，从远古以来一步步地登上了光荣的殿堂。尤其是近年来，随着中国改革开放步伐的加快，东西文化交流的日益深入，中国烹饪文化作为中国传统文化遗产中璀璨的一颗明珠，受到了世界各国人民的青睐。在日本约有 50000 多家中国餐馆，其中东京及横滨就占一半多，特别是横滨的中华街，中国料理店及中国风味食品店鳞次栉比，非常有特色。在美国约有 25000 家中国餐馆，纽约就有 5000 多家，在唐人街随处可见中餐馆及中国食品店。在欧洲，法国巴黎约有 16000 家，英国约 4000 家，荷兰约 3000 家，比利时约 3000 多家，西班牙约 4000 多家中餐馆，遍布城区及沿海各旅游景区。色香味俱佳是中国菜遍及全世界的最重要的原因。在美国，有无数人为其所倾倒。中国菜烹调中多选用新鲜蔬菜，肉用得不多，而炒的烹调技法还保留了蔬菜的养分。据报道，美国营养学家赫尔曼认为中国菜大多为植物油烹饪的新鲜蔬菜，配上各类杂粮主食，再加上姜、葱、蒜、辣椒、胡椒等具有杀菌清脂作用的佐料，对人体是非常有益的。另外，中国饮食养生、食疗食补和药膳等独具中国特色的菜肴更是备受外国友人的青睐。